Friedrich Julius Stahl

Die Philosophie des Rechts

Band I

Geschichte der Rechtsphilosophie

Elibron Classics
www.elibron.com

Elibron Classics series.

ISBN 1-4212-1068-1 (paperback)
ISBN 1-4212-1067-3 (hardcover)

This Elibron Classics Replica Edition is an unabridged facsimile of the edition published in 1870 by J. C. B. Mohr, Heidelberg.

Stahl's

Geschichte der Rechtsphilosophie.

Die

Philosophie des Rechts

von

Friedrich Julius Stahl.

Τί θεός; τί τὸ πᾶν;
θεὸς ὁ πάντα τεύχων βροτοῖς.
Pindar.

Erster Band:

Geschichte der Rechtsphilosophie.

Vierte Auflage.

Heidelberg,
im Verlag der akademischen Buchhandlung
von J. C. B. Mohr.
1870.

Geschichte

der

Rechtsphilosophie

von

Friedrich Julius Stahl.

Vierte Auflage.

Heidelberg,
im Verlag der akademischen Buchhandlung
von J. C. B. Mohr.
1870.

Vorbemerkung

zur vierten Auflage.

Am 10. August 1861 ist Dr. Friedrich Julius Stahl verstorben. Die vierte Auflage seiner Philosophie des Rechts erscheint daher unverändert, nur wenige Notizen — nicht sachlichen Inhalts — sind hinzugekommen. Stahl selbst hat eine neue Auflage nicht vorbereitet. Hätte sein Leben die jetzigen Tage erreicht, so würde er ebenso wie bei den früheren Auflagen die neueren Entwickelungen, Zeitereignisse und literarischen Erscheinungen nicht unberücksichtigt gelassen haben; aber, daß ein Anderer hierfür eintrete, mußte Anstand genommen werden. Stahls Rechtsphilosophie ist ein in sich abgeschlossenes eigenstes Werk, dessen Einheit nicht gestört werden sollte und durfte. Zudem fehlt es nicht an erläuternden und ergänzenden Schriften Stahls selbst, welche bis an sein Lebensende heranreichen. Nach letztwilliger Bestimmung sind 17 seiner parlamentarischen Reden und 3 seiner Vorträge herausgegeben (Berlin, 1862), welche einen „Ausdruck und ein

Bekenntniß seiner politischen Gesinnung" enthalten. Die bekannten und bedeutsamen akademischen Vorlesungen über die Parteien in Staat und Kirche sind 1863 in erster, 1868 in zweiter Auflage erschienen. Von 1859 datirt „die lutherische Kirche und die Union." Druckfertig hinterließ Stahl die sofort nach seinem Tode edirte zweite Ausgabe seiner Kirchen-Verfassung nach Lehre und Recht der Protestanten.

„Es ist nicht die Philosophie das letzte Ziel Gottes, sondern Gott ist das letzte Ziel auch der Philosophie;" — „ich glaube, daß mein Kompaß der rechte ist und daß ich in der Richtung segle, wo das Land liegt." So schrieb Stahl in den Vorreden zu der Rechtsphilosophie 1845 und 1854. Ist der rechte Kompaß auf dem Schiff, so findet der verständige Segler die Richtung nach dem Lande, auch wenn der alte Steuermann nicht mehr zur Hand ist und auch im neuen Fahrwasser.

Vorrede

zur dritten Auflage.

Die dritte Auflage ist für die Geschichte der Rechtsphilosophie, welche dieser erste Band enthält, bloß eine durchgesehene. Die Durchsicht wird man an mehreren Stellen, am meisten in den Abschnitten über die Rechtsphilosophie der Griechen bemerken. Im Ganzen und Wesentlichen ist die Auflage unverändert und bedarf keiner neuen Bevorwortung. Dafür gebe ich aus der Vorrede zur zweiten Auflage, was sich auf die Oekonomie dieses Bandes in seinem letzten Abschluß bezieht; und die Vorrede zur ersten Auflage, da sie Ursprung, Beweggrund und erste Conception des ganzen Werkes darlegt, glaubte ich auch hier wieder vollständig aufnehmen zu müssen.

Berlin, den 20. November 1854.

Aus der Vorrede

zur zweiten Auflage.

Für diesen ersten Band der Philosophie des Rechts hat bei der zweiten Auflage die frühere Arbeit keine irgend erhebliche Veränderung erfahren — abgerechnet die Weglassung zweier Kapitel (über das Verhältniß der Zweckmäßigkeit zur Ethik, und über christliche Philosophie), deren Gegenstand seitdem im zweiten Bande seine ausführlichere Erörterung gefunden. Wohl aber erhielt dieser Band eine reichliche Vermehrung. Zunächst nemlich sind in mehreren Kapiteln — denen über Kant, Fichte, Montesquieu und besonders Schelling und Hegel — weitere Ausführungen eingefügt worden; für Hegel waren sie so umfassend, daß eine Umarbeitung des Ganzen nöthig wurde, und ich glaube für die Einsicht in den innersten Brennpunkt seines philosophischen Systems in dieser Auflage wesentlich weiter gekommen zu seyn. Auch die kontrerevolutionäre Lehre und die Lehre der historischen Schule (früher im zweiten Bande) haben hier eine völlig neue und ausführlichere Bearbeitung erhalten. Hauptsächlich aber trat die Vermehrung ein durch Hinzufügung neuer Kapitel über dort nicht behandelte Gegenstände, wie namentlich die Rechtsphilosophie des Mittelalters, die einzelnen Autoren des Naturrechts von Grotius an, Rousseau, Locke, die französischen Politiker, Schleiermacher.

Hierdurch mag mitunter zwischen dem Alten und dem Neuen eine Verschiedenheit in der Haltung, ja im Einzelnen vielleicht eine Inkongruenz in der Sache selbst, meiner besten Sorgfalt ungeachtet, sich eingeschlichen haben, hoffentlich nicht bis zu dem Grade, daß es stören könnte. Namentlich ist die Geschichte des Naturrechts nunmehr doppelt (Abschnitt II und III des dritten Buches), nemlich nach Materien und nach Autoren gegeben, und ich glaubte auf keines verzichten zu dürfen, wenn auch dadurch Wiederholung nicht völlig vermieden werden konnte. — — — — — — — —
— — — — — — — — — — —
— — — — — — — — — —

Das viele Verdienstliche, das seitdem für Geschichte der Rechtsphilosophie und Politik geleistet worden, war mir zur Förderung, häufiger noch zur Anregung.

Bei dieser Vermehrung des Buchs hielt ich den Titel: „Geschichte der Rechtsphilosophie“ für gerechtfertigt. Indessen ist auch jetzt noch meine Aufgabe nicht die Literärgeschichte, sondern die Geschichte der Rechtsphilosophie. Ueber die Weglassung dieses oder jenes Schriftstellers oder Buches möge man deßhalb mit mir nicht rechten. Es ist nicht auf die Vollständigkeit der rechtsphilosophischen Schriften abgesehen, sondern auf die wenigstens approximative Vollständigkeit der rechtsphilosophischen Ideen und des Fortgangs, in welchem sie sich ausbildeten und das öffentliche Bewußtseyn erfüllten. Schon aus diesem Gesichtspunkte konnte ich auch die neuesten rechtsphilosophischen Erscheinungen in meine Darstellung nicht aufnehmen. Der Gang dieser Geschichte der Rechtsphilosophie ist denn einfach der: Auf die Darstellung der antiken und mittelalterlichen Rechtsphilosophie (Buch I und II) folgt die der rechtsphilosophischen Produktionen der neuern Zeit, nemlich seit der Reformation bis zu der Revolution, diese sind: das Naturrecht — das System des Liberalismus — die konstitutionelle Theorie — endlich dem Keime nach auch schon der Kommunismus und Socialismus (Buch III und IV). Den Schluß bilden die rechtsphilosophischen Erzeugnisse der neuesten Zeit von der Revolution an: Die kontrerevolutionäre Lehre — die Lehre der geschichtlichen Juristenschule — die spekulative Rechtsphilosophie (Buch V und VI).

Es ist in dieser Auflage wie in der ersten der Kritik ein nicht geringerer Raum gewährt als der Geschichte. Das letzte Ziel ist eben nicht die bloße Einsicht in den Gang der menschlichen Gedanken bis hieher, sondern die Einsicht in die Sache selbst. Die wahre Lehre in Rechtsphilosophie und Politik zu gewinnen, war der Beweggrund, mit dem ich 1829 es unternahm, eine Genesis der gegenwärtigen Lehre zu schreiben; diesen seinen Grundcharakter kann und soll das Buch nicht verlieren.

— — — — — — — — — — — — — — — — — —

Berlin, den 27. April 1847.

Vorrede

zur ersten Auflage.

Ich übergebe hier der gebildeten Welt die Bearbeitung eines Stoffes, von dem ich seit vielen Jahren nicht mehr glaubte, daß er je Gegenstand meiner Untersuchung werden könnte. Denn der Mangel an Hoffnung, je durch Philosophie einen Gewinn, ein festes Resultat zu erhalten, das abschreckende Beispiel der gefeierten Denker neuer Zeit, welche durch sie gerade des Trostreichsten und Heiligsten verlustig geworden, hatte mich wie so viele Andere mit einem völligen Ueberdruß an aller philosophischen Forschung erfüllt, und ich zog mich ausschließlich auf das Studium des positiven Rechts zurück. — Es war die Beschäftigung mit dem positiven Rechte, die mir Fragen und Untersuchungen aufdrang, für welche ich die Lösung, ja selbst Begriff und Bezeichnung nicht mehr in ihm selbst fand, und so, ohne es zu suchen und zu wollen, in ein höheres wissenschaftliches Gebiet gedrängt wurde. Solche Studien und ihre Liebe, so wie die Aufmunterung von Freunden, ein anderes angemessenes Kollegium an die Stelle des aufgegebenen Naturrechts zu setzen, bestimmten mich, meine akademische Laufbahn im Winter 18^{27}_{28} mit Vorlesungen über Philosophie des positiven Rechts zu beginnen. Damit war ich genöthigt meine Behandlungsweise durch eine Ansicht über das Wesen des Gerechten ethisch zu begründen und jede ihr entgegenstehende einer Kritik zu unterwerfen. Die verschiedenen Richtungen in der Rechtsphilosophie ordneten sich mir bei dieser Betrachtung von selbst zu einer stufenmäßigen Entwickelung. Dadurch wurde der erste Grund zu diesem Buche gelegt. —

Um dieselbe Zeit vereinigte sich mir viel Günstiges. Trübe Verhältnisse und eine trübe Stimmung, in denen ich befangen gewesen, begannen von mir zu weichen. Dahin gehört vorzüglich auch meine Stellung zur Philosophie Hegels. Schon von Anbeginn von ihrer Unwahrheit lebendig überzeugt, konnte ich doch den Sitz des Irrthums nicht finden. So riß sie mich zwar nicht zu ihrem Glauben hin, aber sie trübte und schwächte mir den meinigen, und so sehr sie mich abstieß, war ich immer genöthigt, wenn auch nicht in vorsätzlichem Studium, doch in unwillkürlicher Beschäftigung wieder zu ihr zurückzukehren, bis ich die Mittel wissenschaftlicher Ueberwindung gegen sie erworben hatte. Damit war ich damals im Allgemeinen wenigstens ins Klare gekommen. Ich hatte aber an diesem einen, aufs äußerste getriebenen Systeme zugleich das Wesen aller neuern Philosophie kennen gelernt, diese feindselige Macht hatte aufgehört, mir eine furchtbare zu seyn, und eine neue Kraft der Heiterkeit und Zuversicht belebte mich und gab mir den Muth, eine selbstständige Bahn zu versuchen. — Dazu kam nun endlich als letzter Bestimmungsgrund der Einfluß Schellings, der in demselben Semester seine Vorlesungen an unserer Hochschule eröffnete. Durch ihn erhielt ich vielfach Mittel zu klarerer Auseinandersetzung, Erweiterung, zu tieferer Begründung meiner Gedanken; durch ihn erhielt ich den Muth, von Ueberzeugungen, die man als in ein eignes Gebiet gehörig im Innersten zu verschließen und nur gegen feindliche Angriffe zu schützen pflegt, auch positiv den vollständigsten wissenschaftlichen Gebrauch zu machen. Vieles habe ich geradezu gelernt, zu Vielem wurde mir die Anregung. Vor Allem ist es der eine Grundgedanke seiner jetzigen Ansicht, der mich von nun an in allen meinen wissenschaftlichen Bestrebungen förderte. Mit diesem Grundgedanken, dem Begriff der geschichtlichen Ansicht selbst, den Schelling am Anfange seiner Vorlesungen in wenigen Zügen mit einer das Innerste durchdringenden Klarheit und Gewalt hinstellte, beginnt überhaupt eine neue Aera der Philosophie. Von einer Schule und Anhängerschaft aber, wie sie bisher jeder Philosoph um sich sammelte, wird jetzt gerade nicht mehr die Rede seyn können. Das System der Freiheit, wie Schelling das seinige nennt, kann seinem Wesen nach nur bei

Selbstständigen wahre Liebe und Verehrung und nur bei ihnen die Pflege finden, die es fordert und die es allein verträgt*).

---

*) Ueber mein Verhältniß zu diesem neuern System Schellings lasse ich hier die betreffende Stelle meiner Vorrede zum II. Bd. I. Abth. der zweiten Auflage S. XII. folgen:

„Bei der zweiten Auflage des Bandes, der sich mit diesen Grundprincipien beschäftigt, kann ich es denn auch nicht umgehen, mein Verhältniß zur neuen Lehre Schelling's, über das ein weitverbreiteres Mißverständniß herrscht, bestimmt auseinanderzusetzen."

„Bekenntniß und Richtung im Leben wie in der Wissenschaft habe ich von Schelling nicht erhalten. Als ich vor siebzehn Jahren das erste Mal den Fuß in seinen Hörsaal setzte, waren meine positiven Grundüberzeugungen und mein Verhältniß zur Philosophie Hegel's schon derselben Art wie jetzt, gerade daß Schelling sich in gleichem Sinne aussprach, hat mich ihm gewonnen. Wohl aber verdanke ich Schelling eine Anfeuerung und eine sehr bedeutende Unterstützung zur wissenschaftlichen Darlegung jener Grundüberzeugungen, so wie außerdem noch die allgemeine geistige Anregung, die man immer aus großartigen tiefgedachten Vorträgen schöpft. Was ich jedoch von Schelling annahm, wozu ich mich bekannte und noch bekenne, ist bloß seine Polemik gegen das „rationalistische" („negative") und seine Gegenüberstellung des „geschichtlichen" („positiven") Princips, und das wird wohl Niemand für ein philosophisches System halten. Dagegen zu dem eignen speciellen jetzigen System Schelling's — seiner philosophischen Auffassung der Weltschöpfung, der Mythologie, der Offenbarung, seiner Lehre von den drei Potenzen, welche den Mittelpunkt derselben bildet u. s. w. — stand ich nie in einer Beziehung. Eben so wenig steht Herr v. Schelling in einer Beziehung zu irgend einer Lehre und Ausführung meines Buches, nicht einmal des ersten Bandes, vielweniger der folgenden, außer jenem Grundgedanken, bei welchem ich ihn nannte, und etwa dem, was mit demselben schon unmittelbar und völlig gegeben ist."

„Hievon zeugen schon meine damaligen Erklärungen, obwohl sie ohne alle Berechnung in begeisterter Dankbarkeit geschrieben sind. Ich habe mich im ersten Bande meiner Philosophie des Rechts überall und ausdrücklich nur zu dem „Einen Grundgedanken von Schelling's jetziger

So bildete sich mir der Plan, jene flüchtig entworfene Geschichte der rechtsphilosophischen Richtungen mit Gründlichkeit durchzuführen, den Gang derselben

Ansicht, dem Begriff der geschichtlichen Ansicht selbst" (VII) oder „der Entgegensetzung des Logischen als zeit- und thatlos gegen das Geschichtliche" (55) bekannt. Nur von diesem Grundgedanken, dem Begriff der „geschichtlichen Philosophie", habe ich behauptet, daß er mit dem Christenthum übereinstimme, diesem die Stätte in der Philosophie bereite (56). Ja ich habe, so weit es nur irgend die Zartheit des Verhältnisses gestattete, mich ausdrücklich gegen die naheliegende Vorstellung „einer Schule und Anhängerschaft, wie sie bisher jeder Philosoph um sich sammelte", verwahrt (VII). Auf der andern Seite war es offenbar unthunlich, meine eignen Lehren direkt als nicht von Schelling herrührend zu bezeichnen. Nachdem ich mit einer vielleicht übergroßen Sorgfalt, mir fremdes Gut nicht anzueignen, bei dem kleinsten Gedanken, hinter dem ich eine Reminiscenz auch nur vermuthete, Schelling citirt (z. B. Bd. I. S. 334), war ich vielmehr vom Leser zu erwarten berechtigt, da, wo ich dieß unterließ, ihn auch nicht als Urheber anzusehen, und es war daher weder meine Schuld noch meine Absicht, daß meine Lehren, z. B. der Freiheitsbegriff, die Kritik der Hegel'schen Dialektik u. s. w. häufig Schelling zugeschrieben wurden. Ob ich nun nicht schon bei jenem Grundbegriff, auf den ich mich berief, die Schelling'sche Lehre, wie behauptet wird, mißverstanden, — indem sie keineswegs den Rationalismus so unbedingt und ohne Reservation verwerfe wie ich — darüber hat unläugbar nur der berühmte Urheber dieser Lehre das authentische Urtheil, ich jedoch auch dem echten Schelling'schen Verständnisse gegenüber die Freiheit der eignen Ueberzeugung und Einsicht. Hierin Unrichtiges oder Ungenaues ausgesagt zu haben, würde mir indessen von Herzen leid thun, so wenig außerdem Uebereinstimmung mit den Ansichten Schelling's mir je eine Rücksicht war und seyn durfte."

„Die irrige Meinung als sey ich ein Vertreter der neuen Schelling'schen Philosophie oder als sey meine Rechtsphilosophie ein Ausfluß derselben, hat ihren Ursprung lediglich darin, daß man von vornherein auf meinen ganzen Standpunkt nicht einging. Ich betrachtete Schelling's neues Princip der Positivität als eine große Befreiung von der Philosophie bis dahin, welche irgend eine logische Formel durch das Universum nunmehr im Zusammenhang mit der ganzen Philosophie zu verfolgen und den Versuch zu machen, ob ich, auf diese historische Basis gestützt, vielleicht selbst

---

durchwand und damit die Dinge wissenschaftlich aufgefaßt und begriffen zu haben vorgab, wonach denn meine Anhängerschaft sich bloß auf diesen Akt der Befreiung bezieht, sofort aber Jeder, Zuhörer wie Lehrer, vom Andern unabhängig an die Sache (eben das positive Objekt) hintritt und sie zu erforschen sucht. Meine philosophische Theorie der Moral, des Rechts, des Staates, ja selbst meinen Freiheitsbegriff von Seite seiner positiven Ausführung Schelling zuzuschreiben, ist dann unter dieser Voraussetzung eben so ungereimt, als etwa meine historischen Untersuchungen über das römische Klagenrecht Hugo zuzuschreiben, weil er für geschichtliche Untersuchungen dieser Art die Bahn gebrochen. Statt dessen aber ließ sich ein großer Theil des Publikums die gewohnte Vorstellungsweise nicht nehmen, daß wer sich auf einen Philosophen berufe, damit nothwendig ein fertiges System annehme, in welchem jede Sache bereits untergebracht ist. So pflegte man mein Verhältniß zu Schelling trotz jener entschiedenen Erklärung mit dem Verhältniß von Gans zu Hegel zu parallelisiren, ohne zu bedenken, daß Gans von Hegel die Alles bestimmende Methode, die ganze Theorie des Naturrechts, die Konstruktion der Weltgeschichte, und damit die Auffassung eines jeden Volks und Zeitalters, angenommen hat, ich dagegen von Schelling nichts habe als seine Charakterisirung des Rationalismus Eben so kam Maurenbrecher sogar auf den sonderbaren Gedanken, meine Staatslehre als Neo-schellingianismus zu bezeichnen, während es jetzt wohl bekannt seyn dürfte, daß Schelling in dem ganzen Cyklus seiner Vorlesungen kaum mit einer Sylbe des Staates und der rechtlichen und politischen Verhältnisse gedenkt."

„Durch diese Auseinandersetzung, so wie durch die stets bevorstehende Veröffentlichung der Schelling'schen Lehre wird hoffentlich jede solche Identificirung für die Zukunft wegfallen. Dagegen überlasse ich es Jedem gerne, den Einfluß, den jene Schelling'sche Charakterisirung des Rationalismus auf meine philosophische Bildung hatte, so hoch anzuschlagen, als er nur immer wolle. Denn daß nicht die Sucht nach Originalität es ist, was mir diese Auseinandersetzung abnöthigte, wird der Leser aus bekannten Vorgängen entnehmen."

zu einem neuen und befestigten Resultate gelangen möchte. —

Ich glaube ein rechtes Werk und im rechten Sinne es unternommen zu haben. Die Rechtsphilosophie wird gegenwärtig und am meisten von den Wohlgesinnten vernachlässigt und gering geschätzt. Es sind aber nur wenige Männer, denen eine glückliche Gabe der Anschauung das Zergliedern der Begriffe erspart. Solchen Männern gebührt Autorität, aber nicht Nachahmung. Jeder möge behutsam seyn, wo er mit ihnen im Gegensatze sich befindet; allein ihr Weg ist nicht der, den alle mit Sicherheit betreten können. Wir Andern sind der Abstraktion verfallen, wir werden, wenn wir auch nicht wollen und es uns nicht gestehen, in sie hinein gezogen, und werden uns nur dann von ihr befreien, wenn wir ihr bis zum Aeußersten gefolgt sind. Savigny durfte sich der Untersuchung über die letzten Gründe des Gerechten überheben, sein Sinn leitet ihn sicher, durch eine künstlerische Kraft bildet er ganz und vollendet, wozu erst langsam allmälig die angestrengteste philosophische Forschung hinführt. Er stellte eine Ansicht der Rechtsentstehung — und daraus augenblicklich praktische Anforderungen — auf, die, wie sie von ihm dargestellt ist, ein klares Bild gewährt und durch innere Wahrheit ergreift. Wenn aber Andere, denen dieser Zauber mangelt, sie in ihrer Weise auffassen und wiedergeben wollen, ohne wirklich zu philosophiren, so werden sie, wie geschehen ist, entweder in vagen, vieldeutigen Reden sich bewegen, oder jenes lebendige Bild in feste Sätze und Begriffe umwandeln, und was dort als reiche Wahrheit sich beurkundet, wird nun leer und nichtssagend oder einseitig, ja bis zum Verkehrten und Kindischen übertrieben erscheinen. Darum verhehlen sich gerade die Geistvollsten, wohin die geschichtliche Ansicht zuletzt führt, die beunruhigenden Fragen werden abgewiesen. Darum ist aber auch seit jener Schrift Savigny's kein Fortschritt, keine Entwickelung in der geschichtlichen Ansicht selbst, so Treffliches auch in der Geschichte und dem positiven Recht von der Schule geleistet worden. Im Innern der Schule fehlt es an Einheit und Klarheit des Bewußtseyns, und sie dürfte verlegen seyn, sollte sie bestimmt angeben, wodurch sie sich auszeichnet. Von außen aber herrscht Unkunde und Mißverständniß und ungerechte Beschuldigung.

Diese Hemmung besteht nun nicht bloß im Gebiete der Rechtsphilosophie, das ja eben freiwillig verlassen wird; unter ihr leidet eben so sehr die Behandlung des positiven Rechts. Denn es ist die Bestimmung des menschlichen Geistes, die höchsten Fragen nicht von sich zu weisen, und es kann nichts gedeihen, wo ihr entgegengehandelt wird. Wenn die geschichtliche Ansicht in ihrer Lebendigkeit Wissenschaft und Praxis versöhnt, so ist sie es auch, die, starr und abstrakt aufgefaßt, die Kluft weiter befestigt, als sie je vorher bestanden. Selbst wo die neue Richtung durchdrang, ist bis jetzt nur eine treue Auffassung des Vergangenen oder äußerlich noch

Bestehenden erreicht worden, ohne daß das Band mit den gegenwärtigen Verhältnissen und ihrem Bedürfnisse erkannt wäre. Dahin führt der unläugbare Satz: daß ein unauflöslicher Zusammenhang der Zeiten besteht, wenn er schulmäßig angewendet wird. Außer dem Civilrecht, wo Savigny die Bahn brach, ist es aber bis jetzt noch gar nicht gelungen, die geschichtliche Behandlungsweise einzuführen. Im Staatsrecht, Kriminalrecht, der Encyklopädie sehen wir überall einen vergeblichen Kampf gegen die ererbten abstrakten Begriffe; sie widerstreben der neuen Bildung, aber es ist der Standpunkt nicht gefunden, durch den sie entbehrlich werden, und gerade die den meisten wissenschaftlichen Sinn haben, können sich ihrer am wenigsten erwehren. Daher konnte von einem geachteten Schriftsteller behauptet werden, die geschichtliche Ansicht passe wohl auf das Civilrecht, aber nicht auf das Kriminalrecht. Selbst in der vollständigen Darstellung des Civilrechts, wer vermeidet es hier, über Recht und Pflicht, vollkommene und unvollkommene, öffentliches und Privatrecht u. s. w. zu sprechen? Und müssen wir hier nicht die Lücken der positiven Entwickelung mit den todten Begriffen einer verkommenen Philosophie ausfüllen, statt aus einem Gusse ein harmonisches Ganzes hinzustellen?

Es soll dem hochmüthigen Gedanken nicht Raum gegeben werden, als vermöge der Mensch in den ewigen Willen einzudringen und das Geheimniß aller Dinge zu enthüllen. Aber das ist eine erlaubte Zuversicht, daß es vereinter Anstrengung beschieden seyn werde, die Gemeinschaft des Wissens wieder zu erringen, deren sich geringere Zeiten als die unsrige erfreut haben. Denn der Verlust dieser Gemeinschaft ist bei der Tiefe und dem Reichthum wissenschaftlicher Entwickelung, wodurch unsere Zeit hervorragt, eine niederschlagende Beimischung. Ueberall abweichende, entgegengesetzte Bestrebungen, zahllose Parteien, die, losgerissen von einander, jede ihren eignen Weg verfolgt, bei den Genossen leicht beglaubigt, von den Andern nicht beachtet, ja nicht verstanden. Eine untergehende Bildung hat die letzten Fäden ihres Daseyns mit der neu heranbrechenden verwebt, und wie die feindlichen Kräfte einander durchdringen, so entstehen die mannigfachen verworrenen Ansichten, die sich unter uns durchkreuzen. Demselben Geiste, den wir hier bekämpfen, sind wir dort verfallen. Wir gebrauchen Begriffe und Meinungen, ohne uns der totalen Vorstellungsweise bewußt zu seyn, der sie angehören. — Wenn in jedem Gebiete des Wissens wahrheitsliebende Forschung alle Fragen bis zum Ende verfolgt, mit überall gegenwärtiger Thätigkeit das Nächste und Aeußerlichste an die höchsten Ueberzeugungen anknüpft, sich nicht verbirgt, wo sie in neue Schwierigkeiten gerathen ist und wo sie keine Antwort mehr hat: dann müßte doch endlich das klar werden, was ein jeder glaubt, und wie es sich zu dem Glauben der Andern verhält, wo der Punkt ist der über die Abweichung entscheidet, was als ein sicherer Besitz über den Zweifel erhoben ist, was noch als gemeine Aufgabe übrig bleibt. Dadurch müßten die Mittelparteien verschwinden, alle die Heterogenes vereinigen wollen, oder die auch nur bei der Durchführung dessen, was sie entscheiden wollen, unbewußt noch von Entgegengesetztem beherrscht werden. So soll es denn hier versucht werden, das Innerste der geschichtlichen Richtung aufzudecken Ihr Kern ist aber unmöglich, wie man anzunehmen pflegt, die Ansicht über das Faktische, wie das Recht entsteht; sondern nur die über das Ethische, wie es entstehen, welchen Inhalt es erhalten soll — die Ansicht über das Gerechte. —

Hier muß sie sich von der ihr entgegengesetzten Richtung unterscheiden, wenn sie sich nicht eitel und vergeblich als eine neue ankündigte. Hier muß ihr eignes Wesen klar werden, und auch nur hier kann es zur Entscheidung kommen, ob, warum, und wie weit die Rechtsphilosophie, wie sie bisher bestand, zu verwerfen ist. Erst wenn sie dieser nicht bloß in ihrem Erfolg, sondern in ihrer Wurzel die Unhaltbarkeit nachgewiesen hat, wird ihre eigne Thätigkeit gegen jede Beimischung des alten Irrthums gesichert seyn. Vor diesem ist es auch nicht zu erwarten, daß sie zur allgemeinen Anerkennung komme. Denn jene ethische Forschung ist dem menschlichen Gemüthe unentbehrlich. So lange die geschichtliche Ansicht ihr nicht einen neuen Weg anweist, wird der alte nicht aufgegeben werden, er wird nur die Gestalten wechseln, und wenn in der einen auch seine Nichtigkeit erkannt ist, in der andern sogleich wieder neuen Anhang gewinnen. Das lehrt der gegenwärtige Augenblick. Denn wenn ein System, hohl und unwahr in seiner Grundlage, geschmackwidrig in der Durchführung und trostlos in seinen Resultaten, dessenungeachtet wenn auch nicht das herrschende, doch das Ton angebende werden konnte, und das in einer gebildeten, der Philosophie gewohnten Zeit; so ist dieses doch ein hinreichendes Zeugniß für das tiefe unabweisbare Bedürfniß philosophischer Forschung. —

Dieser Einsicht zufolge habe ich auf die Darstellung und Prüfung des Naturrechts die größte Sorgfalt verwendet, obwohl sie vielleicht jemand als bei einer längst ausgemachten Sache für überflüssig halten möchte; ich habe durchgängig auch das Bekannte ausführlich auseinanderzusetzen mich nicht gescheut, auch manche Rücksicht und Frage wieder hervorgesucht, die man als unbedeutend anzusehen gewohnt ist. Vor Allem aber war es mein Vorsatz, jede Terminologie so viel als möglich zu vermeiden, weder selbst eine zu bilden, noch irgend einer der bestehenden zu folgen, ja diese selbst in die allgemeine Sprache aufzulösen. Denn es ist endlich an der Zeit, daß die Wissenschaft gleich ihrer Schwester der Kunst an den Tag öffentlicher Verständlichkeit heraustrete. Zwar bedarf der neue Begriff des neuen Wortes, und wer nie mit einer Aufgabe sich beschäftigte, darf nicht erwarten, daß ihm die Begriffe, die sie angehen, gleich faßlich seyn sollten. Allein jener unbewegliche Gebrauch der Worte, der überdieß nicht bloß auf einzelne neue Beziehungen sich beschränkt, sondern alle bestehenden unter sich zieht und so die lebendige Sprache in eine stereotype Masse umwandelt, — dieser Charakter der Terminologie ist nur das Erzeugniß der Einseitigkeit und Starrheit der Philosophie selbst. Jede freie Forschung, die das allgemein Menschliche sucht, darf und kann auch gar nicht auf ihn gerathen. Das Wort sey nicht der Behälter des Sinnes, sondern sein lebendiger Leib. Frei und beweglich, dem Geiste selbst ähnlich erhalte es seine Bedeutung nur in der immer regsamen Bindung und Lösung des Gedankens, gleichsam durch sein momentanes Wollen und Wirken. Mancher Philosophie könnte es freilich begegnen, daß, wenn das Kleid der Worte hinweg genommen wird, siehe da! kein Körper zu finden ist, den es umhüllt hätte. Wenn die folgende Schrift auch nichts Neues leisten sollte, so strebt sie wenigstens das Verdienst an, den Nebel der Formeln in der philosophischen Bildung zu zertheilen, und die Sache und den Gedanken zu zwingen, daß sie selbst hervortreten und der Beobachtung stehen. Neues zu finden ist überhaupt nicht die Absicht; gerade das Uralte, der Glaube der Menschheit von Anbeginn ist das Wahre. Was der schlichte Sinn ewig als solches erkennt, z. B. die Persönlichkeit, die Liebe Gottes, davon entfernen sich mit Entschiedenheit und Bewußtseyn immer nur wenige. Aber die Uebrigen, wiewohl sie es im Allgemeinen zugestehen, werden ihm in der Anwendung untreu, weil der Reichthum der Beziehungen und die immer anschwellende Masse ungenauer oder irriger Begriffe sie überwältigen Solche allgemein erkannte Wahrheit auch überall geltend. und wirksam zu machen, das ist das Ziel, zu dem der bezeichnete Weg führen soll. —

Nach dem Plane dieser Schrift erfüllt sie zwei Bände; der zweite soll längstens in einem Jahre folgen. Der erste, der hier erscheint, enthält die genetische Darstellung unseres rechtsphilosophischen Wissens bis auf den Eintritt der geschichtlichen Ansicht. Die Gründe dieser Darstellung und daher der Abtheilung sind theils hier, theils in der Einleitung ausgeführt. Und wenn Ansichten hereingezogen sind, welche nicht als Philosophie betrachtet zu werden pflegen, so wird dieses in der Ausführung selbst seine Rechtfertigung finden. — Die Philosophie der neuern Zeit soll hier als eine große geistige Entwickelung erscheinen, in der jeder Schritt durch die vorhergehenden motivirt ist, jeder Gedanke im Mittelpunkte durch alle Sphären dringt, und wie bei organischen Erzeugnissen erst die Frucht aufklärt, wohin es im Keime abgesehen war. Darum habe ich gewöhnlich schon bei dem Beginne einer Richtung im Voraus den Verlauf und das Ende angedeutet, und hinwieder die spätern Epochen an den Bestrebungen des Anfangs beleuchtet. Daß so die innern Triebfedern des Fortgangs sich aufhellen, die Annahmen und Systeme naturgemäß in einander greifen, ist die Gewähr, welche ich für die Richtigkeit der Darstellung suchte. Deßwegen ist es das Einzige, was ich vom geneigten Leser erbitte, daß er dieselbe auch in dieser Art auffasse und sich die Mühe nicht verdrießen lasse, ihr im Ganzen zu folgen und den Zusammenhang sich anzueignen. Der Schriftsteller, welcher mit Anstrengung dahin strebte, in einem schwierigen Stoffe zerstreute Erscheinungen zu einem Ganzen zu verbinden, darf wohl den Wunsch hegen, daß er nicht flüchtig und lückenhaft gelesen, und hat ein Recht, daß ihm nicht zugemuthet werde, auch solchen Lesern klar und belehrend zu seyn.

Der zweite Band wird die Darlegung der geschichtlichen Ansicht enthalten, in drei Abtheilungen. Die erste handelt von dem Rechte, seiner Entstehung und Fortbildung, die letzte von dem Gerechten, als dem Mittelpunkte der Ansicht. Die mittlere Abtheilung hat die Aeußerung der geschichtlichen Ansicht in der Behandlung des positiven Rechts, in seiner wissenschaftlichen Auffassung, Anordnung, Anwendung, in der Abfassung der Gesetzbücher zu zeigen, und sie der bis jetzt herrschenden rationalistischen Ansicht gegenüber zu befestigen.

Denn nicht der geringste Zweck dieser Schrift ist, dem Rationalismus einen ewigen Denkstein zu setzen. Er muß auf seinem eignen Gebiete, mit seinen eignen Waffen bekämpft werden, durch die strengste genauste Gedankenfolge, die eben so bereit ist zu der äußersten Abstraktion, welche in den leeren Gedankenbestimmungen sich bewegt, als zu der Betrachtung des lebendigen Wirkens in der Welt; die aber den eingeschlagenen Weg strenge festhält, und es nicht zugiebt, daß zwischen dem einen und andern geschwankt, und was auf diesem erhalten worden, jenem angeeignet werde. Es muß zugesehen werden, ob solcher Prüfung und Verfolgung, wie er sie selbst fordert und anspricht, der Rationalismus auch Stand halte. Noch kämpft die Theologie mit diesem Widersacher. Der Sieg wird ihr erleichtert werden, wenn er auf andern Gebieten gleichfalls bewältigt wird. Dazu hat Schelling jetzt das Zeichen gegeben, der ihn in der Philosophie selbst für den Einsichtsvollen gleichsam mit einem einzigen Hauche zerspreute. Die Aufgabe ist daher, mit erschöpfender Vollständigkeit alle seine Aeußerungen in der Rechtsphilosophie wie in der Behandlung des positiven Rechts nach jeder Beziehung desselben aufzudecken. Wo seine Unwahrheit auf dem einen Felde nicht allgemein einleuchtet, wird dieses doch auf dem andern geschehen, und die gegenseitige Bestätigung wird den Zweifel an seiner Richtigkeit entfernen. Es wird sich für die Jurisprudenz ergeben, daß die zahllosen Uebel, die in Theorie und Praxis von allen gefühlt und beklagt, aber vergeblich zu vermeiden gesucht werden, nur in ihm ihren innersten Sitz haben. Er wird sich so als ein ungeheurer Irrthum, der das Leben und Wissen nach allen Verzweigungen durchdringt und aufzehrt, vor das Auge stellen. — Solches zu erreichen schien mir schon allein eine würdige Aufgabe. Denn wenn jene hemmende Macht deutlich erkannt und dadurch auch abgewehrt ist, so muß der Keim des Lebens, der nur durch sie unterdrückt worden, von selbst schaffend und bildend hervorbrechen.

Im December 1829.

Inhalt.

Einleitung.

Rechtsphilosophie ist die Wissenschaft des Gerechten. Der Erwartungen sind nun verschiedene, welche man von einer Wissenschaft des Gerechten hegen kann. Man kann sich unter ihr ein System wirklicher Entscheidungen denken, ein höheres Gesetzbuch, oder nur eine Richtschnur des Urtheils über bestehende Gesetze. Das aber ist unbestreitbar: das Gerechte muß unabhängig von seiner Anerkennung unter den Menschen sein Daseyn und seine Tugend haben, und die Kenntniß desselben daher eine andere seyn als die des geltenden Rechts, eine solche, an welcher dieses selbst gerade allein zu messen und zu erproben ist. Manche sind wohl auch dahin gekommen, alle Einrichtungen für sittlich gleichgültig zu halten, oder zu läugnen, daß dem Menschen die Kunde des Wahren und Gerechten vergönnt sey. Es ist aber ein heiliger Glaube der Menschheit, daß eine Gerechtigkeit ist, und daß wir ein Wissen, sey es auch ein beschränktes, von ihr haben. Wo aber ein Wissen ist, da muß auch irgend eine Einheit, ein Zusammenhang in ihm seyn und ausfindig gemacht werden können, da muß es also auch eine Wissenschaft, in was immer für einer Art, geben.

Will man nun wirklich ans Werk schreiten, um eine solche Wissenschaft zu erhalten, so drängt sich der Gedanke auf, daß ein Gleiches auch von Andern schon versucht worden ist, in verschiedener Weise, mit verschiedenem Ergebnisse. Diese voraus-gegangenen Versuche können nicht unbeachtet bleiben; denn nach der menschlichen Natur ist man nur dann überzeugt und glaubt sich am Ziele, wenn man sich der Macht über jede entgegen-stehende Ueberzeugung bewußt ist. Hiermit wird man denn sogleich mitten in die Bestrebungen seiner Zeit versetzt. Und wenn auch die Forschung nach dem Gerechten zu allen Zeiten dasselbe Ziel haben muß, so kann doch in einer jeden ein be-sonderer Weg dazu vorgezeichnet seyn, je nachdem der Zustand der Wissenschaft ist, der sich in ihr findet. Eines ganz beson-dern Weges wird aber dann die unsrige bedürfen. Denn in ihr ist nicht bloß das Urtheil über die einzelnen Einrichtungen ge-theilt und schwankend; sondern selbst über das, woran die Ge-rechtigkeit derselben überhaupt erprobt werden möge. Es hat sich unserer Rechtsphilosophie die ganze Unsicherheit alles Wissens und Denkens mitgetheilt, welche die rasche Folge einander zerstö-render Systeme in der Philosophie bewirkte, und sie hat überdieß auf ihrem eigenen Gebiete erschütternde Bewegungen erfahren.

Als am Ende des vorigen Jahrhunderts eine lange ver-breitete Richtung zum Ausbruche kam, da war es der Stolz menschlicher That- und Denkfreiheit, welcher die wissenschaftlichen Bestrebungen leitete. Alleinherrschaft suchend, wie jeder neue Trieb, äußerte er sich in der Zerstörung alles Vorgefundenen. Die Mannigfaltigkeit der besondern Verhältnisse, der ganze Bau der sittlichen Welt sollte eingerissen werden, damit nichts bestehe, als was Vernunft rein aus sich selbst gefunden und hervorgebracht. Diese Richtung behielt so lange Lebenskraft, bis sie ihren Stoff aufgezehrt hatte und das Unvermögen sich kund gab, für die umgestürzte Welt eine neue zu schaffen. Da erkannte und verehrte man wieder die höhere Macht, welche uns verborgen die menschlichen Zustände zu Gestalt und Reife bringt. Es galt wieder der Werth alles individuellen Lebens, jeder eigenthümlich ausgebildeten Einrichtung. Und das Recht erschien nicht mehr als Erzeugniß der Denkgesetze, sondern als ein lebendiges Glied in allen Beziehungen dem Leben der Völker und der Bewegung der Geschichte verbunden. — Allein eine natürliche Reaktion bewirkte großentheils ein Umkehren in den Gegensatz der frühern Richtung. Wie dort ein Haß gegen alles Bestehende herrschte, so hier gegen alle freie Betrachtung. Die Regierungen sollten den vorhandenen Zustand erhalten, die Rechtsgelehrten die Institute der Gegenwart und ihre geschichtliche Herleitung kennen, nicht über sie urtheilen. So ward der Kampf gegen die Philosophie der Zeit zur Verwerfung aller Philosophie. Die Macht des Lebens, das Fortbildung der Verhältnisse, das Prüfung und Urtheil heischt, hat denn auch diese Einseitigkeit fühlbar gemacht, und in der geschichtlichen Schule hat sich allgemein wieder das Bedürfniß nach einem Maaße des Gerechten gezeigt, doch ohne bestimmte Anschauung, woher es genommen werden solle. — Indessen entstand eine neue Behandlung der Rechtsphilosophie durch das philosophische System Hegels. Es widersetzt sich den beiden andern Richtungen nicht nur, sondern fordert überhaupt zu einer vorher ungekannten Weise des Denkens auf. — Diese drei entgegengesetzten wissenschaftlichen Schulen erblicken wir auf dem Gebiete unserer Rechtsphilosophie. Neben ihnen, theils auf sie gestützt, theils unabhängig die Schriftsteller, welche ohne allgemein wissenschaftliche Erschöpfung praktische Interessen verfolgen, die Vertreter der zahllosen politischen Bekenntnisse.

Das also ist der Boden, auf welchem gegenwärtig die Forschung nach dem Gerechten sich findet, so wie sie ihren Gang beginnen will. Sie mag nun eine allen diesen Ansichten entgegengesetzte annehmen, oder sich einer unter ihnen anschließen, in jedem Falle begegnet sie dem Widerstande der übrigen. Sie bedarf daher gleich bei ihrem ersten Schritte einer Rechtfertigung gegen dieselben, und zwar einer solchen, die von ihnen selbst anerkannt werden muß. Diese wäre denn auch ein gegründetes Urtheil über sie. Ohne diese wissenschaftliche Rechtfertigung aber träfe jede Forschung der Vorwurf der Willkür. Sie könnte die Widersprechenden nicht überführen, und daher sich selbst nicht für sicher halten und beruhigt seyn. — Dieselbe Aufgabe dehnt sich auch auf die Ansicht vergangener Zeiten aus; denn unsere historische Bildung versetzt sie in die Gegenwart, und wir können uns nicht überheben, eine bestimmte Stellung gegen sie anzunehmen.

Es zeigt sich jedoch gleich im Voraus die Schwierigkeit bei dieser Aufgabe. Wenn nämlich unter Widerstreitenden entschieden werden soll, so ist dieß nicht anders möglich, als daß sie ein Gemeinsames über sich erkennen, an welchem sie geprüft werden mögen. Nun sind aber die Systeme, gegen die man sich sicher stellen soll, der Art, daß sie ein oberstes Rechtsprincip, ja zum Theil sogar ein oberstes Gesetz des Denkens und Erkennens durchführen, also das Höchste, an dem alles Andere erst zu messen ist, in sich selbst enthalten und nirgend außer sich anerkennen. Einem jeden derselben muß daher Alles zugestanden werden, wenn man sich seine Probe des Wahren gefallen läßt. Läugnet man dagegen diese, wählt man eine andere, so kann man von ihm kein Zugeständniß mehr fordern. Diese Probe des Wahren aber, woran könnte sie selbst wieder erprobt werden? Was man immer für eine Regel der Gerechtigkeit aufstellte, oder was immer für ein logisches Gesetz, nach welchem geschlossen und bewiesen werden sollte, so wäre damit nur ein neues System neben die frühern gestellt, gleich isolirt, sie verwerfend, von ihnen verworfen. Es könnte keine Autorität über Denkweisen erlangen, deren jede wie eine Kreislinie, um ihre eigene Mitte sich bewegend, in ihren Ausgangspunkt zurückkehrt, eine sich selbst genügende abgeschlossene Welt. Wollte man aber das Wahre von allen auswählen, so setzte man dazu ein Maaß voraus, das eben gesucht werden soll, man verlöre die Anerkennung aller, und erhielte selbst nur eine bunte Zusammensetzung ohne Einheit und innern Halt. — So scheint eine Gemeinschaft mit den verschiedenen Ansichten und damit die Sicherheit jeder eigenen schon im Voraus unmöglich.

Allein alle diese Lehrgebäude sind zwar in ihrer fertigen Erscheinung abgeschlossene in sich getragene Welten; aber sie sind doch in der einen Welt entstanden, und wenn auch ihre Bewegung des Denkens in ihnen selbst anfängt und aufhört, so haben sie doch einen thatsächlichen Grund außer ihnen. Kein System bildet sich selbst; sondern es wird von Menschen gebildet. Es muß daher irgend ein Trieb, ein Interesse in der menschlichen Natur seyn, durch welches es hervorgebracht wurde und auch in der Dauer sein Daseyn erhält. Seine Grundannahme kann ihrer Natur nach nicht erst durch Schlüsse ermittelt werden, die ja sie gerade voraussetzen; sondern sie ist nichts Andres als eben jenes Interesse, welches der Denker in seinem Innersten findet, sein eigenes Wesen, das er nicht aufzugeben vermag. Durch die Grundannahme aber wird immer die wissenschaftliche Methode bestimmt, die Art anzunehmen, zu schließen, zu beweisen, somit das ganze System. Die Systeme haben daher gewechselt, so wie der Fortgang der Geschichte eine verschiedene Beschaffenheit des menschlichen Geistes und verschiedene Motive desselben hervorbrachte. — Das Interesse, welches eine Philosophie erzeugte und erhält, ist eben deßhalb ein höheres als diese selbst; denn von seinem Bestand hängt der ihrige ab. Sein Maaß ist daher auch das Maaß, das für sie gelten muß. Sein Maaß aber kann nur ein thatsächliches seyn. Daß z. B. das Gute das Gute und das Böse das Böse ist, läßt sich nicht logisch darthun, sondern es ist nur dadurch wahr, daß die Urquelle des Guten zugleich die Allmacht besitzt. Könnte sich die Menschheit von diesen Ideen und der Macht, welche sie erhält, in der That losreißen, so müßte ihre Unterscheidung auch in der Wissenschaft fallen. Der geschichtliche Verlauf, die reelle Beschaffenheit der Menschen ist das Gericht über die Motive aller Philosophie, und sohin über diese selbst. Die Wissenschaft muß, wie der Heilige in der Legende, den stärksten Herrn suchen. —

Die verschiedenen Systeme lassen sich nun durchaus nicht vereinigen; weil Wahres und Falsches nicht zu vereinigen, und bei entgegengesetzten Grundannahmen keine Gemeinschaft ist. Von dem Interesse aber, welches zu einer jeden Philosophie bestimmte, läßt es sich nicht im Voraus sagen, daß es seiner Natur nach jedes andere ausschließen müsse. Im Gegentheil steht es zu vermuthen, daß jedes an sich selbst ein wahres sey, weil es ein menschliches ist, und die Geschichte seine Befriedigung wollte; daß es unwahr nur in seinem Produkt sey, welches es getrennt von den übrigen hervorbrachte. Fände sich nun ein tieferes, volleres Interesse, das alle diese einzelnen in sich enthielte und allein erregt hätte, so würden durch seine Befriedigung alle andern zugleich befriedigt werden. Die Philosophie, die es forderte, wäre die sichere. Sie würde alle andern vereinigen, nicht ihre Behauptungen, sondern ihren wahren Trieb, durch welchen allein sowohl ihre falschen als wahren Resultate zur Wirklichkeit kommen konnten, das lebendig Wirkende in einer jeden. Dieses Totalinteresse mit seinem reichen Inhalte wäre denn nichts Anderes als das wahre und ursprüngliche Wesen des Menschen, von dem alle Zustände und Beweggründe ausgingen, und in das sie zurück wollen. Nur dann ist eine Ansicht sicher, wenn sie nicht bloß in sich begründet und beschlossen, sondern der ganze Mensch durch sie befriedigt ist, und sie zugleich die Einsicht gewährt, wie die übrigen entstehen konnten; denn kein anderer Punkt gewährt vollständige Uebersicht der übrigen als der höchste.

Es ist daher die Aufgabe, unser rechtsphilosophisches Wissen genetisch darzustellen. Nicht die Kenntniß der historischen Aufeinanderfolge der rechtsphilosophischen Ansichten genügt hier; vielmehr ihr eigner Ursprung und inneres Werden, die Triebfeder in dem menschlichen Wesen, welche sie erzeugte, soll aufgedeckt werden. Es kann daher nicht um die Vollständigkeit der Schriftsteller und ihrer Meinungen zu thun seyn, sondern nur um die Vollständigkeit der wissenschaftlichen Wege, und es fragt sich bei jedem Systeme nicht sowohl, welche Einrichtungen es für gerecht erkläre, als was ihm das Gerechte sey, und woher es die Kenntniß desselben schöpfe.

Also soll die Betrachtung des Vergangenen zu einem neuen Resultate führen.

Erstes Buch.

Ideale und empirische Rechtspilosophie.

(Die Griechen.)

Erster Abschnitt.

Platon.

Die Ideen und ihre Erkenntniß — Einfluß auf die Staatslehre. — Die Republik. — Beurtheilung derselben.

Unser Auge empfängt das Licht und zeugt von dem Lichte; aber es ist nicht das Licht und hat das Licht nicht gemacht. Sondern Helios strahlt das Licht aus, er giebt den Dingen die Farbe und Sichtbarkeit und unserm Auge die Fähigkeit sie zu schauen. So ist auch die Idee die Ursache des Guten. Sie ist die Königin der geistigen, wie die Sonne der Sinnenwelt. Ja sie hat auch diese selbst erst hervorgebracht, und das Licht und die Sonne als ihr Ebenbild in derselben eingesetzt. Nur durch sie ist der Unterschied des Guten und Bösen, des Wahren und Unwahren, wie durch das Licht der Unterschied der Farbe. Unser Geist zeugt von der Idee, aber ist nicht die Idee; sondern von ihr erst hat er seine Fähigkeit empfangen diese Unterschiede zu erkennen. Und würde sie sich aus der Welt zurückziehen, so würde auch er das Gute und Böse nicht mehr wissen, wie das Auge Farben und Gegenstände nicht mehr unterscheidet, wenn die Sonne hinabgesunken ist, obwohl scheinbar die Kraft des Unterscheidens in ihm selbst liegt. — Das ist das Gleichniß Platons.*)

Die Idee hat also ein Daseyn und sohin eine Beschaffenheit, eine Bestimmtheit außer dem Vermögen in uns, welches durch ihre Hülfe ihre Wirkungen sieht. Und als ein Selbstständiges in dieser Art muß sie auch erkannt werden. So wie nun Niemand, um die Sonne und das Licht wahrzunehmen oder ihr Daseyn zu beweisen, das Auge untersucht, so folgert und findet Platon das Wesen des Guten nicht aus der Vernunft; sondern es selbst ist das Erste und Ursprüngliche, das da ist und wovon der Geist Kunde hat; nicht das da seyn müßte, weil irgend ein Grund in uns selbst es nothwendig machte. Die Gesetze und die Organisation des Auges sind für sich selbst nichts, erst durch das Licht wird die Kraft und Thätigkeit in ihm erweckt, welche die Gesichte gewährt. Erst durch die Idee wird die Kraft erregt, welche das Gute und Böse sieht, die A n s c h a u u n g d e s G e i s t e s. Sie ist nicht ruhig vorhanden, wie das Sehen im Auge nicht ruhig vorhanden ist, und hat ihren Besitz nicht in ihr selbst; sondern sie ist nur, indem sie thätig ist und den Gegenstand außer ihr gleich den Lichtstrahlen einsaugt. Wären Licht und Farbe nichts, als was schon in der Organisation des Gesichtes liegt, woher sollten sie den eigenthümlichen Glanz haben und die Freude, welche sie dem Schauenden einflößen? Wenn nun die Idee etwas ist außer den Gesetzen und Bestimmungen des Geistes, warum sollte sie auf die Dürftigkeit derselben beschränkt, warum sollte das Gute und Gerechte bloß formal, ein Inbegriff allgemeiner Regeln ohne besondern Inhalt seyn? Die Idee wirkt

*) Im sechsten Buch der Republik.

ja ihrer eigenen Natur nach, und es ist nichts im Wege, daß diese gleich der Sonne von innerlicher Pracht und von unermeßlichem Reichthum sey und ihre Strahlen in mannigfachen Farben sich brechen.

Gerechtigkeit ist daher bei Platon keine Regel oder ein System von Regeln, sondern ein volles Bild eines mannigfachen durchaus bestimmten Handelns. Darum ist seine Republik das Muster konkreter Behandlung. Er zeigt uns seine Bürger in der ganzen Thätigkeit ihres Lebens, wie sie ihre Bedürfnisse befriedigen, welches ihre Beschäftigung, welches ihre geistigen Bestrebungen sind, wie sie erzogen und unterrichtet werden, was sie für gut und achtungswerth oder für schlecht und schmachvoll halten. Die Verfassung und Form des Staates erscheint in unauflöslicher Einheit mit diesem bestimmten Leben. Sie läßt sich so wenig auf andere Bürger übertragen, als diese unter einer andern Verfassung zu leben vermöchten. Es ist unmöglich auszuscheiden und abzugränzen, was an diesem Staate das Ewige, Ideale, und was das Zufällige der Erscheinung ist. Denn wenn man aus ihm einen Grundsatz abzöge, und ihn als das Wahrhafte, Ewige in demselben festhielte, würde man den Sinn Platons keineswegs treffen. Nicht etwa, daß die Einzelnen sich dem Ganzen hingeben sollen und ähnliches in solcher Nacktheit erscheint ihm als das Wahre und Herrliche, sondern nur die bestimmte Weise der Hingebung, die bestimmte Weise der Thätigkeit, wie er sie durch alle Verschiedenheit menschlicher Beschäftigung durchführt. So bestimmt und individuell ist das Ideal, bestimmt selbst für den Augenblick, in welchem es dargestellt wird, daß es als wesentlichen Theil sogar die Gesinnung und den Werth der regierenden Personen enthält, die doch wechseln, während die allgemeinen Grundsätze der Verfassung bleiben. Weise Menschen sind mehr werth als weise Gesetze, so urtheilt jeder schlichte Mann. Hier erscheint es in einem wissenschaftlichen Werke, und es gehört zur Idee dieses Staates, daß die Weisen (Philosophen) ihn regieren. Ja für die Verhältnisse seiner Bürger unter sich soll er gar keine Regeln enthalten. Das sichere Urtheil der wohlerzogenen Männer in dem bestimmten Falle soll über sie entscheiden. Es liegt also hier der Gedanke ferne, als enthielten die allgemeinen Grundsätze, welche der Staat in seinen Gesetzen erklärt und in seiner Verfassung darstellt, das Gerechte. Nicht auf dieses Ruhende, auf die Architektonik des öffentlichen Lebens ist es abgesehen, sondern das Gerechte ist ein lebendiger Zustand, es besteht in dem bestimmten Handeln des Augenblicks. — Der wissenschaftliche Gang Platons, durch den er Einrichtungen findet, prüft, beweist, ist nichts weniger als logische Folgerung, nach welcher sich aus gegebenen Bestimmungen wieder andere mit Nothwendigkeit ergeben. Er prüft ihren reellen Erfolg, ob nach demselben der Zustand sich ergiebt, den er im Ganzen will. Denn wenn die Idee des Guten und Gerechten etwas Anderes ist als die Organisation des Verstandes, wer hätte sie genöthigt, immer nur dann ein Drittes zu wollen, wenn zwei Vorangehende es fordern; und nicht vielmehr frei mit einem Willen das Ganze, so vielfach auch seine Bestandtheile seyen? In der logischen Folgerung gleicht der Zusammenhang dem eines Bauwerks, wo immer das Untere das Obere trägt, ohne von ihm getragen zu seyn; in der Anschauung aber, welche durch die Idee erweckt wird, einem lebendigen Leib, wo jedes Glied, indem es das andere hält und trägt, auch zugleich wieder von ihm gehalten und getragen wird. Die Analogie aber, welche Platon zwischen der Einheit des Menschen und des Staats durchführt, macht es offenbar, daß er nicht die Einheit des Begriffs sucht, sondern die lebendige. Sein Bild des Staates tritt mit einem Schritte zugleich in allen Theilen vollendet in die

Welt, wie die Weisheit aus dem Haupte des Zeus. — Die Nachbildung Platons nach seinem Urbilde oder eines Andern nach seiner Republik ist denn auch völlig verschieden von der nach abstrakten Begriffen und nach den neuern Staatslehren. Die letztere kann man die Nachbildung der Ruhe, die erstere die Nachbildung der That nennen. Jene nämlich ist Subsumtion, Aneinanderlegen der selbst inhaltslosen und daher für jeden Inhalt bereit liegenden Regel — z. B. der gleichen Freiheit — und eines außer ihr schon gegebenen gleichgültigen Stoffes — z. B. Grundbesitz, Verkehr, wie er immer seyn mag. Dieser Nachbildung aber gewährt das Vorbild keine abgetrennte Regel, die sie nur aufzunehmen brauchte, und ihr genügt kein Stoff, der nicht selbst durch und durch erst nach der Idee gebildet wäre. Jeder logische Kopf kann daher die Gerechtigkeit Kants oder Hegels in einem Lande einführen; der aber müßte mit schöpferischer Kraft ausgerüstet seyn, der es unternähme, nach Platon oder einer im gleichen Sinne entworfenen Rechtsphilosophie Staaten zu bilden. Jene Nachbildung muß denn auch dem Vorbilde der Ruhe nach gleichen. Nämlich die wirklichen Einrichtungen müssen die allgemeinen Grundsätze der Gerechtigkeit mathematisch decken, und können dieses auch. Diese aber muß dem Vorbilde der That nach gleichen. Derselbe Geist, dieselbe Wirkung muß in dem Nachgebildeten herrschen, wie im Vorbilde. So soll und kann das Bild des Malers dem Menschen nicht nach Zirkel und Lineal gleich seyn, sondern es soll die gleiche Wirkung mit ihm haben, d. i. dieselbe Anschauung wie er selbst in dem Betrachtenden hervorbringen. Die Frage nach der Ausführbarkeit ist darum das unpassendste Maaß, das man an die Republik des Platon legt. Denn nicht, daß diese Gesetze buchstäblich, wie er sie entworfen, in einem Staate ausgeführt werden sollen, ist der Sinn, sondern daß ein wirklicher Staat denselben Geist in sich trage, dieselbe

Gesinnung bei seinen Bürgern erzeuge und durch seine Einrichtung denselben Eindruck auf den Beschauenden übe, wie der von ihm entworfene. Dieses ist ausführbar, und wenn es nicht in dem Grade erreicht werden könnte, so stände doch dem nichts im Wege, daß die Staaten ihre Einrichtungen so treffen müßten, um sich ihm zu nähern. Und ist doch in der That diese Idee des platonischen Staates keine andere, als welche wirklich die griechischen Staaten bewegte, der sie in der Periode ihres Glanzes und ihrer Trefflichkeit mit größerem oder geringerem Erfolge sämmtlich nachrangen.

Es ist in der neuesten Zeit herrschend geworden, die wirkliche Gestalt der Dinge als die einzige Darstellung des Guten und Gerechten zu betrachten, und den Dingen zwar nicht ohne die Idee, aber auch der Idee nicht ohne die Dinge ein Daseyn einzuräumen. Auch den platonischen Ideen dieses Verhältniß beizulegen, ist versucht worden. Allein nach Platon hat die Idee wohl alle Dinge hervorgebracht; aber ihr eigenes Bestehen ist nicht bedingt durch das, was sie hervorgebracht, nicht bloß eine Seite, Grundlage, Form oder Triebkraft des Produkts; sondern ein reelles selbstständiges Daseyn, wie die Sonne doch Sonne wäre, wenn es auch keine Gegenstände gäbe, die sie beleuchtete, keinen Wachsthum, den sie entfaltete, und kein Auge, das sie schaute. An Platon ist die Unbefriedigung jedes großen Gemüthes durch die irdischen Dinge offenbar. Sein Ideal besteht nirgend in der Welt, ja sein eignes Gebilde vermochte es nicht darzustellen, wie es vor seinem innern Auge stand. Die Wirklichkeit, die es nicht enthält, soll erst streben sich nach ihm zu bilden. Seine Erkenntniß desselben ist daher auch nicht Erkenntniß als eines solchen, welches in dem Bestehenden ist, sondern das gegenwärtig außer ihm ist, in ihm erst zukünftig vielleicht seyn wird — sie ist daher Voranschauung.

Dieses Bild des Staates, das Platon vor der Seele steht, ist die Fülle der mannigfaltigen, zum menschlichen Gemeinwesen gehörigen Kräfte, jede in ihrer Weise völlig entfaltet, und alle in ihrer ganzen Thätigkeit Einem Ziele zugewendet, von Einem ordnenden Sinn im rechten Maaße erhalten. Die „Gerechtigkeit“ (wir würden wohl richtiger übersetzen: die Vollkommenheit) besteht für den Staat eben darin, worin für den einzelnen Menschen. Die erste Anforderung ist, daß jeder die angeborene Anlage ungestört ausbilde, damit keine Kraft verborgen bleibe, der ganze Reichthum sich entfalte, den Natur in den Menschen gelegt. Die andere, daß jedem Menschen die gebührende Stelle angewiesen sey und er in dieser sich bewege. Die letzte endlich, daß diese vielfältigen gegen einander abgegränzten Bestrebungen und Leistungen sämmtlich nur von Einem Willen und Einem Interesse beherrscht werden — daß der Staat auch *ein* Staat sey

Es werden danach die Bürger in zwei Hauptklassen geschieden, die eine für die niedern Funktionen des materiellen Bedürfnisses (die Ackerbauer, Riemenschneider, Töpfer u. s. w.), die andere für die höheren Funktionen des kriegerischen Schutzes und der geistigen Leitung — die „Wächter“. Die Ausscheidung geschieht auf gerechte Weise, indem jedem die Stelle zugetheilt wird, zu der er durch seine Natur berufen ist. Danach wird schon in der niedern Klasse die Beschäftigung nicht der eigenen Wahl überlassen, sondern je nach der Anlage und Fähigkeit angewiesen, damit jede Beschäftigung zur Vollkommenheit gebracht werde. Nicht minder werden die Bürger in die höhere oder geringere Klasse je nach ihrer höhern oder geringern Natur, ihren sittlichen und geistigen Gaben eingereiht. Denn einigen Seelen ist von der Natur Gold, andern Silber, andern geringeres Metall beigemischt. Die Vertheilung in die beiden Klassen aber ist erblich, weil nur der edle Stamm wieder edle Sprößlinge treibt, und hier noch Vorsorge gegen Entartung getroffen ist. Das schließt jedoch nicht aus, daß Glieder der höhern Klasse, wenn sie dennoch entarten, herabgesetzt, Glieder der geringern, wenn sie sich veredeln, in die höhere erhoben werden. Von der geringern Klasse ist nun weiter nicht die Rede. Sie bildet, nach griechischer Weise, die Grundschichte, welche in die umhüllende Erde gesenkt wird, damit über ihr die Pracht des Gebäudes sich erhebe. Die regierende Klasse der Wächter ist allein und eigentlich der Staat, nur in ihr soll sich die Vollendung des menschlichen Gemeinlebens darstellen. Ihre Glieder sind jeder gemeinen Sorge und Beschäftigung enthoben, der Staat reicht den Bedarf. Von Kindheit an erhalten sie die überdachteste Erziehung, Gymnastik und Musik bringen alle ihre körperlichen und geistigen Anlagen zur Reife, jede großartige Gesinnung wird in ihnen genährt, jeder störende Eindruck fern gehalten. So wird selbst die nachahmende Poesie ausgeschlossen, weil sie die Wahrhaftigkeit und Würde gefährdet.

Der vollen Entfaltung der Kräfte und deren richtiger Vertheilung, die sich also ergiebt, wird aber das Siegel der Vollendung aufgedrückt durch die Einheit des Zieles, welchem sie alle dienen. Alle sollen nur auf das Ganze, auf den Staat nicht auf irgend ein eignes persönliches (privates) Interesse gerichtet seyn. Die Bürger sind nicht Zweck für sich selbst, sondern bloß Mittel für den Staat. Insbesondere wird der höhern Klasse der Wächter, als in welcher sich der vollkommene Staat darstellt, diese gänzliche Selbstentäußerung und unbedingte Hingebung an das Ganze auferlegt, ihnen ist es schlechterdings nicht vergönnt, irgend ein eignes Interesse zu haben. Sie dürfen nicht in eignen Geschäften verreisen, nicht des Goldes und Silbers sich bedienen, kein eignes Vermögen besitzen. Selbst das Band der Familie ist unter ihnen aufgehoben. Die Ehen sind heilig, sagt Platon, aber die am heiligsten, die dem Staate am zuträglichsten. Daher ist Gemeinschaft der Weiber und Kinder einzuführen, damit keiner mehr eine Sorge und einen Wunsch übrig habe, die nur ihn allein und nicht auch alle Andern angingen. Es soll Niemand wissen, wer sein Vater, wer sein Sohn sei, damit alle als Vater und Sohn sich betrachten, eine Familienliebe das ganze Gemeinwesen durchdringe. Nur also werde der Staat wirklich ein Staat, alle wirklichen Staaten verdienten nicht diesen Namen; denn jeder sei mehrere Staaten, vor allem zwei, ein Staat der Reichen und der Armen, dann aber unzählige, nemlich so viele als Individuen.

Also soll dieser Staat, und zwar vorzugsweise in seinem eigentlichsten Elemente, der Klasse der Wächter, alle edlen Kräfte enthalten, Tapferkeit, Klugheit, Milde, Vaterlandsliebe u. s. w. Jede derselben aber hat die Stelle zu erhalten und zu behaupten, welche sie von der Natur einzunehmen angewiesen ist. Die Einsicht hat die Beschlüsse zu fassen, die Tapferkeit sie auszuführen, die Kraft, welche von der Idee zur Herrschaft bestimmt ist, muß gebieten, die zum Dienen bestimmte gehorchen, und es ist Sorge zu tragen, daß keine das eigene Gebiet überschreitend in das der andern übergreife, und hierin besteht die Gerechtigkeit im engern specifischen Sinne. Soll aber dieses Maaß gehalten, und sollen die zerstreuten Thätigkeiten auf das eine Ziel gerichtet bleiben, so ist es nöthig, daß die Weisen an der Spitze des Staates stehen — diejenigen, welche nicht von Gierde nach Geld und Lüsten, von Furcht des Todes bestimmt werden; sondern die mit Kraft des Geistes, mit Gedächtniß und Verstand ausgerüstet, auf Erkenntniß und Ausführung des Guten gerichtet sind, die so nicht den Schein suchen, sondern die Wahrheit, über dem Wechselnden und Vergänglichen erhaben, nur nach dem Bleibenden und Ewigen streben. Diese, durchdrungen von der Größe des Ideals und keines eigensüchtigen Willens fähig, werden der ganzen verschlungenen Bewegung den beseelenden Rhythmus ertheilen. — In ihnen ist der Gipfel des platonischen Staates erreicht, gleichsam eine unausgesetzte begeisterte Andacht, mit der die Menschen die Idee des Guten in der Herrlichkeit des Staates, den sie bilden und welcher sie darstellt, anbeten.

Was Platon die Gerechtigkeit des Staats nennt, ist vielmehr nur die Schönheit desselben. Denn das unterscheidet das Gerechte und das Schöne: Im Schönen ist die Fülle mannigfachen Daseyns bewußtlos und ohne Befriedigung der Theile geeint. Das Gerechte aber gönnt jedem Wesen ein eignes Daseyn, Befriedigung und unabhängige Bewegung, damit es selbst wieder ein Ganzes in das größere Ganze frei eingreife. Dieses findet sich aber nicht im Staate des Platon. Er opfert den Menschen, sein Glück, seine Freiheit, selbst seine sittliche Vollendung. Denn dieser Staat besteht nur um sein selbst, um der Herrlichkeit seiner Erscheinung willen, und der Bürger ist nur bestimmt, als ein dienendes Glied sich in die Schönheit seines Baues zu fügen. So hat er den darstellenden Charakter. Er ist ein Kunstwerk, das minder für seine eigenen Theile da zu seyn scheint, als für den Beschauer.

Es ist aber ein ewiges Gesetz, daß auch das wahre Streben, wenn es in seiner Absonderung ein anderes verletzt, sich zugleich selbst damit zerstört. Eben dadurch, daß Platon die Interessen des einzelnen Menschen nicht beachtet, ist er verhindert, sein eignes vorherrschendes, die innere Harmonie des Staates zu erreichen.

Das will Platon selbst, daß sein Staat eine höhere Harmonie darstelle als die Natur, ja die höchste. Er kann es aber nur dadurch, daß er zugleich als ein Reich der Freiheit besteht, so daß die Schönheit seines Baues nicht bloß wie die Natur da ist, sondern von Wollenden, für sie Begeisterten in jedem Augenblicke gleichsam aufs neue geschaffen werde. Dieß wird nun durch die Einrichtungen selbst unmöglich. Nirgend ist ein Recht und eine Wahl den Bürgern zugestanden, jeder erhält eine Stelle, die er ausfüllen muß, nicht die er ausfüllen darf. Kein Schutz der Person, sondern nur der Anlagen, welche sie besitzt, selbst gegen ihren Willen, so daß auch hierin nicht sowohl sie selbst geschützt ist, als das Urbild, für welches jene Anlage benützt wird. Ja bei den wenigsten ist es darauf abgesehn oder dafür gesorgt, daß sie der Erkenntniß des Großen, welches sie darstellen, auch selbst theilhaftig würden. Indem er dem Stande der Regierenden alles entzieht, was Gegenstand menschlicher Verfügung, Besitzes und Wunsches ist, nimmt er ihnen selbst die Möglichkeit, sich dem Staate hinzugeben. Er macht sie statt zu großmüthigen zu mittellosen Menschen. Die Harmonie besteht, wie Aristoteles einwirft, nicht darin, daß immer derselbe Ton, sondern daß im Einklang viele Töne angeschlagen werden. So müsse auch der Staat nicht bloß *einer*, wie Platon will, sondern zugleich auch *viele* seyn, um Schönheit und Harmonie zu erreichen. Er muß aus Männern bestehen, die frei wählen, aus eignem Willen handeln. Indem Platon dieses aufgiebt, drückt er selbst seinen Staat nach der Stufe der Naturschönheit herunter. — Wenn er das Glück seiner Bürger unberücksichtigt läßt, z. B. nicht Sorge trägt, ob den Stand der Hüter die Stellung, die er ihm angewiesen, auch befriedigen werde, ja wenn er die Gebrechlichen als unfähig, dem Staate zu dienen, dahin sterben läßt, und sogar die Aerzte verbannt, die ihnen das nutzlose Leben fristen; so glaubt er selbst dafür eine Rechtfertigung zu bedürfen — die Wohlbehaltenheit des Ganzen bringe von selbst das Glück der Einzelnen, und es komme nicht darauf an, ob sich irgend eine Klasse wohlbefinde; wenn nur der Staat seinem Urbilde entspreche. Allein zum vollendeten Bilde des Staates gehört es, daß auch das Glück der Menschen bestehe und ihm eine eigene Sorge gewidmet sey, die es selbst und nicht wieder Anderes zur letzten Absicht hat. Vollends unschön aber sind Härten jener Art. Die Naturgewalt wohl geht zerstörend über lebendiges Daseyn, und bleibt dennoch erhaben und schön; aber menschliche Einrichtung kann ihren schonungslosen Gang nicht nachahmen, ohne den Sinn zu verletzen. Aristoteles tadelt es, daß Platon seine Krieger mild zwar gegen Einheimische, rauh und feindlich aber gegen Fremde den Hunden ähnlich erziehen läßt, indem unsanfte Gemüthsart nirgend sich zieme. Diese Einrichtung ist an sich von keinem Interesse für uns; aber es kommt in ihr die große Frage zur Entscheidung, ob der Vollkommenheit des Menschen oder der des Staates der Vorrang gebühre. Es ist dem Platon nicht um die menschliche Vollendung der Krieger zu thun, sondern um die Entwicklung der kriegerischen Kraft im Staate. Jener widerspräche der ins Naturell gelegte Haß gegen Nichtbürger, diese fördert er, weil der menschliche Geist in der Richtung, die er einseitig verfolgt, eine größere Stärke zu erlangen pflegt. Störender noch als dieß ist die Erziehung der Frauen zu männlicher Thätigkeit, zu Krieg und Vertheidigung des Landes. Es ist Keinem vergönnt, zu werden, was er als Mensch seiner Natur nach werden sollte, sondern nur das, wodurch der Staat den größten Gewinn hat. Nicht nur die Vollendung der einzelnen Menschen wird der des Staates geopfert, sondern selbst die der menschlichen Verhältnisse und Bestrebungen, für welche nicht minder als für den Staat gefordert ist, daß sie das, wozu die Natur sie bestimmte, erfüllen. Das Band der Familie wird aufgehoben, um jedes gesonderte Interesse zu vermeiden. Die Poesie wird verbannt, weil sie, Geringes wie Hohes nachahmend, nicht geeignet sey, die Reinheit und Gesetzmäßigkeit der Seele zu befördern, welche dieser Staat bedarf. Die Einheit und Geschlossenheit desselben ist nun keine Versöhnung dafür, daß in sich selbst hohe Bestrebungen mangeln und geheiligte Verhältnisse entweiht werden. Eine höhere Schönheit würde der platonische Staat erlangt haben, wenn er nicht bloß Schönheit und Begeisterung, sondern auch Freiheit und Menschlichkeit anstrebte. Denn das Gute muß auch nach Platon von einer noch höheren Schönheit seyn, als selbst das Schöne. — Ein erhabener Geist zieht durch alle diese Einrichtungen des öffentlichen Lebens, die Anforderung unbedingter maaßloser Hingebung ohne Rückbeziehung auf sich selbst. Indem aber der Staat zum Ziel dieser Hingebung gemacht wird, ist das bewußtlose Gebilde über den Menschen gestellt, daß diese Hingebung nicht erwiedern, ja nicht empfinden kann. Wie viel wahrer und freundlicher ist jener Ausspruch: „Der Mensch ist nicht um des Gesetzes willen, sondern das Gesetz um des Menschen willen!"

Es ist Platons Lehre nicht frei von dem Abwege, daß, während er der Idee nachstrebt, er unvermerkt ihr das Ideal unterschiebt. Ideal nemlich ist die menschlich ausgedachte Vollkommenheit im Unterschiede der durch Gottes Gebot und Ziel vorgesetzten Vollkommenheit. Das Ideal hat darum wohl einen Zug der Erhabenheit über der Wirklichkeit mit allem dem Schlechten und Gemeinen, das an ihr haftet; aber es hat auch einen Zug des Widerstreites und Verstoßes gegen die Naturordnung und damit gegen die wahrhafte Vollendung, durch den es selbst hinter der Wirklichkeit zurücksteht. In dieser Weise bildet sich Platon mit menschlichen Gedanken eine Vollendung durch Hingebung und Entäußerung an den Staat, die wohl erhaben ist über der Selbstsucht, aber das Recht der Persönlichkeit und den Beruf der Geschlechter und das Band der Familie, wie sie durch Gottes Gesetz geordnet sind, verletzt.

Alles dessen ungeachtet bleibt Platons Staatslehre ein Vorbild und eine zurechtweisende Lehrerin für die nachfolgenden Zeiten durch ihre wahren Ziele, deren die spätere Wissenschaft verlustig ging — die positive Entwicklung von Kräften, die Schönheit der Gestaltung und die innerliche Gesinnung und Begeisterung, welche sie als die Anforderungen des öffentlichen Lebens erkennt.

Zweiter Abschnitt.

Aristoteles.

Standpunkt des Aristoteles. — Princip und Gang seiner Politik. — Stellung zu Platon. — Verhältniß zwischen Natur und Ethos überhaupt. — Werth der idealen Anschauung und der Empirie. — Erklarung des Gegensatzes zwischen Platon und Aristoteles.

Die platonische Idee des Guten beleuchtet ein Zukünftiges, und nur eine Voranschauung, die sie selbst ertheilt, setzt den Geist in den Stand, es zu erkennen. Diese Voranschauung aber, die besondere Gabe des Platon, fehlt dem Aristoteles. Er muß daher seine Kenntniß des Gerechten aus dem Vorhandenen schöpfen, das ohne begeistertes Ahnen mit Sicherheit wahrgenommen wird. Seine Basis ist die Welt, wie sie ist, und die Gesetze, die sichtbar ihr Daseyn erhalten und regieren. Ursache und Maaß des Gerechten ist ihm nicht eine frei entworfene Gestalt, die zukünftig, unerreicht, vielleicht unerreichbar über der Wirklichkeit schwebt; sondern die Natur selbst, deren Trieb die bewußtlosen Dinge und die Verhältnisse der Menschen wirkt.

Gerecht ist die Einrichtung, welche diesem Triebe folgt. Sein Wahlspruch: „Nichts kann gut und vortrefflich seyn, was gegen die Natur ist.“ So schöpft er das ethische Gesetz aus dem natürlichen. Es ist ihm ein und derselbe Inhalt, nur daß hier freiwählende Wesen ihn ausführen.

Diese Annahme scheint in sich selbst schon einen Widerspruch zu haben. Die Natur nemlich wirkt mit unwiderstehlicher Macht. Wo sich also ihr Trieb äußert, da ist keine Wahl, mithin kein ethisches Gesetz denkbar. Wo hingegen Wahl und Entschließung ist, also Raum für ethische Vorschrift, hat eben damit die Natur sich zurückgezogen, und gewährt keine Norm mehr. Ferner erregt die Natur widerstreitende Triebe. Die Selbstsucht und die aufopfernde Liebe sind beide ihr Werk, und es ist gewiß, daß das Ethos meistens gerade die Ueberwindung eines Naturtriebes fordert. Wenn also unter diesen Widerstreitenden ausgewählt wird, so sollte man glauben, müßte ein anderes Maaß als das Gesetz der Natur, ein eigenthümlich ethisches im Hintergrunde sich befinden, von welchem die Entscheidung kam. — Aristoteles bedarf aber eines solchen keineswegs. Diese Widersprüche sind nur dann gegründet, wenn man die einzelnen Wirkungen im Auge hat. Allein dem Aristoteles ist das Maaß des Gerechten die Natur und ihre Absicht im Ganzen. Es geht eine Thätigkeit durch die ganze Schöpfung, die, scheinbar und im Einzelnen Entgegengesetztes erregend, im Ganzen mit sich übereinstimmend wirkt. Die bewußtlose Natur zeigt überall einen Bildungstrieb, einen Trieb nach Erhaltung, Ausbreitung, Steigerung des Daseyns, durch den die Geschöpfe da sind und sich mehren. Ihn zeigt auch die Sphäre der geistigen Wesen. Er treibt die Menschen durch das nöthige Bedürfniß zu Verbindungen, kettet sie instinktartig aneinander, und erzeugt so die mannigfachen geselligen Verhältnisse. Die Natur will durchaus das Reichere,

Mannigfaltige, Entwickelte; wenn sie auch, gegen ihr eignes Ziel sich empörend, hier und dort Daseyn zerstört und ihre Bildungen in den einfachen Stoff wieder auflösen zu wollen scheint. Es ist daher naturgemäß, das rohe Element durch Dämme von der organischen Pflanzenwelt abzuhalten, es ist naturgemäß, jenem Trieb nach Verbindungen und seinen Bildungen in der geistigen Welt über die Ausbrüche der Selbstsucht die Herrschaft zu sichern. Es ist wohl ein natürlicher Trieb, durch welchen der Mensch nach steter Erweiterung des Reichthums, des Luxus strebt, da jede Thätigkeit auf ihre Erweiterung gerichtet ist; aber der allgemeine Trieb der Natur setzt ihm die Gränze, indem er zeigt, daß das Vermögen nur für die eigene Erhaltung, die der Familie und des Staates zu dienen habe*). — Aristoteles bedarf also keines Maaßes außer der Wirklichkeit, sondern diese selbst gewährt es ihm, indem er das Allgemeine in ihr findet und als das, was sie wahrhaft will und was seyn soll, erkennt. Dieses ist nicht unwiderstehlich nöthigend, sondern es steht frei, ob im Einzelnen ihm gehorcht werde. Es ist nicht in sich selbst widerstreitend; die widerstreitenden Triebe sind nicht dieses allgemein Durchgehende. Und von seinen Anforderungen ist es klar, daß sie vom Ethos nicht überwunden werden sollen, vielmehr selbst demjenigen entsprechen, was als Ethos anerkannt ist.

Das Maaß des Aristoteles ist also der Zweck der Natur (τέλος). Das ist etwas ganz Anderes, als was man gewöhnlich unter Zweckmäßigkeitsauffassung (Teleologie) versteht. Es ist ein in der Sache selbst liegender (objektiver), nicht ein von Menschen beliebig vorgesetzter (subjektiver) Zweck, und ist ein in den natürlichen oder geselligen Bildungen immer

*) Im ersten Buche der Politik.

bereits wirksamer und erfüllter, nicht ein außerhalb derselben liegender Zweck, bei welchem darum nie etwas als bloßes Mittel, also an sich selbst werthlos erscheint. Das Verfahren des Aristoteles aber ist darnach die Beobachtung. Er verfolgt die Erscheinungen der Natur, um durch ihre Zergliederung und Vergleichung zu finden, was die Absicht, das innere Streben der Natur bei denselben ist. Nach diesem Maaße und in dieser Weise untersucht er die menschlichen Lebensverhältnisse, von den einfachsten beginnend, zu den reichern, verwickeltern hinaufsteigend, und daraus ergiebt sich seine Staatslehre.

Das erste menschliche Lebensverhältniß, welches die Natur wirkt, ist die Verbindung von Mann und Weib, ihr Zweck die Fortpflanzung des Geschlechts. An sie schließt sich das elterliche Verhältniß und das herrschaftliche Verhältniß (d. i. zwischen Herren und Sklaven); diese sind darin wesentlich von einander verschieden, daß das elterliche Verhältniß zum Nutzen beider Theile, des gehorchenden wie des herrschenden, das herrschaftliche Verhältniß dagegen bloß zum Nutzen des herrschenden Theils dient. Die Natur treibt aber zu weiteren Verbindungen, zu Dörfern, Flecken, endlich zum Staate (Stadt und Staat nach griechischer Weise als gleichbedeutend genommen). Der Staat ist das oberste Verhältniß, er ist die Erfüllung dessen, was die Natur bei jenen vorausgehenden anstrebte; denn er allein hat die Selbstgenugsamkeit (αὐτάρκεια), während jene immer wieder einer andern und höhern Verbindung bedürfen, die sie erhält oder schützt. Darum ist der Staat der letzte Zweck der Natur, und der Mensch ist ein zum Staate bestimmtes Geschöpf (πολιτικὸν ζῶον). Der ohne den Staat leben wollte, müßte ein Wesen höherer oder niedrigerer Art als der Mensch seyn. Der Staat ist deßhalb vor dem Menschen, das heißt, der Staat ist es, auf welchen die Natur schon bei dem einzelnen

Menschen, als auf ihren letzten Zweck, hinaus will, wie sie überall den Theil nur auf das Ganze bezieht, in dem Theil nur das Ganze anstrebt. Zweck des Staates aber ist vorerst die Erhaltung (ζῆν) seiner Bürger, dann aber ihre Wohlerhaltung (εὖ ζῆν). Letztere erfordert mancherlei äußere Umstände (guten Boden, günstige Lage und dergl.), über alles aber die Tugend, denn in ihr, nicht in den äußeren Gütern besteht die Befriedigung und das Wohlergehen, und die Erziehung der Bürger zur Tugend erscheint daher auch bei Aristoteles als die oberste Aufgabe des Staatswesens. — Für die Verfassung des Staates ist es, diesem seinem Zwecke gemäß, das erste und allgemeine Erforderniß, daß sie gleich der elterlichen Gewalt zum Nutzen eben so sehr der Gehorchenden als der Regierenden, und nicht gleich der herrschaftlichen Gewalt ausschließlich zum Nutzen der Regierenden eingerichtet sei. Deßhalb ist in jeder der drei Grundformen — Monarchie, Aristokratie und Demokratie — eine ächte Darstellung derselben und eine Entartung (παρέκβασις) zu unterscheiden, je nachdem sie jenem Erforderniß entspricht oder aber nicht. Es ist zu unterscheiden Königthum (βασιλεία) und Tyrannei, je nachdem der Monarch durch Gesetze für das Wohl seiner Unterthanen beschränkt ist oder nicht, Aristokratie und Oligarchie, je nachdem die Verdienten zum allgemeinen Nutzen oder bloß die Reichen zu ihrem eignen Nutzen zur Herrschaft berufen werden, Politie und Demokratie, je nachdem die Herrschaft, welche der Gesammtheit zukommt, wirklich zum Nutzen der Sämmtlichen oder bloß zum Nutzen der Armen, welche die Mehrheit bilden, geführt wird. Diese Politie namentlich, welche Aristoteles als die vollkommenste Staatsform betrachtet, soll durch eine Verbindung des oligarchischen und demokratischen Moments erreicht werden, nicht zwar durch eine organische Ausbildung und Gliederung der beiden Klassen, sondern vielmehr durch ein Mittendurchgehen zwischen den beiden Principien, z. B. daß das oligarchische Mittel, das Wegbleiben der Reichen aus der Volksversammlung durch Geldbußen zu bestrafen, und das demokratische Mittel, das Erscheinen der Armen in derselben durch Geldspenden zu belohnen, beide miteinander angewendet werden, daß der Zutritt zur Volksversammlung an ein mäßiges Einkommen geknüpft werde, daß die Aemter nicht durch Loos oder Turnus (in der Weise griechischer Demokratie), sondern durch Wahl in Hinblick auf Tüchtigkeit vergeben werden. Jenes allgemeine Erforderniß, die Einrichtung für den allgemeinen Nutzen, vorausgesetzt, ist nun für jeden bestimmten Staat der erste Maaßstab der Verfassung der relative, d. i. die Rücksicht, welche Verfassung für seinen besondren Zustand und die in ihm vorhandenen Elemente die angemessenste ist. Wo die Bürger an Geburt, Vermögen, Bildung einander gleich sind, muß die demokratische Form, wo eine kleinere Anzahl hierin überwiegt, die aristokratische, wo Einer über allen Andern hervorragt, die monarchische bestehen. Eine Verfassung, die allgemein und unbedingt geboten und die rechte wäre, giebt es nicht; weil keine den Zweck der Natur beim Staate, die Wohlerhaltung, die Erziehung zur Tugend, unter allen Umständen zu erreichen oder vollends am besten zu erreichen geeignet ist. Aber dennoch giebt es auch einen absoluten Maaßstab der Verfassung, nemlich welche Verfassung — ihre Angemessenheit nach den gegebenen Elementen vorausgesetzt — an sich jenen Zweck am meisten erreicht, oder man könnte auch sagen, welche Verfassung die entsprechende gerade für die jenem Zweck günstigsten Elemente ist. Dieß nun eben ist die Politie. Denn die Tugend, welche ja der Zweck des Staates ist, hat Aristoteles in seiner Ethik als eine Mitte zwischen zwei Lastern bezeichnet,

z. B. zwischen Geiz und Verschwendung, Feigheit und Tollkühnheit. Darum ist der Zustand der Erreichung des Staatszwecks am günstigsten, in welchem der Mittelstand vorherrscht, weil er ohne die Versuchungen des Reichthums oder der Armuth am meisten geeignet ist, überall auch den Mittelweg zu gehen. Diesem Zustand der Vorherrschaft des Mittelstandes aber entspricht die Politie.

Aristoteles hat darnach mit Platon das in der Behandlungsweise gemein, daß er seine Erkenntniß aus dem Gegenstande schöpft, nicht aus der menschlichen Vernunft. Sein Zweck der Natur hat ebenso wie die Idee des Platon einen Inhalt in ihm selbst, der nicht durch Untersuchung der Denkbestimmungen, sondern nur durch eine auf den Gegenstand gerichtete Thätigkeit des Geistes, d. i. durch Wahrnehmung, Anschauung gefunden werden kann. Freilich durch unmittelbare Anschauung, wie Platon das sittliche Ideal, kann Aristoteles den Zweck der Natur nicht finden, er bedarf der Abstraktion. Denn Platon sieht innerlich im Geiste ein Künftiges, und diese Anschauung ist für sich allein hinreichend, das Gerechte zu erkennen, weil ihr Inhalt eben nur das in der Idee Enthaltene, das Vollkommene ist; Aristoteles dagegen sieht nur das Wirkliche, und dieses als solches kann noch nicht das Maaß des Gerechten seyn, er muß daher erst die mannigfachen Erscheinungen dieses Wirklichen vergleichen, das Allgemeine aus dem Besondern herausfinden. Allein diese Abstraktion des Aristoteles hat den wahren Gebrauch, den negativen des Begränzens, Ordnens, Festhaltens. Sie gewährt ihm keineswegs selbst den Inhalt; diesen schöpft auch er aus der Wahrnehmung, die er mit jedem Schritte neu anstellt. Mit Unrecht wird gegenwärtig über Aristoteles behauptet, er erkenne den reinen, von sinnlicher Besonderung freien Gedanken, das logische

Gesetz als das Wesen und die Wahrheit der Dinge. Es ist ihm wie dem Platon der Versuch ferne, von den wirklichen Dingen abzusehen, und aus einem Gedanken die Nothwendigkeit irgend eines Daseyns herzuleiten. Auch ihm ist die Gerechtigkeit nicht ein System von Regeln, sondern ein Zustand von Menschen. Und die rechtlichen Einrichtungen haben ihr Maaß und ihre Würdigung nicht in der Folgerichtigkeit, sondern in den reellen Wirkungen, welche sie auf die Verhältnisse und auf das Empfinden der Menschen üben.

Die Grundstimmung ist gleichfalls beiden dieselbe. Der Staat ist ihnen das Erste, und die Menschen sind dem Zwecke seines Bestehens untergeordnet. Aristoteles nähert sich hierin zwar scheinbar dem modernen Standpunkte, vorzüglich durch seine Einwürfe gegen Platon. Er scheint persönliche Freiheit und Befriedigung zu wollen, da er Platon tadelt, daß er seinen Wächtern durch die erzwungene Armuth Wohlthätigkeit und eigne Mäßigung unmöglich mache, und daß er das Glück und die Vollendung des Menschen dem Staat opfere. Allein bei genauerer Betrachtung zeigt sich doch auch Aristoteles hierin von Platon nicht wesentlich verschieden. Auch er betrachtet kraft jenes Ausspruches, daß der Staat vor dem Menschen (d. i. daß der Staat der Zweck der Natur bei dem Menschen) sei, den Menschen nach seinem ganzen Daseyn als bloßes untergeordnetes Glied und Mittel des Staats ohne höhere, vom Staat unabhängige Beziehung, in der er absoluter Zweck ist. Auch ihm ist der Wille des Menschen nicht Zweck der Einrichtungen und nicht Ursache derselben. Der Edelste muß herrschen, die Andern mögen das wollen oder nicht, außerdem, sagt er, würden sie Zeus selbst, wenn er unter ihnen lebte, nur gleiches Recht mit ihnen zugestehen. Auch in seiner Verfassungs-Lehre findet sich nirgend der Gedanke eines persönlichen Anspruches auf Herrschaft oder auf Freiheit, eines erworbenen Rechts von Seite eines Fürsten oder eines Standes oder eines Volkes; sondern nur die Fähigkeit, die Eigenschaftung zu einem Erfolge, der für das Ganze herauskommen soll, ist die entscheidende Rücksicht. Diesen Zug des Aufgehens des Menschen im Staate hat also Aristoteles mit Platon der Art nach gemein, wenn er auch bei ihm in geringerem Grade und deßhalb weniger auffallend sich findet.

Darin aber ist Aristoteles dem Platon entgegengesetzt: Platon erkennt ein Ziel, erhaben über Alles, was die wirkliche Welt mit ihren Erscheinungen bietet, ja, wie es scheint, von ihr unerreichbar. Aristoteles erkennt kein Sollen, kein Ziel (τέλος) der Dinge, als welches die Natur dadurch als ihren Willen kund giebt, daß sie es entweder selbst schon erreicht hat, oder doch die Mittel es zu erreichen bietet. Seine Widersetzung gegen Platon hat daher nicht den gewöhnlichen Sinn: „diese Entwürfe sind gerecht zwar und vortrefflich, aber nicht ausführbar"; sondern: „sie widersprechen den Bedingungen der Natur, sie sind deßhalb nicht das, was sie, die Quelle des Ethos, will und anstrebt, sie sind unwahr und ungerecht." Daher kommt die durchgehende Verschiedenheit des Charakters und der Behandlung. — **Aristoteles bedarf der Untersuchung alles dessen, was die Natur bisher gebildet, was sich überall wechselnd und wiederkehrend zeigt.** Die mannigfaltigen geselligen Zustände, den Unterschied der Menschen, ihrer Geschäfte, Glücksgüter, Anlagen, ihre von vorausgegangenen Begebenheiten bestimmten Verhältnisse, ihre Wünsche und Triebfedern, ferner die durch natürliches Bedürfniß gegebenen Funktionen des Staats, Gericht, Regierung, Kriegsmacht, die Möglichkeit ihrer Vertheilung, Mischung, gegenseitigen Stellung, daraus die unendliche Mannigfaltigkeit der Verfassungen — alles dieses, wie es hervorgebracht wird, und was es selbst wieder wirkt, ist dem Aristoteles zu untersuchen nöthig, um zu finden, was sich erhält, so der Natur entspricht, das Gerechte ist. Er ist dadurch der Schöpfer der eigentlichen Staatskunst, d. i. der Wissenschaft von der natürlichen Wirkung und Gegenwirkung der Einrichtungen, die überall in gleicher oder ähnlicher Weise sich findet, und sich zu den lebendigen Bestrebungen jeder Zeit und Nation so verhält, wie die mechanischen Gesetze zu den individuellen organischen Wesen. Diese Kenntniß, welche dem Staatsmanne unentbehrlich ist, um die Mittel für seine Absicht zu wählen, bedurfte Aristoteles nach seinem Standpunkte, um daraus gerade das Ziel zu finden. — Das also ist die Grundlage und der Weg seiner Untersuchung. Er richtet damit nur Gegebenes zurechte, und findet das Resultat aus vielen isolirten Betrachtungen. Bei aller Schärfe aber dieser Untersuchung und der Wahrheit der einzelnen Beobachtungen wird die letzte Gestalt, die sich ergeben soll, — der Staat, der dem Ziel der Natur vollkommen entspräche — durchaus nicht anschaulich. Die Untersuchung gleicht einem Strom, der nach prächtigem Zuge zuletzt sich im Sande verliert. Platon hingegen bedarf aller dieser Untersuchungen nicht, um das Gerechte zu finden. Es ist ihm unmittelbar gegeben, ein Herrlicheres, als alle Vergleichung des Wirklichen gewähren könnte. Von seinem Urbilde erfüllt, schafft er neue Gestalten, er ist nur auf den einen Staat gerichtet, den vollkommenen, ihn sieht er ganz auf einmal und zeichnet ihn mit der Klarheit eines wirklichen Lebens. Wenn er im Einzelnen, wo Aristoteles so treffend ist, häufig Unpassendes, Naturwidriges behauptet, so umschwebt dafür dieses Ganze eine Glorie sittlicher Höhe, die einer ganz andern Welt angehört, als die natürliche Stärke und Wohlbehaltenheit der aristotelischen Einrichtungen.

Bei solchen entgegengesetzten Ausgangspunkten müßten sie auch durchaus zu widerstreitenden Resultaten gelangen. Allein es ist eine und dieselbe Macht, welche die natürlichen Zustände und Triebe wirkt, und von welcher auch das Ziel gegeben ist, dem der Mensch und seine gewählten Verbindungen nachzustreben haben. Daraus erklärt sich das Verhältniß zwischen Natur und Ethos, welches die Wirklichkeit zeigt, und damit auch das Verhältniß zwischen Platon und Aristoteles.

Die von der Natur gewirkten Zustände sind dem Ethos eine nothwendige Unterlage. Ehe, väterliche Gewalt gründen sich auf den natürlichen Trieb der Fortpflanzung, die Hülflosigkeit der Kinder u. s. w. Als solche empfangen sie aber nicht nur vom Ethos ein Gesetz, sondern sie legen ihm auch ein Gesetz auf, nur in verschiedener Weise. Das Ethos herrscht über die Natur durch seine That (aktuell), durch das, was es positiv will, nach seinen Zielen sie ordnend, wie der Herr über den Knecht. So bildet es die natürliche Begattung zum durch und durch ethischen Institute der Ehe. Aber die Natur giebt dem Ethos ein Gesetz durch ihre Beschaffenheit (substantiell), durch das, was sie ist, wie der Knecht dem Herrn. Weil von ihr gefordert wird, so kann nichts gefordert werden, was sie nicht zu leisten vermag. Gewalt der Kinder über die Erwachsenen z. B. könnte ein Gesetz nicht durchsetzen, wenn es widersinnig genug wäre, sie zu wollen. Aber auch wahren sittlichen Anforderungen wird dadurch eine Schranke gesetzt an dem Unvermögen irdischer Natur, und sie werden unwahr, gleich widersinnigen Gesetzen jener Art, wenn sie diese Schranke nicht bedenken, auf deren Entfernung sie vielmehr ausgehen sollten. — Die natürlichen Zustände sind aber auch das Vorspiel der ethischen. Sie sind das erste Glied der großen Kette, welche sodann der geschichtliche Fortgang im Ethos selbst bildet. Im Instinkt der Thiere, im empfindungs=

losen Trieb der Pflanze stellt sich schon dasjenige dar, was als Sittlichkeit in den verschiedenen Epochen in stets höherer Gestalt den Menschen auffordert. Dieses ist die Rechtfertigung des Aristoteles. Er darf aus dem Streben der bewußtlosen Dinge auf das Sollen der bewußten Wesen herüber schließen, dem ununterbrochenen Klimax folgend. — Die Natur hat endlich eine Gemeinschaft mit dem Ethos außer dem, daß sie ihm Stoff und minder entwickelte Darstellung seiner Gestalten ist, darin, daß sie in den ethischen Verhältnissen, unabhängig von ihm, auf denselben Erfolg hinführt. Der Naturtrieb ist so eingerichtet, daß er rein nach seiner eigenen Beschaffenheit ein Bestimmungsgrund zur Erfüllung der Anforderungen werde, die gar nicht dieselbe Wurzel mit ihm haben. Wenn die Menschen sich absondern wollten, würde das natürliche Bedürfniß der Hülfleistung sie zum Staate treiben. Und doch ist die eigenthümliche Bedeutung des Staates nicht diese Hülfleistung. Das Bedürfniß der Sicherung fordert öffentliche Strafe, um von Verbrechen abzuschrecken. Eben diese öffentliche Strafe aber ist als gerechte Vergeltung in der höheren Ordnung der sittlichen Welt gegründet. Darauf beruht die Gemeinschaft des Platon und Aristoteles, durch welche sie, Entgegengesetztes verfolgend, nicht wollend im Ganzen doch zu ähnlichem Resultate gelangen. Platon bedarf einer Mannigfaltigkeit von Kräften und ihrer vollendeten Ausbildung für die reiche Harmonie seines Bildes; dadurch erhält er die Abstufung von Ständen. Dem Aristoteles zeigt das natürliche Bedürfniß diese Abstufung, er erhält aber dadurch auch die Fülle der Gestalt, wie Platon. Platon läßt seinen Staat nach der Idee des Gerechten streben, und folgeweise ergiebt sich auch die Glückseligkeit. Aristoteles läßt ihn bloß nach Glückseligkeit trachten, und es ergiebt sich daraus auch die Tugend. Sie sind zweien Baumeistern zu vergleichen, von denen der eine, indem er bloß dem Zwecke des Gebäudes zu entsprechen sucht, unbeabsichtigt ein Kunstwerk bildet, der andere aber allen Anforderungen der Schönheit genügen will, und damit von selbst auch kein Bedürfniß des Gebäudes unbefriedigt lassen darf.

Beide erkennen auch den einen Geist an, der durch alles Geschaffene waltet; aber Platon glaubt ihn unmittelbar auf einer höhern Stufe als alle gegebenen und ohne Hülfe derselben zu erblicken; Aristoteles will ihn an seiner Aeußerung in den geringeren Stufen erkennen, und dadurch der höheren gewiß seyn. Das sind auch die beiden allein wahren menschlichen Erkenntnißwege, die ideale Beschauung und die empirische*) Forschung. Sie sind auch gar nicht zu trennen. Platon dient immer die Betrachtung der Wirklichkeit zur Erhebung nach seinem Urbilde, und wäre Aristoteles nicht schon im Voraus von einer harmonischen Anschauung erfüllt, so würde er nicht zu diesen Resultaten gekommen seyn. Es ist nur bei einem jeden das eine oder das andere zurückgedrängt. Beide Wege stellen sich sonach gleich am Beginne der Philosophie entschieden dar und bewähren so die Einheit ihres Gegenstandes. Nicht minder aber auch ihre eigne Unzulänglichkeit. Sicher und alles leistend scheint der empirische Weg, aus dem bisherigen Gange des Klimax das Gesetz seines Fortgangs zu ermitteln und dadurch seine künftigen Stufen zu bestimmen. Allein der Fortschritt in der Natur ist nicht gleich einer regelmäßigen Linie, wo durch zwei Punkte der dritte bestimmt ist, sondern gleich dem lebendigen Wachsthum einer Pflanze, aus deren Keim und Stamm die Blüthe und Frucht nicht erschlossen werden kann. Wohl müßte, wer die

*) Daß Empirie hier nicht im gewöhnlichen Sinne eines bloß passiven Aufnehmens ohne Beherrschung und Durchdringung des Verstandes gemeint ist, bedarf wohl kaum der Erinnerung.

Bedeutung des Anfangs verstände, auch das Ende wissen. Aber eben so wahr und treffender ist das Entsprechende: wir verstehen eben diese Bedeutung des Anfangs nicht, weil das Ende uns verborgen ist. Daher kommt die durchgehende Unsicherheit und oft die Verkehrtheit der Aristotelischen Analogie. „Jedes Ganze in der Natur ist höher als die Theile." Er schließt daraus: „Auch der Staat höher als der Mensch." Allein bei jedem Naturganzen geht auch der belebende Trieb von ihm, und nicht von den Theilen aus; im Staate hingegen sind es die Menschen, welche ihn, nicht er, welcher die Menschen in Bewegung setzt. Und wer bürgt dafür, daß der höchste Beruf nicht Vollendung des Menschen ohne Staat ist, wodurch er, wie Aristoteles selbst sagt, den Göttern gleich wird? Weil die Natur für jedes Geschäft Werkzeuge bietet, die sohin gar nicht für sich, sondern für ein Anderes da sind, so hält Aristoteles die Sklaverei als Werkzeug für die Familie und ihre Versorgung gerechtfertigt. Aber ob nicht in der höhern Sphäre der freien Wesen das Daseyn eines bloßen Werkzeugs von dem Geiste verworfen werde, der es in der geringeren Sphäre eingesetzt hat, das kann jene Vergleichung nicht ergeben. Hier also ist der Sitz des Irrthums, welcher der vielbesprochenen Vertheidigung der Sklaverei zu Grunde liegt. Diese findet zwar jetzt keine Anerkennung mehr, aber das Raisonnement aus dem, was die Natur fordert, wird noch immer von vielen für untrüglich gehalten. Die höhere Stufe hat immer ein Gesetz ganz neuer Art, schon deßwegen, weil sie die höhere ist. Der Reichthum enthält wohl die Armuth, aber nicht die Armuth den Reichthum. Die Beobachtung des Vorausgehenden und des Fortgangs selbst kann daher nur leiten, bei der Auswahl bestimmen, befestigen, aber nicht für sich selbst die rechte Erkenntniß gewähren. Es ist also, damit das, was seyn soll oder seyn wird, erkannt werde, eine unmittelbare Wahrnehmung desselben nöthig, weil es selbst erst das Vorhergehende verständlich macht, nicht durch jenes gegeben ist — das ist die ideale Anschauung. Allein sie ist eine besondere Gabe und verspricht ihrer Natur nach nur ein begränztes Wissen. Wenn das Auge nur durch die Sonne sieht, so wird es nur das erblicken, was Helios wollend ihm mehr oder minder beleuchtet. So auch, wenn der Geist durch die Idee, die nicht er selbst ist, die Kraft das Gute zu erkennen empfängt, so ist seine Erkenntniß davon abhängig, wie weit jene ihre Strahlen in die Welt und an sein Auge sende. Und bis jetzt hat sie dem Sterblichen noch nicht den vollen Glanz ihres Lichtes vergönnt. Platon selbst, der bis auf diesen Tag den Ruhm des erhabensten Gemüthes behauptet, das je der Philosophie sich zugewendet, ist gleichsam nur von einem Strahle desselben getroffen. Die Geschichte nach ihm hat höhere Gedanken, ein Leben von edlerer und tieferer Bedeutung hervorgebracht, als er es geahnet, und er hat sein Bild sogar vor unwahren, trübenden Zügen nicht bewahren können. — — Durchdringen sich nun aber Empirie und ideale Anschauung, so werden sie die Erkenntniß wohl dem Grade nach steigern, aber nicht sie aus einer mangelhaften zu einer vollkommenen machen.

Es entsteht nun die Frage: Woher kommt es, daß diese beiden Wege hier vereinzelt, sogar feindlich erscheinen? Wie kommt Platon dazu, das Wirken der gegenwärtigen Natur nicht selbst zu befragen, ja zum Theil ihren Bedingungen entgegen seinen Staat zu entwerfen, und noch mehr Aristoteles, sich abzuschließen gegen ein Höheres, und mit der mangelhaften Welt sich zu begnügen? — Das erklärt sich nur aus dem Mangel des geschichtlichen Charakters in der griechischen Philosophie. Von beiden wird ein Trieb angenommen, der in gleichzeitigem Fortgange von den untersten Stufen der bewußtlosen Natur bis zu der höchsten des Menschen und Weisen zu einem Ende wirksam ist. Aber die gleiche Stufenfolge in der Zeit, der Fortschritt der Generationen und Weltepochen, und vollends die zukünftige Umwandlung der Bedingungen selbst, unter welchen der Mensch auf Erden steht, ist außer ihrer Beachtung. So fehlt die Verbindung des gegebenen Zustandes und seiner Unvollkommenheit mit dem Geforderten und seiner Vollendung, und die eine oder die andere Einseitigkeit ist unvermeidlich. Platon hält daran fest, daß das Vollendete seyn soll. Nun findet er kein Verhältniß der Wirklichkeit zu ihm, diese mit ihren Mängeln erscheint als zufällig, oder doch unerklärt; sie kann ihn also weder belehren, noch ist ein Grund da, sie zu berücksichtigen. Aristoteles hingegen hält daran fest, daß das Wirkliche keine Vollkommenheit gestattet. So erscheint ihm denn als das Höchste, als die letzte Aufgabe selbst — das Unvollkommene. Er geräth dadurch in den Widerspruch: Die Natur strebt nach Vollendung, und hat doch wieder das Gesetz in sich, Vollendung nicht zu erreichen.

Dritter Abschnitt.

Das Ethos der Griechen.

Religiöser Standpunkt der Griechen. Daraus: Ungeschichtliche Ansicht der Welt und des Ethos — Mangel der Caritât — freie Staatenbildung — Objektivität des Ethos — Mangel des Begriffs der persönlichen Befugniß — Objektiver Charakter der griechischen Philosophie.

Als gemeinsame Charaktere der Rechtsphilosophie des Platon und Aristoteles haben sich ergeben: die selbstständige außer der menschlichen Vernunft seyende Ursache des Ethos — der Mangel des geschichtlichen Princips — das Vorherrschen des Staats über den Menschen, dessen Glück, Freiheit, sittliche Vollendung ihm aufgeopfert wird. Schon die Gemeinschaft unter diesen beiden Denkern und der Gegensatz, den sie theils gegen ältere, theils gegen neuere Ansicht bilden, ist Beweis, daß diese Züge nicht das Ergebniß einer besonderen Schlußfolge sind, sondern einer besonderen Beschaffenheit ihres Geistes — der Bildung ihrer Nation.

Wenn die Beweggründe, welche sich in der verschiedenen Thätigkeit eines Volkes in verschiedener Art äußern, auf ihren gemeinsamen Ursprung zurückgeführt werden sollen, so wird dieser nirgend eher zu suchen seyn, als in den höchsten Vorstellungen desselben, in dem Bewußtseyn seines Verhältnisses zur Gottheit. Den Griechen sind nun die Götter in ihrer Persönlichkeit keineswegs die höchsten Lenker der Dinge. Die Begebenheiten wirkt über ihnen das blinde Schicksal. Die sittliche Welt aber steht unter der Herrschaft der Ideen, der höchsten Gedanken oder Gestalten des Guten, Schönen, Erhabenen Das Schicksal und die Ideen, ihrer selbst nicht bewußt, von andern nicht bestimmt, sich selbst nicht bestimmend, setzen alles in Bewegung und führen das Scepter über Götter und Menschen. Diese Denkart ist keineswegs die urälteste, die anfängliche der Menschheit. Es möge erlaubt seyn, sie mit einer andern zu vergleichen, die, in der ältesten Urkunde niedergelegt, in höherer Gestalt der neuen Welt überliefert, noch bei uns der Inhalt des öffentlichen Glaubens ist, und vielleicht auch bei denen, welche nicht an ihren göttlichen Ursprung glauben, als der Prototypus des Menschen zu gelten Anspruch hat. — Nach jüdischer Vorstellung ist es der persönliche Gott, der, durch nichts beschränkt, nach seinem freien Willen die Schicksale regiert und den Menschen ihr Ziel setzt. Außer seinem Willen giebt es keinen Grund der sittlichen Gebote. Alle Einrichtungen und Vorschriften tragen den Stempel der Machtvollkommenheit: „Ihr sollt nicht fälschlich unter einander handeln, denn ich bin der Herr!“ Gut und bös ist es nur, weil er es wollte oder verbot, denn Sein allein ist die Herrlichkeit. Es hat sich also bei den Griechen dieser Glaube völlig in den entgegengesetzten umgekehrt, wie das in Platons Euthyphron einmal entschieden ausgedrückt ist: „Das Fromme ist nicht das Fromme, weil die Götter es lieben, sondern die Götter lieben es, weil es das Fromme ist.“ Dieß ist eine Spaltung des göttlichen Wesens in noch anderer Art, als sie der Polytheismus mit sich führt. Es zerfällt nämlich nicht nur in verschiedene Götter, sondern die Persönlichkeit selbst, der Wollende und der Inhalt seines Willens, das Gewollte, sind von einander losgerissene, selbstständige Mächte, und dieses, das bloße Erzeugniß, über jenen, seinen Erzeuger, gesetzt. Denn was den Griechen als Schicksal, als Idee über Gott erscheint, ist doch in Wahrheit nur, was er beschlossen, was er als Aufgabe und Ziel vorgesteckt hat. — Das höchste Daseyn hat damit aufgehört ein freies bewußtes zu seyn, es ist herabgesunken. Aber der Mensch in der Mitte dieser getrennten Mächte ist gestiegen, freier geworden. Er scheut das Geschick nicht, denn es kann ihm nichts anhaben, als was es selbst nicht abhalten kann. Es vermag sich seiner so wenig zu erbarmen, als über ihn zu zürnen. Die Götter aber trifft die gleiche Nothwendigkeit mit ihm, und der Heros ermuntert sich zu den gefahrvollen Thaten des Ruhms, weil ja doch Götter und Helden ihr Loos erfüllen müssen. Sie stehen auch unter denselben sittlichen Gesetzen, und das Maaß, das er als das seinige erkennt, wagt der Grieche auch an seine Götter zu legen. So meistert nach Herodots Erzählung ein edler Kymäer den Gott, weil er seiner Vaterstadt den unedlen Rath zur Auslieferung des Gastfreundes ertheilt, indem er auch die Schützlinge des Gottes, die im Haine nistenden Vögel aufscheucht. Es entsteht die menschliche Größe, die in freier That das unfreie Schicksal überwindet, und selbst die trotzige Größe des Prometheus, der sich gegen die unsterblichen Götter auflehnt, ein Charakter, in dem der Orientale nicht die Größe, sondern nur den Gräuel erblicken würde.

Damit, daß eine bewußtlose Macht über die Götter gestellt ist, ist von selbst das geschichtliche Princip eingebüßt. Geschichte ist nur das Werk des Handelnden. Das Schicksal und die Ideen sind bloß ein Seyendes von Ewigkeit zu Ewigkeit, in ihnen ist nicht Entschluß, nicht That, nicht Fortgang. Im Judenthum zeigen nicht bloß die menschlichen Schicksale eine Geschichte, sondern auch das Waltende über ihnen. In den Begebenheiten ist alles Voraussicht, Vorbereitung zu einer künftigen Bestimmung, alles Resultat der Wechselwirkung des freien Handelns des Menschen gegen Gott und des nicht minder freien Handelns Gottes gegen die Menschen. Die jüdisch-christliche Erzählung im Ganzen stellt sich als ein großes überdachtes Drama dar, das Urbild aller Tragödie, weil es die göttliche Tragödie ist. Die sittlichen Gebote selbst sind eine Geschichte. Es gilt kein in sich geschlossenes Ideal als Norm für die mannigfachen Verhältnisse, die sich außer ihm bilden, sondern Er, der allein die Quelle des Ethos ist, ertheilt für jede Begebenheit, indem sie sich zuträgt, zugleich das Gesetz, denn es trägt sich keine zu, in der nicht sein Wille gegenwärtig wäre. Jehovah selbst ordnet an, wo vertilgt, wo geschont werden soll. Auch die Versagung gegen das unbegreifliche — wie Neuere sagen würden, unmenschliche — Gebot trifft der göttliche Zorn. Und ungeachtet auch eine dauernde Einrichtung und Gesetzgebung besteht, würde dennoch das jüdische Ethos nicht erschöpft, ja das Wesentlichste in ihm nicht bezeichnet seyn, wenn die individuellen Gebote, die durch die ganze Geschichte durchziehen und sie bilden, mangelten. Es kann daher, wie jede Geschichte, nur durch Erzählung dargestellt werden. Endlich in der Erlösung erreichen alle Ereignisse ihre Erfüllung und das Gesetz seine Umwandlung, seine neue, früher verhüllte Gestalt. Die freie Lenkung und Vorherbestimmung hebt den Widerspruch der Ungleichheit zwischen Anfang und Ende, und der Verkündiger der Wahrheit, da er ein neues Reich gründete, sagte dennoch: „Ich bin nicht gekommen aufzulösen, sondern zu erfüllen.“ — Die griechische Ansicht aber sieht ihre Begebenheiten vor sich gehen, ohne Leitung nach einem Ziele, einen ewig wiederkehrenden Wechsel der Dinge. Die Urbilder, mit ihnen die sittlichen Anforderungen, sind von Anfang an dieselben, welche sie in der Folge sind. In stets gleicher Weise strebt der Mensch nach ihnen, und vermag nicht, sie zu erreichen. Es ist der Widerspruch nicht zu erklären: die Ideen mußten die Welt schon von Anfang an sich entsprechend machen, wenn sie die Macht über sie haben, und wenn die Ideen vollkommen sind, müßte auch die Welt es seyn. Aristoteles setzt daher ihren eigenen Inhalt herunter. Er ist vielleicht der erste Philosoph, der zu der trüben Ergebung in die unvermeidlichen Schranken der gegenwärtigen Natur als einer ewigen gelangt ist. Ein größerer Schwung hebt Platon über seine Nation, sein lebendig strebender Geist konnte den selbstbewußten Schöpfer und die letzte Vollendung der Dinge nicht entbehren. So schließt er die Republik mit der Aussicht auf eine jenseitige Zukunft, welche ihm allein den Widerspruch löst. Aber im wissenschaftlichen Gebrauch steht er hierin auf gleicher Linie mit Aristoteles. Beide beachten nicht den Fortgang in der Geschichte, um auf den Inhalt der Idee zu schließen. Beiden ist das Ethos eine von Ewigkeit zu Ewigkeit fertige Gestalt, der die Handlungen als ein außer ihr Liegendes entweder entsprechen oder widersprechen. Und der Gott kann auch nach

Platon nicht durch Gebete gerührt werden; weil er von der Idee der Gerechtigkeit nicht abweichen kann. — Ein Ethos, das, die Verhältnisse und Begebenheiten selbst erzeugend, zugleich mit ihnen die Norm schafft, das sich selbst in einer ununterbrochenen Steigerung zu seiner endlichen Gestalt bewegt, und daher für die verschiedene Zeit und die verschiedene Begebenheit ein anderes seyn kann ohne Widerspruch — ein geschichtliches Ethos kann seinen Grund nur in dem freien und überall gegenwärtigen Willen des persönlichen Gottes haben. So ist also in der griechischen Philosophie, obwohl sie ein positives und inhaltvolles Princip der Dinge anerkennt, dennoch schon der Anfang der ungeschichtlichen Ansicht, da die Ursache der Welt und des Ethos unfrei, thatlos, als ein bloß Seyendes erscheint. Diese Ansicht erreicht in der neueren, abstrakten Philosophie ihr Aeußerstes, und beurkundet hier um so deutlicher ihre Unwahrheit, wo sie denn zu jener uralten geschichtlichen Ansicht, der jüdisch-christlichen, die im Leben zu gelten nie aufgehört hat, auch die Philosophie zurückzukehren nöthigen wird.

Carität ist der eigenthümliche Zug des Orients. Sie ist das Ziel aller jüdischen Gebote, die ausgenommen, welche sich eben auf das geschichtliche Verhältniß des Volkes zu Gott gründen, als z. B. die Ausführung aus Aegypten, die Ertheilung des Gesetzes u. s. w. Die göttliche Liebe erstreckt sich auf alles Lebendige, vom Thiere aufwärts zum Sklaven, Fremdling bis zum Sohne des auserwählten Volkes. Aber Carität ist nur von Person zu Person. Das Schicksal und die Ideen sind ohne Empfindung. Selbst der eifersüchtige Gott des alten Bundes hemmt die Strafe im vierten Geschlecht, während er ins tausendste segnet. Aber die griechische Rächerin der Sitte schreitet erbarmungslos über die Erde. Selten befreit nach langer Qual irgend ein Gott, ins Mittel tretend. Nur die Größe der Heroen ist erhaben über die Nemesis durch die Sühne freien Untergangs. Hier hört denn Carität auf die Triebfeder zu seyn, die Ideen können sie nicht fordern, nicht erwiedern, denn sie ist nicht ihr Wesen. Sie verschwindet zwar nicht; aber sie wird etwas Anderes als sie ursprünglich und eigenthümlich ist. Nämlich nicht die Person selbst, sey es Gottes oder der Menschen, ist ihr innerster Beweggrund, sondern die Schönheit des eignen Handelns. Daher erklärt sich die Härte Platons, die Unmenschlichkeit spartanischer Einrichtungen und im Allgemeinen der Mangel in Griechenland an Gesetzen, welche das Wohlbefinden der Menschen zu ihrer letzten und energischen Absicht hätten. Das ist vielleicht überhaupt der Gegensatz morgenländischer und abendländischer Tugend. Jene hat ihre letzte Quelle und ihr letztes Ziel immer nur in einer Persönlichkeit; diese aber erglüht auch für die Hoheit eines Gedankens, Recht, Staat, Kunst, Ehre, so daß selbst Stolz oder hartnäckige Behauptung eignen Anspruchs als Pflichten gelten können.

Das griechische Leben, kann man sagen, ist das erste Erstaunen der Menschheit, da der Herr die Furcht seines Angesichts von ihr nahm, und sie frei und erwacht den unermeßlichen Glanz der Welt vor sich sieht. Sie ist in ihn versunken, außer ihr selbst gesetzt. In der geistigen Welt diese Schönheit darzustellen, wie sie in der physischen ausgeprägt ist, wird die Aufgabe der Menschen und der Staaten. Hier zuerst ist dem Menschen ein Geschäft übertragen, hier zuerst freie Staatenbildung. Er trennt sich von den göttlich gegebenen Formen des Lebens (theokratischer Verfassung), um selbst nach göttlichem Vorbilde neue zu schaffen. An die Stelle des blinden leidenden Gehorsams tritt die eigne freie Nachbildung. Du sollst die Gränzen der Dinge, die ich zog, die Stufenfolge in der ganzen Natur nicht verwischen, sondern heilig halten! — ist der Gedanke, der in einer Reihe jüdischer

Satzungen sich kund giebt: „Daß du dein Vieh nicht lassest mit anderlei Thier zu schaffen haben; und dein Feld nicht besäest mit mancherlei Saamen; und kein Kleid an dich komme, das mit Wolle und Leinen gemengt ist." Diese Ordnung beschränkt sich nicht auf die unbewußte Natur, auch unter die Menschen schreitet sie, sondert Priester und Levit und bildet die Architektonik von Kasten, welche der ganze Orient darstellt. Derselbe Gedanke nun ist es, welcher Platon bestimmt, die Entwicklung mannigfacher Kräfte, ihr Maaß und ihre Abgränzung als die Gerechtigkeit des Staates zu betrachten. Aber dort ist es die von Gott geschaffene Schönheit, welche vorgefunden und heilig gehalten wird; hier ist es Schöpfung einer neuen, welche nach jenem Vorbilde gefordert ist. Daher nicht Berücksichtigung in der Natur, sondern in den selbstgebildeten menschlichen Verhältnissen, Vertheilung nach der Fähigkeit, eine Ausscheidung und Verbindung, die er selbst begreift, wie er selbst sie vornahm. Dort ist die Einheit der abgegränzten Glieder durch die göttliche Absicht in der ganzen Schöpfung gegeben; hier muß der Mensch selbst sie erst schaffen — er findet sie im Staate. — Der Staat des Platon, in welchen das Sprichwort jedes Mährchen versetzt, bewährt sich hier als dasselbe Vorbild, welches alle griechischen Staaten anstrebten. So stellt der spartanische Staat einen lebendigen, von einem Geiste beseelten Körper dar, der wie mit einem Willen alle Sehnen zum Kampfe spannt. Ein reicheres Leben entwickelt der athenienſische. Kunst, Philosophie, Familienverbindung, Handel, Schifffahrt, Gewerbe, alle Sphären menschlicher Thätigkeit sind hier erfüllt und jeglicher ihr eignes Daseyn gesichert, wie ihre Natur es fordert. Eine Menge von Obrigkeiten und Gerichten, deren jeder die Fürsorge eines bestimmten Wesens übertragen ist, breitet sich über den Staat aus. In der Verschiedenheit ihrer Bildung, ihrer Solennitäten, des Gebäudes ihrer Zusammenkünfte und endlich des leitenden Interesse ihres Gegenstandes gewähren sie ein reiches Bild, im rechten Maaße aber erhält sie der eine Schirm, unter dem sie alle ruhen, das höchste Gericht des Areopagus.

In dieser Hingerissenheit war nicht Raum, am eignen Daseyn fest zu halten. Der Mensch wird sich nur als Theil des Ganzen inne, von dem er sich in keiner Beziehung, nicht in That, nicht in Gedanken absondern kann. Ein unwiderstehlicher Drang treibt ihn in seinen Rhythmus einzugreifen. — Das Ethos erscheint nicht als Aufgabe des Einzelnen, sondern des Ganzen, es ist ein Allgemeines (Objektives), an die Welt gerichtet; den Menschen trifft es nur als Glied derselben. Es fordert daher nicht sein Handeln (für sich betrachtet), sondern das Bestehen der sittlichen Ordnung im Ganzen, die Reinheit der geistigen Welt. Darum verfolgt die Nemesis auch die unfreiwillige That. Und dem ist das Verderben unvermeidlich, der in den Kampf widersprechender Pflichten gerathen. Wie er aus wähle — Orestes mag den Vater ungerächt lassen, oder die Mutter morden — immer entsteht durch ihn entweder eine Lücke oder ein Mißklang in der sittlichen Welt, und sie muß ihn ausstoßen. So sinken in der Vorzeit die alten Königshäuser, so fällt in der geschichtlichen Zeit Timoleon in Geisteszerrüttung, die Strafe des wiewohl unvermeidlichen Mordes. — Auch den Staat fordert das Ethos nicht von den Einzelnen, daß sie ihn bilden, sondern von der Welt, daß er bestehe. Er soll seyn und eine bestimmte Gestalt darstellen. Erst aus dieser ergeben sich die Pflichten der Bürger, und nicht umgekehrt aus den Pflichten der Bürger die Gestalt des Staates. Daher gibt es ethische Anforderungen, die kein Mensch, für sich betrachtet, als die seinigen erkennen dürfte, z. B. die Bildung von Ständen, und die Vollkommenheit des Staates ist das Erste, was seyn soll, dann erst die des Menschen. Denn er selbst im Ganzen ist das Subjekt des Ethos. Daher die unnatürliche Bestimmung der Weiber bei Platon, die Verbannung der Poesie und Aehnliches.

Von Recht in unserem Sinne, nach welchem jemand innerhalb einer Sphäre soll schalten und walten können, wie er selbst es will, ist hier keine Vorstellung. Nirgend setzt der Grieche den Fuß außer der Welt, der er angehört, seinem Staate. Griechische Freiheit ist nicht, wie römische, Schutz der freien Verfügung über einen bestimmten abgeschlossenen Gegenstand, sondern idealer Antheil an dem Handeln des Staats. Daß im platonischen Staate, in Sparta individuelle Freiheit aufgehoben ist, stellt sich von selbst dar. Das attische Recht konnte zwar bei dem lebhaften Handel und Wandel die Privatbestrebungen nicht ohne ihnen entsprechende Normen lassen. Aber dennoch regelt es sie nicht nach dem privatrechtlichen Principe, d. i. nach dem Willen der Menschen, sondern strebt, sie ihren eignen innewohnenden Ideen gemäß zu gestalten, wie dieß leicht nachzuweisen ist. Daß der Begriff persönlicher Berechtigung den Griechen durchaus fremd ist, zeigt aufs deutlichste eine Stelle im ersten Buche der Republik des Platon. Unter allen möglichen Bestimmungen des Gerechten, welche hier versucht werden sollen, kommt er auch zu der, es bestehe darin, „daß jedem das ihm Zukommende gegeben werde.“ Man glaubt hierin das Römische: suum cuique tribue, und sohin Recht und Anspruch in unserem Sinne zu entdecken. Allein wie Platon diesen Satz genauer untersucht, findet er in ihm, daß den Freunden wohl, den Feinden aber wehe gethan werden müsse. Unter dem Zukommenden (προσῆκον, suum) ist also nicht etwas gemeint, worüber jemand nach eigenem Willen verfügen, es sich aneignen oder es ungebraucht lassen dürfte; sondern ein solches, das ihn mit

Nothwendigkeit nach einem andern Maaße als seinem Willen, ja selbst gegen denselben trifft. Böses zu leiden, kann kein Recht der Feinde seyn; es ist also auch nicht als Recht der Freunde verstanden, daß sie Gutes erhalten. Nicht die schirmende Gerechtigkeit bezeichnet jene Bestimmung gleich der römischen Rechtsregel, sondern die vergeltende.

Das ist der objektive Charakter des griechischen Wesens: Das Ethos ergeht an die gegenständliche Welt und fordert ihre, nicht des einzelnen Menschen, Vollendung, und das Handeln soll in keinem Punkte bloß von seinem eignen Willen, sondern überall von der Ordnung über ihm bestimmt werden. Derselbe Charakter geht durch die Wissenschaft. So wie hier die allgemeine Frage nach der Ursache und dem Ende der Dinge sich aufdringt, so zieht sich der Forschende keineswegs in die eigne Brust zurück, um hier verschlossen gegen alles Aeußere die Antwort zu finden. Sein Denken bewegt sich stets in dem großen Gegenstande der Welt, die ihn umfängt und die er in unbefangener Beschauung in sich aufnimmt. Den Zusammenhang in den Dingen selbst, den Verstand, der sich in ihnen ausprägt, verfolgt die Forschung. Sie hat nicht die Anforderung, ja nicht das Zugeständniß, eine Lösung zu suchen vor aller Rücksicht auf dasjenige, was gelöst werden soll. Daher hat die griechische Philosophie die freie lebensvolle Behandlung. Sie zieht den ganzen Reichthum der Schöpfung in sich herein, sie ergreift das Werden und Wachsen, das Wandeln und Vergehen in der ganzen Mannigfaltigkeit und Bewegtheit, wie sie das Leben selbst darstellt. Von dieser Welt, welche sie außer der Vernunft des Betrachters anerkennt, mußte sie denn auch zu einem Principe derselben, welches außer seiner Vernunft besteht, zu einem objektiven Principe gelangen, Wasser, Feuer, dem Naturzweck, der Idee. Sie gesteht diesem eine eigenthümliche

Beschaffenheit und Wirkungskraft zu, so wie sie es für nöthig hält, um die Welt zu erklären, nicht so, wie das Denken ohne Betrachtung der Welt bloß nach seinem eignen Wesen statt nach dem ihrigen es fordert.

In der neuern Philosophie zieht sich der Denker in sich selbst zurück, er erhält das subjektive Princip, seine Vernunft. Daher der Formalismus. Aber er findet in sich auch Freiheit und Persönlichkeit. Und wenn er sich endlich doch genöthigt sieht, zur Anerkennung des selbstständigen Daseyns außer ihm zurück zu kehren, so wird er dasselbe nicht mehr in griechischer Weise betrachten können als von der Idee oder dem Naturgesetze zusammengehalten, sondern als das Werk des freien handelnden Gottes.

Anhang

zum ersten Buch.

Die Römer.

Die römische Weltepoche enthält einen großen Fortschritt des rechtlich-politischen Bewußtseyns: sowohl den Gedanken der reinen Rechtsordnung, die zwar durch sittliche Ideen bestimmt, doch nicht durch die sittlichen Motive des einzelnen Falles gebeugt werden darf, als auch den Gedanken der Berechtigung (des Rechts im subjektiven Sinne), der indessen hier noch nicht wie zu unserer Zeit als Gedanke des Menschenrechts (im wahren oder falschen Sinne), sondern bloß als Gedanke des erworbenen Rechts, des nach der Rechtsordnung zustehenden Rechts erscheint. Aber die römische Weltepoche enthält dessen ungeachtet keinen Fortschritt des Bewußtseyns über die tiefern Gründe und Ideen des Rechts, keinen Fortschritt der Rechtsphilosophie. Hierin haben sich die Römer bloß die Erzeugnisse griechischer Bildung angeeignet. Cicero, der Hauptschriftsteller in diesem Gebiete, entlehnt alle Begriffe und Principien von Platon und Aristoteles ohne irgend einen wesentlich neuen Gedanken. Selbst jenen, der im Nationalbewußtseyn lebte, die subjektive Berechtigung, bringt er nicht zur wissenschaftlichen Erkenntniß, ist sich hierin nicht einmal des Gegensatzes gegen die Griechen bewußt. Die Untersuchungen in seinen rechtsphilosophischen und politischen Schriften*) drehen sich weitläufig um die beiden Fragen: die Existenz eines natürlichen Sittengesetzes und die beste Staatsverfassung. Die Existenz eines natürlichen Sittengesetzes (lex aeterna) behauptet er, wie das auch schon von den Griechen geschehen, namentlich gegenüber der Läugnung des Karneades; aber er bleibt gleichfalls bei dem Allgemeinen stehen, daß die Sitte überhaupt etwas Wahres, Selbstständiges, nicht ein Erzeugniß der Klugheit sey, und geht nicht dahin fort, sich auch insbesondere mit der Existenz eines natürlichen Rechtsgesetzes zu beschäftigen, was doch dem Römer so nahe gelegen hätte. Auch die Untersuchungen über römische Staatsverfassung ruhen auf der Basis der griechischen Staatswissenschaft, nur daß Cicero der vaterländischen Umgebung gemäß zu dem Resultate kommt, die gemischte Verfassung, für die er die römische hält, als die vollkommenste zu erklären. Auch die stoische Ethik hat bei den Römern mehr eine eigenthümliche Stärke der Bethätigung als eine eigenthümliche wissenschaftliche Fassung erhalten, und sie betrifft mehr die Seite der Moral als die Ordnung des socialen Zustandes, die rechtsphilosophischen oder politischen

*) Es kommen hier besonders die beiden Schriften des Cicero: de republica und de legibus in Betracht.

Probleme. Man könnte an ihr nur das Moment der allgemeinen Menschlichkeit hervorheben, das sie besonders später in der Gesinnung verbreitete (z. B. Seneka, Mark Aurel); doch ist dieses nicht bloß im Leben, sondern auch in ihrer Lehre selbst nicht gestaltend geworden für die rechtlichen und staatlichen Einrichtungen.

Viel wichtiger als die philosophischen und politischen Schriftsteller der Römer sind deßhalb für den weltgeschichtlichen Fortgang der Rechtsideen ihre rechtlichen Gestaltungen selbst und zum Theil deren Auffassung bei den positiven Rechtsgelehrten. Hiervon ist an andern Orten dieses Werks, besonders in dem Anhang zum Privatrecht „über den Werth des römischen Rechts" *) ausführlich gehandelt, und kann deßhalb hier sofort zu der nächsten Periode, die wirklich neue wissenschaftliche Ideen bietet, der Rechtsphilosophie des Mittelalters, übergegangen werden.

*) S. II. Band, 1. Abth S. 509.

Zweites Buch.

Theokratische Rechtsphilosophie.

(Das Mittelalter.)

Erster Abschnitt.

Augustinus.

Spekulative Auffassung der Weltgeschichte. — Ansicht vom Staate. — Praktisch politische Tendenz. — Beurtheilung.

Es ist unter den Kirchenvätern besonders Augustinus, der das Christenthum in wissenschaftlicher philosophischer Darstellung gegenüber der antiken Philosophie geltend machte, er ist vorzugsweise der Begründer christlicher Spekulation, und er ist bestimmend für das ganze Mittelalter in Wissenschaft und Lebensgestaltung geworden.

Der Grundgedanke seines Buches vom Staate Gottes (de civitate Dei) ist die Entgegensetzung eines himmlischen Staates (civitas Dei, civitas coelestis) und eines irdischen Staates (civitas terrena), gegründet auf den biblischen Gegensatz der Kinder Gottes und der Kinder der Welt; aber in einer spekulativen Ausbildung. Er faßt nemlich diesen Gegensatz nicht als bloße Beschaffenheit der einzelnen Menschen, sondern als weltgeschichtliche Oekonomie, es ist der Gegensatz zweier zusammenhängender organisirter Bereiche von Gesinnungen, Bestrebungen, Aufgaben, aber auch von Einrichtungen, Fügungen, Weltgestaltungen, die sich durch das irdische Leben durchziehen. Es ist, wenn man den neuern Ausdruck gebrauchen will, eine Konstruktion der Weltgeschichte. Er beginnt die Aufzeigung dieses Gegensatzes bei Kain und Abel, und führt ihn einerseits durch die Profangeschichte, die Weltreiche der Assyrer, Perser, Griechen, Römer, andrerseits durch die heilige Geschichte der Patriarchen, der jüdischen Richter, Könige, Propheten bis auf die Erscheinung Christi und die christliche Kirche. Das Ende ist die ewige Verherrlichung des Gottesstaats und der Untergang und die Verdammniß des irdischen Staates.

Der Ausdruck: Staat (civitas) wird in beider Beziehung nur symbolisch („mystice“) gebraucht, und es fragt sich daher, wie der wirkliche Staat auf Erden, der bürgerliche Verband sich zu diesen beiden Staaten verhalte? Darüber sind die Aeußerungen des Augustinus nicht klar, ja im Einzelnen vielleicht sogar widersprechend; dennoch lassen sich die Gedanken, die seine Gesammtauffassung hierin bilden, mit Sicherheit erkennen.

Der bürgerliche Staat ist ihm nicht dasselbe mit dem „irdischen Staate“ (civitas terrena), obwohl er die Bezeichnung civitas terrena in gleicher Weise abwechselnd bald für das Reich der Weltlichgesinnten, bald für den Staat gebraucht. Denn er erkennt an, daß der Zweck des Staats, der irdische Friede (im Gegensatz des ewigen Friedens), an sich nichts Verdammliches ist, und auch die Christen diesen Frieden wünschen und gebrauchen müssen, so lange die Sterblichkeit dauert, daß sie eben deßhalb auch dem Staate Gehorsam schuldig sind und hiefür mit den Irdischgesinnten Gemeinschaft haben sollen*). Danach kann

*) August. de civitate Dei lib. 15, cap. 4. lib. 19, cap. 14. 16. 17.

er doch offenbar nicht etwas schlechthin Böses seyn, wie die Weltgesinnung, und kann auf ihn nicht passen, was von dem „irdischen Staat" gesagt ist, daß er mit dem Teufel unter das ewige Gericht fallen werde*).

Aber dennoch bringt er den Staat in die engste Verbindung mit dem irdischen Reiche. Es ist ihm der Staat, und zwar nicht bloß die gegenwärtige Beschaffenheit des Staates, sondern die Existenz eines Staates überhaupt, schlechthin Folge der Sünde**), und darum auch eine bloße Nothanstalt, eine Arena der Leidenschaften und eine Unterdrückung der Schwachen durch die Mächtigen. Dem entsprechend betrachtet er auch das Interesse am Staate als ein rein weltliches. Die Gründung der Staaten gehe deßhalb überall von den Irdischgesinnten aus; die Himmlischgesinnten haben keine Sorge um ihn. So sey der erste Staat durch Kain, den Urrepräsentanten des irdischen Reichs, gegründet — (Kain bauete eine Stadt) — während Abel ein Fremdling auf Erden war und auswanderte***). Eben so sey der Staat κατ' ἐξοχήν, der römische, durch Romulus gegründet, der, ein Irdischgesinnter, gleichfalls den Bruder mordete, und ein Typus von Kain ist. Während die antike Ansicht den Staat als das Höchste im Menschenleben erachtet, so Augustinus im äußersten Gegensatze hiezu als eine für den wahren Menschen tief untergeordnete Sache. Dabei ist nicht außer Acht zu lassen, wie sehr die Pflege oder bez. Zulassung des heidnischen Gottesdienstes, welchen Augustinus in der Wirklichkeit vorfand, für sein Urtheil bestimmend war†).

*) „Aeternum supplicium subire cum diabolo", lib. 15, cap. 1 u. 4.

**) Lib. 19, cap. 15.

***) Lib. 15, cap. 1.

†) Vergl. lib. 11, cap. 1 und lib. 19, cap. 21

Nichtsdestoweniger aber macht er wieder mit aller Energie geltend, wie nur die göttliche Providenz die Bildung der Staaten und ihre Schicksale bestimmt*), und er unternimmt es sogar theilweise, die sittlichen Beweggründe dieser Providenz in der Lenkung der Weltschicksale aufzuzeigen. So namentlich führt er in umfassender Erörterung durch, wie den Römern das Weltreich von Gott um ihrer bürgerlichen Tugenden willen zugetheilt sey**).

Solcher Würdigung des Staates ist es entsprechend, daß Augustinus die eigentlich politischen Aufgaben desselben kaum beachtet und seine Hauptaufgabe nur in den Schutz der Kirche setzt. Das und nur das erscheint ihm als die wahrhaft ethische Bedeutung des Staats, begreiflicherweise weil er dadurch in den Dienst des himmlischen Reichs (civitas coelestis) tritt. Das praktische Ziel in Augustinus' Staatslehre ist darum die Aufrechthaltung der kirchlichen Vorschriften und die Abhaltung und Bestrafung der Irrlehrer durch die äußere Macht der Obrigkeit; das ist der Gedanke, von welchem Augustinus am lebhaftesten erfüllt ist und durch den er für die nachherige Gestalt der Christenheit so bestimmend geworden ist***).

Es geht durch diese gesammte Auffassung die wahre mit der christlichen Offenbarung gegebene Einsicht, daß der Staat eben so wie der ganze menschliche Zustand entfernt ist von seiner wahren ewigen Gestalt, daß eine That die ursprüngliche Bedingung des menschlichen Daseyns verändert hat und eine That sie dereinst wieder herstellen wird. Diese Einsicht fehlte

---

*) Lib. IV, cap. 31.

**) Lib. V, cap. 15.

***) Dieser Gedanke ist besonders in einigen seiner Briefe durchgeführt. Vgl. epist. 93 ad Vincent., epist. 185 ad Bonifac.

den Griechen, sie ist das Mittelglied, welches allein Platon und Aristoteles zu vereinigen im Stande ist. Aus ihr löst sich der Widerspruch zwischen der absoluten sittlichen Aufgabe des Menschengeschlechts, von der Platon erfüllt ist, und dem Gesetze der Natur und natürlichen Beschaffenheit des Menschen, das Aristoteles zum Maaßstabe macht. Auf sie gestützt braucht man weder mit Platon eine Einrichtung des menschlichen Zusammenlebens, zu welcher der Mensch unvermögend ist, um ihrer sittlichen Wahrheit willen zu fordern, noch mit Aristoteles um dieses menschlichen Unvermögens willen die sittliche Anforderung an den Einzelnen und das Ganze herabzustimmen und die bloße (negative) Mitte zwischen zwei Lastern für das Wesen der Tugend zu halten, statt den positiven und unendlichen Inhalt derselben zu erkennen. Von ihr aus wird man aber auch die absolute Hingebung des Menschen, die Platon für den Staat fordert, auf ein anderes Reich als dieses vergängliche und dürftige beziehen Hierin hat Augustinus kraft christlicher Erleuchtung die moral- und rechtsphilosophische Erkenntniß unedlich weit über die antike Weisheit hinaus geführt. Er hat ihr das wahre Centrum gegeben. Aber Augustinus verkennt die selbstständige und göttliche Bedeutung, welche die irdischen Lebensverhältnisse und damit vor allen der Staat auch in ihrer genwärtigen Trübung noch haben. Er flieht aus der weltlichen Sphäre, statt sie mit der wiedergewonnenen Wahrheit zu durchdringen. Die Ideen des Staates als Staates, das Heldenthum, die Gerechtigkeit, die Weisheit, wie die Einrichtungen und Verrichtungen wohlgeordneten schöngegliederten Gemeinlebens liegen außer seiner Beachtung, sind nicht an sich göttlich und des christlichen Interesses werth, und die Bedeutung, welche er der einen der beiden großen Anstalten Gottes, dem Staate, einräumt, ist nicht die, daß sie ihre eigne Aufgabe löse, sondern nur die, daß sie der andern, der Kirche, für deren Aufgabe zu Hülfe komme. Im Grunde genommen kann danach für die Christenheit allein die Kirche übrig bleiben, und diese bedient sich des Staates, um ihre Vorschriften äußerlich — daher zwangsweise — zu verwirklichen. Darin liegt denn der Ursprung der hierarchischen Idee, nach welcher die Kirche sich selbst als ein Staat, als ein theokratisches Weltreich aufrichtet und den Glauben wie ein bürgerliches Gesetz handhabt, so daß Irrlehre als das höchste bürgerliche Verbrechen Todesstrafe erheischt. Der Staat, wie Augustinus ihn auffaßt, ist entweder völlig entbehrlich und werthlos für die Christenheit, oder die Kirche muß ihn wirklich und vollständig gebrauchen. Das ist die Folge, wenn dem Staate die eigne Bedeutung abgesprochen und der Schutz der Kirche als seine einzige Aufgabe erkannt wird. Dagegen die selbstständige Bedeutung des Staats vorausgesetzt, ist sein Zusammenhang mit der Kirche, den Augustinus aussprach, eine unzerstörbare Wahrheit, die sich von dort an bis zu dieser Stunde unter den christlichen Völkern erprobt hat und zu dieser Zeit nur deßhalb angefochten wird, weil die Völker nicht mehr in gleicher Lebendigkeit vom christlichen Glauben durchdrungen sind. Denn die Trennung von Kirche und Staat, die jetzt eine Losung ist, wird doch nur von solchen gelehrt, die entweder selbst diesen Glaubensmangel theilen, oder aber doch einen andern öffentlichen Zustand als diesen, der sie umgiebt, sich nicht vergegenwärtigen.

Zweiter Abschnitt.

Die germanischen Schriftsteller.

Thomas von Aquins Umriß des ethischen Gebiets. — Die politische Lehre des Mittelalters: Aristotelisches Element — christlich spekulatives Element — Zusammenhang beider. Das theokratische Princip als Grundeigenthümlichkeit mittelalterlicher Auffassung.

Die wissenschaftliche Ethik des Mittelalters, als deren Vertreterin wohl die Summa des Thomas von Aquin gelten kann, erkennt ihrer christlichen Grundlage gemäß in dem lebendigen Gott ihr oberstes Princip. Dazu aber nimmt sie den vom Alterthum, namentlich den Römern, überkommenen Begriff eines Gesetzes der Natur auf und bringt ihn mit jenem in Verbindung. Danach unterscheidet Thomas zunächst das ewige Gesetz (lex aeterna) und das natürliche Gesetz (lex naturalis). Das ewige Gesetz ist die weltordnende Vernunft im göttlichen Geiste (ratio gubernativa totius universi in mente divina existens). Diese gubernative Vernunft hat an sich und auf die Schöpfung bezogen die Natur einer Kunst, eines Vorbildes, einer Idee (artis vel exemplaris vel ideae), ähnlich wie bei jedem Künstler ein Vorausgedanke seines Kunstgebildes (von der technischen, nicht von der ästhetischen Seite zu verstehen) besteht, aber auf das menschliche Handeln bezogen, das sie zu demselben Ziele bewegt, hat sie eben die Natur eines Gesetzes. Das natürliche Gesetz nun ist nichts Andres als die „Participation" des Menschen an diesem ewigen Gesetze, so weit es die Unterscheidung des Guten und Bösen betrifft, oder die „Impression" des göttlichen Lichtes in uns. Es kommt aber jenem ewigen Gesetze nicht gleich, weil die gubernative Vernunft sich anders verhält in dem Regelnden (Gott) und dem Geregelten (dem Menschen); sondern es ist dem Menschen nur in beschränktem Grade und Umfang imprimirt, besonders in seinem gefallenen Zustande. Alles aber, was der Mensch von Natur an sittlicher Erkenntniß und Aufforderung hat, ist nur die Wirkung jenes ewigen Gesetzes in Gott.

Weiter führt das nun zu der Frage: wie verhält sich Gott zu diesem ewigen Gesetze in ihm? Hiefür unterscheidet Thomas: Der Wille Gottes an sich und seiner Substanz nach steht nicht unter dem ewigen Gesetze, sondern ist eins und dasselbe mit ihm. Der Wille Gottes aber in dem, was er hinsichtlich der Geschöpfe (circa creaturas) will, ist dem ewigen Gesetze unterworfen, insofern ein Grund dieses Wollens in der göttlichen Weisheit liegt. Der göttliche Wille ist daher, an und in sich selbst eins mit der Vernunft, in Beziehung auf Schöpfung und Regierung der Welt dem Maaßstab der Vernunft unterstellt (rationabilis). So tief und wahr hier der Ursprung alles sittlichen Gebots in der göttlichen Vernunft und Weisheit und die Einheit des göttlichen Willens mit der göttlichen Vernunft und Weisheit erkannt ist, so ist dennoch damit eine unzulässige Spaltung zwischen der göttlichen Willenssubstanz und den göttlichen Rathschlüssen hereingebracht, die in ihrer Fortbildung dazu führt, wie es später geschehen ist, daß die Willenssubstanz oder das ewige Gesetz in Gott als bloße oberste Regel, als ein ohne allen Beschluß Gegebenes erscheint. **Es ist das aber auch philosophisch um so weniger begründet, als Thomas hier das ewige Gesetz oder die göttliche Willenssubstanz nicht einmal als das ewige Wesen und die Heiligkeit Gottes, sondern als seinen Weltplan bezeichnet*).** So ist man hier nahe daran, die innere Freiheit des göttlichen Rathschlusses zu schmälern, ihn durchaus an Gründe (ratio) zu binden, während man, wie sich unten zeigen wird, den

---

*) Zur nähern Beleuchtung der Frage selbst vergleiche dieses Werkes II. Band I. Buch.

Menschen dem Willen Gottes und bez. seiner Statthalter als einem grundlosen unterwirft.

Daß nun in dieser Darlegung unter dem natürlichen Gesetz nicht das Rechtsgebiet, sondern eben so wie schon bei Cicero das ethische Gebiet überhaupt, ja eigentlich gerade nur das moralische verstanden wird, ist einleuchtend. Nur das moralische Gesetz wird hier, so weit es der menschlichen Natur einwohnt, dem Gesetze, das ewig in Gott ist und dem Menschen durch Offenbarung zukommt, entgegengesetzt*). Deßhalb fügt Thomas noch ein Drittes hinzu: das menschliche Gesetz (lex humana). Dieses begreift nun das Rechtsgebiet, aber eben auch nur in seinem Charakter als positives Recht. Danach ist denn bei Thomas das Rechtsgebiet nur von Seite seiner Positivität, der menschlichen Sanktion, aufgefaßt und nur von dieser Seite dem moralischen gegenübergestellt, nicht von Seite eines besondern Inhalts, einer besondern Lebenssphäre. Von einem Verhältniß des positiven Rechts zum Naturrecht in unserm Sinne ist nicht die Rede und kann es hienach nicht seyn; sondern es ist nur die Rede von dem Verhältniß der positiven Gesetze zum natürlichen Sittengebote, und das wird so aufgefaßt: Alles positive Gesetz (lex humana) ist nur Ausfluß des natürlichen Sittengesetzes (secundum quam in particulari disponuntur, quae in lege naturae continentur), und nur so weit es das ist, ist es gerechtfertigt. Aber auf der andern Seite kann das positive Gesetz (lex humana) nicht den ganzen Umfang des natürlichen Gesetzes erschöpfen (non omnia vitia prohibere potest), weil es für die Menge gehört, die unvollkommener Tugend ist. Es giebt also keinen Unterschied einer Idee des Rechts und der

*) Auch in dem Buch de reg. princ. lib. I, cap. 15 zeigt sich, daß zwischen Recht und Tugend noch nicht unterschieden wird.

Moral; sondern das positive Recht ist nichts Andres, als eine theilweise Sanktion des Sittengesetzes mittelst menschlicher Autorität und Strafhandhabung.

Wenn also dem Thomas der Unterschied von Sitte und Recht in Beziehung auf das Gesetz und auf die Lebenssphäre (also nach der objektiven Seite) völlig entgeht, so hat er doch eine, obwohl gleichfalls sehr unbestimmte Ahnung desselben in Beziehung auf die menschliche Tugend und das Specifische der Berechtigung (also nach der subjektiven Seite). Unter den menschlichen Tugenden nemlich führt er als eine und zwar als eine besonders hervorragende die Gerechtigkeit auf, und diese besteht ihm darin, jedem nach Gleichmaaß (aequalitas) sein Recht zu ertheilen. Als die eigenthümlichen Charaktere dieser Tugend der Gerechtigkeit im Unterschiede anderer Tugenden (proprium inter alias virtutes) bezeichnet er nun: daß sie nur das Handeln gegen andere Subjekte (ad alterum), nicht das Handeln gegen sich selbst begreift, daß es bei ihr deßhalb auf die Gesinnung nicht ankommt (non considerato, qualiter ab agente fiat) und daß sie nur die äußern Handlungen, nicht die innern, sohin nicht die Beherrschung der Begierden zum Gegenstande hat, was alles offenbar die Charaktere des Rechtsgebietes sind. Bloß als Objekt der Tugend, d. i. der moralischen Beschaffenheit des Individuums, kommt ihm also das Recht in Betracht, nicht als ein eigenthümliches das menschliche Leben beherrschendes Gesetz oder als ein eignes Gebiet. Das Gerechte und das Recht (justum und jus) erklärt er für eins und dasselbe. In diesem Sinn faßt er auch die Unterscheidung von natürlichem Recht und positivem Recht, nemlich als das, was nach der Natur der Sache, und das, was nach der besondern Festsetzung der Betheiligten oder des Volkes jemandem gebührt, ihm gerecht ist, woraus hervorgeht, daß der Begriff des natürlichen Rechts (jus naturale) und der Begriff des natürlichen Gesetzes (lex naturalis), der oben erörtert worden, bei ihm auch nicht den entferntesten Zusammenhang haben. Sogar das Gericht (judicium) betrachtet er nicht als Bestandtheil einer höhern Ordnung, nicht als eine Institution, sondern als Ausfluß der Tugend der Gerechtigkeit. — Aber selbst in der Sphäre der (subjektiven) Tugenden entspricht diese Tugend der Gerechtigkeit bei Thomas keineswegs genau dem Rechte nach Gegenstand und Charakter. Ihre nähere Beschreibung nemlich ist diese: Indem die Gerechtigkeit die Handlungen des Menschen zu andern Menschen regelt, bezieht sie sich entweder auf das Ganze des menschlichen Gemeinzustandes und ordnet das Handeln für das Gemeinwohl (bonum commune), oder sie bezieht sich auf einzelne andere Personen und ordnet das Handeln dazu, jedem sein Recht zu gewähren. Jenes ist die allgemeine (universalis) Gerechtigkeit, dieses die besondere (particularis). Die allgemeine Gerechtigkeit ist nun zugleich die generelle Tugend für alle irdischen Tugenden, das heißt nicht, daß sie nach Begriff und Wesen (essentia) sie alle enthielte oder mit ihnen dasselbe wäre, sondern daß sie dieselben alle als Ursache (causaliter) bestimmt, nemlich für das Gemeinwohl ordnet, welches das Endziel aller irdischen Tugend ist. Sie ist deßhalb auch die gesetzerfüllende Gerechtigkeit (justitia legalis) zu nennen, indem das (irdische) Gesetz auch nichts Andres bezweckt als das Gemeinwohl. In ähnlicher Weise ist die Liebe die allgemeine Tugend für die himmlischen Tugenden, als deren Endziel das himmlische Gut ist. Die partikuläre Gerechtigkeit, als die jedem Einzelnen sein Recht zutheilt, zerfällt wieder in die commutative, welche, die Menschen als gleich voraussetzend, bloß die Sachen und die Vorgänge hinsichtlich der Sachen zum Maaße macht, was jedem gebühre, z. B. bei Kauf, Tausch, und die distributive, welche die Personen selbst, ihren verschiedenen Werth und das Verdienst ihrer persönlichen Handlungen zum

Maaße macht, z. B. daß dem Weisern oder dem Reichern ein größerer Antheil an der Herrschaft gebühre. — Danach bleibt in dieser ganzen Lehre von der Gerechtigkeit nur die commutative als diejenige, die nach Gegenstand und Charakter dem Rechtsgebiet angehört. Die universale umfaßt alle irdische Tugend, und die distributive, obwohl auch sie ins Rechtsgebiet eingreift, ist doch nicht durch eine feste äußere Ordnung, sondern durch die Angemessenheit an die jeweiligen, oft sogar nur innerlichen Beziehungen bestimmt. Was die Grundauffassung des Thomas erfüllt, ist die Scheidung der himmlischen und der irdischen Tugend, und dafür entgeht ihm die Scheidung der sittlichen und der rechtlichen Ordnung im irdischen Leben selbst, und es ist die Vermischung der (subjektiven) Tugend der Gerechtigkeit mit der (objektiven) Lebensordnung des Rechts, durch welche er, da die Charaktere der letztern sich in der Erfahrung aufdrängen, dahin kommt, für die Tugend der Gerechtigkeit die Gesinnung des Handelnden als gleichgültig zu betrachten.

Dieß ist der Umriß des Systems der Ethik im Mittelalter, wie es bei dem gefeiertesten Lehrer sich darstellt*).

Was nun aber insbesondere Staatslehre und (philosophisches) Staatsrecht anlangt, so haben die Schriftsteller des germanischen Mittelalters — Thomas, Dante, Occam, Marsilius, Andlo u. s. w. — **) ihre Lehre hauptsächlich

*) Vgl. über das Alles Thomas Summa theologiae, und zwar prima secundae quest. 91—96. secunda secundae quaest. 57—59.

**) Thomas ab Aquino († 1274) Summa l. c. Idem „de regimine principum" (die Frage über gänzliche oder theilweise Unächtheit dieser Schrift ist hier nicht von Einfluß, da sie jedenfalls ein Dokument der Bildung des Mittelalters ist — dagegen ist der Kommentar des Thomas zur Politik des Aristoteles für uns von keiner Bedeutung, weil er bloß erklärt und durchaus nicht eigne Ansichten des Kommentators giebt.) — Dante Alighieri de Monarchia († 1321). — Wilhelm Occam († 1347) dialogus. — Marsilius a Padua († 1328) defensio pacis aus zwei Elementen gebildet, der Philosophie des Aristoteles und der christlichen Auffassung des Staates, letztere besonders nach dem Vorbilde des Augustinus, beides aber modificirt nach Standpunkt und Bewußtseyn ihrer Zeit und Nation. Im Wesentlichen gehen dieselben Gedanken und dieselbe Weise ihrer Begründung und Darstellung gleichmäßig durch alle diese Schriftsteller. Es hat die rechtsphilosophische Bildung des Mittelalters mehr einen traditionellen als einen successiven und entwickelnden Charakter. Nur Dante ist, was die philosophische Deduktion anlangt, im hohen Grade eigenthümlich und selbst von Aristoteles emancipirt, wie er an Tiefe philosophischer Auffassung alle politischen Schriftsteller übertrifft*); doch ist gerade diese seine Eigenthümlichkeit von keinem Erfolg für die fernere Fortbildung der Wissenschaft geworden.

Von Aristoteles nimmt die mittelalterliche Staatswissenschaft vor Allem die philosophischen Begriffe und Kategorien überhaupt, z. B. die drei Kategorien von ens, motus und finis, und den Satz, daß über dem Bewegten ein Bewegendes seyn müsse, zum Beweise, daß alle Herrschaft von Gott ist**) —

— (bei Goldast. Monarchia St. Rom. Imper.). Petrus de Andlo de Imperio Romano 1460.

*) So z. B. erklärt Dante als Zweck des Staats (d. i. des christlichen Kaiserreichs), daß das menschliche Geschlecht als Ganzes immer die ganze Kraft möglicher Intelligenz bethätige (actuare semper totam potentiam intellectus possibilis) zunächst für die Erkenntniß, dann für die That, pag. 60. Er unterscheidet schon, wie Kant, die Willensfreiheit von der Willkür, p. 75. Sündigen ist ihm nichts Andres als progredi ab uno spreto ad multa (p. 84). Dann: „Ex iis liquet, quod jus cum sit bonum, proprius in mente Dei est, et cum omne quod in mente Dei est, sit Deus (juxta illud: quod factum est in ipso vita erat) et Deus maxime se ipsum velit: sequitur, quod jus a Deo, prout in eo est, sit volitum. Et cum voluntas et volitum in Deo sit idem, sequitur ulterius, quod divina voluntas sit ipsum jus.“ Diese Beispiele werden hinreichen, um eine Anschauung von Dante's spekulativer Behandlung zu geben.

**) Thom de reg. lib. III, cap. 1 - 3. Eben so Marsilius, Andlo.

ferner jene allgemeinen Sätze der Naturbeobachtung, die auf die Politik anzuwenden sind, z. B. daß das Ganze höher ist als die Theile, daß die Natur überall nach dem Vollkommenen strebt — endlich aber insbesondere die Lehren und Sätze der Politik selbst, namentlich die Ableitung des Staats aus der geselligen Natur (πολιτικὸν ζῷον — sociale animal) des Menschen, die Lehre, daß der Zweck des Staats das Wohlleben (εὖ ζῆν, bene vivere) sey und dieses in der Tugend bestehe, die Unterscheidung ächter und falscher Verfassungen, je nachdem bloß die Herrschenden oder auch die Gehorchenden als Zweck erscheinen, die Eintheilung der Staatsformen in regnum, politia u. s. w.*). Das Alles findet sich gleichmäßig bei allen Schriftstellern.

In derselben Weise ruht die christlich spekulative Auffassung des Staates im Mittelalter auf den Gedanken des Augustinus, daß die bürgerliche Ordnung Folge der Sünde ist, daß die Staaten durch göttliche Providenz gegründet sind, daß sich zwei Reiche jener Art durch die irdische Geschichte hinziehen, daß die Römer die Weltherrschaft ihrer Tugend willen inne haben, was denn nun auch als Begründung des germanischen Kaiserthums gebraucht wird, das man ja für eins mit dem römischen hielt u. s. w.**). Allein es ist doch ein wesentlicher tiefgreifender Unterschied der mittelalterlichen Auffassung von der des Augustinus, begründet durch die germanische Lebenswürdigung. Wenn der Staat bei Augustinus als ein bloßes Werk und Interesse des irdischen Reichs (der Weltlichgesinnten) erscheint, so hier als die Realisirung des Gottesreiches selbst nach dessen einer Seite. An die Stelle jener

---

*) Es kann auch als Nachbild Aristotelischer Behandlung, obwohl als völlig freie Nachbildung gelten, wenn Thomas von Aquin (de reg. princ. lib. II) Untersuchungen über die materiellen Bedingungen und materiellen Zwecke des Staats (Lage, Klima, Nahrungsmittel, Landstraßen) anstellt.

**) Thom. de reg. l. III, cap 4—6.

Geringschätzung des Staats tritt so hier eine Apotheose des Staates, d. i. des bestimmten germanisch-christlichen Kaiserstaates, der im Auftrage Gottes Gerechtigkeit und Friede in der Christenheit handhabt. Aber allerdings ist auch hier diese Anerkennung des Staates immer bedingt durch sein Verhältniß zur Kirche.

Es hat nemlich nach der bekannten Lehre des Mittelalters, die durch alle diese Schriftsteller geht, Gott zwei Schwerter über die Christenheit gesetzt, das geistliche und das weltliche, jenes in der Hand des Papstes, dieses in der des Kaisers. Sie sind unmittelbar von ihm geordnet und übertragen, er regiert durch sie auf Erden, und jeder Christ, ja, da der wahre Gott auch über die so ihn noch nicht erkennen Gewalt hat, jeder Mensch ist beiden unterworfen. Deßhalb wird selbst über neuentdeckte und noch unbekehrte Fürsten und Völkerschaften die legitime Oberherrlichkeit von Papst und Kaiser behauptet und wird in der Christenheit selbst die Theilung unter mehrere völlig selbstständige Königreiche statt des Einen Kaiserthums für eben so unerlaubt gehalten als in der Kirche ihr Zerfall in Bisthümer statt des päpstlichen Primats (Campugnano). Nur über das wechselseitige Verhältniß dieser beiden Schwerter herrscht der Streit zwischen der päpstlichen und der kaiserlichen Partei. Die Lehre der erstern, die sich zuerst wissenschaftlich ausbildete, ist die, daß die päpstliche Gewalt die höhere sey*), da das Geistliche und Ewige über dem Weltlichen und Irdischen stehe, gleichwie von den beiden Lichtern die Sonne über dem Mond, gleichwie Levi und Aaron über Juda, ja noch mehr, daß der Kaiser seine weltliche Gewalt erst durch den Papst erhalte, danach nur die päpstliche unmittelbar von Gott sey, wieder nach Analogie der Erwählung

---

*) Thom. lib. III, c. 10. Siehe auch das, was Dante lib. III, p. 140 als gegnerische Argumente anführt.

und Absetzung Sauls durch Samuel und der Darbringung der drei Weisen (Könige) vor Christus. Der Papst sey deßhalb das Haupt der Christenheit und die Könige die Arme, deßhalb werde auch allein der Papst am Haupte gesalbt, die Fürsten an den Armen*). Die nähere Ausführung ist dann: Christus habe beide Schwerter dem Petrus und bez. seinem Nachfolger übertragen, das geistliche zu eignem Gebrauch, das weltliche aber nur gewissermaaßen als Depositum bis zur künftigen Bekehrung der Heiden und des Staats. Daher habe Papst Sylvester dem Konstantin, nachdem er sich bekehrt, dieses Schwert im Auftrag Gottes herausgegeben. Unter Karl dem Großen aber habe wieder der Papst als Statthalter Gottes das Weltkaiserthum von den Griechen auf die deutsche Nation übertragen. Darauf beruhe seine Rechtmäßigkeit.

Der Vorrang des Geistlichen vor dem Weltlichen hat etwas so Einleuchtendes, daß das Urtheil der germanischen Völker lange Zeit dadurch gefesselt war. Endlich erhielt auch die weltliche Macht ihre wissenschaftliche Waffen. Man setzte dem entgegen, daß Geistliches und Weltliches zwei verschiedene Sphären sind, die von einander unabhängig in keinem Verhältniß von Ueber- und Unterordnung stehen. Ein so einfacher und uns jetzt so geläufiger Gedanke ist es, der der Vorzeit fehlte und dessen Mangel die kaiserliche Macht unterliegen ließ. Das geschah auf entscheidende Weise durch Wilhelm Occam. Bei Dante sind zwar auch schon Staat und Kirche gesondert nach den zwei Zwecken der menschlichen Natur, dem vergänglichen und unvergänglichen. Aber er erkennt doch an, daß der Staat vom geistlichen Reiche die Kraft der Gnade empfange, welche des Papstes Benediktion ihm einflößt**), und will dem ent-

*) Cap. un. X de sacra unct. (I. 15.)

**) „Si ergo dico, quod regnum temporale non recipit esse a spisprechend auch die Unabhängigkeit der weltlichen Gewalt nicht so streng (stricte) verstanden wissen, daß der Kaiser dem Papste gar nicht unterworfen sei (in aliquo non subjaceat), vielmehr sey der Kaiser dem Papste ähnliche Ehrerbietung schuldig wie der erstgeborne Sohn dem Vater. Theils war damals das öffentliche Bewußtseyn noch zu sehr in den Banden der päpstlichen Obergewalt gehalten, theils war Dante zu tief, um gleich den Vertheidigern Ludwig des Bayern eine völlige Lösung der beiden Sphären zu behaupten. Die richtige Unterscheidung aber, daß das geistliche Reich und die äußere Kirchengewalt nicht dasselbe sind, die in jener Stelle Dante's schon ahnend angedeutet wird, ist in ihrer vollsten Einsicht erst ein Werk der Reformation. Eben so läugnet man, und dieß freilich nicht mit voller historischer Richtigkeit, daß die päpstliche Krönung Karl den Großen zum Kaiser gemacht habe, dieß sey vielmehr durch den Willen des Volks (acclamatio populi) geschehen. Zuletzt wurde durch die großen Staatsakte der Nationen die Selbstständigkeit der weltlichen Gewalt und ihre unmittelbare Einsetzung von Gott erklärt. —

Wurde also der Streit über den Vorrang der beiden Schwerter geführt, so war man doch in dem Gedanken einig, daß dieses Doppelschwert, das päpstlich-kaiserliche Reich, auf unmittelbarer göttlicher Einsetzung beruhe und unbedingtes Ansehen habe. Es war damit eine Macht aufgerichtet für äußere irdische Dinge wie für den Glauben und das Gewissen, der jeder Christ Gehorsam schuldig war ohne Gränze. Dabei schloß man sich an die Prophezeiung Daniels von den fünf Weltreichen*), indem man

---

rituali, nec virtutem (quae est ejus auctoritas) nec etiam operationem simpliciter; sed bene ab eo recipit ut virtuosius operetur per lucem gratiae, quam in coelo et in terra benedictio summi pontificis infundit illi." (Lib. III, p. 145.)

*) Thom. de reg. l. III, c. 12–16.

das letzte Reich, das allen andern ein Ende macht und in die Ewigkeit dauert, nicht auf das jenseitige Gottesreich deutete (das allerdings auch schon hienieden mit Christi Erscheinung, aber doch nur als ein innerliches, noch nicht offenbares Reich beginnt), sondern auf das heilige Römische Reich deutscher Nation unter Papst und Kaiser. Dieses wurde deßhalb auch als gleichartig mit jenem Gottesreich betrachtet, und meist ein ununterbrochener Zusammenhang und dereinstiger Uebergang zwischen beiden gedacht. In der ausgeführtesten aber auch grellsten Weise findet sich diese Vorstellung bei Peter von Andlo. Nach seiner Darstellung wird jene Augustinische Oekonomie des himmlischen (himmlischgesinnten) Reiches zur förmlichen Dynastienfolge. Es haben von Gotteswegen zuerst Adam, Abel, die Patriarchen, die Richter, Könige und Priester Juda's geherrscht bis auf Christus, und herrschen von da wieder von Gotteswegen und an Christus Statt der Papst und der Kaiser, dem der Papst die weltliche Gewalt übergab. Der letzte Kaiser aber wird die Insignien seines Reichs in der Kirche niederlegen, und da wird sie Christus selbst wieder aufnehmen. Es ist so von der Schöpfung an bis zur Auferstehung nicht einmal die Lücke eines Interregnums zwischen den göttlichermächtigten Herrschern übrig gelassen*).

Außer dieser theokratischen Begründung des Staates und seiner Gewalt hat die Staatslehre des Mittelalters auch noch ein anderes eigenthümliches, wenn gleich untergeordnetes Element, die Analogie nach göttlichen Verhältnissen. Augustinus gleich andern Kirchenvätern liebt es, die Naturschöpfung vielfach bloß allegorisch in Deutung auf sittlich-religiöse Verhältnisse aufzu-

*) Petrus de Andlo. Erstes Buch, die ersten Kapitel, dann 13—15. Kapitel, und zweites Buch 8. Kapitel (pag. 11. 12. 45. 55. 65), endlich besonders der Schluß „de Romani imperii exitu et ejus finali consummatione“ (p. 140).

fassen. In einem ähnlichen Geiste suchen die Scholastiker und die politischen Schriftsteller des Mittelalters die Lösung der Frage über Staatseinrichtung häufig in der Vergleichung mit göttlichen Vorbildern. So wird die monarchische Staatsform begründet durch die Analogie zu der Einheit göttlicher Herrschaft*), desgleichen die Regentenpflichten und anderes. — Sowohl das theokratische als dieses symbolisirende Element tritt nun überall viel stärker hervor bei den Vertretern der geistlichen Gewalt. Die Anhänger der weltlichen Gewalt sind viel nüchterner und nähern sich mehr unserer jetzigen Bildung.

Es konnte schon den Schriftstellern jener Zeit selbst nicht entgehen, daß die Lehre des Aristoteles, der sie huldigen, und ihre christlich-kirchliche Lebenswürdigung keineswegs mit einander übereinstimmen. Sie erlauben sich nun mitunter über das Einzelne von Aristoteles abweichende Urtheile, so namentlich über den Werth der Staatsformen, wo sie fast sämmtlich nicht die Aristotelische Politie, sondern in christlich-germanischer Gewöhnung die Monarchie**), und zwar meist die Wahlmonarchie nach dem Vorbilde des deutschen Kaiserthums, als die beste Staatsform erklären. Im Ganzen aber suchen sie jenen Widerspruch der beiden Elemente, die sie in ihre Lehre aufnehmen, dadurch auszugleichen, daß sie die Sphären unterscheiden, die weltliche

*) Petrus de Andlo p. 34. — Thomas de reg. princ. I, 12. Dante p. 66, nach welchem letztern jedoch nicht die Herrschaft des Staats der göttlichen Herrschaft, sondern das menschliche Geschlecht selbst durch die Einheit (welche die Beherrschung ihm verschafft) Gott gleichen soll.

**) Thomas weiß das aber so zu vereinigen, daß er für die Stadt (civitas) die Politie und für das Land (provincia) die Monarchie als die geeigneteste Form bezeichnet. In der Summa erklärt er überhaupt die gemischte Verfassungsform für die beste. Das aber ist in der mittelalterlichen Auffassung traditionell, daß der Begriff der Monarchie die Gebundenheit durch Gesetze ausschließt. So Thomas de reg. princ. p. 300. Andlo p. 32.

dem Aristoteles, die geistliche der christlichen Erkenntniß zuweisen. Von dem ganzen Bereich der Offenbarung und der Gnade könne der „Philosophus" (d. i. Aristoteles) nichts wissen, daher auch nichts vom Priesterthum, geistlichen Regiment, also der ganzen kirchlichen Seite; dagegen für das, worüber keine Offenbarung besteht und was der Mensch mit seinem natürlichen Vermögen erreiche, sey und bleibe der Philosophus die Autorität, und dahin gehöre namentlich die Einrichtung des weltlichen Regiments. Dieselbe Unterscheidung wird denn angewendet auf den Staatszweck, den man nach Aristoteles' Vorgang in das gute, d. i. das tugendhafte Leben setzt. Es wird auch hier unterschieden auf der einen Seite die irdische Tugend, die durch die Vernunft erkannt wird und die der Mensch für sich allein zu erringen vermag, so wie in Verbindung mit ihr das irdische Wohl, dieß bildet das Bereich des Staates (regnum), und auf der andern Seite die Tugend, die nur durch die Offenbarung erkannt und nur durch die göttliche Gnade und die Heilsmittel erreicht werden kann, und ihr entsprechend das ewige Wohl, und dieß bildet die Sphäre der Kirche (sacerdotium). Diese Darlegung findet sich bei Thomas von Aquin*) und andern, aber am klarsten und ausgeführtesten bei Dante**), obwohl bei ihm nicht um das Verhältniß zu Aristoteles, sondern um das Verhältniß zwischen Kaiser und Papst zu begründen. Aus dieser der Gnade und Offenbarung angehörigen Seite

*) Thom. de reg. princ. I, cap. 15. Eben so Marsilius bei Goldast II, pag. 157—164.

**) Dante l, c. lib. III, pag. 167, wo sich unter andern auch folgende Stelle findet: Propter quod opus fuit homini duplici directivo secundum duplicem finem: scilicet summo Pontifice, qui secundum revelata humanum genus produceret ad vitam aeternam, et Imperatore, qui secundum philosophica documenta genus humanum ad temporalem felicitatem derigeret.

ergiebt sich dann auch die bei Aristoteles fehlende Aufgabe des Staates selbst, für den Kultus zu sorgen*).

Durch solche Abgränzung der beiden Gebiete ist aber in der That noch keineswegs der Widerspruch jener beiden Elemente gehoben, da eben auch in der weltlichen Sphäre die christliche Erkenntniß ihre Anwendung hat und sie auch bei ihnen findet. Darum geht dieser Widerspruch ungelöst durch ihre ganze Darstellung. So z. B. ist es widersprechend, wenn sie den Staat nach Aristoteles auf die Geselligkeitsnatur oder die Wechselbedürftigkeit des Menschen (humana indigentia) gründen**), und ihn zugleich theokratisch als eine Stellvertretung Gottes ansehen, wenn sie den Werth der verschiedenen Regierungsformen nach Aristoteles' Anleitung untersuchen, und zugleich lehren, daß Gott eine monarchische Gewalt und zwar eine einzige über die ganze Christenheit eingesetzt habe. Denn das hat auch nicht etwa den Zusammenhang bei ihnen, daß durch die Aristotelischen Gedanken die Gründe der göttlichen Veranstaltung dargethan werden sollten, daß Gott die Staaten gegründet, weil die Menschen einander bedürfen, was in der That auch nicht völlig passend wäre u. s. w., sondern es steht beides verbindungslos neben einander. So zieht sich durch die Rechtsphilosophie des Mittelalters ein Dualismus, es sind zwei Elemente ohne Durchdringung, ohne einheitliches Princip.

---

*) Thom. de regim. l. II, cap. 15.

**) Thom. de reg. II, 2 deducirt die Nothwendigkeit des Staates allerdings nicht bloß aus der physischen Wechselbedürftigkeit, sondern auch aus dem Erforderniß der Gemeinschaft für das intellektuelle Bedürfniß und für die Ausübung einiger Tugenden (namentlich der Gerechtigkeit und der Freundschaft). Aber davon ganz unabhängig lehrt er lib. III, cap. 9 eine von Gott verordnete Stufenfolge der Gewalten: des Menschen über Thiere und Sachen, der Fürsten über die Menschen, der Kirche über die Fürsten. Eben so Andlo pag. 12, vergl. mit p. 11.

In gleicher Weise sind sie sich auch nicht bewußt, wie die Aristotelische Auffassung, die aus dem griechischen Leben gewonnen ist, dem Zustand des germanischen Mittelalters, in dem sie lebten und an dem sie hielten, so völlig heterogen ist. Diese eindringende antike Bildung enthält deßwegen schon den ersten Keim, den mittelalterlichen Zustand zu durchbrechen und den europäischen Staaten einen dem antiken annähernden Charakter zu geben, wie sie ihn heutigestages haben. Aber noch mehr als das. Den aus Aristoteles geschöpften Lehren fehlt in ihrer germanischen Aneignung die Objektivität der Griechen, die Betrachtung des Staates als eines gegebenen höhern Ganzen, in welchem der Einzelne aufgeht. Daher wo das christliche Element, die positive göttliche Sanktion, weicht, da erscheint der Staat nicht mehr als gegebene Macht über den Menschen, sondern im Princip der Subjektivität als das Werk und das bloße Objekt der Menschen. So finden sich die Spuren der heutigen Lehre von der Volkssouveränität schon mitunter bei den mittelalterlichen Schriftstellern. Ganz entschieden und ausgebildet ist dieß der Fall bei Marsilius von Padua, der freilich auch in seiner Umgebung andere Anschauungen hatte. Nach ihm ist das Volk — das heißt die Gesammtheit der Bürger oder auch deren valentior pars — der Gesetzgeber, oder die erste und eigentlich bewirkende Ursache des Gesetzes. Eben dasselbe ist auch die Ursache der fürstlichen Gewalt (principatus) und hat auch die Befugniß, den Fürsten wegen gröberer Gesetzübertretung zu strafen (corrigendi). Die Lehre des Aristoteles, daß das die ächten Staatsverfassungen seyen, nach welchen die Regierung zugleich zum Zwecke der Gehorchenden (des Volks) geführt wird, faßt Marsilius so auf, daß nach dem Willen und der Uebereinkunft der Bürger (voluntas et consensus civium) regiert werden müsse. Er erklärt auch aus diesem Grunde die Wahlmonarchie für eine angemessenere

Staatsform als die Erbmonarchie*). Solches alles ist nun freilich nicht mehr specifisch mittelalterlich, es ist bereits der Uebergang zur modernen politischen Ansicht.

Durch jene dargelegten specifisch mittelalterlichen Ideen aber ist ein ganz neues Princip in die Rechtsphilosophie eingetreten: der persönliche Wille Gottes, der im Alterthum wenigstens nirgend als wissenschaftliches Princip sich findet. Danach hat der Staat nicht bloß die ideale Sanktion des Guten und Schönen wie bei den Griechen, sondern zugleich die reale der göttlichen Institution. Deßgleichen tritt auch die Weltgeschichte unter ein ethisches Princip: den göttlichen Willen. Bei den Griechen ist nur das durch eine ethische Macht bestimmt, wie die Staaten beschaffen seyn sollen; dagegen wie sie wirklich beschaffen sind, das ist Sache der zufälligen menschlichen Entschließungen und der zufälligen Ereignisse. Hier dagegen wird auch die wirkliche Beschaffenheit der Staaten, die geschichtliche Fügung ihrer Schicksale durch die ethische Macht (den göttlichen Willen) bestimmt. Als ihr Werk erscheinen die Weltreiche und der gegenwärtige Bau der Staaten. Das göttliche Walten in der Geschichte wird hier erkannt, und wird auch zu einem, ja dem bedeutendsten Moment der wissenschaftlichen Auffassung.

Dieses Princip, das an sich wahr ist, erscheint aber hier noch in roher, äußerlicher Gestalt — es erscheint als theokratisches Princip. Das heißt, es wird überall eine unmittelbare Bekundung des göttlichen Willens vorausgesetzt, Gott habe danach durch sichtbare persönliche That die Obrigkeit in Kirche und Staat bestellt (indem Christus in Person den Papst

---

*) Vergl. Goldast. Monarch. II, p 169. 175. 185. 163. 165. Wenn dagegen Dante (76) vom König (Kaiser) sagt: qui minister omnium procul dubio habendus est (mit ähnlichem Ausdruck wie später Friedrich der Große), so hat das einen ganz andern, unverfänglichen Sinn.

und durch ihn wieder den Kaiser einsetzte), und auf diese konkrete Bestellung, nicht bloß auf ein allgemein göttliches Gebot gründet sich deren Ansehen*). Eben so sind die Begebenheiten der Weltgeschichte der unmittelbare Ausdruck seines Willens, und die staatsrechtlichen Fragen werden nach dieser Bekundung desselben entschieden. Daß Gott den Römern um ihrer Tugend willen die Weltherrschaft zugetheilt und der Papst im Namen Gottes sie auf die Germanen übertragen, das ist der ethische und ist der Rechtsgrund, auf welchen die Wissenschaft das Ansehen der obersten Staatsgewalt jener Zeit baut, und für den ersten Satz, die göttliche Einsetzung des römischen Weltreichs, also das Gebot Gottes, daß alle Nationen ihnen und ihren Nachfolgern gehorchen müssen, gelten als Beweise die Tugenden der Römer, ihre Siege als Gottesgerichte, die Orakel und endlich der Umstand, daß Christus unter der römischen Herrschaft geboren wurde, wodurch Gott die Legitimität derselben anerkannt habe. So ist die Darstellung selbst bei dem großen und nüchternen Dante**). Das Recht des jüdischen Volkes, die Cananiten zu vertilgen, das Michaelis unpassend genug nach heutigen völkerrechtlichen Grundsätzen prüft, hat allerdings seinen Grund in solch unmittelbar bekundetem göttlichen Willen und konkretem Gebot. Die Führung des jüdischen Volks ist eben in Wahrheit ausnahmsweise eine theokratische; denn das jüdische Volk ist Typus des ewigen Gottesreiches. Die mittelalterlichen Schriftsteller aber behandeln die ganze Weltgeschichte in dieser Weise.

---

*) Vergl. dieses Werkes II. Band, 2. Abth. (das Kap.: die göttliche Institution des Staates).

**) Dante lib. II, p. 120—128. Andlo p. 100.

Dritter Abschnitt.

Die Reformation und Vorblick auf die nachfolgende Entwickelung.

Antitheokratischer Charakter der Reformation. Mangel einer wissenschaftlichen Durchbildung ihres Princips. — Verhältniß der Cartesius-Grotius'schen Entwickelung zur Reformation. — Neueste Aneignung mittelalterlicher katholischer Elemente an den evangelischen Standpunkt.

Das Werk der Reformation in Beziehung auf den socialen Zustand ist eben: die Zerstörung des theokratischen Charakters*). Es bleibt jenes christliche Element stehen, der persönliche Wille Gottes, aber nicht mehr in theokratischer Weise. Auch die Reformatoren gründen die Obrigkeit und das geistliche Amt auf göttliche Einsetzung; aber sie gründen sie auf Gottes Ordnung und Gebot, nicht auf eine unmittelbare That Gottes, durch die er diese Verfassung eingeführt, diese Personen bestellt hat. Damit fallen alle die Untersuchungen weg, ob Gott Einen Kaiser oder viele Könige über die Christenheit gesetzt habe, ob die Römer mit Recht das Weltreich inne gehabt, und ob der Papst oder das Volk es auf Karl den Großen übertragen habe. Sondern wo und wie Obrigkeit besteht, da ist sie von Gott und gebührt ihr Gehorsam. Es giebt danach keine göttlich vorgeschriebene Form der Verfassung für Staat und Kirche, und die ununterbrochene Nachfolge des Apostolats (successio personae) ist nicht Bedingung der rechtmäßigen Kirche und ihrer Verheißungen. So löst sich die irdische, den Menschen übergebene Welt selbstständig, und fällt nicht zusammen mit dem ewigen Gottesreich, es schwindet der überirdische Nimbus der äußern Autoritäten und ihre unbegränzte Gewalt über

---

*) Vergl. meine Vorträge: Der Protestantismus als politisches Princip 1853, S. 12 – 22.

Glauben und Thun, der Mensch erhält eine Sphäre, in der er unmittelbar unter Gott und seinem Gewissen steht.

Diese gesunde Würdigung der ethischen und politischen Verhältnisse war aber noch ohne wissenschaftliche Fassung, ja es fehlte zunächst auch nur der Versuch hierzu. Melanchthons Werk über Moralphilosophie kann als ein solcher nicht gelten. Er handelt die menschlichen Pflichten, sittliche und rechtliche, ganz positiv ab, nach Anleitung und Anordnung des Dekalogs, und als solche, die eben wirklich bestehen und von Niemandem bezweifelt werden, ohne den innern Grund und die Bedeutung derselben auch nur zu untersuchen. So sagt er: die Geschlechtsgemeinschaft ist nöthig zur Erhaltung des Menschengeschlechts, Gott aber will keine herumschweifende Begattung (vagi concubitus), also ist die Ehe nothwendig. Warum aber will Gott keine vagi concubitus? Was ist der Sinn dieses Verbots und damit seine sittlich überzeugende Kraft, durch die es, auch abgesehen von der Offenbarung, uns einleuchten muß und so wieder die Aechtheit der Offenbarung verbürgt? Eben so: die menschliche Gemeinschaft muß Herrscher haben, deßhalb ist Ueberordnung oder Unterordnung nöthig und Gehorsam gegen die Obern. Das menschliche Geschlecht bedarf des Schutzes, darum sind Strafen nöthig, sind Kriege nöthig, und geht daraus die Tapferkeit hervor, welche die Vorkämpferin der Gerechtigkeit ist. Der Reichthum an gesunden treffenden Ansichten und Lehren, welche dieses Buch im Einzelnen enthält, macht es doch nicht zu einem solchen, das im Ganzen auf ein wissenschaftliches Princip und namentlich ein den Geist der Reformation verwirklichendes wissenschaftliches Princip gebaut wäre und dasselbe durchführte. Es ist ein Ausdruck der Lebenswürdigung der Reformation, nicht aber des wissenschaftlichen Systems, zu welchem sie den Keim legte. In gleicher Weise handelt das Naturrecht Oldendorps die

Rechtsgebote einfach auf den Grund der zehn Gebote ab, als gegebene, und dasselbe ist der Fall in dem Winklers, nachdem eine allgemeine Einleitung über Ethik (Naturgesetz) überhaupt vorausgeschickt ist, welche die christlichen Begriffe von göttlichem Gesetz, menschlicher Natur vor und nach dem Fall u. s. w. enthält, ohne sie mit dem besondern Gegenstande, der Rechtsordnung, der Gestaltung des socialen Zustandes, wissenschaftlich in Verbindung zu setzen. Es war daher ein Bedürfniß, daß die neue durch die Reformation begründete Weltepoche ihre Lebenswürdigung gleichfalls zu einem wissenschaftlichen System gestalte, gleichwie das Mittelalter dieses für die seinige gethan. Das ist der Anstoß zu der Entwickelung, die mit Grotius und Cartesius beginnt. Dieselbe repräsentirt aber diese Lebenswürdigung der neuen Weltepoche nur in ihrer negativen Seite: der Zerstörung des theokratischen Charakters, der Befreiung der irdischen Lebensordnung von der kirchlichen Hierarchie, der Befreiung der Wissenschaft von jeder äußern Autorität. Dagegen giebt sie aber auch das Band zu Gott selbst auf, das die Reformation ungeachtet dieser Befreiung von den Mittelgewalten festgehalten. Mit der Zerstörung der falschen Autorität, mit Kräftigung des individuellen Geistes und seiner Aufforderung zu eigner Forschung und eigner Freiheit war zunächst das Princip der Subjektivität entfesselt, die Macht der freien, aus sich schöpfenden, auf sich ruhenden Persönlichkeit, und sie riß sich los von aller Autorität und allem Inhalt über ihr. Die völlige Selbstgenugsamkeit des menschlichen Wissens (der Vernunft), daß es in seinem wahren Zustande sich befinde und alle Wahrheit zu erkennen aus sich allein fähig, die völlige Selbstgenugsamkeit der menschlichen Sitte, daß der Mensch in seinem eignen Denken allein, gelöst von Gott und der durch Gott gegebenen (in freier Oekonomie gestalteten) sittlichen Weltordnung, den Grund und Inhalt aller Sitte habe, und das

Vermögen sie zu erfüllen — das ist der Grundcharakter der rationalistischen Philosophie, ja der allgemeinen wissenschaftlichen Richtung von der Reformation bis zur Revolution. Sie kann nicht als die Wissenschaft der Reformation und der durch sie begründeten Weltepoche gelten, gleichwie die mittelalterliche Philosophie als die Wissenschaft des Katholicismus; da sie nur eine Seite und gerade die nicht entscheidende, die negative polemische der Refomartion sich angeeignet hat. Das wird schon dadurch über allen Zweifel befestigt, daß sie im Widerspruch sich befindet mit den Grundlehren und den Lebensprincipen der evangelischen Kirche, während die mittelalterliche Wissenschaft mit denen der katholischen Kirche in völligem Einklang war. Dennoch ist die rationalistische Philosophie nach ihrer letzten, ihr selbst unbewußten Bestimmung der erste Anstoß, auch das wahrhafte und positive Princip der Reformation in der Wissenschaft zu realisiren. Denn bei aller Irrthümlichkeit im Standpunkt und Resultat ist sie doch zugleich die innerste intellektuelle Einkehr des Menschen in sich. Das Denken selbst zum Gegenstand des Denkens zu machen, in der Zurückziehung aus der Welt auf sich selbst das Band zu der ewigen Macht zu suchen, nur das klar und bestimmt („clare et distincte", nach Cartesius' Ausdruck) Erkannte, das systematisch Einige als ein wahrhaft Gewußtes zu erachten — das ist wirklich die Vorbedingung, wenn die christliche Wahrheit auch die Sphäre der Wissenschaft völlig durchdringen soll, ähnlich wie auf sittlichem Gebiete die Selbstprüfung*). Nur das ist der Abweg, die Genugsamkeit des menschlichen Denkens als Voraussetzung mitzubringen, und damit das dem Denken gebotene Objekt — Erfahrung und Offenbarung — abzulehnen. Ist dieser Abweg beseitigt, so führt

*) Vorträge über den Protest. als polit. Princip S. 59—64.

jene Einkehr nothwendig zu einer Innerlichkeit und Selbstbewußtheit, namentlich auch einer Selbstbewußtheit in allen Erkenntnissen über ihr Verhältniß zur christlichen Offenbarungswahrheit, und dadurch einer Sicherung derselben, sohin zu einer wahren intellektuellen Erleuchtung, wie sie die wissenschaftliche Einsicht der vergangenen Zeiten überragt. Dieß zu erfüllen und damit die Lebenswürdigung der durch die Reformation begründeten Weltepoche auch nach ihrer positiven Seite und daher in ihrer ganzen Fülle und von ihrem Centrum aus zur wissenschaftlichen Durchbildung zu bringen, ist deßhalb das Problem der Gegenwart. Nach seiner Lösung ringen die neuesten wissenschaftlichen Bestrebungen seit der Revolution, mehr oder minder bewußt, in größerer oder geringerer Annährung, ja oft theilweise in noch weiterer Abirrung

Diese neuesten wissenschaftlichen Bestrebungen haben aber nicht bloß den innewohnenden Trieb, das Princip der Reformation nach seiner wahren, vollen, positiven Seite wissenschaftlich durchzubilden, sondern auch zugleich eine Seite wieder zu beleben, welche die Reformation selbst zu sehr außer Acht ließ. Es ist das eben jene ethische Bedeutung der Weltgeschichte als Werk und Aeußerung der Weltmacht. Das Mittelalter faßte diese Bedeutung theokratisch, daß die Weltgeschichte, so weit es den Besitz der Gewalt betrifft, in Staat und Kirche, durch direkte Weisung und Veranstaltung Gottes bestimmt sey. Die Reformation dagegen abstrahirt völlig von der Weltgeschichte. Sie beschäftigt sich überall nur mit der ethischen Regel, dem Gebot, das allein ist ihr das Göttliche; dagegen die ganze Wirklichkeit und Geschichte gewährt ihr gar kein ethisch bestimmendes Moment. So mißt sie die Kirche rein an der Lehre, die da außer und über aller Geschichte ist. Dagegen die geschichtliche Verwirklichung der Kirche, die Katholicität oder die geschichtliche Kontinuität (die

Einheit und der Zusammenhang aller derer, die sich zu Christus bekennen, und die Ununterbrochenheit der Lehre und Verfassungsentwickelung der Kirche durch alle Zeiten) ist ihr durchaus nichts Entscheidendes. Bei Luther ist dieses Element noch wirksam, aber eben nur als Rest seiner katholischen Bildung. Es ist nicht sein eigenstes und darum nicht sein energisches Princip. Seine Schonung des Bestehenden ist häufig nur eine Koncession. Bei Calvin aber fehlt es gänzlich, ja wird grundsätzlich verworfen. Es wird in jedem Moment auf's neue der Maaßstab der Lehre angelegt, nicht bloß um die Kirche zu berichtigen, sondern um zu entscheiden, ob die Kirche vorhanden sey, wie wenn es bisher keine Kirche gegeben*). In ähnlicher Weise hat es die Wissenschaft (Ethik und Politik) bloß mit der Regel zu thun, die außerhalb und über aller Zeit in sich selbst feststeht, und der weltgeschichtliche Fortgang des sittlichen Bewußtseyns und der Bildung der Staaten hat bloß die Stellung, nach dieser Regel gerichtet zu werden, nicht aber mit als Bestimmungsgrund oder Anwendungsweise der Regel selbst zu gelten. Das allgemeine ethische Gebot und die Handlung des einzelnen Menschen sind die einzigen Faktoren, diese steht jenem gegenüber völlig isolirt, ohne alle Vermittlung durch weltgeschichtliche Zustände. Dieser Zug charakterisirt nicht bloß die rationalistische, er charakterisirt die protestantische Bildung, er charakterisirt die wissenschaftliche Epoche von Melanchthon bis Kant. Diese bildet das Bereich der rein protestantischen Wissenschaft.

Da ist es denn unverkennbar eine Bereicherung dieser rein protestantischen Auffassung, es ist Wiederaufnahme eines der mittelalterlichen Periode angehörenden Elements, wenn die wissenschaftlichen Konceptionen seit der Revolution alle der

*) Vorträge über den Protestantismus u. s. w. S. 71 88.

Geschichte selbst in der oder jener Weise eine ethische Bedeutung beilegen. So die spekulative Philosophie, welche in der Entwickelung der Weltgeschichte, dem stufenmäßigen Fortgang ihrer Ideen, die höchste ethische Norm findet, und damit die Weltgeschichte wieder in ähnlicher Weise wie Augustinus und seine Nachfolger, und im Unterschiede von Melanchthon oder Kant, als ein göttliches Werk konstruirt, wiewohl als das Werk eines ganz andern Gottes als desjenigen, an welchen Augustinus wie Melanchthon glaubten. So die geschichtliche Juristen-Schule, welche allem Bestehenden, Traditionellen als solchem ein bindendes Ansehen, eine ethische Nothwendigkeit der Anerkennung, eine Verpflichtung zur Pietät beilegt. So die neuere politische Schule, die in dem Principe der Legitimität das Ansehen der historischen Dynastien nicht bloß, wie die Reformation, auf das: „wo Obrigkeit ist, ist sie von Gott" gründet, was auch für jede Regierung de facto gilt, sondern die zugleich von der Heiligkeit der göttlichen Fügung in der Geschichte erfüllt ist*). Allein die ethische Bedeutung, welche der Weltgeschichte nach wahrem und evangelischem Princip zugestanden werden muß, ist doch von ganz anderer Art als die, welche ihr die katholisch-mittelalterliche Auffassung beilegt, sie ist nemlich doch immer nur eine sekundäre ethische Bedeutung. Das zuhöchst Entscheidende muß immer das bilden, was über der Geschichte steht, das Wort Gottes und die ethische Regel. Es giebt — will man anders nicht in den theokratischen Standpunkt zurückfallen — für den socialen Zustand (den Staat und die äußere Kirche) nur göttliche Ordnung und göttliche Fügungen, nicht aber göttliche Akte, nicht rein und unmittelbar göttliche Sanktion bestimmter

*) Diesem Gedanken entspricht auch die wirkliche Praxis zu allen Zeiten, daß man nemlich bei neuer Besetzung von Thronen vorzugsweise nur die dynastischen Geschlechter für berufen hält.

Verhältnisse und Personen. Die geschichtliche Begebenheit wird darum hier nie selbst Quelle des Ethos wie im Mittelalter, wo die Ethik lautete: du sollst die Begebenheit, den Akt Gottes, daß er den Papst und mittelst seiner den Kaiser einsetzte, anerkennen, und alle ethische Regel dagegen (Glaubenswahrheit, Lebensvorschrift, Rechtsordnung) sich erst mittelbar hieraus (d. i. den nunmehrigen Satzungen des Papstes und Kaisers) ergab. Sondern Quelle des Ethos bleibt immer allein das Gebot (die Regel), und jede Begebenheit wird ethisch nur gewürdigt durch Subsumtion unter das Gebot. Aber dieses ist in seinem reichern Inhalte erkannt. Während die altprotestantische Bildung das ethische Gebot bloß als ein Gebot für das sporadische Handeln der (einzelnen) Menschen erkennt, wird es in dieser fortgeschrittenen Einsicht zugleich als ein Gebot für das Handeln der menschlichen Gemeinschaft in ihrem geschichtlich zusammenhängenden einheitlichen Zustande erkannt, als ein Gebot: du sollst diesen Zusammenhang nicht grundlos unterbrechen, du sollst Pietät haben vor dem, das durch Gottes Fügung oder Zulassung in diesem Zustand geworden, so weit es nicht der Ordnung Gottes (der von Gott gegebenen ethischen Regel) zuwider — dir soll der einheitliche Glaube und das traditionelle Bewußtsein der Kirche (die nicht ohne den heiligen Geist ist) eine Autorität haben über dein eignes Meinen, so weit es nicht dem klaren Worte Gottes zuwider — du ollst nicht bloß der Obrigkeit gehorchen, wo solche besteht, sondern du sollst der in der Geschichte wurzelnden Dynastie Pietät und Anhänglichkeit zollen, als von Gott gefügt. Das unterscheidet darum Princip der Legitimität und theokratisches Princip. Nach jenem bleibt immer der oberste Grund des Ansehens nur die allgemeine Regel: der Obrigkeit ist man Gehorsam schuldig. Sie wird hier nur nicht abstrakt gefaßt, sondern zugleich in der tiefern Bedeutung, daß in der langen Dauer des Besitzes ein göttliches Walten verehrt wird, und es reicht darum auch die lang bestehende, die verjährte Gewalt hin für diese tiefere ethische Würdigung derselben. Dagegen nach theokratischem Princip ist der Grund des Ansehens gar nicht jene Regel, sondern schlechthin die That Gottes, durch welche er die Gewalt bestellte, und das muß natürlich eine rein göttliche That seyn, ohne die menschliche Beimischung, die in aller bloßen geschichtlichen Fügung Gottes ist. Das theokratische Princip begnügt sich deßhalb nicht mit der auch noch so langen Dauer einer Dynastie, sondern es greift zurück bis zur göttlichen Quelle, bis zur Erscheinung Christi, um zu untersuchen, ob auch ihr absoluter Ursprung wirklich eine solche göttliche That ist. So wird die evangelische Kirche nicht die ununterbrochene Succession der Bischöfe von den Aposteln her als Bedingung der wahren Kirche und ihrer Verheißungen erachten; aber sie wird darauf halten, daß das geistliche Amt (selbst wenn es im Falle der Noth neu aus der Gemeinde hervorgetreten wäre, doch sofort) sich rein aus sich selbst fortleite und dadurch als ein von Gott Gesetztes und Gefügtes, nicht als ein von der Gemeinde Verordnetes sich bekundet. Aehnlich wie im Leben des Einzelnen das zuhöchst Entscheidende die ethische Regel ist, aber sekundär auch die göttlichen Führungen und die mittelbar in ihnen liegenden Aufforderungen, die dem ahnenden Gemüthe vernehmbar sind, ethisch bestimmend sind (das „aus eigner Wahl nichts thun"), ähnlich ist auch in der Geschichte der Menschheit sekundär eine ethische Richtschnur.

Endlich erstreckt sich das, was in der Weltgeschichte als bindend, als von ethischer Bedeutung anerkannt wird, nach neuerer Auffassung nicht auf den bloßen Erwerb der äußern

Gewalt, sondern zugleich auf die ganze Entwickelung des sittlichen Bewußtseyns und der das Leben gestaltenden Ideen.

Es liegt deßhalb hierin Wiederaufnahme oder doch stärkere Hervorhebung eines unbeachtet gelassenen Elements in die Anschauungsweise der Reformation; aber durch diese selbst geläutert und darum auch ihr homogen. Es ist eine Versöhnung des protestantischen und katholischen Princips, so weit dieselbe möglich, die in den neuesten Richtungen protestantischer Wissenschaft deutlicher oder verhüllter sich kund giebt.

Vierter Abschnitt.

Die Anfänge der neuern Bildung.

Charakter der Schriftsteller am Anfang der neuen Epoche. — Thomas Morus. — Bacon von Verulam. — Bodinus.

Am Wendepunkt der beiden Zeitalter, d. i. am Beginn der neuern Geschichte, steht eine Klasse von Schriftstellern, welche nicht gleich Cartesius, Grotius, Locke ein einfaches energisches Princip zur Geltung bringen, wie es der neuern Weltgestaltung entspricht, sondern in unbefangener, vielfach auch noch unentschiedener, der scharfen Stellung des Problems ermangelnder Auffassung das öffentliche Leben zum Gegenstand der Behandlung machen. Ihre Schriften sind das Erzeugniß der Bildung aus dem klassischen Alterthum, dessen volle Kenntniß statt der einseitigen Beschäftigung mit Aristoteles inzwischen verbreitet war, und der freien geistigen Bewegung und nüchternen Würdigung, welche durch die Reformation eröffnet waren. In der Frische dieser neu erworbenen geistigen Elemente suchen sie die Verhältnisse der bürgerlichen Ordnung, die auch nicht lange vorher sich zu konsolidiren begonnen, zur wissenschaftlichen Erkenntniß zu bringen. Dahin gehören vorzüglich Bacon von Verulam und Bodinus, in gewissem Grade auch Thomas Morus*).

Thomas Morus giebt in seinem Utopien eine Nachbildung der platonischen Republik, Schilderung eines idealen Zustandes des menschlichen Gemeinlebens, wie es jenseits der Wirklichkeit und Möglichkeit liegt. Schon die Regierungsform ist platonisch: ein von auserlesenen Geschlechtern gewählter Senat, an seiner Spitze ein lebenslänglicher Magistrat aus dem Gelehrtenstande (Platons Philosophen). Eben so ist der Haupt- und Grundgedanke seines Ideals wie bei Platon die Unterordnung der materiellen Interessen und Beschäftigungen, ihre Beschränkung auf das unumgängliche Bedürfniß, und die Gemeinschaft des Vermögens oder genauer der Wirthschaft: daß die Aecker gleichheitlich vertheilt, der Ertrag auf den Markt gebracht und ohne Bezahlung jedem Hausvater sein Bedarf verabreicht wird, unter gesetzlicher Feststellung der täglichen Arbeitsstunden, und zwar in geringer Zahl, damit die übrigen für geistige Beschäftigung frei bleiben. Allein Morus stellt in diesem Bilde nicht, wie Platon, das wirkliche Ideal seiner Nation dar, giebt nicht einer sittlichen Lebenswürdigung, die bereits in der Staatenbildung wirksam ist, nur den wissenschaftlichen Ausdruck; im Gegentheil er abstrahirt damit völlig sowohl von den Zuständen, als von der Lebenswürdigung seiner Nation. Seine Schilderung ist darum nichts Andres, als das liebliche Spiel eines edlen und gebildeten Geistes, ein Versuch, sich in der neuerworbenen antiken Form zu er-

*) Thomas Morus de optimo reipublicae statu deque nova insula Utopia. 1517. — Bacon († 1626) de augmentis scientiarum, in dem Kapitel de fontibus juris. Bodinus de republica, † 1597.

proben, und daraus begreift es sich, daß es ohne Erfolg war und bleibt. Uebrigens eine vollständige Vorzeichnung der Umrisse des heutigen socialistischen Wirthschaftssystems hat Morus in diesem Buche bereits gegeben, nur mit dem rühmlichen Unterschiede, daß er Besitz und Genuß nicht wie dieses zum letzten Zweck macht.

Viel wichtiger ist Bacon. Er repräsentirt im Vergleich zu Morus wieder den empirischen Standpunkt, dazu in einer Selbstständigkeit, zu der er aus der klassischen Bildung durchgedrungen, aus eigner Lebenserfahrung und Anschauung der nationalen Zustände schöpfend und auf das Leben, die nationalen Zustände abzweckend. Von einem eigenthümlichen wissenschaftlichen Princip, von einem System ist bei ihm nicht die Rede. Aber er spricht tiefe Einsichten aus, welche namentlich der nachfolgenden systematischen Theorie hätten zur Berichtigung dienen können. Darunter zeichnen sich aus seine Auffassung des Staates, daß das öffentliche Recht sich nicht darauf beschränken dürfe, Hüter (custos) des Privatrechts zu seyn, sondern nicht minder Religion, öffentliche Zucht, Kriegsmacht, Wohlstand zur Aufgabe habe, und seine Lehre von der Entstehung (den Quellen) des Rechts, insbesondere der Bedeutung und dem Werthe des Gewohnheitsrechts und Gerichtsgebrauchs. Diese seine Lehre über die Quellen des Rechts ist erst in der neuesten Zeit durch Savigny wieder zur Geltung gekommen. Dagegen als Philosoph hat er den Keim einer wissenschaftlichen Entwickelung gelegt, die sich unmittelbar an ihn anschließt und in ihrem spätern Verlauf den wichtigsten Einfluß auf die Ansichten von Recht und Staat ausübt, obwohl sehr entgegengesetzt dem, was er selbst hierüber dachte; davon wird am Schlusse des nächsten Buches die Rede seyn.

Vorzüglich aber zeigt uns des Bodinus Buch „über den Staat" eine neue Aera der Bildung, die im sechszehnten Jahrhundert aufgeht. Dem Gegenstande nach ist es ein ähnliches wie das des Thomas über die „Herrschaft der Fürsten". Auch sieht man bei ihm in der Anlage die Aristotelische Politik durchschimmern. Aber es herrscht hier bereits die Freiheit der neuern Epoche. Er schließt sich an Aristoteles nicht sowohl für die Begriffe und Lehren, als für die Probleme und den Gang der Untersuchung an. Eben so sind die theokratischen Vorstellungen beseitigt. Damit sind denn aber die rechtsphilosophischen Elemente des Mittelalters alle aufgegeben, und sein Buch ist deßhalb auch völlig oder doch im überwiegenden Grade nur Staatslehre (Politik), nicht Rechtsphilosophie, hierin das gerade Gegenstück zu dem nachfolgenden Werk des Grotius. Er sucht kein Princip, keinen Grund und Maaßstab alles Rechts, ja selbst der Rechtsgrund des Staats und der Unterthanenpflicht ist ihm nicht Gegenstand der Untersuchung. Er setzt zwar die Uebertragung des Volks als thatsächlichen Grund der Staatsgewalt voraus, wie das überall die erste und natürliche Vorstellungsweise ist, daß die vorhandene Verfassung durch einen bewußten Akt eingeführt sey, was dann nur ein Akt des Volks seyn kann; aber er giebt dieß selbst nicht für den rechtlichen Grund derselben aus. Sein Bestreben geht überall mehr darauf hin, einerseits das Bestehende sich zurecht zu legen, den Reichthum der vorhandenen politischen Verhältnisse zu durchdringen, anderseits das Ersprießliche, Heilsame zu erkennen, nicht aber ein absolut rechtlich Nothwendiges aufzustellen. Er beginnt daher damit, die scharfen Begriffe zu geben von Staat, von Familie, von Souveränetät („majestas"), von den verschiedenen Regierungsformen, selbst den verschiedenen Arten der Einherrschaft (dominatus — regia potestas —

tyrannis). Er sucht dann die richtigen politischen Maximen über Erhaltung, Veränderung, Fortbildung der Staaten und ihrer Einrichtungen. Er vergleicht endlich die Regierungsformen mit einander, um unter ihnen die vollkommenere, heilsamere zu finden. Ja ganz besonders hervortretend ist seine Lehre von der Nothwendigkeit, daß die Gesetze und Regierungsformen den Zuständen und Sitten des Volkes entsprechen müssen, und seine bereits ausgedehnten Untersuchungen darüber; man hat ihn deßhalb mit Recht in dieser Hinsicht als den Vorgänger Montesquieu's bezeichnet, während er selbst wieder an Aristoteles einen Vorgänger hat.

Dem materiellen Inhalte aber und der Absicht nach ist sein Buch hauptsächlich eine wissenschaftliche Begründung der Monarchie. Mit der Emancipation von Aristoteles und mit der Abschwächung der theokratischen Ideen war es eine Anforderung, und war es erst eine Möglichkeit, den Verfassungszustand der germanischen Staaten, sohin die Monarchie und zwar die eigenthümliche germanische Monarchie in ihr selbst und unabhängig zu begreifen, damit die Nation, aus deren Sinn sie hervorgegangen war, auch ihre Befriedigung an ihr finde und namentlich das wahre Rechtsverhältniß zwischen König und Volk (das die Theorie und die Lebensbewegung vielleicht schon erschüttert hatten) erkannt werde. Diese Anforderung erfüllt Bodinus. Er lehrt den Vorzug und die höhere Vollkommenheit der monarchischen Staatsform theils aus schon früher gewöhnlichen Gründen, theils durch wesentlich neue und oft geistreiche Auffassung, doch preist er nur die durch aristokratische und Volkselemente gemäßigte Monarchie. Er erklärt die Souveränetät („majestas") für eine von den Gesetzen gelöste Gewalt, was aber doch in seinem Sinn nur sagen will, daß der souveräne Fürst alles Ansehen in sich vereinigt und keinen

Richter auf Erden hat. Er lehrt endlich dem entsprechend die absolute Unerlaubtheit der Tödtung oder Entthronung des Königs, wenn dieser wirklich König, d. i. Souverän ist.

Es ist auch bei Bodinus eben so wie bei Bacon nicht irgend ein scharf hervorgehobenes Princip und darauf gegründetes System. Es sind Betrachtungen eines einsichtsvollen Mannes über die politischen Probleme. Es kann niemand Anhänger des Bacon oder Bodinus seyn, auch nicht Gegner; aber es kann jeder und zu jeder Zeit viel Wahres von ihnen lernen, für viel Wahres auf ihre Autorität sich stützen. In Beider Schriften ist Reichthum und Gediegenheit der Gedanken. Aber diese volle unbefangene, jedoch nicht zu den letzten Gründen dringende und nicht systematisch schließende Auffassung hatte keine nachhaltige Wirkung auf die Zeit. Diese rang nach einer durch und durch bewußten und in sich geschlossenen Erkenntniß, und die Geister, welche ein einzelnes Moment aus der Fülle des Gegenstandes herausnahmen, dieses aber in seiner ganzen Schärfe hinstellten und bis zur äußersten Konsequenz durchführten, waren es deßhalb, trotz ihrer Einseitigkeit und Irrigkeit, welche zunächst die wissenschaftliche Herrschaft erlangten.

Dieser Anfang der Weltepoche nach der Reformation hat auch noch den Charakterzug, daß das sittliche Element überall höher gehalten und auch in der Wissenschaft sorgsamer gepflegt wird als das materielle und mechanische, und daß namentlich am Staate die sittliche Bedeutung noch als die oberste erkannt wird. So erklärt Melanchthon als Staatszweck die Ehrbarkeit des äußern Wandels (honesti mores in externa vitae consuetudine), Bacon das Wohl der Gemeinschaft (bene vivere im Sinn des Aristoteles), nemlich die Religion, Disciplin u. s. w. Bodinus erörtert ausführlich, daß die äußern

Annehmlichkeiten des Lebens ein sehr untergeordneter Zweck des Staats seyen gegenüber seinen moralischen Zwecken, und stellt unter diesen wieder sogar den „kontemplativen" Zweck (die Verehrung Gottes) als den obersten auf. Morus vollends geht auf Herabdrückung der materiellen Interessen völlig aus. Erst die nachfolgende Periode kam zu der profanen Auffassung, daß Schutz des Lebens und Eigenthums die eigentliche, ja alleinige Aufgabe der menschlichen Gemeinschaft sey. —

Drittes Buch.

Abstrakte Rechtsphilosophie.

(Das Naturrecht.)

Erster Abschnitt.

Abstrakte Philosophie überhaupt.

(Rationalismus.)

Wesen des Rationalismus — Motiv — Verfahren — Gegensatz der geschichtlichen Ansicht — subjektiver und objektiver Rationalismus — logischer Pantheismus. — Spinoza und seine Rechtsansicht. — Standpunkt des Naturrechts.

Bei der freien Behandlung der Griechen hat jede philosophische Lehre, ja jede Behauptung ihr selbstständiges Leben, und es kann die Ethik des Platon oder Aristoteles verstanden und gewürdigt werden, ohne daß man Rücksicht nimmt, wie nach ihrer Ansicht das Daseyn der Welt und der Zusammenhang in ihr zu erklären ist. — Nicht so in der neueren Philosophie. Die Folgerichtigkeit, durch welche sie allein alle ihre Erkenntnisse zu gewinnen anstrebt, gründet das Einzelne in seinem ganzen Bestand auf die ersten Annahmen. Jeder Zweig der Philosophie steht und fällt mit der obersten philosophischen Ansicht. Daher ist es zur Einsicht in die neuere Rechtsphilosophie unumgänglich nöthig, daß das ganze System der Philosophie in's Auge gefaßt und jene nur als eine Folge desselben betrachtet werde. Das gilt nicht bloß von der besondern Gestalt des Naturrechts, welche ihm die Gründer eigner Systeme gegeben haben, sondern eben so sehr von seiner allgemeinen Entwickelung. Denn sein ganzes Daseyn ist ein Ergebniß des Standpunktes der abstrakten Philosophie überhaupt.

Das Wesen der abstrakten Philosophie ist: nur das anzuerkennen, was aus der Vernunft folgt — das logisch Nothwendige. Daß etwas ist, reicht ihr nicht hin; es muß das Gegentheil undenkbar seyn. — Jeder bestimmte Inhalt nun, mit dem die Vernunft sich erfüllt, erscheint für sie zunächst als ein zufälliger, er könnte eben so gut auch ein andrer seyn. Was sie nicht anders denken kann, wenn sie noch Vernunft bleiben will, ist allein sie selbst, was sie ist, ihre eignen Gesetze, Formen und Bestimmungen, z. B. die Regel, daß etwas nicht zugleich sein Entgegengesetztes seyn könne, der Gedanke des Eins und des Vielen, des Endlichen und Unendlichen, das Verhältniß von Ursache und Wirkung u. s. w. Nur was diese schon enthalten, hat den Charakter logischer Nothwendigkeit. Es folgt etwas aus der Vernunft, sagt danach dasselbe, als: jedes Andere würde die Denkbestimmungen selbst aufheben. Die reine Vernunft also — das Denken vor allem Inhalte außer ihm selbst — ist das Princip der abstrakten Philosophie. Was sie enthält, das ist auch aus ihr, vor aller Erfahrung (a priori) zu erkennen. Und auf der andern Seite kann das durch Erfahrung Gewußte nie den Charakter logischer Nothwendigkeit tragen. Denn Erfahrung zeigt nur, daß etwas ist, nie daß das Gegentheil undenkbar wäre*).

*) „Erfahrung lehrt uns zwar, daß etwas so oder so beschaffen sey; aber nicht, daß es nicht anders seyn könne." Kant Kritik der reinen Vernunft S. 3.

Alles was erprobt seyn soll, muß daher rein a priori gefunden werden. Das gilt von den Dingen der täglichen Wahrnehmung nicht minder, als von den unsichtbaren Gegenständen des Glaubens. Der Beweis des Daseyns Gottes z. B. ist nur dann geführt, wenn gezeigt wird, daß das Nichtdaseyn seinem Begriffe, den man ohne irgend eine Erfahrung bilden muß, widerspricht (der ontologische Beweis); der Beweis der Unsterblichkeit der Seele, wenn die Merkmale, aus welchen der Begriff der Seele besteht, die Sterblichkeit logisch ausschließen.

Das ist allem Forschen und Erkennen gemein: Vernunft in negativer Art zum Maaße zu haben, d. i. alles auszuschließen, was den Gesetzen des Denkens widerspricht. Das Eigenthümliche dieser Richtung besteht darin, Vernunft zum positiven Maaße zu haben: nur das anzuerkennen, was diese Gesetze selbst schon enthalten, und alles auszuschließen, was nach ihnen so, oder anders beschaffen seyn könnte. Es sollen die Erkenntnisse nicht bloß durch die Vernunft gefunden werden, sondern aus der Vernunft. Vernunft soll nicht Mittel und Organ, sondern Quelle der Erkenntniß seyn, nicht durch ihre Thätigkeit einen außer ihr liegenden Inhalt, sondern allein aus ihrem eignen Wesen und ihren Gesetzen den vollständigen Inhalt finden. Darum wird diese Richtung passend als Rationalismus bezeichnet. Es ist ähnlich, wie wenn man das Auge als Quelle des Lichts betrachtete und die Gesichte nicht durch das Anschauen der Gegenstände, sondern aus dem innern Bau des Auges und durch seine Zergliederung finden wollte.

Der Beweggrund hierzu ist keineswegs Skepsis; denn der Philosoph, der die Welt durch Abstraktion vertilgt, hat im Voraus die Zuversicht, sie aus sich wieder aufzubauen. Auch nicht allein Bewunderung des Verstandes. Denn diese für sich führt, wie Erfahrung an den Griechen zeigt, dahin, den Sinn in den

Dingen zu suchen, nicht von ihnen zu abstrahiren, sondern es verbindet sich mit ihr das Interesse der Freiheit.

Daß Selbstständigkeit und Innerlichkeit des Menschen (das Princip der Subjektivität) die ganze Geschichte der neuen Zeit, der europäisch-germanischen Bevölkerung bewege, ist eine unter uns längst verbreitete Einsicht. Sie ist die Grundlage der jetzigen ästhetischen Ansicht geworden. Auch von den rechtlichen Einrichtungen und der Staatenbildung der germanischen Stämme ist es anerkannt, daß sie in freier Selbstbestimmung und persönlichen Banden ihren Ursprung haben. So sträubt sich denn auch die wissenschaftliche Forschung gegen die Nöthigung, welche die Gegenstände außer ihr auf sie üben. Man erkennt nur, indem man etwas auf sich einwirken, sich von ihm bestimmen läßt. Erkennen setzt Anerkennen voraus. Der germanische Geist — dazu durch die Reformation von der kirchlichen Autorität befreit und in seiner innersten Tiefe erregt — will aber durch nichts bestimmt werden, als wozu er sich selbst bestimmt. Eine außer ihm vorgefundene Welt wirkt drückend auf ihn, sie ist eine fremde Macht, der er sich ohne seinen Willen unterwerfen soll. Er befreit sich von ihr durch die Abstraktion und weigert sich der Unterwerfung, so lange er nicht in sich selbst eine Nöthigung dazu findet. Nur wenn die Denkbestimmungen selbst es fordern, wird ihr Bestehen eingeräumt; denn sodann gründet sich die Anerkennung auf das eigne Daseyn, nicht auf das ihrige. Solche Verschmähung, das Wirkliche auch als wirklich anzunehmen, weil es nicht aus uns selbst herauskommt, müßte man für den tollsten Hochmuth halten, wenn es gewiß wäre, daß sie mit Willkühr geschähe. Allein dieses Verfahren zeigt sich in der ganzen Entwickelung ohne Bewußtsein der Wahl und Absicht. So durchdringt es alle Zweige des Wissens und bildet selbst für den positiven Inhalt wenigstens die wissenschaftliche Form. Es ist, als könne wissenschaftliche

Behandlung gar nicht anders zu Werke gehen. Deßwegen wird auch Vernunft wohl im Allgemeinen vertheidigt; aber lange gar nicht versucht, diesen eigenthümlichen Gebrauch derselben, worauf es doch gerade ankommt, zu rechtfertigen, weil man ihn eben nicht für einen eigenthümlichen, sondern für den allgemeinen und allein möglichen hält. Und in der That, die Möglichkeit der Abstraktion führt von selbst und beinahe unvermeidlich dazu, bis der vollständige Versuch erst das Unternehmen und sein nothwendiges Ende klar macht und so dagegen sichert.

Alle Philosophie nemlich hat nur die Absicht, entweder für bestimmte Resultate (Gott, Unsterblichkeit u. s. w.) eine Bürgschaft zu erhalten, oder die Einheit in der Masse verschiedenartiger Dinge zu erkennen. Jenes kann man ihr praktisches, dieses ihr theoretisches Interesse nennen. Beide sind allgemein menschlich und ewig. Sie muß zu beiden Zwecken ein Unbedingtes suchen, welches allem Andern die Gewähr und die Einheit ertheile. Ist es nun dem menschlichen Bewußtseyn möglich, in der Reflexion sich von allem Daseyn außer ihm loszureißen, sey es auch nur für einen Augenblick zu fingiren, daß es allein sey, daß alles Andere außer ihm gar nicht oder in ganz anderer Beschaffenheit, als es wirklich ist, existire: was ist dann natürlicher, als jene höchste Gewähr in dem zu suchen, was man nicht mehr wegdenken kann — dem eignen Daseyn und dem Denken selbst? Das Verlangen, über Gott und Unsterblichkeit Gewißheit zu erhalten, sie über die Zerstörung jener alles abspühlenden Gedankenfluth zu retten, muß zu dem Versuche treiben, ob sie nicht schon mit jenen ersten Annahmen gegeben seyen. — Dieselbe freie Thätigkeit des Gedankens, die jedes Daseyn, die Gültigkeit jedes Gebotes annehmen oder nicht annehmen zu können sich bewußt ist, hebt aber auch die Uebereinstimmung des Menschen mit der Welt auf. Er hat, was jener Grieche vergeblich forderte, eine Stelle außer ihr gefunden und damit ein Vermögen, gegen sie zu wirken. Er ist selbst eine eigne Welt. Jene fordert Anerkennung mit Nothwendigkeit, er fühlt alles nur von seiner Willkür abhängen. Er ist ihr nicht mehr einverleibt, und wenn er den Widerspruch heben, die Einheit wieder herstellen will, so liegt kein Versuch näher als der, sie ihm einzuverleiben, in seinen Denkbestimmungen ihren Zusammenhang mit ihm, wie den in ihr selbst zu finden. Ist dieß alles gelungen, so erscheint er und das zu ihm gehörige Denken als die Harmonie in allen Dingen, als die einzige Ursache, aus welcher er irgend Vorhandenes sich auch als solches vorstellt; und er besitzt für seine gewünschten Resultate die Bestätigung, die ihm allein noch genügen kann, sein eignes Daseyn. Er hat erreicht was alle Philosophie will, und hat es in der Art erreicht, wie sein Trieb und Gefühl der Selbstständigkeit es wollten. In der frühern Periode nun ist noch das praktische Interesse das vorherrschende. Man beweist die Unsterblichkeit der Seele, deren wir in Wahrheit nur im Glauben an die Offenbarungen und Verheißungen Gottes gewiß werden können, aus den Merkmalen der Seele (ihrer Immaterialität, ihrer Unzusammengesetztheit), also in einer Weise, daß Gott selbst, wenn er wollte, sie nicht zernichten oder sterblich machen könnte, so wenig als er ein rundes Dreieck machen kann. Später seit Fichte tritt dieses Interesse völlig zurück, es bleibt nur das Interesse der wissenschaftlichen Größe, aus der eignen Vernunft heraus die Welt zu finden.

Daraus erklärt sich das ganze Verfahren. Philosophie muß alles aus der Vernunft, nach der Vernunft finden. Das Motiv der Abstraktion — in sich selbst das Unbedingte zu haben — setzt ihr auch die Schranke an dem eignen Denken und Daseyn. Außerdem könnte man ja diese selbst hinwegdenken, und wie ließe sich dann noch etwas finden? Das ist also gemeint, wenn die

Philosophie angeblich von Nichts ausgeht. Es wird sofort abstrahirt bis zu irgend einer ganz einfachen Vorstellung, deren man sich — wenn man ist und denkt — nicht entäußern kann, was allem Denken unterliegt, die Substanz z. B., der Begriff des Seyns, des Unbedingten u. d. g. Aus diesem Reste der Abstraktion — dem Einfachsten was Vernunft enthält — muß alles bestimmte Daseyn hervorgehen. Und auch dieses wieder nach der Vernunft, bloß logisch. Es muß die Dinge so enthalten, daß das Gegentheil derselben undenkbar ist. Das gilt eben so sehr von den Systemen der nothwendigen Entgegensetzung, welche ein Ding gegen das andere bilden muß (Fichte, Hegel), als von denen, die bloß aus dem Satz des Widerspruchs folgern. In beiden darf die Wissenschaft keinen Gegenstand, keinen Begriff annehmen als einen, der da ist; sondern sie muß einen jeden auf ihrem Wege selbst bilden, indem sie aufzeigt, daß mit dem Vorausgehenden — von jener ersten Annahme aus — auch dieser schon nach den Denkregeln gesetzt, und sein Nichtdaseyn oder Andersseyn daher eine logische Unmöglichkeit ist. Es muß ihr denn auch in gleicher Weise möglich seyn und obliegen, umgekehrt die irgendwärts aufgegriffenen Gegenstände wieder in jenes Einfache, aus welchem sie dieselben machte, aufzulösen. Das ist die Bedeutung und die hohe Wichtigkeit der Definitionen. Die Merkmale der Definition sollen dem Definirten völlig adäquat seyn, die Sache erschöpfen, diese Merkmale, selbst wieder in gleicher Weise definirt, in schon gegebene allgemeinere Vorstellungen umgewandelt werden können. Auf solchem Wege muß man zuletzt bei jenem Einfachen, der allgemeinen Substanz anlangen. Es ist, wenn man ihn vollendet, der Gang rückwärts, den das philosophische System vorwärts zu machen strebt.

Damit ist nun aller lebendige Zusammenhang in der Welt aufgehoben, Freiheit ist unmöglich, das Verhältniß von Ursache und Wirkung besteht nur noch scheinbar, in Wahrheit ist alles wie in der Logik und Geometrie bloß Grund und Folge. Jede Ursache nemlich läßt sich von ihrer Wirkung nicht bloß in Gedanken, sondern auch reell unterscheiden. Es ist möglich, daß jene vorhanden ist und diese doch nicht eintritt, z. B. wenn das Aufschießen des Saamenkorns unterdrückt wird. Man kann daher, wenn sie eingetreten ist, außer der positiven Ursache noch eine negative, das Nichtdaseyn der möglichen Verhinderung annehmen. Ja es ist wenigstens denkbar, daß die Ursache selbst frei ist, die Wirkung hervorzubringen oder nicht, z. B. der Mensch eine That. Die Zeit — sie mag nun in sich eine wahre oder falsche Vorstellung seyn — bezeichnet wenigstens das Verhältniß von Ursache und Wirkung richtig und anschaulich, sie scheidet beide. Dagegen im logischen Zusammenhange ist das Erzeugende und Erzeugte — Grund und Folge — wohl in Gedanken aber nicht in der Wirklichkeit auseinander zu halten, z. B. das Wesen des Dreiecks und seine Folge, daß die drei Winkel zusammen zwei rechten gleichen. Wir können die Vorstellung der Zeit nicht dazwischen legen, eine Verhinderung weder durch das Wollen des Grundes noch in anderer Art denken. Man weiß, so wie der Grund da ist vor aller Untersuchung, daß auch die Folge unvermeidlich besteht: denn sie ist nicht außer ihm, er ist sie selbst. Wird daher alles Daseyn aus der ersten Annahme nach der Vernunft gefolgert, so muß es in ihr schon ohne allen Vorgang gegeben seyn, und es ist nicht denkbar, daß irgend ein Ding hätte anders gemacht, oder vielmehr, daß es anders seyn sollte, als es ist. Und auf dieser Behauptung muß auch der Rationalismus fest bestehen. Denn wäre irgend eine freie Produktion in der Welt, d. h. auch ein Andres möglich gewesen und denkbar, so könnte er ja nicht aus den bloßen Denkbestimmungen wissen, daß gerade dieses wirklich wurde. Und was aus der Vernunft folgt, kann nicht durch einen Vorgang, eine That entstanden seyn, sonst hätte es ja vor diesem Vorgange nicht bestanden, und es wäre ein logischer Widerspruch wirklich gewesen Eben so wenig lassen sich die Dinge, wenn sie Wirkungen, nicht bloße Folgen sind, erschöpfend definiren. Der Radius als logisch im Kreise enthalten, ist durchaus nichts Andres, als was alles mit dem Kreise schon gegeben ist. Dagegen der Sohn, als vom Vater erzeugt, ist selbst gar nicht bezeichnet durch seine Abstammung von diesem und durch alles, was mit dem Begriffe des Vaters gesetzt ist. —

Vernunft als Princip der Philosophie duldet daher kein Geschehen, keine Schöpfung, sie duldet nichts Neues, erst Hinzukommendes. Es ist nichts als was aus ihr folgt, und was aus ihr folgt, das konnte niemals fehlen, denn sie ist es selbst. Die ganze Entwickelung der abstrakten Philosophie wird denn auch wirklich durch das eine Postulat fortwährend getrieben: Es giebt keine Veränderung! — Dieses Postulat führte — wie unten zu zeigen ist — von der frühern Stufe nothwendig auf die Kants, und verbindet so die neuern Systeme mit den ihm vorausgehenden.

Die geschichtliche Ansicht, von der oben behauptet wurde, daß sie den Griechen mangele, ist hier also geradezu verneint. Es leuchtet nun auch um so mehr ein, daß unter geschichtlicher Ansicht nicht die Meinung zu verstehen ist, als bestehe ein ewiger Wechsel ohne Einheit des Ziels und der Beherrschung, oder als sey das Vergangene höheren Werthes als das Gegenwärtige, oder man würde nichts wissen, wenn nicht schon Begebenheiten vorausgegangen wären, von denen man lernen kann. Gerade das Gegentheil von dem allen! Sondern geschichtlich ist die Ansicht, nach welcher etwas geschehen ist und geschieht, nach welcher es eine freie That giebt. Schelling nennt die christliche Ansicht der Welt die geschichtliche im Gegensatz der logischen der neuern Philosophie. Denn nach dieser ist die Welt und alle besondern Dinge im Wesen Gottes nothwendig enthalten, nach jener ist sie erst entstanden (geschehen) durch seine freiwillige Schöpfung. Geschichtlich habe ich die jüdisch-christliche Ansicht des Ethos genannt, denn nach ihr ist das Gesetz Gesetz, weil Gott es wollte. So hatte der Mensch das Ethos vor aller eignen Begebenheit; aber doch hat er es nur durch die That Gottes; es besteht nicht von selbst mit dem Begriffe seines Daseyns oder des Seyns überhaupt. Und nicht das Vergangene ist das Höhere, sondern im Gegentheil die Gegenwart, und die Zukunft ist das Höchste; denn zu ihr führt Gott die Welt und das Gesetz. Wie auch das Eigenthümliche der geschichtlichen Juristenschule in nichts Anderem als hierin seinen letzten Grund hat, wird in der Folge gezeigt werden. — Hierin besteht auch der Unterschied negativer und positiver Erkenntniß. Was aus der Vernunft (a priori) gefunden wird, ist nach Schellings tiefbezeichnendem Ausdruck nur das „Nichtnichtseynkönnende", nicht das „Seyende". So z. B. daß das Dreieck drei Winkel hat, die zusammen zweien rechten gleich sind, daß, wie Wolf deducirt, „Sehen die Eigenschaft eines Thieres mit Augen" (also eines sehenden Thieres) ist, das ist eine nur negative Erkenntniß; dagegen daß die Erde rund und nicht dreieckig ist, daß es Pflanzen und Thiere giebt, das ist eine positive Erkenntniß. Es wäre ein Anderes nicht undenkbar. Positiv und Gegenstand positiver Erkenntniß ist, wenn ich es in absoluter und erschöpfender Weise ausdrücken soll, die Person, ihre specifische Urbestimmtheit (also die Heiligkeit, die Liebe Gottes u. s. w.), ihre That und das Produkt ihrer That. Darum ist es eine bloß negative Erkenntniß, daß es ein Wesen, eine Macht, einen Grund giebt, wodurch die Welt ist, denn das Gegentheil wäre gegen die logischen Begriffe; dagegen ist es eine positive Erkenntniß, daß es einen Gott im wahrhaften Sinn, einen persönlichen, selbstbewußten Schöpfer giebt, deßgleichen daß dieser Gott gnädig und barmherzig ist. Es ist eine positive Erkenntniß, wenn wir die Welt als That und Schöpfung Gottes, und eine nur negative Erkenntniß, wenn wir sie als ewig nothwendige Folge der Vernunft betrachten. Die Philosophie, welche alle Erkenntnisse aus der Vernunft ableitet, kann keine andern als nur negative Erkenntnisse haben.

Nach jener Ansicht ist denn das ganze erfüllte All bloß eine Emanation der leeren Denkbestimmungen. Gott ist jener oben bezeichnete Rest der Abstraktion. Diese, und sohin er selbst, ist aber zugleich die Welt, sie ist logisch in ihm enthalten. Hierin besteht der logische Pantheismus, zu welchem sich der Rationalismus nothwendig bekennen, oder sein eigenthümliches Verfahren, d. i. sich selbst aufgeben muß. Als jenes Einfachste, bei welchem die Abstraktion stehen zu bleiben hat — mithin als der Gott der Vernunftwelt — wurde nun in den verschiedenen Systemen Verschiedenes angenommen. Von Spinoza und Hegel das allgemeine Seyn (von jenem als Reelles, von diesem als Gedanke), von Kant der Gedanke des Unbedingten, der Nothwendigkeit selbst, von Fichte das Ich (der Begriff des Selbstbewußtseyns). Alle Annahmen aber lassen sich auf eine doppelte Basis zurückführen, das reelle Daseyn des Denkenden (das Ich) und die reinen Bestimmungen des Denkens. Beide Principien sind, wie gezeigt worden, mit dem abstrakten Verfahren nothwendig gegeben, sie sind das allein Uebrigbleibende. Daher treten sie denn auch gleich im Wahlspruch des ersten Begründers dieser Richtung uns entgegen: cogito, ergo sum. Sie sind aber einander widerstreitend. Das reelle Daseyn des Denkenden ist seinem Wesen nach lebendig, handelnd, etwas außer sich erzeugend als Wirkung. Vernunft dagegen ist ruhend, von Anfang an fertig, alles, was sie erzeugt, als Folge in sich enthaltend. Jenes ist frei, sich selbst bestimmend und Freiheit fordernd; diese bloß bestimmt, nothwendig und Nothwendigkeit auflegend. Was daher auf das Eine gebaut wird, zerstört das Andere, die Denknothwendigkeit hebt die Freiheit des Ich auf, und die freie Thätigkeit des Ich gestattet nicht, daß alles Denknothwendigkeit sey. Sie beurkunden eben damit die Unwahrheit des Motivs, daß sie beide in der Gestalt anregte, in welcher sie zugleich nicht durchgeführt werden können. Diese Principien, je nachdem das eine oder das andere zu Grunde gelegt wird, scheiden die Systeme in zwei Hauptrichtungen. Man kann die eine den subjektiven, die andere den objektiven Rationalismus nennen. Nach diesem ist die unpersönliche Vernunft Gott, nach jenem ist es — wenn er sich vollenden könnte — der denkende Mensch selbst. Der Repräsentant des erstern ist Spinoza, der des letztern Fichte. Diese Principien gerathen auch in den einzelnen Systemen selbst und in den einzelnen Zweigen der Wissenschaft in Konflikt. Vor Allem äußert sich dieß in der Rechtsphilosophie. Das Vernunftrecht erhält fortwährend nur durch den vergeblichen Versuch, diese Grundlagen zu vereinigen, den Anstoß zu seiner Entwickelung, und nur von ihnen aus ist es möglich, in sein innerstes Getriebe zu blicken. Da jedoch die lebendige Ursache der ganzen Richtung, gegen deren Macht keine Konsequenz aufkommt, nur das selbstständige persönliche Daseyn ist, so mußte natürlich der subjektive Rationalismus überwiegen. Er gelangt unmittelbar nach Spinoza zur Herrschaft und behauptet sie bis auf Fichte. Erst in der neuern Zeit wurde er verdrängt und alle Kraft wieder auf den objektiven gewendet, namentlich durch das System Hegels. Denn es entstand ein sicheres Bewußtseyn, daß die Losreißung des Menschen von der Welt nicht zum Wahren führe, und diese wähnte man durch den objektiven Rationalismus vermieden zu haben. Allein das ist Täuschung. Das reine Denken, welches er zum Princip macht, ist zwar nicht die Person des Denkers; aber es hat doch auch nirgend anders Daseyn als in dem abstrahirenden Individuum. Man hat hiermit seine Person zwar den eignen Denkformen, aber nicht der Schöpfung verbunden. Und wenn man sich durchaus weigert, alles bestimmte Daseyn auf eine Ursache, die nicht in uns ist, zurückzuführen, es nur insofern anerkennt, als die von unserm Bewußtsein unzertrennlichen Denkbestimmungen es enthalten, so kann dazu nichts Andres bewogen haben, als die subjektive Triebfeder, nach welcher der Mensch in seiner Isolirung Mittelpunkt der Schöpfung seyn will.

Der objektive Rationalismus ist sich, wo er aufrichtig verfährt, auch wohl bewußt, daß er den persönlichen Gott und die geschichtliche Schöpfung läugnet. Nicht so immer der subjektive. Er pflegt sich auf jene scholastische Unterscheidung zwischen dem Principe des Seyns und dem Principe des Erkennens zu berufen. Vernunft werde nicht als das angenommen, was die Dinge, sondern nur was unsere Erkenntniß von ihnen bewirkt. Mit solcher Berufung konnte man sich weniger in allgemeinen Systemen der Philosophie, wo bis auf das Aeußerste zurückzugehen ist, täuschen, als in einzelnen Doktrinen, z. B. in der Theologie und im Naturrecht. — Da es darauf abgesehen ist, daß Vernunft das Principium, das Anfangende sey, so ist hier nicht ein bloß negatives Maaß gemeint, als welches ja zu dem positiven, das nur an ihm seine Denkbarkeit zu erproben hätte, erst als ein Zweites hinzuträte. Die Unterscheidung hätte dennoch Gewicht, wenn Vernunft bloß als der Anfang und Ausgangspunkt der Untersuchung genommen würde, als

Thatsache, welche selbst erklärt werden soll — nicht als der Grund, welcher allein die Erklärung gewährt. Dann müßte aber sogleich über sie selbst hinausgegangen werden. Man müßte schon Gesetze außer ihr zur Hülfe nehmen, um zum Principe der Dinge zu gelangen. Schließe ich z. B. von der Thatsache meines Daseyns und meiner Vernunftformen auf das Daseyn eines Schöpfers, so geschah dieses nach einer der Erfahrung abgelernten Regel. Denn nach welchem logischen Gesetze ist im Begriffe meines Daseyns ein Schöpfer gegeben, wie folgt aus den reinen Vernunftformen, daß ich nicht selbst der Ewige bin*)? Wäre man nun zu dem wahrhaften Principe gelangt, so müßte sofort erst das Verfahren seine bleibende Gestalt annehmen nach der Beschaffenheit dieses Princips, die nicht Vernunft selbst schon enthält. Wäre dieses Princip z. B. ein persönlicher allmächtiger Schöpfer, wie rationalistische Theologen ihn gefunden haben wollen, so müßte man einsehen, daß sich ihm nicht vorschreiben läßt, er dürfe nur solches machen und gemacht haben, was er nicht unterlassen konnte, z. B. keine Wunder, bloß aus dem Grunde, weil die Vernunft nichts produciren konnte, als was sie produciren muß**). Bei solchem Verfahren (das nicht mehr bloße Vernunftfolgerung, sondern ein empirisches geschichtliches ist) wäre dann aber gar kein Grund vorhanden, warum man gerade das reine Denken zum Ausgangspunkte machte, und nicht vielmehr unser ganzes mannigfach erfülltes Wesen, Denken und Begehren, Wollen und Sollen und den unendlichen Vorrath, den Erfahrung und Geschichte in ihm gehäuft. Diese Totalität als unläugbare Thatsache wäre die Wirkung, von der man aus-

*) Aus ähnlichem Raisonnement wird auch diese Art des Beweises von Kant (Kritik der Urtheilskraft S. 331 ff.) verworfen.

**) S. hier überhaupt Kants Religion innerhalb der Gränzen der bloßen Vernunft, 4. Stück 1. Thl.

gehen müßte, um die Ursache gleichfalls mit Hülfe unseres ganzen Erkenntnißvermögens, der Denkformen, der Beobachtung, der geistigen Anschauung, ja der Ahnung zu finden. Denn als Einfaches brauchen wir uns nur dann zu fassen, wenn wir in uns die logische Einheit der Welt suchen. —

Der **Unterschied** des wissenschaftlichen Ganges, wie er hier bezeichnet ist, scheint mir auch von Platon im sechsten Buche seiner Republik gemeint zu seyn, und er würde ihn deutlicher bestimmt haben, wenn er Vernunftphilosophie in neuerer Weise gekannt hätte. Er hält nemlich die mathematischen Wissenschaften und was ihnen ähnlich ist für die geringeren und unzureichenden; weil sie darin bestehen, daß sie von den sichtbaren Dingen allgemeine Formen abstrahiren, und von diesen Abstraktionen als Voraussetzung vorwärts zu einem Resultate gelangen, welches dann selbst wieder, um nur irgend eine Bedeutung zu haben, der sinnlichen Dinge bedarf, aus welchen (nicht von welchen aus) es gewonnen wurde. Wahre Wissenschaft dagegen müsse zunächst rückwärts schließen. Sie muß von den Gegenständen wohl ausgehen, aber sie als bedingte betrachten, daher nicht das, was in ihnen ist (die allgemeine Form), sondern eine selbstständige **Ursache** außer ihnen als das Unbedingte suchen. Ist sie so zu Werke gegangen, so wird sie denn auch, wenn sie zu diesem Unbedingten hinaufgestiegen ist, der sinnlichen Dinge, von welchen sie ausging, gar nicht mehr bedürfen, sondern sich in den reinen Gestalten bewegen. Unter diesen Gestalten (εἶδος) versteht Platon gewiß nicht das, was ohne bestimmten Inhalt ist, das Abstrakte, sondern den Gegensatz des Sinnlichen (αἰσθητόν), das Geistige, in steter Freiheit, von keinem unbeweglichen Stoff gehemmt, Wirkende — die schöpferischen Urbilder und Rathschlüsse Gottes.

Das alles ist aber der Vernunftphilosophie, auch der subjektiven, gerade entgegengesetzt. Reines Denken ist der Anfang. Mit diesem geben wir gleichsam den kreatürlichen Charakter auf. Nach dem reinen Bewußtseyn des Daseyns und nach den reinen Denkformen müßten wir uns für ewig halten, wenn es nur möglich wäre, von den bestimmten Empfindungen, die wir in jedem Augenblicke haben, und von den wechselnden Vorstellungen, mit denen wir jene Formen erfüllen müssen, wirklich zu abstrahiren. Ferner wird von diesem Denken aus nur vorwärts geschlossen nach seinen eignen Gesetzen. Was sich so ergiebt, kann nicht eine Ursache seyn außer ihm, sondern nur eine Folge in ihm. Ist mit dem Daseyn der Vernunft — wie es gefordert wird — alles, was da wahrhaft seyn soll, schon logisch nothwendig gesetzt, so bedarf es keines Schöpfers außer ihr und kann daher nach demselben Gesetze logischer Nothwendigkeit auch keinen geben. Würde man ihn dazu postuliren, damit er ihre Begriffe wirklich mache — irriger Weise, denn für was sie Daseyn fordert, das muß auch ohne Schöpfer da seyn, so nothwendig als die Logik selbst — so könnte der Schöpfer selbst doch nur ein Geschöpf der Vernunft, als des höhern Schöpfers, seyn, wie sich dieses vom Kant'schen Beweise Gottes sagen läßt. — Es kann daher nicht befremden, daß die folgerichtigen Systeme zum Atheismus gelangten. Der Rationalismus endigt nicht erst damit, er hat schon damit angefangen. Die Frage, für deren Bejahung Gewißheit zu erhalten das praktische Interesse aller Philosophie und auch das seinige ist, hat er so unmittelbar vor aller Untersuchung durch seine Methode selbst schon verneint. — Größtentheils freilich weilt das abstrakte Verfahren in der Mitte, seiner Grundanforderung und seines nothwendigen Resultates unbewußt, sich damit begnügend, Einzelnes, dessen logische Unnöthigkeit einleuchtet, zu tilgen.

Spinoza ist es, auf welchen alle spätern, wenn auch unter

einander kämpfenden Bestrebungen dieser Art als auf das gediegendste Vorbild zurückweisen. Das kommt nicht von seiner hervorragenden Intelligenz allein, sondern zugleich von dem besonderen Charakter seiner wissenschaftlichen Thätigkeit. Die sämmtlichen späteren Philosophen nemlich führen bestimmte rationalistische Systeme durch. Spinoza dagegen hat nichts Anderes als den Kanon des Rationalismus selbst aufgestellt. Dadurch tritt bei ihm nur die Großartigkeit des Unternehmens hervor, ohne die Kleinlichkeit und Inkonveniens, in welche es bei der Ausführung (z. B. durch Fichte und Hegel) unvermeidlich geräth. Und er, so wie jeder, der sich ihm hingiebt, kann keinen Zweifel und keine Schwierigkeit gegen seine Ansicht finden, weil er sie zu erproben nicht versucht. Daß nur Vernunftzusammenhang in der Welt sey, setzt er voraus. Und nun zeigt er nicht, wie die bestimmten Gegenstände wirklich aus der Vernunft folgen, sondern nur welcher Art überhaupt ihr Zusammenhang mit ihr und unter sich nach jener Voraussetzung seyn müsse. Was er hierüber sagt, kann allerdings, wie man ihm nachzusagen pflegt, nicht widerlegt werden, weil es wahr ist. Man muß nur die Voraussetzung selbst, den Vernunftzusammenhang der Welt, läugnen.

Der wesentliche Inhalt seiner Lehre besteht daher bloß in den Charakterzügen des Rationalismus, welche hier eben als die allgemeinen jedes folgerichtigen Systems angegeben worden sind:

Das Unbedingte (causa sui) kann nur das seyn, dessen Daseyn aus seinem Begriffe folgt (d. i. dessen Nichtdaseyn logisch widersprechend wäre), und das ist das Seyn selbst (die Substanz), dieses ist Gott. Es kann nur Eines seyn und ein Einfaches (denn die Urvorstellung des Denkens ist nothwendig eine leere, ununterschiedene, daher einfache und untheilbare).

Jede Ursache muß ihre Wirkung unausbleiblich mit sich führen, d. h. es giebt nicht Ursache und Wirkung, sondern alles steht im Zusammenhang von Grund und Folge. Alle bestimmten Dinge sind nur nothwendige Folgen (Affektionen) des reinen Seyns (Gottes). Er ist in ihnen wie das Wesen des Steins (lapideitas) in den einzelnen Steinen. Er hat nicht Verstand und Willen, er hatte keine Freiheit, die Welt zu schaffen, oder nicht zu schaffen, sondern er enthält die Welt nach nothwendigem Gesetze. Es giebt überhaupt keine Freiheit, so wenig als Gottes, eben so wenig der Menschen. Wir halten unsere Handlungen nur für frei, weil wir ihre Ursachen nicht kennen. Denn was da ist, mithin jede einzelne Handlung, ist nur eine Folge der allgemeinen Nothwendigkeit, mit der Substanz selbst schon gegeben, mithin ein Unvermeidliches u. s. w.

Eine Ethik im wahrhaften Sinne darf von Spinoza nicht erwartet werden; denn das Wesen des objektiven Rationalismus schließt die Freiheit des Handelnden aus. Das Weltgesetz ist alles, es geschieht keine Handlung, die nicht logisch aus ihm (aus Gott) folgte. Jede, die da geschieht, kann daher nicht anders als gesetzmäßig, als gut und recht seyn. Unrecht wäre nur, was nicht aus dieser Nothwendigkeit folgte, was aber eben deßhalb auch nicht möglich ist — „was Niemand will und Niemand kann.“ Der Mensch kann gegen die Religion (die geoffenbarte) handeln, aber nicht gegen das ewige Gesetz Gottes. Es giebt daher kein Unrecht und keine Sünde. Was wir so nennen, bedeutet nur den Erfolg, den eine Handlung für uns, für das Wohlbefinden der Menschen hat, nicht ihren eignen Charakter. Der Widerspruch, den das Böse in der Welt bildet, ist also hier dadurch gehoben, daß es selbst geläugnet und die Vorstellung von ihm für Schein erklärt wird. Spinoza's ganze Rechtsansicht ist nur die Ausführung dieses Gedankens. Die Menschen müssen in den Staat treten, seine Herrschaft tragen, um Sicherheit zu erlangen; weil die Natur sie treibt, von zwei Uebeln das geringere zu wählen. Treten sie aber nicht in den Staat, so hat eben auch dieß die Natur gewirkt und sie haben nicht Unrecht daran. Durch die Vereinigung erhält die Regierung die Macht über alle, mithin das Recht. Sie darf befehlen, was sie will, weil sie es kann; die Bürger müssen gehorchen, weil sie sich zu widersetzen nicht vermögen. Die Regierung muß für das öffentliche Wohl sorgen, weil diese Rücksicht ein geringeres Uebel ist als bevorstehender Aufruhr und dadurch Untergang. Will sie aber nicht, so thut sie das auf ihre Gefahr, sie thut nicht Unrecht, denn die Natur hat ihr die Macht dazu gegeben. Die Bürger dürfen nicht ihr Recht vollständig und unwiderruflich der Regierung übertragen; d. h. es ist physisch unmöglich, daß sie ihre (natürliche) Macht ganz und auf immer aufgeben. Könnten sie es aber, so wäre die Regierung nicht mehr verpflichtet gut zu regierrn, nemlich sie hätte keinen mechanischen Impuls mehr dazu*). Scheinbar und dem Worte nach hat die Rechtsansicht des Spinoza mit der des Aristoteles dieselbe Grundlage, die Natur, die alles mit Nothwendigkeit erzeugende Macht. Allein genauere Betrachtung zeigt hier aufs deutlichste den Unterschied des empirischen und abstrakten Weges. Aristoteles erkennt eine Natur an mit eigenthümlichen Gesetzen und Zielen, die sein Denken nicht besitzt, die er aus der Beobachtung lernt. Dem Spinoza ist Natur im Grunde nichts Anderes, als das Abstraktum einer logischen Nothwendigkeit. Aristoteles schöpft daher stets neue Data für seine Erkenntniß aus der ihn umgebenden Welt, er findet ein Daseyn ganz andrer

---

*) S. im Ganzen die Ethik und den theologisch-politischen Traktat Spinoza's.

Art in der bewußten – als in der bewußtlosen Natur, und paßt seine Erkenntniß diesem an, statuirt hier Freiheit und wahres Ethos. Spinoza, verschlossen gegen jede Erfahrung, gegen alles Neuhinzukommende, hält an seiner ersten Annahme fest, gestaltet umgekehrt die Gegenstände nach der Form seiner Erkenntniß, läugnet Freiheit und Ethos. Dem Aristoteles ist gerecht: was der Natur analog von freien Wesen geschieht. Dem Spinoza ist gerecht: was von der Natur selbst geschieht, und das ist alles.

So ist das Eigenthümliche des objektiven Rationalismus, daß er folgerichtig durchgeführt gar keine Ethik gestattet. Alle Handlungen, die vorkommen können, sind mit der ersten Annahme der allgemeinen Substanz in unvermeidlicher Nothwendigkeit gegeben. Die Frage selbst nach der Gerechtigkeit muß aufhören, weil sie eine Selbstständigkeit und ein Losgerissenseyn von dieser allgemeinen Nothwendigkeit voraussetzen würde. Das logische Interesse, welches dadurch befriedigt wird, ist aber nur ein abgeleitetes. Das ursprüngliche will nicht — Ursächlichkeit des Denkgesetzes, sondern des lebendigen Menschen, und dieses fordert eine Lehre vom Sollen, die seine Macht und Freiheit anerkenne, seine Persönlichkeit zum Mittelpunkt mache, indem sie die Verwirklichung der logischen Deduktion erst von ihm abhängen läßt. Eine solche ist das Naturrecht, wie es von Grotius bis auf die neueste Zeit sich fortbildete. Das Naturrecht verdankt daher Daseyn und Ausbildung der subjektiven Vernunftphilosophie. Diese, indem sie nicht bloß von der Vernunft, sondern zugleich vom Daseyn des Denkenden ausgeht, wird sich sogleich der Freiheit bewußt, das vom Denken Geforderte im Handeln auszuüben oder nicht; sie leitet deßwegen nur die Vorschriften aus der Vernunft ab, läßt die Handlungen hingegen durch die freie Person wirken. So fehlt es ihr nicht an der Vorbedingung der Ethik. Dafür giebt sie das Postulat auf, daß alles nur Vernunft sey, indem die freien Handlungen, welche sie zugesteht, eben so wohl gegen die Vernunft vorgenommen werden können. Dieses ist der Unterschied des Naturrechts von der Rechtsansicht des Spinoza, es ist der zwischen subjektivem und objektivem Rationalismus überhaupt. Die Grundlage und die Charakterzüge des Naturrechts sind mit der allgemeinen Bezeichnung der abstrakten Philosophie schon gegeben und brauchen nur in dem besondern Stoffe nachgewiesen zu werden. Denn in keiner wissenschaftlichen Richtung kann die Behandlung so gleichmäßig durchgehen, als in dieser, deren Wesen es ja gerade ist, das Besondere nicht als ein neu Erzeugtes von eignem Lebensprincip, sondern als schon mit dem Allgemeinen dem Begriff nach Gegebenes zu betrachten. Eine verschiedene Gestalt hat aber das Naturrecht, wo es als integrirender Theil eines universalen (subjektiv-rationalistischen) Systems erscheint, bei Kant und Fichte, und wo es sich von einem solchen unabhängig als isolirte Doktrin ausbildet, von Grotius bis auf die neueste Zeit, sey es, daß seine Bebauer Philosophie im Ganzen nicht pflegten, oder daß ihre Philosophie aus einzelnen Gebieten ohne Zusammenhang bestand; hier wird es mehr von der Eigenthümlichkeit des Gegenstandes beherrscht, dort hingegen mehr von den bestimmten für diesen Gegenstand oft zufälligen Resultaten der theoretischen Philosophie. Es wird danach überhaupt angemessen seyn, die Entwickelung des Naturrechts zuerst nach seinen allgemeinen Motiven an dem Faden der Materien, sodann nach seiner besondern Gestalt in den einzelnen Systemen an dem Faden der hervorragenden Bearbeiter darzustellen.

Zweiter Abschnitt.

Genesis des Naturrechts im Allgemeinen.

Erstes Kapitel.

Die Ethik (jus naturale im älteren Sinne).

Die Ansicht von der Ursache des Ethos — Geschichte derselben. — Grundbegriff — Geschichte desselben. — Abstraktion von den Verhältnissen — Folgen daraus — Inhalt des Ethos.

Die Frage: woran erkenne ich, was gerecht und was ungerecht ist? setzt die höhere voraus: wodurch ist Gerechtes und Ungerechtes, was bewirkt diese Unterschiede, was ist die Quelle alles Sollens? Die Antwort auf letztere Frage ist daher das Entscheidende für jede Ethik. — Die Philosophie, welche nur anerkennt, was aus der Vernunft folgt, kann auch diese Quelle des Ethos nirgend anders als in der Vernunft suchen. Darin besteht das Naturrecht*).

---

*) Es ist für die Entwickelung der abstrakten Philosophie überhaupt und daher für diese ganze Darstellung von der höchsten Wichtigkeit, Vernunft in der wirklich gemeinten Bedeutung, als reines Denken festzuhalten, und ihr nicht von vorn herein irgend einen bestimmten Inhalt (z. B. eine schon gegebene Absicht oder Eigenschaft Gottes) unterzulegen, wodurch freilich manches Problem gelöst, aber auch die Grundanforderung — nichts ohne logische Nöthigung anzunehmen — aufgegeben würde. Die Gefahr solcher stillschweigenden Unterstellung ist nun am größten in der Ethik. Denn eine lange, keinem Zweifel Raum gebende Gewohnung, die Moral aus der Vernunft zu folgern, hat jetzt diesem Worte schon die Bedeutung der Moralität selbst verschafft, und keinem fehlt die Vorstellung der letztern bei seinem Klange, so daß man sich vielleicht darüber wundern mag, daß hier die Herleitung der Pflichten aus der Vernunft, das ist ja eben aus der Moral, bezweifelt werden kann. Dieß wird noch unterstützt durch die jetzige Sprachverwirrung in der Philosophie und dem seit Jakobi von

Die Platonische Idee des Guten, durch welche das ihr Entsprechende gut, das ihr Widerstreitende böse wird, ist eine Quelle des Ethos außer der Vernunft. Sie hat ein ursprüngliches selbstständiges Daseyn. Und Platon konnte gar die Frage nicht aufwerfen, warum denn gerade das Gute das Gute ist, und das, was da seyn soll? Die neuere Ethik hingegen beruht auf dieser Frage. Was heißt das: ich soll, es ist etwas gut oder böse? Ich kann alles das läugnen, diese Vorstellungen selbst aufheben und dennoch da seyn und ohne Widerspruch denken. Das: „ich soll", das: „gut und bös" werde ich nur dann für etwas halten, wenn ohne sie mein Denken selbst nicht mehr bestehen würde. Das Gute muß

Vielen angenommenen Gebrauch, unter Vernunft die unmittelbare Wahrnehmung alles Göttlichen, Heiligen, Guten, Gerechten zu verstehen, also das dem vermittelnden Denken gerade Entgegengesetzte. —

Das Princip, welches das Naturrecht und die ganze Vernunftphilosophie zu Grunde legen, ist aber das reine Denken. Sie wollen nicht von Moral und Gerechtigkeit ausgehen, sondern sie erst aus dieser finden. Es ist ferner das ruhende, das bloß sehende Denken, d. i. der Inbegriff der reinen Bestimmungen und Gesetze die es ist, nicht dasjenige was es durch seine Thätigkeit hervorbringt. — Nur daraus ist das Eigenthümliche der rationalistischen Behandlung zu erklären, und diese konnte außerdem gar nicht entstehen. Vernunft in jenen andern Bedeutungen hätte zu einer Rechtsphilosophie von ganz anderem Charakter geführt. Es wird denn auch schon bei den ältern Naturrechtslehrern ausgesprochen, daß sie unter Vernunft das Denken verstehen, z. B. Pufendorf jus nat. l. I, c. 1 §. 2. Thomas. juris pr. divin. l. I, c. 1. §. 38, der sich auf eine Stelle des Cartesius beruft: homo dum intelligit, cogitat, dum vult cogitat, dum sentit cogitat. Und wenn selbst bedeutende Männer, wie Leibnitz, im Verfolge selbst häufig vom Denken unabhängige sittliche Gesetze ihr unterlegen als in der ratio enthalten; wenn sie mitunter die thätige Betrachtung statt der logischen Entfaltung unter der ratio verstehen: so ist dieß bloß ein Mangel an durchgängig klarem Bewußtseyn ihres Werkes. Seit Kant, den gerade dieß klare Bewußtseyn auszeichnet, ist bei gründlichen Philosophen hierin kein Schwanken mehr, wiewohl jetzt gerade die nicht philosophischen Schriftsteller alle Bedeutungen von Vernunft benützen, um sie in der einen — nämlich als Raisonnement aus Gründen wie weiland die Wolfische Schule — zum Princip machen zu dürfen. —

daher auch logisch deducirt und muß definirt, d. h. es muß aus reinen Denkbestimmungen gemacht und in sie wieder aufgelöst werden können. Es ist bei Kant z. B. nur die Form alles Denkens selbst (Nothwendigkeit und Allgemeinheit); bei Hegel eben so ein Produkt, welches die leere Denkbestimmung des Seyns und das Denkgesetz (Dialektik) ohne andere Zuthat miteinander hervorbringen. —

Eine von der Vernunft unabhängige Ursache des Ethos erkannte die christliche Welt, bevor sie philosophirte, in dem Willen Gottes und in dem Inhalte desselben, der göttlichen Heiligkeit, die von specifischer Bestimmtheit, positiv, keiner weitern (logischen) Deduktion fähig oder bedürftig ist. Diese Ursache zu entfernen war daher die Vorbedingung, der erste Schritt, welchen das Naturrecht thun mußte, um sich selbst Platz zu machen. Die Anfänge dazu waren schon in der Philosophie des Mittelalters gegeben: in der lex aeterna, welche die Scholastiker über Gott setzten, in der heiligen Natur, die vor allem Entschlusse in ihm sey, aus welchem sie das Ethos ableiten zu müssen glaubten (convenientia cum sanctitate divina antecedenter ad voluntatem divinam). Dadurch war die Freiheit des Entschlusses und der Festsetzung in Gott aufgehoben, und es war nur erforderlich, die Vernunft als dieses ihn und die Welt mit Nothwendigkeit Bestimmende zu erklären. Das geschah denn durch die Behauptung: die Unterschiede von Recht und Unrecht würden nach der Vernunft stehen bleiben, auch wenn es keinen Gott gäbe. Denn danach kann unmöglich Gott die Ursache derselben seyn, weder seine sanctitas noch seine voluntas — sonst müßten mit ihm auch die Wirkungen fallen — sondern allein die Vernunft. Diese Behauptung, welche der Begründer des Naturrechts, Grotius, adoptirte*)

*) Prolegomena c. II.

(wiewohl er keineswegs ihr Urheber ist), wurde von Leibnitz gegen Widersacher in Schutz genommen und nachdrücklich ausgesprochen: wie die Gesetze der Geometrie als nothwendig gefunden werden müßten, wenn man auch Gott läugne, so auch die des Rechts. Und die abweichenden Vorschriften, welche Gott nach der Bibel (die Leibnitz anerkennt) zu verschiedenen Zeiten ertheilt hat, seyen dem nicht in Wege; denn diese Ausnahmen seyen eben nicht minder nothwendige Folgen der Vernunft als die Regel*); Gott selbst werde nur darum gelobt, weil er gerecht ist, und handle ut omni satisfaciat sapienti**). — Wolf***) setzt das Gesetz, welches den Willen Gottes zur Quelle hat, als ein positives demjenigen als lex naturalis entgegen, welches in der Natur des Menschen eine ratio sufficiens hat, eine Eintheilung, die man noch jetzt in den meisten Lehrbüchern des geltenden Rechtes findet. Es ist hier, wie man sieht, in der That nicht darauf abgesehen, daß, wie angegeben wird, das Gute und Böse es durch sich selbst seyen (perseitas honestatis et turpitudinis); sondern darauf, daß das Gute und Böse dieß durch die Denkgesetze seyen. Dieser Ansicht wurde zwar von bedeutenden Naturrechtslehrern widersprochen. Nach Pufendorf giebt es kein Gut und Böse ohne die impositio eines Oberherrn, und dieser ist Gott, die socialis und rationalis natura selbst hat der Mensch nicht ex immutabili quadam necessitate, sondern ex beneplacito divino†). Thomasius protestirt gegen die Unterscheidungen der Scholastiker††) — er vergleicht ihre lex aeterna mit der

*) Observationes de principio juris c. 13

**) Monita ad Puf. princ. c. 4.

***) Instit. jur. nat. Pars. I, c. 2. §. 39.

†) Jus nat. et gent. l. I, c. 2. §. 6. de officio hom. et civis l. 1, c. 2. §. 2.

††) Inst. juris pr. divin. l. I, c. 1. §. 31. Dissert. prooemialis § 39.

Materie heidnischer Philosophen — gegen jene Behauptung des Grotius*), und erklärt, daß sein Vernunftprincip der Maaßstab (principium *cognoscendi*), keineswegs aber die Ursache des Ethos (principium *obligationis*) sein solle**). Allein alles dieses besteht nur dem Worte nach ohne Anwendung und Erfolg. Das Verfahren geht gerade so vor sich, als wenn überall die entgegengesetzte Meinung angenommen wäre. Und dieß konnte auch nicht anders kommen, so wie Vernunft Maaß des Gerechten seyn soll, worüber bei sämmtlichen Pflegern dieser Lehre kein Zweifel obwaltet. Denn nun ist das gerecht, was sie selbst enthält, nicht was eine Ursache außer ihr fordert, deren Wirkung als von ihr selbst unabhängig sie anschaute. Sie ist nicht bloß das Auge, sondern das Licht und die Farbe selbst. Was Vernunft ist, könnte nicht hinreichen, die Unterschiede von Recht und Unrecht zu finden, wenn noch etwas außer ihr wäre, das die Unterschiede bewirkte. Die Behauptung: Gott ist die Ursache des Ethos, ist daher wieder aufgehoben durch die andere: Vernunft ist das (positive) Maaß desselben. Zwar soll eine Vereinigung darin liegen, daß Gott die Vernunft uns gegeben habe und deßwegen das aus ihr Folgende wollen müsse***). Allein hat denn Gott nur die reinen Denkbestimmungen geschaffen und den jedes bestimmten Lebens beraubten Begriff unserer Natur, nicht auch unsere specifische sittliche Bestimmtheit? Müßte nicht eben so bestätigt seyn, was aus der Geschichte, die er doch gleichfalls gelenkt, erschlossen wird? Und wie dürfen wir ihm willkürlich unterlegen, daß er den Sittlichkeitstrieb durchaus in nicht anderer Weise seine Anforderungen wollte hervortreiben lassen, als die Logik ihre Resultate, da doch jener um Thaten zu

*) Programma.

**) Fundam. jur. nat. l. I, c. 6.

***) Z. B. Wolf Pars I, c. 3. §. 43. l. c.

erzeugen, diese um Gegenstände bloß aufzunehmen und festzuhalten, gegeben sind. Daher sind es auch nicht bloß einzelne Sätze, durch welche Pufendorf, Thomasius und die sich zu ihnen bekennen, mit sich selbst in Widerspruch gerathen. So fordert Pufendorf, daß jener Oberherr, von welchem alle Verbindlichkeit ausgeht, nicht bloß die Macht, sondern auch justas causas et rationes habe*). Die impositio als letzte Ursache des Sollens hat also selbst wieder eine Ursache der Verbindlichkeit über ihr an dem rationalen Gesetze, ein Widerspruch, den schon Leibnitz rügt. So rühmt Thomasius den Nutzen des Naturrechts, um mit Heiden und Atheisten ein gemeinsames Gesetz zu haben**). Die ratio hat also auch nach ihm Kraft, etsi daretur Deum non esse. — Aber nicht bloß das; ihre Systeme im Ganzen sind durch das rationalistische Princip getrieben. Sie binden den Willen Gottes, den sie zur Ursache des Ethos machen, im Gebrauche selbst wieder überall durch die Vernunft. Er soll nicht der lex aeterna und seiner eignen sanctitas unterworfen seyn. Wohl aber wird ihm vorgeschrieben, daß er das, was aus dem Triebe der Geselligkeit u. s. w. gefolgert wird, und zwar allein dieses wollen müsse, Anderes außer dem nicht wollen dürfe. Er hat daher bei ihnen wie bei ihren Gegnern keine andere Rolle als die eines Deus ex machina. Er muß nemlich alles das übernehmen, was die Vernunft nicht mehr leisten kann. Er muß der sittlichen Pflicht ihre reelle Macht über den Menschen verleihen***), Berechtigung einsetzen†) und die Ursache solcher Pflichten seyn, für die man eben keine ratio findet, z. B. das Verbot der Blutschande. Bei solcher Behandlung ist die Controverse wirklich ganz eitel;

*) De off. hom. et civ. l. I, c. 2. §. 5.

**) Dissert. prooemial. am Ende.

***) Wolf l. c. lib. I. c. 2. §. 41.

†) Thom. inst. juris pr. divin. l. I, c. 1. §. 84.

sie wird auch, wiewohl Anfangs Gegenstand der sorgfältigsten Auseinandersetzung, im Verlaufe immer matter, der Gott verschwindet immer mehr*), bis endlich Kant die Vernunft auch ausdrücklich als die Ursache des Ethos erklärt. Seit ihm ist denn von dem Verhältnisse Gottes zur Pflicht nicht mehr die Rede, und es mag wohl befremden, hier jene Kontroverse wieder mit der Wichtigkeit angeregt zu sehen. — So ist am Beginne der abstrakten Rechtsphilosophie noch überall die entgegengesetzte Vorstellungsweise mit ihr verbunden. Allein das Wirksame in der wissenschaftlichen Behandlung ist schon hier allein die Vernunft. Es durfte nur auch entschieden ausgesprochen werden, um selbst den Schein jenes widerstreitenden Elements gänzlich zu verbannen. —

Die Vernunft, welche das Ethos folgern soll, bedarf nun aber eines Grundbegriffes, aus welchem sie es folgere, der, wie sich von selbst versteht, ihr nach aller Abstraktion noch übrig seyn muß. Nach dem subjektiv-rationalistischen Standpunkte des Naturrechts ist dieser Begriff das Daseyn des Denkenden, die menschliche Natur. In der Wirklichkeit ist diese Natur immer eine bestimmte, bestimmt durch Individualität, Umgebung, Schicksale, Zeit, Materie, kurz durch die Geschichte. In solcher Bestimmtheit hat sie aber keine logische Nothwendigkeit. Unzertrennlich vom Begriffe des Menschen sind allein die Merkmale der Sinnlichkeit und des Denkens. Ein Mensch ohne moralisches Gefühl ist, wenn er vielleicht auch noch nicht existirt hat, doch immer noch denkbar; aber ein Mensch ohne physisches Daseyn oder ohne Denkvermögen wäre ein logischer Widerspruch. Die sinnlich-vernünftige (d. i. also denkende) Natur des Menschen ist sohin der Grundbegriff der abstrakten Ethik. Er wird auch

*) Man vergleiche Gundling, Darjes, Nettelbladt, Höpfner mit den Frühern.

wirklich von sämmtlichen Naturrechtslehrern vorausgeschickt. Aber man wußte Anfangs noch keinen unmittelbaren Gebrauch von ihm zu machen und gründete das System selbst nothgedrungen auf irgend einen Trieb des menschlichen Wesens, mit dem man in der Ableitung auszureichen hoffte, z. B. den Geselligkeitstrieb. Der vorausgeschickte Begriff der denkenden Natur wurde nur benützt, um die verständige Folgerung aus dem Triebe als Gesetz zu rechtfertigen. Auffallen muß hierbei, daß jedes System des Naturrechts auf einen solchen Trieb ausschließlich gebaut wird und sich der Versuch nicht findet, es aus den sämmtlichen Trieben der menschlichen Natur abzuleiten. Das liegt eben in der abstrakten Behandlung. Die mannigfachen Triebe und Gefühle sind wohl in unserm Wesen reell verbunden; aber sie haben keine logische Einheit, keinen Begriff, der allen gemeinsam und doch auch schon in jedem einzeln wäre. Auf ein solches einfaches Princip aber dringt der Rationalismus. Ihm widerspricht die lebendige Fülle, nicht minder aber auch das bloß Zusammengesetzte als Princip. Synkretistisches Verfahren kommt daher nicht auf, so lange noch Lebenskraft in ihm ist, sondern erst zur Zeit seiner Ermattung, wo er das ursprüngliche Vertrauen, zur Einfachheit zu gelangen, aufgiebt. Einen isolirten Trieb zum Grunde zu nehmen, lag also nothwendig im Charakter des Naturrechts, willkürlich war es nur, ob diesen oder jenen. Deßwegen wurde denn auch unter allen möglichen gewechselt, Geselligkeit, Furcht, Glückseligkeit, Vervollkommnung u. s. w. So wurde die Reihe der menschlichen Triebe durchgemacht, und an diesem Faden folgen sich die naturrechtlichen Schulen. Die Entwickelung fand keine Rast, bis endlich Kant jenen Grundbegriff selbst festhielt und in seiner völligen Abstraktion faßte: Die denkende Natur als bloße Konsequenz; die sinnliche als die in jeder ihrer Aeußerungen ent=

haltene Beschränkung jener reinen Konsequenz. Der Begriff eines denkenden aber durch Sinnlichkeit beschränkten (endlichen) Wesens bleibt von nun an das Princip. Erst dieser hat eine logische Nöthigung, es ist der letzte Rest, den die Abstraktion vom Daseyn des Menschen stehen läßt*). Und aus dem Begriff der denkenden Natur ist es auch allein möglich — wie gefordert wird — durch bloße Vernunft zu folgern. Jeder andere Trieb als der der Folgerichtigkeit selbst, z. B. der nach Glück, wirkt nach außen und wird von außen erregt. Um zu sagen, was er fordert, muß sowohl der Erfolg des Handelns in der Welt, als die Rückwirkung des äußern Gegenstandes auf das eigne Befinden beobachtet werden. —

Damit ist also der Begriff gefunden, von dem selbst nicht mehr abstrahirt werden kann (der nothwendige Anfang) und aus welchem nunmehr die ganze Ethik bloß durch logische Schlußfolge sich ergeben muß, wie schon Wolf sich ausdrückt: „Principium ex quo continuo ratiocinationis filo deducuntur omnia."

In der Reihe der ethischen Systeme pflegt Hobbes als derjenige bezeichnet zu werden, welcher sich der Entwickelung des Naturrechts, statt sie zu befördern, widersetzt habe. Aber gewiß mit Unrecht. Er unterscheidet sich durch nichts von den Uebrigen, als daß er aus dem menschlichen Wesen, statt irgend eines andern Triebes, den Trieb der Furcht aushebt und seine Resultate aus diesem folgert, wozu er gewiß dasselbe Recht hatte. Aus dem Begriffe eines sich fürchtenden Wesens folgt: daß Schutz

*) Hoffbauer (Untersuchungen über die wichtigsten Gegenstände des Naturrechts), durch Kant dazu veranlaßt, glaubt freilich noch weiter gehen zu müssen. Das Abstraktum des Menschen ist ihm noch zu konkret, er gelangt daher zu dem Begriffe eines Vernunftwesens, welches nichts als dieses, also nicht gerade Mensch ist. Die ursprünglichen und erworbenen Rechte, die aus diesem Begriffe des Vernunftwesens abgeleitet sind, bilden demnach das reine, die aus dem Begriffe des Menschen das angewandte Naturrecht.

gesucht wird des Lebens und der Glieder — „pax quaerenda“. Es folgt aus ihm nicht, daß Verträge außer dem Staate gehalten werden; denn diese Einhaltung verschafft ja keine Sicherheit, daß der Andere gleichfalls nicht verletze. Dadurch wird bei ihm der Naturzustand rechtlos, und daran hat man Anstoß genommen. Allein es folgt wieder aus dem Triebe der Furcht, daß man einen bürgerlichen Zustand herstelle, in welchem die oberste Regel seyn muß: „pacta servanda“. Mit Unrecht wirft ihm daher Gros vor, er verwechsele, was die Menschen thun, mit dem, was sie thun sollen. Denn jene völlige Willkür soll ihm auch nichts weiter seyn als der faktische Untersatz, er hat schon vor ihm den Obersatz, was sie thun sollen: „sich sichern“ — wie anderwärts: „sich beglücken“ — woraus sich denn als Schlußsatz der Staat ergiebt. Eben so ungegründet wendet Thomasius ihm ein, die pacta setzten schon ein Gesetz voraus. Dieses Gesetz diktirt eben die menschliche Natur als Furcht. Auch ist Hobbes nicht empirisch. Wäre er dieses, so hätte er die Mannigfaltigkeit der Triebe im menschlichen Wesen, welche Erfahrung zeigt, zum Princip machen dürfen. Weil er nicht empirisch, weil er abstrakt ist, und nur darum wählte er den einen der Furcht allein aus, und läßt alles nur aus ihm hervorgehen, wie Vernunft es will, „necessitate quadam non minore, quam qua fertur lapis deorsum.“ Er gehört also in jeder Beziehung der naturrechtlichen Entwickelung an, er steht und fällt mit ihren Grundlagen, und weit entfernt, sich ihr zu wiedersetzen, ist er nur eine Spielart in derselben, mit den Andern in den Principien, Anforderungen und dem Verfahren übereinstimmend, nur in einer allen zufälligen Annahme von ihnen unterschieden. —

Betrachtet man nun die einzelnen sittlichen Anforderungen, wie sie jedem das Gewissen kund giebt, so knüpft sich ihre Verschiedenheit an die Verschiedenheit der Verhältnisse an, in welchen man thätig ist. In Gewerben fühlt man sich zum Fleiß, im Verkehr zur Redlichkeit, im Umgang zum Wohlwollen verpflichtet; eine besondere Handlungsweise fordert die Familie, eine besondere der Staat. Es wäre also das Natürliche, den Grund der Verschiedenheit in diesen Verhältnissen zu suchen. Dazu würde nicht heinreichen, sie bloß als einen andern Stoff anzusehen, sondern als eine andere Quelle. Es müßte jedem ein eigenthümliches sittliches Ziel, das in ihm selbst seinen Ursprung hätte, zugestanden; dann müßte aber für diese verschiedenen Ziele die Einheit außer dem Menschen gesucht werden. Vernunftphilosophie zernichtet daher sogleich diese Verhältnisse, um sie nur dann wieder anzuerkennen, wenn ihr Grundbegriff der Ethik sie enthält. Diese Abstraktion ist in Beziehung auf den Staat der Naturstand. Man hat ihn in verschiedener Weise aufgestellt, als historische Thatsache, als Vermuthung, Fiktion, endlich, sich selbst verstehend, als wissenschaftlich nothwendige Abstraktion. Der Trieb zu seiner Annahme ist in allen Weisen derselbe: Ich kann mich ohne Staat denken, er ist daher zunächst nicht vernünftig gefordert; ich muß nun annehmen, er sey nicht vorhanden, um zuzusehen, ob mein Begriff als denkendes Wesen mich wieder zu ihm führe. Man kann in gleicher Art dem Zustand der Familie, des Verkehrs (der gegenseitigen Berührung) einen Naturstand entgegensetzen, und hat dieses auch gethan, wenn es gleich nicht ausgesprochen wurde. Denn daß z. B. das Bedürfniß und das Ziel des Ackerbaues über Gutsverband, Gutszertrümmerung nichts entscheiden soll, sondern alles nur die Freiheit der einzelnen Menschen, das setzt doch voraus, daß man statt des wirklichen Verhältnisses des Ackerbaues die Abstraktion von demselben, den Naturstand zum Ausgangspunkte nahm. — Indem das wirkliche Bestehen dieser Verhältnisse aufgegeben ist, sind es auch ihre wirklichen Anforderungen, und sie können nur dann und in so weit wieder gelten, als jene Folgerung sie ergiebt. So legen die Gestaltungen der sittlichen Welt dem Menschen nicht mehr Gesetze auf, sie empfangen sie vielmehr selbst erst aus dem Begriffe seines Daseyns, und daher nothwendig ganz andere, als ihre eigne Natur fordert.

Wenn nemlich der Mensch sich losgerissen von jedem Verbande denkt und noch eine Regel über sich erkennt, so kann diese Regel nur an ihn als Vereinzelten ergehen, er ist ihr ausschließliches Subjekt. Nur was er vermag, nur was noch Sinn hat, wenn man seine Handlung und Erfüllung für sich betrachtet, ist ihr Ziel Und ihr muß genügt seyn: wenn er erfüllt hat, wenn nur ihn für sich kein Vorwurf trifft. Ein allgemeiner Zustand, dessen Erreichung zugleich von der Mitwirkung Anderer abhängt, kann doch nicht von ihm gefordert werden, also gar nicht Gegenstand der Regel seyn. So z. B. kann sie nur gebieten: „Du sollst zum Staate bereit sein!" nicht: „Es soll der Staat bestehn!" Er würde sonst nicht mehr als Einzelner, sondern als Theil einer Totalität aufgefordert. Das griechische Ethos ist auf eine Ordnung der Welt gerichtet. Sie ist herzustellen um ihm zu genügen, ohne Rücksicht wie das Handeln des Menschen beschaffen sey. Hier hingegen ist die Beschaffenheit dieses Handelns das Geforderte. Der Erfolg, und was sich durch dasselbe in der Welt bilde, tritt nur hinzu und ist nicht das ursprünglich Gewollte. Die ältern Systeme des Naturrechts beginnen auch fast alle mit dem Begriffe der Handlung, ihrer Arten, der Zurechnung u. s. w. Deßwegen wird bei den Griechen die Pflicht des Bürgers aus dem Ethos des Staats gefunden, bei den Neuern hingegen die Aufgabe des Staats aus der Pflicht des Menschen ohne Staat gedacht. Das ist von dem größten Einflusse auf den Inhalt des Ethos. Denn dort müssen für den Menschen Anforderungen sich ergeben, die, wenn man ihn einzeln dächte, nie an ihn gemacht werden könnten. Hier aber muß umgekehrt der Staat selbst seiner eigenthümlichen Aufgaben beraubt werden, weil sie der Einzelne nicht erfüllen könnte, oder nicht erfüllen dürfte. Die Bedeutung der Strafe z. B. kann nicht Vergeltung seyn; denn welchem Menschen käme es zu, Gerechtigkeit zu handhaben? Daß es daher auch dem Staate nicht zukomme, versteht sich dann von selbst*). Das Bestehen von Ständen muß vor aller Untersuchung als ethische Anforderung aufgegeben werden, weil es nicht Sache meines Handelns ist. Wenn jeder Stand, seine Richtung ausschließlich verfolgend, in dieser das Höchste erreicht, aber nicht ohne die Härte der Einseitigkeit — wenn der Krieger tapfer ist aber rauh, der Priester fromm aber ungewandt, der Gelehrte vielgebildet aber weichlich — so würde diese Ansicht die Unvollkommenheit der Menschen in solchem Zustande mit Recht tadeln; sie würde aber dasjenige, was doch auch trefflich an demselben ist, die Fülle und Kraft des Ganzen, gar nicht beachten. Der Inhalt der ganzen Ethik besteht daher bloß aus Geboten über die isolirten Handlungen der Einzelnen.

Welches diese Handlungen seyen, soll zwar nach der Anforderung sich aus dem Grundbegriffe ergeben. Allein da solche Abstraktion, wie in der Folge nachzuweisen ist, nie zu positiven Resultaten hinreicht, so ist das Interesse der ganzen Richtung hierin auch unmittelbar wirksam. Demnach ist das Ziel der gebotenen Handlungen — nur der Mensch. Entweder seine eigne Befriedigung, nur verständig anzustreben — so Hobbes, Thomasius — oder, da Tugend doch ein Hingeben einschließt, die Befriedigung anderer Menschen, ihr Wohl, ihre Freiheit u. s. w. Außer den Wesen, die ihm gleichen, bietet ihm seine abstrahirende

*) Z. B. Fichte Naturr. II. Th. 129.

Vernunft und ihr Interesse keinen Gegenstand. Einheit, Kraftentwickelung eines Staates, Ebenmaaß und Schönheit des Lebens, Glaube, Andacht, Ehre treten in den Hintergrund oder verschwinden gänzlich. Durch sie geschicht keinem Menschen wohl. Kant hat folgerichtig die Pflichten gegen Gott aus der Ethik verwiesen. Die Aeltern und manche der Spätern behaupten sie. Die Pflichten gegen ihn, der seinem Begriffe nach absolute Ursache alles Seyns und Sollens ist, erhalten so ihre Sanktion durch ein zweites Absolutes, die Natur des Menschen, und erscheinen neben andern Pflichten, obwohl sie, wenn sie bestehen, allein es sind, welche diese zu Pflichten machen. Es ist dieß nicht anders, als wenn ein Kantianer unter den Pflichten gegen den Nächsten, gegen Aeltern, Kinder und Gatten auch noch nebenbei die gegen den moralischen Imperativ selbst abhandeln wollte. — Nur ein Ziel außer menschlichem Daseyn findet Vernunft noch nach der Abstraktion, und das ist sie selbst, die Form des Denkens. Diese im Handeln zu befriedigen ist eigne Vollkommenheit. Sie wird theils als zweite Aufgabe neben der Befriedigung anderer Menschen, theils als Inbegriff und Grund aller übrigen Aufgaben gefaßt. Ihr Begriff aber ist kein anderer als Einförmigkeit des Handelns nach Grundsätzen, Gleichmäßigkeit, Veränderungslosigkeit, Nichtafficirtwerden von den wechselnden Affekten. — Diese negative Tugend des sich selbst nie Widersprechens findet sich in Spinoza's Ansicht von der Herrschaft der Seele über die Affekte, in der pax interna des Thomasius, welche in Abhaltung der Leidenschaften besteht; am bewußtesten endlich bei Kant in der obersten Regel, der Ethik: Handle nach einem Gesetz, welches allgemeines Gesetz seyn, durch welches nie ein Widerspruch mit ihm selbst entstehen kann.

Zweites Kapitel.

Eintheilung in Moral und Naturrecht

Faktischer Unterschied der Pflichten wissenschaftliche Auffassung desselben bei den Griechen — bei den Neuern. Thomasius, Kant, Feuerbach — Die zwei Probleme des Naturrechts — insbesondere Deduktion des Rechts in subjektivem Sinne. — Geschichte derselben bis Fichte und Feuerbach.

Nun zeigt aber die Wirklichkeit zwei Arten sittlicher Vorschriften, deren augenfällige Verschiedenheit darin besteht, daß der Staat zu Erfüllung der einen nöthigt, die Befolgung der andern dem Individuum überlassen ist, und damit übereinstimmend, daß es bei diesen auf die Gesinnung, bei jenen nur auf die Handlung abgesehen ist. Die Wissenschaft hat also den Grund dieser Verschiedenheit nachzuweisen.

Die Griechen finden ihn im verschiedenen Subjekte des Ethos, indem dieses entweder an den Menschen einzeln oder an den Staat im Ganzen ergeht. Es will überall dasselbe und in derselben Art. Aber die Anforderungen an den Staat, wenn er sie erfüllt, werden dadurch von selbst nöthigend für das Individuum. Der Staat, der die Aufgabe hat, wird also nicht gezwungen, und der Mensch, der gezwungen wird, hat nicht selbst und unmittelbar die Aufgabe, und um seine Gesinnung kann es auch nicht zu thun seyn. Ihnen ist es nicht auffallend, daß der Mensch in seinem Thun beschränkt werde, damit die Welt ihre vollkommene Gestalt erreiche. Zu einer Unterscheidung im Ethos selbst war also hier keine Nöthigung. Platon unterscheidet den gerechten Menschen und den gerechten Staat. Aristoteles unterscheidet Ethik und Politik, abgesehen vom Staate (πολιτικὸν δίκαιον) giebt es ihm nur ein Gerechtes (ἁπλῶς δίκαιον). Ueberhaupt konnte den Griechen die Rücksicht, wie das Ethos sich zu den einzelnen Menschen verhalte, ob zwingend oder nicht, gar nicht von der großen Bedeutung erscheinen. In der neuern Philosophie hingegen muß das gerade die Kardinalfrage seyn: wie wirkt das Gesetz auf mich, fordert es bloß von mir, oder nöthigt es mich? Nun erkennt aber die neuere Philosophie nicht einmal Aufgaben an, welche ursprünglich an den Staat gestellt wären, wie viel weniger aus ihnen eine Beschränkung für das Individuum. Der Grund der Erzwingbarkeit, der ihr hinreicht, muß schon abgesehen vom Staate (im Naturstande) mit dem Menschen selbst gegeben seyn. Aus der einen Grundregel also und für ein und dasselbe Subjekt muß sie die Verschiedenheit der Gebote, die erzwingbaren und nicht erzwingbaren, äußern und innern, mit Nothwendigkeit darthun. Das vermag sie nur, wenn sie eine ursprüngliche Spaltung derselben, zwei verschiedene Ziele des Ethos, ausfindig macht, deren jedes durch seinen Begriff das eine den Zwang fordert, das andere ihn ausschließt — Rechtsgesetz und Moral. Ihren Unterschied aufzufinden, nöthigte also das subjektive Princip der neuen Philosophie. Wiewohl es noch die Aufgabe ist, diese Entdeckung von den Schlacken der abstrakten Behandlung zu reinigen; so ist sie doch ein großer Fortschritt. Denn die griechische Auffassung vermag weder die Abhängigkeit des Zwanges von dem Willen der Individuen (das Recht im subjektiven Sinne), noch die Verschiedenheit des Rechts von den andern öffentlichen Zielen zu erklären. —

L e i b n i t z gebührt die Ehre, zuerst die Gestalt der neueren Ethik, ihre Eintheilung in Moral und Recht vorausbestimmt zu haben. Die Ausführung aber ist des T h o m a s i u s. — Das socialistische System auch in seiner Ausbildung durch P u f e n d o r f kennt nur diese zwei ethischen Wissenschaften ohne Unterabtheilung: die positive, d. i. die Theologie, und die philosophische, d. i. das Naturrecht. Ihnen läßt Pufendorf auch die Unterscheidung des forum internum und externum korrespondiren, so daß alle innerlichen, wie wir jetzt sagen moralischen, Pflichten in die Theologie verwiesen werden, der Philosophie, d. i. dem Naturrechte nur die äußern überlassen bleiben sollen. Das hält ihn indessen nicht ab, in einem eignen Titel de promiscuis officiis humanitatis zu handeln, in welchem nebeneinander die völkerrechtlichen Normen de accessu ad litus alienum, de foro praebendo und die Pflichten der Wohlthätigkeit, der Dankbarkeit erscheinen. Dagegen vindicirt nun Leibnitz in seinem Briefe über das Pufendorf'sche Naturrecht der Philosophie auch das forum internum. Er gesteht zu, daß die innern Pflichten in das eigentliche Naturrecht zwar nicht passen; aber dennoch könnten sie auch der Theologie nicht überlassen bleiben, sondern müßten aus der ratio gefunden werden. Er statuirt also außer dem Naturrechte und der (positiven) Theologie noch eine rationelle Lehre der innern Pflichten, d. i. eine Moralphilosopie. — — Thomasius, diesem Manne — der, zwar ideenlos wie die ganze Richtung, dennoch durch die Frische und Derbheit seines Verstandes eben so sehr gegen die frühere schulmäßig gekräuselte Behandlung, die er von Anfang an bekämpft, als gegen die Mattheit Wolfs und seiner Nachfolger absticht — war es vorbehalten, das, was Leibnitz ahnte, ins Werk zu setzen. Seine ersten Schriften sind zwar damit beschäftigt, das socialistische System in der überlieferten Weise durchzuführen, und es fehlt auch bei ihm nicht der Titel de promiscuis officiis humanitatis. Aber die Willkür, mit welcher das forum externum und internum bei den Socialisten gemischt sind, bestimmt ihn, ein Princip der Ethik aufzusuchen, durch welches er den beiden Klassen von Pflichten jeder eine eigne Grundlage zu geben im Stande ist, so daß ihr verschiedener Charakter aus der Vernunft bewiesen werden könne, und zwar, wie er behauptet, mit einer Evidenz, daß sie auch dem Beschränktesten (stulto) einleuchten müsse. Damit stürzt er das socialistische System, in dessen Princip, dem Trieb nach Geselligkeit, eine solche Ausscheidung nicht untergebracht werden konnte, und setzt den Trieb nach Glückseligkeit an die Stelle. Aus ihm folgert er das doppelte Gesetz: den äußern und den innern Frieden zu suchen. Dieser Unterscheidung entspricht denn Recht und Moral — negative Pflicht, den Andern nicht zu verletzen, und positive, ihm zu thun, was man sich selbst wünscht — forum externum und forum internum — Erzwingbarkeit und Nichterzwingbarkeit der Pflicht. Thomasius ist daher der erste, der für die Eintheilung der vollkommenen und unvollkommenen Pflichten, die sich schon bei Grotius findet, auch ein Fundament giebt, und der zuerst die Pflichten nach dem Kriterium der Erzwingbarkeit in die regulas justi und in die regulas honesti, decori, officia humanitatis wirklich ausscheidet *). Sein späteres Werk: Fundamenta juris naturalis, beschäftigt sich im ersten Buche mit Auseinandersetzung seines neuen Princips; die folgenden, indem sie die Anordnung seines ersten Werkes, Institutiones jurisprudentiae divinae, beibehalten, sind bloß dazu bestimmt, seine jetzigen Abweichungen von demselben anzugeben. Diese bestehen aber fast in nichts Anderem, als daß er überall die Pflichten, welche nicht um des äußern, sondern des innern Friedens willen bestehen, und die er früher, den Socialisten folgend, mit jenen zusammen und zwar großentheils als erzwingbar abgehandelt hatte, nunmehr von ihnen sondert und als unerzwingbar bezeichnet, z. B. die väterliche Gewalt. — In der Wolfischen Schule findet sich hierin kein Fortgang.

---

*) Fund. jur. nat. l. II, c. 6. §. 3. Mit Unrecht hat man dieß seinen Schülern zugeschrieben.

Durch das System des Thomasius ist es nun zwar erreicht, daß die materiellen Charaktere, innerer und äußerer Friede, positive und negative Pflicht, und die formellen, Zwang und Nichtzwang, sich gegenseitig korrespondiren; aber nicht, daß diese auch als eine nothwendige Folge aus jenen erscheinen, was doch zu fordern ist. Es ist nemlich kein Grund gegeben, warum die Gebote, welche den innern Frieden bezwecken, die Erzwingbarkeit ausschließen, die den äußern bezwecken, sie fordern. Es könnte entweder für beide Arten, oder für keine von beiden der freien Wahl überlassen bleiben, ob sie erfüllt würden oder nicht. Um diesen Grund geben zu können, und somit die verschiedene Wirkung von Moral und Recht aus ihrer verschiedenen Natur als nothwendig herleiten zu können, mußte an die Stelle des innern und äußern Friedens die innere und äußere Freiheit gesetzt werden. Das geschah durch Kant. Innere Freiheit schließt ihrem Begriffe nach den Zwang aus. Die Gesetze, welche bloß sie zum Zwecke haben — nicht unmittelbar die bestimmten Handlungen, zu denen sie sich entschließen soll — widersprechen sich selbst, wenn sie zwingen. Die Gesetze zum Ziele der äußern Freiheit hingegen müssen zwingen, weil sich die äußere Freiheit nicht durch die zufällige Erfüllung und Nichtverletzung ergeben kann, wie z. B. das Wohl, weil da Freiheit aufhört, wo der Erfolg von Andern abhängt, sollte auch dieser Erfolg wirklich eingetreten seyn. Giebt mir z. B. jemand meine Sache, war er aber nicht genöthigt sie mir zu geben, so habe ich wohl die Sache erhalten, aber es besteht und bestand nicht meine Freiheit über die Sache. So enthält Moral die Gesetze zum Zwecke der innern, das Naturrecht die zum Zwecke der äußern Freiheit. Wiewohl der im Leben vorhandene Unterschied erzwingbarer und nicht erzwingbarer Pflichten allein dazu aufforderte, ein Princip zu suchen, aus dem er sich logisch rechtfertigen lasse, und bei dem Aufsuchen desselben allein leitete; so wird nunmehr, nachdem ein solches gefunden ist, umgekehrt das Bestehende nach diesem Principe beurtheilt. Die Ausscheidung im Leben soll gerade die seyn, welche man aus ihm zu folgern vermag. Daher gilt es von nun an entschieden als Anforderung der Vernunft, daß nur die Gesetze, welche die äußere Freiheit zum Zwecke haben, erzwingbar seyn dürfen.

Hiermit hätte die Entwickelung schließen können, wenn nicht dadurch immer noch der eigenthümliche Begriff des Rechtsgebietes unberührt bliebe, auf welchen die äußere Freiheit nun auch von selbst hinführt — das Recht im subjektiven Sinne. Wie das Rechtsgesetz nach der Eigenthümlichkeit seines Zieles, der Freiheit, nothwendig Zwang fordern muß, so auch, daß dieser Zwang vom Belieben dessen abhänge, zu dessen Freiheit das Gesetz besteht. Denn auch wenn ich den Gegenstand meiner Freiheit zwar mit Sicherheit erhalte, aber es nicht von mir abhängt, ihn auch nicht zu erhalten, so bin ich nicht frei. Der Zwang, durch den ich das Meinige erhalte, muß schlechterdings nur Folge meines Willens seyn, wenn meine Freiheit erreicht seyn soll. Diese Freiheit will das Ethos. Und das Entscheidende dabei ist: es hat sie nicht bloß zum Ziele, für welches es die Handlungen der Uebrigen fordert, sondern es ertheilt sie unmittelbar selbst. Der, für welchen sie festgesetzt wird, hat das Bewußtseyn, daß ihm die Freiheit nicht erst hervorgebracht werden solle, sondern daß er sie schon habe und von ihr Gebrauch machen dürfe. Sie ist nicht wie z. B. das Wohl etwas, das, wiewohl vom Ethos gefordert, doch sich nur faktisch ergiebt und als Faktisches besteht, sondern sie ist eine Wirkung des Ethos und selbst ein Ethisches. Diese unmittelbare Sanktion der Freiheit findet sich seit den Römern entschieden im menschlichen Leben und Bewußtseyn, vor Allem im germanischen. Sie ist Thatsache, die Wissenschaft konnte sie nicht entfernen und nicht läugnen, sie mußte sie in sich aufnehmen. Damit ergiebt sich ihr aber ein neuer Unterschied des moralischen und des Rechtsgesetzes. Das moralische wirkt bloß eine Nothwendigkeit und hat bloß eine Folge für den, welcher dieser Nothwendigkeit unterliegt. Der, für welchen sich irgend etwas aus der Erfüllung seines Gebotes ergiebt, dessen Wohl z. B. bewirkt werden soll, steht in keiner Verbindung mit seinem Gebote selbst. Sein Verhältniß, welches Grotius aptitudo nennt, ist daher ohne alle ethische Bedeutung, und der Begriff der aptitudo hat sich auch bald in der Ethik verloren. Allein das Rechtsgesetz legt nicht bloß Nothwendigkeit auf, sondern es ertheilt auch Freiheit, es hat so, nicht bloß wenn es erfüllt wird, sondern schon dadurch, daß es besteht, eine doppelte Beziehung, die eine zu dem, welchem, die andere zu dem, für welchen es gegeben ist, zu dem Verpflichteten und zu dem Berechtigten. Ja der Zwang selbst, durch den seine Pflichten sich von den moralischen unterscheiden, erscheint nur als Folge jener Freiheit, und zum Beweise dessen wird er nicht unmittelbar durch sein Gebot in Anwendung gebracht, sondern nur durch den Berechtigten, wenn er will So tritt bei ihm die Nothwendigkeit, die es gleich der Moral auflegt, zurück als das Sekundäre, und als das Erste tritt hervor die Freiheit, die es einsetzt — das Recht. Daher sprach endlich Feuerbach*) den Unterschied der Moral und des Naturrechts so aus: Moral ist die Wissenschaft der Pflichten, Naturrecht die Wissenschaft der Rechte.

Mit dieser Ausscheidung hat sich aber die Ethik in zwei Widersprüche verwickelt, deren Lösung ihr Problem ist. Der erste

---

*) Kritik des natürlichen Rechts.

ist der zwischen dem moralischen und Rechtsgesetze und dem, was sie nothwendig mit sich führen. Der andere ist der zwischen dem Rechtsgesetze und der Befugniß.

Fürs erste: indem Vernunft sich die äußere Freiheit zum Ziele setzt, kommt sie unvermeidlich dahin, die Möglichkeit eben derselben Handlungen als Rechtsgesetz zu sichern, welche sie als Moral verbietet. Niemand darf den, der sich selbst tödten, der sein Gut verschwenden will, daran verhindern nach dem Rechtsgesetze, obwohl das moralische es fordert, daß diese Handlungen unterbleiben. Die Wolfische Schule schränkt daher die Befugniß nur auf moralisch erlaubte Handlungen ein. Allein die Moral durchdringt alles Handeln, und es würde am Ende auch die Befugniß wegfallen, müßig zu gehen, weil Müßiggang gegen die Moral ist; sein Eigenthum zu gebrauchen, weil Bedürftige da sind. Kant sucht den Widerspruch dadurch zu heben, daß die Vernunft die äußere Freiheit zu ihrem eignen Zweck ertheile, damit ihr Gebote innerlich frei erfüllt werden können. Eine Person würde sich auch in solchem Falle nicht widersprechen. Sie könnte in Versuchung führen, damit der Sieg um so herrlicher sey, sie könnte das, was sie eigentlich will, vorläufig nicht wollen, aus Rücksicht auf das Ende. Allein dieses Aufgeben und Einschränken seiner selbst zu künftigem Zwecke, diese freie Wahl der Mittel ist nicht das Wesen eines Vernunftgesetzes. Vernünftig nothwendig aber für die innere Freiheit ist die äußere keineswegs. Erfahrung zeigt wohl wie sehr sie aufeinander wirken, doch ihrem Begriffe nach sind beide unabhängig. Wenn die Menschen auch am Selbstmorde, an der Verschwendung, am Müßiggange durch äußere Gewalt verhindert sind, so kann dennoch ihre innere Gesinnung dabei seyn, daß sie nicht verschwenden, sich nicht selbst tödten, nicht müßig gehen. Im andern Falle müßte ja die Vernunft nicht bloß gegen die Beschränkung durch die übrigen Menschen, sondern auch gegen die Beschränkung durch die Natur sichern. Sie müßte z. B. alle Leute reich machen, damit sie freiwillig genügsam seyn können, und auch wieder alle Leute arm, damit nicht der Ueberfluß, sondern die Redlichkeit sie vom Stehlen abhalte. Ja der Widerspruch geht noch weiter. Vernunft fordert als Moral, daß der Zwang abgehalten werde; dagegen als Rechtsgesetz das Gegentheil, daß gezwungen werde. Nun erstreckt sie sich aber als Moral auf alle Handlungen, und so kommt es, daß sie dieselben Handlungen nothwendig in zweierlei Weise vorschreibt, durch das, was sie in der einen thun muß (erzwingen), etwas begeht, was sie in der andern nicht gestatten kann. Das Rechtsgesetz gebietet mir, den Gläubiger zu bezahlen, ich muß also nach der Vernunft dazu gezwungen werden. Nun gebietet mir aber Moral dasselbe; es ist also wider die Vernunft, daß ich gezwungen werde. Daher hat Kant die Unterscheidung: die Moral ertheile wohl den Rechtspflichten auch ihre Sanktion; aber es werde doch der Inhalt derselben gar nicht von ihr, sondern durch das Rechtsgesetz gegeben *). Das hebt aber den Widerspruch gar nicht, so wie nur Moral die rechtlichen Pflichten auch zu den ihrigen macht. Denn damit ist sie genöthigt, auch für diese die zwanglose Entschließung zu fordern. — Deßwegen ist in der spätern Periode des Naturrechts überall das Bestreben ausgesprochen, dem Rechte ein selbstständiges Princip zu geben, das von der Moral völlig geschieden wäre. Dadurch, glaubt man, würde diesem Widerspruche abgeholfen werden. Allein dazu reicht es nicht hin, das Rechtsgesetz und den Zwang von der Moral, sondern sie müssen von der Ethik überhaupt gesondert werden. Das erfüllte dann Fichte, und er hat dabei das Bewußtseyn, ein längst erkanntes Bedürfniß endlich befriedigt zu haben.

*) Methaphysische Anfangsgründe der Rechtslehre, II. Aufl. S. XVI.

Fürs andere sind Rechtsgesetz und Recht ihrem Begriffe nach widersprechend. Hier fragt es sich nemlich nicht mehr, warum ein Rechtsgesetz besteht, ein Gesetz, das mir die Freiheit der Andern zu schonen auflegt, selbst gegen die moralischen Zwecke; sondern wenn es besteht, wie daraus eine Befugniß abgeleitet werden kann. Denn Recht, die Freiheit zu thun oder nicht zu thun, kann unmöglich aus einem Gesetze folgen, als welches nur das Nothwendige enthält. Der Versuch, diese beiden Begriffe zu vereinigen, ist der fortbewegende Trieb in der Geschichte der Grundbegriffe des Naturrechts. Die ältesten fühlen die Nothwendigkeit solcher Vereinigung noch nicht. Bei ihnen wird plötzlich von der Deduktion des Gesetzes und der Pflicht abgebrochen, um das Recht als eine facultas moralis, als eine potentia activa abzuhandeln, der dann nur obenhin als Ursache die natura, lex, consensus oder Deus zugeschrieben wird. So wie das ernstliche Bemühen, hierin einen systematischen Zusammenhang zu finden, aufkam, stemmte man sich dem abstrakten Charakter getreu so lange als möglich dagegen, in der Befugniß einen neuen Begriff zu sehen. Es war daher der nächste Versuch, sie als unmittelbar mit der Pflicht gesetzt, nur als eine andere Seite derselben zu betrachten: „was ich soll, das darf ich auch"; daher enthält jedes Gebot schon seinem Begriffe nach die Berechtigung. So Wolf, Nettelbladt u. A. Allein das ist nicht Berechtigung; denn diese darf auch unterlassen, und es giebt Rechte auf Dinge, die man nicht soll. Statt in der eignen Pflicht wurde nun die Berechtigung in der Pflicht des Andern gesucht: „wenn ich für dich soll, so darfst du, meine Beschränkung ist von selbst eine Erweiterung für dich." So Heydenreich, Hoffbauer u. A. Allein daraus, daß ich mich zwingen lassen soll, folgt ja noch gar nicht, daß der Andere mich zwingen dürfe. Wenn ich, indem ich mich nicht zwingen lasse, unvernünftig handle, ist damit noch nicht gesagt, daß der Andere, indem er mich zwingt, vernünftig handle. Die Freiheit des Berechtigten würde so faktisch bestehen, wenn der Verpflichtete wirklich dem Gebote nachkommt; aber sie hätte nicht den ethischen Gehalt, der beim Begriffe des Rechts gedacht wird, und ihr wirklicher Gebrauch wäre sogar vernunftwidrig, weil man überhaupt die Freiheit des Andern nicht beschränken darf. Auch die sonstige Eigenthümlichkeit der Rechtspflicht, z. B. daß ihre Erfüllung vor der der moralischen den Vorzug hat, läßt sich nur dann erklären, wenn es ihr Wesen ist, daß ein vorausgehendes Recht sie fordert. Dann darf man aber nicht wieder das Recht aus ihr herleiten. Es mußte also aufgegeben werden, das Recht aus der Pflicht, sey es der eignen, sey es des Andern, zu folgern. Nun blieb keine Wahl, als es aus dem Rechtsgesetze unmittelbar abzuleiten. Der Begriff des Rechtsgesetzes enthalte, wie er gesetzt ist, auch den der Befugniß. Hier stieß man aber eben auf den Widerspruch der lex permissiva. Ein Gesetz kann nur gebieten und nicht erlauben, der besondere Inhalt des Rechtsgesetzes würde also die allgemeine Natur des Gesetzes aufheben, was absurd ist. Nun ist zwar in der That ein Freiheit ertheilendes Gesetz durchaus nicht widersprechend, wenn von reell wirkenden Gesetzen die Rede ist. Denn es läßt sich überhaupt von keiner lebendigen Ursache vor der Erfahrung sagen, was sie vermöge und was nicht, und daß Freiheit nach ihnen entsteht, zeigt gerade die Erfahrung. So macht das Naturgesetz der Zeugung den Sohn selbstständig gegen den Vater, das Gesetz des Staates sanktionirt die Freiheit des Bürgers, und das Gebot des Herrn macht den Sklaven frei. Allein das Vernunftgesetz kann Freiheit nicht ertheilen; weil es die Handlungen, die es einräumen sollte, als Folge enthalten, daher vorschreiben müßte. Der allgemein gefühlte Widerspruch in der lex permissiva hat also keineswegs die Wahrheit: aus einem Gesetze kann sich keine

Freiheit ergeben. Sondern die: was sich logisch ergeben soll, kann sich nicht als Mögliches, sondern nur als Nothwendiges ergeben. Dennoch konnte man nicht mehr zurück, und die Befugniß mußte im Begriffe des Rechtsgesetzes durchaus gefunden werden. Da ergriff Kant den Ausweg, er enthalte sie nicht unmittelbar, sondern mittelbar: das Rechtsgesetz, das etwas, aber nicht alles gebietet oder verbietet, setzt damit eine leere Sphäre, in dieser kann von ihm aus beliebig gehandelt werden — das ist Befugniß. Allein das ist nur eine negative, nicht eine positive Erlaubniß, ein Nichtverbot ist noch kein Recht. Die Freiheit würde auch hier und ungeachtet der Zwangspflicht der Andern nur als eine faktische folgen, und die Eigenthümlichkeit der Rechtspflicht nicht erklärt seyn, eben so wie bei dem Versuche, das Recht aus der Pflicht des Andern abzuleiten. Also direkt als positive Erlaubniß muß das Rechtsgesetz die Befugniß enthalten — darauf besteht zuletzt noch Feuerbach — und dieses ist auf der andern Seite wieder nicht möglich, weil ein positiv erlaubendes Vernunftgesetz ein Widerspruch ist. So mußte denn der letzte Schritt des Naturrechts geschehen: das Recht des Menschen mußte die Stelle eines Ursprünglichen enthalten, aus welchem selbst erst das Rechtsgesetz sich ergiebt. Nun war der Verlauf der: zuerst erschien es als Folge der Pflicht — denn es liegt im Wesen des Ethos, die Pflicht ursprünglich zu wollen — sodann als Grund der Pflicht, aber doch als Folge des Rechtsgesetzes, zuletzt als Grund des Rechtsgesetzes selbst. Damit hat es aber aufgehört, aus der Vernunft zu folgen, es ist selbst die erste Annahme und braucht sich auch die Herrschaft des Rechtsgesetzes nicht mehr gefallen zu lassen, das Naturrecht fällt aus der Ethik heraus. Dieser Schritt geschah auch in dieser Beziehung, wie in der zuerst erwähnten durch Fichte, und ist nur ein integrirendes Glied in der Gestalt, welche die ganze

Philosophie durch ihn erhielt. Dort ist also sowohl er selbst als seine weitern Folgen zu betrachten.

Man muß sich aber nun die Frage beantworten: warum bemüht sich denn das Naturrecht vergeblich, Recht aus Pflicht oder Pflicht aus Recht abzuleiten, warum läßt es nicht beide mit einem Schlage aus dem Rechtsgesetze folgen? Dann würden die Charaktere der vollkommenen Pflicht aus dem mit ihm zugleich gesetzten Rechte, und umgekehrt die positive Berechtigung aus der mit ihr zugleich gesetzten Pflicht des Andern erklärt. Dem steht nur im Wege, daß solche Produktion keine logische mehr ist. In einem lebendigen Leib ist wohl etwas zugleich Wirkung und Ursache eines andern. Aber die vernünftige Deduktion kann nur das eine in dem andern, oder beide, nicht durch einander bedingt, im höhern Begriffe finden. Der Versuch, Recht und Pflicht zugleich hervorgehen zu lassen, der gegen das Ende der Richtung keineswegs fehlt, ist daher ein bloß synkretistischer, sie kommen nebeneinander heraus, statt durch einen lebendigen Trieb ein Ganzes zu werden, und dieser Versuch kann daher auch das Beabsichtigte nicht leisten, wie Feuerbach*) ihm nachgewiesen hat. Die abstrakte Ethik fordert, wie oben ausgeführt worden, keine Zustände, sondern nur Handlungen des Individuums. Das Rechtsgesetz kann nicht in die Welt sagen: es bestehe ein Staat! weil nur Vereinzelte sind, die es hören. Es kann eben so wenig sagen: du sollst in deiner Freiheit gesichert seyn! weil dieß nicht Sache seiner Macht ist. Es kann nur zu dem Einen sagen: ich verwehre das nicht! und zu dem Andern: du sollst dir dieses gefallen lassen! Was aber für den Einen gesagt wird, ist für den Andern nicht da. Jedem muß das, was für ihn gelten soll, als Recht oder als Pflicht, seine „selbst-

---

*) L. c. pag. 209 ff.

eigne Vernunft" erklären, die bloß zu ihm, nicht zu den Andern spricht*). Das Nichtverbot des Einen und die Beschränkung des Andern kommen so wenig in Zusammenhang als zwei, deren jeder von dem Andern träumt. Es ist keine reelle Macht über ihnen und kein reeller Zustand um sie, der sie verbände. Das Recht würde nur dann als natürliches Ergebniß des Vernunftgesetzes erscheinen, wenn dieses so lautete: du sollst dir deine Freiheit sichern, Eigenthum behaupten! hiermit würde es wirklich eine Nothwendigkeit auflegen. Allein so lautet das Rechtsgesetz nicht, und wenn es so lautete, so beständen nur Pflichten, keine Rechte.

In alle diese Schwierigkeit kam das Naturrecht nothwendig durch die Beschaffenheit seines Princips. Aus der Vernunft kann sich nicht Verschiedenartiges, freiwillig gegen einander Abgegränztes ergeben. Vernunft kann kein gegen sie selbstständiges Produkt erzeugen. Der Mensch, isolirt denkend, ist nur zu isolirten Handlungen aufgefordert, kein Zustand, in den er zugleich mit Mehreren gehörte, kann sich ihm als Vorschrift oder Sanktion kund geben. — Man halte daher die hier aufgedeckten Schwierigkeiten und Widersprüche nicht für überflüssige Subtilität. Subtilität ist ja überhaupt nur das Bemühen, die Resultate durch eine solche Folgerung zu erhalten, welche die Merkmale des Begriffs allein strenge festhält und nichts sich gefallen läßt und hereinzieht, was die lebendige Wirklichkeit aus der Sache bildet. Und worin besteht die abstrakte Philosophie anders als in diesem Bemühen? Ihr Wesen ist also Subtilität, und zu untersuchen, wohin man mit dieser gelangt, ist der einzige Weg, sie einzusehen und zu würdigen. Sie hätte gewonnenes Spiel, wenn man die Anforderungen, die sie überhaupt aufstellt und durchzuführen behauptet, nicht auch im Werke

*) So erklärt es auch auf das bestimmteste Feuerbach l. c. p. 147. 148.

selbst an sie machte und sie strenge darauf verwiese. Sie will es auch nicht anders. Denn alles das, wozu jene Subtilität nöthigt, ist, wie gezeigt worden, von den hervorragenden Intelligenzen der Richtung wirklich anerkannt und der wissenschaftliche Fortschritt danach eingerichtet worden. Es bewährt sich hier, was oben behauptet wurde: der geschichtliche Verlauf selbst bildet das Gericht.

Drittes Kapitel.

Die Rechtslehre.

(Naturrecht im spätern Sinne.)

Die Gleichheit. — Die Deduktion des Naturrechts aus dem Begriffe der Freiheit. — Begriff des Unrechts und seine Geschichte. — Negativer Charakter des Naturrechts. — Verhältniß des Naturrechts zum römischen Rechte. —

Man kann die Logik das Herz der neuern Philosophie nennen, das ihre Pulse aussendet und wieder in sich zurückschlingt; das Naturrecht aber ihr Angesicht, in welchem die Seele sich spiegelt. Denn Freiheit der Menschen, die geheime Triebfeder in allen ihren Bestrebungen, zeigt sich hier auch als ausgesprochenes Princip.

Ist die Freiheit aus dem Begriffe des Menschen gefolgert, so muß sie für jeden in gleichem Maaße sich ergeben. Und ist diese Freiheit das ausschließende Ziel aller Zwangsgesetze, so ist nichts, was die Gleichheit aufheben könnte. Zur Ungleichheit des Rechts gelangt die Ethik, die von dem Ziel der Verhältnisse ausgeht. Soll ein Stand der Ehre, ein Repräsentant der göttlichen Majestät bestehen, so muß jenem ein Vorzug der Geburt, diesem Heiligkeit und Unverletzlichkeit zugestanden werden. Die Bestimmung der Familie weist dem Manne eine andere rechtliche Stellung an als der Frau. Ungleichheit des Rechts würde auch das Ideal des Menschen fordern, jene höchste Beschaffenheit seines Wesens, zu der er bestimmt ist. Die größere Annäherung an sie müßte größere Freiheit und Berechtigung erzeugen. Aber der Begriff des Menschen ist bei allen und in jedem Verhältnisse vorhanden. Darum ist völlige Rechtsgleichheit die Anforderung des Vernunftrechts, sie wird von sämmtlichen Naturrechtslehrern, von den ältesten wie von den neuesten, gemacht. Folgerichtig durchgeführt verbietet sie Vorzüge der Geburt, Majestätsrechte, wenigstens unwiderrufliche, Rücksicht auf die Individualität, sey es als Bevormundung oder als Anerkennung des Ideals. Sie führte dahin, den Frauen gleichen Antheil an der Staatsverwaltung zu gestatten, wie den Männern, und selbst Kinder im Alter des Denkens, bei welchen also der Begriff des Menschen besteht, müßten das Recht haben, nicht bevormundet zu werden, und gleiche Stellung mit den übrigen zu erhalten. Der Platonische Grundsatz: „jedem die Stellung, wozu ihn Natur angewiesen!" und dieser: „jedem die gleiche!" sind der äußerste Gegensatz.

Die Freiheit als Princip des Naturrechts ist aber zunächst ohne Inhalt, d. i. ohne bestimmten Gegenstand und ohne Schranke. Das Naturgemäße wäre, daß jedes Recht zuerst durch seinen Gegenstand bestimmt werde und daraus sich die Schranke ergebe. Hier muß die Bestimmung umgekehrt vor sich gehen. Denn der Gegenstand kann aus jener leeren Freiheit nicht gefunden werden: wohl aber die Schranke an der gleichen Freiheit der übrigen. Aus dieser Schranke sind daher die bestimmten Gegenstände der Rechte abzuleiten, wenn sie anders bloß nach der Vernunft abgeleitet werden sollen. Es werden die verschiedenen Gegenstände der Erfahrung, als Untersatz, unter den Begriff der gleichen Freiheit aller, als Obersatz, gestellt, und die Konklusion muß die bestimmten Rechte und Institute ergeben. Dieses auszuführen ist eben die Thätigkeit des Naturrechts. — Unter den Gegenständen, welche subsumirt werden, scheiden sich aber sogleich zwei Klassen durch ihre generische Verschiedenheit. Es giebt nemlich solche Gegenstände, in deren Besitz der Mensch schon mit seinem Daseyn sich befindet, z. B. das eigne Leben, die eignen Gedanken, der Gebrauch der Glieder u. s. w., und solche, mit denen er erst in verschiedener Weise in Berührung tritt, sich mit ihnen verbindet und wieder von ihnen trennt, oder die doch nicht bei jedem Menschen gedacht werden müssen. Das ist die Unterscheidung der angeborenen und erworbenen Rechte (jura connata und acquisita). Auf sie führt schon das verschiedene Verhältniß bei der Deduktion. Man braucht nur das Daseyn des Menschen zu analysiren, um die jura connata zu erhalten, und erhält sie denn auch als bestimmte. Ich habe ein Recht auf diese, d. i. meine Glieder u. s. w. Für die jura acquisita aber müssen Gegenstände außer dem Menschen und müssen Vorgänge subsumirt werden, und dann erhält man sie nur als abstrakte, z. B. Rechte über Sachen, erst das Faktische entscheidet über welche. Es stellt sich aber auch sogleich die Relevanz des Unterschiedes in den Folgen dar. Nach der postulirten Gleichheit müssen die angeborenen Rechte dem Einen wie dem Andern in gleicher Weise zukommen, während es sich bei den erworbenen eben erst fragt, inwieweit durch den Vorgang, welcher zu ihnen führt, jene ursprüngliche Gleichheit aufgehoben werden darf, und inwieweit sie im bestimmten Falle aufgehoben ist — daraus die Folge für die Veräußerlichkeit und für die Beweislast. Deßwegen haben schon die ältesten Schriftsteller die Unterscheidung der angeborenen und erworbenen Rechte. Pufendorfs Unterscheidung der obligatio connata und adventitia ist mit ihr völlig dasselbe;

denn zu der ersten rechnet er die „obligatio omnium hominum adversus quoslibet homines qua tales, per quam invicem jus naturae usurpare socialemque vitam agere debent*)“. Doch ist bei Thomasius die Bestimmung noch ungenau. Jura connata sind ihm diejenigen, welche man ohne consensus des Obligirten hat, so daß auch die patria potestas darunter gehört**). Näher kommt Wolf: „jus connatum homini ita cohaeret, ut ipsi auferri non possit***)“. In seiner ganzen Schärfe faßt Hoffbauer†) den Unterschied. Er sondert von den angeborenen Rechten nicht bloß die, welche den Vorgang des Vertrags, sondern alle, die überhaupt einen bestimmten Vorgang voraussetzen. Dieß ist denn der allgemein leitende, wenn auch nicht überall klar erkannte Begriff. Allein Kant hob scheinbar diesen Begriff wieder auf. Die Frühern nemlich handelten die natürliche Gleichheit der Menschen und die jura connata ganz abgesondert von einander ab. Kant, systematisch durchgreifend, sucht ihren Zusammenhang; er findet ihn aber darin, daß er beide für einen und denselben Begriff erklärt. So läugnet er die Mehrheit der angeborenen Rechte und führt sie alle auf das eine zurück, welches kein anderes ist, als jene ursprünglich gleiche inhaltlose Freiheit selbst, nach Kants Definition: das Recht nicht bloßes Mittel des Andern zu seyn. Von nun an tritt an die Stelle der jura connata der Begriff des Urrechts. Kant muß aber doch einräumen, daß mit jenem Freiheitsbegriffe die einzelnen angeborenen Rechte, z. B. das Recht auf guten Namen, keineswegs unmittelbar ausgesprochen, sondern erst logisch zu deduciren sind, und daß diese Deduktion doch auch wieder anderer Art ist

*) Pufendorf Elementa jur. nat. l. 1, defin. 12. §. 1.
**) Thomas. jur. div. l. I, c. 1. §. 80 ff.
***) Wolf jus. nat. l. I, c. 3. §. 74.
†) Hoffb. l. c. S. 122 ff.

als die des Eigenthums, der Verträge u. s. w., und dieser Unterschied sich in der Beweislast wirksam zeige. So hat er zwar den Worten nach die jura connata verbannt: aber nicht der That nach. Sondern es ist nun der leere Freiheitsbegriff, das Urrecht, der Mittelpunkt des Naturrechts, aus welchem denn zuerst das unmittelbar in ihm Enthaltene und sodann erst das noch andrer Vorgänge Bedürftige hervorgeht*). Indem das Daseyn des Menschen analysirt wird, ergeben sich die Rechte auf das eigne Leben, die Glieder, den guten Ruf, die Möglichkeit des Erwerbs. Sodann indem die Gegenstände außer ihm subsumirt werden, die Rechte auf Sachen, auf Handlungen Anderer und zwar entweder vorübergehend oder in dauernden Verhältnissen. Dieß ist das System des Naturrechts.

Der abstrakte Charakter stellt sich auf solche Weise im Naturrechte völlig so, wie in der Philosophie überhaupt dar. In beiden ist alles nur die logisch nothwendige Folge eines Grundbegriffs. Dieser Grundbegriff, von dem nicht mehr abstrahirt werden kann, Substanz, ist in der Philosophie das leere Seyn, in der Ethik ist es der Begriff des denkenden Wesens. Dieser wird nun selbst wieder der Grundbegriff der philosophischen Rechtslehre, so daß alle einzelnen Rechte und Institute nur als seine Affektionen erscheinen. Das Naturrecht trägt daher auch wie die abstrakte Philosophie im Ganzen den negativen Charakter. Wie die Substanz des Spinoza oder Hegels das ist, was nicht weggedacht werden kann, das reine Seyn ohne Inhalt, bloßes Nichtnichtseyn, so ist auch die hier zu Grunde gelegte Freiheit nicht positive Macht (ähnlich der Freiheit Gottes die Welt zu schaffen, der Freiheit der Platonischen Weisen den Staat zu regieren), sondern ohne

*) Kant metaph. Anfangsgr. d. Rechtsl. 2. Ausg. S. XLV.

Inhalt, nur dasjenige, mit dessen Abseyn der Begriff der Freiheit nicht mehr besteht — das Nicht-Mittel-seyn, Nicht-Unperson, Nicht-Sklave-seyn. In gleicher Weise ist auch die Entwickelung aus diesem Begriffe eine negative, d. i. eine bloß logische. Es darf nemlich kein Recht, kein Institut sich ergeben, das erst hervorgebracht zu jenem leeren Freiheitsbegriffe als ein neues hinzuträte, sondern nur solche, von denen sich nachweisen läßt, daß, wenn er ausgesprochen ist, auch ihr Nichtdaseyn unmöglich wird.

Die Verwandtschaft des Naturrechts mit dem Römischen ist allgemein anerkannt, und schon daraus klar, daß die römischen Institute, wie es wirklich geschah, in die naturrechtlichen Lehrbücher aufgenommen werden konnten. Zur Beleuchtung des Naturrechts möchte daher nichts förderlicher seyn, als seine Uebereinstimmung und seine Verschiedenheit zu dem römischen Rechte scharf zu bezeichnen, und den Grund von beiden zu zeigen.

Das römische Recht erkennt wie das Naturrecht ein Recht des Individuums unabhängig von jeder göttlichen Anforderung über ihm. Wo aber immer der Mensch sich in irgend einer Beziehung von dem Zusammenhange losreißt, in den er geschaffen worden, da entsteht ein Mangel an Bildungstrieb und Bildungskraft und damit der abstrakte Charakter. Bei den alten Germanen, obwohl sie an Unabhängigkeit und Liebe derselben die Römer überragten, war dennoch jedes Recht zugleich von der Pflicht durchdrungen; die Ehre — vielleicht nur ein andrer Ausdruck für Freiheit — die ihr Leben beseelt, ist nicht bloß unantastbares Gut, sondern auch eine heilige Macht, die zu jeder That eben so sehr auffordert, als sie zu ihr bevollmächtigt. Deßwegen befindet sich die germanische Rechtsansicht immer in der Totalität des Lebens, jede Befugniß entsteht, bildet sich fort, ändert sich mit den mannigfachen Beziehungen, die um sie herum leidend und thätig an sie rühren, und wird unausgesetzt zugleich mit ihnen beurtheilt. Es entstehen durch die Wechseldurchdringung mit ihnen immer neue Arten der Anwendung, die keineswegs schon ursprünglich mit ihrem bloßen Daseyn bezeichnet waren; das römische Recht dagegen, da es jede Befugniß isolirt faßt, hat eben damit von allen lebendigen Verhältnissen abstrahirt und kann nur das erhalten, was unabänderlich mit ihrem Begriff gegeben ist. Darin besteht das abstrakte Fortschließen der Römer von den vorhandenen Rechten und den Gesetzen, welche deren Inhalt bezeichnen. Mit der Leere des Lebens ist der logische Charakter überall von selbst eingetreten; denn er ist nicht etwas erst zu Erwartendes, sondern nur was immer noch übrig seyn muß. Wenn die Kraft, die Neues bildet, zurückweicht, so bleibt alles, wie es ist und in einem unverrückbaren Begriff gebannt feststeht. So weit sind das römische Recht und das Naturrecht übereinstimmend. Allein das römische Recht faßt nur die schon vorhandene Befugniß isolirt auf. Sein abstraktes Fortschließen beginnt also erst von gegebenen Rechten und Gesetzen. Diese selbst aber — die Basis der Folgerung — sind ihm aus der Totalität des Bewußtseyns und der Verhältnisse der Nation hervorgegangen; Religion, Patriotismus, Familie, Nahrungsweise, diese lebendigen Ursachen haben sie bestimmt, die ihrer Natur nach etwas Positives wirken, etwas, was sie nicht selbst schon sind, erzeugen müssen. So hat es eine Mannigfaltigkeit von Rechten und Gesetzen, deren jedes sein eignes Daseyn hat, die in keinem Begriffe — man mag unterlegen, welchen man will — enthalten sind Es ist ein positives Recht. Dagegen das Naturrecht isolirt den Menschen gleich von vorn herein. Was sich hier ergiebt, ist schon abstrakt entstanden. Der Ursprung der Rechte und Rechtsbestimmungen ist der leere Begriff der Freiheit, und es darf schon zu diesem Grundbegriffe nicht

Neues hinzukommen. Nicht bloß die Anwendung, sondern die Erzeugung selbst trägt den Lebensmangel. — In Rom konnte neben der persönlichen Berechtigung und im Einklange mit ihr auch ein selbstständiges Recht des Staates, eine Anerkennung des Oeffentlichen, vom Menschen nicht abhängiger Zustände, bestehen. Denn der Rechtszustand hat dort eine lebendige Quelle. Das Naturrecht sucht logische Einheit, es kann nur einen Begriff zur Basis haben. Da es einmal vom Rechte des Individuums ausging, schließt seine Folgerung das des Staates aus, und es duldet keine Zwangspflicht, die nicht aus der Freiheit der Einzelnen hervorgeht. Endlich ist, wie oben auseinandergesetzt worden*), aller logische Zusammenhang zeitlos. Was Vernunft fordert, enthält sie ohne allen Vorgang, und was sich auf einen Vorgang gründet, das folgt nicht aus ihr. Rechte, die durch Geschichte entstanden sind und sie voraussetzen, sind nicht die logisch nothwendigen. Das römische Recht erkennt die reelle Wirkungsart der That und Begebenheit an, es abstrahirt nicht von Zeit und Geschichte. Sondern was diese einem jeden beschieden hat nach den bestimmten Satzungen in der bestimmten Zeit, das eben ist sein unantastbares Recht (jus quaesitum) und wird ihm heilig gehalten. So erklärt es sich, wie die Nation bei gleichen Tugenden und Mängeln dennoch in ihren zwei Ständen so entgegengesetzte Handlungsweise zeigt, in den Patriziern rücksichtslos leidenschaftliche Verfolgung ihrer Prärogative, in den Plebejern beispiellose Mäßigung, während sie empörende Härte erdulden. Es ist die in den Augen der Nation anerkannte Heiligkeit jedes erworbenen, d. i. in der Geschichte entstandenen Rechts. In dem ganzen Kampfe erscheint dadurch der höhere Stand als der, welcher das Seinige schützt, und dem daher der Gebrauch jedes Mittels

*) S. III. Buch I. Abschn.

nicht verargt wird; der untere hingegen als der, welcher es ohne Fug angreift. Und es ist gewiß nicht Befangenheit oder Unkunde des Livius, wenn er den Kampf in diesem Charakter auffaßt, sich als Römer auf die patrizische Seite neigt, und in den Reden sogar ausgezeichneter Plebejer die Unternehmungen dieses Standes als Aufruhr und Widerrechtlichkeit bezeichnen läßt. Die eigenthümlich römische Gesinnung hält alles Erworbene für unverletzlich, gleichviel zu welchen Resultaten es führt, wie sein Gebrauch sich zur Menschlichkeit verhält, und endlich ohne alle Rücksicht darauf, was bestehen würde, wenn man sich die Vorgänge, durch die es erworben worden, hinwegdenkt, da es doch denkbar ist, daß sie unterblieben wären Ganz im Gegentheile führt jene logische Ableitung der Rechte zur Nichtachtung und Zerstörung alles Erworbenen. In jedem Augenblicke fordert Vernunft aufs neue — denn sie fordert es unaufhörlich — daß die Begebenheiten ignorirt, das Wahre aus ihr allein gefunden, und daher alles, was sich außerdem gebildet, vernichtet werde. Dieß ist der Trieb des Raisonnements, welches in der neuesten Zeit alle Standes- und Gewerbsprärogative aufhob, um den ewigen, d. i. zeit- und thatlosen Zustand der Vernunft herzustellen. Zu der Nichtachtung des damals vorhandenen Zustandes hat ohne Zweifel in ihm selbst eine nachdrückliche Aufforderung gelegen. Das aber bedachte man nicht, da man nur logisch Nothwendiges bestehen lassen wollte, daß das Leben, eben weil es Leben ist, nicht ohne Geschichte und Aenderung ist, und um jenes Ziel zu erreichen, jeder Moment den Akt der Zerstörung wiederholen müßte. Das Prinzip der Freiheit, bloß logisch entwickelt, dient also keineswegs dazu, die Rechte der lebendigen Menschen zu sichern, sondern umgekehrt, es hebt sie auf, damit bloß Konsequenz bestehe.

Die besondere Eigenthümlichkeit des römischen Rechts zu

bezeichnen, durch welche es jede Befugniß noch mehr isolirt als selbst die naturrechtliche Deduktion, muß auf einen andern Ort verspart werden*).

Viertes Kapitel.

Die einzelnen Institute des Naturrechts.

Die beiden widerstreitenden Principien der Vernunftphilosophie und ihre Durchführung durch alle Lehren des Naturrechts. Kontroverse über die angeborenen Rechte über das Eigenthum — über die Verbindlichkeit der Verträge — über den Inhalt der Verträge, Ausscheidung der veräußerlichen und unveräußerlichen Rechte — über den Staat. — Anfängliche und spätere Stellung des Naturrechts zum positiven Rechte. — Untreue des Naturrechts gegen seine geforderte Methode.

Das reelle Daseyn des Philosophirenden und das Denkgesetz wurden oben als die beiden nothwendigen Principien der Vernunftphilosophie bezeichnet, und zugleich ihr Widerstreit in der Produktionsweise hervorgehoben**). Die allgemeine Entwickelung des Naturrechts hat nun nur diese Principien und daher auch ihren Widerspruch enthalten. Durch ihn kam es, daß Recht und Rechtsgesetz nicht in Verbindung gebracht werden konnten, daß das Naturrecht Freiheit des Menschen zur Grundlage macht, und dennoch erworbene Rechte nicht anerkennt. Die Genesis der einzelnen Institute ist nun gleichfalls nichts Anderes, als eine Wiederkehr derselben Schwierigkeit, desselben gegenseitigen Aufhebens, wenn man das eine oder das andere befolgt. Das ausschließliche Princip der Rechtsgesetze soll die Freiheit seyn. Faßt man sie als die reelle Freiheit, so ist recht, was sie t h u t; faßt man sie als den Begriff der Freiheit, so ist recht, was sie i s t (in beiden Fällen die Beeinträchtigung Andrer ausgenommen).

---

*) S. den Anhang zu Band II. Abth. I. S. 509.

**) S. oben III. Buch I. Abschn.

Nach jener reellen Wirkungsart ergiebt sich aus ihr eine Veränderung des anfänglichen Zustandes, die bis zum völlig entgegengesetzten, wo sie sich selbst aufgegeben hat, fortgehen kann und gar keine Schranke duldet. Nach dieser ist gar keine Veränderung möglich. Der Zustand ist nothwendig gegeben, und die Freiheit hat nicht die Freiheit, indem sie sich irgendwo selbst einschränkte, etwas gegen die logische Folgerung zu bewirken. Denn die Wirkungsart der Freiheit und die logische Folgerung sind sich eben darin entgegengesetzt, daß diese immer nur setzt, was sie schon ist, jene etwas Anderes hervorbringen kann. — Deßwegen findet man im Naturrecht über jedes Institut zwei entgegengesetzte Meinungen, von denen immer die eine sich auf jenes, die andere auf dieses Princip unbewußt gründet, und die niemals zur definitiven Entscheidung gelangen können.

Von den angeborenen Rechten, dem Rechte auf Leben, Glieder, Ehre, der Erwerbmöglichkeit fordert logische Deduktion unmittelbar aus dem Begriffe des Menschen, daß sie da seyen. Sonach sind sie immer nothwendig, und es ist gegen die Vernunft, wenn sie in irgend einem Augenblicke nicht bestehen. Dann kann es nicht vom Belieben abhängen, sie aufzugeben. Sind aber Leben, guter Ruf wirklich meine Rechte, Sache meiner Freiheit, so muß ich sie behalten und nicht behalten, ihnen auch entsagen können, wenn ich will. So räumt Fichte*) ein, daß man selbst seine Gedankenfreiheit rechtlich veräußern könnte, wenn dieses nur faktisch möglich wäre. Nach dieser Folgerung ist der Mord eines Menschen, der ihn selbst fordert, keine Rechtsverletzung, volenti non fit injuria. Nach jener ist er eine solche; denn es ist zwar nicht gegen das, was dieser

*) Fichte in der anonym erschienenen Schrift: Beitrag zur Berichtigung der Urtheile des Publikums über die französische Revolution. 2. Ausg. I Theil. S. 228.

Freie wollte, wohl aber gegen das, was aus dem Begriffe seiner Freiheit folgt, gehandelt. Daher bekennt sich ein und derselbe Schriftsteller, und nicht einer zweiten Ranges, zuerst zu der einen, sodann zu der andern Meinung *).

Der Konsequenz aus der gleichen Freiheit würde arithmetisch gleiche Zutheilung der Objekte, (Gütergemeinschaft, abwechselnder Gebrauch, entsprechen. Das widerspricht aber der lebendigen Freiheit. Diese läßt sich die Objekte nicht ohne ihren Willen zutheilen, sie muß selbst die Ursache des Besitzes seyn, hat sie dieselben aber gewollt und ergriffen, so will sie ausschließlich über sie herrschen; denn sie muß ihrer Natur nach etwas bewirken können, und kann das nicht bei einer Gemeinschaft jener Art. Ihr entspricht Eigenthum und sein ursprünglicher Erwerb durch Besitzergreifung, sein abgeleiteter durch Uebertragung. Nun kommt es aber, daß der Rechtszustand durch Vorgänge, die geschehen und unterbleiben konnten, bestimmt wird. Dem einen Menschen werden durch die That des andern, die er nicht verhindern konnte, die Objekte entzogen, und es entsteht, wenn auch bei ursprünglich und dem Gedanken nach gleicher Möglichkeit der Herrschaft über die Außenwelt, doch wirklich und in dem bestimmten Fall eine Ungleichheit. Im römischen Recht ist dieß völlig übereinstimmend, denn es erkennt die Thaten des freien Menschen als das Bestimmende des Rechtszustandes; das Naturrecht aber nur die logischen Folgen aus dem Begriffe seiner Freiheit, und ein Zustand, der nicht bewirkt werden mußte, ist nicht logisch nothwendig. Die Geschichte der philophischen Lehre vom Eigenthum zeigt denn auch das ewige Schwanken zwischen diesem Dilemma. Nach Grotius folgt aus der Vernunft eine solche Gemeinschaft

*) Feuerbach Revision rc. 2 Thl. S. XXIX und Lehrbuch 1. Ausg. §. 40. Anm.

der Menschen an allen Sachen, wie sie jetzt noch an öffentlichen Plätzen, z. B. dem Theater, besteht. Keiner kann über ein bestimmtes Objekt ein dauerndes Vorrecht vor dem andern erlangen, sondern nur im faktischen Besitze nicht gestört zu werden, hat er ein Recht, vermöge seiner Persönlichkeit, nicht vermöge eines Rechts an der Sache, und nur so lange und so weit als dieses faktische Verhältniß reicht*). Pufendorf, dem Neuere hierin folgen, mißversteht Grotius, wenn er ihm den Gedanken einer positiven Gütergemeinschaft unterlegt. Die eigne Meinung des Pufendorf ist nur darin von jener verschieden, daß er selbst diesen Anspruch auf Ungestörtheit des faktischen Zustandes läugnet: wenn Einer Früchte gesammelt habe, dürfe der Andere sie ihm wieder entreißen**). Indem Thomasius letzteres verwirft als ein von Pufendorf selbst widerlegtes „jus Hobbesianum", ist er also wieder zur Ansicht des Grotius zurückgekehrt***). Später aber scheint er eine positive Gütergemeinschaft als das Vernünftige zu betrachten†). Entschieden ist dieß der Fall bei Nettelbladt††). Darin aber stimmten alle Pfleger des Naturrechts vor Kant überein, daß unmittelbar aus der Vernunft Gemeinschaft aller Sachen (communio primaeva), sey es nun in was immer für einer Art, folge, und die Möglichkeit, daß gesondertes Eigenthum durch Occupation entstehe, ihren Rechtsgrund nur in einer ausdrücklichen oder stillschweigenden vertragsmäßigen Festsetzung haben könne. Selbst nach Thomasius räth zwar Vernunft die Occupation; aber nicht so praecise und distincte, daß nicht noch

*) Grotius l. II, c 2. §. 2.
**) Puf. jur. natur. l. IV, c. IV. §. 3.
***) Thomas. jur. div. l. II, c. 10.
†) Thomas. fundam. eodem.
††) Nettelbladt jurispr. nat. §. 255 ff.

ein pactum dazu vonnöthen wäre. Erst Kant geht den entgegengesetzten Weg und läßt durch die willkürliche Handlung des Menschen es bewirken, daß Sachen dauernd an seine Rechtssphäre geknüpft werden. Ihm folgen die Späteren Fichte, Fries rechtfertigen zwar wieder, wie die Früheren, das Institut des Eigenthums allein aus der Uebereinkunft der Menschen; allein sie kommen dazu aus einem ganz andern Standpunkte. Ob und warum Verträge hinreichen, Eigenthum zu übertragen, oder das Institut selbst vernünftig zu machen, gehört nicht in die Lehre des Eigenthums. Hier war es nur darum zu thun, ob es der freien That des Einzelnen, der Zueignung eingeräumt werde, die Gleichheit, welche unmittelbar im Freiheitsbegriffe liegt, aufzuheben.

Um dieselben Angeln dreht sich die Kontroverse, welche vielleicht die wichtigste des Naturrechts genannt werden kann, obwohl sie erst in der spätern Zeit so allgemein Gegenstand der Bearbeitung wurde, nemlich die über die Verbindlichkeit der Verträge. Alle Einwürfe gegen dieselbe sind darauf gegründet, daß man keinen geschichtlichen, durch Handeln bewirkten Zusammenhang zwischen denr Momente der Zustimmung und dem der Leistung annimmt, sondern nach dem Charakter der Abstraktion jeden isolirt an dem Begriffe der Freiheit mißt. Daß ich jetzt muß, weil ich ehemals wollte, läßt sich so nicht herausbringen. Damals durfte ich lügen nach dem Rechtsgesetze, und jetzt, d. h. zeitlos, liegt in meiner Freiheit das Nicht-müssen. Die Erzwingbarkeit der Vertragspflicht ist daher gegen die Vernunft. Die Verbindlichkeit aus Verträgen ist für den Einzelnen, was die Rechtsungleichheit fürs Ganze. Die Thaten der Nation, selbst die absichtlichen, von gestern können nicht bewirken, daß heute ein Zustand bestehe, der nicht schon abgesehen von allen Thaten bestehen müßte. Und wie das Volk von seiner Geschichte, so kann und muß auch ich von der meinigen, nemlich von dem, was ich gestern that und wollte, abstrahiren. Dagegen raisonniren die Vertheidiger der Vertragspflicht von der Betrachtung der lebendigen Person aus. Sie muß handeln, die verschiedenen Zeiten ihres Handelns verbinden, und dadurch für den Rechtszustand etwas bewirken können. Dadurch entsteht aber etwas gegen ihre jetzige Freiheit und sohin auch gegen den Begriff ihrer Freiheit. Dieser Streit über die Verbindlichkeit der Verträge wird in seinem Wesen noch klarer, wo er sich auf die Möglichkeit ihres Inhalts ausdehnt:

Der Vertrag ist das vorherrschende Institut nicht bloß für die Entstehung der Forderungsrechte, sondern für das Naturrecht im Ganzen. In ihm ist alles durch den Willen des Menschen gewirkt, das Recht, die Pflicht, daß sie sind, wie sie sind. Ein System, das durch das Interesse menschlicher Freiheit getrieben wird, kann keinen andern Hebel gebrauchen als den Vertrag. Mit ihm sucht man das Heterogenste, Eigenthümlichste, alles in gleicher Weise zu bewegen. Aus ihm pflegte man selbst die Gültigkeit der Testamente und dadurch mittelbar die Intestat-Erbfolge, als muthmaaßliches Testament, herzuleiten. Wer auch nur eine kurze Zeit von dem Geiste dieser Richtung durchdrungen war — und wer war dieses nicht einmal! — der muß sich erinnern, wie sich einem überall diese Lösung zuerst anbietet. Ist aber der Vertrag selbst ein Akt der Freiheit, so tritt doch gleich mit seiner Vollendung das ihr Entgegengesetzte ein: der frei gehandelt hat, ist nun gebunden. So ist es nur ein Moment im Vertrage, in welchem Freiheit ihr volles Daseyn übt. Wie der Blitz stirbt sie mit ihrer Geburt. Und das Naturrecht hat sich im Vertrage eine gefährliche Hülfe heraufbeschworen. Man benützt ihn, um zu rechtfertigen, was man wünscht; aber bedenkt dabei nicht, daß er dann auch rechtfertige, was man nicht wünscht, und daß, wenn er die Macht haben soll aufzubauen, er auch die haben muß zu zerstören. Das Recht der Strafandrohung, des Eigenthums, der väterlichen Gewalt, die Regel: Kauf bricht Miethe — wurden, wenn man sie nicht unmittelbar aus dem Princip abzuleiten vermochte, durch Vertrag begründet. Dagegen verwarf man unbedingt Zwang zur Sittlichkeit, Adelsprärogative, Steuerfreiheit, Gewerbsbeschränkung, die ja ihre Vertheidiger durch stillschweigende Uebereinkunft zu begründen auch das Recht haben müßten. Und wo soll die Gränze seyn, über was nicht mehr vertragen werden darf? Will man, wie die alten germanischen Stämme und die ältern Naturrechtslehrer, vertragsmäßige Sklaverei gestatten? Will man die Dauer der Abhängigkeit beschränken, wie der französische Code immerdauernde Vermiethung der Dienste verbietet, oder den Umfang, und in wie weit? Deßhalb war man in der letzten Periode des Naturrechts, wo alles sich in schleuniger Entwickelung nach seinem Ende drängte, vorzüglich mit der Ausscheidung der veräußerlichen und unveräußerlichen Rechte beschäftigt. Erworbene Rechte, wie sie nur durch eine Thatsache entstehen konnten, auch durch eine Thatsache wieder aufgeben zu lassen, fand man keinen Anstand. Die Schwierigkeit zeigte sich erst bei den angeborenen Rechten. Es ist oben bereits nachgewiesen worden, wie jene beiden Prinzipien das eine ihre Veräußerlichkeit, das andere ihre Unveräußerlichkeit fordert, und es hat deßhalb keiner dieser entgegengesetzten Behauptungen an Vertheidigern gefehlt. Beide führten aber zu Resultaten, die man nicht annehmen konnte. — Die Veräußerlichkeit nicht, durch sie würde zuletzt völlige Sklaverei möglich. Die Unveräußerlichkeit aber auch nicht, weil die angeborenen und erworbenen Rechte in so unauflöslichem Verbande stehen, daß mit der Unbeweglichkeit der erstern auch diese ihre Biegsamkeit verlieren würden. Die Möglichkeit z. B. durch seine Handlungen zu erwerben, sich nach eignem Gefallen zu bewegen, wie sie das Urrecht enthält, muß wenigstens beziehungsweise aufgegeben werden, um nur irgend einen alltäglichen Vertrag einzugehen. Um hier die Gränze zu finden, mußte man denn in der Abstraktion wieder das angeborne Recht ohne allen bestimmten Inhalt von diesem Inhalte absondern, den letztern in jeder Art für veräußerlich, ersteres allein für unveräußerlich erklären Konsequent kam man also dahin: das Urrecht selbst, d. i. das Nichtsklaveseyn, kann nicht aufgegeben werden, wohl aber jeder bestimmte Gebrauch desselben, so lange nur noch es selbst stehen bleibt. So unterscheidet Hoffbauer, einer der klarsten und schärfsten in dieser Richtung: „ich kann wohl einzelne Rechte aufgeben, die ich als Bestandtheile meines angebornen Rechts habe; aber mich nicht eines jeden meiner ursprünglichen Rechte so absichtlich begeben, daß mir von demselben nichts übrig bleibt" *). Fichte, der in seiner anonymen Schrift über die französische Revolution eine weitläufige Untersuchung über die Veräußerlichkeit der Rechte führt, und dessen Interesse hier gerade ihre Unveräußerlichkeit ist, kommt dennoch zu keinem andern Resultate als dem eben bezeichneten: die reine Persönlichkeit ist unveräußerlich, alles Bestimmte, in welchem sie sich äußert, veräußerlich. So räumt er ein, daß man sich seines Rechts, Verträge zu schließen, ganz und gar entäußern, ja selbst, daß man sich in Sklaverei begeben könne; nur müsse im letzten Falle noch das Recht, daß der Herr den Sklaven ernähre, als ein Recht übrig bleiben, damit der Begriff der Person, das Urrecht zu leben, dadurch erhalten werde. — Auf diesen, gleichsam mathematischen Punkt die Unveräußerlichkeit zurückzuschieben,

*) L. c. S. 254.

dazu gelangte also das Naturrecht selbst, und es glaubt damit jene widersprechenden Principien in Einklang gebracht zu haben. Allein das ist auch hiermit nicht erreicht, weil es schlechterdings nicht zu erreichen ist. Entweder es besteht ein geschichtlicher Zusammenhang zwischen dem Handeln und seinen Folgen — dann ist auch Sklaverei nicht gegen die Freiheit, wenn sie nur damals gewollt wurde; denn es geschieht dem, der jetzt Sklave ist, ja nur sein Wille, er ist also nicht als Mittel behandelt. Oder es besteht kein solcher Zusammenhang, dann läßt es sich durchaus nicht rechtfertigen, daß irgend ein Vertrag bindet; denn der gezwungen wird, will ja jetzt nicht, er ist also als Mittel behandelt.

Die Lösung dieser Dialektik ist diese: der Widerspruch entsteht nur daraus, daß die Freiheit des Menschen auf einen Begriff gegründet wird. Ist sie durch den freien Willen Gottes und als Theil seiner bestimmten sittlichen Ordnung eingesetzt, so weichen alle Schwierigkeiten: sie reicht, so weit er es wollte, sie hat ihre Gränze, in wie weit sie sich selbst veräußern darf, durch die Bestimmung, die er ihr gab; innerhalb dieser Gränze aber hat sie ihre wahrhaft freie, Aenderung wirkende Bewegung, weil Gott nicht wie Vernunft bloß Nothwendiges hervorbringen kann.

Unter den Verträgen selbst spielt die Hauptrolle der Gesellschaftsvertrag. Durch ihn ist es möglich, die dauernden Verhältnisse gegenseitiger Abhängigkeit (Ehe, älterliches Verhältniß, Staat), die der Freiheit entzogen sind, aus ihr selbst abzuleiten. „Nullum imperium sine pacto." Diese Verhältnisse, ihrer Natur nach den Menschen durch ihre innewohnende Idee beherrschend, werden dadurch unter ihn gebracht. Denn alle Gesellschaft hat nur ein passives Objekt und enthält keine Unterwerfung als die gegenseitig bestehende und gegenseitig zu erlassende. So hängt das Daseyn und die Einrichtung der Familie, des Staats, fortwährend nur von der Willkür der über sie Kontrahirenden ab. Die Gestaltung derselben wird nun auch von der Schranke der Privatverträge — wo eine solche anerkannt wird — beherrscht. So wird dem Staate z. B. das Recht der Todesstrafe abgesprochen, weil Privaten nicht über ihr Leben disponiren können; als wenn sie über ihre Gesundheit, ihre Freiheit willkürlich zu disponiren ein größeres Recht hätten. — Thomasius zeichnet sich darin aus, daß er, noch als Socialist, das Gesellschaftsrecht und die Gewalt in ihm aus dem Ziele dieser Verhältnisse selbst herleitet, den consensus tacitus und praesumtus der andern Naturrechtslehrer verwirft, die väterliche Gewalt unmittelbar auf göttliche Einsetzung gründet. Dafür erklärt er auch in seinem spätern Werke konsequent, daß das Verhältniß zwischen Aeltern und Kindern keine Zwangspflicht enthalte*).

Nach dem Interesse der Richtung muß auch das Wesen des Staats allein in der Befriedigung der einzelnen Menschen bestehen. Er ist eine Anstalt für das Wohl oder die moralische Vollendung oder die Freiheit der Einzelnen. Die Aufgabe war aber auch, ihn logisch aus dem Grundbegriffe abzuleiten: „ohne Staat würde Gewalt oder Meinungsverschiedenheit die Resultate umstürzen, welche aus der gleichen Freiheit aller folgen. Die Freiheit fordert aber Schutz ihrer Resultate, dieser Schutz ist der Staat, folglich ist der Staat im Begriffe der gleichen Freiheit aller enthalten." Das ist die Schlußfolge der Naturrechtslehrer von Anfang bis zuletzt. Erst in der spätern Zeit wird auch versucht, dem Staate die Moralität, die Glückseligkeit als Zweck unterzustellen, gegen das innerste Motiv der Richtung und gegen die Konsequenz. Denn um als Rechtsanstalt gerecht-

*) Thomas. jurispr. div. l. I, c. 1. §. 86. l. III, c. 4. fundam. jur. nat. eod.

fertigt zu seyn, darf er allein aus der Freiheit folgen. Der Wille des Einzelnen, daß er geschützt werde, ist sohin das ausschließliche Ziel des Staates.

Damit ist aber das leitende Interesse noch nicht vollkommen befriedigt. Denn der Staat legt zu diesem Ziele doch auch Beschränkungen auf, und selbst der Schutz soll nicht aufgedrungen werden. Der Wille des Einzelnen darf daher nicht bloß das ausschließliche Ziel, er muß auch die einzige Ursache des Staates seyn. Der Staat gründet sich auf Vertrag, ausdrücklichen oder stillschweigenden, wirklichen oder zu supponirenden. Dadurch ist die Anstalt, deren Macht über den Menschen augenfällig ist, und die nicht, wie z. B. die der Kirche, zu vermeiden wäre, sondern faktisch gar nicht entbehrt werden kann, wenigstens in der Theorie auf den Einzelwillen zurückgebracht. Und hier spricht sich am entschiedensten der Charakter der ganzen Richtung aus: völliges Auflehnen gegen jede gegebene Herrschaft, Unterwerfung nur unter eine gewählte. Ueber die Begründung des Staats durch Vertrag sind daher alle bedeutenden Naturrechtslehrer von Anfang bis zu Ende einverstanden. Selbst bei Spinoza ist dieses wenigstens die Form, von der er sich nicht losreißen kann, so sehr auch die Sache selbst seinem Charakter der Nothwendigkeit widerspricht. Das Entscheidende ist nemlich bei ihm gar nicht die Einwilligung, sondern die reelle Entäußerung der Macht; dennoch bezeichnet er diese überall als Vertrag.

Daß auch in der Deduktion des Staates jener durchgehende Widerspruch herrschen müsse, ist einleuchtend. Aus dem Begriffe der Freiheit folgt, daß sie geschützt werden muß — daher Erzwingbarkeit des Staates und eine bestimmte unabänderliche Gestalt desselben. Die lebendige Freiheit hingegen fordert Willkür seiner Errichtung (Staatsvertrag) und beliebige Anordnung. Der Widerspruch ist von den ältern Schriftstellern minder gefühlt, seit Kant setzt er alles in Bewegung; daher die mannigfachen Meinungen, ob der Staatsvertrag ein freiwilliger oder nothwendiger, ob ein sittlich oder rechtlich nothwendiger sey, ob die Pflicht gegen den Staat überhaupt oder nur die gegen den bestimmten Staat sich auf ihn gründe. Auch diese Kontroverse läßt sich natürlich so wenig zu Ende bringen als die oben ausgeführten, und es ist bloß Zufall oder vielmehr das Interesse der Streitenden, welches jedesmal den Ausschlag gab. Daher wurden in verschiedener Beziehung die entgegengesetzten Principien herrschend. Nemlich was die Errichtung betrifft, so ist allgemein die Ansicht adoptirt, welche aus der handelnden Freiheit folgt: der Staat entsteht und besteht rechtlich durch Vertrag; also wenn die Menschen nicht wollen, entsteht und besteht er nicht. Dagegen in der Lehre von der Anordnung und Gestaltung des Staats bekennen sich fast alle zu der Folge aus dem entgegengesetzten Principe: nur die Einrichtungen sind im Staate statthaft, welche der Begriff der Freiheit enthält, und öffentliche Rechtsanstalten, die nicht aus diesem Begriffe folgen, sind ungerecht, wenn gleich die Menschen sie so haben wollten.

Dieß ist der Gang der Entwickelung, den das Naturrecht, wenn auch mit einzelnen Abweichungen und Streitfragen, doch im Ganzen gleichmäßig genommen. Es ist eine Zeitlang noch sowohl mit religiös-gläubiger Vorstellung vermischt*), als die positiven Rechtsinstitute in sich duldend, z. B. das Lehnrecht, bis es zuletzt alles Fremdartige abgestreift hat und sich rein in seinem eigenthümlichen Charakter darstellt. Anfänglich ist es überhaupt nichts weniger als im Widerspruch mit den bestehenden Einrichtungen, die Deduktion hat nur zur Absicht, diese,

---

*) Dahin gehören auch die Untersuchungen über Sitte und Recht vor dem Sündenfall, über das Reich Christi und des Teufels u. s. w. Mit ihnen beschäftigen sich vor allen Hobbes und Thomasius.

wie sie wirklich sind, auch als vernünftig nothwendig zu beweisen und so aus sich zu sanktioniren. Es lehnt sich aber immer mehr gegen dieselben auf, bis es zuletzt den ganzen vorgefundenen Zustand mit Macht anfaßt und umkehrt. Ein Grundsatz, und wohl der wichtigste, der oben in seiner Bildung verfolgt wurde, zeigt dieß deutlich. Nemlich das Princip der Ausscheidung der Zwangspflichten, welches, nur gesucht um das Bestehende zu rechtfertigen, zuletzt zum Umsturze desselben gebraucht wurde. Selbst der eigentliche Inhalt, das Urrecht des Menschen — daß er nicht Sklave seyn darf — worauf doch die ganze Entwickelung hinausstrebt, ist erst am Ende derselben gewonnen. Oldendorp verehrt noch die Sklaverei und deducirt sie aus dem Gebote: du sollst Vater und Mutter ehren! sich nebenbei auf die Autoritat des Aristoteles berufend*). Thomasius fordert nach dem Naturrechte ein milderes Verhältniß, z. B. non invitus alteri vendi poterit servus perpetuus; zählt aber ruhig nebenbei auf, was das positive Recht anders verordnet hat**). Wolf hält sie für gerechtfertigt durch Vertrag und Ueberschuldung; durch Geburt nur so lange, bis dem Herrn die Kosten der Erziehung ersetzt sind***); Höpfner bloß durch Vertrag. Erst die nachfolgende Periode (Montesquieu, Rousseau, Kant) verwirft sie unbedingt.

Sieht man nun zurück, wie die erste Anforderung — alles bloß logisch durch Subsumtion passiver Gegenstände unter die ethische Regel abzuleiten — befriedigt worden, so muß man urtheilen, daß ihr keineswegs Genüge geschehen. Eigenthum und Forderung zwar konnte man als Gegenstand solcher Subsumtion

---

*) Oldendorp. introduct. jur. nat. ad leg. IV. Div. Tab.

**) Thom. jurispr. div. l. III, c. 5.

***) Wolf jus nat. §. 959.

betrachten: Sachen unter den Begriff der Freiheit gestellt, seyen Eigenthum u. s. w. Wo es nun aber auf die rechtliche Nothwendigkeit des Staats ankam, war die Deduktion durchaus nicht mehr die logische, sondern zugleich von den Wirkungen abgeleitet. Es wurde hier aus der Erfahrung nicht bloß der Gegenstand der Freiheit hergenommen, sondern die Regel, daß der Staat bestehen solle, selbst gründete sich auf Prämissen derselben, auf die Beobachtung, daß die Menschen ohne größere Gewalt die Rechte nicht achten, daß aber eine solche sie sichert. Schon der Begriff des Staatszwecks, welcher der Deduktion unterliegt, bringt dieses mit sich. Denn nun fragt es sich nicht mehr: was liegt in dem Begriffe der Freiheit, sondern wodurch wird nach den Gesetzen der empirischen Natur das in ihm Liegende erreicht? Was man aber so findet, ist ohne den Charakter logischer Nothwendigkeit. Daß Sachen unter Freiheit subsumirt Eigenthum so ergeben, wie zwei mal zwei vier ist, kann man sich überreden, es widerspricht ihm doch der Form nach nicht. Daß aber das menschliche Treiben den Staat nothwendig mache, entbehrt schon dieser nothwendigen Form. Denn Vernunft versichert mich weder, daß der Staat meine Rechte wirklich zu schützen im Stande seyn werde, noch umgekehrt, daß sie mir ohne ihn verletzt werden, wenn gleich alle Erfahrung bisher für beides sprechen sollte, was doch wirklich nicht ohne Ausnahme ist. Daher hat auch die große Verschiedenheit des Hobbes und der Uebrigen ihren Grund nicht mehr in den ethischen als in den Erfahrungssätzen. Eben so verhält es sich mit den einzelnen Einrichtungen des Staates. Man hat deßwegen gegen die Theorie, welche die Strafe auch wie den Staat als ein Mittel (nemlich als Mittel zur Sicherung) betrachtet, den Einwurf gemacht, ob denn die Strafe dieses immer erreiche, außerdem sey sie nicht vernünftig erprobt. Der Einwurf ist vollkommen gegründet nach den Anforderungen abstraktens Verfahrens; er gilt aber mit gleichem Fuge gegen die Deduktion des Staats zum Zwecke der Rechtssicherung wie gegen die der Strafe. Es wird nemlich in beiden das „continuo ratiocinationis filo deducere" aufgegeben, um die nie ausnahmslosen, nie logisch nothwendigen Wirkungen der Erfahrung zum Faden der Folgerung zu machen.

Zu dieser Untreue gegen sein Verfahren ist aber das Naturrecht dadurch genöthigt, daß es zwar die ethischen Regeln aus der Vernunft findet, aber doch ihren Stoff aus der Erfahrung entlehnt. Die Außenwelt steht nun überall nicht in bloß logischem, sondern in reellem Verbande, und dadurch muß das ethische Gebäude selbst afficirt werden. Es lag deßhalb im Naturrechte, wie in der abstrakten Philosophie überhaupt der Drang, auch die Verhältnisse nicht mehr aus der Erfahrung zu borgen, sondern sie eben so gut als ihre ethische Anordnung a priori zu finden. Solches geschah durch Fichte und Hegel. Bei ihnen ist denn auch, vorzüglich bei letzterem, der ununterbrochene Faden logischer Folgerung durchgeführt. Der Staat und seine Einrichtungen ergeben sich ihm nicht, weil sie zu einem Ziele nöthig sind, sondern weil sie nach einer reinen Denkregel im Grundbegriffe des Naturrechts, ohne daß etwas außer ihm hinzuzukommen brauchte, enthalten sind, wie dieses unten ausführlicher zu zeigen ist.

Hiermit ist denn das Naturrecht in seinen allgemeinen Umrissen bezeichnet. Die Beurtheilung desselben bleibt ausgesetzt, bis es in seinen verschiedenen Wegen bei den einzelnen Bearbeitern verfolgt ist. Nur die innern Widersprüche mußten hier schon hervorgehoben werden, welche Anstoß seiner Entwickelung geworden sind.

Dritter Abschnitt.

Besondere Ausbildung des Naturrechts in den einzelnen Systemen.

Erstes Kapitel.

Hugo Grotius.

Princip des Rechts. — Begränzung des Rechtsgebiets. Der Vertrag als Inbegriff des Naturrechts. — Allgemein ethische Bedeutung des Staats, daraus öffentliches Subjekt der Gewalt und öffentlicher Zweck. — Identificirung von Volk und Staat. — Privatrechtlicher Charakter des Staatsvertrags. - Beurtheilung.

Hugo Grotius ist der Urheber des Systems der Rechtsphilosophie, das man mit dem Namen „Naturrecht" bezeichnet und das weit über ein Jahrhundert allein Geltung und Pflege hatte, ja für das allein mögliche gehalten ward; denn das, was man während dieser Periode als verschiedene Systeme zu unterscheiden pflegt (socialistisches System, System der Furcht, des äußern Friedens u. s. w.), ist bloß die besondere Art der Durchführung des einen Systems.

Sein Werk über das Recht des Kriegs und Friedens*), in welchem dasselbe niedergelegt ist, hat zur nächsten und eigentlichen Aufgabe das Völkerrecht. Für dieses waren die alten Grundlagen — Lehnrecht, ritterliche Kampfsitte, kirchliche Ordnungen und Temperamente — gewichen, und mußten neue gelegt, ja mußte vorerst der Nachweis gegeben werden, daß auch für die Verhältnisse unter souveränen Staaten und insbesondere den Krieg nicht bloß Vortheil und Gewalt gelte, sondern das Recht. Aber Normen unter souveränen Staaten, für die keine Obergewalt besteht, Gesetze zu geben und zu vollstrecken, setzen den

*) Hugo Grotius de jure belli et pacis, 1625,

Gedanken eines Rechts voraus, das nicht durch positive Sanktion, sondern durch eignes inneres Ansehen gilt. Darum war es für die Aufgabe des Grotius eine nothwendige Vorbereitung, das Recht überhaupt als ein durch die Natur gegebenes (jus naturale), abgesehen von aller positiven Gesetzgebung gültiges darzuthun, und zwar als ein solches, das nicht des Nutzens und der Selbstsucht willen von den Menschen erfunden und eingeführt ist, und deßhalb auch je nach Nutzen umgangen werden kann, sondern das auf einem ethischen Grunde ruht, der die Menschen schlechthin bindet. Jene Nutzens- und Klugheitslehre, wie sie im Alterthum besonders Karneades vertreten, zu widerlegen, und ein ethisches Princip des Rechts aufzustellen, ist das Bestreben der Prolegomena seines Werks, mit welchen haupsächlich die neue Aera der Rechtsphilosophie beginnt.

Er baut dieses von selbst ethisch bindende Recht auf die gesellige Natur oder den geselligen Trieb des Menschen (socialis natura, appetitus socialis). Der Mensch habe einen Trieb nach Gemeinschaft mit den Andern, und zwar nach einer „friedlichen und vernünftig geordneten Gemeinschaft“. Diesen Drang zur Gemeinschaft faßt Grotius nicht als bloße physische Wechselbedürftigkeit, sondern weit mehr als ein Wohlwollen für die Andern, gerade im Gegensatze des bloßen Nutzens. Er ist ihm die Liebe eines Zustandes, in welchem gemeinsame Befriedigung für sich und Andere erreicht wird. Die gesellige Natur in diesem Sinne nun ist ihm das Princip des Rechts. Was aus ihr folgt, ist Recht der Natur*) (jus naturae), ist gerecht, ist geboten, das Gegentheil ungerecht, verboten, und ist unwandelbar (mutari non

*) „Jus naturale est dictatum rectae rationis, indicans actui alicui ex ejus convenientia aut disconvenientia cum ipsa natura rationali et sociali inesse moralem turpitudinem aut necessitatem moralem.“ Lib. I, cap. 1. §. 10.

potest), ist für alle Zeiten und für alle Völker oberstes Gesetz. Damit hat Grotius ein Princip aufgestellt für ein System des natürlichen Rechts, ein rein ethisches, ohne Rücksicht auf Nutzen (jus non solius utilitas causa comparatum) und ein rein rationales ohne Rücksicht auf positive Satzung. (Rationalistisch ist es nicht durch diese Unabhängigkeit vom positiven Recht, sondern durch die Quelle, aus der er es schöpft, nemlich der menschlichen Vernunft mit Abstraktion von Gott und der Gottgegebenen Weltordnung, in der er, wie oben gezeigt worden, so weit geht, für dasselbe eine Geltung zu beanspruchen, selbst unter der Voraussetzung, daß es keinen Gott gebe.)

Das Gebiet aber, welches unter diesem Principe steht und durch dasselbe geregelt werden soll, ist nach Grotius' bestimmter Erklärung bloß das Recht im eigentlichen oder strengen Sinne (ejus juris quod proprie tali nomine appellatur). Er schließt daher von demselben aus fürs erste das Recht in „laxerem Sinne", das was wir Moral nennen, nemlich die Beherrschung der Begierden (Furcht und Wollust), als welche nicht durch den Geselligkeitsdrang, sondern durch einen andern Zug der menschlichen Natur, nemlich das Urtheil über den wahren dauernden Werth und Unwerth der Dinge geregelt wird, und fürs andere als einen Theil dieses weitern Rechts die weise Einrichtung (prudens dispensatio) der jedem Menschen oder jedem Staate eigenthümlichen Zustände, mithin die Politik*). Es bleibt deßhalb

*) Dieß ist der unzweifelhafte Sinn von §. 9 und 10 der Proleg. Daß Grotius unter Recht in weiterer Bedeutung die Moral versteht, ergiebt sich aus vielen Stellen, vorzüglich Prolegomena §. 41 und 44, wo es heißt: cum injustitia non aliam naturam habeat, quam alieni usurpationem, nec referat, ex avaritia illa, an ex libidine, an ex ira, an ex imprudente misericordia proveniat. Eben so lib II, cap. 22. §. 16. Illud quoque sciendum est, si quis quid debet non ex justitia propria, sed ex virtute alia, puta liberalitate, gratia, misericordia, dilectione, id sicut in foro exigi non potest, ita nec armis deposci.

für das Rechtsgebiet (das Gebiet, das unter dem Princip des Geselligkeitstriebes steht) nichts Anderes übrig als die Respektirung des Mein und Dein, nemlich Eigenthumsanerkennung, Erfüllung der Verträge, Schadenersatz, und bei Uebertretung dessen Strafe (alieni abstinentia — promissorum implendorum obligatio — damni culpa dati reparatio et poenae inter homines meritum). Die Deduktion dieser Rechtssätze ist einfach und einleuchtend, sie sind unläugbar Bedingung eines friedlichen Zusammenlebens, und sie ist erschöpfend nach jenem Princip; denn zum bloßen Zwecke des friedlichen Zusammenlebens bedarf es auch nichts weiter.

Damit ist denn an sich bloß die Spähre des Privatrechts aus dem Princip des Naturrechts abgeleitet. Grotius gelangt aus dieser erst mittelbar zum Staate, nemlich durch das Medium des Vertrages. Es sey Gebot des Naturrechts, Verträge zu halten, weil (zur friedlichen Gemeinschaft) es irgend eine Art wechselseitiger Obligirung unter den Menschen geben müsse und keine andere denkbar sey (fingi potest) als der Vertrag. Nun müsse aber von denen, die einen Staat bilden (die sich einem

---

In diesem Sinne beurtheilt denn auch Grotius die Pflicht der Aeltern, ihre Kinder zu ernähren, als eine solche, die nicht dem Recht im strengen, sondern nur im laxen Sinne (also der Moral) angehört: l. II, cap. 7. §. 4. Diese ganze Konstruktion des ethischen Gebietes bei Grotius erklärt sich nur aus der Basis der scholastischen Bildung, die er vorfand. Was nemlich in dieser subjektiv geschieden wurde als verschiedene Tugend, das stellt Grotius objektiv als Scheidung von Lebensgebieten auf. Das Gebiet der justitia commutativa ist es, was er als das Recht im strengern Sinn bezeichnet; als Recht im laxern Sinn scheidet er dann aus: die Beherrschung der Begierden, die nach Thomas Gegenstand anderer Tugenden aber nicht der justitia ist, und die weise Vertheilung der Güter und Stellungen nach dem innern Werth und Beruf der Personen, die nach Thomas Gegenstand der justitia distributiva ist. Aber indem er die Scheidung auf die objektiven Lebensgebiete überträgt, wird sie von selbst zu einer Reinstellung, des Rechtsgebiets gegenüber der Moral und Politik.

„Coetus“ angeschlossen haben), angenommen werden, daß sie durch ausdrücklichen oder stillschweigenden Vertrag versprochen, entweder der Mehrheit oder dem, welchem die Gewalt übertragen worden, zu gehorchen. Deßwegen ist auch nach Grotius' Ausspruch die Verbindlichkeit aus Uebereinkunft (obligatio ex consensu) die „Mutter alles bürgerlichen Rechts“. Es gründet sich nemlich auf sie die Gewalt, von der das bürgerliche Recht ausgeht*). Ja sogar in der Sphäre des Mein und Dein leitet er auch wieder die Geltung des gesonderten Eigenthums aus vertragsmäßiger Einführung desselben ab**). Es ist also nur der Vertrag, der nach dem Gesetze der Natur unmittelbar bindet, alles Andere ist aus ihm abgeleitet, und man kann sagen, daß der ganze Inbegriff der Naturrechtslehre des Grotius, ohne daß er sich dessen bewußt wird, nicht Anderes ist, als bloß die Verbindlichkeit der Verträge.

Wie Grotius von einem allgemeinen ethischen Grunde des Rechts ausgeht, eben so und diesem Grunde entsprechend schreibt er auch dem Staate eine allgemeine ethische Bedeutung zu. Der Staat ist die vollkommene Vereinigung freier Menschen, durch welche jenes Gesetz der Natur, eine friedliche und geordnete Gemeinschaft, verwirklicht werden soll***). Dieser allgemein ethischen Bedeutung gemäß ist der Staat, unterschieden von der Person des Fürsten, als menschliches Gemeinwesen, das Subjekt der öffentlichen Rechtsverhältnisse und der öffentlichen Gewalt. Es bleibt daher der Staat derselbe, und es dauern seine Rechte und Verbindlichkeiten fort bei allem Wechsel der Herrscher, der Dynastien, ja selbst der Regierungsformen — die Unsterblichkeit

---

*) Prolcg. 15. 16. vergl. auch lib. II, cap. 5. §. 17 und 23.

**) Lib. II, cap. 2. §. 2. no. 5.

***) „Est autem civitas coetus perfectus liberorum hominum, juris fruendi et communis utilitatis causa societas.“ Lib. I, cap. 1, §. 14.

der Staaten (civitas immortalis)*), und es sind die Handlungen des Regenten für jeden Nachfolger, auch der nicht sein Erbe ist, bindend, so es anders Regentenhandlungen (actus regii im Gegensatze der privati) sind**). Deßgleichen ist der Zweck des Staats nach jener allgemeinen ethischen Bedeutung desselben der gemeinsame Genuß (die wechselseitige Anerkennung) der Rechte und der gemeinsame Nutzen. Das öffentliche Wohl ist deßhalb die oberste Entscheidungsnorm (salus publica suprema lex esto), ihm müssen alle Einzelrechte weichen. Daraus wird namentlich auch das Recht der Enteignung (dominium supereminens) hergeleitet***).

Bei dieser ganzen Auffassung ist ihm jedoch Staat ganz dasselbe mit Volk, mit den vereinigten Menschen, und das Oeffentliche bedeutet ihm deßhalb auch nur das Allen Gemeinnützliche, nicht das höhere Nothwendige über Allen. Zwar betrachtet er das Volk nur insofern als Staat, als es von einem Geiste erfüllt ist, nemlich eben der vollständigen bürgerlichen Lebensgemeinschaft (vitae civilis consociatio plena), deren erstes Erzeugniß die oberste Gewalt ist†). Aber als eine vom Volk zu unterscheidende Einheit oder Anstalt erscheint ihm der Staat nirgend, was sich auch darin äußert, daß er civitas, communitas, coetus, populus überall als gleichbedeutende Begriffe gebraucht. Demzufolge gründet er jene Identität des Staates und Perpetuität seiner Rechte und Verbindlichkeiten nicht auf die einheitliche Anstalt, sondern darauf, daß es die Rechte und Verbindlichkeiten desselben Volkes sind††), und vermittelt die Verbindlichkeit

*) Lib. II, cap. 9. §. 8. no. 1—3 und §. 3.

**) Lib. II, cap. 14. §. 1. no. 1 und 2. §. 11. no. 2. §. 12. no. 2.

***) Lib. II, cap. 14. §. 7.

†) Lib. II, cap. 9. §. 3.

††) „Non desinit debere pecuniam populus rege sibi imposito, quam liber debebat, est enim idem populus." Lib. II, cap. 9 cit.

der Regentenhandlungen für den Nachfolger nicht durch den Staat, sondern durch das Volk, indem dieses durch die Handlungen des frühern Regenten, als seines Repräsentanten, verpflichtet werde und diese seine Verpflichtung auf den spätern Regenten, der die Gewalt von ihm ableitet, stillschweigend übertrage. Demzufolge ist ihm aber auch, und darauf liegt das Hauptgewicht, das Volk das Subjekt der obersten Gewalt (summa potestas). In Freistaaten bleibt es das vollständig, in monarchischen Staaten zwar nicht der Ausübung aber doch dem Rechte nach (imperium in se retinet, quanquam non exercendum a corpore sed a capite). Hier ist es deßhalb noch das allgemeine Subjekt der Gewalt, während der Fürst, dem es dieselbe übertragen, das besondere wird (subjectum commune und proprium), ähnlich wie der ganze Körper Subjekt des Gesichts bleibt, wenn dieß zunächst und eigentlich doch nur das Auge ist. Es fällt deßhalb auch beim Aussterben der Dynastie die Gewalt an das Volk zurück (redit), als vom ihm ausgegangen*). — Grotius kommt von dieser durchgeführten theoretischen Volkssouveränetät aus dennoch zu keinen praktischen Folgerungen gegen das Königthum, im Gegentheil er bekämpft ausdrücklich die damalige revolutionäre Lehre von einer Obergewalt und namentlich Strafgewalt der Völker über ihre Könige. Das rührt daher, daß nach seiner Lehre der König zwar die Gewalt immer nur durch Uebertragung des Volks erhält, sie aber doch dadurch auch wirklich und unwiderruflich erhält, das Volk so durch seinen eignen Willen und Akt für immer unterworfen bleibt. Er lehrt eine Souveränetät des Volkes und eine Souveränetät des Königs, aber jene ist nur potentiell und kann deßhalb dieser

*) „Nam imperium, quod in rege est ut in capite, in populo manet ut in toto, cujus pars est caput: atque adeo regis familia extincta jus imperandi ad populum redit.“ Lib. II, cap. 9. §. 8. lib. I. cap. 3. §. 7.

aktuellen nie Eintrag thun*). Diese Auffassung, durch welche Grotius die natürlichen Folgen seiner Grundannahme wieder beseitigt, ist aber nur möglich durch eine Unfolgerichtigkeit, einen Mangel an Bewußtheit über seinen Standpunkt, womit er überhaupt noch behaftet ist.

Im Widerspruch nämlich mit der allgemeinen ethischen, darum nothwendigen Bedeutung, die Grotius dem Staate beilegt, faßt er den staatgründenden Vertrag in rein privatrechtlicher Weise, als von beliebigem Inhalt, und da er, wie den Staat überhaupt, so nothwendig auch die bestimmte Regierungsform aus Vertrag ableitet, so werden denn auch alle Regierungsformen als rechtmäßig erklärt je durch Unterlegung eines solchen Vertrags oder ähnlichen Titels, wie namentlich Eroberung, die nach Grotius' Standpunkt doch auch nur als ein (nothwendiger) Vertrag betrachtet werden kann. In diesem Sinne erkennt er namentlich die Rechtmäßigkeit einer Klasse von Staaten, die er auch schon mit privatrechtlichen Bezeichnungen als Patrimonialstaaten von den Usufruktualstaaten unterscheidet, in welchen nemlich der Herrscher das volle Eigenthum an der Staatsgewalt hat, weil er das Volk entweder durch Krieg bezwungen oder dieses sich vertragsmäßig so vollständig in seine Gewalt begeben, daß nichts ausgenommen wurde**). Zwar bedeutet dieser Begriff des Patrimonialstaates zunächst nur die unentziehbare und unbedingte Zuständigkeit der Gewalt (darunter auch die Veräußerungsbefugniß)***) und nicht die Unumschränktheit. Aber nach andern Stellen läßt Grotius eben so bestimmt auch Inhalt, Zweck, Umfang der Staatsgewalt von dem beliebigen Vertrag abhängen. Aehnlich nemlich wie der Mensch aus freiem Willen sich in Sklaverei

*) Lib. I, cap. 3. §. 8.

**) Lib. I, cap. 3. §. 11.

***) Ebendaselbst und lib. II, cap. 6. §. 3.

begeben könne, so könne auch das Volk die Herrschergewalt über sich in welcher Weise es wolle, einräumen, denn nicht die Nützlichkeit, sondern nur der Wille entscheide nach dem rechtlichen Gesichtspunkt, und es seyen deßhalb auch Staaten gerechtfertigt, in welchen die Staatsgewalt bloß zum Vortheil des Fürsten und nicht auch des Volkes bestimmt ist, also völlig gleich der Gewalt über Sklaven nach der auch damals herrschenden Aristotelischen Bezeichnung*). Es ist das offenbar eine Inkonsequenz gegen die Auffassung von dem allgemein nothwendigen Wesen des Staates. Liegt der Rechtsgrund für alle Verhältnisse nur in der Befriedigung des menschlichen Verlangens nach einer ruhigen und vernünftig geordneten Gemeinschaft, so kann ein Vertrag nicht rechtsbeständig seyn, daß die öffentliche Gewalt nicht zu diesem Zweck, sondern zum Nutzen des Herrschers gebraucht werden dürfe. Diese Inkonsequenz mußte abgestreift werden, und das führte von den sonstigen Voraussetzungen des Grotius aus auf die Lehre Rousseau's.

Dasselbe nun was für den Staat und die Menschen im Innern des Staates gilt, dasselbe muß auch für die Völker gegenseitig gelten. Auch für diese bestehen Normen durch Uebereinkunft (worunter ohne Zweifel nicht bloß ausdrückliche, sondern auch stillschweigende Uebereinkunft zu verstehen ist), welche nicht den Nutzen des einzelnen Staates, sondern den Nutzen jener großen Einheit der Staaten (magnae illius universitatis) zum Zwecke haben. Danach beruht insbesondere auch der Krieg auf festen Gesetzen. Es sind nur bestimmte Fälle, in denen er rechtmäßig unternommen wird, der bloße Vortheil berechtigt dazu nicht, es sind Regeln und Schranken, nach welchen er geführt werden muß, und es sind selbst Temperamente der Menschlichkeit, daß

*) Lib. I, cap. 3. §. 8. no. 1 u. 2. u. 14.

nicht von allem, was nach Rechtsgrundsätzen erlaubt wäre, wirklich Gebrauch gemacht werden darf. — —

Mit dieser Ideenkonception hat Grotius für verschiedene wissenschaftliche Gebiete eine neue Bahn eröffnet. Schon für die Ethik überhaupt hat er den Grund wissenschaftlicher Behandlung gelegt, dadurch daß er für sie ein selbstständiges Gebiet unterschieden von Religion und eine selbstständige Erkenntniß unterschieden von Offenbarung als solcher in Anspruch nahm; denn wenn er auch hierbei in den Irrthum verfiel, sie zu diesem Zweck von Gott selbst völlig abzutrennen, so hat er doch das Problem gewonnen, die sittlichen Gebote nicht als zufälligen göttlichen Auftrag, sondern in ihrem innern Grund und Wesen zu erkennen *). Noch entschiedener ist er der Begründer des „Naturrechts" als einer ganz neuen vor ihm nicht vorhandenen Wissenschaft. Nicht bloß hat er ein neues Princip für die Rechtsphilosophie aufgestellt, die Geselligkeitsnatur in seinem Sinne, sondern er hat ihr auch eine neue Begränzung ihres Gegenstandes gegeben. Er hat zuerst die eigentliche Sphäre des Rechts, die bis dahin mit den andern vermengt war, ausgeschieden. Er stellt ein Naturrecht (jus naturae) auf, im Unterschiede von Moral und Politik wie im Unterschiede von positivem Recht. Es solle Rechtsgrundsätze geben, die nicht auf positive Gesetze sich gründen, und dennoch nicht bloß wünschens- und anstrebenswerthe Grundsätze, sondern bereits wirklich geltende, rechtlich bindende Grundsätze sind, die nichts mit der Frage über Angemessenheit der Staatsverfassung und Staatseinrichtungen zu thun haben, sondern unter allen Staatsverfassungen und Staatseinrichtungen schlechthin als unbedingte Rechtsnormen gelten. Eine solche Wissenschaft des allgemeinen Rechts, das nicht Moral, nicht Politik, nicht In-

*) S. dieses Werkes zweiten Band, Buch I. §. 24. u. 28.

begriff bloßer Rechtsideen und nicht positives Recht ist, ist eben der specifische Charakter dieser Disciplin des „Naturrechts", die Grotius gründete und deren ganzen Bau wenigstens in seinem Umrisse bereits mit sicherer Hand vorzeichnete, und auch hier muß ungeachtet der Unhaltbarkeit des Gedankens eines solchen Rechts doch der mächtige Fortschritt anerkannt werden, der darin lag, die Rechtsidee von der politischen Idee zu unterscheiden*). Für Staatslehre und Staatsrecht wurde vorzugsweise durch Grotius der Gesichtspunkt des öffentlichen Gemeinwesens im Gegensatze bloß privater Herrscherberechtigung des Fürsten zur Geltung gebracht, wie dieß bereits an andern Orten dieses Werkes aufgezeigt worden**). Vor allem Andern aber hat sich Grotius ein Verdienst um das Völkerrecht erworben, das seine nächste Aufgabe war. Seitdem nicht mehr die Kirche eine gemeinsame Ordnung unter den Mächtigen der Erde handhabte, und nicht mehr der Kaiser als höchster Richter über ihre Streitigkeiten anerkannt wurde, galt in Völkerverhältnissen nur der unbedingte Wille der einzelnen Souveräne, und bereits bestand jene Theorie des bloßen Nutzens, welche den europäischen Zustand der unbegränzten Vergrößerungssucht der Höfe in die Hand gab. Da war es denn etwas Großes, auszuführen, wie auch in den Verhältnissen der Völker nicht bloß der Nutzen, sondern das Recht gelte, wie selbst im Kriege nicht die Gesetze schweigen, wie sogar das, was rechtlich zusteht, die Menschlichkeit nicht gestatte. Alle nachfolgenden Pfleger des Naturrechts bis auf Kant überragt Grotius nicht bloß als erster Erfinder, sondern auch in der Ausführung durch Reichthum der Gedanken und der Anschauung und lebendige Auffassung der Zustände, in Folge deren namentlich auch das Falsche bei ihm

*) Vgl. dieses Werkes zweiten Band, Buch II. §. 17.

**) Vgl. besonders ebendaselbst II. Abth. §. 37.

nicht so determinirt auftritt als bei jenen, ja zum Theil (wie namentlich die Lostrennung vom Christenthum) ihm selbst verhüllt ist.

Aber so unbestreitbar diese dauernden Verdienste der Grotius'schen Lehre sind, so ist er mit eben dieser Lehre doch auch der erste und schon vollständige Begründer jener einseitigen und darum falschen Richtung, die in ihrer Folgerichtigkeit mit der Zerstörung der Sitte und des Rechts endigt. Er zeichnete das Unternehmen vor, einen Rechtsbau aufzuführen mit Abstraktion nicht bloß von dem Urheber der sittlichen Ordnung, sondern auch von dem Inhalt der wirklichen gegebenen (objektiven) sittlichen Ordnung, lediglich aus der Natur der Menschen. Er gab der Vorstellungsweise den ersten Ausdruck, daß der Staat keine Autorität in sich selbst über die Menschen hat, sondern sie nur durch ihren Vertrag erhalte, und keinen Zweck in sich selbst, sondern nur zum Zwecke der (einzelnen) Menschen diene. Dieser Standpunkt ist das Entscheidende. Daß Grotius persönlich und nebenbei sogar an die christliche Offenbarung sich anschließt, das konnte die Folgen desselben nicht abhalten.

Hieraus ist auch sein Verhältniß zu A r i s t o t e l e s klar. Daß die gesellige Natur des Menschen den Grund von Recht und Staat enthalte, ist die Tradition, die von Aristoteles aus bis auf Grotius fortgeht, und insofern hätte man das socialistische System nicht als ein neues und nicht als Werk des Grotius betrachten dürfen. Allein es hat allerdings derselbe Ausdruck bei Grotius einen ganz andern Sinn als bei Aristoteles. Aristoteles meint unter demselben die Natur als die Macht im Universum, welche den Menschen zur Geselligkeit bestimmte, Grotius dagegen die Natur als Beschaffenheit oder Verlangen des Menschen. Nach Aristoteles strebt die Natur im Staate i h r e Vollendung an für das, was sie in den kleineren Kreisen begründet, und dazu ist der Mensch von Natur gesellig. Nach Grotius umgekehrt hat der Mensch ein geselliges Bedürfniß, und deßhalb ist der Staat ein Zweck der Natur. Deßhalb kommt Aristoteles zu einer (objektiven) Lehre, wie der Staat seiner Natur nach beschaffen seyn müsse, Grotius zu einer (subjektiven) Lehre, wie er beschaffen seyn müsse, um der Natur des (einzelnen) Menschen zu genügen.

Es ist so mit Grotius ein Princip ins Leben getreten, das in seiner Weiterbildung zur Lehre Kant's und Rousseau's, zuletzt zur französischen Revolution mit Nothwendigkeit führte. Die Lehre des Grotius, daß die Unterthanpflicht ihren Grund in deren stillschweigendem Vertrage habe, ist bei ihm selbst ganz unscheinbar und unverfänglich. Sie brauchte aber nur in ihrem ganzen Inhalt und ihren Folgerungen entwickelt zu werden, so war sie das, was ein Jahrhundert später die Ordnung Europa's umstürzte. So ist eine Schneeflocke, die sich am Bergesgipfel löst, unscheinbar; aber sie wälzt sich fort und fällt dann als zerschmetternde Lawine in die Tiefe.

Zweites Kapitel.

Die Naturrechtslehrer von Grotius bis auf Kant.

Hobbes. — Pufendorf. — Thomasius (Gundling). — Wolf, (Daries, Höpfner). — Widersacher des Naturrechts (Selbenus, Cocceius, „dubia juris naturalis").

Der Lehre des Grotius stellte Hobbes*) eine andere gegenüber, auf demselben Standpunkt, aber von entgegengesetzter Grundannahme. Die menschliche Natur sey nicht Verlangen nach Gemeinschaft (gemeinsamer Befriedigung), sondern Selbstsucht. Man suche die Gemeinschaft nicht um der Genossen,

*) Hobbes de cive 1642. (Leviathan 1651.)

sondern bloß um sein selbst willen. Der Ursprung der großen und dauernden Gesellschaften sey deßhalb nicht das gegenseitige Wohlwollen, sondern die gegenseitige Furcht. Die nähere Durchführung ist diese. Der Zustand, in welchem die Menschen von Natur, d. i. vor ihrer gegenseitigen Verpflichtung durch Vertrag, sich befinden — „Naturstand" (status naturalis) — ist der, daß alle gleiches Recht auf alle Sachen haben, aber auch gleiche Neigung einander zu schaden, besonders aus Begierde nach den Sachen. Der Naturstand ist deßhalb ein immerwährender Krieg und eine immerwährende wechselseitige Gefahr und Furcht. Nun aber ist das Gesetz der Natur (lex naturae) oder — was auch schon Grotius hiemit als gleich bedeutend gebraucht — die rechte Vernunft (recta ratio) die Selbsterhaltung (der Schutz des Lebens und der Glieder), was danach geschieht ist gerecht und zuständig, juste und jure, geschehen. Das Fundamentalgebot der Natur ist es deßhalb, den Frieden zu suchen. Hieraus ergeben sich weiter zwei Folgesätze: der erste, daß man jenes unbegränzte Recht des Naturstandes nicht beibehalte, sondern es theilweise übertrage, um dafür das Behaltene in Frieden zu besitzen, und das zweite, daß man Verträge halte, weil nur dadurch der Friede zu erreichen. Nicht minder ergeben sich aber hieraus auch die Pflichten des Mitleides, der Dankbarkeit u. s. w. (kurz alle moralischen Pflichten), indem diese alle wechselseitig geübt zur Selbsterhaltung dienen. So führt Hobbes alles, was Recht und Sitte ist, auf Selbstsucht zurück. — Alle diese Gebote jedoch, die aus dem Gesetz der Natur folgen, sind gar nicht verbindlich, so lange der Naturstand währt, eben nach ihrem eignen Princip; denn so lange man nicht der Erfüllung des Andern sicher ist, dient die eigne Erfüllung nicht zur Selbsterhaltung. Darum schweigen im Naturstand nicht bloß die bürgerlichen Gesetze, sondern auch die

Gesetze der Natur, und es giebt in demselben kein anderes Rechtsmaaß (mensura juris) als den thatsächlichen Vortheil. Allein es ist eben deßhalb das Gesetz der Natur, den Naturstand (status naturalis) aufzugeben und den bürgerlichen Zustand (status civilis) zu gründen, d. h. sich vertragsweise in überwältigender Zahl zu wechselseitiger Hülfe gegen Friedensstörung zu verbinden. Diese Verbindung ist der Staat, und erst aus ihm geht das Mein und Dein, die Verbindlichkeit fremdes Eigenthum zu achten aus, weil nur durch ihn die Sicherheit besteht, daß auch die Andern erfüllen.

Es darf aber eben dieser Sicherheit wegen diese Verbindung nicht ein bloßes Uebereinkommen (consentire), sondern sie muß eine Einigung (unio) sein, d. h. es müssen die Theilnehmer aufhören, gesondert selbstständige Subjekte zu seyn und vielmehr alle zu Einem Willen werden, so daß die Einzelnen keinen Willen und kein Recht mehr für sich behalten, sondern all ihr Recht und all ihre Macht (jus virium et facultatum suarum) auf Einen Menschen oder Ein Concilium übertragen, unter Verzicht auf Widerstand und auf Wiederruf der Uebertragung. Das ist dann die oberste Gewalt (summa potestas, summum imperium) oder, wie wir sagen würden, die Souveränetät. Dadurch ist der Staat selbst eine Person (persona civilis), unterschieden von allen Einzelnen, die ihn bilden, so daß diese auch alle zusammengenommen nicht als Staat zu betrachten sind, ausgenommen die so ihn vertreten (repraesentant). Es bedarf deßhalb zur Gründung des Staates eines zweifachen Vertrags: des einen, durch welchen jeder mit jedem, und des andern, durch welchen Alle mit dem künftigen Inhaber der obersten Gewalt kontrahiren, sich zu unterwerfen und zwar unbedingt zu unterwerfen.

Mit dieser vollständigen Uebertragung alles Rechts und aller Kraft auf die oberste Staatsgewalt ist diese aber nothwendig unumschränkt (imperium absolutum). Es kann für sie diesem ihrem Begriff nach weder eine höhere Gewalt bestehen, noch auch eine Schranke, denn diese setzte eben eine höhere Gewalt voraus. Sie kann nicht an Gesetze gebunden seyn. Es kann ihr gegenüber kein Recht des Unthertanen geben, daß sie beachten müßte, kein Eigenthum, ja kein Gewissen, kein Urtheil über Gut und Bös, sondern auch hierfür ist er dem Urtheil der obersten Staatsgewalt (des Souveräns) unbedingt unterworfen, und er sündigt deßhalb auch nie, wo er im Gehorsam gegen die Staatsgewalt handelt. Die Meinung, daß der Unterthan ein selbstständiges Urtheil über Gut und Bös habe und eine sündliche Handlung, die er auf Befehl des Souveräns begeht, für ihn Sünde sey, ist eine falsche und ist eine revolutionäre Lehre (seditiosa opinio). Es muß endlich auch die Kirchenlehre, d. i. die Auslegung der h. Schrift, durch die Staatsgewalt (obwohl mittelst der Bischöfe von apostolischer Succession) geschehen, weil der Einzelne, wenn er die Befugniß solcher Auslegung hätte, sich selbst die höchste Norm des Handelns geben würde, wodurch aller bürgerliche Gehorsam, ja alle Societät aufhören müßte. Die Kirche fällt deßhalb auch bei Hobbes ganz zusammen mit dem (christlichen) Staate, nemlich er versteht unter Kirche die unter einer äußern Gewalt vereinigten Christen. Die innere unsichtbare Kirche ist hienieden bloß potentia nicht actu eine Kirche. Jene Gewalt aber darf aus dem angeführten Grunde keine andere seyn als eben die oberste Staatsgewalt. Nur ein solch einheitlicher Wille, gegen den nicht andere einander widerstreitende und einander bekämpfende Willen aufkommen können, ist im Stande, die Sicherheit des Friedens, welche das oberste Naturgesetz ist, zu gewähren. Die Selbstsucht, die der Kern der menschlichen Natur ist, kann nur durch solch unbegränzte unwiderstehliche Macht gebändigt werden.

Unverkennbar steht hienach Hobbes auf den gleichen Voraussetzungen, wie sie seiner Zeit eigenthümlich sind und von Grotius zuerst ausgesprochen wurden. Auch er erkennt keine über den Menschen gegebene Ordnung mit innewohnenden sittlichen Gesetzen, sondern will eine solche nur aus der Natur des einzelnen Menschen ableiten. Auch er gründet deßhalb den bürgerlichen Zustand auf beliebigen Vertrag der Unterthanen, so daß selbst die Geltung der Stimmenmehrheit, dieser „Anfang des bürgerlichen Zustandes", nur durch Einstimmigkeit beschlossen werden kann, und er kennt gar keinen andern Begriff des Unrechts (injuria) als den der Vertragsverletzung, so daß gegen die, mit denen man nicht kontrahirt hat, auch kein Unrecht begangen werden kann*). Eigenthümlich aber ist ihm, daß er Recht und Staat, ja die Moral selbst entsittlicht. Das Gesetz der Natur (lex naturae), auf das allein er Recht und Sitte baut, ist durchaus nichts Sittliches, sondern der bloße physische Trieb der Selbsterhaltung, seine rechte Vernunft (recta ratio) ein bloßes Klugheitsgesetz. Nicht minder ihm eigenthümlich ist sein politisches Resultat: der Absolutismus des Staates, der nie vorher und auch nachher wenigstens nicht in dem Grade gelehrt worden, daß er selbst die moralische Zurechnung der Unterthanen ausschließt, und zwar in der Art, daß die Bürger nicht wie bei Platon einer höhern Harmonie, sondern einem beliebigen Willen unterworfen sind. Zu diesem Resultat kommt Hobbes zunächst schon aus Folgerichtigkeit: Die Inhaltlosigkeit der socialen Verhältnisse, von welcher hier ausgegangen wird, die Entkleidung derselben von ihren sittlichen Ideen, um sie rein auf menschlichen Willen zu gründen, muß zur unumschränkten Gewalt des vereinigten menschlichen Willens führen. Zu ähnlichem Resultat gelangt in anderer Weise später Rousseau. Zu eben dem hätte Grotius gelangen müssen, wenn er aus

*) Lib. I, cap. 1. §. 3.

seinem Grundsatze: salus publica suprema lex esto auch die Folgerungen erschöpfend gezogen hätte. Dann aber wurde Hobbes auf seine absolutistische Lehre auch noch durch einen praktischen Beweggrund geführt. Die kirchlichen und politischen Spaltungen, der Bürgerkrieg, die Promptheit des Aufruhrs aus religiösem Gewissen, die ihn in seinem Vaterlande umgaben, erfüllten ihn mit Sehnsucht vor Allem nach Frieden und Einigkeit, und mit dem Gedanken, daß solche nicht bestehen können, wo irgend eine Macht des Widerstandes, namentlich aus dem Grunde des Gewissens und der Religion belassen würde. In beider Hinsicht, sowohl in seiner materialistischen Lebensauffassung, als in der praktischen Energie seines politischen Resultats ist Hobbes ein vorzüglicher Vertreter und Pfleger der Richtung, die im Westen ihre Ausbildung fand, im Gegensatze der von Grotius angeregten und besonders in Deutschland gepflegten mehr sittlichen und innerlichen kontemplativen Betrachtungsweise, wenn gleich der Ausgang jener Richtung ein ganz anderer, ja entgegengesetzter ward, als ihn Hobbes anstrebte. Ein wahres wissenschaftliches Verdienst aber hat Hobbes durch seinen tiefen Blick in den Grundbau des Staats; nemlich den Gedanken der Einheit des Staats im Gegensatze einer bloßen Gesellschaft und, damit zusammenhängend, den Gedanken der Souveränetät hat er zuerst in seiner ganzen Tiefe ausgesprochen; hierin steht er über Grotius. Denn Grotius unterscheidet den Staat bloß vom Fürsten, Hobbes unterscheidet ihn zugleich auch vom Volke*). Insbesondere aber hat Hobbes das von Grotius begonnene System der Rechtsphilosophie wesentlich fortgebildet, er hat mehrere und bedeutende Lehren, die in der Anlage des Grotius zwar schon vorhanden,

*) Bei Bodinus freilich ist der Souveränetätsbegriff noch konkreter, lebendiger bestimmt als bei Hobbes, aber bloß als ein gegebener, er ist nicht aus dem Wesen des Staats deducirt.

aber doch nur eingehüllt vorhanden waren, zur deutlichen Auseinandersetzung gebracht. Es ist das besonders die Lehre von einem Naturstande, die Deduktion, wie das oberste Rechtsprincip im Naturstande nicht realisirt werden kann und deßhalb dieses den Staat postulire, die Beschreibung des Hergangs (oder der rechtlichen Beziehung) wie durch Vertrag der Staat gegründet wird. Diese Lehren, wenn sie gleich an sich nicht wahr sind, sind doch die dem Standpunkt nothwendigen und haben deßhalb den Bau des „Naturrechts" gebildet bis zum letzten Augenblicke*).

---

*) Man hat vielfach Hobbes und Spinoza in Parallele gestellt. Dazu veranlaßte sowohl die Mächtigkeit der beiden Geister, als der Eindruck, daß bei beiden die eigentliche Ethik verschwindet und eine Naturmacht an die Stelle tritt, und zwar bei beiden dem nächsten Ausdruck nach dieselbe: das Naturgesetz der Selbsterhaltung, Dennoch sind sie von Grund aus verschieden. Hobbes gründet allerdings Recht und Sitte auf den Naturtrieb der Selbsterhaltung; aber was er aus diesem Naturtrieb ableitet, ist ihm doch eine Anforderung, ein solches, das der Mensch frei erfüllen soll und verletzen kann, sein Gesetz ist darum wenigstens nach der Form, d. i. der Weise der Erfüllung, ein wirklich ethisches, wenn es auch nach seinem Inhalt nur ein physisches ist Dagegen Spinoza gründet Recht und Sitte auf die Naturmacht, d. i die metaphysische Nothwendigkeit des Universums. Sein Gesetz der Natur soll nicht der Mensch erfüllen, sondern die Natur erfüllt es selbst und unausbleiblich, und der Mensch hat nicht Freiheit es zu verletzen. Es giebt gar keine Anforderung, kein Sollen im eigentlichen Sinne. Es fällt also auch die Form des Ethischen, das Gesetz wirkt gar nicht ethisch, sondern nur natürlich. Der pantheistische Standpunkt läßt einen ethischen Gehalt des Gesetzes zu, z. B. Selbstaufopferung — (das zeigt sich später in Hegels Lehre) — wenn gleich bei Spinoza selbst auch hiervon nicht viel zu finden ist; aber er läßt nicht eine ethische Wirkungsart des Gesetzes zu. Auf der andern Seite theilt Spinoza nicht das absolutistische Resultat, ja er hat eine Sorge, hierin mit dem angefeindeten Hobbes zusammengestellt zu werden. Darauf bezieht sich der Satz in seinem tractatus: „Die Menschen dürfen nicht alle Gewalt auf die Obrigkeit übertragen, weil sie es nicht konnen", und er selbst giebt in seinen Briefen (epistola 50) den Unterschied seiner Lehre von der des Hobbes dahin an: quod ego naturale jus semper sartum tectum conservo, quodque Supremo Magistratui . . . , non plus in subditos juris, quam juxta mensuram potestatis, qua subditum superat, competere statuo, quod in statu naturali semper locum habet. Der Standpunkt Spinoza's hat

Pufendorf*) gilt als derjenige, welcher die von Grotius aufgestellten Principien durchgeführt und so das socialistische System vollendet habe. Versteht man darunter, daß er jene Principien bewußt und folgerichtig auf den Stoff angewendet, so ist das unrichtig. Eine solche innere systematische Durchbildung findet sich bei ihm nicht einmal in dem Grade wie bei Grotius selbst. Wohl aber hat Pufendorf das Material der ethischen und rechtsphilosophischen Disciplin in einer bis dahin nicht vorhandenen Vollständigkeit und äußern Ordnung aufgeführt und damit der Grotius'schen Lehre eine äußere systematische Form gegeben. Ueberdieß brachte er die Rechtsphilosophie mit der Gesammtphilosophie seiner Zeit, wie sie inzwischen durch Cartesius begründet worden war, in eine obwohl gleichfalls nur äußerliche Verbindung, indem er philosophische Resultate derselben seinem System des Naturrechts voranstellt. Auch muß das als eine Leistung anerkannt werden, daß er eben in Folge des allgemeinen philosophischen Gesichtspunktes die anthropologische Grundlage des Rechts untersucht: Verstand, Wille, Handlung, und dadurch die Anregung zur Pflege wichtiger juristischer Lehren, so namentlich der Zurechnung, gab. Alles dieß zusammen sichert ihm eine Stelle in der Geschichte des Naturrechts. Daß er aber dasselbe auch seinem Inhalte nach gefördert, muß geläugnet werden. Er verflacht die Gedanken des Grotius eher, als daß er sie weiter bildet; so faßt er den Geselligkeitstrieb nicht wie Grotius als wechselseitiges Wohlwollen, sondern bloß als wechselseitige Bedürftigkeit, er giebt das Band zu Gott

---

gegen diesen Absolutismus keine andere Widerlegung, als daß nach Naturgesetz ein solcher nicht möglich ist, und der Unterschied zwischen Naturstand und vertragsmäßigem Zustand kann auch gar nicht statuirt werden, wo überall die Naturmacht anerkannt ist.

*) Pufendorf de jure naturae 1672, de officio hominis et civis 1673.

und zur christlichen Offenbarung, das Grotius (freilich unfolgerichtig) noch bestehen ließ, mit Entschiedenheit auf und erklärt (trotz des Widerspruchs der Theologen) die natürliche Vernunft des Menschen für die genügende Quelle sittlicher Erkenntniß, er bindet Gott an das Naturrechtsgesetz nicht wie Grotius wegen einer sittlichen Nothwendigkeit, sondern weil Gott die Menschen mechanisch nicht anders erhalten kann als durch den Geselligkeitstrieb, er vermischt die von Grotius geschiedenen Sphären des Rechts und der Moral wieder vollständig. Ja er verwandelt die von Grotius gegründete reine Rechtsdisciplin in eine Disciplin der Moralphilosophie, eine Pflichtenlehre. Auch hat er keine neuen Momente für den systematischen Ausbau des naturrechtlichen Systems beigetragen. In der letzten vollendeten Gestalt des Naturrechts unter Kant wird man deßhalb an Grotius, Hobbes und Thomasius, als welche die Elemente lieferten, gemahnt, nicht aber an Pufendorf. Sondern seine hauptsächliche Bedeutung ist nur die äußere Verbreitung der Lehre durch seine eingängliche Darstellung*).

Dagegen begründet Thomasius**) einen innern Fortschritt und zwar einen wesentlichen Fortschritt der naturrechtlichen Disciplin durch seine Scheidung von Moral und Recht, wie sie im vorigen Abschnitt ausgeführt worden, daß die Vorschriften für den innern Frieden moralische und nicht erzwingbar, die für den äußern Frieden Rechtsvorschriften und erzwingbar sind. Ein völlig neu hinzukommendes Moment ist das allerdings nicht. Denn schon Grotius selbst hat, wie aus obiger Darstellung erhellt, das Rechtsgebiet und das moralische unter den Bezeich-

*) Am richtigsten ist Pufendorf gewürdigt von Warnkönig Rechtsphilosophie S. 50.

**) Thomasius institutiones jurisprudentiae divinae 1688, fundamenta juris naturae et gentium 1705.

nungen Recht im strengern und Recht im weitern oder laxern Sinn von einander geschieden und beide unter verschiedene Principien gestellt, jenes unter den Geselligkeitstrieb, dieses unter die rechte Werthschätzung der Dinge. Ja der innerste Charakter der von ihm gegründeten Lehre ist gerade das Bestreben, die reinen Rechtsgrundsätze herauszustellen. Aber der Unterschied ist doch bei Grotius nicht in deutlichen Begriffen dargestellt und nicht energisch durchgeführt. Daher kam es, daß er sich bei den Nachfolgern verwischte, ja völlig verlor, daß Hobbes die Pflichen des Mitleids, der Dankbarkeit und die Pflicht der Vertragserfüllung als gleichartig aus der Selbsterhaltung ableitet, daß eben so Pufendorf den rechten Gebrauch der Sprache (nicht zu lügen) und den rechten Gebrauch der Sachen (das Eigenthum) in ein Kapitel zusammenfaßt, und ähnliches. Durch Thomasius aber ist die Trennung der beiden Gebiete für immer gesichert, indem er ein verschiedenes Motiv oder Ziel (innern und äußern Frieden), einen verschiedenen ethischen Charakter (justum und honestum — decorum)*) und eine verschiedene Wirkung (Erzwingbarkeit und Nichterzwingbarkeit) an ihnen hervorhebt, also nach allen Beziehungen sie abgränzt, und es sich zur besondern Aufgabe setzt, den Unterschied durch die ganze Ethik durchzuführen. Ueberdieß war Thomasius hiebei durch einen praktischen Beweggrund bestimmt, welcher der innersten Triebfeder der ganzen Entwickelung angehört und seiner Unterscheidung deßhalb einen ganz andern Erfolg verschaffte als der des Grotius. Ihm kam es nemlich darauf an, von der innern sittlichen, namentlich der religiösen

*) Das decorum umfaßt bei Thomasius die Pflichten gegen Andere, das honestum die Pflichten gegen sich selbst, es liegt also das Pufendorf'sche System zum Grunde; aber beide zusammen stehen dem justum als einem völlig gesonderten Gebiete der erzwingbaren Pflichten gegenüber.

Sphäre jede äußere Gewalt ferne zu halten. Es ist hauptsächlich das Interesse der Glaubensfreiheit, daß ihn zu der Unterscheidung der beiden Gebiete antrieb, und er hat sie deßhalb auch zuerst und noch vor Herausgabe seiner „Fundamente des natürlichen Rechts" bei einer praktischen Veranlassung, nemlich zur Vertheidigung der Pietisten gegen Religionsbedrückung durch die Orthodoxen, in der Schrift „über das Recht der evangelischen Fürsten in theologischen Streitigkeiten" aufgestellt. Hier führt er sie eben zu dem Resultate hinaus, daß für den Zweck der Seligkeit, daher der Frömmigkeit und des Glaubens, keine rechtsartige also erzwingbare Vorschrift bestehen und gehandhabt werden dürfe*), und deßhalb hebt er nicht bloß, wie Grotius, den verschiedenen Ursprung und Zweck der moralischen und der Rechtsgebote, sondern auch und vorzüglich die verschiedene Wirkung, die Erzwingbarkeit und Nichterzwingbarkeit hervor. Er hat in dieser Hinsicht nicht bloß das wissenschaftliche System des Naturrechts, sondern auch die lebendige Absicht, die demselben zu Grunde liegt, in einem mächtigen Schritt dem Ziele näher geführt, so daß Kant hierin bloß die letzte Hand anzulegen brauchte. Dem entsprechen auch die praktischen Verdienste des Thomasius, seine Bekämpfung der Tortur, der Hexenprozesse.

Das formelle Kriterium des Rechtsgebietes, die Erzwingbarkeit, das seitdem nicht wieder eingebüßt ward, haben denn die Nachfolger des Thomasius Gundling, Gerhard, Fleischer u. s. w. besonders hervorgehoben und ausgebildet. Es ist

---

*) Die Irrigkeit dieser Thomasius'schen Lehre in Beziehung auf die Kirche, daß er Zwang für die individuelle Seligkeit und den individuellen Glauben und Zwang für die Erhaltung der kirchlichen Ordnung, sohin der öffentlichen Lehre, der Predigt im Namen der Kirche mit einander vermischt, habe ich in meiner Schrift: „Die Kirchenverfassung nach Lehre und Recht der Protestanten" nachgewiesen. Eben daselbst siehe auch die nähere Ausführung des hierauf gegründeten Territorialsystems.

die Unterscheidung der beiden Gebiete, die bei Thomasius eine Lebensfrage war, wieder zur Schulsache geworden und bleibt das bis auf Kant. An Gundling, dem bedeutendsten Nachfolger des Thomasius, zeigt sich der wissenschaftliche Erfolg jener Unterscheidung in völliger Evidenz. Sein Naturrecht (jus naturae et gentium) ist reine Rechtslehre mit Ausschließung der Moral, die er unter dem Namen Ethik in einem andern Werke behandelt. Gundling ist aber als reiner Anhänger des Thomasius zu betrachten, wenn er sich gleich nicht dafür ausgiebt. Er geht zwar vielfach auf Hobbes zurück und stellt dessen richtiges Verhältniß her gegen verbreitete Mißdeutung. Auch sucht er die und jene ventilirte Kontroverse sich nach eigner Weise zurecht zu legen, unter den Ansichten aller frühern Autoren die richtige auszuwählen. Aber seine Grundbegriffe und Grundlehren sind die des Thomasius: Die Glückseligkeit als Princip der Ethik, ihre Spaltung je nach dem äußern und innern Frieden, die Beschränkung des Rechtsgebiets und der vollkommenen oder erzwingbaren Pflicht auf den erstern, das ist der Bau seines Naturrechts. Wenn er jenes Princip der Glückseligkeit dadurch erst noch tiefer zu begründen sucht, daß die den Sterblichen gegebenen Gesetze die Erhaltung und Vollendung ihrer Natur bezwecken, diese Erhaltung und Vollendung aber eben in der Glückseligkeit bestehe, so ist das ein kaum nennenswerther Gedanke.

Eine veränderte Behandlungsweise des Naturrechts tritt wieder ein mit Wolf*). Wolf behandelt das Naturrecht lediglich als Moralphilosoph. Sein für die Moral neu aufgestelltes Princip: die Vollkommenheit des Menschen, ist ihm überhaupt das Gesetz oder Recht der Natur, und er führt es eben auch durch den ganzen Geselligkeitszustand durch. Eine Scheidung

*) Wolf jus naturae methodo scientifica tractatum 1740—1750 und seine Institutiones juris naturae et gentium 1754.

zwischen Recht und Moral wie sie Thomasius hatte, besitzt er an demselben nicht. Zwar behält er die Unterscheidung von vollkommener oder erzwingbarer und unvollkommener oder nicht erzwingbarer Pflicht bei; aber diese Unterscheidung ist bei ihm zufällig, nebenstehend, sie bestimmt nicht die Gestalt seines Systems, und er hat nicht wie Thomasius einen Maaßstab, welche Pflicht erzwingbar sein soll und welche nicht. Er theilt deßhalb das ganze ethische Gebiet wieder bloß nach dem moralischen System, wie es Pufendorf entworfen: Pflichten gegen sich selbst, gegen Andere, gegen Gott, und die Befugniß ist ihm nur die Folge der (eigenen) Verbindlichkeit und eigentlich nichts Andres als Erlaubniß: wozu ich verpflichtet bin, das muß mir auch freistehen zu thun. Wolfs Moralprincip ist gewiß ein richtigeres als das frühere der Glückseligkeit *). Aber für das Naturrecht hat er, was den Inhalt desselben betrifft, nichts geleistet, er hat es nirgend weder bereichert noch schärfer bestimmt. Höchstens kann man die Ausbildung von mancherlei Begriffen: dem status moralis, der darin besteht, Subjekt von Recht und Verbindlichkeit zu seyn, die Unterscheidung von absoluten und hypothetischen Rechten und dergleichen als eine Förderung der Klarheit auf dem ethischen Gebiete ihm danken. Im Gegentheil, er hat die von Thomasius gewonnene und von Gundling durchgeführte Ausmessung und Abgränzung des ethischen Gebiets wieder eingebüßt. Er that einen falschen Schritt, den man lediglich wieder zurücknehmen mußte. Dagegen hat er eine Bedeutung für den formellen oder allgemeinen wissenschaftlichen Charakter des Naturrechts durch die Anwendung der demonstrativen Methode. Die Philosophie Wolfs überhaupt hat den Charakter, daß die Demonstration ihr innerstes Wesen ist.

*) Vergl. jedoch hierüber dieses Werkes Band II. Buch I. §. 29.

Andere Philosophen sind von irgend einer materiellen Grundanschauung geleitet, die ihnen die oberste Wahrheit oder doch das oberste Problem ist. So z. B. Spinoza von der Alleinheit Gottes, daher seiner Unpersönlichkeit und dem Aufgehen der Geschöpfe in ihm, Leibnitz im Gegentheil von der Entstehung und dem Daseyn selbstständiger individueller Geschöpfe (principium individuationis). Dagegen für Wolf giebt es keine solche oberste materielle Wahrheit, sondern der Syllogismus als solcher ist ihm die oberste, die einzige Wahrheit. Er nimmt von Leibnitz die beiden Principien der Demonstration, den Satz des Nichtwiderspruchs (principium contradictionis) und den Satz des zureichenden Grundes (principium rationis sufficientis) an, und führt sie durch das ganze Gebiet des Wissens durch. Das, was er und jeder andere Mensch weiß, stellt er in der Form dar, daß es sich nicht widerspricht — (denn „das Wesen eines Dinges ist seine Möglichkeit", d. i. eben Denkbarkeit, Nichtwiderspruch) —, indem er eben überall die Merkmale aus der Definition herausnimmt, die er selbst (nach der Erfahrung) in sie gelegt; und dann gilt es ihm als demonstrirt. So z. B. „Sehen ist in dem Wesen eines Thieres, das Augen hat, gegründet, also eine Eigenschaft desselben, was doch offenbar nichts Andres ist als: Sehen ist die Eigenschaft eines sehenden Thieres *). Am charakteristischsten für diese Methode und für die geistige Organisation des Mannes ist, daß er meint, man habe selbst von seiner eigenen Existenz keine unmittelbare Gewißheit, sondern erhalte dieselbe (wenn auch bei den meisten

*) Wenn Wolf es sich einmal beigehen läßt, über diese bloß analytische Weise hinauszugehen, so gelingt es ihm übel. So z. B. beweist er: weil Gott das Vollkommenste schaffen mußte, so müssen die Planeten Inwohner haben. Er hätte gerade so gut aus der Vollkommenheit der göttlichen Schöpfung beweisen können, daß die Menschen nicht blos Beine, sondern auch Flügel haben müssen.

ohne Rechenschaft) erst vermittelst einer Schlußfolgerung: „Wenn wir deutlich erkennen wollen, wie wir durch diese Gründe überführt werden, daß wir sind, so werden wir befinden, daß in diesen Gedanken folgender Schluß steckt: Wer sich seiner und andrer Dinge bewußt ist, der ist. Wir sind uns unserer und andrer Dinge bewußt. Also sind wir*)." Sohin glaubt sich Wolf nicht einmal, daß er sey, wenn er nicht durch Gründe davon überführt ist. Diese syllogistische Methode wendet denn Wolf auch auf das ethische Gebiet an, und wenn das gleich an sich auch weiter nichts ist als eine Abgeschmacktheit, so ist doch dadurch die Anforderung, welche der rationalistischen Philosophie zu Grunde liegt: rein aus der Vernunft die Resultate zu finden, zuerst bethätigt worden, und ist dadurch für eine nachfolgende strengere wissenschaftliche Auffassung die unvermeidliche Alternative gestellt, entweder diese Anforderung aufzugeben, oder den Versuch zu machen, wirklich bloß Vernunftbegriffe zu gebrauchen. Wolfs demonstrative Behandlung der gesammten Philosophie und daher auch der Rechtsphilosophie hat keinen andern Werth, als daß sie Anstoß wurde für Kant, mit dem rationalistischen Princip Ernst zu machen.

Nach Wolf schließt sich die rechtsphilosophische Behandlung zwar an ihn an. Aber es ist dennoch die Nothwendigkeit, wenn auch nicht gerade bewußt, zum eingebüßten richtigeren Standpunkt des Thomasius zurückzukehren. Der bedeutendste und erfolgreichste Schüler Wolfs, Darjes, hat zwar den ganzen Bau des Wolfischen ethischen Systems beibehalten, aber er benützt eben den zweiten Theil, die Pflichten gegen Andere, um daraus das Thomasius'sche Segment, das Gebiet der Zwangspflichten, oder, wie er es nennt, der „Jurisprudenz" im Gegensatz der

*) Wolf, vernünftige Gedanken von Gott, der Welt u. s. w. §. 6.

„Ethik" zu gewinnen. Vollends aber zeigt es sich bei Höpfner, wie die Wolfische Auffassung geschwunden und die Thomasius'sche zurückgekehrt ist. Höpfner faßt das Vollkommenheits- und Glückseligkeits-Princip zusammen und als synonym auf, er verläßt die Pufendorf-Wolfische Eintheilung des Naturrechts in die drei Klassen der Pflichten, und begränzt vielmehr seine Disciplin nach Thomasius' und Gundling's Vorgang als die Lehre von den „natürlichen Zwangspflichten". Er handelt auch nicht primär von den Pflichten, um von ihnen aus erst die Rechte zu gewinnen, sondern überall ursprünglich von den Rechten. Zugleich zeigt sich auch bei ihm schon, wie die allgemeine Gedankenbeschaffenheit auf Kant hinführt, indem er bereits vielfach den Willen als das entscheidende Princip im Rechte geltend macht, so namentlich bei der Deduktion des Eigenthums wie des Vertrags. Wolfs Lehre ist in Beziehung auf Rechtsphilosophie nur eine anregende Episode zwischen Thomasius und Kant. —

Es fehlt nun während dieser Ausbildung und Herrschaft des naturrechtlichen Systems keineswegs an Widerstand gegen dasselbe aus der richtigen Erkenntniß, daß es die menschliche Welt vollständig von ihrem Bande zu Gott löst. Diese Stellung nehmen Seldenus und Coccejus*) ein; und in Beziehung auf die Moralphilosophie später auch Crusius. Allein diese Gegner waren nicht im Stande, weder den innersten Sitz des Irrthums und der Ablösung von Gott aufzuzeigen, noch irgend selbst eine das Band zu Gott erhaltende Lehre, die wissenschaftlich genügte, zu geben. Seldenus wirft der Begründung des

---

*) Seldenus de jure naturali et gentium juxta disciplinam Ebraeorum 1640, bes. lib. I, cap. 7 u. 8. Henricus Coccejus Diss. de principio juris natur. 1699 und besonders in den „Positiones pauculae et generalissimae . . . . praelectionibus Grotianis praemissae".

Naturrechts auf die bloße menschliche Vernunft vor den Mangel an einer bindenden Kraft der menschlichen Vernunft, und den Widerstreit der Vernunft der mehreren Menschen und Lehrer, was alles auf einen höhern Urheber und eine höhere Sanktion des Naturrechts weise. Seine eigne Begründung aber enthält nichts weiter als dieß: das von Gott herrührende Naturgesetz hat einen obligativen und einen permissiven Bestandtheil; der obligative besteht darin, daß man den Verträgen und den Staatsverfassungen, die man, auch wieder vertragsmäßig, eingegangen, treu bleiben müsse (pactis ac regiminum formulis civiliter initis standum); der permissive besteht darin, daß die frei gelassene Sphäre nun eben von den Menschen wieder durch ihre Uebereinkunft auf bindende Weise bestimmt werden kann *), wo aber die verbindende Kraft doch nicht aus dem Vertrag als solchen (ex simplici hominum ratione et consensu) entspringt, sondern aus Gottes Erlaubniß, daß sie durch wechselseitige Uebereinkunft das, was an sich frei ist, verbieten oder gebieten (ex consensu mutuo inhibere). Endlich aber sind durch die Offenbarung in der Schrift Gesetze Gottes verkündet, die überall und unbedingt obligatorisch sind. Seldenus bekämpft so eine Seite des naturrechtlichen Systems, auf die es am wenigsten ankam, indem die Naturrechtslehrer selbst häufig und gerne zugaben, daß die Verbindlichkeit ihren letzten (entfernten) Grund in Gott habe, und sein eignes Resultat fällt mit dem des Naturrechts im Wesentlichen zusammen, daß eben zunächst die Verträge die Quelle alles Rechts sind. Das Einzige, was er voraus hat, ist daß er, an dem göttlichen Ursprung aller mo=

---

*) „Simulatque ex ejusmodi permissione quid ab hominibus sociatis coercitum, vetitum seu constitum est, ad illud in quod sic consenserant ipsi sive pacto sive deditione sive aliter . . . . observandum obligatos esse."

ralischen Vorschriften festhaltend, den unmittelbar geoffenbarten Geboten die oberste Stelle vindiciren kann, während diese bei den bloßen Vernunftmoralisten völlig bei Seite bleiben.

Coccejus stimmt in der Polemik wesentlich mit Seldenus überein: er vermißt an der menschlichen Vernunft eine bindende Macht und (was freilich minder bestimmt ausgesprochen ist) an dem Grundsatz des geselligen und ruhigen Lebens einen mit Nothwendigkeit sich ergebenden Inhalt der Gebote. Seine eigne Lehre aber, die er entgegensetzt, ist gedachter und entschiedener als die des Seldenus. Der göttiche Wille, den er zum Princip macht, soll aus seinen Thaten und Werken und soll aus der Vollkommenheit des göttlichen Wesens erkannt werden (der Offenbarung geschieht dabei nicht Erwähnung), und aus diesem Willen läßt er unmittelbar — nicht erst mittelst Vertrags oder mittelst Deduktion aus einem einfachen Grundsatze, der alles in sich schließen soll — die sämmtlichen Gebote des Naturrechts hervorgehen: die Freiheit der eigenen Handlungen, das Verbot der Beschädigung Anderer, die Nothwendigkeit des Gemeinlebens unter den Menschen (societas communis) und die daraus entspringenden Rechte, die rechtlichen Wirkungen der Willenserklärungen, die Disposition über das Seinige, das Erbrecht der Kinder, die häusliche Gewalt, die Nothwendigkeit des Staats, das Ansehn und die Gewalt der Obrigkeit. Insoweit hat allerdings Coccejus wirklich dem Irrthum an jenem System sich entgegengestellt: der Ratiocination und der Gründung der Rechtsordnung auf den menschlichen Willen und Vertrag, und es war ungegründet, wenn ihm damals vorgeworfen wurde, er lehre nichts Andres als Pufendorf, da auch dieser die Vernunft als ein Werk Gottes anerkenne. Allein es fehlt fürs erste an jeder Vermittelung zwischen dem göttlichen Willen (seinen Thaten, seiner Vollkommenheit) und den Resultaten, die

Coccejus als Inhalt desselben lehrt, man sieht nicht, wie aus der göttlichen Vollkommenheit das Erbrecht der Kinder, das Ansehen der Obrigkeit u. s. w. folgen soll; fürs andre ist auch die ethische und Rechtsordnung in ihr selbst von ihm durchaus nicht begriffen, ja wenig zu ihrem tiefern Verständniß beigetragen, es ist alles nur positiv hingestellt, ja die Grundbegriffe derselben (der Begriff des Rechts, der Befugniß und dergleichen sind viel ungenügender und unrichtiger gefaßt als von Grotius und dessen bedeutendern Nachfolgern. Mit solcher Widersetzung gegen das Naturrecht war deßhalb nichts ausgerichtet.

Andere Einwendungen gegen dasselbe, namentlich wie sie der Autor der damals sehr gefeierten Schrift: „dubia juris naturalis" vortrug, beruhen auf bloßer Skepsis und waren deßhalb noch weniger geeignet, seine Herrschaft zu beeinträchtigen.

Drittes Kapitel.

Das System Kants.

Die Lehre Kants. — Wissenschaftliches Motiv derselben. — Verhältniß Kants zu Spinoza. — Widerspruch in Kants Anforderung an die Vernunft. — Usurpation für die praktische Vernunft. — Grund der Täuschung — daraus drei Inkonsequenzen seiner praktischen Philosophie. — Anstoß zu weiterer Entwickelung: Transcendentalphilosophie, Ergebniß des Standpunkts Fichte's aus dem Kant's.

Der Gang des Kant'schen Systems ist bekanntlich dieser: Wir bilden alle unsere Erkenntnisse mittelst gewisser Formen und Begriffe, die wir nicht aus der Erfahrung schöpfen, sondern die wir schon in uns haben müssen, bevor wir einer Erfahrung fähig sind, z. B. das Verhältniß von Ursache und Wirkung. Wir würden die wirklichen Ursachen und Wirkungen nie in diesem Verhältnisse, sondern als isolirte Erscheinungen betrachten, wenn es uns nicht schon vor aller Wahrnehmung eingepflanzt wäre.

Der Inbegriff dieser Denkformen und Gesetze ist die Vernunft. — Es fragt sich nun, ob die Vernunft, ohne welche wir keine Erfahrung machen können, auch im Stande sey, uns ohne Erfahrung (a priori) Erkenntnisse zu gewähren. Und zwar ist nicht von solchen Erkenntnissen die Rede, welche nichts enthalten als was Vernunft unmittelbar selbst ist, eine bloße Ausbreitung dessen, was in dem Wesen jener Formen liegt (analytische Erkenntnisse), z. B. daß die Ursache der Wirkung vorhergeht, was ja eben der Begriff der Ursache aussagt. Sondern es handelt sich um die Erkenntniß von Gegenständen außer ihren eignen Formen (synthetische Erkenntnisse), z. B. Gott, Unsterblichkeit: „sind synthetische Urtheile a priori möglich?“ — Es ist dieses die Frage, welche sich die Vernunftphilosophie nothwendig aufwerfen mußte, wenn sie zu ihrem Bewußtseyn gelangte, ja in der eben ihre Bewußtheit besteht. Das Resultat der Untersuchung ist bei Kant: Wir haben keine reine Vernunfterkenntniß (keine synthetischen Urtheile a priori). Denn die Vernunft gewährt nur die Form der Erkenntniß, die Materie kommt uns durch die Erfahrung, d. i. mittelst des Eindrucks äußerer Gegenstände auf unsere Sinne. Erst beide Faktoren zusammen geben eine Erkenntniß. So z. B. ist der reine Vernunftsatz: „alles was geschieht hat seine Ursache“ noch keine Erkenntniß; dazu daß er Erkenntniß werde, gehört erst noch ein bestimmtes Geschehendes und ein Bestimmtes, das seine Ursache ist, und dieses bietet nur die Erfahrung. Alle unsere Erkenntniß ist deßhalb Erfahrungserkenntniß, und jenseits möglicher Erfahrung, sohin von übersinnlichen Dingen, die nie auf unsere Sinne wirken (Gott, Freiheit), können wir überhaupt keine Erkenntniß haben. Aber noch mehr als das! Auch diese unsere wirkliche Erkenntniß, also die Erfahrungserkenntniß, ist unwahr; denn wir erhalten sie nur durch das Medium unserer beiden sinnlichen Anschauungen

Raum und Zeit, und diese sind bloß uns (subjektiv) innewohnende Formen ohne wahrhafte (objektive) Existenz. Nicht das Bestehen der Dinge darf bezweifelt werden, ja im Gegentheil, ohne das würden wir überhaupt wie keine sinnlichen Eindrücke so auch keine Vorstellungen haben. Allein ihre wahre Beschaffenheit („das Ding an sich") wird nicht erkannt, weil die Dinge (objektiv) nicht in Raum und Zeit bestehen, wir aber sie nur als in Raum und Zeit anzuschauen vermögen. Unsere Erkenntnisse erhalten daher nur Erscheinungen, nicht die Dinge selbst. Und es richten sich die Gegenstände unsers Wissens (natürlich nicht die Gegenstände an sich) nach unserer Erkenntnißweise, nicht diese nach den Gegenständen. Es ist also die Summa: von übersinnlichen Dingen haben wir gar keine Erkenntniß, und unsere Erkenntniß von sinnlichen Dingen ist irrthümlich, giebt uns nur die Erscheinung, nicht das Ding an sich. Das wäre denn ein Verzicht auf alle Erkenntniß. Allein nun kommt auch die Hülfe: Dieß alles gilt nur von der theoretischen Vernunft, d. i. dem Denken, wo es darauf gerichtet ist, Gegenstände, die außer ihm selbst vorhanden sind, zu erkennen. Dagegen die praktische Vernunft, d. i. das Denken, wo es darauf gerichtet ist, Gegenstände (Handlungen) selbst hervorzubringen, die nicht vorhanden sind, also wo es als Sollen erscheint, findet diese Gegenstände als Ziel ohne äußere Eindrücke auf die Sinne und daher ohne das Medium von Raum und Zeit rein aus seinen eignen Gesetzen. Es ist nemlich in uns ein Gebot des Guten, das wir nicht aus der Erfahrung schöpfen und das uns gebietet, das Gute zu thun ohne alle Rücksicht auf Erfahrung, d. i. auf einen Erfolg, einen Nutzen, eine Annehmlichkeit für uns, schlechthin um des Guten willen — ein „kategorischer Imperativ". Dieß ist also eine reine Vernunft-Erkenntniß. Aus diesem unbedingten Gebot des Guten folgen auch Freiheit, Unsterblichkeit, Gott rein a priori: die

Freiheit, weil ohne sie ein Gebot unsinnig wäre; die Unsterblichkeit oder eine jenseitige Welt, weil hienieden nicht Lohn und Strafe auf die Erfüllung oder Uebertretung folgt, was die Vernunft folgerichtig erheischen muß; Gott weil ohne ihn Lohn und Strafe sich nicht verwirklichen könnten. Die praktische Vernunft ist danach das Gebiet, auf welchem es wirklich reine Vernunfterkenntniß (synthetische Urtheile a priori) giebt; durch sie allein erhalten wir deßhalb von übersinnlichen Dingen ein Wissen, und es sind auch allein ihre Erkenntnisse wahr und verläßig, während die theoretischen Erkenntnisse, da sie von der Erfahrung borgen, unwahr sind.

Offenbar ist diese Unwahrheit aller Erfahrung, wie Kant sie zum Grunde legt, kein bloßes Bezweifeln, es ist eine positive zuversichtliche Behauptung und kündigt sich sogleich als eigenthümlichen Charakter seines Systems an. Es ist daher zu zeigen, wodurch Kant zu dieser Behauptung gedrängt wurde, um das Wesen der kritischen Philosophie zur Klarheit zu bringen.

Der Grund, auf welchen sie sich stützt, ist die Annahme, daß Zeit und Raum, hauptsächlich aber, daß die Zeit eine bloß unserer eignen Sinnlichkeit angehörige Anschauung sey, der in dem Gegenstand nichts entspreche. Diese Irrigkeit der Zeitanschauung leitet nun Kant freilich davon ab, daß die Zeit keine subsistirende und keine inhärirende Existenz in den Dingen habe, noch auch ein abgezogener Begriff sey. Allein ein solches Raisonnement über ein einzelnes Erkenntnißelement kann unmöglich die innerste Triebfeder eines Systems seyn, das eine philosophische Epoche begründet. Mit demselben Raisonnement hätte Kant auch allen logischen Formen (Grund und Folge — Unbedingtes) die Wahrheit und Objektivität absprechen können. Sondern es liegt eine viel tiefere Triebfeder zu Grunde, die selbst zu diesem Raisonnement erst bestimmte.

Jeder Blick auf die Welt zeigt Veränderung, That. Der

Vernunftzusammenhang aber ist veränderungslos — „allgemein und nothwendig". Wollte nun Kant diese sich ändernde Welt anerkennen, so mußte er eine Ursache und einen Zusammenhang derselben anerkennen, welche Vernunft nicht ist und deßwegen auch nicht finden kann. Das war ihm unmöglich, weil es der Grundbehauptung der Vernunftphilosopie widerspricht. Wollte er nun das Bestehen der sich ändernden Dinge läugnen, so fand er auch dieses unmöglich; weil er sehr wohl einsah und erklärte, daß ohne das Bestehen dieser Dinge sich gar nicht begreifen ließe, warum wir uns das und jenes und nicht immer dasselbe vorstellen*), und daß die Denkformen für sich noch keine Erkenntniß sind, sondern dazu eines Gegenstandes und Inhaltes bedürfen**). So blieb ihm nur ein Ausweg: beides festzuhalten, daß bloß Vernunftzusammenhang ist, und daß die Dinge wirklich bestehen; und nur den Stein des Anstoßes zu läugnen, den veränderlichen Charakter der letztern. Auf diesen Grund baute er sein System. Zeit und Raum sind nur unwahr, weil sie eben die Formen der Veränderung sind. Wären wir nicht an diese Formen gebunden, meint Kant, „so würden dieselben Bestimmungen, die wir uns jetzt als Veränderung vorstellen, eine Erkenntniß geben, in welcher die Vorstellung der Zeit, mithin auch die der Veränderung gar nicht vorkäme"***), und dann würden wir die wahre Beschaffenheit der Dinge erkennen. Nun sind aber Raum und Zeit das Medium für alle Erkenntniß vorhandener Gegenstände; diese kann deßhalb nur Erscheinungen geben. Also löst er die Schwierigkeit damit, daß er zugleich mit der Zeit auch Veränderung, Kausalität, That läugnet, ja daß er eigentlich die Realität selbst, als welche nichts Andres als „Zeitausfüllung"

*) Kritik der reinen Vernunft S. 274. 275.
**) Ebendas. S. 146.
***) Ebendas. S. 54.

sey, läugnet, so daß bloß logische Verhältnisse übrig bleiben, alles in bloße Denkbestimmungen gleich als in einen mathematischen Punkt einschrumpft*). Das ist die Grundanschauung, welche die rationalistische Philosophie nicht etwa aus der Forschung gewinnt, sondern unbewußt schon zu der Forschung mitbringt. Aus der Resultatlosigkeit dieses Resultates glaubt nun Kant sich in das praktische Gebiet flüchten zu können. Das Denken als ethische Anforderung nemlich fordert seine Gegenstände zeitlos, ewig, unveränderlich. Denn das ist eben die als unzweifelhaft vorausgesetzte Vorstellung seiner Zeit, daß das Ethos ein System bloß logisch verbundener Regeln sey, und diese Vorstellung konnte nicht wie die des bloß logischen Zusammenhangs in den physischen Dingen durch jeden Blick in die Welt widerlegt werden. Das Ethos allein also konnte so angenommen werden, als ob es auf bloßem Vernunftzusammenhang beruhte. Hier oder nirgend mußte der Ort seyn, wo rein a priori zu erkennen ist und die Resultate dadurch die Gewißheit der logischen Gesetze selbst erlangen. Von hier aus müssen Gott, Unsterblichkeit, Freiheit bewiesen werden, um über jeden Zweifel erhoben zu seyn. — Es ist also dieses ganze System durch die Grund-

*) Selbst unsere apriorische Funktion ist nach Kant inficirt durch die Beimischung der falschen Anschauung der Zeit. Nemlich schon die Urtheile a priori, da sie die Kategorien auf ein Objekt (wenn auch nicht auf ein bestimmtes, so doch auf irgend ein denkbares Objekt) anwenden, das aus der Sinnenwelt an unsere Wahrnehmung kommt, enthalten eine Zeitbeziehung, z. B. „was geschieht, hat seine Ursache" ist auf die Zeiteinheit gebaut, es wird damit geläugnet, daß irgend etwas neu anfangen, aus der Zeiteinheit herausfallen könne. Deßwegen sind auch diese unsere Urtheile a priori keineswegs für das Sachverhältniß selbst gültig, sondern bloß für unsere Erfahrung. Es sind die Grundsätze, nach welchen wir allein eine Erfahrung machen können, nicht aber die Gesetze der objektiven Welt. Danach statuirt ja Kant auch in der Vernunft selbst Widersprüche („Antinomien") in Beziehung auf ihre obersten Schlüsse oder Ideen, die eben ihren Ursprung nur darin haben, daß sie überall auf Zeitanschauung ruhen.

anforderung des Rationalismus hervorgetrieben: es giebt keine Veränderung. Spinoza behauptet den Vernunftzusammenhang der wirklichen Welt. Kant hingegen — sowohl als der Spätere, wie durch den Versuch der Wolfischen Schule zur Untersuchung aufgefordert — Kant hat die Einsicht, daß die Welt der Erfahrung das Problem nicht lösen lasse, daß wir hier unläugbar Veränderung, Freiheit, That finden. Er giebt daher diese Welt als unwahr auf, und flüchtet sich mit seiner Vernunftherrschaft in eine andere, die er selbst erst durch das Denken erschafft, in welcher er die Aufgabe zu erfüllen im Stande ist, weil er sie nach der Aufgabe einrichtet. Er sucht ein Unbedingtes, eine causa sui im Sinne Spinoza's, d. i. ein solches, welches nicht das Erste ist wie Gott, sondern das unser Denken als erste Vorstellung enthält. Das ist ihm der Gedanke der Unbedingtheit selbst mit den nothwendig ihm angehörenden Charakteren der Allgemeinheit und Nothwendigkeit. Aus ihm müssen alle Handlungen, und gleichfalls nach logischem Gesetze, folgen, darin besteht das Ethos. Nichts Anderes darf sie bewirkt haben, sonst wäre das Unbedingte nicht mehr, wie sein Begriff es aussagt, der Grund des Bedingten. Deßhalb wird Freiheit des Willens postulirt. Es wird nemlich das Bestimmtwerden durch das Begehren (also durch Objekte außer dem Denken) geläugnet; es wird aber auch jedes Motiv außer dem Vernunftgedanken selbst — Liebe, Begeisterung wie Eigennutz — als moralwidrig verworfen. So fordert Vernunft die Handlungen kategorisch, unbedingt, nur als Folgen aus ihr. Gut und Böse sind nicht Eigenschaften, die unserm Denken vorhergehen und es bestimmen, sondern sie entstehen erst durch die unserm Denken unterliegende Form der Allgemeinheit und Nothwendigkeit*). Allein das

*) Kritik der praktischen Vernunft S. 102.

Sollen selbst ist doch eine reelle Gewalt und hat in sich schon wieder die Vorstellung der Veränderung, indem eine Handlung hervorgebracht werden soll, die noch nicht ist. Es mußte daher der Welt der Erscheinungen überwiesen werden. Als Sollen, Imperativ, als Gebot und Verbot erscheint uns das Denken nur, weil wir der unwahren Welt der Veränderung angehören. Außerdem würde von keinem Sollen die Rede seyn, sondern Vernunft würde die Handlungen, die aus ihr folgen, unfehlbar selbst vollbringen*); genauer bezeichnet: es gäbe kein Sollen und kein Handeln, sondern Vernunft wäre zugleich mit allen ihren Folgen da. Aus jenem Unbedingten wird aber nun außer der Beschaffenheit des Handelns auch noch die Beschaffenheit der intelligibeln Welt gefolgert. Als Satz der Allgemeinheit (des Nichtwiderspruchs) enthalte es die Uebereinstimmung des ihm entsprechenden Handelns und seiner Folgen für die Glückseligkeit, daher einen Zustand der Zutheilung nach Verdienst („das höchste Gut") und einen Weltlenker, der diesen bewirke — Gott. Dieser, als Produkt jenes Unbedingten, ist denn auch an das Gesetz desselben gebunden, er kann nicht Verzeihung und Gnade üben. Der eigentliche Gott ist also auch in dieser intelligibeln Welt der abstrakte Gedanke logischer Allgemeinheit und Nothwendigkeit, ein Gott ohne Verstand und Willen wie bei Spinoza.

Es erhellt hieraus, daß Kant den Kanon des Spinoza vollständig anerkennt und befolgt. Der Bau seiner intelligibeln Ordnung ist ganz nach demselben eingerichtet, wenn er ihn auch für die Dinge der Wahrnehmung aufgiebt. Darum zieht sich durch das Kant'sche System eine doppelte Welt: die der Erscheinung, d. i. des reellen Zusammenhangs der That und Begebenheit, und die des Wesens, d. i. des logischen Zusammenhangs,

*) Ebendas. S. 36.

während Spinoza die letztere als die einzige anerkennt, und die erstere aus Mangel an Rechenschaft in sie aufgelöst glaubt. Dem Spinoza ist die Welt, wie wir sie wahrnehmen, bloß das schon seinem Begriffe nach Unbedingte mit seinen nothwendigen Folgen. Kant erkennt diese Wahrnehmungen als etwas ganz Anderes, und daher auch Unwahres; aber die sittlichen Handlungen, die intelligible Ordnung, d. i. der wahre Bestand der Dinge ist auch ihm nur die Substanz, die allem Denken unterliegt (Allgemeinheit und Nothwendigkeit) und ihre Affektionen. Spinoza läugnet in der wirklichen Welt die Freiheit (Wahl dieses oder jenes zu thun). Kant nimmt sie hier an, er nennt sie Freiheit der Willkür; allein er läugnet sie gleichfalls in der wahren Welt, hier ist alles Nothwendigkeit: die Vernunft enthält die ihr gemäßen Handlungen, das Weltgericht u. s. w. ohne Wahl. Das unvermeidliche Bestimmtwerden durch Vernunft nennt Kant Freiheit des Willens im Gegensatze zur Freiheit der Willkühr. Bei Spinoza kann sich in der wirklichen Welt nichts ergeben, was nicht nothwendig, mithin gerecht ist. Es fällt der Unterschied von Gut und Böse. Bei Kant kann solches geschehen, und nur in dem Reiche, das wir selbst zu bilden haben oder das jenseits unserer Erfahrung liegt, ist diese Infallibilität. Er braucht daher nicht das Schlechte, welches die Erfahrung zeigt, zu billigen, im Reiche der Erscheinung darf er loben und verwerfen und ist befugt, Aufgaben festzusetzen, die nicht schon erfüllt sind und für welche uns, wie wir uns erscheinen, Wahl gegeben ist, daher eine wirkliche Ethik zu entwerfen. — So zeigt es sich, daß diese beiden scheinbar kaum verwandten Systeme, die vor allem in der Ethik den grellsten Gegensatz bilden, doch in der That wieder auf einer und derselben Grundanforderung ruhen.

Kant wurde allgemein einer Reihe von Inkonsequenzen

beschuldigt, sie haben aber ihren tiefern Ursprung in der Aufgabe, die er aller Philosophie giebt und die er — auf Vernunftphilosophie zugleich festbeharrend und dennoch nicht durch sie verblendet — ihr nothwendig geben mußte. Denn diese Aufgabe ist in sich selbst widersprechend. Er fordert von der reinen Vernunft synthetische Erkenntnisse, d. i. solche, in welcher nicht Prädikate aus einem Begriffe herausgenommen werden, die schon mit ihm gegeben sind, sondern andere hinzukommen, die er nicht enthält. „Die er nicht enthält" — was heißt das anders, als: die nicht nach der Vernunft schon von seinem Daseyn unzertrennlich, also durch eine Ursache außer der Vernunft mit ihm verbunden sind. Wollte daher Kant nur Vernunftzusammenhang und Erkenntniß aus der Vernunft, so hätte er keine synthetischen Urtheile fordern, er hätte ihre Möglichkeit geradezu läugnen müssen. Oder es giebt eine Synthese, es giebt Wirkungen, Prädikate, welche in ihrer Ursache nicht enthalten sind, sondern von ihr hervorgebracht oder unterlassen werden konnten. Dann ist aber in Wahrheit That und Veränderung, wenn auch die Form der Zeit und des Raumes nur Befangenheit der Sinne seyn sollte, dann ist es nicht möglich, das Verhältniß der Dinge als in Wahrheit veränderungslos zu betrachten, weil es Veränderung ist, nicht möglich, es durch das Vermögen des Nothwendigen (Vernunft) zu erkennen, weil es ein freies ist, nicht a priori, weil es sich nicht nach dem Gesetze des Denkens, sondern nach der Ursache richtet, welche die Veränderung bewirkt. — Man könnte es versuchen, dieses Dilemma selbst als ein Erzeugniß unserer Befangenheit zu betrachten, die Warheit sey eben, daß das Veränderungslose dennoch eine Verbindung von Neuem, mithin ein Gegenstand synthetischer Erkenntniß ist; das sey nur uns unbegreiflich. Damit wäre man über allen Boden menschlichen Denkens und Vorstellens hinausgesprungen, wohin keine Prüfung mehr zu folgen vermag; aber diese Berufung wäre auch gar nicht im Geiste Kants. Denn nur die Formen sinnlicher Wahrnehmung verwirft er; keineswegs das logische Gesetz des Widerspruchs. Nun ist aber gezeigt worden, daß ohne Rücksicht auf Zeit und Raum schon dem Gedanken nach synthetische Erkenntniß und Veränderung unzertrennliche Begriffe, dagegen synthetische Erkenntniß und bloßer Vernunftzusammenhang (daher Finden aus der Vernunft) widersprechend sind.

Es ist daher sehr natürlich, daß dieser große Forscher, der durch die strenge Rechenschaft, die er sich überall giebt, den Rang des gründlichsten und ehrwürdigsten aller Vernunftphilosophen unzweifelhaft behauptet, durch seine Untersuchungen dahin geführt wurde: Vernunft gewähre auf theoretischem Gebiete keine synthetischen Erkenntnisse. Wenn er nun auf praktischem Gebiete dennoch den Widerspruch begeht, so täuschte er sich nur durch folgende Verwechselung: Unser Gefühl des Sollens, der Drang, das Sehnen in uns geht wirklich allen sinnlichen Eindrücken vorher, es ist insofern a priori und hat auch gewiß eine synthetische Kraft, es treibt zu bestimmten Handlungen, fordert Zustände und verweist mit Sicherheit auf ein Verhältniß zu Gott, Zukunft und Seligkeit. Allein dieser Drang ist nicht Vernunft, er ist eine reale Gewalt und wirkt seinem innersten Wesen nach als That und Veränderung, keineswegs in logischer Weise, keineswegs nach Art der Vernunft. Er ist auch, wenn gleich von den sichtbaren Einflüssen frei und über sie erhaben, doch nicht ein Anfangendes, sondern von einer ihm vorausgehenden, von ihm unterschiedenen höheren Ursache bewirkt. Gerade den Charakter an ihm aber, wodurch er ist, was er ist, und wodurch er allein die synthetische Macht, Andres aus ihm zu erzeugen, haben kann, nemlich das Reelle, die Thatkraft, gerade den Charakter läugnet Kant an ihm und erklärt ihn für Täuschung. Was er dafür als das Wahre an ihm stehen läßt, den entleerten Gedanken des a priori, das hat die synthetische Macht nicht. Er benützt also den reellen (von ihm geläugneten) Trieb, um seine Kraft dem Denken, welches sie seiner Natur nach nicht haben kann, zuzuschreiben.

Daraus kommen nun die Inkonsequenzen seiner praktischen Vernunft, davon sich diese drei unterscheiden lassen: daß er ein wirkliches Sittengesetz aus der reinen Vernunft folgert; daß er von diesem Sittengesetze nicht bloß Handlungen, sondern auch Zustände gebieten läßt; und endlich, daß er aus ihm nicht bloß praktische, sondern auch theoretische Erkenntnisse ableitet.

Eben der Welt der That, welche, wo Vorhandenes erkannt werden soll, das Denken überschreitet, eben dieser bedarf ja Kant auch bei der Erkenntniß dessen, was hervorgebracht werden soll. Wie jede Vorstellung, so muß auch jedes Gebot einen Gegenstand haben, und dieser — die Handlung, das menschliche Verhältniß — gehört der Welt an, die er für bloße Erscheinung hält, und trägt durch und durch ihren Charakter. Kann er es doch nicht entfernen, daß das Wesen der praktischen Vernunft selbst für uns nicht anders erscheint, denn von dieser Welt afficirt, als Sollen, als freies Hervorbringen von etwas Neuem. Das Vernunftgesetz der Allgemeinheit und Nothwendigkeit kann eben so wenig ein praktisches Gebot seyn, als die Kategorien, oder die Einheit der Apperception eine Erkenntniß. Wenn nun Kant diesem Vernunftgesetze den Inhalt unterstellt: „handle so, daß darnach alle Vernunftwesen bestehen können!“ so hat er damit die ganze Welt der Erscheinung hereingezogen, und — was er in der theoretischen Philosophie läugnete — dieselbe als wahr anerkannt. Denn lebendige Wesen und daß sie bestehen können oder sich aufreiben, das sind Dinge, von denen das reine Denken nichts weiß. Daß eine Wunde den Tod giebt, daß Entziehung der Nahrung Hunger verursacht, den man doch nicht von Ewigkeit her hat, kurz das Fortbestehen und das Zerstören selbst sind schon dem Gedanken nach Veränderung. Die höchste Wahrheit und der Gipfel des Systems, das Weltgericht, setzt ja voraus, daß gehandelt und willkürlich gehandelt, daß verändert worden; es enthält also analytisch das durchaus Geläugnete. Wie kann nun praktische Vernunft, da sie die Erfahrung hereinziehen muß, über die Gränzen möglicher Erfahrung hinausreichen, und wie kann sich Wahres ergeben? Zieht sie aber Erfahrung nicht herein: so gebietet das Gesetz der Allgemeinheit und Nothwendigkeit nichts anderes, als daß etwas sich nicht selbst aufhebe, und dieses Etwas ist wieder nichts anderes, als die Form der Begriffseinheit selbst, wie sie eben so der theoretischen Vernunft unterliegt. Daß denken denken sey, könnte allein der Inhalt des Imperativs seyn.

Wenn Vernunft die Ursache der praktischen Gebote ist und daher ihren Inhalt bestimmt, so können sie, wie oben gezeigt worden, bloß die Handlungen des Individuums fordern. Bei Kant ist aber ihr Gegenstand auch das Bestehen allgemeiner Zustände, z. B. der Staat unmittelbar und im Ganzen, die Strafe als vergeltende Gerechtigkeit. Kant gesteht zu, daß dieses dem ursprünglichen Wesen der Vernunft widerspricht, sie soll es aber dadurch vermögen, „daß sie sich a priori durch solche Postulate selbst erweitert". Allein einer solchen Erweiterung, eines solchen Strebens nach einer Welt außer uns ist wohl der reelle Drang des Sollens in uns fähig, nicht aber Vernunft.

Durch solche Erweiterung kommt Kant endlich auch dazu, aus dem praktischen Denken wieder theoretische Resultate abzuleiten. Nemlich Gott, Unsterblichkeit, Weltgericht, von denen die praktische Vernunft nicht die Einsicht gewähre, daß wir sie bewirken, oder daß sie bestehen *sollen*, sondern daß sie wirklich bestehen, wo also praktische Vernunft ihrem eigenen Begriffe zuwider nicht auf Erzeugung von Gegenständen, sondern auf die Erkenntniß schon vorhandener gerichtet ist. Darin wird Kant unterstützt durch sein Läugnen der Zeit und Veränderung; denn mit diesem ist wirklich der Unterschied zwischen theoretischem und praktischem Erkennen aufgehoben, Zukunft und Gegenwart, Sollen und Seyn werden einerlei. Die That, die Wahl, die schon dem Worte nach das Praktische vom Theoretischen scheidet, ist ja gerade das, was als unwahr aufgegeben wird. Nur sollte auch hier vor Allem der innere Widerspruch des Systems am meisten auffallen. Indem Vernunft Zustände der einen Art fordert, erkennt Kant zwar ihre Anforderung (das Künftige, von Wahl Abhängige) als wahr an, aber nicht ihre Erfüllung, z. B. daß ein Staat wirklich bestehen werde. Indem sie Zustände der andern Art fordert, erkennt er nicht bloß die Anforderung, sondern auch die Erfüllung für unausbleiblich, z. B. Gott, Unsterblichkeit, Weltgericht. Er hätte sagen müssen: Vernunft fordert Staat, Strafgerechtigkeit, Gott, Weltgericht, und ihre Anforderung, ihr Bestehensollen ist wahr, und ist es schon, weil Vernunft sie gebietet, die kein anderes Maaß der Wahrheit haben kann; aber ob sie wirklich bestehen, ist eine Frage, mit der die praktische Vernunft gar nichts zu thun hat. Oder er mußte sagen: was praktische Vernunft fordert, das existirt auch nothwendig. Aber dann nicht bloß Gott und Unsterblichkeit, sondern auch durchgängige Vernunftmäßigkeit unserer Handlungen; und diesem widerspricht offenbar die Thatsache.

So verhält sich Kant zum rationalen Dogmatismus, sowohl zum konsequenten Spinoza's als zum vagen willkürlichen der Wolfischen Schule. Diese deduciren die vorhandene Welt der Veränderung aus ihren unveränderlichen Denkgesetzen. Kant zeigt, daß dieß widersprechend ist, begeht nun aber selbst diesen

Widerspruch, indem er aus eben den Prämissen eine moralische Welt deducirt, die gleichfalls That und Veränderung in sich schließt. —

Es lag im Wesen der Kant'schen Kritik, der Anstoß einer ganz neuen Entwickelung zu werden. Der Widerspruch des reinen Denkens und der wirklichen Welt rief sein System hervor, und es mußte daher seine Thätigkeit darauf gerichtet seyn, diese Gegensätze scharf zu scheiden. Die Vernunftphilosophie wurde dadurch nicht bloß zum Bewußtseyn ihres Unternehmens gebracht, sondern auch innerlicher, indem mit der Ausscheidung Vernunft sich selbst zum Gegenstande ihres Nachdenkens macht. Die Früheren betrachten die Welt, in welche sie das Denken stillschweigend hineingetragen. Er betrachtet das Denken selbst. Mit dem Kunstausdrucke: es entsteht Transcendentalphilosophie, die Philosophie, welche dem eignen Bewußtseyn, während es seine Gegenstände aufnimmt, der Thätigkeit, den Mitteln deren es sich bedient, zusieht. Diese besonnene Scheidung des Erkenntnißvermögens und der Objekte derselben ruft aber nothwendig eine neue philosophische Frage hervor, nemlich: wie ist Erkennbarkeit überhaupt möglich, nicht bloß Erkennen des Wahren? Wie vereinigen sich die beiden geschiedenen Welten, Vernunft und Gegenstände außer ihr, zu einer, sey es auch irrigen Vorstellung? Diese Frage ist im Wesen der abstrakten Philosophie und des subjektiven Princips tief gegründet. Der Mensch, der sich von der Welt losreißt, muß sich fragen: wie kann diese Welt dennoch Vorstellungen in mir erregen? Anklänge derselben sind schon die Untersuchungen bei Cartesius, Spinoza und Leibnitz über den Zusammenhang des Leibes und der Seele. Nunmehr aber ist das ganze Schicksal der Philosophie auf sie gelegt, sie verdrängt daher für den Augenblick jede andere, um die es doch zuletzt zu thun ist, die von Kant selbst noch als die eigentlichen

Aufgaben ausgesprochen werden, nach Gott, Unsterblichkeit, Freiheit. An ihrem Faden zieht sich nunmehr die Entwickelung der Philosophie fort, und es ist, als hätte die Menschheit ihr Ziel erreicht, wenn sie sich erklären kann, wie so sie dazu kommt, sich etwas vorzustellen.

Die Erklärung, welche sich zunächst darbietet, zu der daher Kant, als der Beginnende, greift, ist die: die Dinge wirken sinnliche Eindrücke auf uns, wir leihen diesen die Vernunftform, beides zusammen ist Vorstellung. Genaue Betrachtung zeigt aber das Unzureichende dieser Erklärung, und das führte auf das System Fichte's. Der Eindruck auf die Sinne nemlich ist ein ganz vernunftloser, rein physischer; er kann daher durch alle mögliche Steigerung kein Intelligibles werden, man müßte sonst eben so gut durch physische Ingredienzien ein Denken bilden können. Ein Ding ist kein Gedanke und kann nie einer werden, und die Gedankenform kann nur von einem Gedanken, nicht von einem Körper und einer körperlichen Einwirkung afficirt werden. So wäre die Verbindung beider zu einer Vorstellung unmöglich. Kant hat hier, in der theoretischen Vernunft, zwar nicht die Wahrheit der Vorstellung, wie bei seinen praktischen Deduktionen, aber doch das Daseyn derselben usurpirt. — Woran liegt es aber nun, daß er keine Verbindung zwischen der Vernunft und den Dingen herstellen kann, da sie doch, wie Erfahrung zeigt, wirklich besteht? Der Grund hiervon ist, wie Fichte nachweist*), daß er die Vernunft als ruhende Form, mithin selbst als ein Ding betrachtet. Ein Ding und das andere, das ihm gegenüber gesetzt ist, werden immer auseinander bleiben. Es mußte also Vernunft als handelnd, nicht als die Denk-

*) Dieser Uebergang von Kant auf Fichte zeigt sich am anschaulichsten in den Aufsätzen des Letztern in seinem und Niethammers philosophischen Journal.

bestimmungen und Gesetze, sondern als die **Denkthätigkeit** gefaßt werden. Das war die Vorbedingung, um jene Verbindung erklärbar zu machen. In welcher Art sie nun aber erklärt werden sollte, war wieder für Fichte durch die Stufe des Kantischen Systems motivirt. Die vorausgehende Philosophie hat durchgängig die Ueberzeugung, daß nur Vernunft wahr ist. Kant theilt diese Ueberzeugung, hat aber zugleich ausgesprochen, was in ihr liegt, nemlich daß die Dinge unwahr sind. Nun hat er ihre Wahrheit dennoch, nur als eine verhüllte, behauptet. Das kann aber nichts Anderes bedeuten, als: wären die Dinge richtig erkannt, so müßte man einsehen, daß auch sie nichts sind als Vernunft, d. h. aber, daß sie **nicht** sind, daß **Vernunft allein** ist. Dieses hat Kant damit von selbst unbewußt behauptet, Fichte brauchte es nur auseinander zu setzen. Damit hat er aber auch seine Erklärung des Vorstellens vollendet. Nemlich, Vernunft sey sowohl die Denkformen, als die Dinge, aber beides nur, indem sie dieselben in ihrer Thätigkeit hervorbringe. Wenn man z. B. das Verhältniß von Ursache und Wirkung, das der Vernunft und nicht der Erfahrung angehört, analysire, so liege in ihm schon, daß etwas, ein Ding, das andere Ding hervorbringe. Die reine Vernunft enthalte also schon Objekte, die Kant'sche Sonderung lasse sich daher gar nicht festhalten; sondern das unvermeidliche Hinüberspielen von der Vernunftform zu dem Gegenstand außer ihr beweise, daß sie beide keine gesonderten Dinge und überhaupt keine Dinge, sondern nur Produkte einer ungetheilten Thätigkeit sind. So darf man nicht mehr fragen, wie mittelst des Erkenntnißvermögens und des Stoffs ein Vorstellen und Erkennen möglich sey? denn es ist kein Stoff und kein Erkenntnißvermögen, sondern bloß ein Vorstellen und Erkennen.

Dieser Schritt war also dem Rationalismus unvermeidlich,

da er darauf bestand, daß es keine Wahrheit außer der Vernunft gebe, und dennoch die Möglichkeit einer Vorstellung begreiflich machen mußte.

Viertes Kapitel.

Die Rechtslehre Kants.

Vollendung des rationalistischen Charakters. Hemmung gegen den subjektiven Charakter. — Nothwendiger Fortschritt zu Fichte.

Kant brachte den rationalistischen Charakter der Ethik und des Naturrechts zur Entschiedenheit und führte ihn mit Bewußtseyn durch. Er scheidet auch auf dem praktischen Gebiete alles Empirische, alles was von andern Objekten außer dem Denkgesetze selbst herrührt, aus, und sucht allein in diesem den Inbegriff des Sittlichen. Das ist die Stelle, die er in der Entwickelung der Moral- und Rechtsphilosophie einnimmt.

Er bekennt sich ohne Schwanken zu der Behauptung des Grotius und der sogenannten perseitas des Guten, ohne zwischen principium cognoscendi und principium obligationis zu unterscheiden: Gott kann wohl als der Urheber der Verbindlichkeit gegen das Gesetz vorgestellt werden, ferner als derjenige, dem Alle zu gehorchen nach einem Gesetze schuldig sind; aber nicht als Urheber des Gesetzes selbst — dieses ist und kann nur die Vernunft seyn, sonst wäre das Gesetz zufällig*). Gott ist so wenig Urheber des Gesetzes, daß er vielmehr selbst unter demselben steht. Auch Gott kann nicht anders als nach einer Maxime u. s. w. handeln, darf andere vernünftige Wesen nur als Zweck, nicht als Mittel behandeln, muß sich als Theilnehmer an dem

---

*) Metaph. Anfangsgr. der Rechtsl. (die erste Aufl. 1797) Aufl. 2. S. XXVIII.

Reiche der Zwecke denken, wenn auch als Oberhaupt, kann nichts hinzufügen zum Inhalt und Beweggrund des Sittengesetzes*), ist also eigentlich nur der konstitutionelle König des Vernunftreiches.

Er erklärt ferner ausdrücklich, was die Früheren nur dunkel anstrebten; es ist kein Ethos in den Verhältnissen und Beziehungen des Lebens (als welche Gott und nicht die Vernunft gemacht hat), sondern allein in unserm nach aller Abstraktion noch übrigen Denken. Von hier aus kommt es erst in die Handlungen und so in die Verhältnisse. Daher ist es bei ihm gar nicht um die Beschaffenheit der individuellen That, die in die wirkliche Welt eingreift und deren Ziel vollendet oder aufhebt, zu thun, sondern bloß um die ohne Rücksicht auf das Vorliegende gefaßten allgemeinen Regeln, Grundsätze, denen nicht zu widersprechen das Ziel alles Handelns ist. Hier zeigt es sich, worauf die Versuche des Grotius und Pufendorf hinaus wollten, wenn jener**) behauptet, die moralischen Gesetze hätten nicht die Gewißheit, wie die der Geometrie, weil die Materie nicht von ihnen getrennt werden könne, dieser dagegen die mathematische Genauigkeit derselben vertritt und das nothwendige Schwanken den Verhältnissen in der Art zuschreibt, daß das moralische Gesetz von demselben durchaus nicht afficirt werde***). Ihn trieb schon, nur minder deutlich, der Gedanke, daß das Ethos nur in der Regel und nicht in der That besteht.

Er scheidet im gleichen Sinne die Beweggründe des Willens aus. Alles das ist kein sittliches Motiv, wo der Wille durch ein Objekt außer dem Denken bestimmt wird — Lust, Verlangen, Neigung, Liebe. Das einzige sittliche Motiv ist die Achtung

---

*) Metaph. der Sitten 1. Aufl. S. 74. 75. 85.

**) Grotius l. II, c 23. §. 1.

***) Puf. jus natur. l. I, c. 2. §. 9.

vor dem Gesetze und zwar vor dem Vernunftgesetze. Löbliche Handlungen aus Liebe Gottes oder der Menschen sind so wenig moralisch als löbliche Handlungen aus Ehrgeiz und Selbstsucht. Neigung und Liebe, weit entfernt die sittliche Qualität der Handlung zu erhöhen, sind ihr vielmehr entgegen. Darauf geht — und mit vollem Recht — Schiller's Epigramm:

> Gern dien' ich den Freunden, doch thu' ich es leider mit Neigung,
> Und so wurmt es mich oft, daß ich nicht tugendhaft bin.

Endlich ist ihm auch der Inhalt alles Ethos allein das Denkgesetz, die Konsequenz. Seine Vorgänger, selbst Philosophen wie Leibnitz, lassen alles, was da sein soll, von der Vernunft fordern, und plötzlich ist ihnen der Inhalt des Guten wieder Liebe, Menschlichkeit, gleichmäßige Belohnung und Bestrafung, ohne daß sie wüßten und erklärten, wie dieses von den Gesetzen des Denkens gefordert werde, oder auch nur mit ihnen zusammenhange. Aber Kant nimmt nichts als Ethos an, wovon er nicht gezeigt zu haben wenigstens überzeugt ist, daß das Denken selbst es unvermeidlich enthalte, und tilgt daher auch rücksichtslos alles, wovon er sich der Unmöglichkeit dieses Beweises bestimmt bewußt ist. Das sittliche Gesetz muß nach Kant ein kategorisches seyn, nicht ein hypothetisches, das ist, welches nur unter bestimmten Voraussetzungen der Erfahrung gilt. Es muß eben deßhalb ein bloß formales seyn, d. i. kein Objekt, keinen Inhalt, keine Materie haben. Das Sittengesetz ist darum kein anderes als das Denkgesetz: Allgemeinheit und Nichtwiderspruch. Es lautet: handle nach einer Maxime, die, zum allgemeinen Gesetze gemacht, sich nicht selbst widerspricht (eigentlich aber, die, als allgemeines Gesetz befolgt, den geselligen Zustand der Erfahrungswelt nicht vernichtet). Oder nach einem andern Ausdruck: handle nach einem kategorischen Zwecke, d. i. welchen du dir nicht beliebig setzest, sondern den jedes vernünftige Wesen sich setzen muß. Solchen

Zweck giebt es aber nur Einen: die Vernunft oder das vernünftige Wesen selbst, daher: du mußt das vernünftige Wesen, sowohl dich selbst als andere vernünftige Wesen außer dir (hier verwechselt Kant unmerklich die Vernunft, Denkgesetz, Konsequenz und das vernünftige Wesen, die Persönlichkeit, das reale Subjekt) als Zweck erkennen. Von hier aus baut er denn die sittliche Welt auf, sie ist ihm ein Reich der Zwecke, indem die sämmtlichen Vernunftwesen sich das zum Zweck setzen, daß jeder sich selbst und jeder die Andern bloß als Zweck behandle. Nach allem diesem ist das Gute, wie Kant selbst nachdrücklich hervorhebt, kein ursprünglicher Begriff, den das Denken vorfände, sondern ergiebt sich selbst erst als aus dem Denkgesetze abgeleitet. — Eben so wird auch in der Rechtslehre zuerst die äußere Freiheit als im Wesen der Vernunft, im Gedanken des Unbedingten, der Allgemeinheit unv Nothwendigkeit enthalten aufgezeigt. Das geschieht so: das Wesen der Vernunft ist, daß sie selbst, d. i. ihr Gesetz der Nothwendigkeit, das ursprünglich und allein Bewirkende im Handeln sey. Dazu ist es nöthig, daß der Wille von Eindrücken der Außenwelt *wirklich* nicht bestimmt werde (wie als Postulat daraus hervorgeht, daß er die *Möglichkeit* haben müsse, nicht davon bestimmt zu werden — Freiheit des Willens). Solcher Eindrücke der Welt sind nun zweierlei: das im Innern erweckte Begehren und die äußerliche Gewalt. Beide muß das Denken überwinden, um das Unbedingte zu seyn. Indem es das Erste fordert, ist es das moralische, indem das Zweite, ist es das Rechtsgesetz. Moral ist daher innere Gesetzgebung, Selbstzwang; Rechtsgesetz äußere Gesetzgebung, Entfernung äußerlicher Gewalt, Zwang Anderer*). — So wie

*) Nicht das Subjekt also, auf dessen vernünftiges, d. i. aprioristisches Handeln es abgesehen ist, wird vom Rechtsgesetze gezwungen, wie bei der Moral, sondern die Andern. So wechselt Vernunft, indem sie das moralische

nun aber der Begriff der äußern Freiheit aus der Vernunft gewonnen ist, wird sofort überall untersucht, ob das Gegentheil einer Anstalt diesem Begriffe widersprechen würde, und nur dann wird sie anerkannt, z. B.: „Es ist möglich, einen jeden äußern Gegenstand meiner Willkür als das Meine zu haben; d. i.: eine Maxime, nach welcher, wenn sie Gesetz würde, ein Gegenstand der Willkür an sich herrenlos werden müßte, ist rechtswidrig*)." Daher steht er auf gleicher Höhe mit seiner Zeit, welche alles einriß, was nicht in dieser Art nothwendig war. Die Institute des Lehnrechts, die Kirche, welche bei den Aelteren ihren Platz im Naturrechte behaupten, werden von ihm daraus verwiesen. Die Nationalökonomie fällt und die Besteuerung kommt bloß unter die Rücksicht des Schutzes der Rechte. Er ist der Erste, welcher die Anstalten, die nicht aus der Freiheit folgen und die doch kein wirklicher Staat entbehrt, in der Theorie als Mittel für jene ableitet, wie etwa die Erhaltung der Armen, den Unterricht, das Verbot öffentlicher Unzucht, die polizeiliche Reinlichkeit, die Beiträge für die Kirche — ein Ausweg, in welchem ihm nunmehr die ganze Masse der neuern Staatslehrer und naturrechtlichen Lehrbücher gefolgt ist.

Freilich indem Kant, die Erscheinungswelt neben der Vernunft anerkennend, die Gesetze durch Subsumtion des verschiedenen Stoffs unter die allgemeine Vernunftregel findet, geräth er in dieselbe Nothwendigkeit, wie die Uebrigen, nicht bloß Gegenstände der Erfahrung zu subsumiren, sondern die gewöhnlichen Wirkungen derselben als Prämisse der Regel selbst zu

---

und das Rechtsgesetz diktirt, unter der Hand die Subjekte, zu denen sie spricht. Dieses folgt aus der oben gerügten Inkonsequenz, daß Kant von der Vernunft objektive Zustände gebieten läßt. Ihr Gebot lautet hier wirklich so: fürs erste sollst du dein Begehren überwinden, fürs andere soll es in der Welt nicht bestehen, daß du gezwungen werdest!

*) Ebendas. S. 56. §. 2.

haben. Allein Kant ist der Erste, der einsieht, daß dieses nach der Vernunftphilosophie nicht seyn dürfe, der weiß, was das heißt: continuo ratiocinationis filo deducere. Er bemüht sich daher, wiewohl kaum mit Erfolg, nachzuweisen, daß er den Staat nicht mittelst dieser Beobachtung gefunden habe*).

Dieser Vollendung des abstrakten Charakters entspricht es denn auch, daß die Rechtsphilosophie seit Kant ihren Namen ändert. Die Früheren hatten, wie oben gezeigt worden, irgend einen empirischen Trieb zum Princip, nur die Folgerung aus ihm ging rein vernünftig vor sich. Für sie war daher der von den Römern überkommene Ausdruck, Naturrecht, immer noch passend. Das Princip Kants aber ist die Konsequenz, die Denknothwendigkeit selbst, und nun ist der allein bezeichnende Name: Vernunftrecht.

Wenn Kant so mit Einem Schritte den Rationalismus der ethischen Gesetze vollendete, so benimmt er sich dagegen theils nicht fördernd, theils sogar hemmend gegen das subjektive Princip. Denn der handelnde Mensch und seine Freiheit gehören jener Welt an, welche Kant für unwahr hält, und wiewohl er ihn wie diese Welt überhaupt nothgedrungen duldet, so ordnet er ihn doch seiner höheren Welt, dem Vernunftgesetze, unter. Das äußert sich sowohl in der wissenschaftlichen Deduktion der Grundbegriffe als in den Resultaten seiner Rechtslehre.

Die rechtliche Freiheit ist nicht um des Menschen willen gegeben und folgt nicht aus seinem lebendigen Daseyn, sondern sie folgt aus dem Daseyn der Vernunftformen, und besteht,

---

*) Methaph. Anfangsgr. der Rechtsl. Aufl. 2. S. 192. §. 32. Was K. hier a priori beweist, daß die Menschen nicht bloß Vernunft sind, sondern auch mitunter ungerecht, so wie in ihren Urtheilen abweichend, daß beweist gewiß richtiger Pufend. aus der Erfahrung: „quis est, qui ignoret?“ Puf. jus nat. l. VII, c. 1. §. 10. Vergl. oben Buch III. Abschn. II. Kap. 4 am Schlusse.

damit a priori gehandelt werden könne, d. i. damit das logische Gesetz die erste Ursache einer intelligibeln Welt sey. Sie ist nicht sowohl Freiheit des Individuums, als der Gedanke der Freiheit, der allen gleichen (Maxime der Koexistenz). Daher ist sie bei jedem schon uranfänglich beschränkt, es besteht ein Rechtsgesetz (die Folge aus jenem Gedanken) vor aller Uebereinkunft (der Folge der individuellen thätigen Freiheit). Aus jenem Gedanken folgt mit Nothwendigkeit der Staat. Er ist daher ein Imperativ, unmittelbar und unbedingt von der Vernunft gefordert. Die Obrigkeit kommt aus diesem Vernunftbegriffe, ihre Heiligkeit und ihre Gewalt darf daher nicht in Zweifel gezogen, nicht von den Menschen der Erscheinung über sie entschieden werden; daher Kants Abscheu gegen das Gericht der Franzosen über ihren König*). Aus dem Gedanken der gleichen Freiheit aller, die nicht im Erlauben, sondern nur im gleichmäßigen Beschränken eines jeden besteht, folgt erst Freiheit (Recht) des lebendigen Menschen und folgt indirekt als leergelassene Spähre, sie ist ein Nichtverbot. Vernunft macht hier also das Recht des Menschen zu ihrem Recht, es folgt aus ihr und ist für sie da, und sie entzieht es daher großentheils seiner Verfügung, worin es sich doch allein äußern könnte.

Sie tritt aber überdieß auch unmittelbar als berechtigt auf und schreibt den Menschen erzwingbare Pflichten vor, die auch gar nicht mehr den Gedanken der allgemeinen Freiheit zur Ursache haben. Das Subjekt dieser Rechte nennt Kant die Menschheit oder den Menschen an sich im Gegensatze zu dem erscheinenden Menschen, d. i. also der nicht handelnde, sondern von Vernunft unvermeidlich bestimmte Mensch, das logische Gesetz selbst. Aus diesem Rechte der Vernunft werden (obwohl sie

*) A. a. O. S. 206.

nicht daraus folgen) die Pflichten der Familie, zwischen den Gatten, zwischen Aeltern und Kindern, abgeleitet, die offenbar nicht aus der Freiheit der Individuen kommen, und sie können daher auch nach Kant nicht gegenseitig erlassen werden. Dieses Recht der Vernunft fordert Strafe als Vergeltung. Strafe ist also nicht Mittel, damit die Menschen in Zukunft nicht verletzt werden, sondern eine nothwendige Folge der Vernunft, die durch Unterlassung der Strafe unmittelbar jetzt verletzt würde. Das Gesetz des Nichtwiderspruchs, der Gleichmäßigkeit hat ein Recht zu bestehen, und sein Bestehen ist eben die Talio. Nichtbestrafung des Verbrechens wäre eben das gegen das Vernunftgesetz, was Gewalt gegen den lebendigen Menschen*). Das Recht der Vernunft macht ferner Handlungen zu Rechtsverletzungen, welche das Recht keines lebendigen Menschen verletzen (die unnatürlichen Sünden). So ist es auch nur der Mensch an sich (die Vernunft), welche als Mitglied der Volksversammlung das Gericht bilden hilft und z. B. das Strafurtheil erläßt.

Das Daseyn zweier Principien des Rechts — der Vernunft und des Ich — erscheint im Systeme Kants als vollkommen konsequent, indem sie seinen beiden entgegengesetzten Welten entsprechen. Er ist durch sein System im Ganzen berechtigt, die Widersprüche zu enthalten, welche das Naturrecht durchdringen, und kann insofern auch als der eigentliche Repräsentant desselben gelten. Daraus erklärt sich der allgemeine Anhang, den er

*) Das konnte man am wenigsten begreifen, und Feuerbach glaubt daher wegen dieser Vergeltungstheorie annehmen zu müssen, daß Kant, als er seine Rechtslehre schrieb, altersschwach gewesen sey. Es ist natürlich, daß die Resultate aus dem rein objektiven Vernunftprincipe Kants nicht verstanden wurden, da die ganze Entwickelung bei ihm nicht stehen bleiben konnte, sondern nach dem rein subjektiven Fichte's strebte, dem Feuerbach in seiner Ansicht der Strafe schon ganz angehört. Vergl. Linck „über das Naturrecht unserer Zeit als Grundlage der Strafrechtstheorien", Abschn. 2.

damals fand, die Autorität, die er noch jetzt bei allen abstrakten Rechtsphilosophen besitzt. Seine Rechtslehre gleicht dem augenblicklichen Gleichgewichte eines umschlagenden Körpers, das den Fall verzögert und wie eine wahre Haltung und Existenz aussieht. Das wirkliche Umschlagen erfolgte erst mit Fichte, der denn auch minder Eingang fand.

Die Rechtfertigung durch sein System ist aber noch keine Rechtfertigung der Sache selbst. — Das Recht des wirklichen Menschen und des Menschen an sich haben keine Vereinigung, so wenig als im ganzen System die Welt der Erscheinung und die der Vernunft. Hier ist es nicht erklärt, warum denn Erscheinungen da sind und nicht alles Vernunft ist; daher kann nicht abgesteckt werden, wie weit in unsern Erkenntnissen die Wahrheit reicht und wo die Täuschung anfängt. So ist es auch in der Ethik nicht abzusehen, warum Freiheit der Willkür (des Menschen) und nicht bloß Freiheit des Willens (der Vernunft) besteht, warum der Zwang, wenn Vernunft ihn fordert, vom Belieben des Berechtigten abhängt, warum es außer dem Menschen an sich auch noch ein Recht des nicht vernünftigen Menschen giebt. Und auch hier ist es daher nicht möglich, mit Nothwendigkeit zu bestimmen, was dem Einen und dem Andern gebühre, in wie weit Vernunft die individuelle Freiheit zu beschränken oder unangetastet zu lassen habe. Denn ein Höheres über beide giebt es nicht, welches jedem seine Gränze setzte; das Recht des Menschen an sich schließt nun aber seinem Begriffe nach alle Freiheit der wirklichen Menschen aus und umgekehrt. Kant kann daher nicht anders, als ganz willkürlich hier etwas der Vernunft, dort etwas dem Menschen zutheilen. Er läßt z. B. das Vermögen von der Verfügung der Menschen abhängen, dagegen die Familienverhältnisse von der Vernunft beherrschen. Er will den Staat als einen nothwendigen, und kann doch auch den Staatsvertrag nicht aufgeben. Damit der Souverän ein unbegränztes Recht habe, ist es nöthig, daß jeder Gehorchende selbst (in seiner Wirklichkeit) zugleich ein Glied des Souveräns sey, und dennoch ist es gar nicht der wirkliche Mensch, sondern seine Vernünftigkeit, die da in der Versammlung mitstimmt und im Gerichte miturtheilt, der Gehorchende ist durchaus ein anderer *).

Dieser Dualismus, dieser innere alles durchdringende Widerspruch, macht den Fortschritt zu einem ungetheilten Princip nothwendig. Aber auch die Hemmung der persönlichen Freiheit drängte dazu. Diese, als die lebendige Triebfeder der Entwickelung, konnte durch die Reaktion Kants, der sie mit wissenschaftlicher Besonnenheit unter das Vernunftgesetz stellte, nur den Anstoß erhalten, sich mit gleicher Entschiedenheit über dasselbe zu erheben. — Durch Kant wurden die unlösbaren Schwierigkeiten offenbar, welche die Ableitung des Rechtsgesetzes aus der Vernunft mit sich führt: die Unmöglichkeit, Recht und Befugniß des Individuums aus ihr zu gewinnen, die Frage, warum Vernunft, wenn sie es ist, die für die Freiheit zwingen muß, zu andern Zwecken nicht zwingen darf, und warum sie dieselben Handlungen hier schützt, die sie dort verbietet? — Es war unerläßlich, das Vernunftgesetz als Basis der rechtlichen Freiheit aufzugeben und den wirklichen Menschen in seiner freien Thätigkeit dazu zu machen.

So führte auch in dieser bestimmten Doktrin die Stufe Kant's zu der Fichte's.

---

*) Vergl. a. a. O S. 195 mit S. 220.

Fünftes Kapitel.

Das System Fichte's.

Persönlichkeit statt Denkgesetz. — Identität des Bewußtseyns. — Läugnung des Objekts, subjektiver Idealismus — Aufgabe alles a priori zu finden Reales Princip in Fichte's Lehre und seine Folgen. — Befriedigung des Interesses der neuern Philosophie durch Fichte. — Verhältniß zu Spinoza. -- Unhaltbarkeit des Fichteschen Standpunktes.

Vernunft ist bei Fichte etwas Anderes geworden, als sie in der früheren Entwickelung gewesen. Sie ist nicht mehr der Inbegriff der Denkbestimmungen, sondern das denkende Wesen, der Mensch selbst, insofern er nach jenen Bestimmungen thätig ist. Vernunft ist Ich, ist Selbstbewußtsein. Die höchste Ueberzeugung des Rationalismus: nur Vernunft ist wahr, erhält dadurch eine neue, von der frühern völlig verschiedene Bedeutung: nur Selbstbewußtseyn, nur der Denkende, Persönliche ist und hat Realität. Was sich seiner nicht bewußt ist, die Dinge (die Denkformen selbst als solche), das ist gar nicht, „und wer anders meint versteht sich selbst nicht" — das ist der Satz, den Fichte als erstes und letztes Resultat mit aller Entschiedenheit durchführt. Nun scheint zwar unser Bewußtseyn selbst Zeugniß zu geben für die Existenz dieser bewußtlosen Dinge. Allein das ist Täuschung. Die Dinge sind in Wahrheit nicht, sie können es daher auch nicht seyn, die unsere Vorstellungen von ihnen bewirken, sondern unser Bewußtseyn allein ist, und stellt sie sich vor, nur dadurch sind sie, und sind daher nur als Vorgestelltes (für uns), nicht als Seyendes (für sich). — Fragt man aber: warum stellen wir sie uns vor, wenn sie doch außer uns an sich selbst nicht bestehen, und warum haben wir dabei das Bewußtseyn, daß wir sie vorzustellen genöthigt sind? — so ist die Anwort: das eben ist das Gesetz des Bewußtseyns (oder bezeichnender: es ist der Begriff desselben), daß Objekte vorgestellt werden müssen. Solches findet sich durch eine Selbstbeobachtung, die der Ausgang und die Vorbedingung aller Philosophie ist. Ich werde durchaus auf keine andere Weise meiner bewußt — ich bin daher gar nicht —, ohne daß ich einen Gegenstand, sey es auch mein eignes Ich, als etwas von mir Verschiedenes mir gegenüber stelle. Dieser Akt ist nicht Sache des schon vor ihm bestehenden Bewußtseyns, sondern Bewußtseyn wird erst mit ihm. — Ich sehe aber diesem Akte, durch welchen ich den Gegenstand gesetzt, selbst wieder zu, und unterscheide mich, den thätigen (Subjekt), von dem was ich mir entgegengesetzt (Objekt); obwohl dieses Entgegengesetzte auch nichts Anderes ist als Ich; denn es ist ja nur meine Thätigkeit selbst. Das Subjekt und das Objekt sind also beide nur das eine Ich in seinem Handeln, und das ist die Identität des Selbstbewußtseyns, das aber nur besteht, indem es in dieser entgegengesetzten Weise thätig ist, als Subjektobjekt. Die doppelte Reihe — die Thätigkeit, welche Objekte setzt (das reelle Ich), und die, welche sie beschaut und sich von ihr unterscheidet (das ideelle Ich), in ihrer Untrennbarkeit (Identität) ist die Vernunft. Die Objekte können daher nichts von ihr Getrenntes außer ihr seyn, weil ihr eigner Begriff nur das Setzen dieser Objekte ist. Ich muß Objekte setzen vor aller Erfahrung, denn bevor ich sie gesetzt habe, bin ich gar nicht. Daß heißt aber so viel als: es giebt keine Erfahrung, d. i. kein Vorstellen, das durch Ursachen außer dem Vorstellenden bewirkt wird, sondern die Thätigkeit, welche ihrer Natur nach Objekte setzt und sie beschaut, — die Vernunft — ist das allein Seyende. Die Wirkungen des Gesetzes dieser Thätigkeit erscheinen nur für das unphilosophische Bewußtseyn als Erfahrung. — Die Art, wie das Ich sich selbst sich entgegenstellt und von sich unterscheidet, ist mannigfach, und daraus entsteht die Verschiedenartigkeit der Vorstellungen. Zwei

Hauptarten der Thätigkeit sind vor Allem zu unterscheiden: Einmal geht die That, welche Objekte (das Nichtich) setzt, voraus, und die Beschauung wird von ihr bestimmt — Erkennen. Fürs andere geht die Beschauung, der Begriff (das ursprüngliche Ich) voraus, und das Setzen des Objekts richtet sich nach ihr — Handeln. Im ersten Falle ist alles nothwendig; denn das Gesetz des Ich wirkt, ohne daß ich weiß wie, daß ich diese Gegenstände setzen muß; die reelle Thätigkeit ist eine nothwendige. Im zweiten Falle beginnt das Ideelle in mir, die reine Thätigkeit, welche, da sie noch kein Objekt hat, dieses oder jenes wählen kann; und ich bin daher frei. Der Begriff des Handelns fordert daher, daß bei demselben wirklich das reine, freie Ich in keiner Weise durch ein Objekt bestimmt werde, sondern bloß aus sich selbst das Objekt bestimme — das ist das Sollen.

Daß das Setzen von Objekten überhaupt im Begriffe des Selbstbewußtseyns enthalten ist, hat Fichte, wie dargestellt worden, nachgewiesen. Wenn sich aber die Ansicht bewähren soll, daß kein Gegenstand und keine Erfahrung ist, so muß gezeigt werden, wie das Selbstbewußtseyn durch das Gesetz seiner Thätigkeit genöthigt wird, sich gerade diese und jene Objekte vorzustellen, und zwar alle die, welche vorzustellen sich jeder gebunden fühlt, welche nach unphilosophischer Ansicht außer ihm existiren. Es muß die ganze Erfahrungswelt aus dem Gesetze des Selbstbewußtseyns (a priori) gefunden werden. Dieß ist denn auch die Aufgabe des Fichte'schen Systems. Aus der Vernunft ist also hier nicht bloß die Form des Erkennens, sondern auch sein Stoff, die Dinge selbst, es sind nicht bloß die ethischen Regeln, sondern auch die Verhältnisse, welche durch sie bestimmt werden, aus ihr abzuleiten. Daß Pflanzen, Thiere, andere Menschen außer mir da sind, daß sich das Geschlecht durch Fortpflanzung erhält, mein Leib durch Speise, welche die Erde mir gewährt, muß eben so nothwendig im Begriffe des Selbstbewußtseyns liegen, als die gegenseitige rechtliche Beschränkung, die Ehe, das Eigenthum; denn woher sollte ich sonst das alles wissen, da ich von außen ja überhaupt keine Vorstellung erhalte, und bei dem Nichtbestehen der Dinge keine erhalten kann?*) Diese Aufgabe, die sich im Systeme Fichte's gar nicht abweisen läßt, hat die größte Verwunderung erregt und durch ihren Widerstreit gegen alles gewöhnliche Denken, und gewiß auch gegen den wirklichen Bestand der Sache, die Verbreitung desselben gehindert. Allein so lächerlich die Unternehmung erscheint und so unausführbar sie sich für den Unverblendeten kund giebt, so enthält sie doch die Wahrheit, daß der Stoff der Dinge und ihre verständige Begränzung, die ethischen Regeln und die Verhältnisse, für welche sie da sind, nicht von einander getrennt werden können, keines ohne das andere Bestand hat, und sie auch nur das Produkt eines Aktes sind. Der Irrthum ist nur der, diesen Akt für den des menschlichen Bewußtseyns zu halten. Aber nicht bloß die äußern Objekte, sondern die Denkformen selbst leitet Fichte a priori ab. Während Kant die Kategorien als vorgefunden nur in eine Tafel

*) Hierin allein kann auch nach jenen Voraussetzungen das Kriterium der Realität liegen. Wenn wir Vorstellungen wirklicher Gegenstände (Pferde, Löwen) von phantastischen (Drachen, Gnomen) dadurch unterscheiden, daß erstere in der Außenwelt existiren, letztere nur in unseren Vorstellungen, so kann bei Fichte der Unterschied nicht hierin liegen, weil er ja alles nur in der Vorstellung existiren läßt, sondern nach ihm ist der Unterschied der, daß erstere nach dem Gesetze des Selbstbewußtseyns, also in nothwendiger Weise, letztere außerhalb dieses Gesetzes in willkürlichen Vorstellungsakten vorgestellt werden. Die weitere Frage, wie es kommt, daß ich mir unter diesen Gegenständen, die nach Nothwendigkeit den Umkreis unseres Vorstellens überhaupt bilden, auch wieder in jedem Zeitmoment mit Nothwendigkeit gerade die vorstelle, von denen das empirische Bewußtseyn sagt, daß sie mich gerade jetzt umgeben (z. B. das Haus, die Straße, in der ich wohne, die Menschen, die eben über die Straße gehen), diese Frage, auf die gleichfalls sein System unabweisbar führt, wirft sich Fichte nicht einmal auf.

bringt, sie schematisch ordnet, unternimmt es Fichte, ihre Nothwendigkeit darzuthun, sie aus der Einen obersten Annahme seines Systems, dem der Aktualität des Selbstbewußtseyns nach dem Gesetze des Ich = Nicht = Ich, hervorgehen zu lassen, auch hierin der Vorläufer Hegels, der gleichfalls die Kategorien nicht als gegeben sich gefallen läßt, sondern durch die dialektische Bewegung sie zu erzeugen unternimmt. —

Fichte hat das Reelle, welches allein nach der Abstraktion noch übrig bleibt, das selbstbewußte handelnde Ich, in sein System aufgenommen, und es erhält damit einen lebendigern Charakter:

Die frühere Methode war die Subsumtion, sie gebrauchen die Wolfische Schule, die Naturrechtslehrer, Kant. Sie beruht darauf, daß außer der vernünftigen Regel, dem Obersatze, auch noch ein Stoff als Untersatz getrennt da sey. Die wissenschaftliche Thätigkeit bringt beide an einander und konkludirt. Fichte hat nicht zwei solche Hälften und kann ihrer entbehren, weil sein lebendiges Princip etwas außer ihm producirt. Seine wissenschaftliche Thätigkeit setzt nicht Geschiedenes zusammen, sondern verfolgt jene untheilbare Produktion. Das unerläßliche Organ der philosophischen Erkenntniß ist ihm die Anschauung: sie erfasse die Thätigkeit des Ich als solche, der abstrahirende Verstand ziehe erst sodann Merkmale von ihr ab und bewahre ihren Inhalt als einen ruhenden, nicht mehr lebendigen — als Begriff — auf. Es bewährt sich hier, daß überall, wo nur ein Funke des Lebens und der That ist, die Vernunftformen nicht mehr zur Erkenntniß hinreichen, sondern ein totales, nicht einfache Beziehungen absonderndes, Vermögen erfordert wird, was wir eben Anschauung nennen. — Ferner: der Inhalt des Ethos ist bei Kant das Gesetz der Vernunft; die Freiheit des Menschen, durch dasselbe bestimmt zu werden, nur die Vor=

bedingung es zu erfüllen. Bei Fichte ist diese Freiheit des Ich, durch die Vernunft — d. i. hier den Begriff seines eignen Daseyns — sich zu bestimmen, der Inhalt selbst: „das Sollen ist der Trieb der absoluten Selbstthätigkeit." — So ist auch die rechtliche Freiheit keine Folge aus dem Vernunftgebote, sondern eine unmittelbare That, durch welche das Ich sich als frei setzt. — Das Band, das die verschiedenen Gebiete zusammenhält, ist sonach bei Kant ein logisches: das Vernunftgesetz enthält die Formen des Erkennens, die Vorschriften des Handelns und das Gebot der rechtlichen Freiheit. Bei Fichte ist es ein reelles: das thätige Ich erkennt, ist durch sich zum Ethos getrieben, setzt sich als frei.

Dieses System entspricht dem innersten Interesse der neuern Philosophie. Die Welt legt hier dem Menschen keine Nothwendigkeit mehr auf, die bestimmten Gegenstände sich vorzustellen und Gesetze anzuerkennen; die Nothwendigkeit liegt nur in ihm und der Natur seines Bewußtseyns. Er thut dieses alles aus keinem andern Grunde, als weil er ist, es bindet ihn nichts, als sein eignes Daseyn (Gott gleich). Auf der andern Seite ist auch das logische Interesse des Rationalismus befriedigt, indem alles, was da ist, schon mit dem Begriffe des Selbstbewußtseins so gesetzt ist, daß es nicht weggedacht werden kann. Aber eben dadurch ist im Grunde jene erste Befriedigung wieder zu nichte gemacht; denn der Mensch, wiewohl von aller Außenwelt frei, hat an dem logischen Gesetze seines Bewußtseyns den unerbittlichen Herrscher. Es kann ihm nach demselben a priori gesagt werden, welche Gegenstände er sich vorstellen, welche Anforderungen er an sich machen müsse. Und dieses Gesetz ist doch nicht er selbst; denn mag es immerhin seine Natur seyn, so ist es doch nicht sein Wille. Er hat bei dem Tausche nichts gewonnen. Dennoch ist dieß das Höchste, was für die menschliche Freiheit erreicht werden konnte; denn daß der Mensch alle Objekte und sittlichen Gesetze nach Belieben mache, daß also sein freier Wille die Ursache der Vorstellungen und des Ethos sey, kann nicht behauptet werden, weil dem die unläugbare Thatsache widerspricht. Das Aeußerste war, das nothwendige Gesetz seines Bewußtseyns als die Ursache aufzustellen, und das ist nur eine scheinbare Befriedigung, ein unerquicklicher Gewinn. — Deßwegen wird auch in diesem Systeme der Lebensfunke, der auflodern will, immer wieder unterdrückt, dem griechischen Gotte ähnlich, der seine Kinder unter der Geburt verschlingt. Der allgemeine Akt des Bewußtseyns wird durch Anschauung beobachtet und ist Sache der Empirie, so daß sich nur sein Daseyn zeigen, nicht seine Nothwendigkeit beweisen läßt. Aber sogleich wird dieser Akt in einen Begriff gefaßt, und nun tritt wie in den übrigen Systemen die Deduktion aus der Unmöglichkeit des Gegentheils an ihre Stelle. Den Regeln des Spinoza wird damit vollkommen gehuldigt. Das Ich ist die Substanz und die Welt seine nothwendigen Affektionen. Nicht die Thätigkeit des Ich erzeugt sie — wie das bei Fichte den Anschein hat —, sondern der Begriff des Selbstbewußtseyns enthält sie, und sie ist gegeben wie nur er ist.

Was aber den Inhalt der Lehre des Spinoza betrifft, so ist Fichte ihm gerade entgegengesetzt. Durch ihn ist die Undenkbarkeit des objektiven Rationalismus klar. Das unpersönliche Weltgesetz oder allgemeine Daseyn des Spinoza ist nicht, weil nur der Selbstbewußte ist. So war es der Gang der abstrakten Philosophie: Spinoza's Behauptung des logischen Pantheismus, das Verfahren der Wolfischen Schule, alles aus den Denkgesetzen zu beweisen, forderten Kant zur Untersuchung auf, ob der Zusammenhang der Dinge dem der Vernunft entspreche, damit zu einer Scheidung des Denkens und seiner Gegenstände, sofort zur

Frage nach der Erkennbarkeit. Und dieses führte mit Fichte zu der Einsicht, daß nur thätiges Denken, nur Persönlichkeit ist, und damit zur Verwerfung des logischen Pantheismus in der Weise Spinoza's. Er trat aber dafür in einer entgegengesetzten Weise auf, an der Stelle des objektiven Rationalismus brachte Fichte den subjektiven zur Vollendung. Kant ging schon — eben so die Wolfische Schule vor ihm — von sich selbst, dem Denkenden aus, insofern ist ihm die Einheit der Apperception der Mittelpunkt der Vernunft; aber er löst die Vernunft wieder von sich ab und behandelt sie so als eine selbstständige objektive Macht. Bei Fichte aber besteht Vernunft nur als das Ich; dieses ist also wirklich und durchgängig das Princip, es ist der Gott und ist die Welt, wie bei Spinoza die Substanz, und es kann als das eine und das andere reell nicht unterschieden werden; denn es ist erst es selbst, indem es sich die Welt einbildet (in beiderlei Sinn), und die Welt ist nur, indem sie von ihm eingebildet wird.

Das enthält aber, klar gemacht, den furchtbaren Gedanken: nur Ich, das Individuum, der ich so und so heiße, bin; und ich bin die ganze Welt, und höre ich auf thätig zu seyn, sterbe ich, so ist nichts mehr. Daß mehrere selbstbewußte Wesen seyen, darf Fichte nicht annehmen; wie sollten diese verschiedenen Ichs zu einander kommen, eines auf das andere wirken und ihm das Bewußtseyn seines Daseyns beibringen? Alles Nichtich ist ja nur mein Ich. Meine Vorstellung von andern Menschen kann, wie jede andere, nicht durch ihr Daseyn bewirkt worden seyn, sie ist das Produkt meiner eignen Denkthätigkeit, diese ist hinreichend sie zu erzeugen, und nichts Anderes außer ihr es vermögend. Diese andern Menschen, mit denen ich verkehre, Fremde, Freunde, Verwandte sind nicht wirklich selbstbewußte handelnde Wesen, sondern nur als solche von mir auf nothwendige Weise vorgestellt, wie die Wesen des Traumes. Eben so wäre es mit Gott, wenn ein Anhänger Fichte's ihn glauben wollte. Er könnte immer nur das Geschöpf seiner Intelligenz seyn, sein Ich, das er sich gegenüber setzt, nicht etwas Anderes, nur für ihn, nicht für sich, nur ein Vorgestelltes, nicht ein Seyender. — Dieß zu denken ist Wahnsinn, und Fichte gesteht es sich auch nicht, daß sein System so zu denken auffordert. Er täuscht sich damit, daß er das Ich nicht als das seinige, sondern als das eines jeden, oder auch als das vernünftige Wesen überhaupt betrachte. Allein ein solches Ich erfüllt schon die ganze Welt, und es ist nicht abzusehen, wo noch ein anderes neben ihm bestehen sollte. Wollte aber Fichte ein allgemeines Ich zu Gott machen, das erst in den vielen Menschen sich individualisirt und von sich unterscheidet, so wäre dieses der Schritt, den unmittelbar nach ihm Schelling that, der aber auch Fichte's System aufhob. Denn nach Fichte ist das Ich noch durchaus gar nicht, bevor es sich sich gegenüberstellt und so zum Bewußtseyn gelangt*), damit ist es aber ein individuelles Ich, Fichte oder jeder seiner Leser als der Einzige betrachtet; das allgemeine Ich wäre ein seiner selbst noch nicht bewußtes. Dieses individuelle Ich geht auch durch das ganze System. Wenn das allgemeine Ich das Princip des Rechts wäre, das sich als frei setzt, so wäre nur ein nothwendiges Gesetz wie der Kant'sche Mensch an sich oder selbst die Natur des Spinoza als frei gesetzt; daß ich, du, er frei seyen, wäre damit nicht gesagt, sondern geläugnet. Auf letzteres aber ist das Fichte'sche Naturrecht gegründet. Wenn ferner im Naturrecht bewiesen wird, daß das Ich sich andere Ich gegenüber setzen müsse, so kann auch dieses nur Sinn haben bei dem Individuum. Wohl hat Fichte in spätern Schriften, die überhaupt den frühern nicht treu sind, das allge-

*) Wissenschaftslehre S. 11.

meine Ich hereingezogen, von dem er denn auch nicht den rechten Gebrauch zu machen weiß. Aber auf den Fortgang der Philosophie, so wie auf seine eigne Rechtslehre wirkt nur dieses System des: Mein Ich*). Durch Fichte ist daher die Isolirung des

*) Das Ich Fichte's ist allerdings gleich Kant's Einheit der Apperception (deren bloßer lebendigerer Ausdruck es ist), reines Ich, nicht empirisches Ich, es ist bei demselben von jeder materiellen Bestimmtheit, die ich in mir wahrnehme, abstrahirt, und die bloße reine Denkthätigkeit dabei aufgefaßt. Aber um deßwillen, daß es reines Ich ist, ist es doch keineswegs objektives Ich. Es bleibt immer eben so wie jene Einheit der Apperception subjektive Denkthätigkeit, Setzen der Objekte für ein (subjektives) Bewußtseyn, wie ja schon die Bezeichnung „Ich" kundgiebt. Es ist daher nothwendig Individuum, wenn gleich nicht das Individuum A. oder B., sondern Individuum schlechthin. So spricht sich denn auch Fichte selbst im System der Sittenlehre S. 307 aus: „Nun liegt es allerdings in der Ichheit, daß jedes Ich Individuum sey; aber nur Individuum überhaupt, nicht das bestimmte Individuum A. B. C. Da es sonach der Ichheit überhaupt zufällig ist, daß ich das Individuum A. eben A. bin, und der Trieb der Selbstständigkeit ein Trieb der Ichheit wesentlich als solcher seyn soll, so geht er nicht auf die Selbstständigkeit von A., sondern auf die Selbstständigkeit der Vernunft überhaupt. Die Selbstständigkeit der Vernunft als solcher ist unser letztes Ziel, nicht die Selbstständigkeit Einer Vernunft, inwiefern sie individuelle Vernunft ist." Man kann also Fichte's Ich höchstens als das allgemeine Gesetz des subjektiven Bewußtseyns, nie aber als etwas Objektives verschieden von diesem Bewußtseyn (wie etwa das absolute Ich Schellings) sich vorstellen. Dann aber ist es wieder ein Abstraktes wie Kants Vernunft, soll es ein Reales seyn, so ist es eben das Denken des Individuums. Selbst als Fichte später (vielleicht nicht ohne Veranlassung Schellings) dahin fortschreitet, man müsse aus dem Ich (doch wohl dem realen subjektiven Denken) auf einen Grund desselben schließen, so über dasselbe hinausgehen, und dieser Grund des Daseyns desselben sey Gott, vermag er diesen Gott doch auch wieder nicht als eine Realität zu fassen, sondern bloß als ein Bild, Schemen, aus welchem die Thätigkeit des Ich, die ja eben nur im Bildmachen, Darstellen besteht, ausgeht. Jenes Urbild, der Gott, ist auch hier noch nichts für sich und in sich, sondern bloß die Quelle oder das Gesetz der vorstellenden und handelnden Ichthätigkeit, und die Welt ist danach nicht unmittelbar von diesem Gott hervorgebracht, sondern von dem subjektiven Ich (dem Bewußtseyn) nach jenem Bild oder Gesetz vorgestellt. Fichte's Lehre bleibt deßhalb unter allen Gestaltungen reiner Idealismus, reiner Subjektivismus und pure Bewegung ohne inhaltliches Seyn. Sie ist nichts Andres als ein Beweglichmachen des Kant'schen Kategoriensystems.

Menschen aufs höchste getrieben. Derjenige, welcher philosophirt, betrachtet sich als den Mittelpunkt und, wie es daraus nothwendig folgt, als die Ursache der Welt. Es zeigt sich aber hier, wo es zur Deutlichkeit kommt, daß dadurch mit einer wirklichen Welt und mit wirklichen Menschen außer ihm jedes Band aufgehoben ist, daß er zu ihnen, von denen er sich frei macht, nicht wieder gelangen kann. Der Mensch und sein Denken kann nicht der Mittelpunkt der Dinge oder des Wissens von ihnen seyn.

Sechstes Kapitel.

Die Rechtslehre Fichte's.

Abstrakter Charakter der Ethik. — Vollendung des subjektiven Charakters - daraus Gegensätze zu Kant — Deduktion des Rechtsgesetzes. — Sonderung des Rechts und der Moral nach Fichte. — Lösung der früheren Widersprüche. — Andere Folgen dieses Standpunkts. — Rückkehr des Widerspruchs in entgegengesetzter Weise. — Parallele des Naturrechts und der französischen Revolution in den beiden Stufen.

Es ist auf dem praktischen Gebiete eben so wie auf dem theoretischen nur Eine Modifikation, welche Fichte dem Systeme Kants giebt, die nemlich, daß überall das, was dort ruhende Denkform ist, hier zur Thätigkeit des Ich wird. Der ganze Aufriß des Systems bleibt derselbe, es schieben sich nur die Linien nach diesem andern Gesichtspunkte. So ist denn auch Kants Lehre vom Ethos, daß es in nichts Anderem als im Handeln a priori bestehe, beibehalten. Aber a priori Handeln ist bei Kant, daß nach dem logischen Gesetze der Allgemeinheit und des Nichtwiderspruchs, deßhalb nach einer Maxime gehandelt werde, die in der Durchführung sich nicht widerspricht; bei Fichte dagegen ist a priori Handeln, daß das Ich nur aus sich, daher nach seiner Ueberzeugung, nach dem für Pflicht Erkannten handle. Hier und dort wird das Handeln nach Einwirkung äußerer

Gegenstände und der Lust und Unlust, die sie erregen — das empirische Handeln, — als das dem Sittlichen Entgegengesetzte betrachtet, und sittlich ist nichts Andres, als davon frei zu seyn, wie namentlich Fichte es ausdrückt: du sollst die Natur als Mittel für die Vernunft (d. i. das Gesetz des denkthätigen Ich), nicht diese als Mittel für jene gebrauchen. Aber das Handeln von innen ist bei Kant Konformität mit dem logischen Gesetze, daher der als allgemein möglichen Maxime, bei Fichte dagegen die Aktualität des Ich als solchen. Handeln aus Begeisterung ist darum die letzte Losung der Fichte'schen Ethik. — Einen Inhalt hat denn auch Fichte's Princip der Begeisterung so wenig als Kants Gesetz der Allgemeinheit und des Nichtwiderspruchs einen solchen hat. Wie das Ethos nach Kant ein formales (abstraktes, inhaltloses) Gesetz ist, so nach Fichte eine formale (abstrakte, inhaltlose) Begeisterung. Die Aufgabe, die er der sittlichen Welt (der Gemeinschaft der vernünftigen Wesen) setzt, sich wechselseitig anzufeuern, daß sie aus Ueberzeugung handeln sollen, giebt offenbar noch keinen Inhalt der Ueberzeugung. Jener Modifikation des Kant'schen Standpunktes gemäß nehmen denn auch die beiden Postulate Kants: Vergeltung nach Verdienst und Gott als Richter! bei Fichte eine andere Gestalt an, oder vielmehr, nachdem sie bei Kant schon zu Schattenbildern geworden, fallen sie bei Fichte (wie in allen Stücken das Objekt) gänzlich weg. Die Vergeltung, bez. die Seligkeit darf nicht in einem Genusse von was immer für einer Art, sondern nur in der gänzlichen „Befreiung von aller Abhängigkeit" gesucht werden, d. h. sie darf nicht in einem Gute außer dem übersinnlichen (vernünftigen) Handeln gesucht werden, sondern nur in diesem selbst, und das ist die wiewohl nicht begreifliche (in der That sehr leicht begreifliche) moralische Weltordnung, daß jenes Handeln nach der Vernunft (d. i. nach Freiheit von Sinnlichkeit) auch zu dieser Befreiung führt. Von äußerlich (in der objektiven Welt) an die Handlung geknüpften Folgen, wie sie Kant jenseits der Zeitlichkeit postulirt, ist also keine Rede. Eben daher bedarf es auch keines Richters und Vollstreckers, der diese Folgen zutheilte, keines Gottes, Gott ist nichts Andres als der Inbegriff der Beziehungen dieser übersinnlichen Ordnung auf mein moralisches Handeln*). Die Religion selbst ist deßhalb bei Fichte nichts Andres, als daß jenes rein formale, nicht empirische Handeln als solches gewollt und daß geglaubt werde, die Seligkeit, d. i. die Freiheit von aller Abhängigkeit, sey an dasselbe geknüpft, was immer seine Folgen in der empirischen Welt seyn mögen. Dieser Glaube ist die Religion. Die Religion hat danach durchaus kein Objekt, nicht einen Gott außer uns, nicht eine jenseitige Welt nach diesem Leben, nicht besondere Gebote, sie ist nichts Andres als die Bewußtheit des moralischen, d. i. unempirischen Handelns von seiner unempirischen Natur. Moralische Gemeinschaft und Kirche fallen auch völlig zusammen. Sie sind eben die Bestrebung, sich gegenseitig zu solch apriorischem Handeln anzufeuern**). Diese im Höchsten erregte und über den äußern Gütern erhabene, aber völlig inhaltlose, abstrakte Begeisterung geht denn auch durch seine „Reden an die deutsche Nation". Fichte wird gerade vor allen deutschen Phi-

---

*) „Daß nun der Mensch die Beziehungen jener Ordnung auf sich und sein Handeln, wenn er mit Andern davon zu reden hat, in dem Begriff eines existirenden Wesens zusammenfasse und fixire, das er vielleicht Gott nennt, ist die Folge der Endlichkeit seines Geistes, aber unschädlich, wenn er jenen Begriff nur zu weiter nichts benützt . . . . ." So Fichte in seiner „Appellation gegen die Anklage des Atheismus" S. 41. Es ist in der That eine starke Naivetät, ein solches Bekenntniß als Rechtfertigung gegen die Anklage des Atheismus auszusprechen, und eine noch stärkere Zumuthung von Seiten der Philosophen, daß wir sie als solche gelten lassen sollen.

**) Vergl. über das alles Fichte System der Sittenlehre nach den Principien der Wissenschaftslehre, bes. S. 304 folg.

losophen als der Philosoph der praktischen Sittlichkeit gefeiert. Er verdient das auch um deßwillen, daß er die Nation zur Erhebung über die materiellen Zustände und Interessen und deren Selbstsucht (über Besitz und Genuß) zur reinen Begeisterung für eine Idee und Aufopferung für eine Idee belebte. Denn theils ist das an sich schon wenigstens eine (die formale) Seite der wahren Sitte, theils war damals das nächste Ziel der Begeisterung glücklicherweise durch das Leben gegeben: die Befreiung des Vaterlandes. Es war damals ein Aufruf zur kräftigen geistigen Erhebung gegenüber äußerer Gewalt und innerer Erschlaffung. Aber als bleibendes Vorbild, als Verkündigerin wahrer und voller Sitte kann Fichte's Lehre nimmermehr gelten, so wenig von der praktischen als von der wissenschaftlichen Seite. In dieser Eigenschaft wäre sie der Verfall der wahren Sitte. Die Nation müßte sich aufreiben oder zerfallen, welche das bloße Handeln aus Begeisterung, das Sichhingeben für irgend eine Idee ohne einen bestimmten sittlichen Inhalt, ohne ein bestimmtes Gebot für die menschlichen Lebensverhältnisse zum alleinigen Bande ihrer sittlichen Gemeinschaft hätte. Jedes Ziel, mit Begeisterung, mit Erhebung über die Sinnlichkeit ergriffen, würde danach als sittlich gelten, sollten auch die heiligsten Gebote der objektiven sittlichen Ordnung nicht angestrebt, ja sogar verletzt werden. Es beruht das auf dem Aeußersten der Subjektivitätsrichtung, daß bloß die Großartigkeit und Selbstbefriedigtheit des Subjekts, nicht aber auch die in sich gegründete sittliche Ordnung ihre Geltung hat. Es hat sich die Unwahrheit dieser Lehre später an den handgreiflichsten Verirrungen in der Literatur wie im Leben dargethan. Denselben Gedanken inhaltloser Ichthätigkeit hat Fichte auch in die Pädagogik eingeführt, indem der Hauptinhalt jener Reden an die deutsche Nation darauf gerichtet ist, alles positive Wissen und Lernen aus Erziehung und Unterricht zu verbannen, und den Zögling bloß aus seiner reinen Denkthätigkeit den ganzen zukünftigen Wissensbesitz produciren zu lassen.

In Beziehung auf die Rechtslehre kommt zunächst in Betracht, daß Fichte nicht bloß die ethischen Regeln a priori findet, sondern auch die Verhältnisse und Objekte derselben, das Daseyn der Luft, der Erde, anderer Menschen, meines eignen Leibes u. s. w. Ich muß nach der Vernunft in mir, nicht weil ich es außen vorfinde, mir einen Leib zuschreiben, die Existenz anderer Wesen annehmen u. s. w., und zwar merkwürdiger Weise werden diese äußern Objekte nicht aus Ideen der Natur, sondern aus ethischen Ideen deducirt. Die Naturphilosophie fällt sonach ganz aus, alles ist Ethik. Es hat nemlich nach Fichte's Standpunkt die Natur gar keine eigne Bedeutung als Ausdruck von Gedanken, sondern sie ist nur da, damit die vernünftigen Wesen sie als Objekt ihres vernünftigen Handelns, namentlich ihrer wechselseitigen Selbstbeschränkung haben. Die Welt ist nur „das versinnlichte Material unserer Pflicht, dieß ist das eigentlich Reelle in den Dingen, der wahre Grund aller Erscheinung" *). Es ist darum auch ihre Bedeutung nur, daß sie eine gemeinsame sey, nicht wie sie sey. Das alles nun ist Folge seiner Ansicht vom Erkennen, und betrifft seine Methode im Allgemeinen, ohne daß sie bedeutenden Einfluß auf den Inhalt der Rechtslehre insbesondere hätte. Das Wesentliche seiner Rechtslehre ist, daß er den subjektiven Charakter des Naturrechts vollendete, wie Kant den rationalistischen.

Die rechtliche Freiheit folgt bei ihm nicht aus dem Ethos (der praktischen Vernunft), sondern aus dem reellen Daseyn des Ich. Sie ist daher schon von vorn herein die Freiheit des Indivi-

---

*) Appellation S. 49.

duums, nicht der Gedanke allgemeiner Freiheit und Gleichheit. Sie hat nicht das Ethos zum Zwecke, sie ist sich selbst Zweck. Sie ist nicht ein erst zu Realisirendes, ein Gegenstand des Sollens, sondern ein schon Bestehendes: das Ich setzt sich als frei durch seine reelle Kraft, und wenn es sich beobachtet, kann es sich nur als frei finden. „Die Freiheit ist philosophisch, nicht ethisch, nothwendig." Mit ihr ist schon ihrem Begriffe nach der Zwang gegeben, er folgt also gleichfalls nicht aus dem Ethos. Die Freiheit des einzelnen Menschen ist bei **Kant** schon ursprünglich beschränkt, weil sie erst aus der allgemeinen Freiheit hervorgeht, welche ihr bei der Zutheilung selbst Maaß und Gränze giebt. Bei Fichte ist sie maaß- und schrankenlos, weil das Ich selbst unmittelbar sie setzt. Sie besteht „in dem Rechte des vernünftigen Wesens, in der Sinnenwelt allein Ursache zu seyn". So schrankenlos als sie selbst muß natürlich auch das in ihr enthaltene Zwangsvermögen seyn. Diese *meine* unmittelbar daseyende und daher zunächst unbeschränkte Freiheit und Möglichkeit Zwang zu üben ist das Princip der Rechtslehre.

Das Gesetz des Selbstbewußtseyns fordert, daß das Ich andere denkende Wesen annehme, wie schon in der theoretischen Philosophie dargethan werden mußte; durch diese Entgegensetzung allein entsteht Individualität, Selbstbewußtseyn. Setzt es sich andere denkende Wesen gegenüber, so muß es ihnen eben damit dasselbe unbegränzte Vermögen, wie sich selbst, zuschreiben. Es darf aber ferner seine eigne, zuerst gesetzte Freiheit, als die eines vernünftigen Wesens, nicht aufgeben, und muß also die Anerkennung derselben von den ihm gegenüber Gesetzten fordern. Dazu ist nöthig, fürs erste, daß es sich selbst freiwillig für sie beschränke, außerdem würde es nicht als ein vernünftiges ihnen gegenüberstehen, denn nur die eigne Mäßigung ist das Kriterium des Vernunftwesens. Fürs andere ist nöthig, daß in demselben

Akte in wechselseitiger Bedingtheit die Andern sich für es beschränken. Um alles, wie es zuerst gesetzt worden: meine Vernünftigkeit und Freiheit und die aus ihr deducirte Freiheit der Andern auch im Handeln beizubehalten, nicht eins derselben wieder aufzuheben und dadurch einen Widerspruch zu begehen — ist Rechtsgemeinschaft nöthig. Ihr Inhalt ist das Rechtsgesetz; es ist also durch die Konsequenz aus dem Begriffe des freien Individuums gefolgert.

Damit hat Fichte erreicht, was das Naturrecht will: er hat dem Rechtsgesetze ein eignes von der Moral gesondertes Princip gegeben, ohne die wissenschaftliche Verbindung einzubüßen, und das war nur durch den Standpunkt seines Systems möglich. Scheinbar findet es sich zwar schon bei den Früheren, vor allen bei Kant: Moral ist innere Gesetzgebung (Selbstzwang), Recht äußere (Zwang Anderer); also ganz verschiedene Legislationen! die Einheit beider ist die praktische Vernunft, das Gesetz der Allgemeinheit und Nothwendigkeit. Allein eben weil die Einheit beider hier in einem Gesetze oder Begriffe liegt, so ist die Sonderung ganz unnütz, sie leistet nicht, was durch sie gesucht wird. Beide Gesetzgebungen müssen nemlich jenem Begriffe gemäß in übereinstimmender Weise wirken, und wenn sie einen entgegengesetzten Charakter annehmen, wie es wirklich der Fall ist, so erscheint dieß als ein Widerspruch der praktischen Vernunft in sich selbst. Fichte dagegen hat seiner Sonderung dadurch den Erfolg gesichert, daß ihre Einheit keine logische ist, sondern die lebendige des selbstbewußten Wesens. Jedes Lebendige kann seiner Natur nach, also konsequent, in verschiedener Weise thätig seyn, was der Begriff, das Gesetz nicht kann. Das Ich enthält einerseits einen Trieb zu einer bestimmten Thätigkeit — so erzeugt sich Moral; andrerseits ist es schon ein Daseyn, eine Macht, ein frei Wollendes, Handelndes — so entsteht das Rechtsgesetz. Der Trieb und die

Macht sind ihrem Wesen nach von entgegengesetzter Wirkung, und das Ich, welches sie beide ist, bleibt dessenungeachtet eins und dasselbe. So konnte Fichte sagen: „Wie die moralische Gesinnung Liebe der Pflicht um der Pflicht willen ist, so ist hingegen die politische, Liebe seiner selbst um sein selbst willen .... liebe dich selbst über alles, und deine Mitbürger um dein selbst willen!*)" während das Kant'sche Vernunftgesetz nur das eine Ziel haben kann, daß überall nach der Vernunftnothwendigkeit gehandelt werde. — Durch diese nicht bloß den Worten und dem Dekorum, sondern dem Erfolge nach bestehende Sonderung ist Fichte in den Stand gesetzt, jene Probleme zu lösen, mit denen man sich vor ihm nur vergeblich beschäftigte. Es ist kein Widerspruch der Vernunft, daß im Rechtsgebiete gezwungen wird, obwohl die Rechtspflichten auch von der Moral gefordert sind. Denn nicht das Ich als mein Trieb (als Ethos) zwingt hier, sondern das Ich als Daseyn und Macht, das meinige die andern, die andern das meinige. Es ist kein Widerspruch, daß dieselben Handlungen hier verboten, dort geschützt sind. Das Gesetz wohl könnte nur durchgängig sie gebieten und verbieten in einer und derselben Art: „es läßt sich gar nicht einsehen, wie aus dem unbedingt gebietenden und dadurch über alles sich erstreckenden Sittengesetze ein Erlaubnißgesetz sollte abgeleitet werden können" **). Nemlich daß es etwas als Mittel gebrauche (das Erlauben), was zunächst und unmittelbar seinen Zweck aufhebt, damit es indirekt vielleicht zu ihm führe, ist gegen die Natur eines Gesetzes. Allein das Ich, das hier die freien Handlungen schützt, ist kein Gesetz, es ist das unmittelbare Daseyn selbst. Es ist endlich der Widerspruch entfernt, daß aus dem Rechtsgesetze Befugniß folgt. Denn sie folgt hier nicht aus

*) Naturrecht 2. Th. S. 114.

**) Naturrecht Einleitung N. III.

ihm, sondern ist schon vor ihm da, aus dem Ich, und das Rechtsgesetz selbst wird erst aus ihr abgeleitet und enthält, wie es als Gesetz muß, nur die Beschränkung, nicht die Freiheit.

Diese Widersprüche suchten schon die Frühern zu entfernen; der Standpunkt aber, durch welchen Fichte allein sie zu entfernen vermochte, führt zugleich zu andern Folgerungen, die im Naturrecht vorher wenigstens nicht ausgebildet waren. Mein Trieb (Moral) ist seiner Natur nach bindend, unbedingt gebietend. Meine unbegränzte Macht aber (Basis des Rechtsgesetzes) keineswegs, im Gegentheil schließt sie ihrer Natur nach jedes Gesetz aus. Was aus ihr vernünftig gefolgert wird, auch dieses kann ihr im Handeln auszuüben nicht unbedingt geboten werden, eben weil sie Freiheit ist. Es muß immer von ihr abhängen, sich ihm zu unterwerfen: „da sie (die Menschen) aber frei gesetzt sind, so könnte eine solche Gränze nicht außerhalb der Freiheit liegen, als wodurch dieselbe aufgehoben, keineswegs aber als Freiheit beschränkt würde, sondern alle müßten durch Freiheit selbst sich diese Gränze setzen, d. h. alle müßten es sich zum Gesetze gemacht haben, die Freiheit derer, mit denen sie in gegenseitiger Wechselwirkung stehen, nicht zu stören" *). Die Konsequenz aus dem Begriffe meiner Freiheit, die Rechtsgemeinschaft, ist also für mich nichts praktisch Nothwendiges, sondern nur Rath, wie ich es einzurichten habe, falls ich den Folgen jenes Begriffs entsprechen, „falls ich konsequent seyn will". „Das Rechtsgesetz ist nicht praktisch, sondern technisch-praktisch."

Daraus folgt nothwendig: Es giebt unmittelbar keine Rechte auf einen bestimmten Gegenstand, z. B. Eigenthum, Familienrechte, wie Kant solche aus dem Vernunftgesetze ableitet. Denn jeder ist, wenn er nicht selbst freiwillig sich beschränkt,

*) Naturrecht Einleitung N. II.

unendlich über alles berechtigt, so daß jede Schranke erst durch beliebige Uebereinkunft entstehen kann. „Alle Rechte auf etwas gründen sich auf einen Vertrag"*). Das Urrecht des Menschen, das er vor der bürgerlichen Gesellschaft hat, ist nicht wie bei den Frühern die Freiheit, welche nach der Maxime der Koexistenz eingeschränkt, aber in dieser Schranke auch ethisch gesichert ist. Sondern es ist das unbegränzte Vermögen, dem ein gleiches der Andern bedrohlich entgegensteht, und keine andere Sicherung gegeben ist, als die Möglichkeit, sich mit ihnen zu vereinigen und einen Staat zu errichten. Der Staat kommt hier wahrhaft aus einem Vertrage, denn seine Errichtung ist beliebig, und eben so seine Gestaltung. Das Rechtsgesetz schreibt beide nur problematisch vor, auf den Fall, daß man konsequent seyn wolle. Er darf in jedem Augenblicke wieder aufgehoben und neu errichtet werden; daher Fichte's entschiedene Billigung der französischen Revolution. Zwar gestattet auch Fichte wie Kant gegen jeden Widersetzlichen den Zwang, der ihn in den Staat nöthigt**). Allein bei Kant ist dieser Zwang Folge der Vernunftnothwendigkeit, die den Staat unbedingt gebietet; bei Fichte ist er nur die Folge der unbeschränkten Willkür der bereits Vereinigten. Sie könnten ihn mit gleichem Grunde zwingen, Menuet zu tanzen, und er hat dieselbe Freiheit, wenn er der Stärkere ist, ihren Zwang zu erwiedern; denn was nöthigt ihn konsequent zu seyn? Ein vernünftig nothwendiger Zwang ist es ohnedieß nicht, denn seine Freiheit wird ja mittelst desselben nicht durch sich selbst beschränkt, sohin aufgehoben. Es bewährt sich hier, was oben behauptet worden, daß der subjektive Rationalismus das denkende Individuum zu Gott macht, wie der objektive die unpersönliche Vernunft. Das freie Ich als ab=

*) Naturrecht 2. Thl S. 266.
**) Naturrecht Einleitung N. II.

soluter Anfang der Rechtslehre kann so wenig gebunden werden, wie das allgemeine Weltgesetz Spinoza's. Dort sind alle Handlungen rechtmäßig, weil die Natur, hier weil das Ich sie wirkt.

Der erste Charakterzug der Fichte'schen Rechtslehre ist also: das Rechtsgesetz hat keine Macht über die Menschen, sondern es hängt von ihrer Willkür ab, es zu verwirklichen. Nun fragt es sich aber nach dem Inhalte desselben, falls man ihm wirklich nachkommen wollte? Auch hierin charakterisirt sich der Standpunkt des Systems. Das Recht des Vernunftgesetzes, des Kant'schen Menschen an sich, muß fallen: Nur der persönliche ist berechtigt. Die Freiheit des lebendigen Menschen ist die ausschließliche Ursache des Zwanges. So wird das Recht der Ehe getilgt, Ehebruch freigegeben: „der Staat kann eben so wenig Gesetze gegen ihn geben, noch Strafen festsetzen, noch gegen irgend eine außereheliche Befriedigung des Geschlechtstriebes. Wessen Rechte sollten denn durch dieses Vergehen verletzt werden?" *) So kann auch die Strafe nicht Vergeltung seyn; denn der Gedanke der Uebereinstimmung hat kein Recht, und wessen (welches Menschen) Recht sollte durch die Vergeltung befriedigt werden? Das Gesetz der Gleichmäßigkeit, daß bei Kant Vernunft ist, ist bei Fichte ein bloßes Ding ohne Selbst. Fichte muß fragen: wer ist diese Ehe oder diese vergeltende Gerechtigkeit, daß sie einen Zwang über mich üben soll? Kann sie erkennen, Objekte von sich unterscheiden, sich Zwecke vorsetzen? ist sie ein thätiges selbstbewußtes Wesen wie ich? Und ist sie dieses nicht, so ist sie überhaupt nicht, sie ist bloß mein Produkt. Wie könnte ich sie als frei und berechtigt mir denken, als fähig, in der Sinnenwelt Ursache zu seyn, da sie doch eine Sinnenwelt gar nicht zu setzen vermag? — Wie

---

*) Naturrecht 2. Thl. S. 201.

es daher in der ersten Beziehung heißt: die Freiheit darf nur durch die Freiheit beschränkt werden, so in der zweiten: sie soll nur um der Freiheit willen beschränkt werden. Hiermit erst ist der Mensch in seiner Persönlichkeit das ausschließliche Princip des Rechtsgesetzes. Nur wenn ich will, bin ich dem Zwange unterworfen, und wenn ich mich ihm unterwerfe, soll ich dieses nach der Vernunft bloß thun zu meiner eignen Sicherheit. „Liebe dich selbst und deinen Nächsten um dein selbst willen!" Auf diesen Punkt war das Naturrecht nothwendig gedrängt, und auf diesem höchsten Punkte zeigt sich denn auch wieder seine Unhaltbarkeit:

Die Trennung des Ich als Trieb und als Freiheit machte es allein möglich, die früheren Widersprüche zu heben. Aber damit ist auch das wechselseitige Durchdringen beider aufgegeben. Die Freiheit kann und soll sich zwar dem Trieb unterwerfen, das aber ist die Art des Ethos überhaupt; das Eigenthümliche des Rechtsgebietes, daß sie sich ihm unterwerfen muß, ist nicht mehr zu gewinnen Das lebendige Ich, das ein ideales Sollen erkennt, reell aber von diesem unabhängig ist, kann nur dann noch gebunden werden, wenn auch die Ursache jenes Sollens eine reelle Macht hat. Aus jedem der Probleme, die Fichte löst, wächst eine neue, der früheren gerade entgegengesetzte Schwierigkeit heraus. War es dem Naturrechte vorher unmöglich, aus dem Bindenden der Vernunft, von dem es ausging, die Freiheit zu gewinnen; so vermag nun Fichte nicht, von der Freiheit, die er zum Princip macht, zu einem Bindenden hinaufzusteigen. Das Vernunftrecht hört in der That auf, und eine völlig gesetzlose Willkür bleibt übrig.

Rechtfertigt Fichte den Zwang des Rechts dadurch, daß er ihn nicht aus dem Ethos, sondern aus der ursprünglichen Freiheit des Ich ableitet, so hat er dafür auch die ethische Bedeutung des Zwangs eingebüßt. Er ist bloß noch faktische Macht, und nur das Gefühl eines zufälligen Unterliegens kann er bei dem Gezwungenen erregen. Er gleicht dem sogenannten Nothrechte der Früheren und Kants. Der vom Brette heruntergestoßen wird, weil der Andere die Macht hat und hier kein Gesetz mehr über ihnen ist, wird nicht dafür halten, daß ihm hierin nur was ihm gebührt geschehe, wie dieses doch der Schuldner z. B., der zur Zahlung gezwungen wird, dafür halten soll. Selbst im Staate hat das Recht keine ethische Garantie. Der Staat gründet sich auf Vertrag, worauf gründet sich aber der Vertrag selbst? Brauche ich nach dem Rechtsbegriffe vor dem Staate den Vertrag nur dann zu halten, wenn ich will, so auch den Vertrag, der die Rechtsgemeinschaft enthält, den Staat selbst. Nur die Stärke der Vereinigten bindet mich, wie bei Spinoza, und könnte mich zu irgend etwas Anderem eben so zwingen, als zu dieser Konsequenz aus meiner Freiheit. Der Zwang, welchen die Gesammtheit der Bürger gegen den Verletzenden übt, ist sohin selbst nichts Anderes, als die durch die Uebertretung entfesselte G e w a l t.

Ist es übereinstimmend, daß im Rechte erlaubt wird, was Moral verbietet, weil Erlaubniß und Gesetz hier nur von der Freiheit ausgehen, so wird dadurch alles Erlaubniß und nichts mehr ist Gesetz. Insofern der Rechtsbegriff wirklich bindet, als innerlicher Trieb, ist er nichts Anderes als Moral, wie Fichte selbst behauptet, und es ist dann seine Scheidung von der Moral und seine eigenthümliche Behandlung bei Fichte noch viel ungegründeter als bei den Uebrigen. Insofern er aber nicht innerlich auffordert, also etwas Anderes als Moral ist, insofern ist er ü b e r h a u p t g a r k e i n e A u f f o r d e r u n g; er ist ein Spiel des Denkens, eine Anweisung, wie man etwas ganz Gleichgültiges, zu dem man eben Laune hat, konsequent einzurichten habe.

Dieses alles hat Fichte gar kein Hehl und hält dennoch

seine Rechtslehre für wohlbegründet. Aber der Nerv selbst, ohne den kein Vernunftrecht und kein Recht überhaupt bestehen kann, ist krankhaft, das ist die Beschränkung für Andere, sey dieses auch eine bloß problematische. Hierin verhehlt sich Fichte die Folgen seines Princips, weil er, wenn er sie sich gestände, das Princip aufgeben müßte, was er doch auch wieder nicht kann, wenn er nicht in die alten Widersprüche zurückfallen will. Nemlich den Begriff der Befugniß, der positiven Berechtigung hat Fichte gewonnen, weil er sie nicht aus dem beschränkenden Vernunftgesetze ableitete, sondern als das Ursprüngliche setzte. Nun ist es aber schlechterdings unmöglich, daß Konsequenz von ihr aus zu einer Beschränkung führe, ganz abgesehen davon, ob sie sich dieser Konsequenz unterwerfen müsse, oder nur solle, oder ob sie auch etwas ganz Gleichgültiges sey. Konsequenz fordert im Gegentheile, daß ich mich nicht beschränke, sondern mir die Uebrigen unterwerfe. Das: „liebe dich selbst über alles" folgt aus meiner unbeschränkten Freiheit; nicht aber das: „und deinen Nächsten um dein selbst willen". Fichte gelangte zu der Beschränkung und Rechtsgemeinschaft nur durch eine doppelte Täuschung. Der Grund, durch welchen er sie positiv darthut, ist der: „Wie ich, das vernünftige Wesen, mich als frei und Andere als frei gesetzt habe, muß ich auch wollen, daß sie mich als vernünftiges (freies) Wesen anerkennen; das erreiche ich nur, wenn ich mich mäßige." Die wirkliche Mäßigung (wohl ihre Möglichkeit) liegt aber nicht im Wesen der Freiheit, sondern in dem des sittlichen Triebes, und als frei habe ich mich zur Basis des Rechts gemacht, nicht als durch Vernunft getrieben. War das letzte, so konnte meine Freiheit schon zuerst gar nicht daneben aufkommen, sie ist schon durch und durch bestimmt, ich müßte vollkommen handeln, um von den Andern als vernünftig anerkannt zu werden, und wir befinden uns eben da, wo diejenigen, welche das Recht aus dem Ethos finden. — Die offenbare Inkonsequenz aber, welche ich begehe, wenn ich zuerst mich als unendlich frei setze und dann wieder beschränke, sucht Fichte dadurch zu entfernen, daß die Beschränkung ja auch wieder nur für die Freiheit sey. Das ist aber eine Verwechselung meiner Freiheit mit der allgemeinen Freiheit oder der Freiheit Anderer, auf deren Unterscheidung doch gerade die Eigenthümlichkeit dieses Systems beruht. So wie der erste Grundsatz lautete: Meine Freiheit kann nur durch meine Freiheit beschränkt werden (nicht durch die Anderer oder den Gedanken der Freiheit), sonst ist sie nicht als Freiheit beschränkt, sondern aufgehoben — eben so muß der zweite lauten: Meine Freiheit soll nach der Konsequenz nur für meine Freiheit (nicht für die Anderer oder die allgemeine) sich beschränken, außerdem u. s. w. — Das Eine fordert das Andere. Nimmt Fichte den ersten Satz zurück, so hat er ein anderes Princip, als das freie Ich, welches den Zwang übt, er ist zum Kant'schen Standpunkte zurückgekehrt. Beharrt er auf ihm, so muß er auch auf dem zweiten bestehen, und dann fordert die Konsequenz aus meiner Freiheit nur erstens: Erhalte sie dir, begieb dich nicht in Sklaverei, sey klug und beschränke sie, wo du sie außerdem verlieren könntest, verstelle dich, halte wo es Noth thut Wort! wie Machiavelli dieses System ausgeführt hat. Und sodann zweitens positiv: Mache deine Freiheit, die du zuerst als unendlich gesetzt hast und der du Andere nur darum gegenüber gestellt hast, um durch den Gegensatz zu ihrem Bewußtseyn zu gelangen, mache sie nun auch reell zur unendlichen, indem du die mit Freiheit Begabten, des Widerstandes stets Fähigen dir unterwirfst und sie in der Unterwerfung erhältst. Mache dich, wenn du kannst zum Herrscher der Welt. — — Dahin führt nothwendig Freiheit des Individuums als Princip der Rechtslehre.

Das Leben ist überall folgerichtiger als die Wissenschaft. Während die rationalistische Richtung in der deutschen Wissenschaft ihre beiden Principien — die Denknothwendigkeit und das reelle Ich — nicht konsequent auseinander hält, sondern das letztere, wie eben gezeigt worden, noch zum größten Theile vor seinen Folgen erbebt und sich mit den Resultaten des ersteren bemäntelt, hat die Geschichte in Frankreich beide in ihrer ganzen Entschiedenheit nebeneinander gestellt. Es ist eine gleich in die Augen fallende und daher längst anerkannte Parallele zwischen dem Naturrechte und der französischen Revolution. Die Parallele besteht aber nicht bloß im Allgemeinen, sondern selbst in den Abstufungen. Die Republik entspricht (zwar nicht in der Entstehung durch das Gericht über den König, wohl aber in den Grundsätzen ihres Bestehens) dem Kant'schen Standpunkte. Hier wird zwar alles, was nicht aus dem Begriffe der Freiheit folgt, zerstört; aber es ist doch noch der Gedanke der Freiheit und Gleichheit eine Nothwendigkeit, die über allen Individuen steht, von der sie ihr Recht erst erhalten. Vernunft, die unpersönliche, hält den Scepter. Allein sie hatte, wie die Kant'sche, keine reelle Macht sich zu behaupten. Der lebendige Mensch folgt nicht ihren mathemathischen Linien, sie wollte die Herrschaft über den Persönlichen führen; aber er war der stärkere. — Da entstand das System des reellen persönlichen Ich, das Napoleons, der keinen andern Gedanken mehr über sich hat, als seine eigne Freiheit, der sich nur beschränkt, wenn er will, und nur für seine Macht. Er ist gebunden durch die verständige Konsequenz aus seinem eignen Willen, das unterscheidet ihn von andern Eroberern. Darum schweift er nicht ab in zufälligen Unternehmungen, in zwecklosen Neigungen. Es ist als ob mehr die berechnete Durchführung der Macht ihn erfreue, als ihr wirklicher beliebiger Gebrauch. Aber auch allein diese Konsequenz bindet ihn.

„Leicht bei einander wohnen die Gedanken,
Doch hart im Raume stoßen sich die Sachen.“

Fichte konnte sich täuschen und seinem ursprünglich frei gesetzten Ich eine Beschränkung deduciren. Aber das lebendige Ich, das seine Freiheit nicht dem Gesetze der Republik und ihrer Gleichheit verdankt, sondern der eignen reellen Kraft — konnte die Inkonsequenz nicht begehen und sich eine Beschränkung für Andere auflegen. Und nur für Ein solches Ich, wenn es konsequent ist, hat die Welt Raum.

Siebentes Kapitel.

Zusammenfassung der Ergebnisse, das Naturrecht in seiner letzten Gestalt.

Mischung von Kant und Fichte als Charakter des Naturrechts, wie es die allgemeine Bildung erfüllt. — Abriß der naturrechtlichen Doktrin, wie sie durchschnittlich in den Lehrbüchern sich darstellt.

Mit Kant ist das Naturrecht, das Grotius begründet, zum wissenschaftlichen Abschluß gebracht. Die nachfolgende Bearbeitung durch Fichte hat keineswegs den Standpunkt Kants überwunden und verdrängt, sie hat nur eine solche Kritik an demselben geübt, die dieser wieder umgekehrt an ihr üben könnte. Denn ihr gegenseitiges Verhältniß ist nur das: von den beiden Stützpunkten, zwischen denen das Naturrecht schaukelt, weil es nicht möglich ist, auf beiden zugleich zu stehen, dem freien Ich und dem logisch nothwendigen Gesetze, nimmt Fichte seine Stellung bloß auf dem ersten, Kant dagegen vorzugsweise auf dem letzten. Ja die Lehre Fichte's erscheint hiedurch, was seine ganze Anlage betrifft, mehr als ein Extrem gegenüber der Kant'schen Moderation. Die Gestalt, in welcher das Naturrecht die deutsche Wissenschaft zuletzt erfüllte, ist daher vorherrschend die Lehre Kants. Von ihm wird der ganze Bau des Naturrechts entnommen, nur in den einzelnen Resultaten neigt man sich zu Fichte, indem hiefür der allgemeinen flachern Vorstellungsweise die Willkür des Menschen (das empirische Ich) einleuchtender ist als Kants schlechthin nothwendiges Gebot (der homo noumenon). So stellt sich namentlich in dem beliebtesten und am öftesten aufgelegten Lehrbuch jener Zeit, dem von Gros, das Verhältniß dar. Der Inhalt des Naturrechts, bei diesem seinem Abschluß gelöst vom Zusammenhang mit einem bestimmten System der Philosophie, als allgemein herrschende wissenschaftliche Vorstellungsweise ist der folgende:

Die Lehre des „Naturrechts" oder „Vernunftsrechts" muß ausgehen vom Naturstande, im Gegensatze des bürgerlichen Zustandes, d. i. einem Zustande natürlicher Willkühr ohne Recht und Staat. Nicht daß ein solcher Zustand in der Wirklichkeit je existirt zu haben braucht; aber er muß in Gedanken angenommen, es muß in Gedanken von dem vorhandenen Recht und Staat abstrahirt werden, um rein aus der Natur oder Vernunft des Menschen (des Individuums) die Nothwendigkeit von Recht und Staat und die Regel, wie sie bestehen sollen und inwieweit sie binden, abzuleiten.

Aus der Natur oder Vernunft des Menschen ergiebt sich nun, daß der Mensch als sinnlich-vernünftiges Wesen Freiheit haben muß und zwar sowohl innere Freiheit, d. i. von äußern Eindrücken unabhängig lediglich durch Vernunft (das logische Gesetz) bestimmt zu werden, als auch äußere Freiheit, damit er als Vernunftwesen (d. i. nach jenem logischem Gesetze) in der Sinnenwelt wirksam seyn könne. Die Gesetze, die aus der innern Freiheit und für sie folgen, bilden das Gebiet der Moral, die Gesetze, die aus der äußern Freiheit und für sie folgen, bilden das Gebiet des Rechts.

Die äußere Freiheit, die dem Menschen als Vernunftwesen zukommt, ist an sich unbegränzt. Allein da jedem Menschen solch' unbegränzte Freiheit zukommt und die Freiheit Aller auf ein und dasselbe Objekt, die Sinnenwelt, gerichtet ist, so würde die Freiheit der Sämmtlichen sich gegenseitig aufheben. Darum folgt aus der Vernunft, als dem Gesetze des Nichtwiderspruchs, der Grundsatz: jeder muß seine Freiheit so weit einschränken, daß die der Andern daneben bestehen könne. Dieß ist die Maxime der Koexistenz. Sie ist der oberste, ja der einzige Grundsatz des Naturrechts. Alle andern (über Eigenthum, Ehe, Staat) sind nicht selbstständige Rechtsgrundsätze, sondern nur Anwendungen dieses Einen auf verschiedene thatsächliche Verhältnisse, und was nicht aus dieser Maxime hervorgeht, also was nicht auf gegenseitige Anerkennung und Selbstbeschränkung der Freiheit abzweckt, das kann möglicherweise dem moralischen Gebiete, nie aber dem Rechtsgebiete angehören, deßhalb nie mit Zwang vorgeschrieben werden. Eben diese an sich unendliche Freiheit mit der Einschränkung durch die gleiche Freiheit der Uebrigen ist das Urrecht des Menschen. (Das Urrecht ist nur der subjektive Ausdruck dessen, was die Maxime der Koexistenz objektiv ausdrückt.) Das Urrecht bezeichnet daher das Recht des Menschen, zu nichts den Anderen verbindlich zu seyn, als wozu sie auch wieder ihm verbindlich gemacht werden können*). Darinn liegt denn auch, daß der Mensch nicht bloßes Mittel für Andere werde und aufhöre Zweck zu seyn.

*) In diesem von Kant gegebenen Begriffe des Urrechts ist der Einfluß des Rousseau'schen Gedankens, daß die Freiheit auf der absoluten Reciprocität beruhe, nicht zu verkennen.

Das ist die Deduktion des Rechtsprincips, das erste und hauptsächlichste Werk des Naturrechts; es folgt nun das zweite, die Subsumtion der Verhältnisse unter dieses Princip:

Zunächst folgt aus der Koexistenz der Freiheit die gegenseitige Nichtverletzung der Person — der körperlichen Existenz, der freien räumlichen Bewegung, der Ehre —, das sind die angebornen Rechte (nicht mit dem Urrecht zu verwechseln). Es folgt aus ihr sofort das Eigenthum; denn die äußere Freiheit und absolute Wirksamkeit („Kausalität") des Menschen in der Sinnenwelt fordert, daß er jede Sache seinem Willen unterwerfen könne, und die Koexistenz dieser Freiheit fordert, daß Einer den Andern, der solches gethan, in seinem Verhältniß zur Sache nicht störe, — der Akt solcher Unterwerfung der Sache ist die Occupation. Es folgt endlich aus ihr die Verbindlichkeit der Verträge; denn vermöge jener absoluten Wirksamkeit in der Sinnenwelt muß der Mensch auch die Handlungen des Andern, da auch sie der Sinnenwelt angehören, seinem Willen unterwerfen (dessen „Willkür als Bestimmungsgrund von Handlungen in Besitz nehmen") können; jedoch vermöge der daneben bestehenden Freiheit des Andern nur so weit als dieser selbst einwilligt. Dieser aber hat die Möglichkeit, einzuwilligen, weil im Wesen der äußern Freiheit auch die eigne freie Selbstbeschränkung derselben liegt. Der Akt solcher Einwilligung, sohin der Erweiterung der Freiheit auf der einen und ihrer Selbstbeschränkung auf der andern Seite ist der Vertrag. (Ist nun bloß diese Willenseinigung der Grund der Verbindlichkeit der Verträge, so folgt daraus, daß der Inhalt des Vertrags rechtlich gleichgültig ist und jedweder Vertrag, weß denkbaren Inhalts er seyn möge, in gleicher Weise verbindlich ist; dessenungeachtet führen die Naturrechtslehrer nur diejenigen Species von Verträgen auf, welche sie im gemeinen Recht vorfinden.)

Ein Weiteres als dieß läßt sich unmittelbar aus der Maxime der Koexistenz nicht wohl ableiten. Was sonst als Rechtsinstitut gilt, gilt daher nur mittelst des Vertrags. Die Ehe ist ein Vertrag auf den gegenseitigen Gebrauch der Geschlechtsfunktionen. Ein anderer Zweck, namentlich die Lebensgemeinschaft, liegt nicht in der rechtlichen Natur des Ehevertrags, außer durch Nebenberedung, und jeder Inhalt des Ehevertrags (Ehe auf Zeit, Polygamie, Blutschande) ist durch Einwilligung beider Theile rechtlich statthaft und gültig. So z. B. Gros nach Fichte's Vorgang. Kant jedoch sucht die ausschließliche Geschlechtsgemeinschaft als nothwendigen Inhalt des Ehevertrags und zwar unmittelbar aus der Maxime der Koexistenz und dem Urrechte des Menschen nachzuweisen, indem das Gegentheil den andern Theil zum bloßen Mittel mache. Eine Erziehungspflicht der Aeltern gegen die Kinder besteht auf dem Rechtsgebiete nicht (so nicht bloß die Frühern, Grotius, Thomasius, sondern auch Gros und Andere), wohl aber hat nach Gros jeder (nicht bloß die Aeltern) ein Recht, den Unmündigen als noch willensunfähigen auch gegen seinen Willen zu erziehen. Kant aber behauptet auch hier wieder eine naturrechtliche Verbindlichkeit der Aeltern, ihre Kinder zu erziehen, aus dem Grunde, daß wer eine Person „ohne ihre Einwilligung" in die Welt gesetzt (so gewissermaaßen ihren Willen verletzt) hat, verbunden ist, sie auch mit ihrem Zustande zufrieden zu machen. Das Erbrecht ist gleichfalls ein Vertrag, nur mit der Modifikation, daß ein Moment der Schwebe eintritt zwischen dem Anerbieten (das erst mit dem Tode unwiderruflich, also ein wirkliches Anerbieten ist) und der Annahme, während dessen die Gesammtheit die Sache dem Erben bewahrt (Kant). Intestaterbfolge natürlich gilt nur als vermuthliche testamentarische. So beruhen die Familienverhältnisse lediglich auf beliebigem

Vertrag oder fallen nach Ansicht der meisten Naturrechtslehrer aus dem Rechtsgebiete gänzlich aus.

Eine Species des Vertrages ist der Gesellschaftsvertrag, d. i. die freiwillige Vereinigung Mehrerer zu einem gemeinsamen Zweck, für welchen Rechte und Verbindlichkeiten der Theilnehmer festgesetzt werden. Solche Gesellschaften sind die Erwerbgesellschaft, die Ehe, die Kirche, vor allen ausgezeichnet aber der Staat. Alle andern Gesellschaften nemlich sind rechtlich gleichgültig, d. h. es ist nach dem Rechtsprincip einerlei, ob sie eingegangen werden oder nicht. So die Handelsgesellschaft, die Ehe, die Kirche. Nur Eine Gesellschaft ist rechtlich nothwendig, das Rechtsprincip erfordert, daß sie bestehe, das ist der Staat. Nemlich jener oberste Grundsatz des Vernunftrechts gebietet zwar die die wechseltige Anerkennung der Freiheit (Unverletzlichkeit der Person, des Eigenthums, der Verträge); aber die Menschen einzeln vermöge ihrer sinnlichen Beschaffenheit erfüllen sie nicht. Ihre Erfüllung kann nur dadurch erreicht werden, daß die Menschen durch Vereinigung ihrer Kräfte eine Macht herstellen, die jeden Einzelnen, wenn er sich weigert, zur Erfüllung zwingt. Die Gesellschaft hiefür ist der Staat. Deßwegen ist er und nur er ein Postulat des Rechtsprincips.

Der Staat ist danach die Gesellschaft zur zwangweisen Realisirung der Maxime der Koexistenz. Sein Zweck ist Schutz der Rechte der Einzelnen, wie sie aus dieser Maxime folgen. Was daher nicht aus dieser Maxime folgt und ihr dient, das kann vernunftgemäß nicht Gegenstand des Staatsverbandes, der Staatsgesetze, kurz des Staatszwangs seyn, z. B. öffentliche Bildung, öffentliche Sitte, öffentlicher Wohlstand. Hiefür einen Zwang zu üben, verletzt das Rechtsprincip. (Die vielfachen Einrichtungen in den wirklichen Staaten, durch welche für solche Zwecke Zwang besteht, werden von Einigen nach starrer Konsequenz verworfen, von Andern durch Umweg gerettet, entweder dadurch, daß diese Zwecke mittelbar zum Schutz der Rechte dienen, indem der Gesittete, Gebildete, Vermögliche dem Leben und Eigenthum minder Gefahr bringt; oder dadurch, daß die Staatsmitglieder außer dem eigentlichen Staatsvertrag auch noch nebenbei einen stillschweigenden Vertrag für diese andern Zwecke geschlossen.)

Wenn nun auch der Staat im Allgemeinen ein Postulat des Rechtspincips ist, so kann er doch unter den bestimmten Menschen vermöge der Freiheit des Vernunftwesens nur durch ihre eigne Einwilligung zu Stande kommen, also durch Vertrag. Ob die Staaten in der Wirklichkeit thatsächlich durch Vertrag entstanden sind, ist hiebei gleichgültig; aber rechtlich kann die Gewalt des Staats und die Gehorsamspflicht der Unterthanen nur auf einen stillschweigenden Vertrag gegründet und nur nach den Folgerungen aus einem solchen beurtheilt werden.

Dieß ist der gesammte Inhalt der Doktrin, die den Namen des „Naturrechts" oder „Vernunftrechts" führt, nachdem das anderwärts hereingezogene Material ausgeschieden und ihre eigne Gliederung rein herausgestellt ist. Ihre eigenthümliche Behandlung ist die Ableitung von Recht und Staat aus der Natur oder Vernunft des (einzelnen) Menschen. Ihre charakteristische Lehre ist fürs erste die Beschränkung der erzwingbaren Gebote und des Staatszwecks auf den Schutz der Rechte des einzelnen Menschen, und fürs andere die Läugnung aller von selbst bestehenden Gewalt und ausschließliche Begründung derselben in Einwilligung und Auftrag der Untergebenen. Recht und Staat bestehen danach nur durch die individuelle Freiheit und nur zum Zwecke derselben.

Vierter Abschnitt.

Beurtheilung der abstrakten Rechtsphilosophie.

Die abstrakte Rechtsphilosophie muß mit Fichte als beschlossen betrachtet werden, obwohl der Rationalismus auch in späteren Systemen noch herrscht und durch Hegel in gewissem Sinne erst seine Vollendung erhielt. Denn durch das letzte System ist bloß seinen Anforderungen an das Verfahren vollständig Genüge geschehen; das Interesse der Richtung aber hat mit Fichte die Befriedigung erlangt, welche es überhaupt zu erreichen im Stande ist. Es weicht nun wenigstens zunächst aus den Begebenheiten der Welt und aus den Bestrebungen der Wissenschaft, um einem neuen, anfänglich sogar ihm widersprechenden, Platz zu machen. Daher kommt es, daß in den späteren Systemen, wo immer der abstrakte Charakter und damit unläugbar die Triebfeder menschlicher Isolirung herrscht, diese es sich doch nicht gestehen will; ferner daß die Resultate der Rechtsphilosophie, welche bis hieher individuelle Freiheit anstreben, von nun an die entgegengesetzte Richtung annehmen, und so, wiewohl durch Abstraktion gefunden, dennoch das Interesse verletzen, welches allein zur Abstraktion führte, wie dieses bei Hegel entschieden der Fall ist. Zu dem Streben, dem Rationalismus völlig zu genügen, gesellt sich nemlich von Fichte an, wenn auch nicht immer bewußt, das entgegengesetzte, von ihm frei zu werden. — So lange das Princip des Rationalismus noch das des Lebens war, durfte es sich zeigen, wie es ist, und es fand die allgemeine Anerkennung. Jetzt ist es nur noch Princip der Schule, es ist der Zeit entgegengesetzt, muß sich ihr fügen, und kann ihr dennoch nicht genug thun. So ist denn auch dem Systeme Hegels das glänzende Loos nicht geworden, wie jenen frühern. Diese rissen das ganze Zeitalter wie im Schwindel mit sich, die Koryphäen jedes Faches gaben sich willig zur Durchführung her und suchten ihren Ruhm darin, und selbst die untern Kreise der gebildeten Welt wurden bald von der neuen Vorstellungsweise oder Gesinnung erfüllt, während dieses neueste System sowohl bloß auf den engen Kreis der Schule eingeschränkt bleibt, als auch bei den hervorragenden Männern keine Unterstützung, oft den entschiedensten Widerwillen findet. Bei Schelling war es gerade die antirationalistische Eigenschaft, die zuerst und gerade die Geistreichsten ergriff, und das Gefühl, daß diese noch nicht durchgedrungen, was in der Folge wieder dessen Verbreitung hemmte. Dieß alles wird die weitere Darstellung bestätigen. Hier war nur die vorläufige Bemerkung nöthig, um es zu rechtfertigen, daß schon bei Fichte die Beurtheilung des Naturrechts ihre Stelle erhielt, dennoch aber in derselben auch die späteren Systeme mitunter berührt werden, wo es die allgemeinen in ihnen wiederkehrenden Charakterzüge betrifft.

— —

Erstes Kapitel.

Logische Prüfung des Naturrechts.

Logischer Widerspruch in dem rationalistischen Verfahren. — Anwendung auf das Naturrecht. Mangel der Gewißheit für den reinen Vernunftbeweis. — Widerspruch des Inhalts. der vom Naturrechte geforderten Grundbegriffe — der aus ihm sich ergebenden Einrichtungen

Es ist ein Leichtes in abstracto zu behaupten: „Alles ist das Erzeugniß eines nothwendig wirkenden Gesetzes. Dieses (Gott) enthält die Welt schon seiner Natur nach, und es konnte nichts werden, als was ist; was aber ist, das mußte werden.“ Dieser Gedanke scheint der einfachste, in sich übereinstimmendste zu seyn, der den Denker allein vollkommen zu befriedigen im Stande ist durch die Einheit, welche er über alles Daseyn ausbreitet. Allein er kann sich nur dadurch erproben, daß dieses Gesetz wirklich ausgesprochen, und daß es begreiflich gemacht werde, wie die Dinge alle aus ihm hervorkommen. Dahin vorzudringen unterläßt die Menge derer, welche in solcher Philosophie das Heil suchen, sie beruhigen sich bei jener Annahme, ihr glaubend ohne zu denken, und das bezeichnet aufs genaueste jener ewige Spruch: daß halbe Philosophie von Gott entferne, wahre zu ihm zurückführe. Wer jenes Gesetz und die Art, wie es die Dinge hervorbringt, gefunden hätte, der müßte allerdings die ganze bestehende Welt, ohne etwas von ihr zu erfahren, aus sich selbst zu finden im Stande seyn, da ja nur solches existirt, was nach jenem Gesetze nicht unterbleiben konnte. Ein solcher müßte aber eben deßhalb auch das Künftige wissen, er müßte ein Prophet seyn in viel höherer Weise als die der Vorwelt. Nicht bloß einzelne Lichtblicke, von einem andern Wesen mitgetheilt, würden ihn erleuchten; die ganze Zukunft bis ans Ende der Welt müßte vor ihm aufgedeckt liegen. Und nicht anderswo könnte er die Kunde geschöpft haben, als aus seinem eignen Denken, das am besten davon wissen muß, da es ja selbst der Gott ist, welcher das Gegenwärtige hervorgebracht hat und das Künftige vollenden wird. Nach einer Bestrebung von Jahrhunderten das einfache Gesetz und die Weise seiner Produktion kennen zu lernen, nachdem eine so große Menge seiner Erzeugnisse vorliegt, sollte es endlich doch gelungen seyn! Aber noch kann sich kein System dieses Fundes rühmen. Spinoza ist bei der Versicherung stehen geblieben, daß die Dinge nur nothwendige Aeußerungsarten der einen Substanz seyen: er hat nicht nachgewiesen, warum die Substanz gerade diese Arten annehmen mußte, oder auch nur konnte. Fichte, in seiner frühern Periode Schelling, Hegel haben die Nachweisung versucht, und es ist nicht schwer zu zeigen, daß sie von ihnen nicht geleistet worden. Kant hat sie im Grunde positiv aufgegeben. Man braucht sich aber hier nicht auf die ausnahmslose Erfahrung mißglückter Systeme zu berufen, die Nachweisung ist nur deßwegen mißglückt, weil der Hergang, den sie voraussetzt, in sich selbst widersprechend und daher schlechterdings unmöglich ist — das ist eine bloß verneinende Behauptung und kann daher aus dem Begriffe dieses geforderten Hergangs selbst bewiesen werden.

So wenig als die Einheit von der Wissenschaft aufgegeben werden kann, eben so wenig auch die Mannigfaltigkeit, welche unläugbare Erklärung fordernde Thatsache ist. Es fragt sich daher, wie das Mannigfaltige bei jener Vernunfteinheit bestehen könne? Hier giebt es zwei Wege: der eine läßt es aus dem Einfachen selbst hervorkommen — das ist der entschiedene, sich selbst klare Rationalismus. So Spinoza, Fichte, Hegel. Der andere nimmt einen schon mannigfachen Stoff außer der Vernunft an, durch welchen diese, außerdem einfache, sich mannigfach äußert. So Kant und die Schule vor ihm. Der erste Weg offenbart sogleich seinen Widerspruch. Das Einfache, Ununterschiedene, das nur nach einem nothwendigen, sich immer gleichen Gesetze wirkt, kann nicht Verschiedenartiges hervorbringen. Warum folgere ich aus dem Unbedingten (sey dieses nach Spinoza die allgemeine Substanz, oder nach Fichte der Begriff des Selbstbewußtseyns) das einemal die Pflanze, das anderemal das Thier, und nicht immer ein und dasselbe? Wenn ich von der noch bestimmungslosen Substanz oder Intelligenz ausgehe, darf ich dieses unmöglich. Ich müßte also dazu noch vor meiner Folgerung eine Mehrheit unterschiedener Bestimmungen in dem Unbedingten annehmen. Dann ist aber die Einheit selbst aufgegeben, die ja eben darin besteht, daß vor der Folgerung noch nichts unterschieden sey und durch diese, obwohl gleichmäßige, Bewegung allein erst die Unterschiede sich ergeben. — — Der andere Weg, welcher die Mannigfaltigkeit in dem Stoffe bestehen und durch die Vernunft ihr nur die Einheit verleihen läßt, ist außer Stand, eine Verbindung zwischen beiden herzustellen. Das einfache Denkgesetz und der mannigfache Stoff sind sich völlig heterogen und können nichts gemeinsam hervorbringen. Um mit dem Verschiedenartigen in nothwendiger Weise verbunden zu werden, müßten im Denken selbst schon verschiedenartige, dem Stoffe entsprechende Beziehungen also ein Mannigfaches gegeben seyn. Man hat nun dennoch aus einfachen reinen Vernunftgesetzen und jenem Stoffe verschiedene Schlüsse als nothwendige abgeleitet. Das war das Verfahren der dogmatischen Philosophie vor Kant, ja Kants selbst in seinem praktischen Theile. Es ist aber dabei die Konklusion usurpirt, wie bei dem Verfahren des ersten Weges der Untersatz. Beides bewirkt man, indem man dem als ununterschieden postulirten Principe doch wieder verschiedene Bestimmungen vor aller Folgerung unterlegt, und wähnt, man hätte sie erst durch die Folgerung gewonnen. Ist man auf letzterem Wege folgerichtig, so geht die Mannigfaltigkeit der Dinge, der Regeln nicht aus der Vernunft hervor, sondern sie ist fertig und gegeben vor ihr, sie hat keinen Theil an ihnen. Dann aber ist die Einheit, die man behauptet, immer nur Einheit des Denkens selbst; der Stoff, den es aufgenommen und mit dem es in keiner nothwendigen Verbindung steht, erhält niemals dadurch Einheit. Man müßte also auch hier entweder jene wissenschaftliche Anforderung der Einheit aufgeben, oder sich nach einem Mittelpunkte außer dem Denken umsehen, aus welchem wirklich Mannigfaches hervorgehen könnte, d.i. Vernunftphilosophie verlassen. Kant hat diese Unzulänglichkeit der Vernunft am tiefsten erkannt. Nehmen wir keinen Stoff (Dinge außer unserem Denken) an, so läßt sich daraus nicht erklären, warum wir verschiedene Vorstellungen haben; nehmen wir aber diesen man=

nigfachen Stoff an, so ist die Vernunft, die kein im eigentlichen Sinne Mannigfaches gestattet, gar nicht mehr das Princip, die Ursache der Dinge, und kann nichts mehr aus sich selbst finden. Das ist die Enge des Kant'schen Systems. Er hätte daher die Abstammung der Welt aus dem reinen Denken und das Wissen a priori nicht bloß in der theoretischen, sondern auch in der praktischen Philosophie, er hätte sie ferner in jener nicht bloß provisorisch und relativ wegen unserer Vorstellung von Veränderung, sondern definitiv und absolut aufgeben sollen. Statt dessen suchte er den widersprechenden Anforderungen dadurch zu genügen, daß er einen widersprechenden Zustand postulirte; synthetische Erkenntniß ohne Veränderung, d. i. ein Mannigfaches, das doch kein Mannigfaches ist.

Beide Versuche und die Unmöglichkeit der Ausführung zeigt denn auch das Naturrecht. Fichte und Hegel wollen von ihrer einfachen Voraussetzung aus durch denselben logischen Prozeß nicht bloß die Rechtsregeln erhalten, sondern die verschiednen menschlichen Verhältnisse selbst. Von Hegel wird noch besonders die Rede seyn. Fichte hat als einfache Voraussetzung den Begriff des Selbstbewußtseyns ohne allen andern Inhalt als die Merkmale der Entgegensetzung eines Nicht-Ich gegen das Ich. Diese Entgegensetzung ist der Begriff des Selbstbewußtseyns, und ist es ohne daß dieses oder jenes der Gegenstand der Entgegensetzung seyn müßte. Warum soll nun der immer gleiche Begriff des Selbstbewußtseyns fordern: jetzt daß ein organisirter Leib, jetzt daß andere Menschen, daß das Bedürfniß der Nahrung, Wohnung, Erziehung u. s. w., woraus sich die Mehrheit der Rechtsinstitute ergiebt, entgegengesetzt werden, und nicht willkürlich, sondern nach einem nothwendigen Schlusse jedesmal gerade dieses? Die Antwort, welche Fichte hierauf in Bereitschaft hat, ist diese: Das Resultat meiner ersten Folgerung ist ein neu hinzukommender Bestimmungsgrund für die zweite, wodurch diese anders ausfallen muß als jene; z. B. habe ich zuerst vernünftige Menschen außer mir unmittelbar aus dem Gesetze des Selbstbewußtseyns als nothwendig erkannt, so muß ich jetzt, aber auch jetzt erst, folgern, daß mir eine Wirkung auf sie möglich seyn, daß ich einen Leib haben müsse. Die Unwahrheit ist nun zunächst, daß die abstrakte Einwirkung = der bestimmte Leib seyn müsse; sodann aber liegt sie schon darin, daß die erste Folgerung ein bestimmtes Resultat gegeben habe. Jener Begriff des Bewußtseyns, wenn er mit der Entgegensetzung des Nichtich wirklich schon bezeichnet, schon etwas ist, kann nach keiner Denkregel irgend ein bestimmtes Nichtich ergeben, sey dieses ein Leib, andere Menschen, oder was immer. Von dem Abstrakten zu irgend einem Konkreten ist eine unübersteigliche Kluft. — — Die sämmtlichen Naturrechtslehrer und Kant hingegen setzen die mannigfachen Verhältnisse außer der Vernunft voraus; allein das Gerechte an ihnen soll doch immer die einfache Vernunftregel seyn. Nur insofern sich ein Satz durch Subsumtion des ethisch noch gleichgültigen Verhältnisses unter diese Regel nothwendig ergeben hat, nur insofern ist er gerecht. Diesem steht nur das Hinderniß entgegen, daß sich solche nothwendige Sätze nicht ergeben. Die Vernunftregel bleibt immer nur sie selbst, die stofflose, und die Verhältnisse bleiben immer sie selbst, die ethisch gleichgültigen. Die Regel nimmt den Stoff, den man ihr unterstellt, auf, würde aber eben so gut einen andern aufnehmen; beide assimiliren sich nie zu einem untheilbaren Produkt. In das logische Gesetz des Nichtwiderspruchs, welches Kant unter dem Namen Allgemeinheit und Nothwendigkeit als reines Vernunftgesetz zum Princip der Moral macht, würde die konsequente Moral eines Franz Moor eben so gut passen als die Kantische, wenn man nicht ein außer jenem Gesetz liegendes Ziel des menschlichen Wesens und der

Verhältnisse in der Welt annimmt, denen solche Moral allerdings widerspricht. Dann aber ist dieses Ziel und nicht jenes Vernunftgesetz das positive Princip der Moral, das die Mannigfaltigkeit und Bestimmtheit der Vorschriften bewirkt. Eben so wenig ergiebt sich aus dem abstrakten Begriff der Freiheit und einer gleichmäßigen Beschränkung für Andere irgend ein bestimmtes Rechtsinstitut. In dieser Freiheit darf ja vor der Subsumtion noch nicht Recht über das eigne Leben oder über Sachen u. dgl. angenommen werden. Aus der unendlichen, alle Gegenstände befassenden, soll die bloße Beschränkung zu einem gleichen Schutze für Andere erst die bestimmten Gegenstände der Freiheit erzeugen. So wie man Recht auf Sachen, welches das des Andern ausschließt, daraus deducirt, kann man eben so gut ein Fehderecht nach bestimmten gleichen Normen ableiten. Denn in welcher nähern Beziehung steht der leere Begriff der unendlichen Freiheit zu den Gliedern des Andern, als zu Sachen, die ihm nach demselben alle eben so gut als seine Glieder gehörten. Verträge ergeben sich durchaus nicht als nothwendig, selbst wenn man einen geschichtlichen Zusammenhang zwischen dem Momente des Versprechens und dem nachfolgenden annimmt: ist die Freiheit nicht verletzt, wenn ich assertorisch lüge, warum wenn promissorisch? Warum hält es Kant für Verletzung der Freiheit des intelligiblen Menschen, die ihn zum Mittel herabsetze, wenn sein Gatte ihn nicht ausschließlich zum Gatten hat, warum nicht bei anderen Beziehungen, z. B. daß man sich dieses und zugleich jenes Menschen als Domestiken bedient? — Alles dieses könnte aus dem Begriff der gleichen Freiheit Aller, wenn man die menschlichen Verhältnisse darunter bringt, so und anders festgesetzt werden, und beides ohne Widerspruch. Was zu der richtigen Entscheidung nöthigt, ist allein der göttliche Beruf, zu welchem Freiheit wirklich ertheilt, der Inhalt der ihr eingeräumt ist, nicht der ihr nach Denkgesetzen eingeräumt werden muß. Es ist der Beruf des Menschen, durch Verkehr sich zu erhalten, durch Verträge gebunden zu werden, in ausschließlicher Ehe zu leben. Nur die Bestimmung der Sachen, die Art wie, und der Zweck wozu sie gebraucht werden, entscheidet, ob sie res communes, Sachen der Gemeinde oder Privatsachen seyn sollen. Die Verhältnisse haben also schon eine Mannigfaltigkeit ethischer Bestimmung vor der Vernunftfolgerung, welche diese nur anerkennt, nicht erzeugt, und hätten sie dieselbe nicht, so würde diese auch nicht dazu gelangen. Das Denken ist nicht das Bewirkende des Ethos, und die Wissenschaft muß, sowohl um die bestimmten ethischen Anforderungen zu erkennen, als um die Einheit in ihnen zu erhalten, ein anderes Princip als die Vernunft suchen. Wohl kann das Wahre nirgend dem Denken widersprechen, und jene logischen Regeln oder den gegebenen Instituten abstrahirten Begriffe müssen sich in allem Ethos finden. Eine Vorschrift, die sich selbst widerspräche, wäre keine gerechte, weil sie überhaupt nicht bestände. Freiheit und Beschränkung sind die unvertilgbaren Merkmale alles Rechts, das ewige gerechte Recht ist ohne sie daher nicht denkbar; allein sie sind noch nicht selbst ein Recht und können, man mag ihnen was immer für einen Stoff unterlegen, auch keines erzeugen, nicht bloß nicht das gerechte, sondern überhaupt keines. Sie sind bloß die Schranken desselben, die mit dem entgegengesetztesten Inhalte sich vertragen. Das eben ist von Spinoza bis Hegel die stets in andern Formen wiederkehrende Unwahrheit, der ewige Selbstbetrug der rationalistischen Denkweise, daß sie die Dinge, die ethischen Anforderungen aus der Wirklichkeit entlehnt und ihrer Entwickelung unterstellt, und, was irgend einer Denkform nicht widerspricht, als nothwendig von ihr gefordert ausgiebt.

Alles Nothwendige hat nur analytischen Charakter. Es kann mit aller Folgerung und Bewegung nur dasjenige setzen, was es schon vor der Folgerung war und was schon vor der Folgerung in seinen Begriff nothwendig gehört Hält man fest an dem Satz des Spinoza, jenem Nerv des Rationalismus: „mit der Ursache ist die Wirkung unaufhaltsam gegeben"; so ist alles Analyse, es giebt nur Eines. Dieses ist entweder ein Einfaches, Ununterschiedenes; dann kann mit aller denkbaren gesetzmäßigen Entwicklung nichts aus ihm herausgebracht werden, als das Einfache, Ununterschiedene. Oder es wird gleich von vorn herein als ein mannigfach Bestimmtes angenommen; dann hat man mit einem Sammelbegriff begonnen, was gerade das menschliche Denken nicht erträgt. Die Anforderung der Wissenschaft, die Anforderung des Menschen, daß Einheit in den vielen Dingen und ethischen Anforderungen bestehe, wird also durch das abstrakte Verfahren, welches diese Einheit in der Vernunft sucht, nicht befriedigt. Denn wenn sie hierin läge, so dürfte kein Mannigfaches bestehen. Im Gegentheil, wenn die unläugbar vorhandene Mannigfaltigkeit durch Einheit bewirkt seyn soll, so kann die Welt und das Ethos nicht ein nothwendiges Gesetz zur Ursache haben.

Es wird damit nicht geläugnet, daß wir alle Erkenntniß, und so auch die des Gerechten, nur durch unser Erkenntnißvermögen erhalten, das man immerhin Vernunft nennen möge. Allein die ruhenden Denkbestimmungen, welche die abstrakte Philosophie unter Vernunft versteht, sind nur geeignet, einen Inhalt, den wir schon besitzen, in seiner Bestimmtheit festzuhalten, seinen Verlust, seine Verwirrung durch Hinüberspielen in Anderes zu verhindern — ein bloß negativer Gebrauch. Und selbst das thätige Denken und Erkennen (Vernunft in einem höheren und reicheren Sinne), welches nicht in diesen hohlen isolirten Formen besteht, ist immerhin doch nur das Mittel der Erkenntniß, nicht der Gegenstand derselben. Dieser ist außer uns: der göttliche Geist und seine freien Thaten, die Natur, die er geschaffen, die Geschichte, die er gelenkt, das Wort, das er verkündigt, das Ziel, das er der Welt gesetzt. Das Wahre, das Gerechte ist sohin das, wozu Vernunft in ihrer Thätigkeit gelangt, nicht das, was sie ist; was durch sie, nicht was aus ihr gefunden wird. Sie sieht das Licht und zeugt von dem Lichte, aber sie ist nicht das Licht und hat das Licht nicht gemacht. Das eben ist die Verkehrtheit des Rationalismus, daß er das Organ der Wahrheit für diese selbst hält, und deßwegen mit Zerlegung und Betrachtung dieses Organs auch den Inhalt des Wahren, den es ihm erst verschaffen soll, erhalten zu haben wähnt. Selbst Fichte, obwohl er scheinbar die Vernunft als handelnde, schaffende auffaßt, sucht doch alle Erkenntniß in dem, was sie ist, was der vom Handeln abgezogene Begriff des Selbstbewußtseyns als nothwendiges Merkmal enthält. Niemand war noch so thöricht zu behaupten, daß die körperlichen Werkzeuge, durch welche wir Nahrung empfangen und verbreiten, unsere Nahrung seyen. Solcher Behauptung aber entspricht das Verfahren des Rationalismus. Vernunft ignorirt alles Wissenswürdige außer ihr und betrachtet nur sich, die beim Erkennen thätig ist. Sie verschmäht die Speise, die ihr geboten ist, um — wie der Erfolg in allen Gebieten des Wissens gezeigt hat — in ihr selbst zu vertrocknen.

Vernunft als Princip der Wissenschaft enthält, wie gezeigt, keine Einheit, sie enthält aber auch keine Versicherung der Wahrheit, und befriedigt so keines der allgemeinen wissenschaftlichen Interessen. Kant zeigt die Unzulänglichkeit des ontologischen Beweises, auf welchen alle Vernunftsysteme gebaut sind. Nemlich der Begriff des absoluten Wesens, man mag sich darunter den persönlichen Gott oder auch nur den des leeren Daseyns denken, enthält noch nicht die Nothwendigkeit, daß wirklich Daseyn bestehe. Es ist kein Widerspruch mit dem Begriffe des Seyns, daß es kein Seyn gebe. Kant übersieht hier, seinem allgemeinen oben gezeichneten Charakter gemäß, indem er bloß das Denkgesetz zum Maaße macht, die eigentliche Gewähr dieses Beweises, nemlich das Daseyn dessen, der philosophirt, und das nach dem Satze des Widerspruchs allerdings Daseyn überhaupt postulirt. Man könnte sonst weiter gehen als Kant und fragen: wer bürgt für den Satz des Widerspruchs selbst, der den ontologischen Beweis verbürgen oder nicht verbürgen soll? Nur ein Reelles, ein Seyendes und seine Einheit mit dem Wissen, also ein Wissender kann die Probe für sich und für anderes Daseyn enthalten. Diese überall zu Grunde liegende Versicherung brachte Fichte zum Bewußtseyn, der sie gleich im Anfange seiner Wissenschaftslehre auseinandersetzt. So findet sich auch in der Beziehung auf die Gewähr der Annahmen derselbe Fortschritt wie auf die Annahmen selbst. Wird nun aber das eigne Daseyn, welches diese Bürgschaft geben soll, auch zum Princip genommen, so gewährt es dieselbe nicht. „So wahr ich bin!" ist bei einem endlichen Wesen eine schlechte Versicherung. Denn es giebt für das „ich bin" selbst keine Gewißheit, daß es nicht in meiner Macht steht, ob ich auch noch im nächsten Augenblicke seyn werde. Alles aber, was auf dieses Bewußtseyn des Daseyns als Folge gebaut ist, hört mit ihm auch auf. In einer der berühmtesten Stellen Homers, die vor vielen andern durch Wahrheit ergreift, schaudert Hektor vor dem Sklavenloose der Andromache nach seinem Falle; aber er tröstet sich: dieses Loos wird nicht seyn — so gewiß es eintritt — denn er selbst, Hektor, wird ja dann nicht mehr seyn. Die abstrakte Substanz, die mit meinem Daseyn logisch gesetzt ist, kann nicht causa sui seyn, da ich ja selbst nicht causa mei bin. Mein Leben selbst ist nur ein Erfahrungsding, ein Veränderliches, ein Vorübergehendes, es fordert ein Ewiges als Grundlage. Das Denken kann eine solche nicht seyn, denn es ist selbst erst Folge, nicht bloß Folgerung meines Seyns. Es hat mich als reelle Voraussetzung und kann daher nicht wieder die meinige seyn. Es muß also ein reales Daseyn außer mir als das Ewige angenommen werden, das dem meinigen und dadurch der Realität meines Denkens die ewige Verbürgung gewährt. Nicht was aus dem Begriffe meines Daseyns, als Grunde, logisch folgt, ist mir das Ueberzeugende, sondern was mein ganzes Wesen (als Wirkung) auf reelle Weise erklärt. Eine noch größere Probe und Bestätigung aber verlangt kein menschliches Gemüth. — — Die Methode des Naturrechts lautet also: das und das ist ewig absolut gerecht, so wie ich ein denkendes Wesen bin. Dagegen ist einzuwenden: Fürs erste, wenn es keine andere Quelle der Entscheidung giebt, als daß du bist und denkst, so kann eben so gut dieses als jenes gerecht seyn. Fürs andere: wenn sich auch bestimmte Resultate ergeben würden, so hätten sie doch keine Gewähr ihrer ewigen absoluten Wahrheit. Denn dein Denken hat für sich gar keine Realität, und du selbst nur eine vorübergehende relative.

Daß die Methode des Naturrechts, welche Mannigfaltigkeit der ethischen Vorschriften anerkennt und dieselben dennoch aus der Vernunft ableitet, sich selbst damit widerspricht — ist somit gezeigt worden. In gleichem Widerspruch steht der Inhalt desselben, wie sich dieß bereits in der vorausgegangenen Darstellung ergeben hat und hier nur kurz zusammenzufassen ist.

An zwei Postulaten als Grundlagen des Rechts muß die Abstraktion festhalten: Freiheit des Individuums, und ein Gesetz der reinen Vernunft, das sie beschränke. Diese Grundlagen aber sind unvereinbar. Ist das Vernunftgesetz Princip der Deduktion, so schließt sie Freiheit aus; ist es die individuelle

Freiheit, so duldet sie keine Beschränkung. Es bleibt nur die Wahl zwischen logischem Despotismus und individueller Willkür. Diese beiden Principien in ihrem entschiedenen Gegensatze weisen denn auch die Systeme Kant's und Fichte's auf. Und es hat sich das Resultat schon bei den Grundbegriffen bestätigt: Kant, von der logischen Nothwendigkeit beginnend, vermag nur ein Nichtverbot, nicht eine Berechtigung zu deduciren; Fichte hingegen, vom reellen Ich ausgehend, gelangt zur Anarchie. Eine dritte Partei aber bildet die Gesammtheit der Naturrechtslehrer außer diesen Universalphilosophen, welche darin besteht, daß sie unbewußt bald das eine, bald das andere dieser entgegengesetzten Dinge zum Princip macht. Der Widerspruch hierin ist einleuchtend und begegnet überall. So behauptet Wolf vom Principe der Freiheit aus: es giebt keine societas und kein imperium ohne freiwillige Uebereinkunft. Dagegen leitet er wieder die älterliche Gesellschaft aus der Vernunftvorschrift der Kindererziehung her und unzähliges Andere. Der Repräsentant dieser Partei ist Feuerbach. Er ragt vor allen Bearbeitern durch Schärfe, Genauigkeit und Umsicht hervor, und das Naturrecht — in so weit es unabhängig von einem universellen System der Philosophie und daher zugleich von juristischem Bedürfniß und Urtheil bestimmt sich fortbildete — hat mit ihm die Vollendung seiner Grundbegriffe erreicht. In der Deduktion selbst bleibt er sich überall treu, und wenn er dessen ungeachtet zu Widersprüchen gelangt, so kann dieses nicht anders als in den Ausgangspunkten seinen Sitz haben. Sein Glaubensbekenntniß in seiner Kritik des natürlichen Rechts enthält denn auch die Vermengung des Kant'schen und Fichte'schen Standpunktes (denn die Rechtslehre kann beider Principien nie entbehren; wenn reine Spekulation sogar den Muth hätte, eines aufzugeben), und gerade durch die Sicherheit seiner Gedankenfolge zeigt sich ihre Unvereinbarkeit. Er will wie Fichte das Recht des Individuums als Princip des Rechtsgesetzes, damit dieses sich von der Moral unterscheide, es soll keine nur negative Erlaubniß seyn, sondern eine „positiv sanktionirte" Berechtigung, ein „juristisches Vermögen". Aber wie Kant will er auch, daß die praktische Vernunft Princip des Rechtsgesetzes sey, jenes juristische Vermögen muß aus der praktischen Vernunft folgen und zum Zwecke der praktischen Vernunft (der Moral) bestehen, damit es ethisch geheiligt und damit es beschränkt sey. Beides ist unläugbar erwiesen. Allein eben dadurch sieht sich Feuerbach auf den entscheidenden Punkt gedrängt: wie kann die positive Berechtigung aus der praktischen Vernunft folgen, wie läßt sie sich daraus ableiten? Er vermag es sich nicht zu bergen, daß solches nicht möglich ist, und nimmt deßwegen zu der Kant'schen Unerkennbarkeit der Dinge seine Zuflucht: es sey gewiß, daß sie aus der Vernunft folgen müsse, das Wie? aber lasse sich nicht begreifen*). Das ist nun offenbar ein ganz falscher Gebrauch von dem Ding an sich. Denn wie etwas, das wirkfich aus der Vernunft folgt, aus ihr folge, das hält Kant wohl für erkennbar, sonst müßte er alles Erkennen aufgeben. Die Unbegreiflichkeit des Wie? bezieht sich bei ihm nur auf unser reelles Gefühl des Sollens, nicht darauf, was der Gegenstand dieses Sollens ist, und welcher Art die Vernunft ihn als nothwendig enthält. Auch dürfte überhaupt ein Zurückziehen hinter die Kant'sche Unerkennbarkeit gegenwärtig Schutz zu gewähren nicht mehr im Stande seyn. Und so hat denn die Feuerbach'sche Kritik — der Kulminationspunkt des Naturrechts — kein anderes Resultat als das oben ausgesprochene: Naturrecht fordert positive Berechtigung des Individuums, und fordert, daß

*) Kritik des natürl. R. S. 265.

sie aus einem Vernunftgesetze hervorgehe; wie dieses aber möglich sey, ist nicht zu begreifen.

Man könnte den Widerspruch in der Ableitung der allgemeinen Begriffe sich gefallen lassen, weil diese Ableitung bloß wissenschaftliches Interesse hat. Allein auch bei den bestimmten Instituten treiben jene entgegengesetzten Principien zu entgegengesetzten Resultaten, und der Staatsmann, der dem Naturrechte huldigt, sieht sich überall zu widersprechenden Einrichtungen aufgefordert. Folgt man nemlich der Freiheit des handelnden Menschen, so muß man ihr die Möglichkeit, eine Veränderung zu bewirken einräumen, und die Produkte dieses Handelns, also die Ungleichheit des Rechtszustandes anerkennen: Eigenthum, Zunftrechte, politische Vorzüge, kurz alle wohlerworbenen Rechte was immer für einer Art. Dann hat man aber die unabänderliche Gleichheit des Vernunftgesetzes verletzt. Will man umgekehrt dieser genügen, so muß man jeden geschichtlich bewirkten Vorzug aufheben, nicht bloß Standes-, Gewerbsprärogative, sondern auch ungleiches Eigenthum, durch Vertrag entstandene Forderungsrechte. Denn die ursprünglich gleiche Möglichkeit eines jeden, die gleichen Rechte mit den Andern zu erhalten, ist entweder nirgend oder überall eine Rechtfertigung der jetzt bestehenden Ungleichheit. So sind die Loosungsworte des Naturrechts „Freiheit und Gleichheit" ein logischer Widerspruch. Sie ergeben zwar nirgend positive Entscheidung; aber daß sie negativ die eine durch die andere schon dem Begriffe nach aufgehoben werden, ist gewiß. Freiheit fordert That, das ist Veränderung, Ungleichheit. Gleichheit hingegen fordert stets Unabänderlichkeit, schließt That und Freiheit aus. Wenn nun bald dem einen, bald dem andern Principe gefolgt wird, so darf wenigstens solches Verfahren nicht für ein durch Vernunft nothwendig geleitetes ausgegeben werden.

Zweites Kapitel.

Reelle Prüfung des Naturrechts.

Auflösung der Sittlichkeit in bloße Denkrichtigkeit Negativität der Ethik, der Moral wie des Naturrechts. – Verhältniß der negativen und der positiven Freiheit und Gleichheit. Zerstörung des öffentlichen Rechts. Die Wahrheit des Motivs des Nationalismus und des Vernunftsrechts.

In einer Untersuchung, welche ihr Maaß nicht ausschließlich in der Logik, sondern zugleich in den menschlichen Interessen und deren Befriedigung sucht, ist es erlaubt, durch das bloße Hervorheben der Resultate, welche in dieser Beziehung entscheidend sind, eine Kritik zu führen, und wie bisher logisch aus der Unhaltbarkeit der Principien die Unhaltbarkeit der Resultate gefolgert wurde, so nun umgekehrt aus der Widrigkeit der Resultate die Unwahrheit der Grundlagen zu beweisen.

Das Ethos selbst, nicht bloß sein bestimmter Inhalt, wird hier erst aus dem Denken abgeleitet, sey es aus dem Begriffe meiner als denkenden Wesens (sub. Rat.), oder aus dem Denken als Ursache der Welt (obj. Rat.). Damit ist der eigenthümliche Charakter des Ethos aufgehoben, der in einem ursprünglich realen Verhältnisse besteht. Sittlichkeit hat keinen andern Werth mehr als Folgerichtigkeit, und Unsittlichkeit ist nur eine Art von Inkonsequenz, nemlich der logische Widerspruch zwischen Denken und Handeln. Dessen sind Kant und Fichte sich deutlich bewußt, nur die Ethiker, welche keinem ganzen Systeme sich anschließen, halten die Moral ihrer Theorie noch für das, was ihr unmittelbares Bewußtseyn von ihr hält, für etwas Selbstständiges und Eigenthümliches. Die Quelle des Ethos, das Denken, wird aber sonach durch falsche Schlußfolge viel unmittelbarer verletzt, als durch ein Handeln, welches ihm widerspricht; jene wäre daher eine viel größere Sünde. Man sträubt sich gegen ein solches

Resultat, so sicher es sich auch aus der Grundlage ergiebt; doch findet sich eine Spur desselben in Hegels Behauptung, daß die Meinung der Begränztheit unserer Erkenntniß die Todsünde sey*). Aus meinem Begriffe kann immer nur folgen, daß ich etwas bin, nicht daß ich etwas soll. Denn mein Denken hat keine reale Macht über mich, ein Trieb, wie das Sollen ihn enthält, durch das Denken bewirkt, ist unbegreiflich, eben so die Scheu, welche sich mit dem Ethos verknüpft. Gewissen ist nur dann faßlich, wenn zwei reale Wesen angenommen werden, nicht bloß der Handelnde, sondern auch der Vorschreibende. Noch einleuchtender ist es, daß die Denknothwendigkeit als allgemeine Ursache der Welt alles Sollen ausschließt. . Denn Sollen besteht ja darin, daß der Eine fordert, der Andere aber unterlassen kann; was aber jenes Gesetz der Nothwendigkeit in jedem bestimmten Falle mit sich bringt, das ist unvermeidlich, sonst wäre es eben nicht die Folge eines nothwendigen Gesetzes. Spinoza giebt daher offen und unerschrocken den Begriff des Sollens, des Guten und Bösen auf. Und mit Hegel kommt die Philosophie, wie sich zeigen wird, in Wahrheit auch wieder dahin.

Der Inhalt des Ethos aber, welcher aus der Vernunft abgeleitet wird, kann nicht anders als negativer Natur seyn. Vernunft will nichts erzeugen, sie schließt nur aus. Ihr Gebot mag Handlungen oder Unterlassungen vorschreiben, so ist es nur auf Vermeidung dessen gerichtet, was nicht gethan, was nicht unterlassen werden darf. Das Ethos ist von vorn herein mit einem Begriffe fertig, und was gefordert wird, ist nicht damit etwas werde und geschehe, sondern daß jener Begriff nicht aufgehoben werde. Es ist nur das zu thun, dessen Gegentheil vernunftwidrig ist. Alle Tugend ist Pflichterfüllung — Nicht-

*) Hegels Encyklopädie Aufl. 2. §. 386. S. 363.

Uebertretung. Der ursprüngliche selbstständige Werth der That ist daher nicht anerkannt, sie hat nur abgeleiteten aus der Konsequenz; die Uebereinstimmung der Maximen, nach welchen gehandelt wird, ist das Entscheidende, nicht sie selbst. Jede wahre positive Tugend — Liebe, Glaube — ist That und ist es ununterbrochen, sie kann gar nicht unthätig gedacht werden. Pflichterfüllung dagegen ist an sich thatlos; denn wenn sich auch keine Aufforderung ergiebt, so ist deßwegen diese Tugend doch nicht unterbrochen; und wird daher auch gehandelt, so ist eben weil das Handeln nicht der Kern an ihr ist, der Grundsatz die Hauptsache, dem die That nur das Mittel ist, sein eignes Nichtbestehen zu verhüten. Das Ethos ist daher zu lösen wie ein mathematisches Exempel: es muß bewiesen werden können, was Pflicht ist, und was nicht, und überall ist die Pflicht entweder erfüllt oder nicht. Denn Pflichterfüllung, wie sie ohne allen positiven intensiven Gehalt ist, ist auch keiner Steigerung fähig. Was aber jedes unbefangene Gemüth als das Höchste verehrt, sind positive Tugenden, die ursprünglich und ihrem Wesen nach in That bestehen, unendlich strebend und schaffend, daher durch keinen fertigen Begriff zu finden und zu erschöpfen. Wer könnte das Wesen der Liebe z. B. aus dem Begriffe des Denkens oder Sollens finden? und welches sind die Handlungen, die sich wieder nothwendig aus dem Begriffe der Liebe ergeben, oder wird sich wahrhafte reelle Liebe mit diesen aus ihrem Begriffe zu folgernden begnügen? Sie läßt, wo sie besteht, immer das Denken weit hinter sich, und keine Moralphilosophie dürfte es wagen vorzuschreiben oder auch nur im Voraus erkennen zu wollen, was sie leistet. Jede großartige That, jede Aeußerung des Heldensinnes, des wahrhaft gotterfüllten Gemüthes ist daher eine Ueberraschung und von der Empfindung begleitet, daß sie nicht a prori zu finden war.

Denn sie ist eine neue Schöpfung, wunderbar wie die Schöpfung überhaupt. Der geringste Gegenstand außer uns erfüllt uns, wenn wir ihn ernstlich betrachten, mit dem Gefühle der Unerfaßlichkeit. Es ist eine wunderbare Empfindung in dem „Es ist!" — „Dieser ist dein Vater, dein Freund, durch diese bist du in diese Lage gekommen", warum gerade diese? ja warum bist du selbst gerade dieser, der du nun bist? Und diese Unerfaßlichkeit besteht darin, daß das Seyn sich nicht in Denken auflösen läßt, daß es nicht logisch nothwendig, sondern sein Grund in einer höheren freien Macht ist. Wie unerfaßlich muß erst diese Macht selbst seyn, Gott, und die positiven Tugenden die er will, die seinem Wesen gleichen! Sie sind von unergründlicher Tiefe. Man kann von dem persönlichen Gotte nicht wie Spinoza sagen: ich kenne ihn, oder ich kenne ihn nicht; sondern: ich kenne ihn, könnte ihn aber noch unendlich mehr kennen. So bei den christlichen Tugenden; der Mensch hat sie hier geübt, er kann sie aber noch mehr üben, das fordern sie, aber unendlich mehr ist auch nicht über ihre Anforderungen. Es ist keine Gränze, wie weit sie sich steigern können. Liebe und Glaube können an Wärme, an Stärke, an Erregtheit immer wachsen, weil Leben und That nicht bloß Element ihrer Aeußerung, sondern ihr Wesen selbst, das Hohe an ihnen ist. Der Rationalismus aber will nur das, was er beherrscht. Er macht daher Gott zum Abstraktum des Seyns, das nicht mangeln kann, und die Tugend zur Pflichterfüllung, deren ethischer Werth nur darin besteht, daß ihr Gegentheil das Denken aufheben würde. Mit diesen Abstraktis kann er umgehen wie er will, er vermag sie völlig zu erfassen, in sein Denken aufzulösen, weil er sie nur aus ihm machte; sie sind minder geheimnißvoll und wunderbar als eine Grasblume. So mußte aus der neueren Ethik alle positive Tugend schwinden. Die Liebe wird von Kant geradezu als ein vernunft- (moral-) widriges Motiv verwiesen. Bei Hegel ist sie geduldet als geringere Stufe, auf welcher Vernunft noch mit dem Stoffe verwebt ist; die höchste ist auch hier Pflichterfüllung, welche vom logischen Prozesse unvermeidlich gefordert ist und nur im Bewußtseyn seiner geschieht*). — Vor Allem mußte der Glaube die Anerkennung, daß er zum Ethos gehöre verlieren. Denn er ist im höchsten Sinne positiv, ein Setzen, eine Synthesis, und der äußerste Gegensatz des bloß analytischen Denkens. Er besteht nirgend, wie dieses, im bloßen Ausschließen der Möglichkeit eines andern, also im bloßen Setzen dessen, was man schon hat. Wovon sich immerhin als möglich, ja als wahrscheinlich denken läßt, daß es sich anders verhalte, z. B. daß Christus auferstanden, daß wir auferstehen werden, das wird mit der Macht der Freiheit — also nicht in einem Vorausgehenden enthalten, sondern uranfänglich —, mit einem schöpferischen Akt zum Gegenstande des Wissens gemacht, die reinste That des Willens. So wie allein der Muth Freiheit giebt und beurkundet, nicht die ängstlich berechnete Sicherung, welche nur dann guten Ausgang anerkennt, wenn schlechter undenkbar ist; so auch nur der Glaube und nicht die logisch nothwendige Deduktion. So positiv der Glaube selbst ist, so positiv ist es, daß er eine ethische Anforderung ist. Nur eine freie That konnte diese Anforderung festsetzen. Aus keinem nothwendigen Gesetze läßt sie sich ableiten, weil dieses zu seinem Bestehen keines Glaubens bedürfen, daher keinen fordern kann, ja ihn selbst unmöglich macht, da am Ende gewußt werden muß, was es enthält und was es ausschließt. Mit dem Gotte des Christenthums steht und fällt die ethische Bedeutung des Glaubens. Er kann ihn fordern, weil er, was er thut, auch unterlassen könnte, und daher die Geschöpfe

*) Hegels Encyklopädie §. 447.

immerfort nicht wissen, sondern nur glauben können, daß er es thun werde. Da er ihn aber fordert, so ist dieß, weil er ihn fordern wollte, nicht weil derselbe durch sein Daseyn und seinen Begriff ohne seine That nothwendig gefordert wäre.

So besteht denn auch die Vortrefflichkeit des Naturrechts nur darin, das was dem Begriffe des Rechts widerspricht auszuschließen. Dadurch ist es das vollendete, das absolut gerechte Recht. Es ist also nur bleibend, weil es nicht mangeln kann, weil es nichts Anderes enthält, als die Bestimmungen, ohne die Recht überhaupt nicht denkbar ist; während alle positiven Rechtsbildungen, die absolut höchste wie die geringeren, noch vieles enthalten außer diesen, was eben deßhalb wechseln kann, ohne daß der Rechtsbegriff dadurch aufhörte. Der höchste Zustand, welcher bloß Ewiges enthält, hat demnach keine andere Tugend, als dieses, welches wechselt oder doch wechseln könnte, nicht zu haben. Als wenn, weil das Höchste ewig und unabänderlich ist, auch jedes Unabänderliche das Höchste seyn müßte. — Dieser Begriff des Rechts, die Merkmale der Freiheit (in abstracto) und ihrer Beschränkung sind von Anfang der menschlichen Verhältnisse fertig und gegeben; es bedarf aber nichts als ihrer, um den höchsten Rechtszustand zu erkennen und herzustellen. Nicht Neues, Höheres soll gebildet, nur das außer diesem Begriffe Liegende soll entfernt werden, und geringe Einsicht muß hinreichen, den Bau der rechtlichen Welt, der nach dieser Säuberung keiner Verbesserung mehr fähig ist, für die Ewigkeit zu vollenden. Das dem Rechtsbegriffe Widersprechende schließt zwar diese Gerechtigkeitslehre aus, als da wäre Rechtlosigkeit eines Menschen oder Anarchie. Nicht minder aber alles Große, alles Ungeahnte, das so wenig mit jenen beiden Merkmalen gegeben ist, als Liebe und Begeisterung mit dem Begriffe der Pflicht. Wie aus der Moral die positiven Tugenden verbannt wurden, so auch aus dem Rechte alles, was nicht durch Wegdenken gefunden werden kann, was ein lebendiger Trieb nach edlen Gestaltungen hervorgebracht. So mußte der ganze Staatenbau des Mittelalters, dieses positiv hohe Kunstwerk, ohne weitere Prüfung seines Inhalts, welche dieses und jenes zu tadeln fände, schon deßwegen im Ganzen verworfen werden, weil sich alles dieses auch anders denken läßt, als es hier bestand, ohne daß deßhalb der Begriff des Rechts aufhörte, weil es das Erzeugniß einer Kraft ist, welches Neues zu bilden vermag und der es Vernunft nicht nachthun kann. — Das höchste Loos der Menschheit, zu welchem Kant sich erhebt, ist der ewige Friede, d. i. daß Nichtkrieg, Nichtzerstörung sey. Solches allein hat Vernunft an die Stelle des positiven Zustandes zu setzen, auf welchen z. B. die Republik des Platon und die wahrhaft christlichen Schriftsteller, wenn auch nur in einzelnen Zügen, hinweisen.

Diese rein negativen Anforderungen haben dennoch eine Verwandtschaft gerade mit den höchsten positiven im Gegensatze zu den wechselnden, minder vollendeten Zuständen. Nur dadurch haben sie bei der ersten Betrachtung und bei ihrem Klange die Meinung für sich. Sie sind aber dessenungeachtet diesen positiven Anforderungen durchaus entgegengesetzt. — Durch solche Verwandtschaft hat der Gedanke der Rechtsgleichheit der Menschen die allgemeine Begeisterung erregt, und auch jetzt, nach Erlöschung dieses Feuers, wird sich keiner verhehlen dürfen, daß diese Gleichheit der Menschen allein wahrhaft befriedigt und das Gegentheil derselben gewiß ein Widerstreben erregt. Allein diese Gleicheit des Rechts aller Menschen ist nicht deßwegen das allgemein Einleuchtende, weil der Begriff des Menschen sie enthält, sondern weil die Idee des Menschen, seine göttliche Bestimmung, dieselbe will, und nur in der Art wie diese, nicht wie jener die Gleichheit fordert, hat sie diese Macht der Ueberzeugung.

Die Freiheit aus dem Begriffe ist nur deßwegen allen gleich, weil sie keinem eine bestimmte ist, eine Gleichheit der leeren Möglichkeit; wo sie mit einem Inhalte sich erfüllt, bestimmte Rechte erwirbt, bestimmte Freiheit wird, wird sie auch ungleich. Die Freiheit aber, zu welcher der Mensch von Gott für das Ende bestimmt ist, ist eine positive und sie ist in ihrer Wirklichkeit und ihrem Inhalte, der allein ihr Werth ist, allen dieselbe. Sie duldet nicht, wie jene, eine Verschiedenheit des Besitzes, Genusses, der geistigen Erkenntniß u. s. w. Die Freiheit der Platonischen Edlen, von keiner irdischen Sorge behaftet bloß dem Göttlichen nachstreben zu dürfen, diese positive Freiheit ist jedem Menschen bestimmt. Und daß der größere Theil der Menschen, in Nahrungssorgen gebannt, mit seiner Beschäftigung an Gemeines verwiesen ist, ist nicht minder gegen die Gleichheit der Idee, als Erwerbunfähigkeit einer Menschenklasse gegen die Gleichheit des Begriffes ist. Dieses ist nur ein Beispiel der positiven Freiheit, die nach der Idee allen gleich ist. Denn der volle Inhalt derselben läßt sich nicht von vorn herein bezeichnen und erschöpfen, wie der der negativen, sondern er ist Sache der Zukunft, einer Steigerung, deren Ende uns verhüllt ist. — Man könnte einwenden, diese positive Gleichheit liege nicht in der ewigen Gerechtigkeit: was kümmerts dich, wenn neben dir noch höheres Leben sich entfaltet, noch höheres Glück besteht, genug, daß du das Recht hast zu seyn was du bist; darf sich die Staude darüber beklagen, daß sie nicht der Fruchtbaum, oder der Kiesel, daß er nicht der Diamant ist? Allein mit Unrecht. Denn es ist keinem Menschen gestattet, zu seyn was er ist, so lange er nicht seyn darf was seine Idee ist, und diese ist bei einem wie dem andern dieselbe: das Ebenbild

Gottes zu seyn. Nach dieser Bestimmung aber muß jeder auch das höchste Recht haben, und über das höchste hinaus giebt es kein höheres. Daher ist nach derselben Idee, welche positive Gleichheit der Menschen für das Ende fordert, auch die Ungleichheit, welche in dem wirklichen Zustande nicht vermieden werden kann, gerechtfertigt. Denn die Menschheit im Ganzen entspricht ihr nicht, der Einzelne nicht, der eine aber mehr als der andere. Darum ist es billig, daß die Staude sich überlassen und der Fruchtbaum gepflegt werde, daß der Kiesel auf der Gasse liege und der Diamant die Krone des Königs ziere. Ein anderes Recht muß der Mann haben als die Frau und das Kind, ein anderes der ungebildete dem Niedrigen zugewendete Arbeiter und der arbeitsfreie Grundbesitzer, so weit der Beruf des Geschlechts, des Alters, des Standes oder der Klasse es mit sich bringt. — Jene negative Freiheit hingegen ist schon fertig und in jedem Augenblicke gefordert, der Begriff des denkenden Wesens ist in allen Menschen, während zum Ideale der Mensch sich erst bilden und von Gott erhoben werden muß. So muß nach dem Begriffe der Unterschied des Glaubens schon jetzt aus dem Rechte weichen, denn der Begriff enthält keine bestimmte Religion, und er berechtigt jede gleich nur deßwegen, weil er keine berechtigt. Dagegen nach der Idee des Menschen ist er Christ. Ist sie wahrhaft erreicht, so ist kein Unterschied der Berechtigung wegen des Glaubens, und jeder ist in der bestimmten erhabenen Weise berechtigt, wie das Christenthum sie mit sich bringt. So lange aber die Menschheit nicht dazu gelangt ist, ist die ungleiche Berechtigung der Religionsparteien eben durch die Gleichheit der Bestimmung gerechtfertigt. Die positive Gleichheit zu erhalten wird man durch Aufhebung der Unterschiede nicht bewirken, weil man mit dieser auch zugleich den Inhalt zerstören müßte, dessen Bestimmtheit nur in dieser Verkettung mit dem gegenwärtigen ungleichen Berufe gegeben ist. Eine solche Freiheit und Gleichheit aber, welche keines bestimmten Inhalts bedarf, braucht nur diese Ungleichheit aufzuheben um sie herzustellen. Nach diesem negativen Principe wird denn jede Verschiedenheit des Rechts entweder als gerecht erscheinen, weil sie außer der Sphäre der Gleichheit liege, oder im andern Falle als Ungerechtigkeit verworfen werden müssen. Das Maaß des positiven Princips hat noch ein Urtheil in der Mitte — die Unvollkommenheit, die eine relativ gerechte ist für Zeit und Verhältniß, relativ ungerechte für das Ende der Dinge. Sie wird auch zwischen solchen Vorzügen unterscheiden, welche ihrem Begriffe nach nur Einigen durch den Nachtheil der Anderen zukommen können, und diese je nach den Verhältnissen als unvollkommen oder als ungerecht betrachten, und zwischen solchen, die entweder gar nicht oder doch nur wegen der Beschränktheit des gegebenen Zustandes Andere verkürzen, z. B. die Sicherung der grundherrlichen Familien, nie ihren Glanz, ihr Vermögen zu verlieren, ein ununterbrochenes Band großer Erinnerung in den Generationen zu erhalten, das Recht des geistlichen Standes, nie durch andere als kirchliche Beschäftigung sich nähren zu müssen. Vorzüge der letztern Art betrachtet nun jene Ansicht mit neidischem Auge und sucht sie nur als dem Begriffe widersprechend zu tilgen. Diese hingegen sieht in ihnen schon den Inhalt der positiven, einst Allen gleichen Freiheit; wenn sie auch nicht gerade diese bestimmte Art, sey es überhaupt oder vorübergehend, billigt. Sie geht nicht darauf aus sie zu tilgen, sondern auch die Andern dazu zu erheben. Sie will nicht den Adel bürgerlich, sondern sie will den Bürger adelig machen.

So macht denn auch im Ganzen das positiv gerechte Recht (so weit anders im vollendeten menschlichen Zustande von Recht geredet werden kann), wie das abstrakte, auf Ewigkeit Anspruch.

Es hält sich aber nicht wie dieses für das höchste, weil es unabänderlich, sondern es hält sich für unabänderlich, weil es das höchste ist. Es ist selbst eine bestimmte Rechtsbildung, und seine Höhe besteht in seinem Inhalte, in den Kräften, welche es hervorbringt, in der Angemessenheit an höhere Naturen, an bestimmte lebendige Wesen. Es erklärt die Rechtsbildungen der Erfahrung für wechselnd, nicht weil jede bestimmte Rechtsbildung ihrer Natur nach eine vergängliche seyn müßte, sondern weil sie alle jene bestimmte noch nicht sind, die da seyn soll.

Das Unterscheidende der geschichtlichen Ansicht des Ethos besteht mithin keineswegs darin, daß sie bloß ein relatives Urtheil zuließe, oder das Vergangene festhielte, sondern daß ihr Absolutes eine Zukunft ist, ein Ziel der Dinge, das erst kommen soll.

Dieses sind die Folgen des abstrakten Charakters, nach welchem nur das logisch Nothwendige Gültigkeit hat. Sie sind daher unvermeidlich in jedem Vernunftsysteme, wenn sie auch in verschiedener Gestalt und in dem einen verhüllter als in dem andern erscheinen. Es ist nun noch der Ueberblick der Folgen zu geben, wie sie das subjektive Princip, unmittelbar wirksam, hervorruft; denn sie sind das Unterscheidende zwischen dem Gange bis Fichte und dem nachfolgenden. — — Die moralische Ansicht wurde durch die subjektive Triebfeder in der Wissenschaft weniger afficirt als im Leben. Hier nemlich begann Verletzung der heiligsten Verhältnisse für geringen Fehltritt, ja für erlaubt gehalten zu werden, wenn nur nicht unmittelbar Menschen wehe dadurch geschah. Die Wissenschaft aber mochte auch auf moralische Würde nicht verzichten und fand an ihrer über die Menschen gesetzten logischen Nothwendigkeit eine Aegide, unter welche in dieser Zeit der Noth jene Verhältnisse geflüchtet werden konnten, wiewohl dieses nur durch willkürliche Unterstellung geschah, denn das unbedingte Verbot des Ehebruchs und der

Blutschande z. B. läßt sich eben so wenig aus der Logik als aus dem Wohlbefinden anderer Menschen beweisen. In der Rechtsansicht dagegen scheute sich auch die Philosophie nicht vor den Resultaten, wenn bloß Freiheit und Recht des Menschen als Princip der Gesetze durchgeführt werden sollte. Sie hatte gerade an ihrer Moral einen Rückhalt und konnte, was sie auch Heiliges im Rechte zerstörte, sich immer der Entschuldigung bedienen, daß dieses eben nur aus den Zwangsinstituten entfernt, keineswegs aber aufgehoben sey. So wurde konsequent die Rücksicht auf Würde und Schönheit des Staats in seiner Erscheinung aus den Gesetzen seiner Einrichtung verbannt — Blasphemie, Selbstmord, Meineid, wo er nicht bestimmte Personen gefährdet, selbst Mord eines zum Tode Verurtheilten, der also selbst kein Recht mehr auf sein Leben hat, konnten nicht als Verbrechen gelten — Ehe mußte willkürlich zu lösen seyn, Verletzung der Ehe frei gegeben werden. Jede Beschränkung in der Verfügung über Sachen (seyen sie auch von der Natur für Generationen bestimmt, z. B. Wälder) oder in der Betreibung von Gewerben zum Zwecke allgemeinen Wohlstandes wurde ohne Rücksicht auf den Erfolg schon an sich selbst unzulässig. Die Begriffe Vaterland, Nation, bei welchen der Mensch schon in einem nichtgewählten Verbande erscheint, haben keine Stelle in dieser Rechtslehre. Jedes Aggregat von Menschen kann sich zu einem Volke machen, und jedes Volk ist es nicht, wenn sie nicht wollen. Der Kern des Naturrechts als philosophischer Lehre ist nicht sowohl die Volkssouveränetät, als die Souveränetät der Einzelnen, und die Souveränetät des Volkes als eines Ganzen über ihnen hat gerade damit aufgehört. Keiner ist durch irgend etwas gebunden, dem er nicht freiwillig sich unterwirft. Nur was zufällig alle wollen, ist Gesetz, und stimmen sie nicht überein, so kann es nicht zu einem

Gesetze kommen. Diese Souveränetät jedes Einzelnen **gründet** den Staat als Staatsvertrag, dessen Bestand und Inhalt daher Einstimmigkeit erfordert. Sie **regiert** ihn fortwährend. Denn alle Gewalt gilt nur als Produkt jenes einstimmigen Beschlusses, sey sie nun Gewalt eines Monarchen, einer Repräsentation, oder auch bloße Gewalt der Stimmenmehrheit. Der König, die Repräsentation, ja das ganze Volk, so weit es nach einem Gesetze der Abstimmung Beschlüsse faßt, sind nur Beauftragte und Beamte jenes ursprünglichen Volkes, d. h. der unvereinigten einzelnen Menschen. In der Kirche führte diese Ansicht zur Vollendung des Kollegialsystems, nach welchem die Kirche und ihr unabänderlicher Inhalt nicht mehr Gesetz für die Glieder, sondern der Wille der Glieder Gesetz für die Kirche ist. Mit diesen Resultaten wie schon mit ihrem Principe ist der Begriff des öffentlichen Rechts völlig aufgehoben. Es ist kein Staat mehr, keine Kirche, keine Familie, deren Recht gälte; nur ein Recht der Individuen, einzeln und zusammengezählt, alles ist Privatrecht. Die Menschen sind im Staate, nicht um Einheit zu bilden, sondern um ihre getrennte Existenz zu sichern. Wo jene Verhältnisse — weil die Noth dazu treibt — noch Anerkennung finden, ist dieses nicht um ihretwillen, sondern weil die Menschen sich dazu verstanden. Das scheinbar öffentliche Recht ist nur eine freiwillige Uebertragung, und daher eine widerrufliche, des Privatrechts. So geht das Ethos der Welt unter, das Göttliche verschwindet von der Erde. Den Menschen bleibt es überlassen, ob sie es in ihrem Innern pflegen wollen; nie aber **darf** den heiligen Urbildern und dem Verlangen in ihrer Brust auch eine äußere Gestaltung entsprechen, in welcher sie ausgeprägt wären und ihr Sinn sich sichtbar kund gäbe. Eine Welt nach solcher Lehre beschaffen, könnte kein menschliches Gemüth ertragen. Das zur Heiligung Berufene müßte die

Profanität, das Lebendige die Leere und Negativität aufreiben. Und der Tod aus Nichtbefriedigung des Sehnens oder aus Langeweile an der Monotonie ist die Strafe, welche das Vernunftrecht sich selbst unvermeidlich auflegte, wenn es im Stande wäre, was es fordert auch auszuführen und für die Dauer zu erhalten. —

Die innerste Unwahrheit aber des Naturrechts und die jedem Unbefangenen einleuchten muß, so wie sie ausgesprochen wird, ist die, daß es die innewohnende Bestimmung der Lebensverhältnisse völlig unbeachtet läßt. Jedes menschliche Lebensverhältniß trägt eine eigenthümliche Bestimmung in sich und legt damit den Menschen einen Beruf auf, es nach derselben zu erfüllen, zu gestalten. Darauf beruhen die moralischen Anforderungen für dasselbe, darauf auch die Anforderungen seiner rechtlichen Anordnung. So ist es z. B. die innewohnende Bestimmung der Ehe (die Einigung der Gatten zur vollständigen Lebensgemeinschaft) — und nicht die gegenseitige Belassung der Freiheit unter den Gatten — aus welcher die gesammte rechtliche Gestalt der Ehe hervorgeht: die Verpflichtung zur Treue und zur Gemeinschaft in allen Schicksalen, das Verbot der Polygamie, der Blutschande, der willkürlichen Scheidung; es ist die Bestimmung des älterlichen Verhältnisses, aus welcher einerseits das Recht der väterlichen Gewalt, andrerseits die Pflicht der Ernährung der Kinder hervorgeht. Eben so verhält es sich mit jedem andern menschlichen Lebensverhältniß: Vermögensverkehr, Erwerbständen, politischen Ständen, Gemeinde, Staat, Kirche. Diese Bestimmung der Lebensverhältnisse ist das Princip sowohl für die Ethik als auch für das Recht. Auf sie zielt in der That alles wirkliche Recht, und das Recht ist vernünftig in dem Grade als es ihr gemäß die Verhältnisse gestaltet. Für das Naturrecht nun aber ist diese innere Bestimmung der Lebensverhältnisse gar nicht vorhanden, es nimmt in allen Lebensverhältnissen nicht sie, sondern bloß die Freiheit und gegenseitige Anerkennung der Freiheit der Menschen zum Maaßstabe. Damit entgehen ihm nothwendig die wahren Anforderungen eines vernünftigen oder der Natur entsprechenden Rechts. Das was Gott oder die Natur in jedem Verhältniß und durch jedes erreichen will, wird nicht angestrebt, sondern in allen nur das Gleichmäßige, daß die Menschen ihre Freiheit behalten, keiner zu etwas genöthigt werde, was er nicht selbst gewollt. Darum ist das Naturrecht in allen Sphären des Lebens destruktiv; denn destruktiv bedeutet eben nichts Andres als die Zerstörung der Ordnung, welche durch die Natur eines Verhältnisses gefordert ist. Es ist destruktiv in der Familie, nach seiner Lehre sollen Blutschande, Polygamie, willkürliche Scheidung frei gegeben werden; destruktiv für den socialen Verband, es soll nicht die gesicherte Erhaltung Aller bestimmende Rücksicht seyn, sondern bloß das freie Gewährenlassen. Es ist insbesondere destruktiv für den Staat. Es erkennt nicht die Aufgaben, die in der Bestimmung des Staats liegen, eine höhere Ordnung über den Menschen zu handhaben, nicht die organische Vertheilung der Stellungen für deren Erfüllung, nicht die Autorität und Gewalt, welche ihm für eben diese Bestimmung von selbst und ursprünglich zukommt; sondern es betrachtet den Staat als einen beliebigen Zusammentritt der Menschen zu bloßem Schutz ihrer Freiheit mit nothwendig gleicher Stellung und ohne irgend eine Gewalt, als welche die Menschen freiwillig in ihm errichten. Das ganze Unternehmen des Naturrechts ist ja kein anderes als das, die wahre objektive Lebensordnung, die eben in der Bestimmung der Lebensverhältnisse liegt, zu ignoriren, und eine solche Ordnung bloß aus der Natur, näher aus der Freiheit des Menschen abzuleiten; der Erfolg kann denn auch kein andrer seyn, als die Zerstörung dieser Ordnung. — Diese Bestimmung der Lebensverhältnisse ist der Punkt, auf welchem die wahre Rechtsphilosophie steht gegenüber der falschen des Naturrechts *).

Platon verletzt in seinem Staate das Recht der einzelnen Menschen und wird gerade dadurch verhindert, das Ideal des Schönen, für das er es opferte, zu erreichen. Hier zeigt sich das Entgegengesetzte. Alles wird der menschlichen Selbstständigkeit geopfert und sie zernichtet sich selbst, bloß durch ihre Ausschließlichkeit. Denn in dieser Ausschließlichkeit kann sie kein freies Daseyn über ihr anerkennen und fällt unter die starre Nothwendigkeit der eignen Denkformen, welche Persönlichkeit und Freiheit nicht dulden. In der Schulsprache ausgedrückt: Subjektivität als Princip führt nothwendig zur Abstraktion, und diese tilgt wieder die Subjektivität. Ein Motiv, das sich selbst zerstört, kann in dieser Gestalt wenigstens nicht das wahre seyn. Auf der andern Seite aber kann ein Motiv nicht ohne Wahrheit seyn, welches einige Jahrhunderte hindurch den Glauben der Guten und Würdigsten für sich hatte und die hervorragendsten Geister in Bewegung setzte. Diese Wahrheit ist nun aufzusuchen:

Was zur Abstraktion auffordert, ist die Bewußtlosigkeit und daher Zufälligkeit aller Umgebung. Das Gefühl der Abhängigkeit des geschaffenen Daseyns hat dem Menschen nie gefehlt; aber er konnte sich nicht für das Geschöpf dieses bunten, seiner selbst nicht mächtigen Wesens halten, als welches die Welt erscheint. So sieht Spinoza die Einheit und Intelligenz in seinem Gemüthe und steht staunend und mit Ehrfurcht vor ihr, gleich als vor einem andern höheren Wesen als er selbst ist. Sie muß er in der Welt ausgeprägt finden, wenn

*) Vergl. dieses Werkes II. Band II. Buch §. 5.

er diese nicht verachten soll. Weil er nun thatsächlich keine Macht besitzt, ihre Erscheinungen umzuändern, so hält er das Ruhende, Unabänderliche in seinem Verstande für das, was sie erzeugt hat und verbindet. Der Verlauf der Entwickelung aber erhob diese ruhende Intelligenz zu einer thätigen. Das Resultat, das durch den wissenschaftlich folgerichtigen Gang bis auf Fichte zuletzt gewonnen wurde, ist: Nur der Selbstbewußte ist. Alles Unpersönliche hat nur ein abgeleitetes Daseyn und fordert Persönlichkeit als Ursache. Nur der Persönliche ist berechtigt und kann Zweck seyn. Damit ist wirklich das Recht des Lebendigen über das Todte, des Verständigen über das Einsichtslose, Unbewußte philosophisch festgestellt und das wahre lautere Motiv des Rationalismus zu Ende geführt. — Allein der Abweg ist der, daß hier immer noch menschliche Persönlichkeit — wie bei Spinoza das ruhende Verstandesgesetz — als das allein Bestehende und daher als das Absolute betrachtet wird, oder auch der bloße Begriff der Persönlichkeit, welcher denn immer wieder zu der menschlichen zurückführt. Daraus kommen die widersinnigen Resultate: Die Welt — von der es nunmehr erkannt ist, daß sie nicht denkbar ist außer als das Werk eines selbstbewußten Urhebers — kann nur das Werk *unseres* Selbstbewußtseyns seyn. So muß unser mitgetheiltes und daher nur zum Aufnehmen fähiges Denkvermögen die Stelle eines ursprünglichen und schaffenden annehmen. Die Welt selbst — weil ihre Gestalt wirklich eine nothwendige und unabänderliche *für uns* ist — hörte auf *überhaupt* das Werk einer *freien* Intelligenz zu seyn; es muß behauptet werden, daß die Schöpfung den Schöpfer zwinge. Das ist der negative Gewinn der Richtung, die Wahrheit, welche durch Unausführbarkeit des entgegengesetzten Versuchs sich ergiebt: aus der menschlichen Intelligenz kann die Welt nicht abgeleitet werden, es ist eine andere Ursache zu suchen. Nach dem positiven Gewinne derselben kann aber diese Ursache nur eine persönliche seyn, weil alles Bewußtlose kein ursächliches Daseyn hat. Die tiefere Einsicht in den Gang der neueren Philosophie sichert daher gegen die Vergötterung der Materie, nicht minder aber gegen die Vergötterung des unpersönlichen Vernunftgesetzes, mit der sie, sich selbst mißverstehend, begann und von der auch das Princip der handelnden Vernunft zu befreien nicht im Stande ist, so lange sie bloß als menschliche oder als Vernunft in abstracto gefaßt wird. Diese Einsicht ist das Ziel des Rationalismus außer ihm selbst, bei welchem angelangt er aufgegeben werden muß, welche daher in seinem eignen Verlaufe nicht erwartet werden darf. Nicht minder hat der Rationalismus einen wahren Beweggrund in dem Bestreben, die Welt nach der ihr innewohnenden, in ihr ausgeprägten Intelligenz zu begreifen. Gott als die absolute Intelligenz hat seine Schöpfung nicht nach Zufall, sondern nach seiner Intelligenz gebildet, und sollte der Mensch, der ein Ebenbild Gottes ist, auch in dem getrübtesten Zustande, nicht wenigstens ahnungsvoll und annäherungsweise diese Intelligenz erkennen? Der Irrthum liegt nur darin, die bloße Vernunft — die formalen Denkbestimmungen — für diese thätige schöpferische Intelligenz zu halten, deren Erzeugniß und Ausdruck die Welt ist.

Auch im Ethos ist Befreiung von allem Geschaffenen, seiner selbst nicht Bewußten und nicht Mächtigen, das wahre Motiv der Abstraktion. Der Mensch kann nicht bloßes Mittel seyn für den Staat, so wenig als er Produkt der Natur seyn kann; er steht über beiden durch die Würde der Persönlichkeit. Sein Glück, seine Freiheit, seine That ist das, was seyn soll, und das vollendetste Gebilde des Staats, ohne Erkenntniß und Wollen der Individuen ausgeführt, hat keinen ethischen Werth. Allein über ihm ist eine Persönlichkeit, deren Absicht zu erfüllen ihm Ziel ist, sey es nun auf einzelne Handlungen oder auf die Erhaltung dauernder Verhältnisse gerichtet. Statt der starren politischen Tugend der antiken Welt und der flachen profanen der neuesten Zeiten, nach der nur ein Mensch des andern Götze ist, müßte danach wieder jene ursprüngliche Tugend die Herrschaft führen, welche die Gottesfurcht zu ihrem Mittelpunkte hat. Aber auch in der Ethik wurde, wie in der theoretischen Philosophie, nur menschliche Persönlichkeit zum Grunde gelegt, und diese Losreißung bewirkte die Schrecken der neueren Zeit und ihre Leere. Jener Befreiung von dem Unpersönlichen hingegen verdankt man die großen politischen Resultate, zugleich die dauernden Wohlthaten und die Zierde des Zeitalters, die es vor allen anderen ruhmvoll auszeichnet. Ihr Inbegriff ist Humanität im edelsten Sinne des Worts. Sie schaffte die Tortur und die Leibeigenschaft ab; sie gewährt Freiheit der Forschung und Mittheilung, Freiheit der Bestrebung in dem Höchsten, wie im Geringsten, sichert daher den Austritt aus Staat und Kirche, den Schutz wenigstens der Privatrechte bei jedem Glaubensbekenntniß. Sie erzeugt die Toleranz, welche den Menschen für sich selbst gelten läßt, sein Wollen anerkennt, sein Vermögen erwägt und daher schonend ist gegen die Verblendung Einzelner oder ganzer Völker in Glauben und That. Wie war dagegen im Alterthum und im Mittelalter der Mensch vom Menschen so ganz und gar geschieden durch Religion, Staat, Stand, so daß Einer völlig aufhörte für den Andern noch Mensch zu seyn! Und welche äußere Verfolgung und innere Verachtung fanden die lautersten, edelsten Bestrebungen bei den anders Denkenden! Diese Güter werden zwar nicht mehr mit der Freude empfunden, weil man ihrer jetzt gewohnt ist und sie im Gefolge großen Unwesens erhielt, ja es fehlt nicht, daß sie leichtsinnig aufgegeben und sie wieder zu zerstören versucht wird. Wir sehen viele die Leibeigenschaft in Schutz nehmen, um historisch, den Fanatismus predigen, um religiös zu seyn. Die christlichen Religionsparteien, von der früheren Scheidewand befreit, durch das eigne Interesse zur Annäherung aufgefordert, fangen im Gegentheile an, sich wieder feindlich gegeneinander abzuschließen. Statt der freien Erziehung, welche offene männliche Selbstständigkeit begünstigt, glaubt man wieder sklavische Zucht einführen zu müssen. Allein diese Bemühungen der Reaktion sind ihrer Natur nach vorübergehend und ohne Erfolg, die öffentliche Stimmung ist ihnen entgegen, die Menschheit läßt sich das, was mit so großen Opfern erkauft worden, nicht wieder entreißen. — — Daß jene Menschlichkeit in der Denkweise wie in den öffentlichen Einrichtungen eine edle Frucht der neueren Wissenschaft ist, wird kein Unbefangener verkennen. In ihr besteht der bleibende Werth des jetzt mißachteten Subjektivitäts-Standpunktes, und wenn die Zerstörung, welche er durch den bezeichneten Abweg bewirkte, uns nöthigt, eine neue Lehre zu suchen, welche die vertilgte Herrlichkeit wieder aufrichte, so dürfen wir doch nur eine solche anerkennen, die zugleich jene Errungenschaft sichert.

Befreiung des Menschen von der Natur und den bewußtlosen Gebilden der sittlichen Welt ist also das mit der Stufe Fichte's unmittelbar Gewonnene. Das Bedürfniß eines Höhern, als menschlicher Persönlichkeit, und Erkenntniß desselben als eines Persönlichen ist das, worauf diese Stufe mit Nothwendigkeit hinweist, wenn auch von ihr aus die Philosophie, damit kein Weg unversucht bleibe, andere Schritte vornahm.

Fünfter Abschnitt.

Das System der Revolution als die Vollendung des Naturrechts.

Erstes Kapitel.

Die Ausbildung der Volkssouveränetätslehre bis auf Rousseau.

Verhältniß des Liberalismus und der Revolution zum Naturrecht. — Die Vertheidigung der Empörung in Folge der kirchlichen Bewegung (Buchanan, Milton, Languet). — Verbindung des Naturrechts und der Empörungslehre (Sidney, Locke). — Die jesuitische Lehre.

Das Ereigniß in Frankreich am Ende des vorigen Jahrhunderts, das wir schlechthin die Revolution nennen, hat seine große weltgeschichtliche Bedeutung nicht in dem bloßen Akte der Empörung, sondern in der zusammenhängenden Lehre, die durch dasselbe verwirklicht wurde. Die Revolution ist keine bloße Gewaltthat und Umwälzung, sie ist ein System von Grundsätzen und Einrichtungen, ein staatsrechtlich-politisches System. Ja es ist für dieses System sogar gleichgültig, ob es auf dem Wege „friedlicher Entwickelung" oder auf blutigem Wege eingeführt wird, es bleibt immerdar dasselbe System. Auch das, was man Liberalismus nennt, im technischen, geschichtlich festgestellten Sinn des Worts — wohl zu unterscheiden von dem, was man nach bloß sprachlichem Sinn unter liberaler Denkart und liberalen Einrichtungen verstehen müßte — ist nichts Anderes als dieses System der Revolution, sey es nun in seiner vollen energischen Durchführung, oder sey es in einer Abschwächung, wie die natürlichen Lebensbedingungen, der äußere Widerstand oder die eigne Schlaffheit sie mit sich zu bringen pflegen.

Der Liberalismus oder die Revolution in diesem Sinne ist die Wirkung eben der Principien, auf welchen das „Naturrecht" beruht. Sie erscheinen hier in ihrer letzten folgerichtigen Durchbildung wie dort in ihrer untersten Grundlegung, hier von ihrer praktischen wie dort von ihrer theoretischen Seite. Das Naturrecht sucht apriorische Erklärung und Rechtfertigung des Staates, die Revolution dagegen apriorische Errichtung und Gestaltung des Staates. Das heißt: jenes macht den Versuch, den Staat in Gedanken abzuthun und rein aus der Vernunft zu deduciren, diese macht den Versuch, ihn in der Wirklichkeit abzuthun und rein aus der Vernunft einen neuen zu gründen. Nach beiden aber wird der Vernunftstaat bloß auf dem Gedanken der Freiheit oder des Willens des Menschen aufgeführt. Das Naturrecht ist darum so nachgiebig, wo es die Wirklichkeit gegen sich hat, es läßt sich jeden Zustand gefallen und sucht ihn durch Unterlegung einer stillschweigenden Einwilligung zu rechtfertigen, um sein theoretisches Interesse zu befriedigen; die Revolution dagegen will die Macht der Wirklichkeit brechen, sie vernichtet jede Einrichtung, die nicht aus ihren reinen Vernunftbegriffen folgt. Jenes erdichtet für jede Verfassung, die Menschen hätten sie gewollt, damit es sie als frei denken könne, diese duldet keine Verfassung, die sie nicht gewollt, damit sie wirklich frei seyen.

Der Schriftsteller des Liberalismus im eminenten Sinne ist Rousseau. Bei ihm ist das Princip des ältern Naturrechts folgerichtig auf den Punkt geführt, auf welchem es die vollständige Lehre der Revolution ergiebt und es nichts weiter bedurfte als der Vollziehung. Er geht deßhalb der französischen Revolution voraus, ähnlich wie die Erklärung des Physikers dem Experimente. Doch zeigte er sich als schlechten Physiker; denn das Experiment mißlang.

Es hat sich aber das Naturrecht keineswegs aus sich selbst heraus zu der Lehre Rousseau's und der Revolution fortgebildet, sondern die praktische Wendung und die Energie kommen aus einer anderen Quelle, deren Strömung durch die neuere

Geschichte zieht und deren Zusammenfluß mit dem Naturrecht erst die Lehre der Revolution ergab. Dieser andere Zug der Gedanken ist hier aufzuzeigen.

Die Kirchenverbesserung des sechszehnten Jahrhunderts hat bei den romanischen Völkern und in der reformirten Fraktion zugleich einen entschieden politischen Charakter angenommen. Es wurde zunächst schon von Anbeginn für die Kirchenverfassung gelehrt, daß nach unabänderlicher göttlicher Ordnung (jure divino) die christliche Gemeinde als die Gemeinde der Heiligen die oberste Gewalt in kirchlichen Dingen haben müsse. Das wurde sodann in mehreren Ländern, besonders wo die Staatsgewalt der Reformation oder doch der kirchlichen Gemeindeherrschaft widerstand, dahin ausgedehnt, daß die Gemeinde der Heiligen, das Volk Gottes, überhaupt und daher auch für den bürgerlichen Zustand von Gotteswegen die oberste Gewalt habe und deßhalb Könige, die Gottes Gebot widerstehen, abzusetzen, zu richten und zu strafen befugt, ja verpflichtet sey. Aus dieser Lehre gingen die mächtigen Bewegungen in Schottland und England, ging in England namentlich die Staatsumwälzung hervor, die man unbeschadet tiefgegründeter Verschiedenheit dennoch mit Recht als die Vorläuferin der französischen zu betrachten pflegt. In dieser Gestalt, in welcher sie die Bewegung erfüllte, als theokratische Auffassung von der Herrschaft der Heiligen, gestützt auf Eingebung des heiligen Geistes, auf Parallelen zum alten Testament, in dieser Gestalt hat sie nie eine wissenschaftliche Darlegung erhalten. Aber es gingen aus dieser Bewegung und meist auch zur Vertheidigung derselben Darlegungen hervor, die durch andere in dem Bereich der wissenschaftlichen Bildung damaliger Zeit liegende Mittel dasjenige zu begründen suchten, was jene specifisch-theokratische Auffassung im Leben vollbracht hatte. Das sind die Schriftsteller um die Zeit dieser religiös-politischen Kriege und Empörungen, welche man als die „Königthumsbekämpfer" (Monarchomachen) zu bezeichnen pflegt, besonders Languet, Buchanan, Milton*).

Diese Schriftsteller haben die gleichen Triebfedern der Gesinnung so wie ähnliche Aufforderungen und Zwecke ihrer Schriften. Languet schreibt als französischer Hugenotte gegenüber der königlichen Macht, die den evangelischen Glauben unterdrückte**), Buchanan rechtfertigt das Verfahren der Schotten gegen die katholische Maria Stuart, Milton führt die berühmte Vertheidigung des englischen Volks wegen der Hinrichtung Karls I. gegen die Anklage des Salmasius. Aber auch das ganze Material der Gedanken und Beweisgründe ist ihnen zum großen Theil gemeinsam, nur daß Milton sowohl an demokratischer Färbung als an Reichthum der Gedanken und Meisterschaft der Darstellung die Andern überragt.

Sie bekämpfen vorerst die Lehre, „daß der Fürst nicht an Gesetze gebunden sey", die man dem spätern römischen Rechte entnahm und gegen die Bewegung im knechtenden oder knechtischen Sinn gebrauchte. Ihre eigne Lehre aber ist die Erhebung der Völker über die Fürsten: daß alle Gewalt vom Volk ausgeht und erst durch das Volk auf den König übertragen sey, daß das Volk deßhalb höher und mächtiger (superior et potentior) als der König, daß es, wenn übel regiert wird, die Gewalt zu eben dem Zweck wieder fordern könne, zu welchem es sie über-

---

*) Junius Brutus (Hubert Languet, † 1581) vindiciae contra tyrannos — Buchanan († 1582) de jure regni apud Scotos — Milton pro populo Anglicano defensio; 1651.

**) Der am lebendigsten hervortretende Gedanke Languets ist, daß, wenn der König die wahre Kirche unterdrückt, „Idolatrie" einführt, das Volk zu Widerstand und zur Bestrafung des Königs aufgefordert ist, da Gott sagt: „wer den Namen des Herrn nicht anruft, soll des Todes sterben" (quaest II).

tragen, endlich daß es auch die Strafgewalt über den König habe. Bewiesen wird das: zunächst aus der Natur der Sache (lex naturae), weil die Gewalt nur zum Zweck des Volks bestehe, weil ein Volk möglich sey ohne König und nicht umgekehrt, weil das Volk früher sey als der König (so gleichmäßig bei Allen) —, ferner aus der heiligen Schrift, den Aussprüchen, daß die da herrschen nur Diener seyn sollen, daß wer den Namen des Herrn nicht anruft (auch der König) des Todes sterben soll, deßgleichen den alttestamentlichen Vorgängen, namentlich der Erwählung Sauls durch das Volk —, dann aus dem Vorbild der Römer (besonders bei Milton), theils den Aeußerungen berühmter Männer, z. B. des Cicero, Tiberius, theils den Staatsgesetzen, namentlich der lex regia, durch welche das Volk die Gewalt auf die Kaiser übertragen —, endlich aus der Analogie zu kirchlichen Verhältnissen (bei Buchanan und Languet), indem bereits in der katholischen Kirche eine mächtige Partei behauptete, daß die gesammte Kirche (das Episkopat) über dem Papste sey, daß man den Papst und den Menschen, der Papst sey, unterscheiden müsse u. dgl.

Das also ist ein hier bereits ausgebildeter Gedanke, daß alle Macht und Majestät ursprünglich beim Volk ist und nur abgeleiteterweise beim König*). Aber dieser Gedanke erscheint hier noch vereinzelt ohne Zusammenhang mit einer allgemeinen wissenschaftlichen Auffassung des Staates, wie die Naturrechtslehre des Grotius und Hobbes eine solche ist. Namentlich fehlt bei allen diesen Schriftstellern der dem Grotius'schen Naturrecht angehörige Gedanke von der Gründung des Staates durch Vertrag, in welchem erst principmäßig der menschliche Wille über

*) „Ut potestatem sic majestatem etiam populo adimere et in regem conferre studes, vicariam si vis et translatitiam, primariam certe non potes uti nec potestatem." Milton cap. 7.

alle Autorität gesetzt ist. Wohl fassen sie mitunter das Verhältniß zwischen Fürst und Volk als Vertrag oder Bündniß auf; aber die Einigung des Volks und die Konstituirung desselben zum Staate leiten sie nicht aus Vertrag her. Es wird denn auch jener Grundgedanke von der höhern Gewalt des Volks über den König nicht dazu angewendet, die Volksherrschaft als einen nothwendigen und fortdauernden Verfassungszustand darzuthun, sondern bloß dazu, den vereinzelten Akt der Empörung zu rechtfertigen. Es ist nirgend davon die Rede, ob das Volk die Gewalt behalten und übertragen solle, und die Rückforderung der Gewalt wird überall nur auf den Fall bezogen, daß der König sie verschuldet*), außerdem wird ihm ein wirkliches und erbliches Recht der Herrschaft nicht abgesprochen. Aus demselben Grunde verstehen sie auch unter dem Volke, das über den König richten soll, das geordnete gegliederte Volk, daher die Herrschaften, Obrigkeiten, königlichen Beamten, kurz die Großen**) (deren Ansehen sie freilich auch wieder auf eine Volksermächtigung zurückführen), oder doch jedenfalls das Volk in seiner durch die Natur bereits gegebenen Einheit, ohne daß diese selbst erst aus Zustimmung der Einzelnen abgeleitet würde.

So bestand damals das Naturrecht als wissenschaftliche Staatstheorie, die aber im Leben gar nichts zu ändern, namentlich nicht die bestehende Obergewalt zu erschüttern unternahm, und

*) Selbst bei Milton cap. 6 u. 7.

**) Hubert Languet, namentlich am Ende der quaest. III: „Hujus vero foederis seu pacti (d. i. zwischen Fürst und Volk) regni officiarii vindices et custodes sunt.“ Als solche werden aufgezählt solche, die den „Schirm des ganzen Königreichs übernommen“ (Comesstabuli, Mareschalli, Patricii, Palatini), und solche, die für eine Abtheilung (marchiones, comites, consules majores). Eben so quaest. II: „qui universum populi coetum repraesentant.“ Milton vindicirt für England nach Maaßgabe der damaligen Verfassung die oberstrichterliche Gewalt der Plebs ohne besonderes Stimmrecht der Optimaten.

diese Empörungslehre, welche ohne wissenschaftliche Auffassung des Staats bloß auf den praktischen Zweck ausging, das Volk zum Richter über die Könige und zum Rächer der Tyrannei zu machen. Es ist zuerst Sidney und nach ihm Locke, welche diese praktische Empörungslehre und jene wissenschaftliche Staatslehre des Naturrechts mit einander verbanden und dadurch das System der Revolution gründeten, das dann Rousseau zur Vollendung brachte.

Sidney folgt der Spur jener Schriftsteller, namentlich Miltons, bekämpft die Lehre von der gesetzlosen königlichen Gewalt und dem unbedingten Gehorsam, namentlich gegenüber Filmer, beweist aus der Natur der Sache die Superiorität der Völker über die Fürsten, die Freiheit der Menschen in Einrichtung ihrer Verfassungen und Auswahl ihrer Herrscher. Dazu nun eignet er sich die naturrechtliche Deduktion des Staates an, und zwar in der Gestalt, die ihr sein Landsmann Hobbes gegeben: wie die Menschen ursprünglich in einem Naturstande völliger Unabhängigkeit sich befinden und aus wechseitiger Furcht durch Vertrag den bürgerlichen Zustand errichten*). Aber gemäß jener lebendigen Triebfeder der Beugung des Königthums unter das Volk modificirt er diese Naturrechtstheorie, macht sie aus einer beschaulichen zu einer revolutionären. Das geschieht am entscheidendsten durch seine Beseitigung des stillschweigenden Vertrags, den das Naturrecht bis dahin allgemein dem Bestande der Staaten untergelegt. Er nimmt den ersten Satz des Naturrechts an, daß die Unterthanen der Staatsgewalt nicht anders gebunden seyn können als durch ihre Einwilligung; aber er läugnet seinen zweiten Satz, daß überall und namentlich unter despotischer Verfassung diese Einwilligung ertheilt oder vorauszusetzen sey, und

) Sidney († 1683) discourses of government cap. II, sect. 1.

läugnet darum, daß die Unterthanen wirklich gebunden seyen. „Man muß", sagt Sidney*), „die trügerischen Einbildungen aufgeben, daß ein Fürst, der zur Krone durch Succession (!), Eroberung oder Usurpation gekommen, durch das Volk gewählt sey .... es wäre wahrhaft lächerlich zu sagen, daß die Bewohner Griechenlands, Neapels oder Toskana's stillschweigend einwilligen in die Regierung des Großherrn, des Königs von Spanien oder des Großherzogs, während es gewiß ist, daß diese unglücklichen Völker die Tyrannei verwünschen, unter der sie seufzen. Solche Völker, wenn sie auch in einem tiefen Stillschweigen verharren, konsentiren so wenig in die Tyrannei ihrer Souveräne, als ein Mensch konsentirt beraubt zu werden, wenn er ohne eine Wort zu reden seine Börse einem Räuber giebt, der stärker ist als er." Mit diesem Gedanken tritt das Naturrecht, d. i. die Grotius'sche Staatsvertragslehre, aus dem Stadium der Kontemplation in das Stadium der That. Er findet sich nicht bei Grotius, Hobbes, Pufendorf, Thomasius, Wolf, Kant, selbst nicht bei Fichte. Aber er findet sich bei Sidney und nach ihm bei Locke, bei Rousseau. Er unterscheidet die beiden Hauptphasen der modernen Rechtsphilosophie, das naturrechtliche und das revolutionäre System.

Locke**), der durch seine Lehre von der Theilung der Gewalt nach einer andern Richtung hin neue Bahn brach, nemlich für Ausbildung des konstitutionellen Systems, steht in dieser Hinsicht nur auf gleichem Boden mit Sidney, wenn auch vielleicht in einer gediegenern Ausführung. Auch er verbindet, und in der-

---

*) Cap. II, sect. 6.

**) Locke two treatises of government, 1680. Die Eigenthümlichkeit in Locke's Naturrechtstheorie selbst, die sich auf seinen empirischen Standpunkt gründet, ist in dieser Hinsicht nicht von Einfluß. Von ihr wird erst im Anhang zu diesem dritten Buche näher gehandelt werden.

selben Weise wie Sidney, die Naturrechtstheorie (das „perfect freedom" des Naturstandes und die Gründung des Staates auf Vertrag) mit den Ideen der Königthumsbekämpfung. Darin jedoch nähert er sich noch einen Schritt an Rousseau, daß er den Gedanken, der übrigens bereits bei Milton dämmert, bestimmter ausspricht: die königliche Gewalt sey niemals eigentliche Souveränetät (supreme power), oder könne doch nur in gewissem Sinne als solche betrachtet werden*). Indessen ruht doch seine ganze Auffassung immer noch darauf, daß der König durch Vertrag und Uebertragung ein wirkliches Recht (wenn auch nicht die Souveränetät im eigentlichen Sinne) erlangt, und er widmet deßhalb gleich den Vorgängern einen eignen Abschnitt der Rechtfertigung der Empörung gegen die Tyrannen, das ist dem Beweis, daß dem König bei Mißbrauch die (also wirklich) übertragene Gewalt wieder genommen werden könne. Es blieb daher, um die Volkssouveränetätslehre zu vollenden, immer noch der Schritt übrig, daß das Volk seine Gewalt gar nicht überträgt, der König nie ein Recht erlangt, daß deßhalb der ganze Begriff einer Empörung wegfällt, indem Entthronung des Königs, selbst grundlose, nichts Andres ist als die immerdar zuständige Verfügung des immerdar legitimen Souveräns, des Volks. Diesen Schritt that Rousseau.

Gleichzeitig ward die Empörungslehre, wiewohl von einem ganz andern Standpunkte aus, durch die Jesuiten ausgebildet. Sie lehrten im Interesse des Papstthums, daß die weltliche

---

*) Nemlich das Volk als gesetzgebend ist das supreme power, aber da die gesetzgebende Versammlung nicht immer in Thätigkeit ist, so möge man wohl die exekutive, die zugleich einen Antheil an der Gesetzgebung hat, supreme power nennen; aber eben nur als Exekutor der Gesetze §. 149. So hatte auch Milton (cap 8) von dem englischen König gesagt: „neque enim ad leges ferendas sed ad custodiendas a pupulo latas constitutus erat."

Gewalt nicht gleich der kirchlichen von Gott sey, dieselbe sey nemlich zwar ihrem Wesen nach (materialiter) von Gott, aber ihrer bestimmten Form nach (formaliter), d. i. was die bestimmte Regierungsform und die bestimmten Regenten betrifft, sey sie vom Volke oder der Gemeinde (a populo vel communitate), sohin nicht göttlichen, sondern menschlichen Rechtes*). Es ist das derselbe Gedanke, wie früher Milton und später Rousseau ihn ausgesprochen; da Ersterer sagt; „die Gewalt (potestas) ist von Gott aber nicht die Fürsten (principes)", und Letzterer: „es ist nicht klar, daß Gott will, daß man diese Regierungsform dieser andern vorziehe, oder daß man eher dem Jakob gehorche als dem Wilhelm, und dieß ist es, um was es sich handelt." Der Schluß liegt dann aber auf platter Hand: wenn die Menschen nur nicht die obrigkeitliche Gewalt überhaupt abschaffen, sondern bloß einen bestimmten König absetzen, der als solcher ja von ihnen seine Gewalt herleitet, so sündigen sie nicht gegen eine göttliche Institution. So ist denn auch in demselben Geiste schon im Anfang des siebzehnten Jahrhunderts der spanische Jesuit Mariana in gewisser Beziehung noch weiter gegangen als selbst die französische Revolution. Er gestattet die Empörung nicht bloß dem Volke, das sie in seiner Versammlung beschließt, sondern wenn eine solche Versammlung nicht möglich ist (si publici conventus facultas erit sublata), so hat jeder Einzelne die Aufforderung, den Tyrannen zu morden, denn dadurch, daß den Bürgern die Möglichkeit der Versammlung genommen ist, hört doch ihr Wille nicht auf, die Tyrannei zu vernichten, die Verbrechen des Fürsten zu bestrafen u. s. w. Nur durch Gift darf es nicht geschehen, theils weil die Hinrichtung durch Gift keine in der Christenheit übliche Strafe ist, theils weil dadurch auch Andere als der

*) Suarez de legibus lib. III, cap. 4. S. „Der Protest. als polit. Princip."

Tyrann gefährdet werden. Namentlich wird der Meuchelmord Heinrichs III. durch einen Mönch gepriesen*). Wie die Empörungslehre von den Vertretern des Papalsystems aufgestellt wurde, eben so wurde sie von den Vertretern des gallikanischen Episkopalismus bekämpft**).

Daß demnach auch die Jesuiten wesentlich beitrugen, das königliche Ansehen zu untergraben und die öffentliche Gesinnung für die nachfolgende Staatsumwälzung empfänglich zu machen, ist außer Zweifel. Dennoch hat ihre Lehre in sich selbst keine Gemeinschaft mit der des Naturrechts und der Revolution, wenn sie auch in den bestimmten Resultaten und sogar in der Weise der Argumentation mit ihr zusammentrifft. Denn diese stellt das Königthum unter den rein menschlichen Willen des Volks, sie aber bekämpfen es im letzten Zweck zu Gunsten einer theokratischen Gewalt, der auch das Volk unbedingt unterworfen seyn soll, gleichwie seine Fürsten.

Zweites Kapitel.

Rousseau.

Aufnahme der bis dahin ausgebildeten Lehren. — Eigenthümliches Princip. — Lehre über das Grundverhältniß des Staatsverbandes und deren Korrelate. — Lehre über das Verhältniß der Regierung. — Lehre über den Zweck des Staatsverbandes. — Beurtheilung.

Bei Rousseau***) findet sich die ganze Summe der Gedanken, wie sie bis auf ihn von den Naturrechtslehrern (Grotius und Hobbes), von den Vertheidigern der Empörung (Languet, Buchanan, Milton), endlich von denen, die bereits aus

*) Mariana de rege et regis institutione lib. I, cap. 6 et 7.
**) Petrus de Marca de concordia etc. lib. II, cap. 2.
***) Rousseau du contrat social 1762.

beiden geschöpft (von Sidney und Locke), ausgebildet waren: daß die Menschen von Natur frei und unabhängig durch Vertrag den Staat gründen zu ihrem Schutz und Nutzen; daß Ansehen und Gewalt, da sie niemand von selbst über seines Gleichen hat, nur auf Uebertragung sich gründen; daß das Volk die Gewalt, die es übertragen, auch wieder zurückfordern und über seinen König richten dürfe. Das alles ist nur die Erbschaft, die er von seinen Vorgängern empfängt. Man fragt daher, worin besteht seine Eigenthümlichkeit, welches ist das neue und mächtige Princip, durch das er als Vollender dieser Gedanken-Entwickelung, als Repräsentant der weltgeschichtlichen Katastrophe der Revolution erscheint? Das läßt sich mit Einem Worte ausdrücken: Es ist die Unveräußerlichkeit der Freiheit. Die Freiheit ist schon bis auf ihn das Princip der Entwickelung, die absolute Unveräußerlichkeit der Freiheit wird erst von ihm zum Princip gemacht und als solches durchgeführt. Das ist der Charakter und ist der Inbegriff seiner Lehre.

Danach widerlegt er zuvörderst die Behauptung des Grotius, daß, wie ein Mensch sich vertragsmäßig in Sklaverei begeben, so auch ein Volk einem Fürsten sich übergeben, ja ohne Vorbehalt übergeben könne. Auf seine Freiheit verzichten, entgegnet er, heißt auf seine Eigenschaft als Mensch verzichten, auf die Rechte der Menschheit, ja auf ihre Pflichten, und es ist keine Veräußerung statthaft, wo keine Entschädigung, kein Aequivalent möglich. Der staatsgründende Vertrag hatte bei Grotius einen civilrechtlichen und darum zufälligen, er erhält so bei Rousseau einen publicistischen und nothwendigen Charakter. Es ist die Pflicht des Menschen und des Volkes frei zu seyn, die Bewahrung der Freiheit darum eine öffentliche Nothwendigkeit, nach welcher die Gültigkeit des Staatsvertrags sich richtet.

Als Problem aber ergiebt sich von diesem Princip aus:

eine solche Art der Staatsverbindung (forme d'association) zu finden, daß die Freiheit wirklich nicht veräußert werde, sondern jeder, indem er dem Staate gehorcht, nur sich selbst gehorcht, daher so frei bleibt wie zuvor. Diese Staatsform ist dann nothwendig die von der Natur gebotene, die allein statthafte, jede andere auch bei der geringsten Abweichung (moindre modification) nichtig. Während die Frühern ein mannigfaches Rechtsverhältniß für möglich hielten je nach der bestimmten Verfassung, so erscheint hier nur eins als rechtmäßig und als gültig für alle vorhandenen Staaten. Diese Form (les clauses de ce contrat), also die Lösung des Problems ist nun nach Rousseau: die vollständige Entäußerung jedes Gesellschaftsgliedes mit allen seinen Rechten an die ganze Gemeinschaft. Die Meinung Rousseau's, hiedurch jenes Problem wirklich gelöst zu haben, beruht darauf: Fürs erste muß die Entäußerung an Alle, an die ganze Gemeinschaft geschehen, nicht an ein von diesen „Allen" verschiedenes Subjekt, einen König, Senat, eine Repräsentativversammlung; denn dann entäußert man sich bei der Entäußerung dennoch nicht, weil man ja selbst ein gleicher Theil dieser „Alle" bleibt und deßhalb wieder gerade so viel gewinnt als man aufgiebt, oder mit anderem Ausdruck, die absolute Reciprocität ist es, durch welche die Freiheit trotz der Veräußerung unveräußert bleibt, und es sind deßhalb die socialen Verpflichtungen nur um dieser Reciprocität willen verbindlich. Fürs andere muß es totale Entäußerung seyn ohne Vorbehalt (sans reserve); denn dadurch, daß sich jeder mit allen seinen Rechten hingiebt, wird die Lage eine gleiche (condition égale), und erst da tritt wirklich die absolute Reciprocität ein. Würde ein Glied der Gesellschaft irgend etwas, ein erworbenes Recht behalten, so stände es mit diesem den Andern gegenüber, sie entäußerten sich ihm zum Schutze dieses

Rechts und erhielten nicht dasselbe zurück, sie hätten also wirklich einen Theil ihrer Freiheit entäußert. Die Unveräußerlichkeit der Freiheit in diesem Sinne schließt sonach die Gleichheit in sich, und es ist deßhalb auch das Princip der Gleichheit, das bei den Frühern fehlte, zuerst von Rousseau aufgestellt und wissenschaftlich durchgeführt. — Auf solche Weise wird die Freiheit nicht aufgegeben, und der Zwang, der durch den Staatsvertrag übernommen wird, ist kein anderer als daß die Association das Mitglied eben zwingt frei zu seyn (on le forcera d'être libre).

Durch diese vollständige Alienation Aller an Alle entsteht denn ein Wille der ganzen Association als Einheit. Dieß ist der allgemeine Wille (volonté générale), an welchem alle Einzelne gleichmäßig konkurriren, der aber doch als Einheit über allen Einzelnen steht. Er ist der Souverän. Das heißt: die Gewalt kann keinem andern Subjekte zukommen als diesem Willen, welcher das beständige Ergebniß der sämmtlichen Willen als Gleichberechtigter und Gleichmitwirkender ist. Die Souveränetät ist unveräußerlich bei der Gesammtmasse, und darum eben realisirt sich die Unveräußerlichkeit der Freiheit. Volk, Staat, Souverän, allgemeiner Wille sind darum ganz dasselbe.

Jede andere Staatsverfassung ist danach unstatthaft. Es ist nicht statthaft, daß ein Fürst, ein aristokratischer Körper, eine nach einem Census geordnete Volksversammlung die Souveränetät habe. Sondern nur der Kollektivwille der Sämmtlichen ist souverän. Und zwar bedeutet das nicht etwa: „es soll so seyn, man müsse danach streben", sondern „es ist". Das Rechtsverhältniß ist überall dieß. Was sich anders verhält, ist ungültig, ist unrechtsbeständig. Der Gesammtwille ist immer und überall befugt und ist aufgefordert, seine legitime Souveränetät einer solchen usurpirten Souveränetät gegenüber zu bethätigen.

Der Grundgedanke, ja eigentlich der Gesammtinhalt von Rousseau's Lehre ist hienach die unveräußerliche und unübertragbare Gewalt oder Souveränetät des Volks, d. i. der Gesammtmasse oder des Kollektivwillens. Als seine Korrelate ergeben sich denn die Untheilbarkeit, die Unvertretbarkeit und die Unumschränktheit dieser dem Volke zustehenden Gewalt.

Das Volk hat die Gewalt untheilbar. Es können nicht Zweige der Gewalt, namentlich die exekutive Gewalt, abgetrennt und auf den Fürsten übertragen werden (Gegensatz gegen Montesquieu und auch gegen Locke). Denn dadurch würde ein Subjekt der Gewalt entstehen, ein Wille, wäre es auch nur in irgend einer Sphäre, gelten, der nicht jener allgemeine Wille ist*).

Das Volk hat die Gewalt unrepräsentirbar. Abgeordnete des Volks können keine Gesetze geben, denn auch sie sind immer ein Anderes als der Gesammtwille, sind ein Wille, bei dem nicht jeder gleichmäßig konkurrirt. Gesetze, welche nicht das Volk selbst gegeben oder bez. genehmigt hat, sind nicht Gesetze, haben keine Geltung. Es giebt darum nur wenige Staaten, die wirkliche Gesetze haben. Das englische Volk glaubt frey zu seyn, es ist aber nur frei im Momente der Wahlen für das Parlament; wie diese vorüber, „ist es Sklave, ist es nichts" **). Zu dem Ende müssen auch regelmäßig Versammlungen des ganzen Volks gehalten werden, und zwar ohne Berufung durch Magistrate, aus eigner Macht des Volks, und sobald das Volk versammelt ist, weicht alles Ansehen der Magistrate; denn wenn der Repräsentirte erscheint, hat der Repräsentirende keine Bedeutung mehr***).

Das Volk hat die Gewalt unumschränkt. Es kann

---

*) Livre II, chap. 2.

**) Livre. III, chap. 15.

***) Ebendaselbst chap. 13 u. 14.

nicht an Grundgesetze (loix fondamentales) gebunden seyn; denn eine solche Gebundenheit könnte doch nur auf Vertrag beruhen, das Volk (der Souverän) kann aber nicht mit sich selbst kontrahirt, sich gegen sich selbst vertragsmäßig verpflichtet haben. Es kann nicht beschränkt seyn durch erworbene Rechte, denn es hat sich ja jeder ohne Vorbehalt entäußert. Es kann zwar irren über sein Bestes; aber es kann nicht Unrecht thun, denn es giebt kein Unrecht gegen sich selbst*).

Diese Sätze: die Souveränetät ist unübertragbar, untheilbar, unvertretbar, unbeschränkbar beim Volke, sind nur nach verschiedenen Seiten hin der Ausdruck des Einen Gedankens der unveräußerlichen Freiheit des Menschen in Rousseau's Sinne. Durch sie ist das Grundverhältniß des Staatsverbandes bezeichnet.

Aber auch in dem weiteren Ausbau der Staatsverfassung hat Rousseau's Lehre gar keinen andern leitenden Beweggrund und Zweck, nicht etwa die Trefflichkeit der gouvernementalen Elemente u. dergl., sondern bloß und allein die Wahrung der unveräußerten Volksgewalt. Daß nemlich die Gesammtmasse nicht selbst und unmittelbar regieren kann, ist eine thatsächliche Nothwendigkeit, über die man nicht wohl hinweg kann. Auch Rousseau gibt daher zu: Nur für die Gesetzgebung als die oberste entscheidende Gewalt (welche allgemeine Regeln für allgemeine Gegenstände festsetzt) könne das souveräne Volk nicht repräsentirt werden; dagegen könne es repräsentirt werden für die Regierung. Die es hiefür repräsentiren sind das „Gouvernement“,

*) Liv. I, chap. 6. Zwar erkennt Rousseau Gränzen der souveränen Gewalt an den natürlichen Rechten der Bürger, ihrem Leben, ihrer Freiheit. Allein sie müssen alles opfern, was für die Gemeinschaft von Belang ist (importe), und über die importance entscheidet nur der Souverän; liv. II, chap. 4. Es ist nicht eine Summe bestimmter Rechte, welche der Souverän nicht antasten darf, sondern die abstrakte Freiheit, deren Gränze er jedesmal beliebig festsetzt. Darauf beruht der Staatsabsolutismus.

es kann das ein Fürst, ein Senat, Aristokratie, Nationalrepräsentation u. s. w. seyn. „Souverän“ und „Gouvernement“ sind danach etwas völlig Verschiedenes. Allein entscheidend für die unveräußerliche Gewalt des Volks ist nun eben das Verhältniß zwischen Souverän (Volk) und Gouvernement (Fürst, Senat), und von diesem lehrt Rousseau, daß es keine vertragsmäßige Uebertragung der Gewalt, ja überhaupt kein Vertrag sey, es müsse dasselbe vielmehr so angesehen werden: das Volk bestimmt als Souverän durch ein Gesetz die Form des Gouvernements und bezeichnet dann in eben dieser Eigenschaft durch einen Akt (Wahlakt) die Personen für dasselbe. Beides, das Gesetz und der Wahlakt sind nur Ausfluß der Machtvollkommenheit des Volkes und nichts Andres. Das Gouvernement erhält deßhalb dadurch nicht eine Gewalt, nicht ein Recht, nicht eine Vertragsstellung zum Volke, sondern bloß einen Auftrag, einen Dienst, für den es verwendet wird (commission, emploi). Die Magistrate (König, Senat) sind bloße Bedienteste des souveränen Volkes (simples officiers du Souverain), die in seinem Namen die Gewalt üben, deren bloße Depositäre sie sind. Das Volk kann daher diese Gewalt einschränken, abändern, zurücknehmen, wann es ihm gefällt (quand il lui plaît), und umgekehrt die Magistrate (auch ein König) können dieselbe nicht niederlegen, abdiciren, denn sie ist nicht ihr Recht, sondern ihre Pflicht, Sache des Gehorsams gegen den Souverän und sein Gesetz. In dieser Weise müssen alle bestehenden Verfassungen erklärt und rechtlich beurtheilt werden. Es ist das unumstößliche Naturgesetz, gegen das kein positives Gesetz gilt; das allgemeine Staatsrecht. Es giebt darum nach Rousseau gar keine Verschiedenheit der Verfassung. Er unterscheidet zwar auch die Staatsformen Monarchie, Aristokratie und Demokratie, aber nur als verschiedene Formen des Gouvernements, nicht als

Formen der Souveränetät, daher nicht wahrhaft als verschiedene Verfassungen. Denn eine wahrhafte Verschiedenheit der Verfassung kann nur auf Verschiedenheit des Subjekts der Souveränetät beruhen, nicht auf Verschiedenheit der Organisation der Regierung, am allerwenigsten wenn diese noch dazu eine immerdar widerrufliche, sohin immerdar nur thatsächliche, nicht rechtliche ist. Welche dieser Formen des Gouvernements bestehen solle, das ist ihm eine offene Frage, eine Frage der Klugheit und Zweckmäßigkeit, ja er widerräth sogar die demokratische Form des Gouvernements, weil in dieser der Souverän und das Gouvernement nicht unterschieden (distingués) sind, was sie seyn sollen. Aber unter allen diesen Formen der Regierung bleibt jedoch unverrückbar die absolute Demokratie der Verfassung, welche seine Lehre vom souveränen und unvertretbaren Volke konstituirt*).

Es unterscheidet also Rousseau eben so wie seine Vorgänger (Locke und Montesquieu) die Gesetzgebung, die Sache des Volks, und die Vollziehung oder Regierung, die Sache des Gouvernements bez. des Königs ist; aber darin weicht er von allen seinen Vorgängern ab, daß er dem Organe dieser Vollziehung nicht eine wirkliche Gewalt oder irgend ein Recht einräumt, sondern es bloß als recht- und willenloses Werkzeug der Gesammtmasse behandelt. Damit bedarf es keiner Rechtfertigung der Empörung mehr, wie noch Locke sie unternimmt, sondern es fällt der ganze Begriff der Empörung weg. Das Volk verfügt überall nur über seine eignen Dienste, die es prekär aufgetragen, es verändert nicht einmal ein Rechtsverhältniß, wenn es den König entthront, so wenig als der König ein Rechtsverhältniß ändert, wenn er seinen Minister entläßt.

---

*) Livre III, chap. 1 und 4 und chap. 16 und 17.

Endlich ist auch das Ziel, das Rousseau der Wirksamkeit des Staates setzt, lediglich bestimmt durch das Princip der unveräußerlichen Freiheit, d. i. der auch in der Association unverrückbar behaltenen gleichen Lage. Dieß Ziel ist ihm nemlich das öffentliche Wohl (bien public), nicht in dem Sinne des Wohls Aller nach ihren verschiedenen Lagen und Verhältnissen, sondern nur das Wohl Aller in der Allen gleichmäßigen Lage, nicht Befriedigung der sämmtlichen Interessen, die für die verschiedenen Klassen verschieden bestehen, sondern nur Befriedigung derjenigen Interessen, die ein Bürger gerade so wie der andre hat. Danach unterscheidet er auch einen allgemeinen Willen (volonté générale) und einen bloßen Willen Aller (volonté de tous). Wenn nemlich im Volke Jeder, namentlich jeder Kreis sein besonderes Wohl anstrebt bei der Abstimmung, so ist das Gesammtergebniß nur der Wille Aller; wenn aber das Volk, die Sämmtlichen, nur jenes Allen gleichmäßige Interesse anstrebt, dann erst ist das Ergebniß wahrhaft (materiell) allgemeiner Wille. Eine Garantie jedoch dafür, daß das letzte und nicht das erste erfolge, giebt Rousseau nicht, ja sucht er nicht, außer eben der Beseitigung der Verschiedenheit der rechtlichen Stellung (namentlich auch alles korporativen Verbandes), vermöge welcher er auch auf Beseitigung der Verschiedenheit des Interesses rechnet*).

Dieß ist denn der Punkt, von welchem aus Rousseau folgerichtig auf den Kommunismus fortgeführt werden müßte. Denn für den Zweck, das Interesse zu einem durchgängig gleichmäßigen zu machen, genügt es nicht, bloß die Verschiedenheit der rechtlichen Lage zu beseitigen, es müßte dazu jedwede Verschiedenheit der Lage, vor Allem aber die Verschiedenheit der Vermögenslage beseitigt werden. Außerdem wird

*) Livre II, chap. 3 u. 4.

bei der Gesammtabstimmung immer ein Interesse der Vermöglichen und ein Interesse der Vermögenslosen gegeneinanderstehend einwirken, und es deßhalb immer nur zu einem „Willen Aller", nicht einem „allgemeinen Willen" kommen. —

Rousseau gehört hienach im Allgemeinen der Gedanken-Entwickelung an, wie sie von Grotius wissenschaftlich angeregt war — dem System des „Naturrechts" —, ja er bringt dieselbe zur Vollendung, treibt sie auf ihre höchste Spitze. Er gehört ferner insbesondere der romanischen Fraktion dieser Gedanken-Entwickelung insofern an, daß er hiebei den Willen des Menschen bloß empirisch, materiell auffaßt, jeden Rest eines höhern Gebots, einer Nothwendigkeit vertilgt. Bei Kant ist es die Freiheit der Andern als ein Vernunftgebot (ein Gebot des homo noumenon), welche in den Staat treibt, bei Rousseau ist es bloß die Sorge um sich selbst, der eigne Nutzen*). Die persönliche Eigenthümlichkeit Rousseau's besteht aber darin, daß er die Erhaltung der Freiheit des Menschen selbst zum absoluten Gesetze macht, kein Aufgeben der Freiheit durch Freiheit auch im geringsten Punkte gestattet. Das ist seine Lehre von der unveräußerlichen Freiheit des Menschen, von der unverrückbaren Gleichheit der Lage Aller, woraus dann die unveräußerliche unvertretbare Gewalt oder Souveränetät des Volks von ihm gefolgert wird. Während Frühere (die Empörungs-Vertheidiger) die Souveränetät des Volks bloß als eine potentielle (latente) Macht annehmen, die, wo es Noth thut, hervorbricht und der tyrannischen

---

*) Sa (der menschlichen Natur) première loi est de veiller à sa propre conservation, ses premiers soins sont ceux, qu'il se doit à lui-même: livre I, chap. 2. Comment les (seine Kraft und Freiheit) engagera-t-il sans se nuire et sans négliger les soins qu'il se doit? chap. 6. Als der Verpflichtungsgrund der staatsgründenden engagements wird angegeben: qu'en les remplissant on ne peut travailler pour autres sans travailler aussi pour soi. Livre II, chap. 4.

Regierung ein Ende macht, so ist sie nach Rousseau eine nothwendig und immerdar aktuelle Macht; das Volk (die Sämmtlichen) kann keinen Augenblick aufhören, sie wirklich und vollständig selbst auszuüben. Der Wille des Menschen und deßhalb der Wille sämmtlicher Menschen — kollektiv, aber in ganz gleicher Lage gedacht — ist in unausgesetzter Aktualität Quelle und Herr der socialen Ordnung.

Zwar hat man behaupten wollen, daß Rousseau an seinem „allgemeinen Willen" doch ein höheres Princip habe als die bloße Kollektion der Einzelwillen, weil er ihn von dem „Willen Aller" (volonté de tous) unterscheidet. Allein diese Unterscheidung bedeutet, wie gezeigt worden ist, gerade das Gegentheil, daß der allgemeine Wille auch seinem Inhalte nach keine höhere harmonische Ordnung, sondern bloß das abstrakte gleiche Wohl der Einzelnen enthalten soll, und sie bezieht sich jedenfalls nur auf die innere Anforderung an die Abstimmenden, nicht auf ihr verfassungsmäßiges Verhältniß. Für dieses spricht Rousseau vielmehr überall auf das entschiedenste es aus, daß der allgemeine Wille (der Souverän) nichts Andres seyn kann als der Wille Aller, d. h. an welchem alle Einzelne in völlig gleicher Weise konkurriren. Mit dem allgemeinen Willen Schellings und Hegels hat dieser Begriff Rousseau's nicht die entfernteste Verwandtschaft. Was Rousseau zum Princip und zur Macht der socialen Ordnung macht, ist also nur der Wille des Menschen ohne höhere Nothwendigkeit, ohne ein Ansehen, ein Gebot über ihm, und ist der Wille des Menschen schlechthin in seiner Selbstsucht, gelöst von jedem sittlichen Ziel, von jeder harmonischen Lebensgestaltung, die er anzustreben hätte, daher nur das Menschenrecht ohne Menschenpflicht. Was als Inhalt, Pflicht, Tugend bleibt, ist dann auch wieder nur der Mensch selbst: das (sinnliche) Wohlbefinden des Menschen, die Majestät des Menschen, und danach die Majestät des Volkes. Die Begeisterung hat keinen anderen Gegenstand als die Hingebung unter die Mehrheit, die Anerkennung der Gleichheit, die Brüderlichkeit. Die Gesetze Gottes und der Natur — für Einzelleben, Familie, Staat, Kultus — alles das sinkt, und nur die Heiligkeit des Volkswillens wird zur absoluten Macht, sie ist Religion, Moral, Gerechtigkeit. Das ist der Geist Rousseau's, es ist der Geist der Revolution.

Sieht man nun aber auch ab von diesem Mangel des wahrhaft sittlichen Gehaltes, betrachtet man Rousseau's Lehre bloß als das, wofür sie sich ausgiebt, als ein System der gleichen Freiheit (richtiger Willkür) und gleichen Befriedigung des Menschen, die grundsätzlich anerkannt und mechanisch gesichert werden soll, so zeigt sie sich selbst in dieser Eigenschaft als unhaltbar. Rousseau begeht den handgreiflichen Irrthum, da, wo es sich um Freiheit und Befriedigung handelt, die abstrakte Einheit der Sämmtlichen (das bloße Abstimmungsresultat) für gleich zu halten mit den Persönlichkeiten, aus welchen sie besteht. Er legt, wie das nicht anders möglich, Recht und Gewalt jener abstrakten Einheit bei, während Freiheit und Befriedigung doch für die konkreten Persönlichkeiten angestrebt werden sollen und nur als Freiheit und Befriedigung von Persönlichkeiten, nicht aber als Freiheit und Befriedigung eines Kollektivwesens einen Sinn haben. Darauf beruht der falsche Kalkul der Reciprocität, daß, wenn ich mich tausend Stimmen unterwerfe mit gleichem Theil an der Abstimmung, ich meine Freiheit nicht aufgebe, da ich arithmetisch eine eben so große Zahl von Willen mir verbindlich gemacht, als die Zahl ist, der ich mich verbunden; als wenn nur das Formelle, die gleiche Betheiligung an den Formen der Beschlußfassung, und nicht das Materielle, der Inhalt des Beschlusses für meine Freiheit und Befriedigung das Entscheidende wäre. Deßgleichen der falsche

Satz, daß der allgemeine Wille nicht unrecht thun könne, weil niemand unrecht thun kann gegen sich selbst. Daß jenes Kollektivwesen gegen sich, die abstrakte Einheit, nicht unrecht thun kann, ist kein Beweis dafür, daß es gegen sich, die konkreten Persönlichkeiten, aus denen es besteht, nicht unrecht thun könne. Das wirkliche Ergebniß von Rousseau's Lehre ist darum in der That nicht einmal Freiheit (Willkür) und Befriedigung des Menschen, was er anstrebt, ja auch nicht der Mehrheit der Menschen (denn dieselben, die heute in der Majorität guillotiniren lassen, werden morgen in der Minorität selbst guillotinirt); sondern nur Freiheit und Befriedigung des abstrakten Majoritätengesetzes.

Glaubt nun Rousseau, die abstrakte Abstimmung müsse mit dem Interesse der Menschen, wenigstens der Mehrzahl, deßhalb zusammenfallen, weil alle das gleiche Recht und dadurch die gleiche Lage haben, so müßte er einmal schon weiter gehen als er ging, nemlich, wie oben gezeigt worden, auch die Vermögenslage gleich machen, und sodann würde auch das nicht genügen, da immer der Unterschied von Gesundheit, Arbeitskraft, Schönheit, Intelligenz, Bildung, sittlicher Ueberzeugung u. s. w. übrig bliebe. Dann aber wäre immer übersehen, daß die Menschen auch bei gleicher Lage eben dahin streben, dieselbe zu ihrem Vortheil ungleich zu machen, und die gleichmäßige Konkurrenz gar keine Bürgschaft giebt, daß nicht das Ungerechte oder Unbillige bei der Abstimmung durchgesetzt werde.

Die Unveräußerlichkeit der Freiheit muß Rousseau völlig zugestanden werden. Aber weder schließt die ächte Freiheit eine unverrückbare Gleichheit der Lage ein (der englische Freigutsbesitzer ist frei, wenn gleich der Lord eine noch günstigere Stellung hat, der sein Auskommen hat ist frei, wenn es gleich Reichere giebt), noch ist ein Schluß von der Unveräußerlichkeit der Freiheit auf souveräne Gewalt des Volkes zulässig. Die

Souveränetät hat nie dem Volke zugestanden, so daß es sie durch Veräußerung aufgegeben, sie ist von Anbeginn beim geordneten Staate, bei der verfassungsmäßigen Autorität, und die Souveränetät gehört nicht, wie die Freiheit, zu der „Beschaffenheit als Mensch“, gehört nicht zu den Rechten und Pflichten der Menschheit*).

Uebrigens wenn Rousseau die unwiderrufliche Uebertragung der Gewalt auf den König von Seite der Volksmasse als eine Inkonsequenz des Grotius bekämpft, so begeht er selbst eben diese Inkonsequenz, da er eine unwiderrufliche Uebertragung der Gewalt auf die Volksmasse von Seite der Einzelnen lehrt. In meiner „unveräußerlichen Freiheit“ liegt es, daß ich mich auch der Gesammtheit der Uebrigen nicht unwiderruflich binden kann, und wie Rousseau selbst für die erste Gründung des Staates Einstimmigkeit fordert, so müßte er für jeden künftigen Akt sie fordern, widrigenfalls Vertragskündigung offen lassen. Beruht die ethische Gestalt des Gemeinwesens bloß auf dem Willen der einzelnen Menschen, so müssen sie dieselbe auch wenn sie wollen wieder aufheben können. Die Volkssouveränetät führt darum nicht bloß zur Anarchie, sondern sie ist die Anarchie.

In Rousseau's Darstellung erscheint nun das System der Revolution im strengsten wissenschaftlichen Gange der Deduktion. Im Leben löste es sich auf in eine Reihe einzelner Postulate, die aber nichtsdestoweniger in innerem unauflöslichen Zusammenhang stehen. Es sind das bekanntlich die folgenden:

Die Volkssouveränetät — daß die Gesammtmasse des Volks bez. die Mehrheit fortwährend als oberste Autorität und Gewalt gelte, alle Obrigkeiten dieselbe nur im Auftrag desselben besitzen und deßhalb nach dem Willen des Volks

*) Die nähere Beleuchtung der einzelnen Behauptungen Rousseau's s. in dieses Werks II. Bande bei den betreffenden Materien.

derselben wieder entkleidet, zur Rechenschaft gezogen und bestraft werden können.

Die Demokratie — daß die Gesammtmasse (alle Einzelnen) eben so die oberste Gewalt (Gesetzgebung) auch wirklich (aktuell) und unmittelbar ausübe. (1793.)

Die Freiheit — daß der Staatsbürger in seiner Freiheit nicht beschränkt sey außer so weit es für die gleiche Freiheit der Uebrigen nöthig, also nicht zum Zwecke öffentlichen Wohlstandes, öffentlicher Sitte, öffentlichen Glaubens, daß daher keine Schranke der Gutszertrümmerung, der Ansässigmachung, des Gewerbbetriebs, der Sektenstiftung, folgerichtig auch des sittlichen Aergernisses bestehe (Erklärung der Menschenrechte). Dieses Postulat ist nicht sowohl durch Rousseau vertreten, sondern vielmehr durch Locke, durch die Nordamerikaner, durch Turgot und Andere.

Die Gleichheit — daß auch in allen öffentlichen Verhältnissen jede Verschiedenheit des Rechts je nach sächlichen Lagen (z. B. Grundbesitz), nach Standes- und Berufsstellung, nach korporativer Zusammengehörigkeit aufhöre (Erklärung der Menschenrechte).

Die Vernunftmäßigkeit — daß die vernünftige, d. i. die von der jeweiligen Mehrheit als vernünftig erkannte Einrichtung sofort und unbedingt hergestellt werde, ohne Rücksicht auf geschichtliche Zustände und überlieferte Denkweise, ohne Rücksicht auf erworbene Rechte, letztere nicht bloß weichen müssen, sondern dem vernunftmäßigen Zustande gegenüber überhaupt gar nicht als Rechte gelten können.

Die Abschaffung der Staatsreligion — daß der Staat gleichgültig sey gegen das religiöse Bekenntniß, jeden Kultus gestatte, keinen als öffentlichen sanktionire, die Lebensverhältnisse (z. B. Ehe) ohne Rücksicht auf geoffenbartes Gebot gestalte, den Bürgern ohne Unterschied des religiösen Bekenntnisses das gleiche volle politische Recht gewähre. Nur in dieser Hinsicht hat Rousseau selbst eine abweichende Lehre. Vermöge seines tiefern Blicks erkennend, daß der Staat ohne religiösen Impuls der Gesinnung nicht bestehen kann, aber von gleicher Abneigung gegen das Christenthum wie die ganze Richtung, kommt er auf das Resultat: es müsse eine Religion von Staatswegen erfunden und eingeführt werden, die aber auch nur den Staat zum Zweck hat. Ihr gesammter Inhalt ist: daß es ein höchstes Wesen giebt, und die bürgerlichen Gesetze unter seinem Schutz stehen. Diese Religion muß jeder annehmen bei Todesstrafe oder Verbannung, und eine andere darf im Staate nicht bestehen *).

Das sind die Postulate, welche die Revolution zu verwirklichen unternahm, es sind diejenigen, in welchen bis auf diese Stunde der Liberalismus sich bewegt, wenn er gleich der bestehenden Macht des Königthums gegenüber das Aeußerste der Volkssouveränetät und Demokratie nicht herauskehrt und die folgerichtige Durchführung der individuellen Freiheit vielfach aufgiebt gegenüber der Macht der natürlichen Lebensbedingungen, besonders wo die materiellen Interessen es erheischen.

Was vom Naturrecht gesagt ist, muß natürlich eben so gelten von diesem System, das nur die praktische Vollziehung des Naturrechts ist. Auch dieses hat sein Wesen in der Losreißung menschlicher Freiheit von der höhern Macht und Autorität über ihr, in der Auflösung des organisch gegliederten Staats zu einer unterschiedlosen Masse, in der Nichtbeachtung der bestimmten verschiedenen Lebensverhältnisse und ihrer innewohnenden Bestimmung. Auch hier auf dem praktischen Gebiete verfehlt diese Richtung ihr eignes Ziel. Sie macht die individuelle Freiheit zum ausschließ-

*) S. das letzte Kapitel von Rousseau's Contrat social.

lichen Princip; aber individuelle Freiheit ist da nicht erreicht, wo die einmal eingeräumte Sphäre, das erworbene Recht, nicht geschützt ist, und wo ein Kollektivwesen, das souveräne Volk oder die, so in seinem Namen handeln, die Anforderungen der Freiheit, wahre oder vermeintliche, mit unbegränzter Gewalt handhabt. Wie das Naturrecht zwischen zwei Fundamenten, der individuellen Freiheit und dem logischen Gesetze schaukelt, ohne auf einem feste Stellung fassen zu können, eben so der Liberalismus als das lebendigere System zwischen den beiden Fundamenten: individueller Freiheit und Gemeinwillen. Er fußt einmal auf der Ungestörtheit des Individuums wie Turgot, Bayle und viele Führer von 1789, und kommt dann zur Ohnmacht, ja Auflösung des Gemeinwesens, er fußt das anderemal auf der Macht des einheitlichen Volks, auf der Verbrüderung (fraternité), wie Rousseau, Robespierre und die heutigen Socialisten, und zernichtet dann die individuelle Freiheit. Die Gliederung der Lebensverhältnisse nach einer höheren Ordnung, der schöne vollendete Bau der sittlichen Welt entgeht ihm überall, und damit auch das innere Maaß für die Freiheit des Einzelnen, für die Staatsgewalt, für alle die verschiedenen Elemente des menschlichen Zustandes. — Aber auch jener Fortschritt des öffentlichen Zustandes, den wir oben als Folge des Naturrechts priesen, ist, wie sich von selbst versteht, durch diese praktische Geltendmachung seiner Principien und zwar vorzugsweise durch sie errungen worden. Ja das ist noch die besondere Frucht des Liberalismus, daß er nicht bloß bei Recht und Freiheit des Individuums seine Wirkung beschließt, wie das Naturrecht, sondern sie auch auf das Volk als Gesammtheit ausdehnt. Der Gedanke der Unverletzbarkeit der Völkerindividualitäten ist ein rühmliches (wenn auch vielleicht inkonsequentes) Produkt des Liberalismus, das die naturrechtliche Deduktion nicht erreicht haben würde. Deßgleichen die Anforderung der aktuellen Selbstthätigkeit des Volks in Gestaltung seines öffentlichen Zustandes. Das Naturrecht geht nur bis zur persönlichen und bürgerlichen Freiheit; durch welche Regierungsform diese geschützt werde, wenn nur auf sichere Weise, liegt zunächst außerhalb seines Gebietes. Der Liberalismus geht fort bis zur politischen Freiheit, daß die Macht, die Gesetze festzusetzen, selbst ein unveräußerliches Recht der Menschen ist. Hier aber ist das schwere Mißverständniß, daß die wahre Forderung der Freiheit und Selbstthätigkeit des Volks, das Recht seinen öffentlichen Zustand zu wahren und mitzubestimmen, in die falsche Forderung der Volkssouveränetät, d. i. des Rechts seinen öffentlichen Zustand primär und ausschließlich zu bestimmen, umgewandelt und daß das Volk selbst nicht als gegliederte Einheit, sondern als bloße Kollektion der Masse aufgefaßt wird. Wenn sich die Richtung von diesem trüben Beisatz abklärt, dann wird sich dasjenige herausstellen, was man im ächten Sinn als liberal anzuerkennen hat und worin die bleibende Frucht der Gedankenentwickelung besteht*).

Anhang zum dritten Buche.

Materialistische Rechtsphilosophie.

Einen Gegensatz gegen die von Cartesius begonnene und mit Hegel vollendete rationalistische Richtung bildet diejenige, welche man gewöhnlich die empirische zu nennen pflegt und die in England und Frankreich ihre Pflege erhielt. Hierbei wird „empirisch" in einer andern Bedeutung gebraucht, als in

*) Vergl. dieses Werks II Band bei den betr. Materien.

welcher oben die Rechtsphilosophie des Aristoteles empirisch genannt wurde. Dort nemlich bezieht sich der Ausdruck auf das Objekt, die vorhandene Erfahrungswelt; hier auf das Subjektive des Erkenntnißmittels, die sinnliche Wahrnehmung. Dort sollte deßhalb „empirisch" den Gegensatz gegen das Ideale ausdrücken, d. i. gegen eine erfüllte Anschauung, deren Inhalt aber einer andern, höhern, die wirklichen Bedingungen übersteigenden Welt angehört; hier dagegen ist es der Gegensatz gegen das Rationale, gegen die reinen leeren Gedankenbestimmungen und Gedankengesetze und überhaupt gegen das Denken. Es ist eine Richtung gemeint, welche den Stoff und dessen sinnlichen Eindruck als das Ursprüngliche und insofern Einzige, hingegen die Vernunftform, ja allen Gedanken, alles Geistige bloß als Wirkung desselben betrachtet. Sie wird deßhalb viel richtiger als sensualistische oder, in ihrer äußersten Durchführung, als materialistische Richtung bezeichnet, denn als empirische.

Locke's Lehre vom menschlichen Erkennen*) legte nach der durch Bacon gegebenen Vorbereitung den Grund dieser Richtung, noch auf rein theoretischem, kontemplativem Gebiete. Während die rationalistische Lehre alle Erkenntniß aus der Vernunft (den eingebornen Ideen oder logischen Kategorien) ableitet, so umgekehrt behauptet Locke, daß die Vernunft in diesem Sinn (als ursprünglich Eingebornes) gar keinen Beitrag unsers Erkennens liefere, sondern alles Erkennen aus Erfahrung, d. i. durch Einwirkung des äußern stofflichen Objekts auf unsere Sinne entstehe. Daß wir eingeborne Ideen, Vernunftkategorien, Axiome haben, mittelst deren wir denken, läugnet Locke nicht, aber er hält diese selbst nur für ein Erzeugniß der sinn-

*) Locke de intellectu humano.

lichen Eindrücke. Er betrachtet den menschlichen Geist oder Verstand als tabula rasa, die Qualitäten der äußern Dinge wirken sinnliche Eindrücke in uns, und diese wieder ein Bild in jenem Leeren des Verstandes (z. B. Ton, Farbe, Widerstand). Durch Kombination dieser Eindrücke und durch Abstraktion aus ihnen bildet der Verstand die Verhältnißbegriffe, z. B. aus der sinnlichen Wahrnehmung successiver Eindrücke bildet der Verstand den Begriff der Zeit, aus der sinnlichen Wahrnehmung, daß ein Eindruck durch den andern zu existiren beginnt, bildet er den Begriff von Ursache und Wirkung. Während also die Rationalisten die Vernunft abgesehen von aller Thätigkeit ihrem Inhalte nach als Quelle aller Erkenntniß betrachten, so betrachtet Locke umgekehrt sie als völlig inhaltlos, und nur ihre Thätigkeit (Abstraktion, Kombination) soll aus den sinnlichen Eindrücken die Erkenntnisse, ja selbst die reinen Verhältnißbegriffe bilden. So entsteht alle Erkenntniß durch Sensation, und die Reflexion (diese Verstandesthätigkeit) wird selbst bloß als eine innere Wahrnehmung, also im Grunde selbst wieder als Sensation gefaßt, weßhalb Kant bezeichnend sagt; „Leibnitz intellektuirt die Erscheinungen, so wie Locke die Verstandesbegriffe sensificirt.“ Es ist diese Funktion des Verstandes eigentlich auch nur eine passive, das Denken ein materielles Ding, das durch materiellen Anstoß in Bewegung gesetzt wird. Die höchste Gewißheit ist denn auch für Locke folgerichtig die Gewißheit des sinnlichen Eindrucks und damit des Daseyns äußerer Dinge, während umgekehrt für die Rationalisten dieses völlig in Zweifel gestellt und nur die logische Form als das absolut Gewisse betrachtet wird. Die Durchführung dieses Gedankens, der Aufbau aller obersten Begriffe gemäß demselben ist meisterhaft, Locke übersieht dabei nur, daß sinnliche Eindrücke, wie er sie schildert, gar nicht möglich sind ohne schon im Voraus vorhandene Vernunftbegriffe; so z. B. um das Successive der Eindrücke wahrzunehmen, muß man schon die Anschauung der Zeit mitbringen; um wahrzunehmen, daß ein Eindruck „durch" den andern beginnt, muß man schon die Idee der Kausalität mitbringen, weßhalb denn auch Hume von diesem Standpunkte aus mit Recht dazu fortschreitet, den Kausalzusammenhang zu bezweifeln, indem Erfahrung des Nacheinander schlechterdings niemals auch ein Durcheinander beweise. Ja diese Thätigkeit des Verstandes, die er ohne Verstandesinhalt an dem sinnlichen Material vor sich gehen läßt, die Abstraktion und Kombination, Reflexion, muß ja doch ein Gesetz haben, und das wäre wieder eine eingeborne Idee, eine vom sinnlichen Eindruck unabhängige Kategorie.

Auf dem praktischen Gebiete nun führt dieser Standpunkt nothwendig dahin, die Befriedigung und zuletzt die sinnliche Befriedigung als das letzte Ziel anzunehmen. Wenn der sinnliche Eindruck die Quelle und die oberste Wahrheit des Erkennens ist, so muß er auch nothwendig die Quelle und oberste Regel des Handelns seyn. Locke selbst läugnet daher, daß es eingeborne, also an sich nothwendige praktische Ideen gebe, die Tugend sey anzupreisen nicht weil sie uns eingeboren, sondern weil sie nützlich ist, und dem entsprechend ist es der Zug der englischen Moralphilosophen in ihrer großen Mehrzahl und der französischen, welche dieser Richtung folgen: daß Befriedigung, Wohlbefinden, Glückseligkeit als ethisches Princip angenommen, und ein selbstständiger Werth, eine selbstständige Nothwendigkeit des Guten aufgegeben wird. Mehrere derselben, besonders am Anfang der Theorie, von persönlich edler Denkart, mildern das Resultat des Princips, so daß es nicht deutlich zum Bewußtseyn kommt, dadurch daß sie eben eine Befriedigung durch das Gute, durch Wohlthätigkeit u. s. w. lehren. Das tritt aber im spätern

Verlauf je mehr und mehr zurück, und wird die sinnliche Befriedigung zum Mittelpunkt der Ethik. Eben so stuft sich das mannigfach ab, wie weit die eigne Befriedigung (Egoismus) als Grund (damit nicht nothwendig auch als Zweck und Inhalt) angenommen wird, wie weit von vorn herein die gemeinsame Befriedigung*). Die letzte folgerichtige Durchbildung des sensualistischen Princips zu einer gesammten Weltanschauung ist endlich das „System der Natur" von Mirabaud. Nach ihm giebt es keinen Geist, das Universum oder die Natur ist nur Materie, die nach ihren nothwendigen Gesetzen wirkt. Das ist in der That die unerläßliche Voraussetzung, wenn Locke's Erkenntnißtheorie, daß das Erkennen nur Wirkung sinnlicher Eindrücke ist, richtig seyn soll. Es giebt also keinen Gott, die Vorstellung desselben ist eine Erfindung der Furcht oder der Unwissenheit. Der Mensch ist ein durchaus materielles Wesen, das Denken eine Wirkung der materiellen Bewegung der Gehirnnerven, jeder Gedanke entsteht nur durch die sinnlichen Eindrücke der materiellen Objekte. Mit dem Ende des irdischen Lebens ist das menschliche Leben für immer zu Ende, es giebt kein Fortleben als allein im Ruhme, in der Erinnerung der Nachwelt. Es giebt keine Freiheit des Handelns, jede That ist eine nothwendige Wirkung der Anziehung und Abstoßung. Gut oder Bös ist etwas, je nachdem es zum Glück, das heißt zur kontinuirlichen sinnlichen Lust führt. Das Böseste ist deßhalb die Religion, die, durch Strafen

*) Die Aufeinanderfolge der sensualistischen Moralsysteme und ihre verschiedenen Fraktionen, deren Darlegung hier nicht die Aufgabe ist, giebt sehr gut Erdmann in seiner Geschichte der neuern Philosophie Es liegt übrigens diesen eudämonistischen Moralsystemen die Wahrheit zum Grunde, daß nach der ewigen Ordnung die Befriedigung der Persönlichkeit nicht minder ein selbstständiges absolutes Ziel ist als die Erfüllung des höhern (göttlichen) Gebotes. Der Irrthum ist nur, daß hier diese zum bloßen Mittel für jene gemacht, und daß meist die Befriedigung in das Wohlbefinden des Menschen nach seiner empirisch-sinnlichen Existenz gesetzt wird.

schreckend, den Genuß stört, durch eine vorgehaltene Zukunft um die Gegenwart bringt. Die Parallele dieser vollendeten materialistischen Anschauung zur vollendeten rationalistischen, sohin logisch-pantheistischen Anschauung im Resultat ist unverkennbar. Statt Gott eine nothwendige gesetzmäßige ihrer selbst unbewußte Bewegung, möge man sie Materie, Substanz, logisches Gesetz, Idee nennen, keine Freiheit des Menschen, keine Unsterblichkeit. Selbst die Verwerfung der Religion als eines Unsittlichen hat ihre Parallele im pantheistischen System, da Hegel die christliche Bescheidung des Wissens für die höchste Stufe des Unsittlichen erklärt*). Durch die Beschränkung des menschlichen Genusses greift das Christenthum eben so sehr in das Herz des materialistischen Pantheismus, wie durch die Beschränkung des menschlichen Denkstolzes in das Herz des rationalistischen Pantheismus. Der Inhalt der Moral jedoch, wie sich von selbst versteht, ist zwischen Rationalismus und Marialismus von Grund aus entgegengesetzt**).

Was die Rechtsphilosophie anlangt, so hat Locke selbst keineswegs eine eigenthümliche, seinem empirischen Standpunkt entsprechende Rechtsphilosophie geschaffen, sondern im Ganzen das Naturrecht, dieses Erzeugniß der rationalistischen Richtung, das die damalige Zeitbildung erfüllte, angenommen und es nur im Einzelnen seinem empirischen Standpunkte gemäß modificirt***). Er macht wie die andern Naturrechtslehrer den einzelnen Menschen in seiner Sonderung zum Princip der Rechtsordnung, lehrt die ursprüngliche völlige Freiheit und Gleichheit

*) Encyklop. §. 386 (neueste Ausgabe III. 36) und Vorrede zu Hinrichs' Religionsphilosophie.

**) Von dem positiven Mittelpunkt der Wahrheit über den beiden Richtungen ist gehandelt in diesem Werke II. Band I. Buch §. 22 und 29 und 37.

***) S. Locke's oben angeführte „treatises of government."

des Naturstandes und die Gründung des Staats durch Vertrag, und beschränkt den Zweck des Staats auf den Schutz der Einzelberechtigung. Aber er faßt hiebei den Menschen nicht rationalistisch von Seite des reinen Willens, der abstrakten Freiheit, wie jene; sondern sensualistisch von Seite seiner ganzen sinnlichen Existenz. Demgemäß lehrt er für den Naturstand, also vor der vertragsmäßigen Errichtung des Staates, ein Naturgesetz, das von vorn herein eben die ganze empirische Einzelexistenz des Menschen („Leben, Freiheit, Gesundheit, Besitzthum") enthält, nicht bloß einen allgemeinen Satz, aus dem erst durch Folgerung das eine und das andere gewonnen wird. Er lehrt insbesondere für den Naturstand die unmittelbare Geltung des Eigenthums. Während alle frühern Naturrechtslehrer das Eigenthum aus vertragsmäßiger Einführung ableiten, und auch Kant, der davon abgeht, es doch immer aus der wechselseitigen Anerkennung des Willens ableitet, deßhalb auch seinen Erwerb in der Willensäußerung (der Occupation) findet; so deducirt Locke das Eigenthum aus dem empirischen Bedürfniß, weil ohne dasselbe bei Gemeinbesitz die Menschen der Sachen nicht gebrauchen könnten (the use of men). Er setzt demgemäß den Erwerb des Eigenthums in die Arbeit, als durch welche die Sachen eben dem Bedürfniß eines Menschen dienend gemacht werden, nicht in die Occupation, durch welche bloß der Wille sich ausdrückt, und erkennt ursprünglich auch eine Gränze des Eigenthumerwerbs an der Möglichkeit der Bearbeitung und der Verwendung für das eigne Bedürfniß. Unbegränzter Eigenthumserwerb habe nur da Sinn und Zweck, wo Handel und Wandel und das Tauschmittel des Geldes besteht, und dieß alles werde allerdings erst durch Vertrag begründet*).

---

*) Beide Beziehungen (Kant's und Locke's) zusammen geben die Wahrheit. S. dieses Werkes zweiten Band Buch III. §. 22 u. 29.

Endlich lehrt Locke bereits für den Naturstand und daher jedem Einzelnen zuständig ein Strafrecht gegen den, welcher das Naturgesetz übertritt. Auch dieses gilt unmittelbar kraft jener vollen empirischen Existenz des Menschen und zu ihrem Schutze und bedarf nicht erst vertragsmäßiger Einführung, das ist der Einwilligung des zu Bestrafenden. Ja die Errichtung des Staates ist ihm selbst nichts Andres als daß jeder auf die Ausübung dieses ursprünglich ihm zukommenden Strafrechtes verzichtet und dieselbe von der Gemeinschaft ausüben läßt. Deßhalb theilt sich auch, wie er ausführt, die Staatsgewalt grundsätzlich in die beiden Funktionen, die gesetzgebende und die vollziehende; jene nemlich bestimmt die Gesetze, deren Verletzung Strafe nach sich ziehen soll, diese fügt die Strafe zu. Solcher Strafschutz aber für die Einzelberechtigung, welche die Sämmtlichen nun statt des Einzelnen selbst üben, und nichts Andres, ist das Wesen und die Bedeutung des Staates. Während die übrigen (rationalistischen) Naturrechtslehrer erfüllt sind von dem Idealen, daß der menschliche Wille (abgesehen von jedem Inhalt und Gegenstand) allein Ursache der menschlichen Zustände sey, so Locke von dem Realen, daß der Mensch in seiner sinnlichen Existenz geschützt und unabhängig sey, und insbesondere daß das, was empirisch die Grundlage derselben bildet, das Besitzthum, geschützt sey. Deßhalb ist das Hauptmittel bei jenen der Vertrag, als in welchem sich der reine inhaltlose Wille bewährt, bei Locke dagegen das unmittelbar dem Menschen zukommende Eigenthum, das unmittelbar dem Menschen zukommende Recht, durch Strafe und Vorbeugung das Seine zu schützen. Charakteristisch für den empirischen Standpunkt Locke's ist auch noch das, daß er für die Dauer des ehelichen Bandes, im Gegensatze wechselnder Geschlechtsvermischung, „zwar nicht als den einzigen, aber doch als den hauptsächlichen Grund" das Erforderniß des Zusammenbleibens der Aeltern für die Erziehung der Kinder angiebt. Auch kommt er nicht, wie die andern Naturrechtslehrer, in Verlegenheit, die väterliche Gewalt zu begründen. Gerade die empirische Existenz der Kinder erheischt diese Gewalt, während der Gedanke des Willens der Kinder, den die andern zu ihrem Princip haben, sie ausschließt. Diesem Standpunkt gemäß bleibt auch Locke für immer und grundsätzlich von Rousseau unterschieden, obwohl er in der Lehre von der Volkssouveränetät gegenüber der königlichen Gewalt die nächste Vorstufe zu ihm ist. Locke steht nemlich immer fest auf der Unabhängigkeit der Einzelexistenz in ihrem bestimmten, sinnlich gegebenen Umkreise, dieser muß das Gemeinwesen dienen; während Rousseau sie im allgemeinen Willen als ununterschiedener Einheit untergehen läßt. Der bloße abstrakte (wenn auch nur selbstsüchtige) Wille der Einzelnen kann zusammenfließen zu solchem gleich inhaltlosen allgemeinen Willen, dagegen die sinnliche Existenz der Einzelnen bleibt immer geschieden. Bei Locke ist es deßhalb nicht der gemeinsame Wille, auf welchen der Nachdruck gelegt wird, sondern das gemeinsame Gesetz, die Regel (standing rule), nach welcher die Einzelrechte geschützt sind, und der unparteiische „Richter auf Erden", der bei Streit über die Anwendung entscheidet. Dieses bildet ihm den Gegensatz gegen den Naturstand, nach welchem jeder Einzelne die Regel sich selbst giebt, und gegen den Absolutismus des Königs, nach welchem dieser allein die Regel giebt und anwendet. Es ist das ein Zug, der sehr charakteristisch den Engländer unterscheidet von dem Franzosen. Wenn Locke auch zufolge philosophischer Abstraktion nicht die überkommenen Gesetze und die erworbenen Rechte vertritt, wie Burke, so vertritt er doch immerhin bestimmte unverbrüchliche Gesetze und die Sicherung einer bestimmten rechtlichen Existenz, nicht den imaginären Antheil an einen souveränen gesetzlosen Kollektivwillen.

Insoweit äußert sich der Einfluß des sensualistischen Standpunktes auf die Rechtsphilosophie bei Locke. Eine folgerichtige und radikale Durchführung desselben, und deßhalb auch nach seiner äußersten Gestalt als Materialismus, geben einmal das System Benthams, das mehr isolirt als individuelle Konception dasteht (besonders bemerkenswerth durch seine Verwerfung der Menschenrechte und der übrigen rein formalen Lehren des rationalistischen Systems, denen er das materielle Wohl, den Nutzen gegenüberstellt), sodann aber die neueren französischen Socialtheorien in allen ihren Fraktionen: Kommunismus, St. Simonismus, Socialismus. — Der innerste Brennpunkt dieser Theorien ist nemlich kein anderer, als daß der Genuß der höchste und letzte Zweck des menschlichen Lebens ist, und deßhalb auch das menschliche Gemeinwesen keine andere Aufgabe und Richtschnur hat, als jedem den gleichen und den höchstmöglichen Genuß zu verschaffen. Durch die rationalistische Rechtsphilosophie war das vollbracht, daß die Menschen nicht unter einer ethischen Gottgebotenen Ordnung und daher alle mit gleichen, mit unveräußerlich gleichen Ansprüchen sich gegenüberstehen. Sie faßte aber als Inhalt dieser Ansprüche nur die abstrakte Freiheit, sey es die freie Bewegung in der individuellen Sphäre wie das Naturrecht, sey es die gleiche Theilnahme an der Gemeinbeherrschung wie der Rousseau'sche Liberalismus. Da war denn schon mit voller Wahrheit zu entgegnen, daß es wenig mit dieser abstrakten Freiheit und abstrakten Gleichheit gethan sey, wenn durch die Ungleichheit des Besitzes die wirkliche Lage der Menschen verschieden, für den einen Ueberfluß, Glück, Freiheit, für den andern Mangel, Noth, Abhängigkeit ist. Es war eine richtige Entgegnung, daß wenn wegen der gleichen Natur des Menschen keiner an Macht und Einfluß etwas vor dem andern voraus haben dürfe, eben so sehr auch an Lebensgenuß, an Besitz und Bildung kein Vorzug bestehen dürfe. Ich habe in der ersten Auflage dieses Buches (1830) dem Naturrecht dieselbe Entgegnung gemacht, als wir in Deutschland noch nichts von den Socialtheorien wußten*). Wird nun vollends mit deutlichem Bewußtseyn die sinnliche Befriedigung als das letzte Ziel der Dinge betrachtet, so ergiebt sich mit Nothwendigkeit eine Lehre von dem menschlichen Gemeinwesen, nach welcher dasselbe keine andere Aufgabe hat, als durch Arbeit Genußmittel zu verschaffen und sie so zu vertheilen, daß der Genuß der gleiche ist. Die Genuß verschaffende Arbeit ist die höchste Beschäftigung des Menschen, der Handarbeiter der oberste Stand. Das Genießen ist die Erfüllung der Bestimmung unseres Daseyns, und nur das bleibt noch als Sittlichkeit, vielmehr als Schein der Sittlichkeit, daß des eignen Genusses unbeschadet der Genuß Sämmtlicher angestrebt werden soll. Die Begeisterung für den gleichheitlichen Genuß ist das einzige Erwärmende in dieser materialistischen Lehre, wie die Begeisterung für die gleichheitliche Theilnahme an der obersten Gewalt das Erwärmende an der rationalistischen Revolutionslehre ist. Dagegen alles, was Erfüllung eines höhern Gebotes über den Menschen ist, die Heiligkeit der Ehe, die Handhabung der Gerechtigkeit, die Sammlung und Erhebung des menschlichen Gemüths für ein Reich über dem irdischen Genusse, und die Erhaltung der Anstalten der Religion und der Bildung die darauf hinführen, die Befestigung eines Ansehens und einer Gewalt, die eben als Organ dieser höhern Ordnung die Ehrfurcht für sich haben soll, des Königthums

*) S. dieses Bandes erste Aufl. S. 197.

oder anderer Obrigkeit, alles das hat keine Stätte in dieser Organisation des Genusses.

Was für den rationalistischen Standpunkt das nackte, seiner Bestimmung im sittlichen Weltganzen entkleidete Recht ist, das ist für den materialistischen Standpunkt der Genuß.

Der Socialismus Fouriers und der Distributismus St. Simons sind nicht ganz folgerichtig, indem sie dem Schicksal, d. i. der größeren Arbeitsbegabung eines Menschen vor dem andern, oder auch der Gerechtigkeit, daß die größere Anstrengung mit mehr Genuß belohnt werden solle, noch ein Feld der Ungleichmachung übrig lassen, was sich mit ihrem obersten Axiom, dem gleichen Genußanspruch der menschlichen Natur, nicht vereinbart. Dasselbe gilt von Proudhon's Lehre, unter Beibehaltung des gesonderten Eigenthums und Erwerbs den Lohn nicht zwar dem Werthe des Erzeugnisses sohin der Arbeitsbegabung, aber doch nach der aufgewendeten Arbeitszeit zuzuwenden. Die folgerichtige Durchführung des Standpunktes giebt der Kommunismus. In der That die Feindschaft gegen das Eigenthum mußte das Endergebniß der materialistischen Richtung seyn, die mit Locke dem Keime nach begann. Denn Eigenthum ist ja eben ein Gedanke, ein Rationales, nicht Sensualistisches. Entkleidet man das Vermögensverhältniß der rationalen Beimischung, so bleibt eben nichts übrig als der Genuß. Im Kommunismus ist folgerichtig der ganze Gedanke des Rechts grundsätzlich aufgegeben. Nicht einmal mehr die Klugheitsgerechtigkeit der Socialtheorie, daß der geschicktere und fleißigere Arbeiter mehr haben solle, bleibt übrig.

So sind es denn die vier Losungsworte: Nieder mit dem Christenthum, dem Königthum, der Ehe, dem Eigenthum, mit welchen die materialistische Weltanschauung sich auf dem praktischen Gebiete in unseren Tagen folgerichtig vollendet hat. Die Socialtheorien und insbesondere der Kommunismus haben eben mit der materialistischen Philosophie (Locke, Helvetius u. s. w.) Ernst gemacht, wie die Sidney-Rousseau'sche Revolutionstheorie mit der rationalistischen Philosophie (Cartesius, Grotius u. s. w.) Ernst machte.

Hiermit ist jedoch diese Richtung nur von Seite ihrer Zerstörung — und das ist unläugbar die ohne allen Vergleich vorherrschende Seite — bezeichnet. Sie zerstört das Reich Gottes, die sittliche Lebensordnung. Aber sie hat dennoch auch einen Kern der Pflanzung, ähnlich wie das System der Revolution. Die Freiheit, die gleichheitliche Freiheit der Menschen ist auch ein Theil der sittlichen Ordnung, wenn auch nicht der alleinige, und es war eine Aufforderung sie geltend zu machen, gegenüber der Ueberhebung einer einzelnen Klasse und der Niederdrückung, ja zum Theil entwürdigenden Niederdrückung des zahlreichern Bestandtheils des Volks. Eben so ist die materielle Befriedigung und die Zutheilung der nothwendigen Befriedigung für jeden Menschen gleichfalls ein Theil der sittlichen Ordnung, und es ist eine Anforderung sie geltend zu machen, namentlich in Zuständen des übertriebensten Ueberflusses auf der einen und des äußersten Mangels auf der andern Seite, wenn sie auch hier nicht in dem rechten Sinn geltend gemacht wird. Durch den Liberalismus sind die unabhängigen Menschen, die Besitzer, zur Anerkennung ihrer Würde und ihres gebührenden Antheils an Gestaltung des Gemeinwesens gekommen; die Socialtheorie wird wenigstens mit ein Anstoß seyn, daß die Nichtbesitzer zu dem ihnen gebührenden Maaß der Lebensbefriedigung gelangen. Wie es jetzt eine Unmöglichkeit ist, daß der Adel eine Stellung zum Bürgerstand einnehme wie vor der Revolution, so wird es dereinst unmöglich seyn, daß man die Kinder in den Fabriken verkümmern, die Arbeiter durch Ueberbürdung aufreiben lasse, oder den Arbeitslustigen seinem Schicksale überlasse, ohne jede öffentliche Fürsorge. Darum muß man der rationalistischen Naturrechts- und Revolutionstheorie wie der materialistischen Socialtheorie im Ganzen als verkehrten und verderblichen Lehren entgegentreten, aber man darf die bedeutenden Züge der Wahrheit, oder doch die wahren Motive, die sie in sich schließen, nicht verkennen, man muß suchen einer auf die Wahrheit gegründeten Totalanschauung des menschlichen Gemeinwesens diese Züge anzueignen. Der positive Gewinn, welchen die rationalistische Ethik und Rechtsphilosophie gebracht hat, ist in den frühern Kapiteln überall herausgestellt worden. In Beziehung auf die Socialtheorien habe ich dasselbe in dem zweiten Bande dieses Werks, wo sie überhaupt näher charakterisirt und geprüft sind, versucht. Die Bedeutung und daher auch die Wahrheitszüge der Socialtheorien sind aber nach der Natur der Sache minder ethischer und rechtsphilosophischer als nationalökonomischer Natur. Aus diesem Grunde ist auch auf ihre detaillirtere Darstellung in einer Geschichte der Rechtsphilosophie zu verzichten. Sie bleibt füglich einer eignen Untersuchung und Ausführung vorbehalten*).

---

*) S. II. Band dieses Werks I. Abtheilung III. Buch §. 31 folg. u. II. Abth. §. 22 folg. (Anm. zur IV. Aufl. Eine noch eingehendere Darstellung der Socialtheorien ist jetzt durch Veröffentlichung von Stahl's Vorlesungen über die Parteien in Staat und Kirche. Berlin 1868. 2. Aufl. gegeben.)

Viertes Buch.

Pragmatische Rechtsphilosophie.

Erster Abschnitt.

Die neuere Politik.

(Macchiavelli und Montesquieu.)

Trennung des Naturrechts und der Politik und Grund derselben. — Macchiavelli. Die konstitutionelle Theorie Locke's und Montesquieu's. — Ihr Werth und ihre Einseitigkeit. — Betrachtungen über den mechanischen Schutz der Volksfreiheit sowohl als der Regierung — Montesquieu's wissenschaftliche Größe im Allgemeinen.

Es ist eine Eigenthümlichkeit der neuern Zeit, daß ihre Staatslehre (das Naturrecht) und ihre Staatskunst (die vorzugsweise sogenannte Politik) zwei völlig geschiedene Wissenschaften sind. Diese Trennung ist das Werk des Geistes, welcher in dieser Periode die Wissenschaft beherrscht. Das Ethos wird in der Vernunft gesucht, diese hat aber keine Macht über die Begebenheiten und den natürlichen Erfolg; was die äußerlichen Verhältnisse fordern und abnöthigen, stimmt gar nicht mit ihrer Konsequenz überein, verhält sich feindlich gegen sie, die Rücksicht auf dieselben kann daher nicht Sache der Ethik des Staats seyn. Diejenigen auf der andern Seite, welche aus dem natürlichen Erfolg der Handlungen und Rechtsinstitute Maximen für die wirklichen Einrichtungen und Staatsgeschäfte suchen, müssen dadurch aufgeben, was aus jenen abstrakten Principien folgt, oder sehen sich doch gar nicht veranlaßt auf dieselben zurückzugehen. Eine andere Quelle des Ethos aber bietet ihnen die Zeit nicht, höchstens ist das wirksam, wovon gerade die Persönlichkeit des Staatsmannes als von einem erhabenen Ziel erfüllt ist. Die eine Macht, von der zugleich alle reale Wirkung und jedes ideale Ziel ausgeht, ist aufgegeben. Was die sittlichen Vorschriften ertheilt, die Vernunft, hat daher keine Macht über die Begebenheiten, und was die Begebenheiten lenkt, die Natur, ist gleichgültig gegen die sittlichen Vorschriften. Dadurch sind Naturrecht und Politik ohne alle Berührung, ja völlig heterogene Wissenschaften. Das Naturrecht beschäftigt sich bloß mit Ableitung aus allgemeinen Grundsätzen, der Vernunftmäßigkeit ohne Rücksicht auf einen Erfolg im Leben, auf Zweckmäßigkeit, die Politik bloß mit der Zweckmäßigkeit ohne Untersuchung der Vernunftmäßigkeit der Zwecke. Die Resultate des Naturrechts oder des Liberalismus, der ja nur seine praktische Durchbildung ist, haben deßhalb den Charakter starrer unbiegsamer Konsequenzen, absoluter Gerechtigkeitsgebote, sie sind bloß staatsrechtlicher nicht politischer Natur; die Resultate der Politik dagegen haben den Charakter willkürlicher äußerlicher Mittel und Veranstaltungen. Eine organische Wissenschaft, die von der innern Bestimmung der Lebensverhältnisse ausginge, wäre nothwendig die Wissenschaft zugleich der Vernunftmäßigkeit und der Zweckmäßigkeit. An ihre Stelle tritt hier auf der einen Seite eine abstrakte Rechtsphilosophie, auf der andern Seite eine mechanische Staatskunst.

Ungeachtet dieser Trennung aber sind sich doch das Naturrecht und die neuere Politik im Innersten verwandt. Zur Abstraktion von allem, was da ist, konnte freilich eine Forschung nicht gelangen, die gerade darauf ausgeht, zu beobachten, welches der Erfolg der Gesetze nach der wirklichen vorhandenen Natur der Menschen, ihrer Handlungsweise und Schicksale seyn möchte. Allein das Princip der neuen Weltepoche mußte auch in dieser Richtung analoge Wirkungen wie im Naturrechte hervorbringen. Die nächste ist die, daß die natürlichen Folgen der Institute bloß in Beziehung auf subjektive willkürliche Zwecke untersucht werden. Es ist ein ganz anderer Sinn, mit welchem Aristoteles und mit welchem die neueren Politiker den Gang der menschlichen Begebenheiten beobachten. Jener sucht ihm das Gesetz, das in ihm selbst liegt, abzulernen, den Willen der Natur aus ihm zu finden, um daraus erst das Ziel zu erhalten, welches er sich selbst vorstecken soll. Diese hingegen wählen ihr Ziel nach Willkür und Zufall, es ist wenigstens keine Untersuchung mehr darüber, und sie wollen von der Natur nur lernen, wie sie dieselbe gebrauchen müssen für ihr Vorhaben. Sie wollen nicht sich der Natur unterwerfen wie Aristoteles, sondern umgekehrt die Natur ihrem Willen unterthänig machen. Man kann die Weise des Aristoteles die teleologische, die der neuern Politiker die pragmatische nennen. — — Das Aeußerste in dieser Richtung erreichte Macchiavelli. Sein Wahlspruch ist wirklich: „gerecht ist, was zu meinem Zwecke führt.“ Vor Machiavelli's empörender Gleichgültigkeit gegen das Sittliche bewahren Montesquieu die eigne Ehre und die seiner Nation. Allein das beliebige Wählen in Zweck und Mittel ist das Wesen der Richtung und durchdringt daher auch seine wissenschaftliche Thätigkeit. Was seinen Zweck in sich selbst trägt, erscheint bei ihm vielfach als Mittel für Anderes. Ja selbst die politische Freiheit behandelt er als einen Zweck, den sich die Staaten setzen können, nicht den sie sich setzen müssen.

Die erste Epoche für die neuere Politik begründet Macchiavelli's Buch „vom Fürsten"*). Es ist ein System wohlberechneter und energischer aber vielfach verabscheuungswürdiger Rathschläge zur Befestigung fürstlicher Gewalt. Machiavelli kennt nur ein Verwerfliches: die Schmach, zu wollen und nicht zu vermögen. Man hat deßwegen gezweifelt, ob sein Buch vom Fürsten im Ernste gemeint sey. Es herrscht aber in ihm kein anderer Charakter als in den Discorsi und den florentinischen Geschichten. Auch in den letztern wird nie der Meuchelmord mißbilligt, sondern nur der Mangel an Entschlossenheit und Geschick in seiner Ausführung. Italien war damals nicht nur an edlern Gesinnungen, sondern selbst an den gewöhnlichen Tugenden der Rechtlichkeit und Treue völlig leer. Nur dafür war noch Begeisterung: entweder von Andern nicht beherrscht zu werden, oder über Andere zu herrschen. Um diese beiden Pole dreht sich Machiavelli's Staatsweisheit. Wie in seinen Discorsi alle andern Rücksichten verschwinden gegen die Erhaltung der republikanischen Verfassung, so in diesem Buche gegen die eine Tendenz: die Befestigung fürstlicher Gewalt. Er nimmt die menschlichen Dinge nicht wie sie seyn sollen, sondern, nach seinem eignen Ausdrucke, wie sie sind; wir dürfen sagen: wie sie in der Entartung, welche ihn umgab, waren. Er empfiehlt dem Fürsten, die Abkömmlinge verwandter Dynastien aus dem Wege zu räumen; untersucht, wann es ihm gut sey sein Wort zu halten, wann nicht; wie Einer, der durch Verbrechen auf den Thron gelangt ist, es anzustellen habe um ihn zu behaupten, und findet in Cäsar Borgia sein Ideal des klugen Fürsten. Es ist ungerecht, wenn Schlegel und Andere den politischen Charakter Machiavelli's aus antiker, namentlich römischer Bildung erklären. Die Erscheinung ist im Gegentheil ein Ergebniß des neuern

---

*) Macchiavelli „il principe“ 1513.

Geistes, diese Willkür der Zwecke und Rücksichtslosigkeit der Mittel ist der römischen Welt durchaus fremd, ihrer Sinnesart ist Machiavelli so wenig verwandt, daß er sogar die römischen Begebenheiten häufig mißversteht. Selbst sein künstlerischer Charakter als Redner und Geschichtsschreiber ist nicht römisch. Ihm fehlt das Gehaltene, das stolze Maaß der römischen Dignitas; dafür zeichnet ihn die florentinische Glut und Lebendigkeit aus, es reihet sich That an That, nirgend ein ruhender Stoff, nichts Verschwimmendes, so wie am südlichen Himmel die Gegenstände sich scharf begränzen und Tag und Nacht sich folgen ohne Dämmerung. — — Ihre tiefere Begründung, wenn auch nicht ihre Rechtfertigung, hat Machiavelli's Lehre in dem Entwickelungstrieb des öffentlichen Zustandes jener Periode, und das verschaffte ihr auch die große nachhaltige Wirkung. Es war die Zeit, daß die Zersplitterung der Nation in Adelsherrschaften zu Ende gehen und ein starkes Königthum als einheitliche Macht des Staates aufgerichtet werden sollte. Ganz besonders mußte die Sehnsucht danach in Italien erwachen, das durch die Unabhängigkeit, Bedrückung und Wechselbefehdung der Großen im äußersten Verfall war. Dieß nun ist es, was Machiavelli anstrebt, wenn gleich nicht durch erlaubte Mittel. Er nimmt dieselbe Stellung auf dem theoretischen Gebiete ein wie Ludwig XI. auf dem praktischen. Es wurde damit das erste Fundament des neuern Staatenbaues gelegt.

Dem politischen Systeme Machiavelli's folgte ein anderes mehr wissenschaftliches, indem es nicht die Zweckmäßigkeit der Regentenhandlungen, sondern die Zweckmaßigkeit der dauernden bürgerlichen Einrichtungen zum Gegenstande hat. Seine Begründer sind Locke und Montesquieu*). Es ist das die

*) Locke two treatises of government 1680, treat. II. Montesquieu de l'esprit des lois 1748, livre XI, chap. 1—7.

sogenannte konstitutionelle Theorie, ein System zu Gunsten des Volks, wie das Machiavellistische zu Gunsten des Fürsten. Dennoch schließen beide sehr wohl ineinander in ihrer stufenmäßigen historischen Folge, da auch die wirkliche Staatenbildung mit der Koncentrirung aller Gewalt im Fürsten begann und dann zur Betheiligung der Nation an dieser einheitlichen Gewalt fortschritt. Machiavelli und Montesquieu zusammen geben das Bild des neuern Staats, jedoch nach dem allgemeinen Charakter der wissenschaftlichen Auffassung in dieser Periode nur von seiner mechanischen Seite.

Locke ist der erste Erfinder der konstitutionellen Theorie, d. i. der Lehre von der nothwendigen Theilung der gesetzgebenden und der exekutiven Gewalt. Bei ihm ist dieselbe auf der Basis des Naturrechts und der Volkssouveränetätslehre aufgetragen. Er gelangt nemlich zu ihr durch den Gedanken, daß nur das Volk selbst sich Gesetze zu geben befugt ist und der König deßhalb seiner Hauptstellung nach nur Exekutor der Gesetze seyn kann. Es beruht bei ihm deßhalb noch die Lehre weniger auf mechanischer Berechnung als auf grundsätzlicher Nothwendigkeit, sie ist weniger politisch als rechtsphilosophisch, und Locke ist darum eben so sehr Vorgänger Rousseau's als Montesquieu's. Eben deßhalb hat er sie aber nicht nach jener polischen oder mechanischen Seite hin zu der Durchbildung und Determination gebracht wie Montesquieu, und wenn Locke auf die Auffassung der englischen Nation von ihrer Verfassung und dadurch auf diese selbst einen mächtigen Einfluß geübt hat, so hat dafür Montesquieu nachher auf dem Festlande die allgemeine wissenschaftliche Ansicht bestimmt und ist das Banner geworden für eine Partei des Konstitutionalismus im Unterschiede des Liberalismus. Er hat ein System vollendet, das einen langen Zeitraum hindurch die alleinherrschende politische Lehre gewesen, gleichwie das Naturrecht die alleinherrschende rechtsphilosophische Lehre. Es ist dieses System darum füglich in seiner Gestalt bei Montesquieu dazulegen.

Staaten haben, lehrt Montesquieu, außer dem allgemeinen Zweck der Selbsterhaltung noch einen besondern (particulier) Zweck, den sie sich setzen, so die Römer die Eroberung, die Inder die Religion, die Chinesen die öffentliche Ruhe, die Marseiller den Handel. So kann sich denn auch ein Staat die politische Freiheit als besondern Zweck setzen; dieß that der englische, und die Grundsätze seiner Verfassung sind die allgemein nothwendigen für politische Freiheit. Die politische Freiheit ist nach Montesquieu die Unabhängigkeit und Sicherheit des Einzelnen, in der Sphäre, welche die Gesetze ihm einräumen, nicht gestört zu werden. Sie kann daher nur durch eine Einrichtung erreicht werden, welche den Mißbrauch der Staatsgewalt unmöglich macht. Dazu muß die Gewalt nach ihren verschiedenen Zweigen an verschiedene Subjekte vertheilt seyn, so daß diese sich gegenseitig in Schranken halten (il faut, que par la disposition des choses le pouvoir arrête le pouvoir). Unter dieser wechselseitigen Hemmung der Gewalten bleibt dann der Einzelne in seiner gesetzlichen Sphäre gesichert. Die Vereinigung der drei Gewalten, der gesetzgebenden, richterlichen und vollziehenden, vernichtet, ihre Trennung begründet die Freiheit. Das erste Erforderniß ist die Absonderung der richterlichen Gewalt, sie besteht auch bereits in allen europäischen Staaten. Das andere Erforderniß aber ist die Trennung der legislativen und exekutiven Gewalt, und das ist das innerste Princip der englischen Verfassung, auf welchem dort die politische Freiheit beruht. Die legislative Gewalt muß einer Versammlung von Volksrepräsentanten, die exekutive Gewalt einem Individuum, einem Monarchen zukommen, theils weil nur das Volk berechtigt ist, sich Gesetze zu geben, und dieß unmittelbar selbst zu thun nicht vermag (hier spielt auch Montesquieu in die Naturrechtstheorie hinüber), theils weil eine Versammlung geeigneter ist zur Berathung, ein Individuum geeigneter zu thätiger Entschließung und augenblicklicher Handlung (résolution active, action momentanée). Die legislative Gewalt muß selbst wieder in zwei Körper mit wechselseitigem Verhinderungsrecht sich theilen: den einen bilden die aus allen Klassen gewählten Abgeordneten, den andern die oberste Klasse „der durch Geburt, Reichthum, Würden Ausgezeichneten" in erblicher Weise, sowohl um diese Bevorzugten gegen die Mehrzahl der Andern zu schützen, als um eine neue wechselseitige Schranke innerhalb der Gewalt aufzurichten. Die exekutive Gewalt nun (der Fürst) kann nur dadurch wirksam eine Schranke bilden gegen die legislative, daß sie auch einen negativen Antheil an der gesetzgebenden, d. i. ein Veto erhält, außerdem könnte ja die gesetzgebende Versammlung durch ein Gesetz sie selbst abschaffen. Auf der andern Seite kann die gesetzgebende Gewalt nur dadurch wirksam eine Schranke bilden gegen die exekutive, daß sie die richtige Vollziehung der Gesetze überwacht und sichert, nicht zwar durch vorausgehende Verhinderung, das würde alle Vollziehung aufheben, aber durch nachfolgende Verantwortung und Bestrafung. Allein dieses würde wieder die exekutive Gewalt in die völlige Abhängigkeit von der legislativen bringen und dadurch unfähig machen, ihr ein Gegengewicht zu seyn. Da ist es denn der Ausweg, und das ist die Spitze des Systems, der Inhaber der vollziehenden Gewalt selbst muß unverantwortlich seyn (sa personne doit être sacré); aber seine Rathgeber müssen verantwortlich seyn, und er muß nichts vollziehen dürfen ohne Mitunterschrift, also Verbürgung eines Rathgebers. Damit ist der Mechanismus selbstständiger Gegengewichte vollendet. „Hier habt ihr, sagt Montesquieu, die Grundverfassung des Gouvernements, von dem wir sprechen. Das Corps legislatif ist dort gebildet aus zwei Theilen, deren einer den andern hemmt durch ihr gegenseitiges Verhinderungsrecht. Beide sind gebunden durch die exekutive Gewalt, die es selbst wieder ist durch die legislative. Diese drei Mächte müßten in eine Ruhe und eine Unthätigkeit gerathen. Aber wie sie durch die nothwendige Bewegung der Dinge genöthigt sind zu gehen, sie werden gezwungen seyn zu gehen im Einklang (concert)."

Der Unterschied von Montesquieu und Locke ist unverkennbar. Montesquieu lehrt keine absolute Nothwendigkeit dieser Verfassung und deducirt ihre Grundlage nicht aus solcher, dagegen hebt er die mechanische Wirkung der Trennung der Gewalten zu einem selbstständigen Princip hervor und verarbeitet es zu einem System. Es werden von ihm alle Regierungsformen, auch der Unterschied von Monarchie und Despotie, nach demselben bemessen, und er leitet daraus einen ins Detail durchgebildeten Mechanismus der Verfassung ab, wie er sich bei Locke nicht in dem Grade findet. —

Diese Lehre hat das große Verdienst, die mechanische Seite der Staatsverfassung und namentlich der englischen Konstitution richtig beleuchtet zu haben. Sie zeigt sowohl die Natur und eigenthümliche Bedingung der verschiedenen Funktionen der Staatsgewalt, als sie die Wahrheit herausstellt, daß die Sonderung dieser Funktionen und die Konkurrenz verschiedener Elemente für dieselbe die Garantie der Freiheit gewährt. Allein es ist ihr großer Irrthum, daß sie diese mechanische Seite für die hauptsächliche, ja einzige hält. Schon den Zweck des Staats faßt Montesquieu damit in nur äußerlicher und negativer Weise. Er ist ihm die bloße Ungestörtheit des Einzelnen, nicht ein positiv Gutes, eine Herrlichkeit in seinen eignen Einrichtungen und in dem Leben, dessen Form, Träger und Schirmer er ist, nicht eine Vollendung des öffentlichen Zustandes, und die Staatsgewalt kommt danach bloß von Seite ihres Mißbrauchs in Betracht (lorsqu'on n'abuse pas du pouvoir), sie hat keine andere Aufgabe als ihre eigne Neutralisirung. Vollends aber erkennt er in den Verfassungselementen nur den Mechanismus der gegenseitigen Beschränkung, nicht ihre eigne lebendige organische Bedeutung, die Bedeutung des Königthums, die Bedeutung der Grundaristokratie, und bleibt eben damit auch bei der Trennung der Gewalten stehen, ohne zugleich das Band der Einheit zu finden. Die englische Verfassung, aus welcher diese Theorie abgezogen ist, besteht nicht aus solchen mechanischen Elementen und enthält keine solche Theilung der Gewalt. Der König ist in der englischen Verfassung nicht ein Individuum, das bloß zu dem Zwecke aus der Menge gegriffen ist, um die Vollziehung, für die es momentaner Entschließung bedarf, zu besorgen und das Parlament zu beschränken, er ist das Haupt der dynastischen Familie, die historisch die erhabene Stellung über dem Volke einnimmt, und ist der persönliche Träger der Majestät der Staatsordnung. Die Pairie ist nicht ein bloßes Gegengewicht gegen die Volksrepräsentanten, sie ist in ihr selbst ein natürliches Volkselement von einer eigenthümlichen politischen Bedeutung. Deßgleichen sind in der englischen Verfassung nicht die legislative und exekutive Gewalt an sich getrennt und nur äußerlich aneinandergeschmiedet mittelst des königlichen Veto, sondern sie sind ursprünglich eins in der Souveränetät des Königs, und es kommt nun für die eine Funktion die gleiche Theilnahme des Parlaments hinzu. Ja es besteht in Wahrheit nach englischer Verfassung auch für die Gesetzgebung kein bloßes Veto des Königs. Das würde ja voraussetzen, daß das Parlament für sich allein Gesetze (statutes, nicht bloße bills) gebe, die dann der König, ähnlich wie die römischen Volkstribunen, nur inhibirt. Das wirkliche Verhältniß ist vielmehr das, daß der König die Gesetze giebt, jedoch nur unter Zustimmung, oder, wie die äußere Form sich festgesetzt hat, nur auf Vorschlag des Parlaments sie giebt. Der „Assent" ist eine positive Sanktion des Gesetzes, kein bloßes Veto. Daß dort thatsächlich das Parlament die Gesetze bestimmt, ist unläugbar; aber thatsächlich bestimmt es nicht minder die Vollziehung und Regierung, ja thatsächlich duldet es schwer ein Veto des Königs. Die Staatsgewalt ist dort rechtlich geeinigt beim König und ist thatsächlich ungetheilt in überwiegendem Maaße beim Parlament. Mit Recht sagt Rousseau von Montesquieu's Theilung der Gewalt, sie sey ähnlich, wie wenn man einen Menschen zertheilen, dem Einen den Willen, dem Andern den Verstand, dem Dritten das Gedächtniß geben wollte. Die Nachfolger Montesquieu's trieben den bloß mechanischen Chrakter folgerichtig noch weiter. Sie beseitigen den Rest eines natürlich-aristokratischen Elements und wollen zwei gleichartige, nur nach Zufall oder Wahl getheilte Kammern, und sie beseitigen den Ersatz einer organischen Einheit, die Anfügung der exekutiven Gewalt an die legislative mittelst des Veto, und wollen einen bloß exequirenden Fürsten. So ist es später von Vielen gelehrt, so in mancher ephemeren Konstitution romanischer Länder eingeführt worden. Die Macht der Konservation, die in der wahrhaft konstitutionellen Verfassung, namentlich der englischen, liegt, beruht nun aber hauptsächlich auf ihrem organischen Charakter; von ihren natürlichen Elementen hat nemlich jedes seinen Schwerpunkt und sein Maaß in sich eben nach seiner Natur, dadurch behauptet es sich und begränzt sich selbst wie die andern. Dagegen in diesem bloßen Mechanismus, wie die konstitutionelle Theorie ihn lehrt, hat kein Element, da sie alle von Natur gleichartig sind, eine natürliche Nothwendigkeit gerade diese Stelle einzunehmen, und es strebt daher jedes die andern zu verdrängen. Es entsteht ein gegenseitiger Vernichtungskampf, der mit der Alleinherrschaft eines Elements (des Raths der Fünfhundert, des Direktoriums u. dgl.) endigt.

Solchergestalt hat die politische Wissenschaft dieser Periode ein negatives Ziel, wie der Rationalismus ein negatives Princip, und wenn das Naturrecht den menschlichen Zustand von seiner Regel mittelst des logischen Gesetzes bestimmen läßt, so die politische Theorie für ihren Zweck mittelst des mechanischen.

Es ist demzufolge seit den letzten Jahrhunderten eine weitverbreitete Vorstellungsweise geworden, die Verfassungen müßten in jeder Beziehung so eingerichtet seyn, daß die Regierenden ihre Aufgabe nicht bloß erfüllen werden, sondern nicht unerfüllt lassen können; der Freiheit dürfe nichts überlassen werden, sondern alles müsse mit unausbleiblicher Nothwendigkeit in Erfüllung treten. Das Motiv solcher Theorien ist offenbar bloß der Mangel an Vertrauen und Zuversicht. Die Menschen, die Regierenden sind unzuverlässig, ihr Wille mag gut seyn, er könnte ja aber auch schlecht seyn. Sicherung gewährt nur eine Macht über ihnen, die diesen Wille beherrsche. Es fragt sich nun, was für eine Macht? Ein gläubiges Zeitalter sucht sie eigner Vorsicht unbeschadet in der Ehre, in der sittlichen Scheu, in der Furcht Gottes, wie Joseph sagt: Fürchtet euch nicht, denn ich stehe unter Gott! Es sucht sie zugleich in seiner in der Welt gegenwärtigen Macht, welche die Begebenheiten lenkt und da sichert, wo keine Berathung hinreicht. Ist aber der Mensch isolirt von dem großen Zusammenhang und seinem wahrhaften Mittelpunkte, so hält er sich nur da geborgen, wo ihm ein Gesetz hilft, das selbst nicht anders seyn und wirken kann als es ist, dessen Beistand also gar nicht ausbleiben kann. Das mechanische Gesetz ist die allein übrige Zuflucht. Ihm wird dann nicht bloß die Entscheidung der Naturverhältnisse unterworfen gedacht, Kriegsmacht, Geld, Handelsbeziehungen; sondern auch die menschliche Natur und ihre lebendigen Triebfedern, deren mathematische Berechenbarkeit dabei vorausgesetzt wird. Aus solcher Quelle kommt das bloß mechanisch (ohne Berücksichtigung und Anerkennung der von der Natur gegebenen Völkerindividualitäten) aufgefaßte europäische Gleichgewicht und die maschinenmäßige Berechnung der Sicherheit im Staate. Es soll dadurch kein Volk das andere unterjochen können, keine Gewalt im Staate über ihre Gränze schreiten können, und es soll dazu die Hülfe dessen nicht nöthig seyn, bei dem man keine Gewißheit hat, weil niemand seinen Plan weiß, dessen Hülfe daher auch ausbleiben könnte, auf den man gerade vertrauen muß; sondern die Einrichtungen sollen hinreichen, die ohne Bewußtseyn und Wahl durch ihre Natur solche Unterjochung oder Ueberschreitung unmöglich machen. Wie der Rationalismus eine Grundlage der Welt und einen Zusammenhang der Dinge mit ihr sucht, die nicht bloß sind, wie Gott und sein Thun, sondern die nicht nichtseyn können, das Seyn selbst und das logisch in ihm Enthaltene; so sucht diese Politik eine Einrichtung, bei der man kein Vertrauen mehr zu haben braucht, sondern alles, was man wünscht, bestehen und eintreten wird, weil es nicht nichtbestehen, nicht ausbleiben kann. Nach dem Naturrechte soll es allein der Mensch und das logische Gesetz seyn, was Recht und Sitte bestimmt; hier allein der Mensch und das mechanische Gesetz, was die Begebenheiten und den Erfolg bewirkt. Auch in dieser Beziehung hat die pragmatische und abstrakte Rechtsphilosophie ein gleiches Loos; beide wollen den Menschen befreien, und beide, weil sie doch alle befreien wollen und daher wieder einen Band, ein beherrschendes, über ihnen suchen müssen, kommen dahin, ihn einem starren und willenlosen

Gesetze zu unterwerfen, die abstrakte Philosophie der Vernunftnothwendigkeit, die pragmatische dem Staatsmechanismus.

Platon hat die Aufgabe des Menschen an der des Staats erklärt; uns ist es immer natürlicher, den entgegengesetzten Weg zu gehen. Die sichernden Anstalten der Staatsverfassung haben denselben Werth als die Vorsicht der einzelnen Menschen. Nun ist eine weite Kluft zwischen dem Manne, der es verschmäht, Blitzableiter zu gebrauchen, weil der Ausgang doch Gottes sey, und dem Manne Jean Paul's, der nicht aus dem Hause geht, ohne einen Blitzableiter mit sich zu tragen. Das Unterscheidende ist nicht bloß der Grad der Vorsicht. Sondern jenes stört nicht die Beschäftigung des Lebens, und was man sich ohne das durch eigne Thätigkeit verschaffen kann, dazu soll man nicht müßig auf höhern Beistand hoffen. Diese ängstliche Fürsorge hingegen, die alles berechnen will, nimmt den besten Theil der Kraft und Thätigkeit auf sich, die einem höheren Beruf als solcher Sicherung zugewendet seyn sollten. Der diesen Beruf gab, wird die Sorge, die man damit unterläßt, auf sich nehmen. Ihm ist zu vertrauen, und aus Mangel an Vertrauen den Beruf versäumen, um sich selbst zu schützen, ist ein Frevel gegen ihn, der, da er nicht wirklich hilft, während Andere seiner gar nicht bedürfen, überdieß noch ins Lächerliche fällt. So ist es mit den Staaten. Diese Berechnung der Gewalten im Staate und der Regierungen gegeneinander und das Streben nach einer Vertheilung, wodurch sie sich nach Naturgesetzen gegenseitig am Mißbrauch verhindern, ist ein Gewinn und eine Ehre der neuern Zeit. Aber diese negative Seite des Lebens soll nicht zur positiven gemacht werden. Der konstitutionelle Mechanismus soll eine Schranke seyn für die Staatsgewalt; aber er soll nicht ihre Thätigkeit selbst positiv bestimmen. Es soll von ihm allein nicht eine Bürgschaft erwartet werden, daß überall das Rechte und Angemessene geschehe. Es muß eine weite Sphäre der Freiheit bleiben, für welche Vertrauen zur Regierung, nicht Sicherungsmittel gegen sie, erforderlich ist. Das Bewußtseyn, daß alle menschliche Berechnung doch nicht ausreicht, soll überall dagegen wahren, daß nicht unedle Anstalten gewählt werden, weil sie scheinbar allein des Erfolgs gewiß machen. Das gilt gleichmäßig für die Regierung gegen das Volk wie umgekehrt. Lenkt bloß der Mensch und das mechanische Gesetz die Begebenheiten, so hat er nur die Alternative: entweder jedes Mittel nach diesem Gesetz zu gebrauchen, oder sich, und das wäre hier seinen Staat, aufzuopfern Und wenn er das letzte nicht will, ja nicht darf, so bleibt ihm nur das erste — so Machiavelli. Daraus ist es klar, daß die Erscheinung Machiavelli's nicht erst einer Erklärung durch besondere Umstände und Absichten bedarf; sie ist nur die konsequente Durchführung desselben Princips, das allgemein für das rechte gehalten wurde. Läßt man einer höhern Macht noch etwas zur Leitung über, dann fällt diese ganze Art der Politik; oder man will selbst alles versorgen, dann kommt man unvermeidlich auf seinen Standpunkt. Machiavelli ist der Spinoza der Politik. Es ist dieselbe Losreißung von dem lebendigen Gott, welche in der Philosophie zum Spinozismus, in der Politik zum Machiavellismus mit Nothwendigkeit führt. Beide erscheinen am Beginne der Richtung, so daß sie sich auf beiden Gebieten sogleich mit aller Entschiedenheit ankündigt. Beide wurden von den Spätern, obwohl diese doch nur ihre Nachfolger sind, verketzert, aus keinem andern Grunde, als weil sie wußten was sie wollten und den Muth hatten, vor keinem Resultate zu erbeben, zu welchem die einmal betretene Bahn führt. — Die Montesquieu'sche Lehre unternimmt es in ihrer Art nicht minder, das Verhältniß von Fürst und Volk der sittlichen Impulse zu entkleiden und bloß auf Mechanismus zu gründen.

Die neuere Geschichte zeigt sowohl die wahre Seite dieser negativen Politik, als auch ihre verderbliche, wenn sie zur positiven gemacht wird. Ihr ist die Gestalt der Staaten zu verdanken, durch welche sie allein erst diesen Namen verdienen, nach der die Ordnung des Ganzen alle Theile durchdringt und in sich selbst einen bleibenden Schutz gegen zufällige individuelle Willkür findet. Sie hat aber auch, da sie zum wahrhaften Ziele gemacht wurde, Anforderungen verletzt, denen sie eigentlich nur dienen sollte. So sind dem Systeme des Gleichgewichts Völkerindividualitäten preisgegeben worden. Für die mechanisch sichere Ausführung der Regierungsmaaßregeln wurde Ehre, Recht und Freiheit der Bürger durch geheime Polizei, Haussuchungen, Verletzung des Postgeheimnisses beeinträchtigt. Umgekehrt hat die Volkspartei, wo sie zur Gewalt kam, den König völlig ohnmächtig gestellt, damit er keine Macht mißbrauchen könne. Endlich ist sogar die Ansicht gäng und gäbe geworden, daß Sittlichkeit, Offenheit und Ehre in den politischen Verhältnissen zurücktreten müssen, daß es hier nur darauf ankomme, sich gegenseitig zu erforschen und zu überlisten. Die Politik hat sich damit dem allgemein Menschlichen entfremdet; denn, wie Platon sagt, es ist nicht möglich, daß dieselbe Natur die Wahrheit liebe und die Lüge. Der Stimme des schlichten Mannes, den sie verletzte, konnte sie nichts Anderes als den Hochmuth entgegensetzen, daß er das nicht verstehe, daß dergleichen kleinliche Rücksichten, wie Wahrheit und Menschlichkeit, gegen die großen Interessen der Staaten, das ist gegen einen sichernden Mechanismus nicht in Betracht kommen. Die Staatsmänner sehen auf die beengenden unfruchtbaren Formen der Schulphilosophie mit Verachtung herunter; aber die Lehren der Politik waren in dieser Zeit auch nicht minder geistlos und unschöpferisch. Dahin muß es also kommen, wenn die Politik sich nur von dem Streben leiten läßt, gegen alles Denkbare sich zu sichern. Allein der Ausgang selbst lehrt, daß das Gleichgewicht, der konstitutionelle Mechanismus, die Haussuchungen und alle Unredlichkeit und Verstellung doch nicht leisten, was man will. Die mechanischen Gesetze lenken so wenig die wirklichen Begebenheiten, als die logischen Kategorien uns die Erkenntnisse gewähren. Hingegen kann ein Volk einer gerechten gesetzlichen Staatslenkung gewiß seyn, auch wo es nicht die äußersten mechanischen Schutzmittel (willkürliche Steuerverweigerung, absolute Ministerverantwortlichkeit) besitzt, und braucht auf der andern Seite eine edle Regierung nicht ängstlich Ränke zu schmieden, mit Geheimniß sich zu umziehen, Recht und Würde des Menschen zu verletzen; sondern sie kann ihrer guten Sache vertrauen und redlich und offen zu Werke gehen. In Wahrheit nun vertraut jemand, nicht daß die gute Sache ihn schützen könne, sondern daß Gott ihm beistehen werde, um dessentwillen allein die Sache die gute ist und er sie gewählt hat. — —

Montesquieu hat nun außer dieser durchgebildeten Einsicht in den Mechanismus der Staatsgewalt — der konstitutionellen Theorie — noch ein anderes Verdienst um die wissenschaftliche Rechtserkenntniß. Er beobachtet nemlich den Erfolg der Gesetze, die Angemessenheit der Mittel nicht bloß in Beziehung auf die Einrichtung der Staatsgewalt und für den Zweck der politischen Freiheit, sondern durch alle Gebiete der Gesetzgebung und für alle in der Geschichte ihm entgegentretenden Zwecke der Staaten. Er giebt ein vollständiges System der Staatskunst. In diesem führt er nun die rechtsphilosophische und politische Betrachtung, die sich mit den Grundsätzen oder den Erfolgen bloß im Allgemeinen ohne Rücksicht auf bestimmte

Zustände beschäftigt hatte, aus diesem Unbestimmten zurück und betrachtet die rechtlichen Einrichtungen (die „Gesetze") im Zusammenhang mit dem gesammten Zustand eines Volks: Landesbeschaffenheit, Klima, Temperament, Sitten, Bildung, Religion. Er folgt hierin der Spur, die schon Aristoteles und nachher Bodinus betreten. Aber bei diesen ist das mit anderem vermischt, bei Montesquieu dagegen tritt diese Einsicht und die ihr zufolge angestellte Untersuchung als die alleinige Aufgabe seines Buchs auf, es ist dadurch sowohl der Grundgedanke selbst energischer und durchdringender zum Bewußtseyn gebracht, als auch ein unendlich größerer Reichthum an Resultaten gewonnen als bei jenen. Ganz besonders zeichnet sich unter diesen Resultaten aus seine Lehre von den Triebfedern der verschiedenen Regierungsformen: daß nemlich die Triebfeder der Despotie die Furcht, die der Monarchie die Ehre, die der Aristokratie die Mäßigung, die der Demokratie die Tugend sey. Aus diesen Triebfedern, die er weniger scharf und deutlich definirt als richtig und bestimmt handhabt, leitet er sowohl Maximen der Regierung als Institutionen für jede Art der Verfassung ab, die wahr und tief gegriffen sind. Die Triebfedern der Furcht und der Mäßigung bedürfen kaum näherer Erläuterung. Unter Ehre versteht Montesquieu nicht den Ehrgeiz, sondern die eigenthümliche Selbstschätzung, die in den germanischen Völkern bis gegenwärtig aus Geburt und aus Dienst des Fürsten fließt. Sie ist ein Impuls der Gesinnung, daß nur der eignen Ehre, dem hohen eignen Berufe gemäß gehandelt werde, und ist namentlich ein Band zum Fürsten, als welcher der Mittelpunkt alles Geburtsansehens und aller Weihe des Dienstes ist. Sie zu pflegen durch Sitte und Einrichtung ist allerdings der Nerv der Monarchie bis auf die konstitutionelle Aera herab. Selbst jetzt dürfte diese Triebfeder nicht aufhören, namentlich bei den öffentlichen Dienern, wenn auch jetzt der königliche Dienst und der Dienst des Gemeinwesens in ihrem Inhalte sich identificiren. Der tiefste sittliche Sinn dieses germanischen Zuges ist übrigens die Hochschätzung des allgemeinen sittlichen und des besondern socialen Berufes, mit dem man sich selbst, seine eigne Persönlichkeit als Eins ansieht, so daß man nicht jenem etwas vergeben kann ohne dieser, nicht dieser ohne jenem, und es besteht dieser Zug in seiner wahrhaften oder entarteten Gestalt, je nachdem mehr die Höhe des Berufs für die persönliche Befriedigung oder mehr die Person für die Heilighaltung des Berufes und der Stellung dient. In dieser wahren Gestalt sollte er gegenwärtig nicht beim Adel vertilgt, sondern vielmehr ein Gemeingut der Nation werden. In Frankreich besteht etwas der Art. — Unter Tugend als Triebfeder der Demokratie versteht Montesquieu nach seiner eignen Erläuterung die Liebe zur Gleichheit, oder, wie man auch noch hinzufügen kann, die Liebe zum Gesetze, das gleichmäßig für Alle gilt. Die Befriedigung an der unwandelbaren Handhabung des Gesetzes (lex est res dura inexorabilis) und die strenge eigne Erfüllung des Gesetzes, der Verzicht auf persönliches Vorrecht und die Eifersucht gegen Vorrecht Anderer, das ist die Gesinnung, auf welcher die Demokratie beruht. Die Tugend im eigentlichen und allgemeinen Sinne, die Reinheit der Sitte, ist damit zunächst nicht gemeint; aber allerdings mischt sich auch ihr Begriff hier ein, sowohl bei Montesquieu als in der Wahrheit; denn solch strenge Unterwerfung unter die Regel des Gemeinwesens ist mit Sittenlosigkeit nicht wohl verträglich, sondern setzt eine Seelenbeschaffenheit voraus, die auch im Privatleben der Regel sich unterwirft. Darum kann allerdings die Demokratie viel weniger als die Aristokratie oder vollends die Monarchie ohne Tugend des Volks im eigentlichen Sinne bestehen. Ueberhaupt muß in der

Demokratie der Charakter der Menschen das ersetzen, was in der Monarchie die Stärke der Regierungsform gewährt. Eine höhere Kraft der Erhaltung als diese vier Triebfedern giebt für alle Regierungsformen das lebendige Christenthum, wie Montesquieu selbst erklärt*). Doch behalten, muß man hinzufügen, die verschiedenen Staatenbildungen immerdar ihre eigenthümlichen Anforderungen und damit auch ihre eigenthümliche sittliche Individualität, und die christliche Gesinnung wird deßhalb diese Triebfeder der Ehre in der Monarchie und der strengen Gesetzesordnung in der Demokratie nicht aufheben, sondern verklären.

Dieser ganze Gesichtspunkt nun, den Montesquieu für seine Zeit neu eröffnete, ist eine Leistung von noch allgemeinerer und insofern höherer Bedeutung als die konstitutionelle Theorie, ja diese selbst erscheint bei ihm nur als ein Theil in jener. Das begründet seinen unsterblichen Ruhm. Er ist hierin Vorläufer der tiefern geschichtlichen Erkenntniß, wie sie in unsern Tagen durch die historische Juristenschule, die spekulative Philosophie und andere Bestrebungen vertreten ist. Seine Befangenheit jedoch in der pragmatischen Auffassung, daß alles als Mittel für einen Zweck entstanden sey und entstehen solle, verhindert ihn noch, die von ihm gewonnene Einsicht zu ihrer ganzen Tiefe zu führen, wie dieß unten im dritten Abschnitt dieses Buches näher zu zeigen ist.

*) „Les principes du Christianisme bien gravés dans le coeur, seraient infiniment plus forts que ce faux honneur des monarchies, ces vertus humaines des républiques et cette crainte servile des états despotiques." Göschel Zerstreute Blätter (III. 1. 305) hat sinnreich diese Stelle hervorgehoben als die, mit der Montesquieu über sich selbst hinausweist und zugleich das wahre Verhältniß des Christenthums zu jenen Triebfedern bezeichnet.

Zweiter Abschnitt.

Verhältniß des Konstitutionalismus zum Liberalismus.

Gemeinschaftliches und Entgegengesetztes. — Die Konstitutionalisten von 1789 — Sieyes — Konstitutionalismus unter der Restauration: Benjamin Constant — Die Doktrinärs. — Wahrer Konstitutionalismus.

Das Naturrecht und sohin in letzter Durchbildung der Liberalismus ist die rechtsphilosophische Lehre des Zeitalters, der Konstitutionalismus seine politische Lehre. Beide stehen auf einer Basis, Freiheit und Berechtigung des Menschen. Aber sie verfolgen eine ganze divergente Richtung, jener als Vernunftmäßigkeits- oder Gerechtigkeitslehre, dieser als Zweckmäßigkeitslehre, deßhalb kommen sie auch zu ganz entgegengesetzten Resultaten. Der Konstitutionalismus, den Erfolg im Auge, will Theilung der Gewalt, weil die Masse in ihrer Alleinherrschaft selbst ihre Freiheit zernichte; der Liberalismus, nach der Konsequenz aus der absoluten und gleichen Berechtigung des Menschen, will ausschließliche ungetheilte Herrschaft der Masse. So haben sie in der Revolution zuerst gemeinsam die alte Monarchie gestürzt — es war der Sieg des Princips der Subjektivität über die objektive Autorität —, dann aber kam es nothwendung unter ihnen selbst zum Kampf. Dort forderte man den Mechanismus der zwei Kammern und des königlichen Veto, hier eine unabgetheilte und unbeschränkte Nationalrepräsentation. Es siegte die rechtsphilosophische Lehre des Zeitalters über seine politische Lehre. Vor dem wüthenden Andrang des Liberalismus zerstiebten die Maximen der konstitutionellen Theorie, es fielen die zwei Kammern, das Veto des Königs, zuletzt der König selbst. Man unternahm es nun, die Lehre Rousseau's in ihrem ganzen Umfang auszuführen. Später erst nach dem Sturze der Schreckensregierung kehrte man wieder zurück zu dem Mechanismus der Theilung der Gewalt, aber nicht im ursprünglichen Montesquieu'schen Sinne, sondern im Sinne Sieyes'.

Wenn man die Lehre Rousseau's und Montesquieu's jede in ihrer schlechtesten Gestalt, in ihrer unwahrsten Seite auffaßt und dann beide mit einander verbindet, so erhält man das politische System Sieyes'. Rousseau's Gedanke des allgemeinen Willens, der trotz seiner Bildung aus den Einzelwillen wenigstens doch den Anspruch eines einheitlichen Willens macht, wenn gleich mit Unrecht, entkleidet Sieyes dieser Einheit und faßt ihn bloß als Zusammensetzung, als Mehrzahl der Einzelwillen. Die Zahl ist darum Sieyes' oberstes Princip, und alle politische Bedeutung entscheidet sich ihm als ein Rechnungsexempel. Fragt man, was Adel und Geistlichkeit für eine Bedeutung in der Verfassung haben sollen, so antwortet er: sie sind ein Neunzigtheil der Franzosen. Fragt man, ob der König ein Veto haben solle, so antwortet er: der König ist nur Ein Franzose gegenüber fünf und zwanzig Millionen Franzosen. Deßgleichen Montesquieu's Wechselbeschränkung der Gewalten, die doch noch eine organische Beimischung hatte und außerdem doch aus wirklichen, wenn auch nur künstlich gebildeten Gewalten bestand, faßt Sieyes ausschließlich mechanisch. Die Elemente, die sich beschränken sollen, müssen aus völlig gleichartigem Stoff, nemlich der Gesammtmasse, hervorgehen, und müssen auch völlig gleichartig bleiben, sie dürfen daher nicht bleibende Träger einer Gewalt werden, sondern nur für den Moment eine Befugniß des Gegengewichts erhalten. Danach verwirft er das königliche Veto und die Adelskammer, aber er will (wie er das schon in seiner Schrift über den dritten Stand ausspricht), daß die Volksrepräsentanten sich in zwei, ja in mehrere Kammern theilen mit gegenseitiger Verhinderung. Die sogenannte exekutive Gewalt macht er völlig abhängig von der gesetzgebenden, und alle Stellungen müssen vorübergehender Natur, von beständiger Wahl abhängig seyn. Damit ist die Lehre von einer mechanischen Selbstbeschränkung der Gewalt und die Lehre von der ungetheilten absoluten Herrschaft der Masse allerdings theoretisch vereinigt, nur ist dem Erfolge nach jene Selbstbeschränkung nicht geeignet, weder die Massenherrschaft zu moderiren, noch sich selbst zu erhalten. Aus diesem Geiste sind die nachfolgenden Verfassungen Frankreichs hervorgegangen bis zum Kaiserreich, keine der Existenz fähig. Die trefflichste Karikatur ihres Princips giebt der Verfassungsentwurf, den Sieyes dem ersten Konsul Buonaparte vorlegte. Nach ihm steht an der Spitze des Reichs ein Großwähler (Proclamateur-Électeur), unabsetzbar, unverantwortlich, nach außen repräsentirend. Er bildet die Regierung (Staatsrath und Minister) aus Kandidaten, die das Volk vorschlägt; aber er selbst hat keinen Antheil an der Regierung. Die Gesetzgebung ist getheilt zunächst an drei Organe: die also gebildete Regierung, das Volkstribunat, die Gesetzgebungsbehörde. Die beiden ersten haben Gesetzvorschläge zu machen und gegen einander zu vertheidigen oder zu bekämpfen, und die dritte entscheidet. Dazu tritt endlich noch als Viertes ein konstitutionelles Geschwornengericht, welches auf Appellation der Regierung oder des Tribunats das Urtheil der Gesetzgebungsbehörde kassiren kann. Alle diese Behörden sind in gleicher Weise aus der Masse und durch diese selbst und auf kürzere Dauer gewählt. Uebrigens ist ein solcher Großwähler, der sechs Millionen Einkünfte verzehrt, aus Volkskandidaten die Regierung komponirt, nach außen figurirt und sonst sich in nichts einmischen darf, die reinste Darstellung eines konstitutionellen Königs wie der Liberalismus sich ihn denkt.

Als nun die Restauration wieder die Monarchie in Frankreich aufrichtete, war man genöthigt zur konstitutionellen Theorie im Sinn Montesquieu's zurückzugehen, und da richtete sich die politische Doktrin hauptsächlich auf ein Verhältniß, das bei Montesquieu nicht durchgebildet ist und in welchem die Entscheidung über den Schwerpunkt der Verfassung liegt. Das ist das Verhältniß der exekutiven Gewalt zu ihren Rathgebern und dadurch denn zu der gesetzgebenden Versammlung, der diese verantwortlich sind. Nach Montesquieu's nur negativem Gesichtspunkt, daß kein Mißbrauch von der öffentlichen Gewalt gemacht werde, mußte es genügend erscheinen, daß der König nichts ausführen kann ohne die Minister, und diese verantwortlich sind. Aber das Leben fordert eben, daß nicht bloß kein Mißbrauch, sondern daß ein Gebrauch von der öffentlichen Gewalt gemacht, daß regiert werde, und es fragt sich: wer soll regieren, der König oder die Minister, der von der Volksrepräsentation Unabhängige oder der völlig unter ihr Stehende? Mit andern Worten: soll die Volksrepräsentation ein Faktor der Gesetzgebung und Wächter der Gesetze seyn, oder soll sie die gesammte Regierung bestimmen? Dieses nur war der Punkt, den vor andern Benjamin Constant*) aufgriff. Er will das Königthum, das eine unvermeidliche Thatsache geworden, und die Freiheit, d. i. die Volksherrschaft, vereinigen und findet die Vereinigung darin, daß der König zwar eine Macht, aber nur eine ausgleichende, nicht eine selbst bestimmende Macht seyn soll.

Constant's Lehre ist nach dem Vorgange Clermont-Tonnerre's die: man müsse von der exekutiven Gewalt noch eine königliche unterscheiden; jene sey dann die Attribution der Minister, diese sey die Attribution des Königs und werde

*) Benjamin Constant reflexions sur les constitutions et les garanties, nebst den Additions in den ouvrages vol. I.

gestützt durch religiöse Erinnerungen und Ueberlieferungen (par des souvenirs et par des traditions religieuses). Die exekutive befasse die eigentliche Regierung, die royale dagegen sey eine neutrale Macht, sie sey da um überall auszugleichen, unter andern Gewalten zu entscheiden, zu temperiren. Dem König komme es deßhalb zu, die Kammer als die gesetzgebende Gewalt aufzulösen, die Minister als die exekutive Gewalt zu entfernen, die Strafurtheile der Tribunale als der richterlichen Gewalt durch Begnadigung zu korrigiren. Ihm komme es deßgleichen zu, die Gesetze zu verwerfen und so den bestehenden Zustand zu erhalten. Dagegen alles Andere, der Entwurf und die Einbringung der Gesetze in die Kammer, der Vollzug der Gesetze, die Administration u. s. w. sey Sache der exekutiven Gewalt, der Minister. Diese dürfen nicht bloße passive Instrumente des Königs seyn, darum müssen sie als selbstständige Inhaber einer Gewalt angesehen werden. Auf dieser Vierzahl der Gewalten beruhe die Trefflichkeit der Staatsverfassung und die Tiefe der Einsicht in sie.

Was diese Gedankenkonception in sich selbst anlangt, so ist sie auch wieder eine mechanische Auffassung der Verfassung. Statt die Staatsgewalt als ursprüngliche Einheit zu erkennen, die in ihrer Entfaltung nach den verschiedenen Funktionen die Mitwirkung mannigfacher Elemente erhält, wird sie hier aus vier unabhängigen Gewalten zusammengesetzt, ja gewissermaaßen ist der Mechanismus der Gewalt schon in sich fertig mit der legislativen Gewalt der Volksrepräsentanten und der exekutiven der Minister, und es tritt nur noch die ausgleichende königliche hinzu. Das ist nun von vornherein ein verfehlter Gedanke, daß mit einer königlichen Gewalt dieser Art die religiösen Traditionen sich verbinden sollen. Diese verbinden sich nur mit dem Königthum, das souverän, das die über das Volk gesetzte

Obrigkeit ist, aber nicht mit einem Königthum, das von vier nothwendigen Räderwerken das vierte ist. Eben so gut könnten sich die religiösen Traditionen mit den drei andern, ja nach dieser Auffassung noch am meisten mit der Repräsentation des souveränen Volks verbinden. Aber selbst mechanisch ist die Auffassung nicht durchführbar. Das oberste Ansehen und die wirkliche Regierung, die ihrer Natur nach eins sind, lassen sich eben nicht so trennen, deßwegen kommt Constant zu Lehren, die aller Begründung und aller innern Uebereinstimmung entbehren: über Krieg und Frieden soll die königliche Gewalt entscheiden, über die ganze innere Regierung die exekutive Gewalt, d. i. die Minister, — die Befugniß, die von den Kammern diskutirten Gesetze anzunehmen oder zu verwerfen, soll der König haben, die Befugniß, Gesetze den Kammern zu proponiren, sollen die Minister und zwar ohne den König kraft ihrer exekutiven Gewalt haben (welch eine königliche Gewalt, ohne deren Zustimmung und Ermächtigung die Minister Gesetze vorschlagen!), — das Veto soll zugleich aus der Natur der königlichen und aus der Natur der exekutiven Gewalt, welche letztere namentlich am meisten die Unausführbarkeit eines Gesetzes erkenne, folgen, und dennoch kann es offenbar den Ministern nicht zukommen, sondern nur dem König. Der ganze Begriff aber ist ein unhaltbarer, daß diejenigen Träger einer Gewalt seyn sollen, die in jedem Augenblick willkürlich entfernt und zwar definitiv entfernt (nicht bloß wie die Deputirten durch Kammerauflösung einer neuen Bestätigung unterstellt) werden können. Deßgleichen der Begriff, daß das eine bloß ausgleichende neutrale Macht seyn solle, welche die Minister ursprünglich ernennt, nicht bloß hinzutritt, um sie zu entfernen oder unpassende zu verweigern. Allerdings sollen die Minister, wie Constant fordert, keine passiven Instrumente seyn; allein daraus folgt nicht, daß sie Träger einer eignen Gewalt sind.

Allerdings ist der König auch eine ausgleichende temperirende Macht; allein das ist nur die Wirkung davon, daß er Souverän ist und so alle Elemente und Funktionen des Staates durchdringt; von der Souveränetät aber ist auch eine ursprüngliche und positive Einwirkung untrennbar. Nimmt man diese und sohin die Souveränetät weg, so kann die königliche Gewalt auch nicht diese ausgleichende Macht üben. Es sind die meisten dieser Attributionen dann unmotivirt. Als Theorie betrachtet ist deßhalb Constant's Auffassung eine Verschlechterung der Montesquieu'schen, er zieht sie ins Ueberkünstelte und Widernatürliche.

Sieht man aber auf den letzten praktischen Erfolg, so ist solche Absonderung einer königlichen Gewalt von der exekutiven, während sie sich für eine Stärkung des Königthums ausgiebt, in der That eine Schwächung desselben; denn die Hauptsache dabei ist doch nur, daß hiedurch die exekutive Gewalt vom König gelöst und den Ministern selbstständig übertragen werden soll. Nach Montesquieu's Lehre kommt diese dem König zu und er muß sich dabei nur der Minister bedienen, diese haben einen nur negativen Einfluß auf dieselbe; nach Constant's Lehre kommt sie an sich und ursprünglich den Ministern zu, und der König hat dabei nur den negativen Einfluß, sie zu temperiren. Es ist das: le roi règne, mais il ne gouverne pas. Zwar tritt Constant der extremen Lehre der Revolution auf dem Standpunkt Montesquieu's entgegen, er will ein königliches Veto, eine erbliche Pairskammer u. s. w., er will also, wie in England, monarchische Formen. Aber er will doch die königliche Gewalt in ihrer positiven Thätigkeit beseitigen, gleichfalls wie in England, und noch viel stärker, weil er das grundsätzlich und in scharfer Grenze anstrebt, was in England bloß thatsächlich und deßhalb weniger determinirt besteht. — Auch er steht immerdar auf dem Boden der Volkssouveränetät, er corrigirt

Rousseau nur in Beziehung auf den Umfang, nicht in Beziehung auf das Subjekt der Volkssouveränetätslehre. Die Souveränetät soll ihre Gränze haben an der Gerechtigkeit, und auch diese findet er nur an den individuellen Rechten; aber in dieser Begränzung soll sie doch dem Volke zustehen, nicht schon in ursprünglicher Weise der verfassungsmäßigen Autorität über dem Volke. Dieß ist nun Constant's ausgesprochenes Bekenntniß. Was er aber nicht ausspricht, ich weiß nicht, ob auch nicht anstrebt, ist, daß die exekutive Gewalt, die er den Ministern beilegt, thatsächlich nicht eine Gewalt der Minister wird, sondern eine Gewalt der Kammern, denen sie verantwortlich sind, und daß selbst die angeblich ausgleichenden Akte des Königs (Veto, Kammerauflösung u. dgl.) nur unter der Assistenz eines Ministers und daher unter der Allgewalt der Kammern, soweit sie die Wähler für sich haben, geübt werden, daß also bei dieser Theilung nicht wie nach Montesquieu mehrere Gewalten, sondern nur die eine Gewalt der Wähler in Frankreich aufgerichtet wird. Constant verbindet Konstitutionalismus und Liberalismus in der Art, daß er von ersterem nur die Formen nimmt, in der Sache aber den letztern verwirklicht. Die Stellung der königlichen Gewalt in England, wo sie auf Sitte beruht und je nach der persönlichen Begabung des Königs auch jedesmal modificirt werden kann, ist für dort nicht zu tadeln. Aber es ist schon kein Grund vorhanden, diese Stellung allgemein für einen wohlverfaßten Staat zu fordern, und es ist im Gegentheil allgemein vom Uebel, sie grundsätzlich und rechtlich zu fixiren. Vollends aber hierin eine Vereinigung des Königthums mit der Volksherrschaft, d. i. eine Erhaltung des Königthums zu sehen, ist eine Täuschung.

Ein anderer und besserer Versuch, der unter der Restauration gemacht wurde, das liberale und konstitutionelle System mit dem Königthum in Einklang zu bringen, ist die Lehre der wenigen

Männer, welchen man die Bezeichnung „Doktrinärs" gegeben hat. Sie ist ausgegangen von Royer-Collard, fortgebildet von Guizot*). Diese kleine Fraktion steht gleichfalls, wie sie selbst es ausdrückt, auf dem Boden der Revolution oder des neuen Frankreich gegenüber der Kontrerevolution und dem ancien régime. Das heißt, sie will die Gleichheit vor dem Gesetze und die vorherrschende Macht des Mittelstandes, und will das Gouvernement représentatif, die geordnete und dem Einfluß der ganzen Nation geöffnete Regierung im Gegensatze des Zustandes, daß Adel und Geistlichkeit und namentlich der Hof die Regierung bestimmen und sie zu Gunsten ihrer Ueberhebung über die andern Stände ausbeuten. Darum vertrat sie alle Institutionen, welche auf freie Bewegung im socialen Zustand und in der Gedankenmittheilung ausgehen, vor Allem aber strebte sie gleich den andern Fraktionen des neuen Frankreich eine freie und wahrhafte Repräsentation an, daß die Deputirtenkammer wirklich den Ausdruck der Meinung der zahlreichen Mittelklasse gebe, wie Royer-Collard es bezeichnet, die vérité des élections, indem die unter der Restauration bestehende Einrichtung nur de fausses élections, de faux députés habe. Nun ist das schon eine Berichtigung des liberalen Systems, daß die doktrinäre Schule die freie Repräsentation nicht auf die abstrakten Principien der allgemeinen gleichen Berechtigung gründet und damit ins Maaßlose treibt, nicht wie die „bürgerliche Gleichheit" (Abschaffung der Privilegien) so auch die „politische Gleichheit" (gleiche Konkurrenz an Ausübung der Staatsgewalt) fordert; sondern sich an die wirklichen natürlichen Elemente des Volkszustandes anschließt, die Bedeutung des Handels, die Bedeutung der kleinen Landbesitzer u. dergl. für

*) Royer-Collards Reden in der Deputirtenkammer. Guizot „du gouvernement de la France depuis la restauration."

den Staat hervorhebt und deßwegen eben den Einfluß und die innere Organisation des Mittelstandes anstrebt. Es ist ferner eine noch gründlichere Berichtigung jenes Systems, daß sie als Ziel und Vollendung des öffentlichen Zustandes nicht die Herrschaft des Volkswillens (der Majoritäten) erkennt, so wenig als die unumschränkte königliche Gewalt kraft göttlichen Rechts, sondern vielmehr die Herrschaft der Vernunft, der Gerechtigkeit, des Rechts (la souveraineté de la raison, de la justice, du droit), und in diesem Sinn sowohl die Souveränetät der Gesammtmasse als die Souveränetät des Individuums bekämpft und ein höheres Bindendes über dem Menschen geltend macht. Das alles jedoch ist keine Eigenthümlichkeit der Doktrinärs, es sind, wenn gleich in geringerm Grade, die Grundsätze auch anderer einsichtsvollerer und gemäßigterer Vertreter des neuen Frankreich, wie namentlich Constants. Sondern was das Specifische der Lehre der „Doktrinärs" ausmacht, ist ihr Bekenntniß zur „Legitimität" und ihre eigenthümliche Auffassung der Legitimität. Sie verstehen unter Legitimität ein Recht des Königs, das nicht auf Volkswillen beruht und nicht auf göttlicher Einsetzung (das letztere sey die Legitimität des Aberglaubens), sondern selbstständig in sich begründet ist und seine Wurzel in der Geschichte hat. Wie nemlich das Volk und jeder einzelne Staatsbürger ihre Freiheit als Recht haben, so müsse auch die Regierung ihre Stellung als Recht haben*). Das gebe dann eine Wechselseitigkeit (réciprocité) der Rechte. Es ist also der Rechtscharakter, den die ganze Verfassung, das

*) „C'est, qu'il ne suffit point à la société, que le droit se rencontre dans les citoyens; elle a besoin, qu'il réside encore dans le gouvernement. C'est peu, que chaque homme possède et revendique ses libertés comme un droit légitime, si le pouvoir qui commande aux hommes, n'exerce aussi un droit légitime à leurs yeux." Guizot du gouv. chap. 7.

ganze System des öffentlichen Zustandes in allen Bestandtheilen haben soll, worauf die Legitimität gegründet und was als ihr Begriff ausgegeben wird. Alles Recht aber habe ferner seinen Anfang in der Gewalt und in bloß thatsächlichen Zuständen, es erwachse erst durch die Geschichte zum Recht. Darum werde die königliche Gewalt, die ursprünglich auch nur eine thatsächliche, auf Stärke gegründete sey, erst durch die Geschichte und zwar namentlich erst durch eine lange Dauer zur rechtlichen Gewalt, d. i. zur Legitimität. Nicht minder gelte das aber auch hinsichtlich der Freiheit des Volks, auch diese entstehe anfänglich als Thatsache (deßhalb meistens als Anarchie) und reife erst in der Geschichte zum Rechte, zur wahren Freiheit. Es sey deßhalb auch die Nachweisung von großem Belang, wie das französische Volk von jeher Rechte und Freiheiten besessen habe, eine Freiheit von gestern sei keine wahre Freiheit. Damit hat die Doktrine ein geschichtliches Element aufgenommen, das den übrigen Fraktionen des neuen Frankreich fremd ist, und es ist sowohl hierin als auch bei dem Gedanken der „Souveränetät der Vernunft" der Einfluß Burke's auf die Doktrine nicht zu verkennen. Wie nun hienach die lange Dauer zur Legitimität erforderlich ist, so mußte sich die Doktrine später für Louis Philipp mit einer Quasilegitimität begnügen; aber sie vertrat übereinstimmend mit ihren Principien wie mit der Wahrheit den Satz, daß Louis Philipp König geworden weil (parceque) und nicht obschon (quoique) er ein Bourbon ist. Während also nach der liberalen Ansicht das Königthum bloß als ein Auftrag (emploi) des Volks besteht, nach der konstitutionalistischen bloß als eine mechanische Einrichtung, so nach der Lehre der Doktrinärs als eine selbstständige und auf historischer Grundlage ruhende Berechtigung. Auch für die Ausübung der Regierung, namentlich die Wahl der Minister, vindicirt Royer-Collard

(10 Febr. 1820) dem König eine gewisse Selbstständigkeit; Guizot freilich fordert auch hiefür den entscheidenden Einfluß des Mittelstandes, doch ist seine Behauptung nicht so scharf und determinirt, daß ein ermäßigendes Verständniß ausgeschlossen wäre.

Auf diese Weise soll dem „neuen Frankreich" (oder der „Revolution") die Legitimität gewonnen werden, die es nur aus Mißverständniß und wegen der falschen Stellung des legitimen Königthums von sich gestoßen habe. Revolution und Legitimität in dem Sinne, in welchem sie hier genommen werden, sind auch in der That sehr wohl vereinbar. Die gewöhnliche Beschuldigung gegen die Doktrinärs, daß sie eine unhaltbare richtige Mitte behaupten, ist deßhalb unbegründet. Vielmehr ist die Doktrine eine große Berichtigung falscher Meinungen, ein großer Fortschritt zur wahren Erkenntniß; aber sie ist das noch keineswegs vollständig. Es mangelt ihr vor Allem und hauptsächlich die wissenschaftliche Durchbildung und Zusammenschließung ihrer Principien. Die Bezeichnung „doctrine", die sie zufällig durch Royer-Collards häufigen Gebrauch dieses Worts erhielt, ist für sie keineswegs die treffendste. Wohl ist sie vermöge ihres Doppel-Interesses nicht von einer Parteileidenschaft fortgerissen, sondern muß überall durch verständige Ueberlegung das Maaß suchen, und das mag man doktrinär nennen; aber sie hat viel weniger Doktrine, d. i. metaphysische oder überhaupt principielle Grundlegung und Abrundung, als irgend eine Partei Frankreichs, Liberale, Konstitutionelle, Legitimisten. Die Doktrine nimmt nemlich insbesondere das Königthum als gegebenes und das als solches sein Recht haben müsse; aber warum es ein Königthum giebt, was der letzte Grund desselben ist, darauf antwortet sie nicht. Damit reicht man aber nicht aus, denn aus dem bloßen nackten Grundsatze, daß jede Stellung im öffentlichen Zustande als ein Recht geachtet werden müsse, könnte man auch eine Legitimität (d. i. eine unentziehbare Stellung) der Minister folgern. Es ist durch die Doktrine dem Königthum nur seine rechtliche und seine historische Bedeutung zuerkannt, nicht auch seine sittliche Bedeutung, kraft der es als eine Autorität über dem Volke bestehen soll; die specifische Heiligkeit und Ehrfurcht desselben läßt sich aber durch die bloße Anerkennung eines Rechts und seines historischen Bestandes nicht erklären und nicht sichern. Ja die königliche Berechtigung erscheint hienach als durchaus derselben Art wie jede andere, die des Eigenthümers, des Bürgers, und man war deßhalb genöthigt, das Erforderniß langen geschichtlichen Bestandes, das der Legitimität eigen ist und aus ihrer tiefsten sittlichen Bedeutung (der Unterwerfung unter die höhere göttliche Fügung) stammt*), als einen allgemeinen Grundsatz für alle Rechte auszusprechen. Diese Lehre kann deßhalb die bloß Verständigen befriedigen, man wird sich mit ihren praktischen Anwendungen meistens einverstanden erklären müssen, sie ist die wohlthätigste und gesundeste, die jetzt in Frankreich besteht. Aber die tiefere sittliche und vollends die religiöse Grundlage der Staatsverfassung gewährt auch sie nicht, wenigstens nicht in wissenschaftlicher Begründung.

Das Königthum ist nicht eine bloß *mechanische*, sondern eine *organische* Institution, und es ist nicht eine bloß äußerliche *historisch-rechtliche*, sondern es ist eine *ethische* Institution. Der König ist nach sittlicher (und das ist im tiefsten Grunde göttlicher) Ordnung die Autorität über dem Volke. Er ist darum der Träger der Einen untheilbaren Staatsgewalt, die sich jedoch von diesem Mittelpunkt aus in ihre Zweige entfaltet und in dieser Entfaltung noch andere eben so mächtige Träger

*) S. dieses Werks II Band 2. Abtheilung §. 74.

erhält, er ist Souverän. Das ist das Grundverhältniß des politischen Zustandes, und daran knüpft sich die religiöse Innigkeit des Bandes, die Constant vergeblich dem mechanischen pouvoir royal zu gewinnen sucht. Hiermit ist aber die konstitutionelle Verfassung (die Wahrheit der Charte) aller Grade und ist namentlich auch die jetzige Verfassung Frankreichs nicht im Widerspruch. Es ist nicht widersprechend, daß mit der souveränen Gewalt des Königs, die eine gegebene über dem Volke ist, sich ein Recht der eignen Mitherrschaft des Volkes verbindet, und diese Mitherrschaft des Volkes mit dem König ist das wahre Wesen konstitutioneller Verfassung im Gegensatz gegen die liberale wie gegen die konstitutionelle Theorie*). Sie besteht darin, daß das Volk gemäß seiner Freiheit die Grundsätze und Ziele, nach welchen es beherrscht werden soll, zugleich mit dem König bestimmt (durch eine formelle und unmittelbare Theilnahme an der legislativen Funktion und den mittelbaren Einfluß auf die Regierungsfunktion), und daß es ihre Aufrechthaltung überwacht und schirmt gegenüber der königlichen Regierung, die dazu durch verantwortliche Organe geführt wird. Aus diesen einfachen und natürlichen Elementen des Staats, dem souveränen König und dem freien Volk, und nicht aus dem abstrakten Mechanismus der Gewalt ist die Verfassung zu begreifen und die Theilnahme an den einzelnen Funktionen zu bestimmen. Solche Mitherrschaft kann denn vom verschiedensten Umfange seyn, von einer bedeutenden Unterordnung unter die königliche Gewalt, wie in den deutschen konstitutionellen Staaten, oder von einer thatsächlichen Präponderanz über die königliche Gewalt, wie in England, in Frankreich — das unterscheidet die Konstitutionen in revolutio-

*) S. dieses Werks II. Band II. Abtheilung §. 53 folg., §. 96 und hauptsächlich auch §. 149.

nirten und in nicht revolutionirten Staaten —, aber sie darf das Fundament, auf dem sie ruht, das ihr vorausgehende ursprüngliche königliche Ansehen nie absorbiren, nie grundsätzlich das Königthum herabsetzen, daß es bloß den Volkswillen zu vollstrecken oder unter andern Gewalten als eine hinzutretende Gewalt zu equilibriren habe.

Nur diese Auffassung erklärt naturgemäß und ungezwungen die wirkliche konstitutionelle Verfassung, wie sie in England sich gebildet hat: die königliche Sanktion der Gesetze, das Veto (richtiger das Erforderniß des königlichen Assent, damit ein Gesetzentwurf Gesetz werde), die Ernennung der Minister und das specifische Ansehen des Königthums. Nur sie gewährt auch eine wirkliche Vereinigung von Königthum und nationaler Freiheit und kann deßhalb den Empfindungen beider Parteien genügen, die bloß mechanische Betrachtung des Königthums steht immer bloß auf der einen Seite der Volksfreiheit. Nach dieser Auffassung muß der Volksvertretung allerdings ein Einfluß, ein größerer oder geringerer je nach dem betreffenden Staate, auf die Wahl der Minister und auf die Principien der Regierung zukommen; aber nicht der allein entscheidende Einfluß wie nach der liberal-konstitutionellen Theorie. Es sind zwei Willen, der königliche und der Volkswille, die, beide geltend, sich einander ermäßigen, berichtigen: der königliche muß sich erproben an dem des Volks; wenn er mit diesem dauernd zerfällt, so kann er nicht bestehen; aber der Volkswille muß sich beschränken unter den königlichen, der König hat nicht bloß die freie Administration auf der Basis der allein vom Volke (öffentliche Meinung, Kammern) bestimmten Principien, er hat einen eben so wesentlichen Antheil an Bestimmung dieser Principien selbst. Es kommt so ein Drittes heraus, wie überall wo selbstständige Kräfte sich gegeneinander in Harmonie setzen, während nach jener Theorie der König bloß den Volkswillen vollbringt, oder höchstens bei Spaltung in der Volksvertretung eine ergänzende, ermäßigende Thätigkeit übt, auch nicht um seinen Willen, sondern um den wirklichen Volkswillen zur Geltung zu bringen. Das Verhältniß aber zwischen König und Ministern ist dann nicht das zweier Gewalten, einer exekutiven und einer neutralen ausgleichenden, sondern es ist der Souverän, der allein die Gewalt hat mit seinen verfassungsmäßig nothwendigen Organen, die aber dennoch nicht bloße „passive Agenten" des Souveräns sind, und zwar um deßwillen nicht, weil sie eine Verpflichtung auf die Verfassung, ein Gewissen, eine Ehre haben, und weil eine Einsicht und Sachverständigkeit in ihnen repräsentirt ist, welche sich nicht mit der königlichen Qualität von selbst und nach Nothwendigkeit verbindet. Weder die ursprüngliche und positive Einwirkung des Königs, noch die Selbstständigkeit des Ministers kann also fehlen, und das Maaß der einen und der andern wird, eben weil ein untheilbares Zusammenwirken erforderlich ist, sich immer nach der persönlichen Begabung an Einsicht und Charakter richten.

Die Theorie der englischen Schriftsteller, noch auf Locke fußend, ist eben so mechanisch als die Montesquieu'sche. Aber in England ist das minder schädlich, weil die verfassungsmäßigen Stellungen selbst durch Geschichte und Herkommen überall genau bezeichnet und befestigt sind, und die parlamentarische Form und Sprachweise, weit entfernt dieser mechanischen Auffassung zu entsprechen, vielmehr ein ächtes organisches Königthum ausdrückt, ja in viel höherem Grade ausdrückt als es wirklich besteht. Dagegen in Frankreich und Deutschland, wo man die verfassungsmäßigen Stellungen erst noch zu bestimmen im Begriffe steht, kommt es auf reine Doktrin an.

Dritter Abschnitt.

Die Ansicht über die Entstehung des Rechts.

Ansicht über die Ursachen und Motive der Begebenheiten und der Gesetzgebung. – Einfluß des Nationalcharakters und dessen Gebrauch bei Montesquieu. – Ethische Folge dieser Ansicht über die Entstehung des Rechts. – Gegensatz gegen dieselbe: die Schule der geschichtlichen Juristen

Wenn die Naturrechtslehrer und die Politiker in der Ansicht über das Ethos sich widersprechen, so stimmen sie doch in der über die Entstehung des wirklichen Rechts überein. So wie nemlich beide Richtungen aus der Triebfeder menschlicher Unabhängigkeit und Selbstthätigkeit hervorgehen, so betrachten sie alle geschichtlichen Erscheinungen als menschliche Erzeugnisse. Es fehlt dem ganzen Zeitalter beinahe die Vorstellung, wie sich etwas Andres habe bilden können, als daß Menschen es wissend und wollend gemacht hätten; es sey denn, daß der rohe sinnlos wirkende Zufall zu ihrer Schande als Zeichen ihrer Schwäche es veranlaßt habe. Dem göttlichen Geist, der die Geschichte lenkt und auf dem menschliche Freiheit nur als auf ihrem Grunde sich bewegt, hat sich die Wissenschaft verschlossen. Nun ist es überhaupt das Natürliche, sich den menschlichen Geist so zu denken, wie er in der eignen Zeit und Umgebung ist. Der Gedanke, daß er selbst in der Folge der Zeiten seine Beschaffenheit verändert habe, liegt um so mehr der Vorstellungsweise ferne, nach welcher er nicht durch die Geschichte gebildet wird, sondern im Gegentheil allein sie bildet. Aehnliche Ueberlegung, ähnliche Ansicht, als sie in unsern Tagen, in unsern Zuständen sich zeigt, wird daher, wo nicht allen Menschen, doch den hervorragenden Männern jeder Vergangenheit zugeschrieben und ihre Thaten und Anordnungen daraus hergeleitet. Es wird wohl zugegeben, daß die Gesetzgeber des Alterthums hie und da durch die Vorurtheile ihrer Zeit befangen waren; aber das betrifft nur Einzelnes und ist eben ihre Schwäche. Im Ganzen habe die Gesinnung, welche sie umgab, für welche sie ihre Gesetze machten, bloß als Stoff auf sie eingewirkt, sie mußten auf die herrschende Vorstellungsweise Rücksicht nehmen, sonst konnten sie ihre Zwecke nicht erreichen; keineswegs sey ihr eignes Urbild, ihr Urtheilen und Wollen dadurch bestimmt. Die Art zu denken und Absichten zu haben, welche ihre Gesetzgebung eigentlich in Thätigkeit setzt, wird unabhängig von ihrer Zeit unserer jetzigen ähnlich gedacht. Sie sind außer der Nation gestellt und bewegen sie von dieser Stelle aus; nur die Hebel müssen sie an ihr selbst befestigen. So läßt Machiavelli die Römer, die Führer des Senats und des Volkes, frei vom römischen Charakter in der Art reflektiren, wie sie als kluge Männer, als Ebenbilder seiner selbst auch in seinem Staate hätten reflektiren können. So hätte Moses Opfer, Priesterstand, Blutrache unmöglich für das Anzustrebende halten können, für das, was um sein selbst willen bestehen soll. Er zollte diese Einrichtung, die er selbst wohl für unvernünftig erkannte, bloß der Meinung seiner Nation, weil er allein auf diesem Wege seine anderweitigen großen Zwecke erreichen konnte. Daß Speisen unrein seyen, daß ein Feierjahr göttliche Verehrung enthalten könne, war nie sein eigner Glaube, sondern er verordnete dieß alles nur deßhalb als religiöses Gebot, um dadurch desto sicherer Gesundheit, Fruchtbarkeit, was man auch jetzt noch für passende Bestrebungen eines weisen Mannes hält, zu erreichen. Lykurg hielt nicht die Hingebung an den Staat, die Entäußerung jedes einzelnen Rechtes und Besitzes für das an sich Rechte und Nothwendige; er gebrauchte solches nur, um das immer noch anerkannte Ziel der Staaten, die militärische Stärke, seinen Spartanern zu verschaffen. Luther selbst dürfte nach der Ansicht der Aufgeklärten nicht an Christus und die Wunder geglaubt haben; seine Anerkennung des Evangeliums war nur ein Mittel, um für die Aufklärung, die damals noch nicht von Grund aus eingeführt werden konnte, den ersten Anstoß geben zu können. In Rücksicht auf die wirkliche Entstehung der Begebenheiten ist daher auch die oben bezeichnete pragmatische Uebertreibung, die gar nichts um sein selbst willen bestehen läßt, die allgemeine Vorstellung; denn nur durch sie können die geschichtlichen Erscheinungen von diesem Standpunkte aus erklärt werden. Man konnte sich die Entstehung der Homerischen Gesänge nicht anders begreiflich machen, als daß man irgend einen moralischen Zweck, irgend eine nützliche Lehre, welche durch sie bewiesen werden sollten, dem Dichter unterlegte. Dieß thun anerkannte Geschichtschreiber. Daher kommt es, daß selbst Montesquieu bei seiner reichen historischen Kenntniß, so richtig er die Folgen der Gesetze beobachtet, oft eben so unrichtig über ihre Entstehungsgründe urtheilt. Auch er nemlich giebt sich nicht der unbefangenen Anschauung hin, wie ein Motiv und Ziel, das die Menschen ohne daß sie es gewählt haben beherrscht, die Einrichtungen hervorbringt; alles soll nur als Mittel für das oder jenes mit bewußter Wahl ergriffen worden seyn. Die ursprünglich germanische Triebfeder der Ehre, die mit den ältesten Rechtsansichten zusammenhängenden Familien-Fideikommisse behandelt er, als seyen sie um die Monarchie zu erhalten eingeführt, die Unverletzlichkeit des Königs in England als Mittel für jenen Staatsmechanismus, die besondere Kammer der Pairs, die ihnen, als größere Theilnahme an der Regierung selbst, das höchste Vorrecht war, als bloßes Schutzmittel in ihren andern Vorrechten nicht gekränkt zu werden.

Zwar hat man nie aufgehört großes Gewicht auf den Nationalcharakter zu legen, auf den Einfluß, den er auf die

Gesetzgebung immer gehabt habe, und freilich noch mehr auf den, welchen er haben solle. Und am meisten auf Montesquieu weist das allgemeine Urtheil hin, als auf die Fundgrube der Beobachtungen und Maximen dieses Einflusses. Montesquieu spricht es auch aus, daß die Gesetze für ein Volk so passen müssen, daß es nur ein besonderer Zufall ist, wenn die des eines Volkes auch für ein anderes passen. Man betrachte aber seine Auffassung des Nationalcharakters! Der Nationalcharakter der Franzosen besteht nach ihm *) darin, daß sie Geselligkeit und Fröhlichkeit lieben, gerne scherzen und schwätzen und sich leicht mittheilen, daß sie lebhaft, zuweilen unbesonnen, ja unartig, daß sie tapfer, großmüthig und offen sind. Der Charakterzug der Athenienser, wodurch sie den Franzosen ähnlich sind, ist ihr geniales Wesen, dem gemäß sie bei den ernsthaftesten Angelegenheiten Scherz und witzige Ausfälle mit Beifall aufnehmen. Die Spartaner hingegen sind trocken, mürrisch und verschlossen **). — — Was können nun solche Eigenschaften für großen Einfluß auf das Recht haben? Selbst wenn die Beschreibungen vollständiger sind, lassen sich höchstens einzelne Bestimmungen aus ihnen erklären. So pflegt man denn immer große Erwartungen von dem Einflusse des Nationalcharakters zu haben, weil die Theorie so lautet; wenn derselbe aber wirklich nachgewiesen werden soll, so hat er sich verflüchtigt. Es ist auch ganz natürlich, daß in dieser Epoche der Wissenschaft der wahre Begriff des Nationalcharakters gänzlich fehlt. Die Isolirung des Menschen verhinderte ihn. Denn nun sieht man die Nation nicht als einen Geist an; sondern wie die Menschen, die ihr angehören, als vereinzelte sich zeigen, das erscheint als Nationalcharakter. Die Richtung, das individuelle Ethos der Nation,

*) Montesquieu esprit des lois liv. 19, chap. 5.

**) Ebendas. chap. 7.

das nur im Ganzen wirksam ist, geht damit nothwendig verloren, z. B. das Streben nach Schönheit und Ebenmaaß des Staates, nach Weltherrschaft, nach Gliederung und Abstufung von Ständen. Denn keiner kann ein solches Streben aus und für sich selbst haben; er wird bloß davon ergriffen, wenn es in der Nation da ist. Was nach der Losreißung übrig bleibt, ist nichts als jene, gar nicht mehr auf ein bestimmtes Objekt gerichteten, bloß ruhenden Eigenschaften des Temperaments oder der Intelligenz, z. B. Lebhaftigkeit, Phlegma, Witz. Daher ist es auch nach Montesquieu*) nur ein Chaos zufälliger Dinge, „welche dazu beitragen, die Weise des Denkens und Handelns zu bestimmen, Klima, Gesetze, Staatsmaximen, alte Beispiele, Sitten und Gebräuche, Religion (deren bestimmter Inhalt natürlich hier auch als zufällig entstanden angesehen wird). Aus allem diesen bildet sich das, was wir Nationalcharakter nennen." — — Der Nationalcharakter im wahren Sinne aber ist, was die Nation als das höchste Ziel ihres allgemeinen Strebens erkennt und will. Er ist ihre totale Gesinnung, ihre sittliche Bestimmtheit. Diese wirkt alle bedeutenden Erscheinungen des Lebens — virtus est actuosa — und so geht auch das Recht aus ihr als ein Ganzes hervor. Dieses Ziel und dieses Urtheil haben ihr nicht zufällige Umstände beigebracht, Klima und alte Gebräuche; sie sind ihr von einer lenkenden Absicht angewiesen. **Nationalcharakter ist der göttliche Beruf einer Nation.**

Diese Ansicht über die wirkliche Entstehung des Rechts, wie sie hier bezeichnet worden, ist von einer bedeutenden Folge für die Ethik. Wenn nemlich wirklich alle Einrichtungen durch den überlegenden menschlichen Geist erzeugt sind, so muß es

---

*) Ebendas. chap. 4.

diesem auch eben so zustehen, sie wider aufzuheben, andere an ihre Stelle zu setzen. Wohl kann hier Klugheit gebieten, sie zu schonen zu irgend einem Zweck, insbesondere dazu, um allen Einrichtungen, und sohin auch den eignen, durch die Gewöhnung an ihren unaufhörlichen Bestand Ehrfurcht und Stärke zu sichern. So behandelt schon Aristoteles die Frage, ob man unvollkommene Gesetze bestehen lassen solle, damit nicht die Vorstellung von der Heiligkeit aller Gesetze geschwächt werde; oder ob man dem allgemeinen natürlichen Triebe nach Vervollkommnung folgend sie umzuändern habe. Und was sich von diesem Gesichtspunkte aus dafür und dagegen vorbringen läßt, ist von ihm wohl erschöpft. Das ist aber immer keine Ehrfurcht, welche der Handelnde selbst vor den Gesetzen hätte, die ihn an ihrer Aenderung verhindert, sondern nur das Bestreben, daß Andere eine solche haben mögen, und er ist nicht mehr verhindert, wenn er glaubt, entweder daß die Andern dennoch ihre Ehrfurcht beibehalten werden, oder daß er sie auch ohne das zum Gehorsam bringen könne. Auch ist es nur die Achtung der Gesetze **überhaupt**, welche hier in Frage kommt; nicht die vor den **bestimmten** Gesetzen, welche eben jetzt bestehen und durch die Geschichte herab sich gerade so ausgebildet haben. Die bestimmten Gesetze können auch als solche nach jener Ansicht keine Heiligkeit haben, denn vor dem, was sie gemacht hat, der Klugheit anderer Menschen, dem Klima und der Landesbeschaffenheit, hat kein Mensch Ursache sich zu beugen und anbetend zu verehren. — Da nun jede Richtung ihr Aeußerstes erreichen muß, damit der Mensch sie vollkommen kennen lernt, so kam es denn zuletzt dahin, daß alle Scheu zu ändern und aufzuheben verschwand und die Regierungen mit der Legislation geradezu experimentirten. Hierin vereinigten sich denn jene beiden von einem Ursprunge ausgehenden, von einem Geiste beseelten, nur nach verschiedenen Wegen sich trennenden Bestrebungen, die Naturrechtslehrer und die Politiker. In der rücksichtslosen Umwandlung stehen sie sich gleich, sie weichen nur in dem Ziele derselben ab. Nach jenen ist es die Verwirklichung ihrer abstrakten Folgerung, nach diesen sind es entweder willkürliche zum Theil untergeordnete Zwecke, oder regelmäßig und im Allgemeinen die mechanische Sicherung des Staats und einer jeden seiner unentbehrlichen Funktionen.

Gegen diese Ansicht von der wirklichen Entstehung des Rechts und von dem ethischen Verhältniß zu dem bestehenden bildet die Schule der geschichtlichen Juristen den Gegensatz. Das ist, so wie sie bis jetzt besteht, ihre Eigenthümlichkeit. Man muß dieses als die erste Aeußerung betrachten, durch welche die geschichtliche Ansicht in der Rechtsphilosophie sich wirksam zeigt.

Fünftes Buch.

Spekulative Rechtsphilosophie.

Wo man des Irrweges zuerst sicher gewahr wird, pflegt man wieder einzulenken, und wo eine Zerstörung geendet hat, da pflegt man wieder aufzubauen. Die abstrakte Richtung hatte alle heiligen Bande der Willkür preisgegeben, anfänglich zwar nur jene unsichtbaren geheimnißvollen, die allein dem Glauben sich mit Gewißheit kundgeben, die unmittelbaren Beziehungen des Menschen zu Gott; zuletzt aber auch die Verhältnisse, welche mit dem physischen Leben verwebt, unaufhörlich gegenwärtig sind, vor denen auch, wer minder in sein Inneres sich sammelt, die Ehrfurcht nicht verliert. Wie nun das Gefühl für die Leere und Schlechtigkeit eines solchen Zustandes lebendig wurde, so auch die Einsicht in die Unwahrheit der Vorstellungsweise, welche zu ihm führte.

Diese Verhältnisse üben eine Macht über den Menschen, die ihn zugleich ethisch und thatsächlich bindet und nicht von seinem Willen abgeleitet werden kann. Man hat das Verhältniß der Gatten durch Vertrag zu begründen gesucht, aber das war nicht möglich bei dem Verhältniß zwischen Aeltern und Kindern. Und die Familie überhaupt äußert ihre Folgen nicht bloß für die, welche ihr Band eingingen oder zu ihm gehören; jeder Dritte wird von ihnen berührt und muß sie anerkennen. In ältern Zeiten nahm die Familie die Blutrache und forderte das Wehrgeld. Jetzt hat der Injuriant der Frau dem Manne Rede zu stehen; der Rang, der Gerichtsstand, der Wohnort der Frau richtet sich nach dem Manne. Von bloß innerlichen moralischen Pflichten ist hier keine Rede; denn die Bestimmung des Klägers, des Gerichtes, sind ihrer Natur nach allein etwas Aeußerliches und Rechtliches. Diese Bestimmungen aber, wodurch jede Ehe auf alle Mitbürger einen rechtlichen Einfluß hat, müßten als ein Unrecht gegen diese erscheinen, wenn man ihren Grund in der Uebereinkunft der Gatten suchen wollte. Ist es doch nirgend gestattet, daß jemand mit einem Freunde eine Gemeinschaft des rechtlichen Zustandes eingehe. So muß die Familie selbst als solche ein Recht haben, unabhängig von dem Rechte der Menschen, welche sie bilden.

Ein gleiches Recht muß auch dem Staat zustehen. Ihn konnte man zwar mit mehr Anschein auf die stillschweigende Einwilligung gründen. Denn die Bürger können ohne physische Afficirung im Staat ein- und wieder austreten. Es sind hier nicht wie in der Familie die verschiedenartigen Beziehungen — Mann und Frau, Aeltern gegen Kinder, Kinder gegen Aeltern —, welche durch ihre Eigenthümlichkeit und ihre unabänderliche Austheilung jeden Gedanken der Willkür entfernen; das Verhältniß zwischen Herrschenden und Gehorchenden könnte in jedem Augenblick umgewechselt werden. Allein die stillschweigende Einwilligung, um als Grund der Bürgerschaft gelten zu können, setzt ja schon ein Recht des Staates voraus, nach welchem die Bürger ihre Meinung zu erklären verpflichtet wären. Der Bürger müßte in Kenntniß seyn, daß er das Band aufheben dürfe und wie. Nun sieht sich aber jeder schon beim ersten Erwachen seines Bewußtseyns vom Staat umfangen, er ist schon mit vielen Banden an ihn gekettet, hat Rechte genossen ohne eignes Zuthun, und Verbindlichkeiten übernommen, bevor er wußte und wollte. Und warum endlich darf der Staat, d. i. die Kontrahenten, sich über das Territorium abschließen und jedem dritten Nichteinwilligenden oder Austretenden den Grundbesitz verwehren? Selbst die äußere Macht, mit welcher der Staat wird und ist, verhindert jede Zurückführung auf menschlichen Willen. Diesen ewigen Bau, welcher allen Zeiten die unverwüstliche Dauer entgegensetzt, würde menschliche Klugheit weder aufzuführen noch zu erhalten im Stande seyn. Würde man einem Menschen, der vom Staate nichts wüßte, die in unzähligen Richtungen stürmende Bewegung des Volkslebens vormalen, das stete Anwogen gegen den Staat — denn alle Interessen der Einzelnen sind gegen ihn und seine Ordnung —, er würde an die Möglichkeit des Staates weniger glauben, als jetzt die Meisten an das ewige Reich. Diese zwingende Macht des Staates, durch welche er besteht, die keines menschlichen Willens bedarf und gegen die menschlicher Wille nichts ausrichtet, beurkundet einen ihm selbst innewohnenden, höhern als menschlichen Willen.

Mit dieser Einsicht in Macht und Recht, welche den sittlichen Verhältnissen selbst eigen sind, beginnt eine neue Periode in dem allgemeinen Urtheil über das Gerechte. In praktischer Weise, auf Erfolg und Wirksamkeit in den öffentlichen Begebenheiten berechnet, machten es die politischen Schriftsteller, welche die Revolution bekämpften, geltend. Mit rein wissenschaftlichem Interesse erscheint es in der deutschen Rechtsphilosophie in dem Begriff des objektiven Willens, der sittlichen Organismen, der dem Systeme Schellings seinen Ursprung verdankt und auch das Naturrecht Hegels von den frühern unterscheidet. Damit ist der Anfang zur geschichtlichen Ansicht gemacht. Denn es ist nun eine Ursache außer dem Menschen und seinem Denken als Grund des Ethos und der Rechte anerkannt, es war nur noch nöthig, diese Ursache auch als handelnd und selbstbewußt zu betrachten. Das geschah indessen keineswegs mit diesem ersten Schritte. Sondern der Wille und das Recht der Familie, des Staates erscheinen hier noch als ihr eigner Wille und ihr eignes Recht, statt eines wollenden Herrschers über ihnen; daher ihr Daseyn nicht bloß für den Menschen, sondern absolut nothwendig. Durch diese übermenschliche und doch thatlose, bloß durch ihr Seyn und ihre Gestalt glänzende Macht hat unsere Rechtsphilosophie in dieser Periode eine nahe Verwandtschaft mit der griechischen, was sich auch in der Bewunderung Schellings für die Platonische Republik und für die griechische Staatsverfassung äußert. Sie unterscheidet sich aber wesentlich von derselben. Denn einerseits hat sie das voraus, daß sie den Keim des Geschichtlichen in sich trägt, und Schelling zieht daher sogleich den Fortschritt der Staatenbildung in sein System. Auf der andern Seite aber, so weit sie noch ungeschichtlich ist, ist sie dieß durch die Anforderung, das bestimmte besondere Daseyn aus einer reinen unerfüllten Ursache als ein nothwendiges abzuleiten; die göttliche Freiheit, welche die geschichtliche Bewegung leitet und allein bestimmt, die der griechischen Ansicht bloß mangelt, ist daher hier noch immer positiv abgehalten. Die spekulative Philosophie, welche den großen Umschwung der Wissenschaft bezeichnet, ist in ihrer ersten Gestalt noch pantheistische Philosophie, aber sie enthält den Keim und den Uebergang zur geschichtlichen, zur christlichen Philosophie.

Erster Abschnitt.

Die Philosophie Schellings.

Erstes Kapitel.

Das System im Ganzen.

Herauskommen aus dem System Fichte's — Gleichheit ihrer Elemente — Folgen des objektiven Gebrauchs derselben — die allgemeine Gestalt des Schelling'schen Systems. — Werth des realen Princips bei Fichte und seiner Objektivirung durch Schelling — Erhebung der Philosophie. — Störendes Princip — Widerspruch desselben gegen das ganze System. — Entfaltung der christlichen Ansicht im Systeme selbst — Wurzel des Hegel'schen Systems.

„Ich will mein Selbst zu ihrem Selbst erweitern!" — das bezeichnet den ersten Schritt, mit welchem Schelling aus Fichte heraustrat. Das System des Letztern befand sich in der Lage, entweder folgerichtig das denkende Individuum zum All zu machen, oder willkürlich eben so viele Welten als Menschen anzunehmen und sie ohne Verbindnng außer einander bestehen zu lassen. Schelling hält darum an dem Resultate Fichte's fest, daß den materiellen Dingen außer uns kein Seyn zukommt, sondern bloß Vernunft ist*); aber die eigne thätige Vernunft, welche er zum ἓν καὶ πᾶν machte, faßt Schelling als allgemeine Vernunft; war bei ihm das individuelle Ich die Substanz, so ist es bei Schelling das absolute Ich. Dieses bildet in sich die Welt, und damit auch alle einzelnen „endlichen, empirischen" Ichs, ohne selbst ein solches zu seyn. Auf dieses All-Ich überträgt sich denn die Fichte'sche Lehre des Bewußtseyns in allen ihren Momenten. Man muß diese Nachbildung

*) „Das Eine Grundvorurtheil, auf welches alle andern sich reduciren, ist kein anderes als daß es Dinge außer uns gebe." Schelling Transcend. Idealismus. S. 8.

nach dem menschlichen Bewußtseyn im Auge behalten, um in den ersten Schriften Schellings Klarheit zu finden. Schelling selbst konnte kaum eine Anschauung des von ihm dargestellten Universums haben, außer mittelst dieses Vorbildes.

Das Ich Fichte's setzt sich seiner Natur nach, also nothwendig, ein Nichtich entgegen; das ist seine handelnde reelle Seite, und es ist nicht vor diesem Akt. Eben so ist der erste Akt des absoluten Ich (Gottes) bei Schelling das Reale, dieses ist = absolute Macht Gottes, absolutes Handeln, absolute Nothwendigkeit. — Das andere Moment des Fichte'schen Ich ist, daß es seine That (das Objekt) wieder beschaut, sich von ihr unterscheidet, sey es ihr vorausgehend oder nachfolgend (theoretisch oder praktisch) — das ist seine ideelle Seite, der Sitz der Freiheit. Ihm entspricht dann bei Schelling die andere Seite des Absoluten, nach welcher es Ideales, Urwissen, absolute Weisheit Gottes, Freiheit ist. — Aber in beiden Momenten ist es doch nur die eine Substanz (hier das absolute, wie dort das individuelle Ich), welche thätig, welche das Wirkende, das Seyende in beiden ist, — und das ist die Identität zwischen Subjekt und Objekt, bei Schelling im Universum, bei Fichte im Selbstbewußtseyn. Es giebt kein Objekt im alten Sinne, nemlich kein bloßes Seyn, kein Ding, sondern alles ist That, Aeußerung einer Kraft, die selbst geistig ist, daher dem erkennenden Geiste homogen. Diese Kraft aber ist nach Schelling außer dem Menschen; erst durch die permanente Entgegensetzung ihrer ursprünglich zugleich seyenden Wirkung in Subjekt und Objekt entsteht Bewußtseyn*). Es ist also die allgemeine Vernunft, welche sich nach Schelling handelnd zum Gegenstande macht, den sie als Denken wieder beschaut (Subjektobjektivirung).

---

*) Ideen zu einer Philosophie der Natur S. 136.

Als Objekt macht sie sich aber zu vielem und besonderem in den Dingen, in den einzelnen Menschen, wie das Ich Fichte's in seinen Vorstellungen; während sie insofern sie Subjekt bleibt und sich von dem Objekt unterscheidet — als Wissen — immer das eine und allgemeine ist (Identität des Allgemeinen und Besondern). Denn wiewohl sie nur in den einzelnen Menschen, als empirisches Ich, wirklich weiß und erkennt, so ist doch dieses Erkennen als solches ein Allgemeines, und jeder hat das sichere Gefühl, daß sein Wissen nicht er als Individuum, daher nicht willkürlich, sondern nur die Wirkung einer allgemeinen Wahrheit, daher nothwendig ist.

Statt des Mikrokosmus ist so der Makrokosmus wieder hergestellt und das an jenem beobachtete Gesetz auf ihn übertragen. Es besteht nun wieder eine Welt, die nicht die Urtäuschung in sich trägt, daß der, welcher sie selbst ist, sie für etwas außer ihm hält; sondern für das individuelle Ich, dem sie außer ihm erscheint, ist sie es auch in der That. Dennoch ist die Möglichkeit der Vorstellung, an der auch dieses System zuerst heraufwächst*), gerettet. Kant gelangte nicht zu ihr, weil er Vernunft als ruhend betrachtet und sie deßhalb vom Reellen völlig scheidet. Fichte gewann sie durch die Identität des Selbstbewußtseyns, das handelnd beides ist. Schelling behauptet sie durch die Identität seines Absoluten, das gleichfalls jene Akte des Bewußtseyns in sich vereinigt. Die Sache und ihr Begriff sind bei Schelling so wenig als bei Fichte ein und dasselbe, sondern die Substanz, das Subjekt ist eine und dieselbe, obwohl sie, indem sie handelt, die Dinge, indem sie ihr Handeln beschaut, das Wissen derselben ist, so wie nach Fichte ich, der Vorstellende, und ich, der mich von meinem Vorgestellten

*) A. a. O. Einleitung.

Unterscheidende, dennoch ein und dasselbe Ich bin. Durch die Zurücksetzung der Identität von dem menschlichen Bewußtseyn in das Universum selbst ist daher erreicht, daß das Objekt nicht geläugnet und dennoch das Band zwischen ihm und unserer Vorstellung nicht aufgegeben zu werden braucht. Die Frage: wie ist Vorstellung möglich? wird deßhalb von nun an auch verlassen und es tritt wieder die nach dem Bestande des Seyns in ihre Rechte.

Jene allgemeine unpersönliche Vernunft muß sich nothwendig ihrem Wesen nach zu den bestimmten Dingen und einzelnen Persönlichkeiten machen, wie das Ich Fichte's zu seinen Vorstellungen. Daher ist Vernunft allein, und alles was ist, ist bloß Vernunft. Die Aufgabe der Philosophie ist darnach, wie bei Fichte, die Erfahrungswelt aus der Vernunft zu finden; aber nicht als eine bloß vorgestellte, sondern als eine wirkliche, nicht zu zeigen, warum ich sie denken muß, sondern warum die Vernunft außer mir sie bilden muß. Um diese Aufgabe zu lösen, findet Schelling die Mittel eben in jenen beiden Reihen oder Potenzen, die bei Fichte das Ich bilden, dem Realen und Idealen. Was dort als Prozeß des Bewußtseyns erscheint, wird hier zum Prozeß der Welt. Beide Potenzen, die gleich absolut sind, von denen keine ohne die andere je besteht, sind als lebendige, handelnde in einer mannigfachen Durchdringung begriffen, in welcher ein stetes Aufwärtssteigen von der Vorherrschaft des Realen zu der des Idealen stattfindet — der Prozeß der Potenzen. Der Mensch, die Persönlichkeit ist selbst nur eine Stufe in diesem Prozesse; denn das Absolute, das nur als zugleich Reales und Ideales besteht, ist schon in dieser Doppelheit wirksam, bevor es diese Stufe erreicht, schon in den untersten Naturprodukten. Nach Schelling ist daher nicht mehr, wie bei den Früheren, Objekt und Reelles dasselbe; denn es giebt kein Objekt, in welchem nicht schon die ideelle Seite wäre, in den Dingen selbst ist schon die göttliche (allgemeine) Vernunft, ohne das könnten sie keine bestimmten begränzten Dinge seyn und auch nicht von uns als den Trägern der allgemeinen Vernunft erkannt werden*). Der Prozeß der Potenzen bleibt aber nicht stehen bei dem Menschen; die Verhältnisse unter den vielen Menschen und die wirklichen Begebenheiten in der Welt, da sie doch selbst nichts Anderes als die Wirkungen jener allgemeinen Vernunft seyn können, müssen gleichfalls aus ihm erklärt werden. Es ist zu zeigen, wie das Absolute mit derselben Nothwendigkeit, mit der es d i e (d. i. die bestimmte, vorhandene) Natur, so auch der Staat und d i e Geschichte, wie sie sich wirklich zugetragen hat, werden mußte. Jedes Ding, jedes Verhältniß, jede Begebenheit, alles was da ist oder auch nur als Gedanke besteht, kann nur das Ergebniß dieses Prozesses seyn. Hier zuerst also wird die wirkliche Welt nicht bloß in ihrem ganzen Umfange, wie schon bei Fichte, sondern auch in ihrem eignen Zusammenhang Aufgabe der Philosophie. Dadurch entstehen denn die jetzt so geläufigen und allgemein gepflegten Wissenschaften als Zweige der Philosophie, von denen vor Schelling keine Ahnung war: Philosophie der Natur, Philosophie der Geschichte, Philosophie der Religion, Philosophie der Mythologie, der Offenbarung u. s. w., d. i. nicht was man ehedem unter diesem Titel verstanden hätte und im unphilosophischen Publikum auch heutzutage dahinter vermuthet, eine Betrachtung und Beurtheilung über die Wahrheit oder

*) Es war im Systeme Schellings durchaus keine Gefahr, daß der Geist verkörperlicht werde, wie der Name Naturphilosophie befürchten machte. Die Natur wird gerade durch diesen Prozeß selbst zu einem zwar nicht Verstehenden, aber doch Verständigen, Verstand an sich Tragenden. Die Gefahr war im Gegentheil nur die, daß das Reelle an ihr verloren gehe und sie ein bloßer Abdruck von Gedankenformen werde.

Unwahrheit der positiven Religion, über die empirischen Ursachen oder den sittlichen Werth der geschichtlichen Thaten und Ereignisse, sondern die Nachweisung, wie nach den weltbildenden Potenzen, welche die Philosophie ermittelt hat, die Geschichte gerade so, in diesen Ereignissen und Thaten vor sich gehen, das religiöse Bewußtseyn des Menschengeschlechts gerade diese Religionsvorstellungen in nothwendigem Prozesse durchgehen, also diese Kulten aufeinander folgen mußten.

Hierin besteht denn die mächtige Umwandlung der Philosophie, die als der Gegensatz von Spekulation gegenüber der Reflexion ausgedrückt wird. Das Wesen der Spekulation ist, jedes Einzelne in der Totalität alles Seyns und danach in seiner absoluten Ursache und seiner absoluten Bedeutung zu erkennen, während die Reflexion das Einzelne nur in Beziehung und Zusammenhang mit anderem Einzelnen, daher nur die abgeleiteten Ursachen und die relative Bedeutung zu ihrem Gegenstande macht. Die Reflexion sucht für eine physische Erscheinung, z. B. für die Tropfbarkeit des Wassers, eine äußere einzelne Ursache, den Druck der Luft; damit aber eröffnet sich die Frage, warum ist das Wasser nicht gleich andern Körpern so stark der Luft zu widerstehen u. dgl. Die Spekulation dagegen erklärt das aus der absoluten Bedeutung des Wassers, daß es die Darstellung des Unendlichen im Endlichen ist, danach müsse einerseits jeder Theil dem Ganzen gleich seyn, andrerseits die Verendlichung sich darstellen, und diese Darstellung sey die Tropfbarkeit. Die Reflexion sucht für ein geschichtliches Ereigniß, z. B. die Revolution, die einzelnen empirischen Ursachen, die in der That sowohl unerschöpflich sind als auch jede wieder auf andere Ursachen zurückweist. Die Spekulation erklärt dasselbe aus seiner absoluten Bedeutung in der Totalität der

Geschichte *): es mußte ein Moment eintreten, daß das Ideale (Reflexion, Wille) die Uebermacht habe über das Reale (den historischen Bestand); dieses Moment ist die Revolution. Sie ist also absolut nothwendig, und jene empirischen Ursachen sind selbst nur der Ausfluß dieser absoluten Nothwendigkeit. Eben so wie mit den Ursachen verhält es sich auch mit den Zwecken. Die Reflexion betrachtet eine Einrichtung der Natur oder der menschlichen Gesellschaft, z. B. die Ehe, als bloßes Mittel, z. B. zur Fortpflanzung, und ruft dadurch die weitere Frage hervor: wozu soll nun dieser Zweck selbst, die Fortpflanzung, dienen, warum soll eine Unzahl von Menschen bestehen, deßgleichen warum sind die Bedingungen der Natur so, daß jener Zweck nur durch jenes Mittel erreicht werden kann, warum hat die Natur nicht andere Wege eingerichtet? Die Spekulation dagegen sucht die absolute Nothwendigkeit dieser Einrichtung (der Theilung in Geschlechter, der Begattung) wie dieses Zwecks (der Vielheit der Menschen) in der Totalität der Schöpfung: es müssen sich die demiurgischen Principien zuletzt persönlich als Geschlechter darstellen, und das Band, die Einheit derselben, sich als das Schaffende bewähren. Die Reflexion bewegt sich immerdar im Kausal- und Finalzusammenhang. Der Kausal- und Finalzusammenhang aber setzt die bestehende Natur oder Welt als die bestimmte, die sie ist, voraus, er erklärt nicht, warum und wozu sie eben diese geworden. Die Spekulation unternimmt es daher, den absoluten Zusammenhang zu zeigen. Das Mittel zu dieser Erkenntniß der absoluten Bedeutung der Dinge ist denn eben jener Prozeß der Potenzen (später bei Hegel der dialektische Prozeß). Wie er die oberste und alleinige Ursache alles Seyenden und Geschehenden ist, so muß er denn auch die

*) Vgl. dieses Werkes II. Band I. §. 14.

hinreichende Erklärungs- und Erkenntnißquelle dieser seiner Wirkungen seyn.

Das Höchste aber in der Schöpfung und Geschichte, man könnte nach vulgärer Betrachtungsweise sagen, der letzte Zweck derselben ist nach Schelling die Kunst. Denn sie ist eben die oberste zugleich reale und ideale Thätigkeit, also die vollendetste Wirksamkeit der Urmacht, deren Wesen es ja gerade ist, in solcher Durchdringung der beiden Potenzen Produkte zu bilden. Während Hegel, da er die reinen Gedankenbestimmungen, die Logik, als die weltbildende Macht erkennt, folgerichtig die Kunst als untergeordnete Stufe, und als die absolute Vollendung vielmehr die Wissenschaft betrachtet, muß umgekehrt eben so folgerichtig Schelling, der die weltbildende Macht als schon ursprünglich real wirkend erkennt, als ihren höchsten Ausdruck die Kunst ansehen. Er macht daher den künstlerischen Charakter zur Anforderung für jede höchste Leistung und zum innersten Wesen der Dinge. Es ist der Zweck des Staats ein Kunstwerk zu seyn, es ist die Geschichte in ihrem innersten Wesen und ihrer höchsten Bedeutung ein Kunstwerk, und der ist der ächte Historiker, der sie als Kunstwerk darzustellen vermag. Die Wissenschaft selbst muß in ihrer höchsten Vollendung als künstlerische Reproduktion erscheinen.

Mit der vollständigen Anerkennung des Objekts entsteht aber wieder die durch Kant beseitigte Schwierigkeit, wie die Veränderung in der Welt sich denken lasse, da doch alles Vernunft und Nothwendigkeit ist. Zeit und Veränderung zu läugnen war nicht mehr möglich, ohne den Gewinn, daß Vernunft eine thätige ist und die Objekte erkennbar, daher selbst Gegenstand der Deduktion, selbst Vernunft sind, kurz den ganzen Fortschritt seit Kant wieder aufzugeben. Veränderung mußte anerkannt werden, es war nur der Ausweg der, anzunehmen, daß sie selbst in dem Unveränderlichen auf eine unveränderliche Weise enthalten sey, das Eine seiner Natur nach ein Vieles seyn zu lassen und den Wechsel oder Fortschritt als die nothwendige Weise des Daseyns zu betrachten. Zeit und Raum sind daher hier nicht subjektive Formen, sie sind wirkliche Wesen, Formen, welche das Absolute in seinem Prozesse annehmen muß, seine nothwendigen Affektionen. Sie sind aber deßhalb auch nicht als Zeit, als Veränderung wahr; sondern das Wahre, die Einheit in der Zeit ist die Ewigkeit, d. h. die Zeitlosigkeit, aeternitas, nicht aeviternitas*). So ist auch das Absolute, das nichts Bestimmtes ist, in allem Wechsel der Dinge und Begebenheiten das Wahre, das Ursprüngliche und Letzte. Das Sollen besteht in nichts Anderm als der Rückkehr des besonderen Ich zu dem Absoluten, Unbestimmten**). Die ganze Welt also mit allen ihren Formen von Zeit und Veränderung, That und Begebenheit ist in sich selbst getragen als die eine unveränderliche, zeitlose, in ihrem Wechsel selbst nothwendige Vernunft.

Das Vermögen aber, das Zeitlose in der Zeit, das Eine in dem wahrhaft Vielen in der Bewegung und That, die Totalität in dem Einzelnen wahrzunehmen, ist Anschauung. Diese ist daher das Organ der Philosophie. Sie ist intellektuale Anschauung, weil nicht die schon fest und sinnlich bestimmt gewordenen Dinge, sondern das Handeln der Urkräfte selbst angeschaut werden soll. Die auf sie gegründete Darstellung, wie das Veränderliche auf zeitlos nothwendige Weise in dem Unveränderlichen enthalten ist, also die wissenschaftliche Methode, welche dieses System fordert, heißt Konstruktion; eine Benennung, welche der Geometrie nachgebildet ist und durch die der Gegensatz gegen die logische Methode aus dem Satze des Widerspruchs

*) Vom Ich als Princip der Philosophie S. 57. 59.
**) Ebendas. S. 55. 57.

bezeichnet seyn soll. Denn aus der Konstruktion finden, heißt aus der Totalität einer Figur finden. Diese ist als solche ein Absolutes, nicht noch tiefer zu Begründendes, das seinem eignen Gesetze gehorcht und ein Mannigfaches von Theilen in sich schließt, ein schon ursprünglich gegliedertes Ganzes. Ihm steht entgegen der Beweis, nach welchem ein höherer Satz vorausgeschickt und der fragliche als davon getrennt darunter gestellt wird. Auch die Fichte'sche Methode ist Konstruktion in diesem Sinne; das Selbstbewußtseyn ist eine Totalität, welches alle Produkte als integrirende Theile enthält, nach seinem eignen, aber gar nicht außer diesen Produkten bestehenden Gesetze. Nur gründet sich die Fichte'sche Konstruktion auf Anschauung des Bewußtseyns, die Schelling'sche auf die des Alls.

In den Abhandlungen über das absolute Ich, über den transcendentalen Idealismus u. s. w. hat Schelling die logischen Fundamente seines philosophischen Gebäudes gelegt. Den Aufriß, wie die Theile sich in einander fügen, zeigen dann seine Vorlesungen über das akademische Studium. Dabei äußert sich die innerste Triebkraft des Systems, das Schöpferische, der reale Ausdruck von Ideen als Weltprincip in seinen Abhandlungen und Gesprächen über Kunst. Die wirkliche Durchführung des Systems aber begann er zunächst bei der Natur, daher schreibt sich die Benennung „Naturphilosophie". Hier zeigt sich denn jene Konception, daß er durch die beiden Potenzen des Realen und Idealen und deren Einheit die ganze Natur in allen ihren Stufen und Gebilden erzeugen läßt. Die Einheit beider, das Band (copula), faßt er dabei selbst wieder als eine Potenz, ja als das Centrum, als die eigentlich schaffende Kraft. Dieses Band drückt in dem Verbundenen sein eignes Wesen aus, das eben in der Identität besteht. Es kann auch genannt werden die unendliche Liebe seiner selbst, unendliche Lust sich zu offenbaren, sich zu wollen, zu bejahen. Die Welt ist nur der Abdruck dieses ewigen unendlichen Sichselbstwollens. Dieses Band ist in der Natur nach seiner einen Seite (der realen) die Schwere, als welche alle Dinge bindet, in der Allheit Eins macht, indem sie Alle in den Mittelpunkt drängt; nach der andern Seite (der idealen) das Licht (Lichtprincip), als welches gleichfalls die Dinge einigt, indem es als Ganzes in jedem seiner Theile und jedem Gegenstande, dem es innewohnt, gegenwärtig und vollständig gegenwärtig ist. Durch die Schwere sind die Dinge äußerlich eins, sie sind in Einem Punkte geeinigt, durch das Lichtprincip sind sie innerlich eins, sie sind sich selbst untereinander gegenwärtig (der Allgegenwart der Clairvoyance ähnlich). Daraus ergeben sich auch Raum und Zeit. Der Raum ist die Form der Dinge ohne das Band, die Negation des Bandes, und das Band (als Schwere) ist die Negation des Raumes (die Attraktion des Centrums hebt den Raum auf). Eben damit setzt die Schwere auch die Zeit, denn durch das Drängen in den Mittelpunkt setzt sie die Dinge in Bewegung, und durch die Bewegung ist ja die Zeit gesetzt. Schwere und Licht sind denn die beiden Principien, welche in ihrer Entgegensetzung und wieder ihrer Durchdringung die Natur bilden. So ist der Abdruck der Schwere in ihrem eignen Bereiche das Feste, Starre, die Erde (hier ist jeder Theil endlich, für sich abgeschlossen, relativ von dem andern verschieden und polarisch ihm entgegengesetzt); der Abdruck des Lichtprincips im Bereich der Schwere ist die Luft (hier ist im Einzelnen das Ganze enthalten, jeder Theil absolut von der Natur des Ganzen); Abdruck der Identität beider ist das Wasser, darum hat das Wasser die Tropfbarkeit vom Princip der Schwere (Princip der Verendlichung) und die Präsenz des Ganzen in den Theilen vom Princip des Lichts. Das Licht selbst als solches wirkt auf dieses ganze Bereich der Schwere (diese drei Elemente) und entfaltet die Knospe der

Dinge, um sich selbst in ihnen anzuschauen. In derselben Weise der Konstruktion werden die Grundkräfte der Natur (Magnetismus und Elektricität), deßgleichen ihre Gebilde selbst gewonnen: die organische Natur, das Pflanzen-, das Thierreich, endlich der Mensch, bei welchem der Gegensatz der beiden Principien (des Lichts und der Schwere) sich als Gegensatz des männlichen und weiblichen Geschlechts darstellt, wo es sich dann bewährt, daß die Einheit (copula) das Schaffende ist, indem aus der Verbindung der Geschlechter das neue Daseyn kommt. Doch selbst im Menschen hat jenes ewige Band (des Lichts und der Schwere, des Unendlichen und Endlichen) nur einen vergänglichen Ausdruck, es muß endlich seinen vollkommenen und unvergänglichen Ausdruck setzen; das geschieht durch den Weltbau und die göttlichen alles aufnehmenden Gestirne. Was aber ist Gott in diesem Aufbau der Natur? Er ist eben das Eine im All, das All im Einen, die Allkopula. Beweis seines Daseyns zu verlangen ist Thorheit, wer kann nach dem Daseyn seines Daseyns fragen? Wir empfinden ihn als Doppelpotenz im Wechsel unsers Lebens, im Schlaf und Wachen, wo er uns bald der Schwere hingiebt, bald ins Lichtwesen zurückstellt. Die Allkopula aber ist in uns selbst als Vernunft, die Zeugniß giebt unserm Geist. Es handelt sich bei Gott nicht von einer äußern und übernatürlichen „Sache" (die Behauptung einer übernatürlichen Person ignorirt Sch. völlig), sondern von dem unmittelbar Nahen, dem allein Wirklichen, zu dem wir selbst gehören und in dem wir sind. Es ist nicht eine Gränze, ein Diesseits, erst zu unterscheiden, weil es in der That keine solche giebt. Immanenz und Transcendenz sind hier gleiche und leere Worte, da diese wahre Anschauung den Gegensatz selbst aufhebt und in ihr alles zusammenfließt zu Einer gotterfüllten Welt. Also Gott ist nichts Andres als Weltseele, diese Schöpfung gebärende, aus sich ausgehende, in sich zurückströmende Kraft. Er ist die ewig schaffende Natur*). Der Pantheismus erscheint hier in seiner blühendsten Darstellung (der Stelle in Goethe's Faust: „wer kann ihn nennen?" vergleichbar), wie bei Hegel in seiner trocknern, abstrakten Darstellung.

In eine neue Epoche aber trat das System Schellings, als er durch den Stoff fortgeführt wurde von der Natur auf den Menschen selbst, damit auf die andere Seite des philosophischen Problems, die Geschichte. Sie beginnt mit seiner Abhandlung „über das Wesen der menschlichen Freiheit". Das Problem dieser Abhandlung ist nicht bloß, wie der Titel lautet, die Freiheit, sondern tiefer gegriffen die Schöpfung des Menschen und die Geschichte des Menschengeschlechts; nemlich es soll durch dieselbe die Existenz eines Wesens mit Gottesbewußtseyn und mit Freiheit und dadurch zugleich mit der Möglichkeit des Bösen, und soll die bestimmte Art des Gottesbewußtseyns, wie die Geschichte in ihren verschiedenen Epochen sie zeigt, erklärt (ihre Nothwendigkeit nachgewiesen) werden. Er löst das Problem der Hauptsache nach durch die Mittel seines bis dahin ausgebildeten Systems. Es ist eine reale Potenz in Gott, die den Stoff alles Daseyns ausmacht, durch welche die selbstständige Kreatur möglich ist — der „dunkle Grund", die „Sehnsucht in Gott", die „Natur in Gott", die von seiner bildenden Kraft (der geistigen idealen Potenz Gottes) unterschieden ist; die ideale Potenz in Gott, der göttliche Geist, bildet in dieser die Gestalten der Wesen (ganz entsprechend dem Princip der Schwere und des Lichts). Die vollendete Einbildung des Geistes in diesen dunkeln Grund giebt den Menschen, er ist darum im Centro der Schöpfung, er hat das Gottesbewußtseyn, weil hier

---

*) Vergl. bes. Schelling: Die Weltseele (über das Verhältniß des Realen und Idealen in der Natur). So heißt es auch einmal: die Schwere sey der „ganze Gott" insofern er sich als Einheit in der Vielheit ausdrückt.

der Geist völlig zu seiner Durchbildung oder Einbildung in den Stoff gelangt ist; aber der Mensch trägt auch jenen dunkeln Grund, die andere Potenz, in ihm, er ist aus diesen beiden göttlichen Mächten gewoben, daher hat er die Möglichkeit, sich jener erstern hinzugeben, sie in sich wirken zu lassen, so der Materialität zu verfallen, aus der er erhoben ist, und das ist das Böse*). Die Aufeinanderfolge der Religionen aber ist eben der göttliche Prozeß selbst. Der Gott verwirklicht sich ja nur selbst im Menschen, er verwirklicht sich aber in einem verschiedenen Verhältniß, einer Stufenfolge seiner eignen Potenzen, diese Stufenfolge ist eben die Mythologie. Daraus erklärt sich jene exorbitante Behauptung Schellings: daß die mythologischen Götter Wirklichkeit hatten, das will nicht sagen, daß Zeus, Venus u. s. w. als individuelle Wesen und mit der Geschichte, welche die Poesie ihnen zuschreibt, gelebt hätten, sondern daß der damalige Gott wirklich nichts Andres war als eine Macht von der Art, wie das Gottesbewußtseyn jener Zeit (die Mythologie, abgesehen von poetischer Verarbeitung) ihn auffaßt. Ganz natürlich, das mythologische Bewußtseyn ist nur der Spiegel oder vielmehr es ist selbst die einzige Verwirklichung Gottes, d. i. der Weltmächte in jenem Stadium. Gott unterliegt danach selbst einem Prozeß, die Geschichte des Gottesbewußtseyns ist die Geschichte Gottes, eben so wie auch die Natur seine Geschichte ist. Darum wirft Jakobi dieser Abhandlung mit Recht vor, daß sie einen werdenden Gott lehre, und Schelling lehnt das eigentlich nicht ab, sondern vielmehr bestätigt es, indem er in seinem „Denkmal Jakobi's" entgegnet: ob denn der Gott

*) Die Erklärung, wie der einzelne Mensch im einzelnen Fall sich frei entscheidet und dennoch eine Nothwendigkeit des Handelns durch die bestimmte Natur dieses Menschen, seinen Charakter gegeben ist, hat an diesem Ort kein Interesse. Vgl. darüber den II. Band I §. 41.

des alten Testaments nicht ein ganz anderer sey als der des neuen? Das hier begonnene Problem enthält schon dasjenige, das der Gegenstand der neueren Bestrebungen Schellings ist: Mythologie, Offenbarung, d. i. die innerste Geschichte des Menschengeschlechts.

Wenn man dieses System in seinen ersten Anfängen und in seinen feststehenden Sätzen analysirt, so könnte man es für eben so unfruchtbar als die früheren halten. Es hat noch die alte Anforderung der Vernunftphilosophie, daß alles nach einem nothwendigen Gesetze da sey und gar nicht anders gedacht werden könne, als es ist*). Es ist ihm noch eine leere Substanz das ἓν καὶ πᾶν, und zwei Bewegungen derselben, gleichfalls noch ohne Inhalt, erzeugen die Welt. Dann muß es aber überraschen, in der Ausführung Geist, was der früheren Vernunftphilosophie fehlt, zu finden, und eine Fülle stets neu erzeugter Gedanken, während jene nur das Eine, was ihre Grundansicht ist, in immer wiederkehrender Anwendung durchführen. Geistvolle Behandlung und ein todtes System verbinden sich nicht zufällig. Um jene erklärbar zu finden, muß dieses schon einen lebendigen Keim in sich tragen. Und dieser ist das reale Princip, das Princip der That.

Selbst Spinoza, so realistisch seine Lehre zu seyn scheint, hat kein wahrhaft reales Princip. Die Realität seiner Substanz wird ja erst aus ihrem Begriffe (causa sui) abgeleitet, ist also selbst nur ein Produkt des reinen Denkens. Der Weltzusammenhang ist deßhalb nach ihm nicht einmal ein physikalischer, sondern bloß ein mathematischer. Fichte ist der Erste, welcher die dem

*) Das Raisonniren aus den leeren Vernunftkategorien verwirft zwar Schelling schon von Anbeginn; allein alles Besondere ist ihm hier doch noch auf eine nothwendige, gesetzmäßige Weise in dem Allgemeinen enthalten und muß daher aus diesem Gesetze (a priori) gefunden werden können. Das Allgemeine bedarf des Besondern zu seinem Daseyn.

Rationalismus allein zugängliche Realität benützte, die That des Subjekts, und damit that er unbewußt den ersten Schritt zur Ueberwindung desselben. Schelling hat dieses Reelle für sein Absolutes beibehalten, dadurch unterscheidet er sich von Spinoza. Die reine Substanz ist ihm kein Seyn, kein Ding sondern ein lauteres Können, nichts als Setzen; die Art, wie die Affektionen in ihm enthalten sind, nicht ein fertiges Insichbegreifen, sondern ein (wenn gleich nothwendiges) Hervorbringen, ein Verhältniß lebendiger Kräfte. Analytische Sätze werden bei Schelling zu thetischen*), Kants Frage: wie sind synthetische Urtheile möglich, d. i. wie enthält die Vernunft Dinge außer sich? wird hier zu der: wie kommt die reine Urthat dazu etwas Bestimmtes zu thun, was nicht mehr reine That ist? Es ist damit anerkannt, daß nur im Handeln Synthese möglich ist. Selbst die Bezeichnung „Identitätssystem" könnte man mit der: „System der That" vertauschen. Denn die That enthält die Einheit zwischen dem Thätigen und der Affektion in der Thätigkeit; außer dem aber giebt es keine Identität. Das bloße Seyn, das nicht handelnde, kann gegen ein anderes nur entweder völlig einerlei, wo jede Zwei ausgeschlossen ist, oder durchaus nur zwei, nur ein anderes seyn. Bei Spinoza ist daher die Identität des Begriffs und der Sache nur behauptet, bei Kant ist sie aufgegeben, nur bei Fichte und Schelling ist sie einzusehen, so wie sie bei Hegel wieder unbegreiflich wird.

Dieses reale Princip erhält aber seine wahre Wirksamkeit erst dadurch, daß das erschaffende Handeln nicht mehr das des Menschen ist, von welchem gewiß ist, daß er nichts hervorbringen kann, was für sich und in sich selbstständig würde. Nun erst kommt zu dem Reellen der That (des Subjekts) noch das Reelle

*) Vom Ich als Princip ꝛc. S. 81.

ihres Produkts (des Objekts) hinzu. Fichte hatte das todte Objekt nur aufgehoben, hier erst ist es selbst lebendig gemacht*). Die Schöpfung hat nun nicht mehr das menschliche Individuum zu ihrem Mittelpunkt, wie nicht mehr zu ihrem Urheber; die Rücksicht auf das Verhältniß der Dinge zu mir (ich stelle mir zuerst Menschen gegenüber, dann Sachen, dann einen Leib u. s. w.) wird abgeworfen. Die Urkraft der Schöpfung selbst ist der Mittelpunkt; wie sie auf reelle Weise, also nach ihren eignen Bedingungen, wirkt, muß zugesehen, es müssen Natur und Geschichte in ihrem Zusammenhang, in ihrer Zeit- und Stufenfolge aufgefaßt, aus unsern leeren Vernunftkategorien die Dinge zu erklären, muß aufgegeben werden**). So ist es der Philosophie möglich gemacht, wieder den ganzen Reichthum und die Lebendigkeit der Schöpfung in sich aufzunehmen. Die Natur ist nicht mehr ein bloßes Mittel dafür, daß die vernünftigen Subjekte sich gegenseitig hinsichtlich ihrer Rechte auseinander setzen, wie bei Fichte, sie hat ihre Bedeutung in ihr selbst, und zwar nicht bloß die der Zweckmäßigkeit, wie Kant sie ihr zuschreibt, sondern die, daß sie Ausdruck des Göttlichen ist (z. B. das Licht ist die Manifestation des Wesens des Geistes im Körperlichen, darum ist es). Dieß ist die Objectivität des Schelling'schen Systems, mit der auch, so weit sie die Behandlung leitet, der Rationalismus aufgehört hat. Mit ihr hört aber auch die pragmatische Ansicht auf. Die Welt, die Natur ist nun kein Gegensatz mehr gegen die Vernunft. Statt der beiden Herrscher, dem blinden Zufall und dem vernünftigen Menschen, hat die Geschichte nun einen einzigen Herrscher, der keiner von diesen beiden ist, die Macht des Absoluten und seine

*) Ueber das Wesen der menschlichen Freiheit S. 420.

**) Darlegung des wahren Verhältnisses der Naturphilosophie zu der verbesserten Fichte'schen Lehre S. 35. 36.

Evolution. Wenn die Ereignisse nothwendig zum Weltprozesse gehören, so können sie nicht das Werk menschlicher Berechnung und Wahl seyn. Die bestimmte Stufe, welche jedes Zeitalter in diesem Prozesse einnimmt, bestimmt ihr Ethos und bestimmt das Ethos, die Bestrebungen und die Thaten der Einzelnen. Die Welt, welche eine objektive That ist, d. i. das Erzeugniß einer reellen Kraft außer mir, nimmt nun eine ganz andere Gestalt an, als die bloß meiner Vorstellung ihr Daseyn verdankt. Denn die Akte meines Bewußtseyns sind willkürlich, oder in Wahrheit zufällig von den jedesmaligen Objekten erregt, sie können oder müssen in jedem Momente abbrechen ohne kontinuirlichen Verlauf ihrer Gebilde. Dagegen die Produkte der Welt, wenn sie von einem Handeln außer mir herkommen, bilden einen ununterbrochenen Strom dieser Thätigkeit — ein Werden. Diese beiden Züge, die Objektivität und das Werden, sind die Eigenthümlichkeit des Schelling'schen Systems, durch die es die Philosophie der Zeit genannt werden muß. Denn auch den gefeiertsten Dichter unserer Zeit zeichnet nicht bloß die Objektivität aus, die an ihm gepriesen wird, sondern zugleich jener andere Zug. Es ist eine Schönheit der Goethe'schen Romane, die durchaus kein anderes Werk der Poesie aufzuweisen hat, daß in ihnen gleich der Wirklichkeit ein Werden dargestellt ist. Wir sehen eine Leidenschaft in ihrem ersten Keime, wir sehen sie wachsen und groß werden und zuletzt alles Andere verdrängen. Es ist uns wie im Leben in jeder Stufe und Nüance, als hätte sie von jeher so bestanden, wir sehen aber zurück, daß sie geworden, und finden doch keinen Uebergang wo? und wie? Mit demselben unsichtbaren Wachsthum bilden, verändern sich die Zustände, die Verhältnisse um sie her. Das Gefühl ewigen und nothwendigen Bestehens und doch zugleich ihres zeitlichen Entstehens und Verwandelns begleitet uns wie in unsern eignen

Lagen und Schicksalen. Dieses nie stille stehende Wachsthum, dieses lebendige Werden beherrscht auch die Anschauung Schellings, und sein System ist ein unaufhörliches Ringen es darzustellen. Derselbe Zug ist eine Eigenthümlichkeit Savigny's in seiner Sphäre und läßt ihn als Begründer der geschichtlichen Ansicht des Rechts erscheinen, obwohl andere wesentliche Züge derselben von Andern früher und erschöpfender ausgeführt worden sind. Mit dieser Erhebung der Philosophie mußte die Anforderung des künstlerischen Charakters an sie entstehen; denn Kunst ist eben Nachbildung nach dem Geiste, der in der Schöpfung lebendig thätig ist. Daher ist Schelling der Erste, der jene Anforderung macht, und in der modernen Zeit auch der Einzige, der ihr entspricht.

Mit diesem großen Fortschritt der Philosophie tritt aber zunächst in anderer Beziehung ein Mangel um so fühlbarer hervor. Es kommt nemlich durch diesen ersten Schritt des Systems von selbst: daß das Absolute keine Persönlichkeit ist. Das Ich der Welt ist schon, bildet die ganze Natur, bevor es nur wahrhaft ein Ich wird. Bevor es sich von seinem Objekte unterscheidet, nicht wie das Bewußtseyn Fichte's zugleich mit dieser Unterscheidung, macht es die Natur, mithin als ein selbst Nichtseyendes. Es wird auch niemals Persönlichkeit. Denn das Selbstbewußtseyn der Kreatur ist nicht Persönlichkeit Gottes. Ich, der ich da sage: „ich bin", bin nicht Gott, und die Vernunft, welche alles ist, als solche, kann nie sagen: ich bin. Das Entstehen menschlicher Persönlichkeit ist selbst nur eine Abstraktion, die in der allgemeinen unpersönlichen Vernunft vergeht und nur von dem Produkte derselben, nicht von dem Wesen, welches sie vornimmt, gewußt wird*). Dieses ist der befürchtete Pantheismus dieses Systems, nicht im Sinne der Immanenz, sondern in dem,

---

*) Ideen zur Naturphilosophie S. 130 bis 140.

daß Gott kein von den Geschöpfen unterschiedenes Selbstbewußtseyn hat. Die Philosophie ist in solcher Weise von dem menschlichen Bewußtseyn als Ursache und Mittelpunkt der Dinge zum Universum zurückgekehrt, es ist Objektivität gewonnen; aber sie hat die Persönlichkeit des Unbedingten noch nicht errungen.

Dieß war ein natürlicher Durchgangspunkt der Philosophie. Sie konnte nicht plötzlich von dem Menschen auf Gott springen; zuerst mußte der Welt das ihr entzogene Leben wieder ertheilt werden. Es lag aber die Nöthigung dazu auch in der rationalistischen Anforderung, daß alles vom menschlichen Geiste müsse gefunden werden können — die unbeschränkte Erforschlichkeit des Wahren. So lange man auf dieser besteht, setzt man voraus, daß die Ursache der Welt sich vollständig wie sie ist im Bewußtseyn des Denkenden finde; wie könnte er sonst ihre Wirkungen wissen? Nun ist aber die Freiheit und Wahl, die ich in mir finde, nicht die Ursache der Welt, sonst könnte ich sie auch anders machen, diese Freiheit ist bloß die meinige und hat keinen Einfluß auf sie; was ich in mir als Allgemeines finde dagegen, ist nur das Nothwendige, das Gesetz. Denn die Freiheit Gottes, wenn er eine solche hat, ist eben das nicht Mittheilbare, seine Persönlichkeit muß sein Eigenthum bleiben, wir können niemals Er werden. Was er in seinem nur in ihm vorhandenen Entschluß wollte und will, können wir nur durch seine freiwillige Mittheilung und nur so weit als diese reicht, wissen. Sollen wir daher durch unser Denken das Absolute und den Zusammenhang der Welt finden, so darf dasselbe kein Freies, es muß das Allgemeine seyn, was sich auch in uns vollständig findet, das nothwendig Wirkende — die unpersönliche Vernunft. Diese Annahme liegt also nothwendig in der Vernunftphilosophie, aber keineswegs hängt sie überhaupt, wenn man von Vernunftphilosophie absieht, mit den Grundlagen des Schelling'schen

Systems untrennbar zusammen; im Gegentheil, sie widerspricht geradezu dem Wesen desselben. Durch sie wird alles, was als eigenthümlicher Zug, was als hoher Gewinn sich in ihr ankündigt, in bloßen Schein verwandelt. That und Schöpfung sind dieses nicht mehr, wenn alles nach einer vorausgehenden Nothwendigkeit kommen mußte. Das Werden selbst ist kein Werden, wenn schon von Anfang an nichts Anderes möglich war, wenn es nicht in seinem Innersten auch eine G e s c h i c h t e ist. Das ist es aber nicht, wenn Gott, statt der freie Urheber desselben zu seyn, ihm selbst unterliegt, sein eignes Daseyn statt eines Handels ein bloßes Werden ist. Unser Interesse, das Wahrheitsgefühl fordert eine Nothwendigkeit in allem Geschaffenen, das ist aber nur die Unabhängigkeit von unserer Willkür und die Beherrschung durch eine andere Intelligenz; hier jedoch würde diese Nothwendigkeit es in sich selbst, sie würde es für Gott. Die Freiheit des Individuums und das Ethos, welche schon von Anbeginn des Systems mit erstaunlicher Kraft gegen die hereinbrechende Last des Pantheismus aufrecht erhalten werden, müßten dennoch aufgegeben werden; so wie auch das Ziel des Sollens statt in eine positive Vereinigung von Persönlichkeiten, in welcher beide bestehen, die göttliche und die menschliche, in das Verschwinden aller Persönlichkeit gesetzt werden müßte gegen die Grundansicht, daß reelle Produktion und ihre unendliche Steigerung das Ziel der Urkraft ist. Die höchste Wahrheit dieses Systems, daß lebendige Kräfte das Universum bilden, läßt sich nicht halten und durchführen, ohne daß sie von vorn herein in einer Persönlichkeit verbunden wären. Denn daß diese Kräfte gerade in dieser bestimmten Stufe sich durchdringen, dieses bestimmte Produkt bilden, dafür muß die Philosophie einen Grund wissen, es kann nicht Sache des Zufalls seyn. Soll dieser Grund nun Nothwendigkeit seyn, die Natur dieser Kräfte, deren sie sich nicht entäußern können, so würde ihre Lebendigkeit aufhören, ihr Charakter als Kraft; sie würden zu bloßen Substanzen, die aneinander gebracht als Faktoren ein Produkt geben müssen. Allerdings enthält das Produkt beides, das Reale und Ideale; aber seine Bestimmtheit ist doch noch etwas Anderes als das allgemeine Wesen dieser Kräfte; es ist ihr besonderer Gebrauch, und warum ist er gerade dieser in einem jeden Fall? Etwas Anderes zu erschaffen, als sie selbst ist, ist das Wesen der lebendigen Kraft. Geschähe dieses nicht nach Freiheit, so müßte sie das zu Schaffende schon anfänglich selbst gewesen seyn. Daß der Baum Wurzel, Stamm und Blätter ist, ist nothwendig; daß aber der Saamen den Baum giebt, ist ein Wunder, eine Schöpfung und Sache der Freiheit, wenn auch hier nicht seiner eignen. Ja man muß weiter fragen, da Schelling das ganze Universum aus seinem Absoluten hervorgehen läßt, als eine Offenbarung des Absoluten ansieht, was denn dieses Absolute in ihm selbst sey, bevor es sich in der Welt und den Dingen offenbart hat, und da bleibt nichts als das Abstraktum: Die Indifferenz des Realen und Idealen, des Subjekts und Objekts, und es ist dann aber auch schon aus diesem Grunde nicht begreiflich, wie dieses leere, inhaltlose, geistlose Absolute in einer so reichen erfüllten Welt sich kund geben solle, wie die Erfülltheit eine Offenbarung und Selbstverwirklichung der Leere seyn könne. Das ist denn der Eindruck, der durch alle Schriften Schellings sich durchzieht: eine Fülle des Lebens (der anregenden Ideen, tiefschlagenden Ahnungen) in der Durchführung; wenn es aber auf den letzten Grund kommt, da endet es in der kahlsten Abstraktheit, in welcher alles wieder erstirbt. Man wird ergriffen von der Strömung dieser Gestalten; aber steigt man hinauf zu ihrer Quelle, an der man sich laben möchte, so ist sie versiegt, und man begreift nicht, wie solche Strömung aus ihr kommen konnte. Es sind zwei verschiedene Menschen in dem System, ein ahnungsvoller Dichter, der da göttliche Dinge besingt, und ein abstrakter Philosoph, der das Universum skeletisirt.

Durch Schelling entstand denn auch jene Auffassung, die man als das innerste Charakterzeichen des Pantheismus betrachten kann: daß das individuelle Leben als Negation und Beraubung des Allgemeinen erscheint. Auf sie werden wir bei der Darstellung des Hegel'schen Systems zurückkommen.

So liegt es in dem Wesen dieses Systems, nach welchem es weder die subjektive Vernunftthätigkeit noch irgend eine ruhende beschlossene Macht als das Unbedingte erkennt, auf einen persönlichen, frei bestimmenden Gott hinüberzuleiten. Ein schöpferisches Princip ist daher das Postulat, welches Schelling von vorn herein macht; er behandelt schon in seinen ersten Schriften die Potenzen mit völliger Freiheit, er hat kein Gesetz aufgestellt, nach welchem sie sich durchdringen müssen, so daß sie gerade diese und keine andern, nicht mehr und nicht weniger Gestalten erzeugen müßten. Ja man könnte sagen, er behandelt sie mit poetischer Licenz. Es ist keine Ordnung und Nothwendigkeit des Fortgangs, es werden oft die partikularsten Beziehungen zu entscheidenden Bindegliedern. So machen die göttlichen alles aufnehmenden Gestirne bei ihm den Schluß der Schöpfung, auf welchen sie im Fortgang vom Menschen aus hingeführt wird, statt umgekehrt, so wird die Zeit als Produkt der Schwere in das System eingereiht, so ist die Kirche bloß ein Surrogat der untergegangenen demokratischen Form des Staats u. dgl. Vollends bei Schellings Nachfolgern ward diese Freiheit zur Willkür. Wenn die Kantianer subsumirten, wenn Fichte, wie Jakobi das Gleichniß durchführt, mit seinem Ich Nichtich strickt; so kann man von der Schule Schellings sagen, daß sie mit seinen Potenzen würfele, was aber freilich um so weniger gelingen konnte, als zu diesem Spiele das Glück des Genies gehört. Dieser Willkür gehörte denn auch der Versuch mit den Zahlenverhältnissen an, so wie überhaupt die geistreiche Manier, die in der Freude, des alten logischen Zwangs überhoben zu seyn, an den zufälligsten Combinationen sich ergötzt, bei der sich gut anhört und einleuchtet, was sie sagt; aber auch Anderes und Entgegengesetztes eben so einleuchten würde. Von dieser Manier ist denn auch der sonst wahrhaft geistvolle Adam Müller inficirt, indem er mit seinem Krieg gegen die Elemente, seinem Verhältniß einer Eins über Zwei, Gleichniß von Mann und Weib, Jugend und Alter, die durch und durch eigenthümlichen Verhältnisse des öffentlichen Lebens zu lösen sucht.

Es ist auch ein steter Fortschritt im System Schellings, in welchem die Persönlichkeit Gottes immer mehr Herrschaft erhält, in demselben Grade aber auch Vernunftphilosophie aufgegeben wird, so daß der Anfang und das Ende sich gar nicht mehr gleichen. So heißt es zuerst: „Außer der Vernunft ist nichts, und in ihr ist alles"*), u. dgl. Dagegen in der Folge: „Die ganze Natur sagt uns, daß sie keineswegs vermöge einer bloß geometrischen Nothwendigkeit da ist; es ist nicht lautre reine Vernunft in ihr, sondern Persönlichkeit und Geist. — — — Die Schöpfung ist keine Begebenheit, sondern eine That. Es giebt keine Erfolge aus allgemeinen Gesetzen, sondern Gott, d. h. die Person Gottes, ist das allgemeine Gesetz, und alles, was geschieht, geschieht vermöge der Persönlichkeit Gottes, nicht nach einer abstrakten Nothwendigkeit, die wir im Handeln nicht ertragen würden, geschweige Gott**)." „Sie sagen: Gott muß schlechterdings übermenschlich seyn. Wenn er nun aber menschlich seyn wollte, wer dürfte etwas dagegen einwenden? — — — —

*) Zeitschrift für spekulative Physik 2. B. 2 H. S. 2.

**) Ueber das Wesen der menschlichen Freiheit S. 482.

Also kann ich ihm auch nicht zum Voraus vorschreiben, was er seyn soll. Er ist, was er seyn will. Also muß ich erst seinen Willen zu erforschen suchen; nicht aber ihm zum Voraus wehren, zu seyn, was er seyn will*)." Die Abhandlung über das Wesen der menschlichen Freiheit ist überhaupt wie in Beziehung auf den Stoff so auch in Beziehung auf die Lehre eine Epoche in der Entwickelung des Schelling'schen Systems. Vollends aber kam während der langen Pause, die seit dieser Abhandlung bis jetzt (1854) in der schriftstellerischen Thätigkeit Schellings eingetreten ist, jene Umwandelung der Grundansicht zum entschiedenen Durchbruch. Sie ist vielleicht mit bestimmt durch Jakobi's Angriff, vielleicht durch die inzwischen erfolgte Ausbildung des Systems Hegels, in welchem Schelling sich selbst seinen pantheistischen Standpunkte nach objektiv wurde; gewiß aber und hauptsächlich durch den Stoff selbst. Seitdem Schelling im Fortgang seiner Arbeit nicht mehr die Natur, sondern das religiöse Bewußtseyn zum Objekt hatte, konnte er, dem es auf die Erklärung des Objekts ankam, der deßhalb nie mit der Rücksichtslosigkeit wie Hegel von vorn herein fertige Formen dem Objekte aufdrang, nicht mehr bei der alten apriorischen Deduktion und der Voraussetzung einer unpersönlichen Weltursache, die auch er anfangs mit völliger Entschiedenheit verkündigt hatte, beharren. So bezeichnete denn Schelling in seinen Vorlesungen von 1828 die Systeme des Rationalismus von Cartesius an bis auf die Gegenwart als solche von bloß logischem Charakter im Gegensatze des geschichtlichen Charakters, in dem Sinne, wie das oben (Buch III. Abth. I.) ausgeführt wurde, wenn ich anders ihn richtig verstand. Dieß ist in der That ein Simsons-Akt, mit welchem er den Tempel der bisherigen Philosophie

*) Brief an Eschenmayer S. 91.

aus seinen Pfeilern hob und das ganze Heer der Feinde, sich selbst aber mit ihnen, unter dessen Trümmern begrub. In der neuesten Lehre Schellings — nach dem Wenigen, was mit Sicherheit davon zur öffentlichen Kunde gekommen, zu urtheilen — ist das leitende Motiv auch kein anderes als: das große Objekt, das menschliche Gottesbewußtseyn in seinem Verlaufe zu erklären. Er bringt an diese Erklärung allerdings die Hebemittel seines ursprünglichen Systems mit heran. Wie die Potenzen des Realen und Idealen, der Schwere und des Lichts und der Kopula uns in der Abhandlung über die menschliche Freiheit unter verändertem Namen als dunkler Grund, Sehnsucht u. dgl. wieder begegnen, so sind sie auch jetzt in den Potenzen des Seyn-Könnenden, Seyn-Müssenden u. s. w. kaum zu verkennen. Eben so gewiß ist aber das bestimmte Bekenntniß Schellings zum persönlichen Gott, der selbst der Entwickelung des Gottesbewußtseyns nicht unterliegt, sondern ewig über ihr erhaben steht, und zu den Thatsachen der Offenbarung als thatsächlicher unallegorischer Wahrheit. Ob nun jene frühere Grundanschauung, die Schelling nicht aufgiebt, und diese Anerkennung eines persönlichen Gottes und seiner wirklichen Thaten, welche die Schöpfung und Offenbarung seyn sollen, mit einander vereinbar sind, darüber läßt sich ein Urtheil wissenschaftlich nicht begründen, so lange nicht die neueste Lehre Schellings in authentischer Mittheilung uns vorliegt*). Jedenfalls aber lag es in dem System Schellings, in seiner apriorischen pantheistischen Gestalt nicht abschließen, sich nicht als bloße Vernunftphilosophie vollenden zu können.

Dagegen hat Hegel von Schellings Standpunkt aus jenes widerstreitende rationalistische Element festgehalten und durchgeführt — die Vernunftnothwendigkeit in der Welt und damit

*) Anmerk. zur 4. Aufl. Zu erinnern ist, daß diese Worte Anfangs des Jahres 1854 geschrieben sind.

die Unpersönlichkeit Gottes. Er war daher genöthigt, die ganze Eigenthümlichkeit Schellings aufzugeben: das uranfänglich Reelle, die That, das Leben, die Schöpfung. Damit ist das Palladium der Schelling'schen Philosophie eingebüßt, und alle Gefahren, welche sie bei ihrer Entstehung bedrohten, mußten nun in Erfüllung gehen. Die Welt wird wieder zur thatlosen Substanz, deren logische Affektionen die Dinge sind, die Identität zerfließt in Einerleiheit, das Sollen und die individuelle Freiheit wird zum Schein, und das Ziel alles lebendigen Daseyns ist sein Verschwinden in das Nichts. —

Zweites Kapitel.

Die Rechtsphilosophie Schellings.

Der objektive Wille — die sittlichen Organismen und ihr Prozeß in der Geschichte — Konstruktion des Staats und der Geschichte. — Umsturz des frühern Naturrechts, seiner Lehren und seiner Aufgaben. — Objektivität und Lebendigkeit der Rechtsphilosophie. — Das hemmende Princip in der Rechtsphilosophie Schellings — Andeutung Hegels — Allgemeiner Charakterzug jener wissenschaftlichen Periode. —

Der Gedanke des *allgemeinen* Willens — nicht die Zusammensetzung der Einzelwillen, sondern ein unmittelbar absoluter, über allen einzelnen stehender, rein objektiver Wille — ist das erste, was *Schelling* in der Rechtsphilosophie leistete*). Er entspricht vollkommen dem absoluten Ich als Princip der theoretischen Philosophie und kommt in gleicher Weise aus dem Fichte'schen Einzelwillen heraus. Wie dieses zur Substanz des Spinoza, so verhält er sich zu Kants Vernunft oder Mensch an sich. Die Vernunft nemlich ist ruhend, fertig; der Wille hingegen thätig. Dieser allgemeine Wille ist aber wie die Kant'sche Vernunft und wie das absolute Ich noch ein bloßes Abstraktum; es war ein weiterer Schritt, ihn als einen solchen zu fassen,

*) Schellings Abhandlung über das Naturrecht in Fichte's und Nieth. philos. Journal 4. und 5. B.

der nie bloß allgemeiner Wille, sondern immer ein in seinen verschiedenen Stufen bestimmter Wille ist. Dazu führte die Ausbildung des Systems, die Konstruktion des Universums aus den beiden Thätigkeiten des Absoluten. Der objektive Wille (das Absolute) wird nun in der abgestuften Durchdringung dieser Thätigkeiten zu verschiedenen Gestalten, den Urbildern der moralischen Pflicht*) und den rechtlichen Verbindungen, die eben dadurch, daß sie aus diesem Weltprozesse hervorgehen, Totalitäten, d. i. sittliche Organismen sind. Wie jener aufwärts gehende Schöpfungsprozeß in der Natur die verschiedenen Reiche, Gattungen, Arten mit Nothwendigkeit erzeugte, so in der sittlichen Welt die Gebilde der Familie, des Staats, der Kirche. Die verschiedene Gestalt, welche diese in der Geschichte, also nach einander annahmen, ist gleichfalls nur das Werk der gesetzmäßigen Erzeugung, die in der Natur nebeneinander bildet. So ist der Staat der Organismus der Freiheit**), oder auch die „Harmonie der Nothwendigkeit und Freiheit", das daher seine wahre Beschaffenheit, daß alles was nothwendig ist zugleich frei geschieht, und alles was frei geschieht zugleich ein Nothwendiges war. Der Staat ist aber der Ausdruck dieser Harmonie im Realen — er ist nemlich ein geistiges (mithin ein freies) Leben in einer stehenden, äußerlich befestigten Form, also im Realen, Nothwendigen sich äußernd —, die Kirche dagegen ist Ausdruck derselben im Idealen, sie ist eine äußere Gestaltung und Gemeinschaft auf dem Boden des Geistigen (Subjektiven), des Erkennens und Glaubens. Der Staat ist auch die höchste Darstellung der Identität des Allgemeinen und Besondern (Einen und Vielen); denn Eine öffentliche Ordnung verbindet hier eine Menge von Partikularwillen. Die verschie-

*) Vorlesungen über die Methode des akademischen Studiums S. 146.
**) Akad. Stud. S. 226.

dene Art aber, wie diese Momente, das Eins und die Vielen, sich durchdringen, bildet die Geschichte des Staats, die Geschichte der Welt. Im antiken Staat (den Republiken) war die Einheit und Vielheit in unmittelbarer (absoluter) Verbindung, die Menge wußte sich als einen Staat, von dem sie sich nicht lösen konnte, und die Einheit des Staats, der Staat selbst existirte wieder nur in dieser Menge, dem Volke. Die Einheit (Staatsgewalt), die da herrschte, war ja nichts Andres als die Vielen, die da gehorchten. Im modernen Staat dagegen ist diese Identität aufgehoben, die Einheit steht als Monarch, der nicht zugleich Viele ist, gegenüber der Vielheit, dem Volke, in welchem sich jeder wieder bloß als Einzelner fühlt. Die Einheit herrscht so über die Vielheit, als von ihr getrennt, deßhalb in „abstrakter Gestalt", während auf der andern Seite die Vielheit durch ihre Entgegensetzung gegen die Einheit in Einzelheit zerfällt und damit aufhört, das Werkzeug der Allgemeinheit zu seyn. Als Ersatz für den Verlust der wahren Einheit (Identität) im Staate bedurfte deßhalb die moderne Welt der Kirche, welche diese Einheit im Idealen (Subjektiven) darstellt. „Der Begriff der Monarchie ist darum mit dem der Kirche wesentlich verflochten." Beides sind Wirkungen oder Surrogate des verloren gegangenen wahren Staates*). Der gegenwärtige Staat ist darum ein unerfreulicher, indem Privatrecht und öffentliches Recht (Subjektivität und Objektivität) sich von einander losgerissen haben. Darum ist auch die gegenwärtige Jurisprudenz nicht Anwendung von Ideen, sondern beruht bloß auf empirischem Scharfsinn**).

---

*) Akad. Stud. S. 229. 230.

**) Man wird hierin schon die Manier nicht bloß, sondern auch die Grundgedanken finden, aus welchen Hegels Rechtsphilosophie und philosophische Konstruktion der Weltgeschichte herorging.

So erscheint denn vom Standpunkt dieses Systems auch das Recht nach seinem absoluten Zusammenhang in der Totalität aller Weltbeziehungen, es erscheint gleichfalls als eine nothwendige Manifestation der weltbildenden Vernunft. Wie diese im Stufengang ihrer Potenzen sich als Natur, als Mensch, als Weltgeschichte bestimmt, so auch als Recht und als Staat. Die Philosophie des Rechts hat darum den Staat „aus Ideen zu konstruiren“, d. h. sie muß anschauen und nachweisen, wie das Absolute nothwendig Recht und Staat überhaupt und ihre besondern Institute und deren geschichtliche Gestalt erzeugen (seyn) muß, und wie, in ihnen selbst sowohl als in diesen verschiedenen Gestaltungen doch immer nur das Eine, Allgemeine, Absolute ausgedrückt ist.

Mit dieser Behandlung fällt das ganze frühere Naturrecht in Form und Inhalt. Es fällt jener Formalismus, die Subsumtion vernunftloser Verhältnisse unter eine allgemeine abstrakte Vernunftregel, bei welcher man eine einzelne Beziehung („Einzelheit“, z. B. die der Freiheit) willkürlich herausnimmt, um die „übrige Masse nach ihr zu verziehen“; sondern die Verhältnisse und ihre Regel ergeben sich zumal und untrennbar als Ein Produkt der Idee. Es wird nicht mehr die Ethik aus dem Begriffe des Menschen abgeleitet, sondern die Urmacht und ihre reelle Produktion erzeugt die Dinge, die Menschen und die sittlichen Gesetze, und zwar zusammen, die freie Person für das Gesetz, das Gesetz für die freie Person; „denn alles Leben besteht nur in gegenseitig sich beschränkenden Kräften.“ Die Widersprüche und Probleme, aus der Vernunft Freiheit und zweierlei Gesetze zu deduciren, verschwinden; denn jene Urmacht bringt Totalitäten von Verhältnissen hervor, die das eine und das andere enthalten, in denen nach den beiden Grundkräften auch überall das Entgegengesetzte sich durchdringen muß.

Durch die Begründung des Rechts in einem höhern als menschlichen Daseyn und Willen ist in der Rechtslehre die Objektivität wieder errungen. Die Anstalten sind nicht mehr bloß für den Menschen da, sondern eine höhere Bedeutung zu erfüllen, sie richten sich nicht nach seinem Zwecke, sondern nach dem Urbilde, das sie darstellen sollen. Daher die Anforderung, daß der Staat ein Kunstwerk sey, daß Schönheit des öffentlichen Lebens, große, erhabene Einrichtungen bestehen, um ihretwillen, nicht um irgend ein Individuum als letzten Zweck zu befriedigen. Der Staat hat ein Recht Staat zu seyn. Die logische Konsequenz, vordem im positiven Rechte wie im Vernunftrechte als das Höchste anerkannt, ist gebührend untergeordnet*). Das lebendige Spiel der Kräfte, die mannigfache Weise, in welcher jene beiden Potenzen, das Allgemeine und Besondere, die Freiheit und Nothwendigkeit, sich durchdringen und dadurch einen Reichthum von Gestalten erzeugen, ist das, was seyn soll. Die Moralität erhebt sich ihrem Inhalte nach von dem beschränkten Standpunkte der Einzelheit, der Pflichtmäßigkeit, dem: „ich soll dieses und jenes thun!" zu einem Totalen, der Anerkennung eines Allgemeinen über dem Menschen, als dessen bloßer Theil er in Betracht kommt, zu der Anforderung „Gott ähnlicher Gesinnung, des Einswerdens mit Gott**)." — Diese Objektivität und Lebendigkeit wurde der Ethik aus dem realen welterzeugenden Princip des Systems, und sie hätte durch das Bedürfniß der Zeit nicht bloß Eingang, sondern Dauer und allgemeines Verständniß finden müssen, wenn nicht jene allgemeine Hemmung auch auf die Ethik sich erstreckte.

Das System hat sich auf den Standpunkt der Urmacht gestellt. Allein so lange es nicht den vollen Gebrauch von der

*) Ebendas. S. 228.

**) Verhältniß der Naturphilos. zu Fichte S. 10. Akad. Stud. S. 145.

göttlichen Freiheit macht, hat es die schöpferische Kraft noch nicht, auch den Menschen wieder in seiner Sphäre als Mittelpunkt zu betrachten, wie Gott selbst ihm dieses verleiht. Deßwegen erscheinen hier Handeln und Wissen als gleichen Werthes*); denn so müssen sie erscheinen, wo man sie nur auf das Absolute bezieht, sie nur als seine Darstellungen würdigt; während auf den Menschen bezogen Handeln, das Produkt der Wahl, specifisch höher ist als Wissen, das unfreiwillige, wie das allgemeine Bewußtseyn dieses bestätigt. Wenn daher im ältern Naturrechte das Recht in der Moral gleichsam aufgeht, nemlich alles nur auf ein Handeln des Einzelnen abzielt; so trägt hier die Moral selbst die Farbe des Rechts, sie nähert sich dem griechischen Ethos, das darauf zielt, daß bestimmte Erscheinungen in der sittlichen Welt bestehen. Jede Pflicht kommt aus einer Idee (Produkt der Potenzen), welche die Handlung darzustellen hat**); weniger daß sie eine That, als daß sie ein Bild sey, scheint ihr Zweck zu seyn. Die ursprüngliche Lebendigkeit würde aber dadurch wieder heruntersinken zur bloßen Darstellung eines solchen Lebens. Der Staat als „öffentliche Sittlichkeit" würde sich von der des Menschen nicht mehr im innersten Wesen, sondern nur dem Grade nach unterscheiden; denn das Unterscheidende — hier die bewußte, daher von Wahl abhängige, in jedem Augenblick neu zu gebärende Gesinnung; dort die festgewordene, ihrer selbst unbewußte, in einem öffentlichen Bau bloß ausgedrückte Regel — dieses Unterscheidende tritt zurück, wenn beide bloß als die nothwendigen Aeußerungen der welterzeugenden Kräfte in Betracht kommen. — — Es war daher der Fortschritt nothwendig, daß die Urmacht selbst freier, schöpferischer, individuelles selbstständiges

*) Ebendas. in der 1. Vorles. und am Anf. der 6. Vorles.

**) Ebendas. S. 146.

Daseyn wollend und nach ihm den Handlungen das Maaß gebend gedacht wurde. Eignet man sich aber jene Ansichten, die in der Lehre Schellings gleichsam nur auftauchen, für sich allein an und bildet sie aus, so kommt man zu den Resultaten Hegels, nach welchem die Moralität nur ein Kapitel des Naturrechts ist, und nicht in der That des Menschen, in der Erfüllung der Pflicht, sondern in dem Studium des Absoluten, in dem Bestehen der Pflicht erreicht ist.

Eine andere Folge ist es, daß der Staat nicht bloß nicht den Menschen zum Zweck, sondern überhaupt gar keinen Zweck außer ihm hat. Er ist sich selbst der höchste Zweck, so wie er mit zum Daseyn des Absoluten auf eine nothwendige Weise gehört. Man kann dann nicht mehr fragen: „was will Gott (das Absolute) mit dem Staate?" so wenig als: „was will er mit der Natur, oder was will Gott mit sich selbst, wozu ist Gott da?" Er ist eben in einer bestimmten Stufe Natur, in einer bestimmten Staat, und kann nicht anders als es seyn. Der Staat, die Kirche, die von einem persönlichen Gotte gewollt sind, sind zwar göttlich, aber nicht selbst Gott, sie sind unmittelbar höher als der Mensch; insofern Er sie will, muß dieser sich ihnen unterordnen; aber sie sind nicht das zuletzt Gewollte, da das Ebenbild Gottes, der persönliche Mensch, ein Höheres seyn muß, als das ihm nicht Gleichende. Und es ist denkbar, ja zu erwarten, daß er einst den Staat nicht mehr will und die vorübergehende Unterordnung aufhört, die selbst im Grunde nicht dem Staate, sondern der Person Gottes gezollt wird. Ist aber Gott nicht der Schöpfer des Werdens, sondern selbst dem Werden unterworfen, so ist er der Staat und der Staat ist Gott in einer bestimmten Affektion. Fordert er nun unläugbar Unterordnung des Menschen, so muß er eine höhere Gestalt Gottes seyn als der Mensch selbst, und daß er ein Unpersönliches ist, ist nicht bloß kein Nachtheil, sondern gerade ein entschiedener Vorzug. Im Staate hat der Gott Persönlichkeit und Selbstbewußtseyn wieder aufgegeben, wie er sie ursprünglich als das Absolute nicht hatte; er ist in sich zurückgekehrt.

Endlich bedarf das wohl keiner Nachweisung, daß sich aus den Abstraktheiten — Allgemeines, Besonderes, Einheit, Vielheit, Freiheit, Nothwendigkeit — kein Staat ergiebt, so wenig als aus den Abstrakheiten des Realen und Idealen eine Natur, und wenn Schelling den Rechtsphilosophen vor ihm ein Verziehen des natürlichen Verhältnisses der Dinge vorwirft, so trifft ihn der Vorwurf nicht minder, wenn auch in anderer Weise, denn stärker kann man den Institutionen der Weltgeschichte nicht Gewalt anthun, als es geschieht, wenn Schelling die Kirche als ein Surrogat der untergegangenen antiken Staatsverfassungen darstellt nach dem Gesichtspunkte der Identität von Einheit und Vielheit. Das heißt doch gewiß nach einer „Einzelheit die übrige Masse verziehen".

Damit sind die Abwege bezeichnet, welche dieses System in sich schließt und die in der nächstfolgenden philosophischen Lehre noch stärker heraustreten. Es selbst konnte ihnen nicht gänzlich verfallen, weil es an dem ursprünglich Realen, das es festhielt, ein besseres Element besaß, durch das es bewahrt wurde. Das Princip, mit welchem sie zusammenhängen, ist nur die Basis, auf welcher es sich durch die Art seines Heraustretens aus Fichte befand und von der aus es sich erhebt. Man darf es daher nicht für Willkür ansehen, daß ich die Darstellung der Schelling'schen Lehre schwebend gehalten; die richtige Auffassung fordert es gerade, keinen Moment und keine Ansicht als geschlossen und ruhend festzuhalten. Es ist ein unaufhörliches Wachsthum in diesem Systeme, und seine Gebilde müssen daher nur als die Keime und Knospen betrachtet werden, aus denen Blüthe und

Frucht erst hervorbrechen wollen. Jede Behauptung ist hier nicht das, was sie zunächst ankündigt, sondern das, wohin sie strebt. — Der einfachste bequemste Weg der Philosophie wäre es gewesen, vom Ich Fichte's zum Ich Gottes überzugehen; wenn sie nicht eine höhere Bestimmung zu erfüllen hätte, nemlich: die Immanenz der Welt in Gott zu erfassen. Dazu mußte Gott zuerst in der Welt angeschaut werden, damit er dann, über ihr erkannt, doch noch immer auch in ihr erblickt werde. Es ist das unausgesetzte Bestreben Schellings, die Allgegenwart und Allwirksamkeit Gottes immer klarer, immer näher vor das geistige Auge zu bringen. Der Anfang seines Systems gleicht daher, um von ihm selbst ein Bild zu leihen, dem dunkeln Grunde, welcher die Sehnsucht ist, den Gott zu gebären. Man darf daher weder diesen Anfang selbst für sich allein als das Wahre betrachten, noch darf man über ihn ein Urtheil oder auch nur eine Vorstellung bilden, abgesehen von der Sehnsucht nach dem, was er gebären will. Denn diese Sehnsucht „hat er nicht, sondern er ist sie." Hemmt man die lebendig vorwärts strebende Entwickelung, so ist auch das, was man festzuhalten wähnte, nicht mehr das, was es ist. Man kann den Jüngling nicht als Jüngling erhalten; man muß ihn entweder Mann werden lassen, oder zum Leichnam machen. In diesem Sinne habe ich hier absichtlich die Seite der Schelling'schen Lehre hervorgehoben, von welcher das System Hegels seinen Ursprung herleitet. Schelling selbst hat sich später nicht mehr mit Recht und Staat beschäftigt. Aber eine viel reichere, lebendigere, innigere, und mit der höchsten Bezeichnung, eine viel menschlichere Rechtsphilosophie, als sie in den Vorlesungen über das akademische Studium noch erscheint, wäre von dem Schriftsteller „über das Wesen der menschlichen Freiheit" zu erwarten gewesen; sollte auch in dieser Abhandlung nicht im Ganzen ein alles ändernder Fortschritt gemacht seyn, sondern etwa nur die eine Stelle vorkommen:

> „Der Wille des Menschen ist der in der Tiefe ver-
> „schlossene göttliche Lebensblick, den Gott ersah, als er
> „den Willen zur Natur faßte. In ihm (dem Menschen)
> „allein hat Gott die Welt geliebt."

Die Herrschaft des Unpersönlichen ist ein nothwendiger Durchgangspunkt der Schelling'schen Lehre; sie ist aber auch ein allgemeiner Charakterzug jener Zeitperiode. So hat die ästhetische Schule ausgesprochen: Kunst und Schönheit sind um der Kunst und Schönheit willen da, nicht damit Menschen durch sie befriedigt oder gehoben werden — im schneidendsten Gegensatze zu der kurz vorausgegangenen Vorstellungsweise, nach welcher jedes Kunstwerk daran gemessen wurde, ob es die Menschen bewegen könne, ihre Schuldigkeit zu thun. Bei denen, die alles auf die Spitze zu treiben sich zum Geschäft machen, ist es sogar Mode geworden, in dem reinen Untergang seiner selbst für ein Allgemeines, eine Idee, von denen man eigentlich nicht weiß, was sie sind, das Ziel ihres Daseyns zu finden, auf persönliche Fortdauer zu verzichten und den Wunsch derselben als kleinlich, eigensüchtig und schwach darzustellen. Eine scheinbar großartige Gesinnung, in der That widernatürliche und unwahr großthuende Verkehrtheit. Sie beruht auf einer Vergötterung, nicht der Natur, d. i. des Sinnlichen, sondern des unpersönlichen Gedankens. Die so viel uneigennützigern und erhabenern Anbeter dieses Gottes möchten aber, wenn man genauer prüft, den auf beschränkte oder kleinlich eigennützige Weise Unsterblichkeit und einen liebenden Gott fordernden Sokrates oder Apostel Paulus, wenigstens nach der Stimme der meisten Beurtheiler, dennoch kaum übertreffen *).

*) Als ich dieß 1829 schrieb, war diese pantheistische Verkehrtheit und Ueberhebung noch in ihren leisesten Anfängen. Sie beschränkte sich auf die

Man hat den meisten Schriftstellern jener Zeit, zum Theil den Koryphäen unserer Literatur, den Vorwurf des Mysticismus gemacht. Dabei vermischt man die Bedeutungen dieses Wortes, den hingebenden Glauben und die Unverständlichkeit, die keineswegs in einem nothwendigen Verbande stehen. Jene Schriftsteller sind mitunter unverständlich, mystisch, aber darum nicht gläubig, und sind gerade insoweit unverständlich, als sie nicht gläubig sind. Leben, Schöpfung, Reichthum, Freiheit beherrschen das Bewußtseyn und sollen das Erzeugniß der ohne Wissen und Wollen thätigen, der unpersönlichen Urkraft seyn. Was aus dieser Grundansicht folgt, kann niemals verständlich werden. Der Rationalismus hatte Gott und die Welt aufgegeben, diese Periode ergriff die Welt wieder bewundernd und begeistert, aber noch ohne den Gott. Alle von hier ausgegangenen Erzeugnisse sprechen daher wohl durch eine tiefe heilige Ahnung an, aber sie sind zum Theil nur ein trübes Ineinanderwogen, aus dem sich erst, wenn jenes Eine höchste Wort gesprochen ist, Licht und Klarheit erheben kann. Auch für mehrere Züge in den frühern Schriften Schellings, die eben deßhalb erst die Folge beleuchtet, gilt das hier Gesagte: Wie das Absolute hier Körper, hier Naturwirkungen*), hier menschliche Verbindungen wirkt, wie die Identität des Eins und des Vielen die Griechen bestimmte eine Republik zu seyn, die Germanen Vasallenheere zu haben, das begreift keiner außer durch lange Angewöhnung. Aber dem Schlichtesten ist es klar zu machen, Gott wirke auch in absoluter Weise die Naturwirkungen, nicht bloß eine aus der andern, er wolle die Harmonie in der Geschichte, nach welcher die äußern

---

Schule, und man suchte das Bekenntniß zu ihr eher zu verhüllen. Seitdem ist sie in fürchterlicher Weise entfaltet und erstarkt. Sie ist eine Richtung in der Nation geworden, und man trägt sie splitternackend zur Schau.

*) Verhältn. der Naturph. z. Fichte S. 35 ff.

Schicksale und das innere Streben der Menschen und Völker im Einklang stehen, so daß nicht bloß das eintreten muß, was empirische Ursachen hat, sondern auch das, was zur Vollendung jenes totalen Kunstwerks der Geschichte nach seinem Ideale gehröt und was er deßhalb selbst unmittelbar (absolut) bewirkt.

Zweiter Abschnitt.

Die Philosophie Hegels.

Erstes Kapitel.

Das System im Ganzen.

Rationalistischer Charakter. — Grundgedanke. — Philosophische Aufgabe und Bedürfniß besonderer Methode: die Dialektik. — Abriß des Systems. — Innerstes Motiv des Systems und Ursprung auch der logischen Theorie in diesem Motiv.

Die Grundanforderung Hegels ist die allgemein rationalistische: „Der ganze Fortgang des Philosophirens als methodischer, d. h. als nothwendiger, ist nichts Anderes als nur bloß das Setzen desjenigen, was in einem Begriffe schon enthalten ist." Auf diesem Fortgange soll alles, was ist, also „durch Analyse" sich ergeben*). Danach kann keine freie That Ursache der Welt seyn. Alle Dinge sind solche, welche nicht fehlen oder anders seyn, ja nicht einmal anders gedacht werden können. Hält man auf dem Standpunkte des frühern Schelling'schen Systems daran fest, so muß man unvermeidlich zum Standpunkte Hegels gelangen. Das reelle Princip, die That, als

*) Encyklopädie 2. Aufl. §. 88. N. 1.

welche sich nicht aus den Denkbestimmungen ergiebt, muß wieder aufgegeben, das Denken als das Alleinige bewahrt werden. Nun ist aber keine Rückkehr zu den früheren Stufen möglich. Es kann nicht noch eine reelle Welt außer dieser Vernunft angenommen werden, wie bei Kant. Die Vernunft kann nicht als Vernunft des Individuums gelten wie bei Fichte. Nicht als Vernunft eines höhern frei handelnden Wesens; denn dem widersetzt sich ja eben die Grundanforderung. Es bleibt also nur übrig, die Vernunft als Vernunft keines Wesens, sondern als unpersönliches Denken zu fassen und dieses für das All der Dinge zu erklären, den Gott, außer welchem nichts ist — das ist der konsequente objektive Idealismus Hegels.

Vernunft als das Unbedingte ist ihm reines Denken, d. i. ohne gedachtes Objekt, ohne einen andern Inhalt als seine eignen allgemeinen Formen und Bestimmungen, z. B. die Vorstellungen des Seyns, Nichts, Daseyns, Etwas, Gränze, Qualität, Quantität, Ursache, Wirkung, Urtheil, Schluß u. s. w. Sie ist substantielles Denken, d. i. ohne denkendes Subjekt. Substantiell nemlich ist dasjenige, das seine Eigenschaften nicht annimmt, sondern dem sie anhaften als feste, unabweisbare, fertige, von dem man nur sagen kann: es ist so und so beschaffen, nicht: es macht sich freiwillig zu diesem und jenem. Sein Gegensatz ist das Aktuelle (Subjektive), der Charakter der Persönlichkeit. Das substantielle Denken ist daher ein solches, welches nicht denkt, sondern bloß Denken ist. Dieses Denken also — ohne Subjekt und ohne Gegenstand, der Inbegriff aller reinen Denkbestimmungen als ein System — ist das Unbedingte, Eine, Gott. Es ist aber auch das All; die ganze erfüllte Welt, wie sie ist, muß nach seinen eignen Gesetzen mit ihm gegeben seyn, sie ist nur die Analyse dieses Denkens. Die Logik ist Gott, die reine vor, die durchgeführte nach Erschaffung der

Natur und des endlichen Geistes*). Die reinen Denkformen sind sonach das Selbstständige und Ursächliche, alles Andere von ihnen bewirkt oder vielmehr aus ihnen folgend. „Die nothwendigen Formen und eignen Bestimmungen des Denkens sind die höchste Wahrheit selbst**)." So wird alles reelle selbstständige Daseyn als eine bloße Erscheinungsweise jener leeren logischen Verhältnisse betrachtet, und umgekehrt werden diese, welche nur als Formen, Qualitäten eines Seyenden, und als von ihm Bewirktes bestehen, zum allein Reellen gemacht.

Daß die Universalität der Aufgabe, wie sie Schelling, ja schon Fichte der Philosophie gestellt hat, für das System Hegels fortbesteht, ist einleuchtend; sie hat hier nur eine andere Färbung. Auch er muß aus der Vernunft das ganze All darthun, auch er muß die Zeit und Begebenheit nur als eine unveränderliche, nothwendige Affektion jenes zeitlosen Denkens betrachten; aber wenn bei Schelling die Welt als ein Leben des Absoluten, als ein Erzeugniß von Kräften durch reelle Bewegung erscheint, so erscheint sie hier wieder ähnlich wie bei Spinoza als seine Modifikationen, als das im Denken begriffene ohne andere Bewegung als eine logische, die Analyse. Schellings Aufgabe ist es nachzuweisen, wie die Vernunft (das Ursprünglich Reale und Ideale) Natur und Geschichte hervorbringen mußte, Hegels, wie die Vernunft (das reine Denken) Natur und Geschichte seyn muß***).

Allein bei Lösung dieser Aufgabe zeigt sich die Schwierigkeit: wie kann dieses reine Denken aus sich herauskommen, ein anderes werden als es ursprünglich ist, nemlich ein System erfüllter

---

*) Einleitung zur Logik S. XIII.

**) Einleitung zur Logik S. XIII.

***) Wenn es daher Encykl. §. 244 heißt: „Die Idee entschließt sich, die Idee entläßt sich frei", so ist dieses eine leere Redensart. Als wenn ihr eine Wahl gegeben wäre, und als wenn sie reflektiren, überlegen könnte, bevor sie zum Menschen geworden ist.

statt leerer Gedanken (Natur), ein selbstdenkendes, persönliches Wesen statt bloßen Denkens (Mensch)? Ja wie kommt es nur dazu, selbst das vollständige reine Denken zu seyn? Denn als solches ist es ja eine Mannigfaltigkeit von Bestimmungen, wo sollte nun seine Einheit zu suchen seyn; die Einheit von Kants Apperception, von Fichte's thätigem Bewußtseyn ist ja aufgegeben, es bleibt die leere regungslose Substanz, wie wird diese nur zur vollständigen reinen Logik? — Es ist, damit das Eine zu einem Mannigfachen werde, schlechterdings eine Bewegung und somit auch ein Anstoß zu dieser Bewegung vonnöthen. Einen solchen hatte Fichte bei gleicher Aufgabe an dem Ich, das persönlich, seiner Natur nach immer thätig ist. Allein Hegel hebt gerade Willen und Persönlichkeit als Ursprüngliches auf, diese, welche allein der Anstoß der Bewegung seyn können, sollen erst im Verfolge derselben erzeugt werden. Derselbe Irrthum nun (nemlich das Reale am Realen zu läugnen), welcher ihn in diese Schwierigkeit gesetzt hat, gewährt ihm auch ein Mittel gegen dieselbe, und dieses ist das perpetuum mobile seiner Dialektik. Es sey das Gesetz alles Denkens: jede Vorstellung und jede Sache ist nicht bloß sie selbst (abstraktes Moment), sondern sie ist auch die ihr entgegengesetzte und hebt sich somit selbst auf (dialektisches Moment), so wie eine dritte, welche ihre Einheit ist, d. h. welche ihr gegenseitiges Sichaufheben, als die Wahrheit beider, setzt (spekulatives oder positiv vernünftiges Moment), z. B. Seyn, Nichts, Werden, oder Recht, Verbrechen, Strafe*).

Daß irgend eine Vorstellung den Denkenden auffordere, auch eine andere ihr entgegengesetzte sich vorzustellen, ist, wenn man keinen Willen hat, der dieser Aufforderung folge, noch gar nicht hinreichend um weiter zu schreiten; es ist dazu durchaus nöthig,

*) Encykl. §. 79 ff.

daß sie die andere selbst sey. Um ohne einen Denkenden das bloße Denken sich selbst ausspinnen zu lassen, darf alle Synthese nichts Andres als Analyse seyn, und die Analyse was immer für einer Vorstellung, sey es auch der leersten (des reinen Seyns), muß die vollständigste Synthese (das ganze Universum) geben; denn das nicht schon in jener leersten, einfachsten Bestimmung Enthaltene könnte, da keine That Neues hinzufügt oder bildet, außerdem gar nicht zum Vorschein kommen. Das Seyn ist daher eben so gut das Nichts; „das Recht ist das Unrecht, der Betrug*)." Zu solcher Annahme aber, die Hegel bedarf, um nur einen Schritt vorwärts zu kommen, konnte auch niemand greifen, als wer alles Reelle geläugnet hat. Jene Dialektik ist nur durch diesen Standpunkt nöthig; sie konnte aber auch nur von diesem Standpunkt aus angenommen werden. Daß dasjenige sich setze, was in der That sich ausschließt, kann man nur dann glauben, wenn man von dem: „in der That" keine Vorstellung hat, wenn man das bloß Gedachte schon als Seyendes ansieht. Denn nur in der That, d. i. reell, schließt sich das Entgegengesetzte aus, als bloß Gedachtes kann es neben einander bestehen, ja sich sogar gegenseitig bedingen. Das Endliche schließt das Unendliche aus, und bleibt selbst bestehen, es hebt sich selbst keineswegs auf. Eben so das Seyn das Nichts. Aber es wird das Endliche bei dem Unendlichen vorgestellt: denke ich das Unendliche, so denke ich eben damit nothwendig auch das Endliche, zwar als ein nicht Vorhandenes, als ein nicht Seyendes, aber ich denke es doch. Behandelt man nun den leeren Gedanken ohne reelles Daseyn schon als ein Seyendes, so steht nichts im Wege zu sagen: die Vorstellung setzt und enthält ihren Gegensatz und hebt sich somit selbst auf; alles was sich verneint, ist eben

*) Naturrecht §. 87.

dadurch — indem es doch zusammen gedacht werden muß — das zusammen und in einander Bestehende.

Zunächst also ist nach logischem Gesetze jede Vorstellung eben so sehr ihre eigne Aufhebung und das Setzen ihres Gegensatzes, und dieser auch wieder seine eigne Aufhebung und das Setzen der ersten — dialektisches Moment. Dieses sagt aber keine der beiden entgegengesetzten Vorstellungen unmittelbar aus; im Gegentheil was sie unmittelbar aussagt, ist, daß sie sie selbst sey, und nicht das ihr Entgegengesetzte — abstraktes Moment — erst der betrachtende Denker findet in ihr dieses Umschlagen. Es ist daher nach Hegel eine dritte Vorstellung nöthig, welche dieses Sich-selbst-aufheben und Sich-gegenseitig-setzen der beiden unmittelbar aussagt. Das Werden z. B. kündigt gleich an, daß das Nichts sich aufhebt und das Seyn setzt, und umgekehrt, daß das Seyn sich aufhebt und das Nichts setzt (denn wo ein Werden ist, ist ja noch kein Seyn, sondern einstweilen noch Nichts). Dieses Dritte ist sohin die Einheit beider, welche zwar schon außer ihm besteht, aber in ihm erst erscheint, sich als solche setzt und ankündigt. Sie ist nicht mehr bloße Aufhebung wie das dialektische Moment, sondern ein Setzen; es wird hier nemlich das gegenseitige Uebergehen selbst als die Wahrheit beider gesetzt — das spekulative oder positiv vernünftige Moment. Auch dieses muß nach der Anforderung des Systems schon mit der Analyse der beiden ersten gegeben seyn; weil sonst die Philosophie in ihrem methodischen Fortgang nicht finden könnte, daß eine solche Verbindung der beiden da ist, und noch weniger, welche sie ist*). Auch bei diesem spekulativen Momente ist nicht etwa eine Vorstellung oder Sache gemeint, in welcher die beiden entgegen-

*) Encykl. §. 88. N. 1.

gesetzten existiren, sondern nur, in welcher sie beide gedacht werden müssen, welche die Vorstellung beider voraussetzt, z. B. die Strafe enthält so das Recht und das Verbrechen in sich und ist daher ihre als solche gesetzte Einheit.

Auf diese Weise schreitet das System Hegels fort. Nemlich diese dritte Vorstellung, welche aus der ersten durch Verbindung des in ihr enthaltenen Gegensatzes mit ihr gewonnen worden, muß nun selbst wieder als diese dritte einen Gegensatz enthalten, sich aufheben und zu einer neuen vereinigenden führen, bis sich zuletzt alle Denkbestimmungen, das Weltall, die Natur, der Mensch mit allen seinen Anlagen, Funktionen, Verbindungen, die Begebenheiten der Geschichte, wie sie sich wirklich zugetragen, kurz alles was da ist und gedacht wird, ergeben hat; wodurch es sich denn bewährt, daß dieses alles schon in der Vorstellung des reinen Seyns enthalten ist, nicht nicht-seyn kann, wenn nur jene Vorstellung ist, und nothwendig gerade so gefunden werden muß, wie es wirklich ist, wenn man nur jene leere Vorstellung nach dem ewig gleichen Denkgesetze (Dialektik) analysirt*).

Zunächst wird auf diesem Wege der Inbegriff oder die Totalität der reinen Denkbestimmungen entfaltet, die aber nach der Grundbehauptung des Systems die eigentliche und alleinige Wesenheit der Dinge sind — die Logik. Die Logik umfaßt deßhalb nicht bloß das, was man vorher (namentlich bei Kant) als Denkformen (Kategorien), d. i. als die Mittel des menschlichen (subjektiven) Begreifens, aufführte (Qualität, Quantität, Modalität u. s. w.), sondern schon alles, was als Beschaffenheit der wirklichen äußern Welt zu Grunde liegt, nur von allem

*) „In diesem Wege hat sich das System der Begriffe zu bilden, und in unaufhaltsamem, reinem, von außen nichts hereinnehmendem Gange sich zu vollenden." Einl. z. Log. S. XX.

Konkreten, Wirklichen entkleidet, z. B. Leben, Geschlechtsunterschied (merkwürdigerweise in der reinen Logik vor der Natur ein Geschlechtsunterschied!), Erkennen, Wollen, Gutes (vor der Persönlichkeit und Subjektivität ein Wollen und ein Gutes!). Ferner stellt deßhalb die Logik nicht die Regeln des menschlichen (subjektiven) Denkens dar, sondern die Gedankenverhältnisse, welche die Sachen an sich tragen, die Typen der Welt, aus welchen jedoch die Welt von selbst hervorging ohne Hülfe einer That, oder wenn man sich so ausdrücken will, die Regeln, nach welchen der Gott (das reine unpersönliche Denken) denkt, welches Denken eben die Welt bildet (oder vielmehr ist). Deßhalb erscheinen hier die Bestimmungen „Begriff", „Urtheil", „Schluß" nicht als Funktion des menschlichen Geistes (diese ist nur ein untergeordnetes Moment), sondern als die obersten Weltverhältnisse. Um dieser Charaktere willen bezeichnet auch Hegel seine Logik als eine *objektive* Logik im Gegensatz der subjektiven Logik, die von Aristoteles bis auf ihn bestand. Der „*Begiff*" namentlich ist der Mittelpunkt des ganzen Systems, er ist in Hegels Weltanschauung ungefähr das, was Gott in der christlichen. Dieser „Begriff", der alle Dinge und Begebenheiten wirkt, ist nicht etwa (wie man sonst vulgär sich das denkt) der Begriff eines ihm vorausgehenden Objekts, sondern im Gegentheil das Objekt geht erst aus ihm hervor, er besteht vor allem Objekt als reines Kategorienverhältniß. Er ist die Totalität der reinen Denkbestimmungen und (vermöge jenes dialektischen Gesetzes des Gegensatzes) zugleich die Nothwendigkeit, daß diese reinen Denkbestimmungen sich äußerlich in besondern Dingen realisiren müssen. Darum ist er auch die Einheit des Allgemeinen und Besondern. Diese Nothwendigkeit ist ja nach dem ganzen Standpunkt allein die Ursache und das innerste Centrum der Welt. Zugleich mit dieser seiner nothwendigen Verwirklichung in einem Objekt gedacht ist er die Idee.

Dieses Ganze der Denkbestimmungen, die als solche in einander sind, fordert nach dialektischem Gesetze, daß es im entgegengesetzten Charakter sey, nemlich auseinander in Raum und Zeit, dieß ist die Natur. Die ganze Natur ist darum nichts Andres als der Wiederabdruck jener Gedankenbestimmungen in diesem äußerlichen Bereiche. Deßhalb: sie ist „die Idee in ihrem Andersseyn." Es ist nicht etwa die Realität, welche den specifischen Charakter der Natur im Gegensatze des reinen Denkens ausmacht, denn dieses reine Denken soll ja auch real, ja soll die eigentliche Realität seyn, sondern das bloße Außereinander in Raum und Zeit macht ihn aus. Aus der Natur kehrt das Denken (Idee) zurück zu sich selbst als Geist, zunächst des Menschen (spekulatives Moment von Logik und Natur). Der Geist (Persönlichkeit) ist die Einheit der Idee (jener Totalität der Denkbestimmungen) und der Natur. Nemlich in der Natur ist die Idee sich äußerlich geworden, hat sich als Idee negirt (da sie ein Außereinander ist), als Geist (Mensch) behält sie dieß ihr Naturdaseyn, aber negirt dasselbe wieder durch sich als Idee, indem der Mensch mittelst seiner Gedanken von allem Naturdaseyn, sogar seinem eignen abstrahiren kann. Nicht das Selbstbewußtseyn als solches, das als Totalität in jedem Akt ist, das als Urexistenz nicht wieder aus anderem erklärt werden kann, nicht dieses hält Hegel darum für das Wesen der Persönlichkeit oder des Geistes, sondern die Abstraktionsmöglichkeit, und die Kulmination, die höchste Bewährung der Persönlichkeit ist darum die Möglichkeit des Selbstmords. — Der Geist selbst durchgeht aber sofort wieder die dialektische Entwickelung. Er ist zunächst Geist des Individuums, subjektiver Geist, die Persönlichkeit, das Ich, das die Welt und andere Persönlichkeiten sich gegenüber hat, als einen Gegensatz, den es ausschließt, und das deßwegen Hegel die „abstrakte“ Persönlichkeit nennt, in dem Sinne des „abstrakten“ Moments der Dialektik, sodann das Gegentheil dessen, der in dem menschlichen Gesammtdaseyn (den socialen Einrichtungen und den Epochen der Weltgeschichte) ausgeprägte Geist — objektive Geist, und die Einheit beider: das Aufnehmen dieses objektiven Geistes (des in den Institutionen und der Geschichte ausgeprägten Gedankens) in den menschlichen (subjektiven) Geist — absoluter Geist Diese letzte Realisirung des Geistes hat drei Stufen: das Aufnehmen der also der Welt zu Grunde liegenden Gedanken in Sinn und Gefühl, dieß ist die Kunst und die Religion, und endlich das Aufnehmen derselben in den Gedanken selbst — die Philosophie. In Kunst und Religion nemlich ist durch die Befangenheit in der Materie und Subjektivität die wahre Beschaffenheit des sich entfaltenden Gottes noch nicht erkannt. Denn was das religiöse Gemüth anbetet, ist in Wahrheit nichts Andres als diese Architektonik von Vernunftbestimmungen, die sich in Natur, Recht und Staat darstellt; aber in seiner Beschränktheit überkleidet es dieselbe mit ganz andern Vorstellungen, als da sind Person Gottes, Liebe, Vorsehung. Erst in der Philosophie wird das beseitigt und die Logik als der wahrhafte Gott erkannt. Die höchste Verwirklichung des Gottes an sich ist demnach der Staat und dessen stufenmäßige Entwickelung, die Weltgeschichte; die höchste Verwirklichung des Gottes für sich, d. i. wo er zu seinem Selbstverständniß kommt, das Gesetz erkennt, nach welchem er ohne es zu erkennen (bloß substantiell) dieß alles geworden ist, ist die Philosophie. Sie ist der Schluß und das Ziel der Schöpfung.

Damit hat sich der Gott, das Allseyn vollendet. Von hier aus wird denn die ganze Gedankenkonception klar. Es ist nicht jenes leere Seyn, mit welchem die Wissenschaft methodisch beginnen mußte, das eigentliche Principium, sondern dieser (unpersönliche) Weltgeist ist es, das universale Seyn, das in der Weltgeschichte sich ausprägt und in der Philosophie sich selbst erkennt, und die Dialektik ist sein eignes Gesetz und Wesen, nach welchem es das alles ist, von der leersten Vorstellung an (dem Nichts) bis zu der Fülle der Welt, und in allen Momenten dennoch dasselbe Allseyn, der „bei sich bleibende Geist" ist. Das lebendige Motiv des Systems ist denn kein anderes, als den persönlichen überweltlichen Gott zu beseitigen und die Welt in ihr selbst ohne Gott begreiflich zu machen. Die Macht, von der der Dichter singt:

„In Lebensfluthen, in Thatensturm
Wall' ich auf und ab,
Wehe hin und her,
Geburt und Grab,
Ein ewiges Meer,
Ein wechselnd Weben,
Ein glühend Leben,"

diese Macht, die nichts in ihr selbst ist, sondern bloß im ewigen Gebären und ewigen Wiederzurückkehren besteht, soll begreiflich gemacht werden. Schelling, der dasselbe anstrebte, faßte sie als Prozeß der Potenzen, die absolute Indifferenz ist ihm der Gott, der sich dann in diesen beiden demiurgischen Kräften entfaltet und so als Reales und Ideales, Schwere und Licht die Welt gebiert. Da bleibt aber immer etwas übrig, was nicht begreiflich gemacht, nicht in Denkbestimmungen aufgelöst werden kann, der „dunkle Grund", welcher nicht aufgeht. Darum faßt Hegel jene Macht als rein logische. So nimmt er alle allgemeinen Bestimmungen, die er aus der vorhandenen Welt abstrahirt (Quantität, Qualität, Mechanismus, Chemismus, Leben, Geschlecht, Organismus, Wissen, Wollen u. s. w.) und ballt sie zusammen als „Begriff" oder „Idee", welche nun die Mitte und Einheit des Universums ist, Körper- und Geisterwelt aus sich emaniren läßt und wieder in sich zurücknimmt, und so daß die Emanation, wie das Zurücknehmen, selbst nur ein logischer Fortgang sind.

Von hier aus wird auch der innerste Ursprung der Hegel'schen Dialektik klar: Schelling hatte die Grundanschauung Spinoza's wieder aufgenommen: Gott ist das Allgemeine, die Weltsubstanz, Weltvernunft, nur daß er ihn nicht als starre Substanz, sondern als ewigen Prozeß auffaßt. Danach ist Gott (das Allgemeine) nicht außer in den Dingen, hat nicht ein von ihnen gesondertes Daseyn in ihm selbst, er ist nur indem er die Dinge ist. Umgekehrt aber haben die besondern Dinge auch kein eigentliches Seyn, sondern sind nur der Prozeß der Weltvernunft, also ein beständiges Gesetzt- und Aufgehobenwerden — (Strömen) — des allgemeinen Seyns. Gott ist nur als die Dinge, die Dinge sind nur als Gott. Das Allgemeine ist das Besondere, das Besondere ist das Allgemeine*). Alles individuelle Daseyn und Leben erscheint danach als eine Negation, nemlich als Aufhebung und Begränzung der allgemeinen Substanz (der Weltseele, des Weltlebens), das dann wieder aufgehoben werden, zurückkehren muß in jenes. Der Schmerz

*) Auch für Schelling gilt deßhalb der von Spinoza aufgestellte Satz: omnis determinatio est negatio. jede Bestimmtheit, jedes Besondere ist ein Begränztes, Gott aber muß das Unbegränzte seyn. Die besonderen Dinge als die Bestimmungen Gottes sind zwar insofern wirklich auch eine Begränzung Gottes; allein sie werden ja sämmtlich auch immer wieder aufgehoben in das Allgemeine, sind nur Erscheinungen, Produkte des Prozesses. Indem nur das Allgemeine, das den weltbildenden Prozeß durchgeht, das Bleibende, Wirklichseyende ist, so ist es in ihm selbst bestimmt und begränzt, und dennoch das Unendliche, Unbegränzte. Dieß heißt (besonders später bei Hegel) die positive Unendlichkeit. Im Unterschiede der negativen oder „schlechten“ Unendlichkeit, die bloß das Endliche (oder die Endlichkeit) von vornherein abhält, läugnet, entwickelt diese vielmehr das Endliche, aber nimmt es ewig wieder in sich zurück.

in allem individuellen Leben ist eben der Raub, den es am allgemeinen Leben begeht, und die Versöhnung ist eben seine Rückkehr in dieses, sein Aufhören als individuelles Leben. Der persönliche schöpferische Gott setzt nicht bloß seine Geschöpfe, sondern er konservirt sie auch, sie sind ihm ein Positives, weil er ihrer Aufhebung nicht bedarf, um zu seyn. Der pantheistische Gott hat sein Seyn nur in den Dingen; um es nicht an sie zu verlieren, muß er es ihnen wieder nehmen, sie sind ihm ein Negatives, er kann ihnen nur das Seyn eines Moments (Moment in seiner doppelten Bedeutung gebraucht) einräumen, keine dauernde Existenz, sonst sind sie, und der Gott hat aufgehört zu seyn. — Dieß ist denn auch die Grundanschauung Hegels, der Glaube, von dem er ausgeht. Es ist ihm aber die Aufgabe, dieselbe begreiflich zu machen und als eine nothwendige darzulegen. Das nun findet er von Schelling nicht geleistet, von ihm findet er sie zu willkürlich und unmittelbar angenommen. Bei Schelling nemlich ist es eine unmittelbare Anschauung, daß das Allseyn im Besondern sich negirt und dieses aufhebend wieder in sich zurückkehrt — die Einheit des Allgemeinen und Besondern. Deßgleichen daß die Weltsubstanz (Gott) zugleich das Reale und Ideale ist — Einheit des Realen und Idealen. Für alles das hat Schelling keine Nachweisung als eben die Anschauung des Universums selbst, auf die er sich beruft, und keine Zerlegung und logische Deduktion. Darauf geht der bekannte Ausspruch Hegels: bei Schelling erscheine der Geist „als aus der Pistole geschossen". Deßwegen setzt Hegel es sich zur Aufgabe: dasselbe Resultat soll auf logischem Wege als ein Nothwendiges sich ergeben, es soll nicht als Axiom hingestellt oder von einer besondern Gabe unmittelbarer philosophischer Anschauung abhängig gemacht, sondern wissenschaftlich gewonnen werden. Zu diesem Zwecke giebt er der Spinozistisch-Schelling'-

schen Weltanschauung eine Methode, d. h. er erfindet **eine neue Logik**, der bisherigen entgegengesetzt, durch welche sie begründet werden soll. Dieß und nichts Anderes ist seine **Dialektik**. Nemlich bis dahin beruhte die Logik auf dem **Satze des Widerspruchs**, d. i. daß das Entgegengesetzte sich ausschließt. Daraus ergiebt sich aber gerade das Gegentheil jener Anschauung: das Allgemeine ist nicht das Besondere, das Besondere ist nicht das Allgemeine, das Ideale ist nicht das Reale, Gott ist nicht die Dinge, die Dinge sind nicht Gott. Darum also muß das Umgekehrte gelten, die wahre Logik muß vielmehr auf dem **Satze der Einheit der Gegensätze beruhen**. Damit, wie jene Weltanschauung behauptet, die allgemeine Weltsubstanz selbst die besondern Dinge seyn und diese wieder, aber als gesetzte, in sich zurücknehmen könne, darf auch das logische Gesetz kein anderes seyn, als daß jede Vorstellung (jedes Logische) zugleich die ihr entgegengesetzte sey, und eine dritte, in welcher sie dieses Entgegengesetzte wieder in sich aufhebt. Hegels Dialektik ist offenbar nicht auf logischem Wege gefunden, auf diesem Wege wäre es niemandem eingefallen zu behaupten, daß gerade der Widerspruch die Wahrheit sey; sie ist hervorgetrieben aus der pantheistischen Weltanschauung in Schellings Gestalt, die Hegel bereits vorfand, sie hat keinen andern Beweggrund als den, begreiflich zu machen, wie das Allseyn zugleich das Besondere, das Unendliche zugleich das Endliche, kurz wie die unpersönliche (in sich unbestimmte) Weltmacht die Dinge seyn kann ohne aufzuhören sie selbst zu seyn. Aus diesem Beweggrund hat Hegel seine Dialektik gefunden, und an eben dieser Weltanschauung, die ihm von vornherein feststeht, fand er ihre Gewißheit. Aber nachdem er sie einmal zu diesem Zwecke erfunden, so wird sie ihm natürlich sofort zu einem selbstständigen obersten logischen Gesetze, denn ein solches muß sie ja seyn, wenn sie als die wahre Logik jene Weltanschauung stützen soll, und so gebraucht er sie nicht bloß für jenes Grundverhältniß des Weltzusammenhanges, sondern auch für alles Einzelne, sie wird die alles bestimmende Methode seines Systems, so daß ihm nunmehr kein Resultat als wissenschaftlich gefunden und in seiner Wahrheit erkannt gilt, das nicht auf diesem dialektischen Wege sich ergab*).

Danach mag auch klar werden, wie vergeblich die Bemühung ist, in Hegels Philosophie die Voraussetzung eines persönlichen transcendenten Gottes nachzuweisen, oder doch die Läugnung eines solchen Gottes zu beseitigen. Man streitet sich dabei über den Sinn einzelner Stellen, und Hegel war über diesen Punkt im Ausdruck sehr vorsichtig. Allein das ganze System hat gar keine andere Bedeutung als bloß die, die Welt ohne transcendenten Gott begreiflich zu machen; und der Kern des Systems, die eigenthümliche dialektische Methode, ist nur zu diesem Zweck erfunden und wird sinnlos, wie man einen persönlichen Gott unterlegt; denn diesen vorausgesetzt ist das Allgemeine (Gott) nicht sein Gegensatz, die Dinge, sondern völlig unabhängig von ihnen, nie von selbst in sie übergehend, ist das Unendliche nicht das Endliche, sondern jenseits desselben u. s. w.

Wenn nun gleich die Dialektik nur zur Begründung der Spinozistisch-Schelling'schen Weltanschauung erfunden worden, so wird doch diese wesentlich durch sie verändert, der pantheistische Charakter zwar bleibt derselbe, aber das innere Verhältniß der weltbildenden Macht und ihrer Gebilde wird ein anderes. Indem Hegel es unternahm, die Grundanschauung Schellings logisch zu deduciren, sohin sie in lauter begriffliche Bestimmungen aufzulösen, hat er das reale Element in derselben aufgehoben. Nach

---

*) Vergl. Hegel Geschichte der Philosophie Bd. III. S. 662 u. 683.

Schelling ist das Weltprincip ein ursprünglich zugleich Reales und Ideales, und das Universum hat von vornherein seine Mitte nur in der Einheit von Natur und Gedanke, ja das Reale erscheint als das Erste (prius), das erst in das Ideale verklärt wird; bei Hegel dagegen ist das Weltprincip bloßes Denken, und eben dieses bloße Denken ist die Mitte des Universums. Nach Schelling ist auch die Wirksamkeit dieses Princips eine reale, das Ineinanderwirken der Potenzen, nach Hegel eine bloß logische; die Dinge ergeben sich dort indem im Stoff eine reale Macht überwunden wird durch den Gedanken, hier indem ein logisches Gesetz sich vollzieht. Schellings System geht denn auch nur aus von der Identität jener bestimmten Gegensätze, der Einheit der Weltmacht und ihrer Individuation, der Einheit von Natur und Geist, Hegels System dagegen von der abstrakten Lehre, daß die Gegensätze überhaupt eins sind.

Mit Hegel hat daher der Rationalismus sein Aeußerstes erreicht und ist vollendet. Er hat fürs erste bloß das Denken noch als Princip, ja als einzige Realität übrig; keine jenseits desselben anerkannte wirkliche Welt wie Kant, nicht das denkende Subjekt wie Fichte, und nicht die ursprünglich reelle Natur des Absoluten wie Schelling. Ferner ist in den früheren Systemen dieses Denken selbst schon ein mannigfaltiges, dessen einzelne Bestimmungen nicht wieder aus etwas Anderem mit Nothwendigkeit folgen. Man kann z. B. fragen. Warum habe ich nicht bloß die Bestimmung der Qualität, sondern auch die der Quantität, die der Gränze, des Werdens, des Einen, des Vielen? Will das Denken vollständig von allem abstrahiren, wovon es abstrahiren kann, so muß auch von der Person des Denkers nicht nur, sondern sogar von seinen eignen bestimmten Kategorien abstrahirt werden; denn es wäre ja auch ein Denken noch denkbar, das gerade diese oder jene Kategorie (z. B. Maaß,

Form, Schein, das eine oder das andere) nicht an sich hätte; es ist also keine derselben dem Denken a priori nothwendig. Wenn es sich in solcher Art von allem Inhalte befreit, sich völlig aushöhlt, so bleibt nur Eines übrig: seine reine Funktion, durch die es Denken ist, d. i. das Unterscheiden (sich Entgegensetzen) und Verbinden. Nichts Andres enthält die dialektische Bewegung Hegels; diese beiden Abstrakta der Denkthätigkeit, Entgegensetzen und Verbinden, sind das Princip, mit welchem er das System beginnt und ohne andere Mittel aufbaut. Denn man kann nicht sagen, daß bei ihm sich irgend wer oder was in dieser Form des Unterscheidens und Vereinigens bewegte und so die Welt erzeugte: nicht die Idee, das vollständige reine Denken, denn diese wird ja selbst erst durch sie gebildet — etwa das leere Seyn oder Nichts? Es ist also offenbar die leere Bewegung selbst, welche alles macht, und richtiger als: „die Logik ist Gott," wie Hegel sagt, hätte er gesagt: „das logische Gesetz der drei Momente ist Gott." In dem ganzen Systeme trägt denn auch alles den Schein logischer Nothwendigkeit, der Zufall, die Unvernunft selbst sind nur nothwendige, = vernünftige, Formen der Vernunft; nach dem Gesetz des Gegensatzes nemlich muß das nothwendige Denken auch einmal als Zufall und Unvernunft sich sich selbst entgegensetzen. Das ganze Universum erscheint hier aus Gedankenbestimmungen gemacht — ohne andere Zuthat, und eben so ein jedes Ding in die leerste Gedankenbestimmung des Seyns wieder auflösbar. Es ist dieß die Vollendung des systematischen Gebäudes und die vollständige Durchführbarkeit der Definition, wie sie der Rationalismus fordert*). Hegel protestirt zwar gegen alle Definitionen, aber doch wohl nur gegen die in den Formen Anderer und in der Unvollendung;

---

*) S. oben III. Buch I. Abschn.

er muß die Richtigkeit der Definition anerkennen, welche irgend einen Begriff oder Sache durch die dialektische Bewegung rückwärts wieder zu Nichts bringt nach der Strenge einer mathematischen Gleichung, z. B. diese Definition von Unrecht:

Unrecht ist = dialekt. Moment (entgegensetzende Bewegung) von Recht.

Recht ist spekulat Moment (verbindende Bewegung) von Wille des Individuums und der Substanz.

Wille ist spekul. Moment von Gefühl und Denken.	Individuum ist = spekul. Moment von Logik und Natur.	Substanz ist — Seyn.

U. s. w. bis endlich in allen Kolonnen wieder das reine Seyn erscheint. Es ist dann alles aufgelöst in seine Elemente bis auf das Seyn und die Bestimmungen: dialektisches und spekulatives Moment, welches eben selbst die einfachen Elemente sind — das soll die Definition*).

So ist sich Hegel wie kein Anderer der rationalistischen Aufgabe treu bewußt und verstößt nie gegen den Kanon. Aber da zeigt es sich auch, wie die Anforderung des Rationalismus unvermeidlich dahin führt, daß der unendliche Reichthum des Lebens als die ewige Wiederkehr einer und derselben Denkform erscheint. Dieses System hat daher auch die am meisten durch Subjektivität befangene, die manierirteste Behandlung, obwohl es auf Objektivität, d. i. Unbefangenheit der Methode, Anspruch macht, wie jeder, der nur ein Buch aus dieser Schule aufschlägt, sich überzeugen muß. Wer, wie Hegel mit großem Gewicht

*) So müßte freilich auch eine christliche Philosophie alles auf den Willen Gottes zurückführen. Allein fürs erste würde zuletzt statt des leeren Seyns der selbstbewußte Schöpfer erscheinen. Fürs andere ist der Wille Gottes der Art, daß er hier dieses, hier ein anderes wollen kann, während das Gesetz der dialektischen Bewegung immer einerlei ist.

von sich aussagt, nur der Sache selbst und ihrer eignen Entwickelung folgt, der sollte doch wenigstens mitunter auch von solchen, die seine Methode nicht kennen, verstanden werden; denn die Sache selbst ist ja wohl den sonst Verständigen und Unterrichteten nicht so gänzlich fremd. Allein da in der That von Hegel das Wesen der Dinge selbst ignorirt und nur sein subjektives Schema in sie gelegt wird, so ist es natürlich, daß ein anderer Mensch, der dieses Schema nicht kennt, auch rein nichts von dem Gesagten versteht; dagegen wer das Schema weiß, häufig auch gar nichts Neues mehr erfährt, sondern nur das Geschäft desjenigen ausübt, welcher einen in Chiffern geschriebenen Brief bekannten Inhalts durch Kenntniß des Schlüssels dechiffrirt. Diese Monotonie und den innern Lebensmangel zu verhüllen, werden in der Darstellung gewöhnlich die übertriebensten Bezeichnungen gebraucht, dem Bewußtlosen, den Abstraktionen sogar alles das mit Affekt, mit Lob, Tadel, ja Indignation zugeschrieben, was nur dem Lebendigen gebührt, eine Weise, die sich natürlich bei den Schülern Hegels zur widerlichsten Verzerrung steigert.

Zweites Kapitel.

Die Rechtsphilosophie Hegels.

Grundcharakter der Hegel'schen Rechtsphilosophie und Umgränzung ihres Gegenstandes. — Konstruktion des gesammten sittlichen Gebietes in abstraktes Recht, Moralität, Sittlichkeit. — Konstruktion der Weltgeschichte. — Konstruktion der konstitutionellen Monarchie.

Daß der Charakter der Rechtsphilosophie bei Hegel ganz andrer Art sein muß als in der Periode von Grotius bis auf Kant, ist einleuchtend. Vordem beschäftigte man sich mit der Frage, was man um das Rechte zu treffen wählen solle, in der Voraussetzung, daß man durch eigne Thätigkeit den höhern Willen zu vollbringen habe und ihn zu diesem Zwecke durch Nachdenken zu erkennen suchen müsse. Bei Hegel hingegen verwirklicht sich der Gott, wie es in seiner logischen Bewegung liegt, von selbst. Es darf niemand darum besorgt seyn, daß das Rechte geschehe; das Wissen hat bloß den Zweck, einzusehen, was ohne dieß geschieht, es folgt dem Handeln, das eben damit ein unfreies wird, nach, statt ihm vorauszugehen. Das was seyn **soll** (das Vernünftige, Nothwendige) **ist**, es als ein Nothwendiges zu begreifen ist die einzige Aufgabe. Dieses ist die Ansicht, welche der objektive Rationalismus haben muß, wie schon oben bei der Darstellung **Spinoza's** gezeigt worden ist. Dieß drückt jener berühmte Satz aus: „Was vernünftig ist, das ist wirklich, und was wirklich ist, das ist vernünftig."

Das Gebiet, welches Hegels „Philosophie des Rechts oder Naturrecht und Staatswissenschaft" umfaßt, ist nicht, wie der Name lautet, Recht und Staat allein, sondern das ganze sittliche Universum: Recht, Moral, Staat, Weltgeschichte. Das Gemeinsame dieses Gebiets ist, daß eine Denknothwendigkeit (Vernunftbestimmungen) durch handelnde Individuen zur Existenz gebracht wird.

Wie nun das Universum überhaupt aus dem **subjektlosen Denken** hervorgeht, d. i. das weder Denken des Menschen noch Denken Gottes ist, sondern das Denken schlechthin, die in unserem Geiste vorgefundenen reinen Denkbestimmungen; in derselben Weise geht denn auch dieses sittliche Universum aus dem **subjektlosen Willen** hervor, nicht dem menschlichen Willen wie bei Rousseau, nicht dem göttlichen wie nach christlicher Ansicht, sondern aus dem Willen schlechthin, den in allem Wollen vorgefundenen reinen Willensmomenten, aus dem Willen als Begriff.

Danach haben Recht, Moral, Staat, alle ethischen Vorschriften und Einrichtungen keinen andern Grund und Zweck, als diesen subjektlosen, unpersönlichen Willen zu realisiren, und keinen andern Inhalt als die reinen (formalen) Momente, die in allem Wollen sich finden und aus denen eben der Begriff des Willens abstrahirt ist. Die Periode von Grotius bis dahin baut das Recht auf den Willen des Individuums, Hegel baut es auf das, was er den objektiven Willen nennt. Dieser ist aber nicht wahrhaft objektiver Wille, nicht aktueller Wille einer höhern Macht über dem Menschen; sondern nichts Andres als die Abstraktion von seinem eignen Willen. Also der Mechanismus des Willens in seine Momente zerlegt ist es, der den Bau der sittlichen Welt ergeben soll. Das Verfahren Hegels ist denn auch kein andres als daß er diesen Mechanismus (Formalismus) des Willens aufzeigt in der Betrachtung des Wollens des einzelnen Menschen, d. i. durch Abstraktion von unsern Entschlüssen, und dann sofort das hier Gefundene auf die ethischen Einrichtungen als Parallele oder Analogie überträgt.

Wenn wir das Wollen mit Abstraktion von allen bestimmten Entschlüssen, also den Willensakt schlechthin beobachten, der sich bei jedem Entschlusse findet, so enthält er nach Hegel folgende Momente, die jeder an seinem eignen Bewußtseyn erproben kann:

1. Das Ich, abstrahirt von jedwedem möglichen Inhalt, setzt sich als reines Ich, als absolute Möglichkeit, absolutes Können — Moment der Allgemeinheit. (Es ist dabei nicht außer Acht zu lassen, daß Hegel unter dem Ich noch nicht das Ich eines Individiuums, das volle Selbstbewußtseyn, meint, sondern es ist ihm der Begriff, die unpersönliche Weltmacht, die sich eben hier im Individuum als absolutes Können, als noch völlig inhaltlose Möglichkeit setzt.)

2. Es setzt sich, diesem allgemeinen unbestimmten Ich, einen bestimmten Inhalt, Gegenstand, gegenüber, d. i. Trieb, Neigung, Zweck, Grundsatz — Moment der Besonderung. Das ist aber noch keineswegs, es wähle einen solchen, sondern es bietet sich ihm solcher Inhalt und Gegenstand dar, es tritt ihm eine Aufforderung zum bestimmten Entschlusse gegenüber, und dieses wird eben (da nicht das individuelle Ich, sondern das pantheistische All-Ich zu Grunde gelegt ist) als eine That, ein Setzen des Ich selbst dargestellt.

3. Es beschließt. Dieß ist die Einheit jener beiden Momente; denn das Ich, indem es den bestimmten Entschluß faßt (das Besondere aus der unendlichen Möglichkeit auswählt), ist sich zugleich bewußt, daß es selbst doch immer jenes allgemeine Können ist. Mit dem Entschlusse hat denn das All-Ich (der Begriff) sich als Individuum, als Ich des Entschließenden gesetzt. (Als wenn jenes allgemeine Können nicht auch schon ein Können des Individuums wäre)*).

Durch diese Funktionen ist aber der Willensbegriff bloß als Wille eines Menschen, als subjektiver Willensakt realisirt, und daher nur als die gleichmäßige Form für einen mannigfachen und zufälligen Inhalt unzähliger solcher subjektiven Willensakte, guter und schlechter. Der Begriff des Willens muß sich aber rein als Willensbegriff realisiren, in einer dauernden objektiven Existenz, daher so daß diese drei Funktionen, aus welchen er besteht, zugleich sein Inhalt und zwar sein einziger Inhalt sind.

*) Vgl. dieses Werkes II. Bd. I. §. 39. S. 117. In der Entfaltung dieser drei Willensmomente besteht denn nach Hegel das Wesen der Freiheit, „die konkrete Freiheit". Wir würden das gerade die abstrakte Freiheit nennen. Hegel abstrahirt nemlich ganz von der Frage, wodurch es kommt, daß der A. gerade den bestimmten Entschluß M. faßt, der B den bestimmten Entschluß N. Nur daß überhaupt gewollt wird (der Formalismus des Willens), ist ihm die konkrete Freiheit.

Das geschieht durch den Bau der sittlichen Ordnung. Dieselbe zerfällt nemlich in die drei Momente: das Recht (abstrakte Recht) oder das Recht der Persönlichkeit, d. i. Eigenthum und Vertrag, — dann die Moralität, d. i. die moralischen Anforderungen an den einzelnen Menschen (Wohl, Glückseligkeit, Nächstenliebe, das Gute als Zweck und als Triebfeder), — endlich die Sittlichkeit; hierunter versteht Hegel die dauernden Bande und Ordnungen der menschlichen Gemeinschaft: Familie, bürgerliche Gesellschaft, Staat und den gesetzmäßigen Fortgang der Weltgeschichte. Diese drei großen Verhältnisse der sittlichen Welt (Recht, Moral und Sittlichkeit in diesem Sinne) sind aber nichts Andres ihrem innersten Wesen und Inhalt nach als eben jene drei Momente der Willensfunktion. Nemlich im abstrakten Recht, dem Eigenthum, realisirt sich das Moment des bloßen Könnens, des Allgemeinen, noch völlig Bestimmungslosen, denn Eigenthum sey nichts Andres als alles vornehmen zu können, nichts bestimmtes zu wollen und anzustreben, sondern die absolute leere Möglichkeit (gleichwie das Ich, bevor sich ihm nur irgend eine Aufforderung des Handelns bietet); deßwegen erkennt auch Hegel den Nutzen oder die Befriedigung gar nicht als wesentliches Moment des Eigenthums, denn das wäre ja bereits ein bestimmter Zweck, sondern lediglich das Können. In der Moralität realisirt sich das zweite Moment, daß der Wille (d. i. der subjektlose Wille als Weltmacht) sich einen Gegenstand oder Inhalt gegenüberstellt (wie oben Neigung, Trieb u. s. w. so hier Nutzen, Wohl, Glückseligkeit), aber noch nicht als beschlossenen, sondern bloß als Aufforderung, daher hier als Sollen. Das Vorhandenseyn der Anforderung, nicht deren Erfüllung, entspricht genau jenem zweiten Moment des Willensbegriffes, und das Wesen der Moral ist darum lediglich das Sollen und die „Zufälligkeit" der Erfüllung. Es ist die Aufforderung zu irgend einem bestimmten Thun im Gegen=

satze jenes unbestimmten Alles=Könnens und zu nichts Determinirt=seyns. In der Sittlichkeit, d. i. den socialen Einrichtungen, realisirt sich das dritte Moment; hier hat der Wille (immer der subjektlose Wille als Weltmacht) den besondern Inhalt nicht bloß sich (als Ich) gegenübergestellt als Anforderung, sondern wirklich beschlossen; denn Familie, bürgerliche Gesellschaft, Staat sind nicht bloß Anforderungen und Zwecke, sondern bestehende Institutionen, stets wirkliche Existenzen. Es sind die zur „Natur", zu einem äußerlichen Daseyn, zur „vorhandenen Welt" gewordenen ethischen Bestimmungen. Das Wesen dieser Institutionen ist denn auch nicht die Erfüllung ihrer höhern Anforderung (der freien Hingebung und Aufopferung), sondern ihre von der Wahl des Individuums unabhängige Existenz.

Dieß ist Hegels Grundanschauung von dem Bau der sittlichen Welt. Es verwebt sich aber in diese drei Sphären, die er also begründet, nothwendig noch ein anderer Faden der Entwickelung. Das Recht (in jenem weitern Sinne, oder die sittliche Welt) ist nemlich substantieller Wille (Denkregel, Begriffsnothwendigkeit), der durch den subjektiven Willen (die Menschen) zur Existenz kommt. Es ist darum in jenen drei Sphären nicht bloß der Gang, wie der Willensbegriff sich als Funktion des Entschlusses auseinanderlegt, sondern auch zugleich der Gang, wie er als Verhältniß des substantiellen und subjektiven Willens sich auseinanderlegt, ausgedrückt. Sie enthalten die Einheit (Ununterschiedenheit) des substantiellen und subjektiven Willens — dann die Diremtion oder Entgegensetzung derselben, — endlich das Setzen derselben als unterschiedener und dennoch geeinigter.

Im abstrakten Recht (Privatrecht) besteht die Einheit, Ununterschiedenheit derselben. Denn der substantielle Wille (das Gesetz) will hier von vorn herein nur was der subjektive Wille will. Was das Individuum will hinsichtlich seiner Glieder, seines

Eigenthums, seiner Forderung, das ist eben damit auch das Gesetzliche. Das Ethos bestätigt hier den Willen des Individuums, der nur für sich will und alles Andere ausschließt.

Die Moralität ist die Diremtion des substantiellen und subjektiven Willens. Jener (das Ethos) fordert hier Aufgeben des subjektiven Willens, und das Geforderte steht als ein Aeußeres (Nicht-Ich) dem Individuum gegenüber. Die Moralität ist also der Gegensatz des Rechts; denn das Allgemeine, Nothwendige und der Wille des Einzelnen sind dort vereinigt, hier sich entgegengesetzt. Das Verbrechen ist zwar auch schon ein Gegensatz des Rechts, aber nicht der vollständige wie die Moralität (sic); denn hier ist es bloß ein einzelner Wille, der sich dem Allgemeinen entgegensetzt, in der Moralität aber erscheint der Begriff des Einzelwillens selbst als Gegensatz des Allgemeinen. In dem Verbrechen ist deßhalb der Gegensatz zwischen Gesetz und Individuum ein zufälliger, hier ein begriffsmäßiger. Eben deßhalb ist nun das Recht auch die Moralität; denn ich kann (nach dialektischem Gesetz) den Gedanken der Einheit jener beiden Momente (substantieller und subjektiver Wille) nicht haben, ohne zugleich ihre Entgegensetzung auszuschließen, mithin den Gedanken dieser gleichfalls zu haben, und diese Entgegensetzung ist, wie gezeigt worden, nicht anders denkbar als im Begriff der Moralität.

Die Sittlichkeit (Familie, Staat u.s.w.) ist die Unterscheidung jener beiden Momente und zugleich ihre Einheit. Familie und Staat sind Aufforderungen für das Individuum und zugleich seine Befriedigung und sein Schutz (sind zugleich Pflicht und Recht), sie stehen den Individuen gegenüber als ein sittlicher Bau außer ihnen und sind doch zugleich nur durch sie und in ihnen selbst realisirt, sind nur die Gesammtheit der Individuen. Zum Begriff des Staats und der Familie gehören schon die Individuen, und auf der andern Seite erkennen diese, daß ihr innerstes

Wesen nicht sie selbst als Personen sind, sondern die Substanz, das unpersönliche Denken, die logische Nothwendigkeit, welche der Staat ist*). Im Staate ist daher das Gesetz zugleich von der Wahl, d. i. von der freiwilligen Befolgung der Menschen abhängig, und dennoch hat es auch eine von ihrer Wahl unabhängige Existenz; es besteht nemlich ungeachtet ihrer Uebertretung immer als Regel fort. Die Sittlichkeit ist denn das höchste Moment des Ethos, und es ist nicht mehr bloße Aufgabe, sondern ein schon Erfülltes. Sollen und Seyn fallen hier zusammen.

Derselbe logische Prozeß, der jenen Grundbau der sittlichen Welt bildet, wiederholt sich nothwendig auf jeder Stufe. So ist das (abstrakte) Recht auch sein Gegentheil: Unrecht und Verbrechen, und die Einheit des Rechts und dieses seines Gegentheils: die Strafe. Die Sittlichkeit ist Familie, sie ist ihr Entgegengesetztes: mehrere Familien, bürgerliche Gesellschaft, und die Einheit derselben: der Staat. Der Staat setzt sich zunächst unmittelbar als Staat — innere Verfassung, er setzt sich sofort andern Staaten gegenüber und in ein Verhältniß zu ihnen — äußeres Staatsrecht, er setzt sich endlich als Einheit des Staates und der vielen andern Staaten (d. i. als alle Staaten, alle Volksgeister) — Weltgeist. Dieser entfaltet wieder im dialektischen Prozeß seine Epochen, — das ist die Weltgeschichte. So ergeben sich vier Weltreiche: Das erste ist das orientalische als die substantielle Stufe, auf welcher bloß der übermenschliche Wille (Gott, Religion) herrscht, und der Mensch (subjektiver Wille) völlig rechtlos in demselben aufgeht, jener selbst aber alles wahrhaften Inhalts und aller Realisirung im

---

*) Encykl. §. 514. Dieses Bewußtseyn, nur die Substanz zu seyn, hat freilich nur der Philosoph als klare Erkenntniß; aber ein jeder ist davon durchdrungen, indem sein Gefühl gehorchen zu müssen eben nichts Anderes ist als dieses Bewußtseyn.

Diesseits entbehrt. Das griechische Weltreich ist der nächste Schritt der Diremtion. Hier ist der subjektive Wille bereits gelöst von dem substantiellen Willen zu eigner Existenz und Berechtigung gekommen, aber doch noch demselben sich völlig hingebend, sich überall nur auf ihn beziehend; dieß ist die Idealität, der Rhythmus des griechischen Lebens. Das römische Weltreich ist die völlige Diremtion des substantiellen und subjektiven Willens, indem die Patricier (eine orientalische Priesterkaste), jenen repräsentirend, bloß auf die gegebene Religion und Kastenverfassung als höher geheiligt halten in völliger Gefühllosigkeit gegen den Menschen und sein Bedürfniß, die Plebejer dagegen bloß ihr subjektives menschliches Bedürfniß und Recht geltend machen ohne Rücksicht auf ein höheres Bindendes. Beide Momente werden dadurch geistlos, und zu ihrer äußersten Trennung und Entgegensetzung in der römischen Geschichte gelangt, sind sie der Schmerz der Welt, der die Versöhnung im Christenthum erheischt. (Also nicht die durch die Geschichte aller Völker gehende Entgegensetzung des Sollens und Wollens, nicht die Sünde und ihr Gefolge, der Tod u. s. w. verlangt nach Versöhnung, sondern die Entgegensetzung jener beiden Momente, einer objektiven Rechtsordnung und der subjektiven Berechtigung, wie die römische Verfassung und Geschichte sie enthält.) Für diese Versöhnung sind die Juden das bereit gehaltene Volk, und sie ist gegeben, indem Christus als Gottmensch die beiden Momente des Substantiellen und Subjektiven in sich vereinigt. Die Idee des Christenthums oder dieser Versöhnung ist aber objektiv verwirklicht erst in dem vierten, dem germanischen Weltreich. Hier nemlich sind die höhere Objektivität des Staats und der Verfassung mit ihrer ausgebildeten Architektonik der Vernunftbestimmungen einerseits und die höchste subjektive Freiheit und Berechtigung andrerseits zur vollsten Einheit gekommen, was in der modernen (konstitutionellen) politischen Entwickelung seine letzte Vollendung findet. (Hierin also, in dem Bau der socialen Welt, und nicht in der Heiligung des Christen und der christlichen Gemeinde und in den Verheißungen der zukünftigen Welt, dem jenseitigen Reich Gottes, liegt die Realisirung des Christenthums.)

Was nun insbesondere die Staatsverfassung betrifft, so führt die dialektische Entwickelung aus dem Begriffe der Gewalt zur konstitutionellen Monarchie. Die Gewalt nemlich hat zunächst das Moment der Allgemeinheit (Regeln zu geben) — die gesetzgebende Gewalt; dann das Moment der Besonderheit (diese Regeln zu vermitteln, durchzuführen in die besondern konkreten Verhältnisse) — die Regierungsgewalt; endlich die Einheit beider — die fürstliche Gewalt, die da Centrum ist für beides. Die fürstliche Gewalt soll nicht irgend einen Inhalt der Gesetze, der Maaßregeln geben, sondern nur die letzte formelle Entscheidung (Ja und Nein! den Punkt auf das I), sie repräsentirt deßhalb wieder das dritte Moment im Willensbegriff, den Entschluß, dem bereits der Inhalt (Trieb, Neigung) als anderes Moment vorausgegangen ist und in welchem der Wille sich als individuelles Ich setzt. Deshalb muß sie auch einem individuellen Ich, einer Persönlichkeit, Subjektivität (Monarchen) zukommen. Die Regierung als Subsumtion wird durch die Mehrern, nemlich die Beamten, versehen. Die gesetzgebende Gewalt durch den Fürsten als die durchaus entscheidende Macht; und zugleich durch die Stände, damit das, was an sich allgemeine Angelegenheit, in sich Nothwendiges ist, zugleich sich als für sich Allgemeines, d. i. der Menge (den „Vielen") Bewußtes darstelle. Dieß subjektive Moment ist eine Bestimmung der zur Totalität entwickelten Idee, darin liegt die Nothwendigkeit der ständischen Verfassung.

Drittes Kapitel.

Logische Prüfung der Lehre Hegels.

Unbestimmtheit der Hegel'schen Dialektik in ihr selbst. — Erschleichung ihrer Resultate. — Unfähigkeit für die Wechselwirkung der Dinge. — Anwendung dessen auf die Rechtsphilosophie. — Besondere logische Mängel der Rechtsphilosophie. — Vertilgung des Unterschiedes von Realität und bloßer Gedankenbestimmung in Hegels Lehre.

Der Nerv und das Geheimniß des Hegel'schen Systems ist die Dialektik. Sie bildet den Zusammenhang, in welchem hier alles erscheint, sie ist der einzige Weg des wahren Erkennens; was nicht in dieser dialektischen Entwickelung erkannt ist, ist nicht in seiner Wahrheit erkannt, ja sie ist der Weg, auf welchem die wirkliche Erzeugung der Dinge erfolgt. Die Frage nach der Wahrheit der Hegel'schen Lehre beruht deßhalb einfach auf der Frage, ob dieses dialektische Gesetz wirklich das wahre logische Gesetz, ob es wirklich die welterzeugende und welterhaltende Macht ist?

Es ist nun keineswegs wahr, daß eine Vorstellung die ihr entgegengesetzte in sich schließt oder setzt. Ausschließen oder auch als Ausgeschlossenes Involviren ist kein Setzen, und es kann deßhalb nicht gesagt werden, daß die Vorstellung zugleich die ihr entgegengesetzte sey, oder deren (reale) Existenz postulire. So ist das Unendliche nie das Endliche, und die Existenz des Unendlichen postulirt nicht, daß es auch Endliches gebe. So ist das reine Seyn, wenn es auch nicht bestimmtes Seyn ist, niemals gleich Nichts, es ist immer specifisch eine Position, wenn auch die leerste, die erst Ausfüllung fordert, und ist deßwegen ewig Gegensatz und bloß Gegensatz gegen das Nichts. Selbst aber der Zusammenhang der entgegengesetzten Vorstellungen, daß sie sich durch die wechselseitige Ausschließung wenigstens in Gedanken wechselseitig bedingen, gilt nur von den kontradiktorischen Gegensätzen, nicht aber von den konträren. Möge man sagen, daß das Seyn und Nichts, das Endliche und Unendliche, das Recht und Unrecht wechselseitig als Vorstellung sich postuliren, von Logik und Natur, von Recht (Berechtigung) und Moral (Sollen) kann man das nicht sagen. Wenn ich z. B. mir das Denken (die raum- und zeitlosen logischen Verhältnisse) vorstelle, so nöthigt mich diese Vorstellung durchaus nicht, zugleich eine Körperwelt zu denken.

Die größte logische Blöße dieser Dialektik besteht aber in ihrer völligen Vagheit. Denn die Begriffe „Gegensatz" und „Einheit", in denen sie sich bewegt, werden in dem verschiedensten Verständniß gebraucht und angewendet. Der Gegensatz, den, wie sie behauptet, jede Vorstellung (oder Sache) postulirt, ist mitunter der kontradiktorische, mitunter der konträre, mitunter nur ein anderes Exemplar, so z. B. das Endliche postulirt seinen kontradiktorischen Gegensatz des Unendlichen, dagegen die Familie fordert nur andre Familien oder die Mehrheit der Familien, und der Uebergang beruht bei dem Endlichen ins Unendliche darauf, daß an das eine bei dem andern gedacht werden muß, bei dem reinen Seyn und Nichts dagegen darauf, daß man am reinen Seyn (dem Erfolg, Nutzen nach) doch nicht mehr habe als am Nichts. Eben so die Einheit der beiden Gegensätze (spekulatives Moment) ist bald von der Art, daß beide in einem dritten nur gedacht werden, bald daß sie in demselben real verbunden sind, bald daß das eine das andere vernichtet. So z. B. das Werden als Einheit des Seyns und Nichts hebt das Nichts auf zu Gunsten des Seyns, das erst neu entstehen soll; die Strafe als Einheit des Rechts und des Verbrechens hebt das Verbrechen auf zu Gunsten des Rechts, das wieder hergestellt werden soll; dagegen die fürstliche Gewalt als Einheit der gesetzgebenden und regierenden Gewalt konservirt sie beide, und der Weltgeist (Weltgeschichte) als Einheit der verschiedenen Staaten und verschiedenen Volksgeister hebt diese insgesammt einen nach dem andern auf. Der Vorwurf, welchen Hegel den Gegnern macht*), daß sie beim Abstraktum der Einheit stehen bleiben, statt sich eine bestimmte Weise der Einheit zu denken, trifft also nicht minder ihn selbst. Es besteht die Einheit der Gegensätze (dialektisches Moment) nur darin, daß das Eine den Gedanken des Andern, gleichviel in welcher Art, involvirt, und es besteht die unmittelbare Erscheinung und Bethätigung dieser Einheit (spekulatives Moment) nur darin, daß bei einem Dritten beide in was immer für einer Beziehung zusammen gedacht werden müssen**). Wie könnte ein solches Chamäleon von logischem Gesetze die wahre Logik enthalten? Vollends aber ein logisches Gesetz, das zugleich die oberste, die einzige Ursache der Dinge seyn soll, müßte doch nothwendig fest und scharf bestimmt in ihm selbst seyn. Sonst beruht ja die ganze Welt überall auf dem Zufall, ob sich das Gesetz gerade in dem oder jenem Sinne verstanden hat. — Diese Unbestimmtheit findet auch ihre hinreichende Erklärung an dem Motiv, aus welchem Hegels Dialektik hervorging. Er ward, wie gezeigt worden, auf sie zunächst nur geführt, um die Spinozistisch-Schelling'sche Weltanschauung zu stützen, daher um die Identität des Allgemeinen und Besondern, des Idealen und Realen zu deduciren; zu eben diesem Zwecke aber, damit sie als logisches Gesetz gelte, mußte er viel weiter greifen, nemlich die Identität des Gegensatzes schlechthin behaupten und alle Resultate hieraus

---

*) Encykl. §. 573. S. 530.

**) „Jedermann hat eine Vorstellung vom Werden und wird eben so zugeben, daß es eine Vorstellung ist; ferner daß, wenn man sie analysirt, die Bestimmung von Seyn, aber auch von dem schlechthin Andern desselben, dem Nichts, darin enthalten ist, ferner daß diese beiden Bestimmungen ungetrennt in dieser einen Vorstellung sind; so daß Werden somit Einheit des Seyns und Nichts ist." Encykl. S. 103.

ableiten. Dadurch ist er denn genöthigt, dieses Gesetz der Einheit der Gegensätze in der diversesten und vagsten Weise zu verstehen, um die Begriffe und Dinge sämmtlich in dasselbe aufnehmen zu können.

Ist demgemäß diese Dialektik eine Täuschung in ihr selbst, so ist sie es nicht minder in Beziehung auf ihre Resultate. In dieser Vollendung des Rationalismus zeigt sich auch sein Unvermögen am evidentesten. Durch diese bloße Bewegung des Entgegensetzens und Verbindens kommt nichts heraus; wenn nicht dasjenige, welches entgegensetzt, zu welchem verbunden werden muß, schon anderwärts her gegeben ist Weil es sich gezeigt hat, daß die Linien, welche Abstraktion zu ziehen allein im Stande ist, das erfüllte, körperhafte Leben nicht zu fassen vermögen, so zog nun Hegel mittelst seines Postulates des Gegensatzes auch Linien in die Quere. Allein die lebendige Quelle läßt sich so wenig in ein Netz von Fäden schöpfen als in eine einfache Reihe. Die Natur z. B. ist nach Hegel die Idee (das reine Denken) in der Form ihres Anders-seyns. Nun ist die Natur wohl ein Anderes als das reine Denken, und wenn sie wirklich bloß das Denken ist, das Denken in einer andern als seiner eignen Form; mithin sein Gegentheil. Aber das Gegentheil des reinen Denkens ist noch immer nicht Natur; dazu gehört das bestimmte Anders-seyn, das wodurch Natur eben die Natur ist, und das ist nicht im Begriff des reinen Denkens, nicht in dem der Zeitlichkeit und Räumlichkeit, oder der Zeit- und Raumlosigkeit enthalten; sondern ein ganz Selbstständiges, von welchem die Dialektik wohl, wenn sie es erhalten hat, die Kategorie des Gegensatzes zum Denken aufzeigen, das sie aber nie aus dieser Kategorie erhalten kann. Alles bestimmte Daseyn ist also weder von seinem Entgegengesetzten logisch postulirt, noch ist es bloß der Gegensatz dieses andern. Eben so sind im Menschen, der nach Hegel die

Einheit von Natur und Logik ist, wohl Natur und die Denkbestimmungen unzertrennlich verbunden, der Begriff des Menschen, wenn man ihn analysirt, besteht nicht ohne diese beiden; aber das System der Denkbestimmungen und Natur mit einander zu Einem verbunden, sind deßwegen noch immer nicht (wie Hegel folgert) = Mensch. Man wird aus diesen beiden und der Nothwendigkeit ihres Zusammenbeziehens noch nicht das finden, was der Mensch ist. Das Bestimmte des Menschen, wodurch er es ist, Selbstbewußtseyn, Persönlichkeit ist etwas außer den vorausgehenden Datis und der dialektischen Regel. Natur, Geist und alles das ist also nicht in dem „reinen von außen nichts hereinnehmenden Gang" gefunden, wie beansprucht wird. Gleich der erste Schritt des Systems, das „Werden", ist auf solche Weise erschlichen. Das Werden ist nicht bloß eine gemeinsame Denkbeziehung des Seyns und Nichts, es ist eine eigenthümliche Bewegung und positive Thätigkeit, wovon sich in der Vorstellung jener beiden nichts findet. Es ist aber ein solches Zusammenbeziehen in einem Dritten überhaupt auch gar nicht logisch nothwendig. Ich könnte beim leeren Seyn und Nichts stehen bleiben, immer zusehen, wie sie gegenseitig sich aufheben, und immerfort sagen, daß sie dasselbe sind — wozu ein Drittes? Das dritte Moment ist nur deßwegen logisch nothwendig, weil es nun einmal ein Werden und weil es Menschen giebt und die logische Entwickelung zu Schanden wird, wenn sie sich der Wirklichkeit nicht adäquat macht. Daß auf solche Weise ein neuer positiver Inhalt mittelst seiner Beziehung zu den anfänglichen oder schon gefundenen Bestimmungen hereingezogen wird, obwohl sich dieser Inhalt aus jener Beziehung nicht ergiebt, nicht in ihr enthalten und nicht aus ihr zu finden ist, daß also dasjenige als Produkt der dialektischen Bewegung ausgegeben wird, was sie nicht selbst erzeugen konnte, sondern bloß nach ihrem Schema neben einander stellte: darin besteht die Sophistik dieses Systems. Es ist jene oben gerügte Sophistik des Rationalismus überhaupt, nur in einer besondern Form. Die Erschleichung ist immer in der spätern Stufe schwerer nachzuweisen, als in den frühern; weil hier schon ein größerer Vorrath solcher falschen Gewinnste daliegt, von welchem dann der neue wieder unterschieden werden müßte. Durch solche stets weiter sich ausbreitende Usurpation von Gedanken und Realitäten entsteht denn das Werk, das in Erstaunen setzt: daß das Denken von seinen leersten Anfängen sich zu Gestaltungen emporarbeitet, in denen von Pracht und Herrlichkeit, von Wille und That, Gefühl und Liebe die Rede ist.

Es soll diesem dialektischen Gesetze gemäß alles durch Negation der Negation entstehen, das sey das Geheimniß der Schöpfung*). Aber die Negation der Negation wird nie etwas ergeben können, wenn nicht eine wahrhafte Position vorausging, welche zuerst negirt wurde, und das leere Seyn-Nichts ist doch keine solche Position. Seine Negation zu haben und sie aufzuheben ist eine Befreiung und Steigerung alles Daseyns; aber sie setzt Daseyn voraus. Der Glaube ist stärker nach überwundenem Zweifel, die Lebensfrische freudiger nach überstandener Krankheit. Aber was könnte der Glaube nach der Ueberwindung des Zweifels seyn, wenn er nicht schon vorher selbst etwas gewesen wäre? wenn er des Zweifels schon zu seinem Daseyn, nicht bloß zu seiner Erhöhung bedurft hätte? Wenn die ursprüngliche Position (ein wahrhaft reelles, erfülltes Daseyn) ihre Negation freiwillig setzt und überwindet und mit schöpferischer Kraft ein Neues hervorbringt: dann bildet sich eine Welt. Soll aber die Synthese der Art seyn, daß ihr Produkt mit dem Voraus-

*) Encykl. §. 82.

gehenden nothwendig gegeben ist, d. h. soll sie zugleich Analyse seyn: so ist ihr Produkt auch immer — Nichts.

Wenn hienach die Dialektik Hegels nicht im Stande ist, wie sie es anspricht, die wirklichen Existenzen zu ergeben, so ist sie am allerwenigsten im Stande das Ineinanderwirken dieser Existenzen in der wirklichen Welt zu ergeben. Denn wo immer ein Denkgesetz, wie hier das dialektische, als das positiv erzeugende gilt, da ist Steifheit unvermeidlich, die Dinge können nur in der Richtung in Betracht kommen, welche der logische Zug fordert; der Reichthum der Beziehungen, welchen jedes Lebendige nach allen Seiten hin hat, in welchem es sich wechselseitig durchdringt, geht für die Wissenschaft verloren. Durch diese Ungelenkigkeit erhellt es nicht, in welchem unmittelbaren Zusammenhang das später nach Mittelstufen Producirte mit dem Frühern steht, oder daß überhaupt in einem. Wie namentlich ist Folgendes einzusehen: In dem früheren Abschnitte ergiebt sich das Verhältniß von Ursache und Wirkung, der nothwendige Kausalnexus der Begebenheiten *); in dem spätern nun erscheinen alle Ereignisse als die logischen Folgen des Ganges der Weltgeschichte. Wie kommt es nun, daß der logische und daß der Kausalzusammenhang dasselbe Produkt geben? Es fordert z. B. der Begriff der Schönheit, daß die Griechen als Repräsentanten desselben in mannigfache Stämme zerfallen **); wie kommt es nun, daß die Fortpflanzung der Urväter und die durch äußere Ereignisse und Bedürfniß bestimmten Wanderungen, nach dem Gesetze von Ursache und Wirkung gleichfalls in sich selbst richtig, gerade bei dieser Nation diese Mannigfaltigkeit von Stämmen hervorgebracht haben? Oder wenn man der französischen Revolution, die eintreten mußte, weil die Momente des Willens sie logisch enthalten,

*) Encykl. §. 143.

**) Naturrecht §. 356.

nachrechnet, wie sie nach dem Kausalnexus aller vorausgegangenen Begebenheiten, aller Motive der Einzelnen, aller zufälligen Ereignisse sich ergeben hat — wie kommt es, daß auch hier die Rechnung richtig sich findet? Warum begegnet es nicht einmal, daß entweder eine ungeladene Flinte losgeht, um die logische Folge zu befriedigen, oder umgekehrt ein Oranien, den die Idee erschießen lassen muß, leben bleibt, weil gerade das Pulver feucht geworden ist? Wodurch hat der logische Prozeß über den Kausalnexus die Herrschaft?

Man könnte es nun versuchen, diese Dialektik dadurch zu halten, daß man sie bloß als die Form der Welt betrachtete, den Inhalt, die Dinge selbst anderwärts her entstehen ließe. Allein dann würde es sich fragen: wenn die Dialektik die Dinge nicht gemacht hat, was hat sie denn gemacht? und so lange dieses nicht beantwortet ist, könnte es auch gar nicht entschieden werden, ob jene die wahre Form ist. Im Gegentheil, sind die Dinge nicht durch sie gemacht, so ist auch gar kein Grund da anzunehmen, daß sie nach ihr gemacht seyen. Das wahre System der Welt müßte allerdings zeigen, wie in jeder höheren Stufe die geringeren enthalten und verbunden sind; allein es würde diese höhere dennoch als eine neue Schöpfung, nicht bloß als ein Produkt jener geringeren nach nothwendiger logischer Regel betrachten. Auch würde es keine Stufenfolge in Hegels Weise anerkennen, in der, wie in militärischer Rangordnung, ein Begriff nach dem andern folgt; sondern das mannigfachste Wirken, ein Verknüpfen nach allen Seiten hin, wo jeder Faden tausend Fäden schlägt. So bescheiden ist indessen Hegels Behauptung von seiner Dialektik auch gar nicht. Sein System beruht darauf, daß sie nicht bloß die Form der Welt, sondern die einzige Ursache ihres Inhaltes ist: und wenn irgend ein Inhalt sich findet, der nicht durch die dialektische Bewegung selbst gerade der nothwendig seyn muß, der er nun ist: so muß er seine Lehre aufgeben.

Die Erschleichung, welche der dialektischen Methode überhaupt zur Last fällt, trifft natürlich auch ihre ganze Durchführung durch das Naturrecht; denn es geschieht auch kein Schritt ohne sie. Es ist unwahr, daß ein Institut das Bestehen des ihm entgegengesetzten fordert, und was als die Einheit der Gegensätze ausgegeben wird, ist im besten Falle nicht bloß diese, sondern noch etwas außer ihr, was von dem Gange des Systems nicht berührt wird. Familie z. B., welche die Anordnung des Verhältnisses der Fortpflanzung enthält, ist dadurch, alles Uebrige zugestanden, doch noch etwas Anderes als bloß das Produkt der Begriffe: Einheit und Entgegensetzung einer ethischen Nothwendigkeit und des einzelnen Willens; denn sonst müßte ja auch jenes Verhältniß in diesen Faktoren enthalten seyn. Es sind aber bloß diese Begriffe, welche in der systematischen Entwickelung das Wesen der Familie ergeben und vollständig bilden müssen. Wie im alten Naturrecht alles, was gerade folgen soll, — sey es, weil es besonders gewünscht wird oder weil die Wirklichkeit es fordert —, dadurch bewiesen wird, daß es sich nicht widerspricht; so im Naturrechte Hegels dadurch, daß die Funktion des Entgegensetzens und Verbindens in ihm vorkommt. In Wahrheit ist aber der ganze eigne redlich gewonnene Inhalt des frühern Naturrechts nur der: „das sich selbst Widersprechende ist nicht;" und des Hegelschen: „es giebt einander widersprechende Dinge und eine Verbindung derselben." Was nun dort dasjenige selbst ist, welches sich nicht widerspricht, oder hier, welche sich entgegengesetzte Dinge denn wirklich bestehen, davon zu reden, hat weder das Eine noch das Andere die Mittel. Soll aber etwas Bestimmtes gefolgert werden, wo wirklich nichts Bestimmtes folgt, so hängt es natürlich vom Belieben ab, was man folgert. Daher ist auch im Naturrecht Hegels, wie im ältern, ja noch mehr, die Willkür herrschend. Hegel macht Kant den Vorwurf, daß aus seinem bloß formalen Gesetze sich eben so wohl Gütergemeinschaft als Eigenthum folgern läßt; dasselbe gilt in noch höherem Grade von Hegels formaler Bewegung. Warum z. B. ist das dialektische Moment von Recht das Unrecht und Verbrechen, nicht das Recht eines Andern; dagegen das dialektische Moment von Familie, von Staat, nicht Unfamilie, Unstaat, sondern mehrere Familien, andere Staaten? Vollkommen der dialektischen Methode entsprechend wäre es, wenn man statt des Fortgangs, welchen Hegel gewählt hat, folgenden substituirte: Das Andere des Staats ist der Unstaat, das ist etwa eine Räuberbande. Man hätte damit die Nothwendigkeit auch dieses Begriffs und dieser Sache in der Weltordnung dargethan, und das ist ja unerläßlich; denn das Moment des Verbrechens als Gegensatz des Rechts enthält noch gar nicht diese vernünftige Architektonik des Verbrechens. Nun wäre das spekulative Moment für Staat und Räuberbande zu suchen, und als solches stellt sich dar der — Raubstaat. Der Raubstaat kann ohne jene beiden Begriffe nicht gedacht werden; in seinem Gedanken spielen die Gedanken des Staats und der Räuberbande unaufhaltsam in einander, sie gehen stets eines in das andere über. Raubstaat ist daher die Einheit von Staat und Bande und somit das Wahre an beiden, wie nach Hegel die Strafe die Einheit von Recht und Verbrechen und somit das Wahre an beiden ist.

So beruht die ganze Deduktion des Naturrechts theils auf jener schillernden Haltung des dialektischen Gesetzes, theils auf solcher Erschleichung der Resultate. Sie hat aber noch ihre besondern logischen Mängel. Fürs erste ist der eine Faktor derselben, der übermenschliche Wille, das reinste Abstraktum, die bloße Negation des menschlichen. Er hat an sich keinen Inhalt, sondern erhält ihn erst, nachdem ein menschlicher da ist, den er aufheben kann. Dieser übermenschliche Wille ist darum in einem Momente eine bloße Anforderung, im andern ein Institut, im dritten eine Begebenheit, im vierten die Vorstellung der Person Gottes u. s. w., und doch immer dasselbe, nemlich er hat immer das Kriterium: nicht Mensch zu seyn und doch eine Beziehung zum Menschen zu haben. Fürs andere entspricht der Bau der sittlichen Welt, den Hegel aus der Analogie zu den drei Momenten des Willensaktes aufführt, diesen in keiner Weise. Denn beim Willensakte ist eben das Ich, welches sich bewußt ist, alles zu können, auch dasselbe, welches sofort den Entschluß faßt; in jenem Bau der sittlichen Welt dagegen ist das allgemeine Können, das im Recht der Persönlichkeit (dem Eigenthum) realisirt seyn soll, ein Können des Individuums, und der Entschluß (die Verwirklichung), welche in der Sittlichkeit (Familie und Staat) realisirt seyn soll, jedenfalls ein Entschluß des substantiellen Willens. Auch die einzelnen Momente entsprechen sich nicht. So z. B. ist das allgemeine Können beim Willensakt ein wirklich Unbegränztes, Undeterminirtes, Objektloses, dagegen das (abstrakte) Recht der Person oder das Eigenthum ist ein Können nur in bestimmter Gränze und in Beziehung auf ein bestimmtes Objekt.

Die Erschleichung der realen Resultate theilt nun Hegel mit der ganzen rationalistischen Entwickelung. Das aber ist das Eigenthümliche bei ihm, daß das Logische nicht wie in der vulgär rationalistischen Auffassung als bloßes Mittel, sondern als die Sache selbst, als das eigentliche Wesen, als das allein Reale erscheint und damit nothwendig dem wirklich Realen als solchen die Realität abgesprochen wird. Diese Unwahrheit, das bloß Gedachte als Seyendes zu behandeln, geht denn durch das System im Ganzen wie im Einzelnen und ist sein eigenthümlicher Charakter, der auch der Grund seiner Unverständlichkeit für die meisten ist; weil der gesunde und wahre Sinn sie gar nicht vermuthet*). Deßwegen erscheint hier das Nichts, der Mangel an aller Realität, selbst als eine Realität, wie das Seyn, es ist eine mithandelnde Person, ja eine welterzeugende Potenz. Die Schöpfung geht nicht etwa bloß von dem Nichts aus (terminus a quo); sondern das Nichts ist selbst der in Bewegung setzende Trieb (causa per quod). — Die negative Bestimmung ist reicher als die positive; denn sie enthält die positive und noch etwas dazu — nemlich ihre Aufhebung**). Freiheit des Willens besteht darin, daß im Entschlusse mit dem Beschlossenen zugleich sein Gegentheil (die Möglichkeit alles Andern) als Gedachte gesetzt sind; die reelle Kraft der Entscheidung, daß ich im konkreten Falle zwischen A und B wählen kann, kommt nicht in Betracht, es wird gar nicht einmal untersucht, ob meine Entscheidung durch Zufall, durch ein Gesetz außer mir oder bloß durch mich bewirkt werde; genug, während das Eine geschieht, wird alles andere Mögliche daneben gedacht. Es besteht also immer die Möglichkeit des Andern als gedachte, sollte es auch z. B. durch Prädestination unmöglich seyn, daß es wirklich werde — und das ist Freiheit***).

---

*) In diesem Charakter erinnert die Philosophie Hegels an das Posthorn Münchhausens, dessen Töne sich von selber bliesen.

**) Einleitung zur Logik S. XX versichert dieses Hegel selbst von der Kombination zweier zu einem dritten, z. B. die Bestrafung ist reicher als das Recht. Er wird es aber aus demselben Grunde schon von der unmittelbaren Negation behaupten müssen.

***) Naturrecht §. 5 ff. vorzüglich §. 15. Anmerk. Dadurch allein gewinnt auch Hegel die nichtige Vorstellung eines unpersönlichen, substantiellen Willens, eines Willens, welcher nicht will, sondern nur Wille ist; wenn nemlich in irgend einer Einrichtung ein bestimmter Sinn (gleichsam als gewollter) ausgeprägt ist und nach der Natur der Einrichtung die Möglichkeit, daß ihr Daseyn oder jener Sinn von dem Menschen aufgehoben werde, zwar in der That nicht vorhanden ist, aber doch bei ihr nothwendig gedacht werden muß, so ist dieß ein substantieller Wille. Es sind hier nemlich alle Requisite vorhanden, welche Hegel an den Willen macht: ein bestimmter verwirklichter Inhalt und die der Vorstellung sich darbietende Möglichkeit eines andern. Das Eigenthümliche des Willens, das Wollen

Eben daher kommen jene merkwürdigen, ja unglaublichen Uebergänge, in welchen das System fortschreitet. Es werden nemlich die verschiedenartigsten, ja entgegengesetztesten Dinge als die an einander gränzenden Stationen des weltbildenden Prozesses dargestellt nach ihrer Verwandtschaft in irgend einer solchen einzelnen logischen Beziehung, die nichts weniger als ihr Wesen erschöpft. So z. B. bildet der Tod des Individuums den Uebergang vom Leben ins Erkennen*), denn im Tode des Individuums habe das Allgemeine (die Gattung) bereits das Besondere in sich zurückgenommen; das geschehe aber in noch höherem Grade im Erkennen (Denken), wo das Allgemeine (die Denkregel) nicht bloß eine besondere Existenz, sondern die besondere Existenz als solche (das Objekt) in sich, das Allgemeine, zurücknehme. Darum bilden das Leben in der Natur, der Tod in der Natur und das Erkennen den systematischen Fortgang. In gleicher Weise bildet der Beweis den Uebergang vom Erkennen ins Wollen**); denn im Beweise nehme der Geist das Objekt nicht an als ein unmittelbar Gegebenes, sondern als ein Nothwendiges, sohin durch das Denken (also die subjektive Thätigkeit) Bewirktes. Im Wollen aber werde vollends das Objekt nur durch die subjektive Thätigkeit (also durch das Denken) bewirkt. Darum bilden Erkennen, Beweis, Wollen den systematischen Fortgang. In derselben Weise, wie

---

selbst, und die wirkliche Wahl, welche jenes Wesen nicht haben kann, wird überhaupt nicht gefordert. Der Staat z. B. hat einen bestimmten Sinn. Es muß ihn also jemand gewollt haben. Der Mensch natürlich nicht. Der persönliche Gott auch nicht; denn er ist nicht. Also das unpersönliche Denken. Dieses aber, sollte man glauben, könnte ihn nicht gewollt haben, weil es selbst keine Wahl hat. Allein nach Hegel gehört zu dem Willen auch keine Wahl, sondern nur, daß der Gedanke der Möglichkeit des andern bestehe.

*) Encykl. dritte Ausg. S. 395. 66.

**) Ebendas. S. 405.

bereits oben dargelegt worden, ist das Verbrechen der Uebergang vom Recht in die Moral. Während man sonst das Verbrechen für viel weiter von der Moral entfernt glaubt als das Recht, zeigt sich hier, daß es ihr viel näher, ja ganz dicht an ihrer Gränze liegt; denn im Verbrechen hat sich bereits der Einzelwille als Gegensatz gegen den substantiellen Willen, das Gesetz, gesetzt, was er in der Moralität nun vollständig thut, da hier begriffsmäßig ein Sollender und eine Anforderung einander entgegen stehen.

In dieser Vernichtung aller wahrhaften Realität liegt auch, wie oben bereits gezeigt worden, die Wurzel der Selbsttäuschung, ohne die seine Dialektik von vorn herein nicht möglich gewesen wäre.

Um deßwillen ist aber auch von Hegel nicht, wie von den frühern Rationalisten, bloß Unwahres gesagt, sondern alle Wahrheit rein vertilgt; seine Lehre giebt nicht nur dem Nichtseyenden Realität, sondern sie spricht sie allem Seyenden ab. Das dialektische Gesetz nemlich ist der alleinige Inhalt des Systems, es wird durch die Schöpfung durchgeführt, angeblich sie erzeugend, in der That sie vorfindend und zerstörend. Alles, was da ist, Natur, Geschichte, Kunst, Religion werden nach solchem Schema an einander gereiht, einem jeden als das Bestimmte, das es selbst ist, die Wahrheit abgesprochen, und bloß die abstrakte Beziehung — daß es einen Gegensatz gegen ein anderes bildet, oder die Vorstellung von zwei andern in sich verbindet — als das Wahre an ihm erklärt. So ist alle Realität positiv und durchgängig aufgehoben. Hegel gelangt daher mit Fug nie zu einer wirklichen Welt. Seine Dialektik schreitet vom reinen Denken zur Natur, weil jenes sich aufheben und seinen Gegensatz setzen müsse. Realität, Selbstständigkeit und Ursächlichkeit kann nun nicht das Eigenthümliche dieses

Gegensatzes, also der Natur, seyn, weil das alles schon dem reinen Denken selbst zugestanden war. Es bleibt bloß die Zeitlichkeit und Räumlichkeit*). Was kann aber bestimmen, diese zeitliche und räumliche Natur als eine wirklich seyende, reelle anzunehmen, und nicht als eine solche, welche bloß als zeitlich und räumlich gedacht ist, wie wir ja auch im Traume eine in Zeit und Raum auseinander gehende Natur haben, der nur das Wesentliche der Natur, die Realität, fehlt, die aber alle Requisite der Hegel'schen Natur an sich trägt. Der objektive Idealismus Hegels ist nicht minder eine bloße Traumwelt, als der subjektive Fichte's, aber überdieß noch ohne einen Träumenden.

So wird denn auch keinem ethischen Institute vergönnt, es selbst zu seyn, um seines eignen Inhalts willen Daseyn zu haben; nur seine einseitige, äußerliche Beziehung zu einem andern, sein schematisches Verhältniß nach jener Dialektik giebt ihm Existenz und Bedeutung. Die Moralität kann nach Hegel ihr Wesen und ihren Zweck nicht darin haben, daß ihre Gebote erfüllt werden; sondern daß sie als Aufgaben bestehen. Die Familie, der Staat, haben nur darin ihre Bedeutung, daß vorher der Gott sich als Wollen, sodann als Sollen gesetzt hat und nun ein Drittes dialektisch nöthig ist, in welchem beide gedacht werden müssen. Die Figur, welche herauskommt, wenn man Recht, Moralität und Staat nicht in ihrem ganzen erfüllten Daseyn betrachtet, sondern bloß in der einen abstrakten Beziehung, daß im Rechte eine Uebereinstimmung des Ethos mit meinem Willen, in der Moralität eine Entgegensetzung und im Staate beides (wiewohl nicht einmal in derselben Beziehung) gedacht werden muß — diese Figur ist die alleinige Ursache

*) Encykl. §. 247.

seines Daseyns, und sein Inhalt selbst soll nur durch sie bestimmt seyn. In ähnlicher Weise hält eine andere Philosophie die Zahlenverhältnisse, in welchen die Dinge sich gegeneinander befinden, für die Ursache und das innerste Wesen derselben. So könnte man annehmen, daß nur die verschiedenen Figuren, welche nach neueren Entdeckungen von den tönenden Körpern durch ihre Schwingungen gebildet werden, die wahre Bedeutung eines großen Musikstücks seyen. Eine natürliche Folge ist es, daß alle diejenigen, welche die Institute und Begebenheiten selbst für etwas halten und der Erforschung ihres eigenthümlichen Wesens obliegen und sich daher nicht mit dem leeren Spiel beschäftigen, bloß jene Kategorien in ihnen herauszufinden, z. B. Savigny, Neander u. s. w., von dieser Schule gering geschätzt werden. Es soll gar nicht geläugnet werden, daß dergleichen logische Figuren so wie Zahlenverhältnisse wirklich sich durch die Institute und Begebenheiten der sittlichen Welt hindurchziehen. Das aber ist die Schönheit der Schöpfung, daß jedes Erzeugniß unzählige Seiten zugleich erfüllt, daß das neu und frei Geschaffene in einem wiederkehrenden Gange, gleich als wäre es unvermeidlich, an das Gegebene sich anreiht. Dieses Vorbild hat sich die Kunst genommen, darum schreitet die freie Dichtung in gesetzmäßigem Rhythmus fort. Allein wer möchte den Inhalt der Dichtung aus Versmaaß und Reim ableiten? Und dann möchte der Rhythmus der Welt ein höherer und reicherer seyn, als die Figur der drei Momente oder die Tetras. Man kann nicht vermuthen, daß der Künstler, der allein die wahre Meisterschaft über seinen Stoff besitzt, mit solch dürftiger Monotonie sich begnügt habe.

Viertes Kapitel.

Reale Prüfung der Lehre Hegels.

Untergang der Persönlichkeit und Freiheit. — Pantheismus. — Verhältniß zur christlichen Offenbarung. — Wahre ethische und politische Resultate und mangelhafte Seite derselben. — Trennung des Systems und dieser Resultate. —

Prüft man die Lehre Hegels nach der realen Seite, d. i. inwiefern sie die innersten Anforderungen, die unmittelbar gewissen Ueberzeugungen, die tiefste Sehnsucht des menschlichen Gemüthes befriedigt, so wird das Urtheil an allen Punkten auf das eine Centrum der Entscheidung zurückgeführt werden: daß Persönlichkeit und Freiheit in dem pantheistischen System untergehen. Das substantielle Denken ist der Anfang und das Ende, das A und das O, Persönlichkeit nur eine Durchgangsstufe, nur das Mittel, um jenes Unpersönliche zu seiner Existenz, seinem Sichvonsichunterscheiden, zu bringen. Das Individuum und seine Befriedigung ist darum nirgend ein bleibendes Moment, ein letzter Zweck, es wird nur gesetzt, um wieder in die Substanz zurückzugehen. Danach wird die Glückseligkeit der Menschen und das Streben nach ihrem Wohl als ein untergeordnetes Moment, als das noch nicht wahrhaft Sittliche angesehen, Unsterblichkeit wird aufgegeben, im Gegentheil die Idee des Lebens realisirt und befreit sich gerade durch den Tod des Individuums*). (Niemand aber möchte das

*) „Im Tode erweist sich die Gattung als die Macht über das unmittelbare Einzelne. — — Die Idee des Lebens aber hat damit sich nicht nur von irgend einem besondern unmittelbaren diesen befreit, sondern von dieser ersten Unmittelbarkeit überhaupt, sie kommt damit zu sich, zu ihrer Wahrheit; sie tritt hiermit als freie Gattung für sich selbst in die Existenz. Der Tod der (nur unmittelbaren) einzelnen Besonderheit ist das Hervorgehen des Geistes." Encykl. dritte Ausg. S. 395. Das ist zwar in Beziehung auf das Leben überhaupt gesagt, nicht speciell vom menschlichen Leben; aber eben weil es vom Leben überhaupt seinem

Fortbestehen des Allgemeinen, der Welt, der wir als Theil angehören, für seine eigne Unsterblichkeit halten.) Nicht wo das Individuum wählen kann, ist Freiheit, sondern wo es nicht wählen kann, wo eine Regel ohne seinen Willen verwirklicht ist; das Denkgesetz soll frei (d. i. seine Realisirung nicht vom Menschen abhängig) seyn, und nicht der Mensch. Nicht die Menschen handeln in der Geschichte, wie unsere bisherigen Geschichtschreiber wähnten, sondern das logische Gesetz der drei Momente. Die unlautern Absichten und Motive der scheinbar Handelnden schmälern daher ihren Glanz nicht; wenn nur durch sie das von diesem Gesetze Geforderte ausgeführt wird. Daher werden die, welche solche subjektive Flecken als Flecken betrachten, psychologische Kammerdiener genannt (die meisten freilich mit Recht), scheinbar als würde hier menschliche Größe in Schutz genommen, in der That, weil sie geläugnet ist, der Mensch als ein zwar bewußtes, aber nicht aus eigner Bestimmung handelndes Organ des logischen Prozesses betrachtet wird*). Nicht der Mensch weiß sich in der Familie, dem Staate, in der Philosophie, in Gott und der lebendige Gott in ihm; sondern das System der Denkbestimmungen, der Gedanke der Familie, des Staats u. s. f. wissen sich im Menschen, wie man etwa sagen könnte: der Spiegel beschaut sich im Menschen. Es ist der Zweck der rechtlichen Institute nicht, Persönlichkeit,

---

Gedanken nach gilt, muß es ja auch vom menschlichen gelten. Ueberdieß liegt dieselbe Behauptung auch speciell hinsichtlich des Menschen schon darin, daß derselbe als „abstrakte Persönlichkeit“ bezeichnet wird. Denn dieß heißt: sofern ich mich als Ich weiß und das All als ein Anderes (Entgegengesetztes) von mir, bin ich (oder vielmehr ist die Weltmacht, die sich als mein Ich setzt) im unwahren Momente, ich muß daher als Ich aufgehoben werden, muß mein Andres seyn, das All außer mir, und nicht etwa der hingebenden Gesinnung, sondern der Existenz nach (die Weltmacht tritt in das Moment mich als Ich wieder aufzuheben).

*) Naturrecht S. 121.

sey es menschliche oder göttliche, zu befriedigen, sondern im Gegentheil sie aufzuheben; nur zu dem Ende, sie wieder negiren zu können, um sich dadurch einen Inhalt geben zu können, hat Vernunft die Menschen gesetzt. Hier ist es auch gar nicht die That, worin die Erfüllung des Ethos besteht, sondern ein bloßes Daseyn, indem es in Instituten und Regeln ausgedrückt ist, die sich selbst nicht wissen, die von den Menschen verletzt werden, aber doch im Allgemeinen als Regeln und Institute unaufhörlich bestehen. Die „substantielle" Sittlichkeit ist höher als die persönliche und aktuelle Sittlichkeit, das heißt, die Ausprägung von Gedanken und Gesetzen in dem unfreiwilligen (durch Zwang oder Drohung des Zwangs erzielten) Handeln der Menschen ist höher als das innerlich gute, geheiligte Wollen und freiwillige Thun der Menschen. Der schlechteste Staat ist demnach eine höhere Erscheinung als der vollendetste Mensch; denn sein Begriff enthält eine reichere Entfaltung der Vorstellungen des Allgemeinen und Besondern. Daß das logische Gesetz der drei Momente (der Gott in seiner Intension) nun auch alles, was es enthält, auseinander breite, und man endlich wisse (Philosophie), daß die ganze Fülle der Gestalten nichts ist als jenes Gesetz, oder genauer ausgedrückt, daß das Gesetz selbst solches von sich wisse — das ist das letzte Ziel der Dinge. Hegels Lehre sagt dem Hungernden und Dürstenden, wenn er sich sättigt und labt: „nicht deine Erquickung will der Weltgeist!" Sie sagt dem Liebenden, dem Begeisterten, dem Andächtigen: „nicht dein Gefühl, deine Erhebung, deine Seligkeit will der Weltgeist! Sondern in diesen Vorgängen und Empfindungen ist die Bewegung des Entgegensetzens und Verbindens auf die mannigfachste und entwickeltste Weise ausgedrückt, und das sollen sie, das ist ihre Wahrheit!" — Es ist wahr, daß wir Vielen nur das wahrhaft sind, was wir für das Eine sind. Aber dieses Eine ist Gott, er ist ein bestimmter, der er ist, schon in sich selbst wahr, und wir sind etwas Wahres für ihn und sind bleibend. Allein nach Hegel ist dieses Eine die leere Unbestimmtheit. Es ist selbst nichts, und wir sind nichts für es als seine Unwahrheit, die am Ende auch als solche zu erkennen, es zu seinem einzigen Ziele hat.

Zwar hat die Persönlichkeit scheinbar eine große Bedeutung in diesem Systeme, sie ist ein nothwendiges Moment in der Entwickelung des Weltgesetzes, und das Christenthum selbst wird deßwegen belobt, daß es das Recht der Individualität gesichert habe. Allein eine Persönlichkeit, die nur durch einen logischen Prozeß und daher auch zuletzt nur für ihn da ist, besteht nicht wahrhaft als Persönlichkeit. Deßwegen ist es wieder nicht auf die reelle bestimmte Persönlichkeit abgesehen, auf mich und dich und ihn; sondern auf Persönlichkeit in abstracto, die ein ewiges Moment ist, wie der Gedanke des Allgemeinen selbst. Diese wird verwirklicht, so lange es Menschen giebt; wenn immerhin die Individuen und die Geschlechter dahin sterben, diese stirbt nie. Die vielen Menschen im Staate haben ihr Recht vertreten zu werden, deßwegen sind Repräsentativ-Verfassungen vernünftig nothwendig; aber nicht damit A und B und C, alle die da wirklich leben, vertreten sind, sondern damit die Kategorie der Vielheit ihr äußerliches Organ habe. Daß wir öfters unser Recht im Staate nicht erhalten, ist keine Unvollendung unserer Staaten. Unser Recht ist uns ja in abstracto garantirt, es ist die Anerkennung des Rechts der einzelnen Menschen in den bleibenden Gesetzen ausgesprochen und durch die Rechtsübung und ihr Bekenntniß dargestellt; die Vernünftigkeit unserer Staaten läßt daher auch gar nichts zu wünschen übrig. Das Verhältniß von A und B in der Sache X ist ja nur ein zufälliges, auf dessen gerechte oder ungerechte Behandlung für sich selbst nichts ankommen kann; im Gegentheil es ist sogar vernünftig nothwendig, daß die Vernunft auch Zufälliges, als ihr Gegensatz, sey, mithin nicht jede Sache gerecht entschieden werde. Aristoteles warf die Frage auf, ob gute Gesetze oder gute Regenten besser seyen. Seine Untersuchung ist durch den Maaßstab geleitet, in welchem Falle die einzelnen Verhältnisse besser entschieden werden; auf diese bestimmten also ist es bei ihm abgesehen. Bei Hegel fällt schon diese Frage weg; denn auf die bestimmten Verhältnisse und betheiligten Personen für sich selbst kommt nichts an.

Die Dissonanz, welche nur zu reell die Welt durchschneidet, erscheint hier bloß als abstrakte und findet auch in der Abstraktion ihre Lösung. Nicht daß wir, die bestimmten Menschen, im bestimmten Falle anders wollen als wir sollen, wie der Apostel sagt: „ich thue nicht das ich will; sondern das ich hasse, das thue ich," daß alles Daseyn auf einen Zustand der Vollendung hinweist, den es zu erringen sich im Schweiße des Angesichts vergeblich abmüht — nicht dieses ist die Dissonanz der sittlichen Ordnung nach Hegel. Sondern daß das Wollen und das Sollen überhaupt existiren, daß es zwei solche Vorstellungen giebt. Wie kann nemlich Vernunft, dieses unbestimmte Eine, Wollen und doch auch Sollen seyn, und sie muß doch beides seyn, da alles nur sie ist? Dieser Dissonanz liegt die tiefere unter, daß wir getrennt sind von Gott und ein anderes Wollen und Streben haben als das seinige ist. Auch dieser Widerspruch der That ist bei Hegel zu dem logischen geworden, daß ein Mensch, eine Persönlichkeit, besteht, und die Vernunft (Gott) doch das unpersönliche allgemeine Denken ist — wie es einer aus dieser Schule entschieden ausdrückt: daß ein Ich besteht, ist die Sünde. —— Wie diese Philosophie da den Widerspruch findet, wo er nicht besteht, nemlich darin, daß es verschiedene Vorstellungen giebt, so findet sie auch die Lösung da, wo sie nicht ist, darin, daß die verschiedenen Vorstellungen in einer dritten verbunden werden können.

Die ganze Menschheit harrt auf Wiederherstellung jenes Zustandes, in welchem menschliches und göttliches Daseyn sich im Einklang finden. Wir haben als Christen die Zuversicht, daß einst der Tag vollendeter Erlösung kommen werde. Dann wird unsere Natur geläutert seyn, daß wir nichts wollen was wir nicht sollen, und wir werden alles dürfen was wir wollen. Wie wir unserm Wesen nach aus Gott geboren sind, werden wir auch unserm Handeln nach in Wille und That aus ihm seyn. Dieses ist der Zustand, dessen Eintreten zwar, wer den Glauben nicht hat, bezweifeln kann, den er aber doch als die allein wahrhafte Lösung anerkennen muß. Bei Hegel hingegen ist die Einheit des Gottes (des unpersönlichen Denkens) und des Menschen, des Sollens und des Wollens wieder darin, daß irgend ein neuer Begriff gefunden werde, in welchem alle diese nothwendig gedacht werden müssen, und daher der eine in den andern hinüber spielt. Der Begriff des Staats ist nicht denkbar ohne Wollen und Sollen und Dürfen, nicht ohne den Gedanken eines allgemeinen Nothwendigen und einzelner Menschen, und keine dieser Vorstellungen ist in seinem Begriffe ohne die andere denkbar; also ist der Staat die Lösung der Widersprüche. Daß die einzelnen Menschen oft ein ganz Anderes wollen, als der Staat will, daß jedem Menschen noch viel Wollen, Dürfen und Sollen übrig bleibt, was nicht vom Staate erfüllt und bestimmt ist, darauf kommt nichts an; genug daß ein Institut besteht, in dessen Vorstellung alle diese andern Vorstellungen nothwendig vorkommen. Allein daß ich ein Theil der Schöpfung bin und daher sie zu meinem Begriffe gehört, wie ich zu dem ihrigen, ist kein Trost dafür, daß ich leide, krank bin, sterbe. So auch wenn Vernunft, indem sie sich zum logischen Gebäude des Staats macht, die Menschen als ein nothwendiges Material enthält, so ist dieses keine Versöhnung des Schmerzes, daß das Daseyn der Menschen ein anderes ist als das ewige sie beherrschende (welches in Wahrheit nicht der Staat ist), oder auch nur dafür, daß ihr Wollen und Begehren oft und gewöhnlich ein anderes ist, als dieses verständige Gebäude, der Staat, selbst. Kein menschliches Gemüth, welches weiß was es will und nicht die „Eitelkeit eines besondern Wissens" höher anschlägt als die von allen gewollte Seligkeit, wird mit dieser Lösung sich beruhigen. Wenn daher Hegel sich rühmt, jene allgemein ersehnte Erlösung nicht mehr als Jenseits zu haben, sondern sie zum Diesseits gemacht, sie in die Gegenwart hereingezogen zu haben, so kann man ihm nur zugestehen, daß, wenn er überhaupt Recht hätte, er uns wohl die Aussicht auf das kommende Heil geraubt; aber keineswegs, daß er uns ein gegenwärtiges bereitet oder auch nur gezeigt habe. —

Hegel wird von Anbeginn der Vorwurf des Pantheismus gemacht; dagegen erklärt nun Hegel eben so unausgesetzt, daß dieser Vorwurf ungegründet, ja daß er unsinnig sey *). Der Angriff ist so oft behauptet und so oft geläugnet, daß Wiederholung desselben schon abgeschmackt erscheint, und so würde diese Philosophie das Feld behaupten, als hätte sie die, welche solches gegen sie geltend machen, wohl übersehen, sey aber selbst von ihnen nie verstanden worden. Es muß daher beides untersucht werden, was mit dem Vorwurf und was mit der Widerlegung gemeint ist. Der Vorwurf geht keineswegs darauf, wie Hegel es deutet, daß nichts außer Gott ist, alle Dinge aus ihm und in ihm sind; das wird, je gläubiger Einer ist, er auch um so lieber

---

*) Encykl. §. 50 und §. 573. Diese Ausführungen über den Pantheismus der Hegel'schen Lehre und ihre Stellung zum Christenthum gab ich schon in der 1. Aufl. bei Lebzeiten Hegels vor der Herausgabe seiner Religions-Philosophie. Durch letztere ist es allgemein bekannt und anerkannt worden, daß nach Hegel Gott erst und nur im Menschen zu seinem Bewußtseyn kommt. Ich habe in den später erschienenen Werken nur bestätigt gefunden, was mir aus den früheren allein schon völlig klar war.

zugestehen. Sondern der Vorwurf gilt der Unpersönlichkeit Gottes: daß Gott in den philosophischen Systemen das All ist, wird nicht getadelt; sondern daß er nur das All ist. Sie unterscheiden zwar den Gott von den Dingen; die Substanz als solche ist nicht die Affektionen, der Begriff des Allgemeinen ist in jedem Dinge, aber die Dinge sind nicht der Begriff des Allgemeinen. Allein Gott ist so nur durch die Abstraktion von seinen Affektionen geschieden: reell und in der That ist ihm kein Daseyn außer ihnen gelassen. Der Philosoph unterscheidet ihn von der Welt; aber er unterscheidet sich nicht selbst von ihr, er ist sich nirgend bewußt: „hier bin ich Gott, ohne daß ich ein bestimmtes Geschöpf bin," da er sich überhaupt als Gott nicht bewußt ist. Diesen Vorwurf läßt nun Hegel gewissermaaßen gegen die frühern Pantheisten, namentlich Spinoza, gelten, aber nicht gegen sein eignes System, aus dem Grunde, weil jene bei der Bestimmung Gottes als der Substanz stehen bleiben, er aber ihn zu der des Geistes hinaufführt. So glaubt Hegel die Persönlichkeit Gottes gerettet und den Vorwurf des Pantheismus beseitigt zu haben. Nun ist aber dieser Geist, welcher die letzte Stufe des Gottes ist, nur insofern persönlich, als er endlicher Geist, Bewußtseyn der Menschen ist. Die Persönlichkeit Gottes besteht also nach Hegel darin, daß zu dem All der Dinge, welches Gott ist, unter anderem auch persönliche Wesen gehören. — Die Thatsache zeigt auch, daß hier wirklich die gefürchteten Folgen des Pantheismus eintreten. Der Gott, welcher alles ist, und außer diesem allen nichts ist, ist eben so gut auch das Böse. Daher sind Verbrechen und Sünde in diesem Systeme nothwendig sich ergebende und nothwendig wieder aufzuhebende Momente, durchaus nicht in anderer Art, als Natur, ja als Recht, Moralität, Religion selbst. Als vergängliche sind sie alle nothwendig, auch das Verbrechen; als bleibende alle unwahr, auch die Religion. Nur das Eine bleibt: die dialektische Bewegung und das Wissen, daß nur sie ist, die Philosophie. Nur zwischen dieser und allem andern, dem Vergänglichen, besteht ein wesentlicher Unterschied; sonst keiner. In einem ganz andern Sinne als Hegel den Satz: „was wirklich ist, das ist vernünftig," an die Spitze seines Naturrechts stellt, müßte er in Wahrheit ihn anerkennen:

„Gerecht ist, was aus der leersten Denkbestimmung nach „dem Gesetz der drei Momente sich ergiebt — alles „was denkbar ist." (Im Grunde freilich gar nichts.)

Hegel stellt aber nicht bloß ein pantheistisches System auf, sondern er treibt auch den Mißbrauch, der schon vor ihm in der Philosophie begonnen, aufs äußerste, daß er diese dem Christenthum direkt entgegengesetzte Lehre in die Ausdrucksweise des Christenthums kleidet und dann mit großem Nachdruck behauptet, mit demselben in Uebereinstimmung zu seyn, damit durch die Autorität des öffentlichen Glaubens die Wahrheit seiner Lehre noch um so mehr befestigt werde.

Daß die Religion nach Hegel nicht wissen kann, wie Philosophie sich zu ihr verhält, sondern nur die Philosophie weiß, wie es sich mit der Religion verhält, versteht sich von selbst*); denn die Religion ist ja nur der, als solcher unwahre Durchgangspunkt, durch welchen Gott zuletzt dazu kommt, Philosophie zu seyn, wo er also erst einsehen kann, was er mit seinen frühern Stufen eigentlich wollte. So darf man sich denn nicht wundern, wenn etwas als christliche Lehre ausgegeben wird, was kein Christ, ja kein Mensch nur der Beachtung werth, viel weniger für den Inhalt seines Glaubens hält, und dagegen das als unwahre Form aufgegeben wird, was gerade jeder Gläubige als das Wesentliche verehrt. Um einzusehen, daß

---

*) Encyklop. S. 520.

Hegels Ansicht die christliche ist, kommt es allein auf den Unterschied des spekulativen Denkens von den Formen der Vorstellung und des reflektirenden Verstandes an*). Der Unterschied dieser Formen besteht aber darin: Das allgemeine Denken sagt: ich bin niemals du, er, es. Und Hegels Denken sagt: ich bin du und er, Gott ist zuerst nur Es, dann wird er ich und du, und wir alle, und ist dabei immer als Gott auch nur Es. Hegels Philosophie hat so die Mittel, das Tiefste des Christenthums, die Dreieinigkeit, zu fassen**).

Nemlich Gott ist erstens das Wesen, die Substanz in allem Daseyn; insofern ist er Gott Vater, der Schöpfer. Schöpfer ist er nun freilich nur nach der unwahren Vorstellungsweise von Ursache und Wirkung überhaupt; in Wahrheit ist er in diesem ersten Momente das Abstraktum der Allgemeinheit, des Seyns, in welchem jedes bestimmte Daseyn analytisch enthalten ist. Dieses Abstraktum ist aber nach der passendsten Uebersetzung der philosophischen Sprache in die populäre so viel als: Gott Vater, der Schöpfer des Himmels und der Erde. Das Prädikat: „allmächtig" ist auch nicht in dem gewöhnlichen Sinne zu nehmen, nemlich, der machen kann was er will. Der philosophische Sinn desselben ist vielmehr: der machen kann was er muß, oder bezeichnender, der seyn muß was er ist — der nichts machen kann.

Die Denkbestimmung der Allgemeinheit (Gott Vater) fordert nun ihr Entgegengesetztes, die Besonderheit und Mannigfaltigkeit, d. i. die ganze Welt, die Natur, die einzelnen Menschen. Dieß ist das dialektische Moment der allgemeinen Substanz, populär ausgedrückt — das Erzeugte, der Sohn des Gottes. Das Allgemeine ist aber selbst das Besondere, dieses ist analytisch in

*) Encykl. S. 518.
**) Encykl. §. 566 ff.

jenem, wie bei allen Gegensätzen — darin besteht die Einheit Gottes des Vaters und des Sohnes.

Daß nun in dem ganzen Universum in jedem Ding und Gedanken die Vorstellungen des allgemeinen Wesens und der besondern Bestimmtheit zu Eins verbunden werden, in jedem Seyenden weder die Besonderheit ohne die Allgemeinheit noch umgekehrt gedacht werden kann; dieß ist die Einheit beider, die als solche gesetzt und beurkundet ist — „der heilige Geist", der in der Welt gegenwärtig ist. Dieß ist das Mysterium der Trinität, der wahrhaft gemeinte Inhalt der symbolischen christlichen Erzählung, welche nun ganz plan und leicht verständlich ist. Ihn so plan gemacht zu haben, ist die Folge jener großen Entdeckung Hegels, mit deren Lobe die Vorrede zu seiner Encyklopädie beinahe allein erfüllt ist*).

Hegel macht den Bekennern der geoffenbarten Religion den Vorwurf, sie seyen vielmehr Bekenner der nicht geoffenbarten, nemlich nicht offenbaren, indem sie behaupten, daß man von Gott nichts wissen könne, er selbst aber halte an der geoffenbarten Religion, nach welcher Gott in allen seinen Momenten gewußt werde, die da annimmt, daß Gott nicht neidisch die Erkenntniß seiner vorenthalte**). Als wenn je ein Christ behauptet hätte, von Gott nichts zu wissen, als wenn nicht jeder diese Neidlosigkeit Gottes selbst damit anerkennt, daß er die Offenbarung durch das Evangelium glaubt und eine künftige

*) Man darf daher Hegel fragen, was es ihm denn für ein Interesse haben könne, ob Tholuk sich bloß mit dem Leiden oder auch mit der Auferstehung Christi beschäftige; denn was Tholuk unter dem einen oder dem andern versteht, ist beides für Hegel gleich unwahr. Oder was kann es ihn interessiren, wenn Tholuk Schwierigkeiten in dem christlichen Dogma der Dreieinigkeit findet? Was Hegel unter der Dreieinigkeit meint, daran zu zweifeln ist wohl Tholuk so wenig als irgend einem andern Menschen je in den Sinn gekommen.

**) Encykl. S. 492.

vollständigere hofft. Der Unterschied des Glaubens von der Philosophie Hegels ist keineswegs der, daß der erste keine Offenbarung annimmt, sondern daß er eine freiwillige, Hegel aber eine unvermeidliche annimmt. Der christliche persönliche Gott, der Schöpfer Himmels und der Erde, d. i. der sie gemacht hat und auch ungemacht hätte lassen können, der ist, was er ist, auch ohne sie — dieser, der seinen Geschöpfen die höchste Seligkeit gewähren will, theilt ihnen seine Erkenntniß mit, weil er will, nicht weil er muß, und daher auch in der Art und in dem Grade, wie er will. Dem Christen ist daher Gott nicht unbekannt; aber er kann, so lange diese freiwillige Offenbarung nicht vollständig ist, sich auch nicht einbilden, daß er den ganzen Weltplan, daß er die Zukunft oder auch nur die Vergangenheit, die Ursachen und Absichten, nach welchen sich alles ereignet hat, wisse — eine Ueberzeugung, die er gerade mit denjenigen theilt, welche als eifrige und gründliche Forscher verehrt werden. Er wird aber dennoch seinen Gott für das, was er ihm schon mitgetheilt hat, als einen „neidlosen" zu preisen hinreichende Ursache habe. — — Nach Hegel aber ist die Offenbarung eine nothwendige, sie ist nicht die That Gottes, sondern sein Wesen; der Gott ist ja gar nicht, ja er kann gar nicht gedacht werden, wenn er sich nicht offenbart. Die abstrakte Substanz, sie mag wollen oder nicht, ist zugleich die, welche alle ihre Momente und Bestimmtheiten angenommen hat, außerdem wäre sie kein „logisch Reelles"; darunter gehört denn auch das Gewußtwerden in allen ihren Momenten von einem Individuum, d. i. Offenbarung. So wenig als man es der Zirkelfläche danken wird, daß sie nicht bloß die Totalvorstellung der Zirkelfläche, sondern auch die einzelnen Radien, das Centrum, die Peripherie ist, so wenig kann man es diesem Gotte danken, daß er sich offenbart, d. h. daß er Gott ist, wenn anders auch die hier geoffenbarte Kenntniß des Dankens werth wäre. Das Prädikat der Neidlosigkeit kann doch offenbar dem nicht gegeben werden, der sein Geschenk nicht zurückhalten konnte, ja der erst dann erfährt, daß er es gegeben, wenn es schon gegeben ist, nemlich wenn er in das Moment der Philosophie getreten ist. Denn ohne daß er das Bewußtseyn der einzelnen Menschen geworden ist (denen es eben seine Erkenntniß gewährt), weiß dieser Gott selbst nicht einmal, was er ist, ja sogar nicht, daß er ist. Ein zu seiner Offenbarung genöthiger Gott kann denn auch kein Jota zurückbehalten. Wie man zu sagen hat: er muß seyn was er ist — so auch: er muß offenbaren was er ist. Deßwegen muß die Philosophie alles wissen, was Gott ist, ihrer Einsicht kann nichts verborgen bleiben; denn was sich in ihr — über die es der Gott nicht mehr hinausbringt — nicht offenbart, das ist nicht. Ein Plan Gottes, den sie nicht wüßte, wäre nur tautologisch mit einem Plan Gottes, den Gott nicht wüßte, da sie doch allein der sich wissende Gott ist. —

Es dürfte nach dem, was von mir und was seitdem von so vielen andern Männern auseinandergesetzt worden, die völlige sowohl logische als reale Unhaltbarkeit des Hegel'schen Systems erwiesen seyn*). Dagegen hat Hegel völlig unabhängig von seinem System als solchen vermöge seiner persönlichen Geistesbegabung durch tiefe und fruchtbare Gedanken die Erkenntniß des Zeitalters in ausgedehnten Gebieten wissenschaftlich und sittlich gefördert.

Das gilt namentlich gerade für Ethik, Rechtsphilosophie und Politik, um welche Hegel ungemeine Verdienste hat. Ver-

---

*) In diesen Kapiteln (der zweiten Auflage), die besonders der Kritik der Hegel'schen Lehre bestimmt sind, sind größtentheils nur die Argumente zusammengestellt, welche schon in der ersten Auflage vollständig gegeben, aber in den beiden vorausgehenden Kapiteln an verschiedenen Orten eingereiht waren.

möge seines objektiven (substantiellen) Vernunftprincips erhalten bei ihm die sittliche Macht über den Menschen und die Institute, die sie fordert, ihr Ansehen wieder. Familie und Staat haben ihren Zweck in sich, sind nicht bloßes Mittel für das Individuum (ja sogar wird in pantheistischer Uebertreibung das gerade als ihr Zweck betrachtet, die Individuen als solche aufzuheben), deßgleichen haben sie ihre Nothwendigkeit, den Grund ihrer Geltung, in sich, gründen sich nicht auf Willen und Vertrag der Individuen. So hat Hegel die zu seiner Zeit verbreiteten Irrlehren siegreich bekämpft: die Lehre Kants, welche die Freiheit des Individuums und die bloße Rücksicht auf das Nebeneinanderbestehen der Menschen (Maxime der Koexistenz) zum ausschließlichen Princip des Rechts und Staats macht, welche die Ehe als bloßen Vertrag über die Geschlechtsfunktionen auffaßt, sie überhaupt in allen ihren sittlichen Zügen (Verbot der Polygamie, der Blutschande, der willkürlichen Scheidung) aus der Rechtsordnung in die bloße subjektive Moral verweist, die Lehre Rousseau's von der Souveränetät der Masse, die Lehre Feuerbachs von der Strafe als bloßer psychologischer Abschreckung, also als bloßer Sicherung der Gesellschaft, die Lehre Beccaria's von der Unzulässigkeit der Todesstrafe. Eben so hat Hegel auf dem Gebiete der Moral die Nichtigkeit jener Auffassungen gezeigt, welche zum Princip derselben die individuelle Ueberzeugung, die edle Absicht, die inhaltlose beliebige Begeisterung machen, und vollends jenes Interesse unsittlicher Genialität, daß großartige Individuen über der sonstigen Ordnung der Menschen stehen, daß der Genius nur in ihm selbst das Maaß und Gesetz seines Handelns trage. Diesem allen setzte er den sittlichen Ernst des Gesetzes und seiner objektiven über alle Subjektivität erhabenen Macht entgegen. Er würde auch jetzt der Vergötterung des Fleisches, der Ueberhebung über das eheliche Band zu Gunsten des Bandes der Empfindung und Leidenschaft, dem Kultus des Genius und allen ähnlichen Erscheinungen unserer Zeit im gleichen Sinne und mit der gleichen Energie entgegentreten.

Insbesondere hat Hegel auch die Einsicht in die Staatsverfassung und deren Elemente, namentlich die Würdigung der konstitutionellen Monarchie wesentlich gefördert. Der konstitutionellen Theorie mit ihrer mechanischen Theilung der Gewalt stellte er die Einheit der Staatsgewalt als fürstliche Gewalt und deren organische Entfaltung entgegen. Nicht minder aber bekämpft er die privatrechtliche feudalistische Lehre Hallers.

Der Haupttadel in Beziehung auf seine politischen Resultate ist der Mangel aller höheren Sanktion und der Mangel alles geschichtlichen Princips. Wie er den lebendigen Gott und Seine Ordnung aufgiebt, so fehlt ihm auch das, was allein denjenigen politischen Wahrheiten, die er wirklich lehrt, ihre Bestätigung und Bürgschaft geben kann. Die bloße Logik, der Begriff, die im Menschen vorgefundenen Gesetze und Bestimmungen des Denkens gewähren keine Heiligkeit und keine Macht, die da die Gemüther bände und sie mit Scheu und Ehrfurcht erfüllte. Ja sie gewähren nicht einmal ein festes Resultat. Nach der Beweglichkeit, die ihre Natur ist und gerade in Hegels Dialektik noch ihre höchste Steigerung erreicht, können sie eben so leicht überall für das entgegengesetzte Resultat verwendet werden. So hat seine Lehre gar keine Bürgschaft selbst dagegen, daß sie aus sich selbst heraus zu allen den Losungen der Revolution, von denen er sie siegreich befreite, wieder zurückgeführt werde, wie das die Erfahrung gezeigt hat. — Ferner wie es eine rein logische Entfaltung des Begriffes ist, worauf er die menschlichen Zustände gründet, durchaus nicht freie That weder Gottes noch der Menschen, so beachtet er auch nicht das, was durch That wird: das positive überkommene Recht und die in ihm begründeten erworbenen Rechte, und hierin steht seine Lehre selbst und von vornherein schon auf demselben Boden mit der Revolution. Das positive Recht und die erworbenen Rechte gehen allerdings nicht aus dem Logos hervor, sondern sind das Werk der Geschichte, der menschlichen Thaten bis dahin. Deßwegen haben sie keine Stelle in seinem System, ja er hat die entschiedenste Abneigung gegen sie. Daraus erklärt sich sein Widerwille gegen die englische Verfassung, deren Hauptzug gerade die Heilighaltung des überkommenen Rechts und der erworbenen Rechte ist, sein Widerwille gegen die römische Geschichte, seine Parteilichkeit für die deutschen Souveräne im Gegensatze gegen die Stellungen und Ansprüche, die aus dem deutschen Reichsverbande herrühren*). Es schließt deßhalb sein eignes Verfassungsideal auch alle in sich selbst gegründeten und organisirten und sich selbst geltend machenden Rechte von Unterthanen, Ständen, Körperschaften aus. Es ist ihm jede Verfassung tadelnswerth, in welcher solche Rechte bestehen, so daß der Gesammterfolg erst allmälig ihnen abgewonnen werden muß, ja aus ihrer Geltendmachung sich ergiebt, jede Verfassung, bei welcher eine wirkliche Macht des Widerstandes besteht. Sondern sein Verfassungsideal fordert eine Einrichtung, daß die Regierung gleich von vorn herein von Einem Punkt aus mit logisch mechanischer Konsequenz sich vollziehe, und die substantielle Staatsnothwendigkeit jene persönlichen (subjektiven) Rechte sich nur s c h e i n b a r entgegensetze ohne wirkliche Macht des Widerstandes, sich nur mittelst derselben unfehlbar selbst zur Vollziehung bringe. Gleichwie überall die Substanz das sub-

---

*) S. Hegels Abhandlung über die englische Reformbill und über die Würtembergischen Landstände. Vergl. auch meine Philosophie des Rechts II. Band II. Buch §. 9.

jektive Moment nur zu ihrem eignen Zweck setzt, um es wieder in sich zurückzunehmen, so auch hat die Regierung als Substanz des Staats das Volk und die Staatsbürger nur zu ihrem Mittel, um sich mittelst ihrer (scheinbar freien) Thätigkeit zu verwirklichen. Er hat deßhalb Vorliebe nur für die fürstliche Gewalt und noch mehr für die Beamten, in welchen er eben jene substantielle Staatsnothwendigkeit im Gegensatze gegen das Subjektive (das Volk) repräsentirt findet, auf welchen diese Sicherheit des Staatsmechanismus ruht. Er will danach die Beamten nicht bloß in der Regierung haben, sondern auch die Ständeversammlungen sollen gleichfalls und hauptsächlich Beamte in sich schließen, weil diese eben den „Staatssinn", den obrigkeitlichen Sinn haben*), d. h. nirgend persönliche gesonderte Rechte vertreten, sondern nur die Regierungsthätigkeit, den substantiellen Staat als solchen. Ja sogar die Volksvertretung überhaupt ist ihm nur dazu da, damit in der Regierungsthätigkeit, die an sich der Fürst und seine Beamten eben so gut versorgen würden, auch noch das Moment der subjektiven Theilnahme und Aneignung enthalten sey. Die andere ja primäre Bedeutung, daß durch die Volksvertretung eine Bürgschaft und ein Schutz für reale Rechte des Volks und der einzelnen Unterthanen gewährt werden soll, wird von ihm nicht bloß nicht beachtet, sondern geradezu verworfen. Es kann der Form nach keine schlagendere Aehnlichkeit geben, als die zwischen Karpzovs Kirchenverfassungs- und Hegels Staatsverfassungslehre. Nach Karpzov hat im Bereich der Kirche der Lehrstand die innere Gewalt („potestas interna"), d. i. den Inhalt der Anordnungen zu bestimmen, der Fürst die äußere Gewalt („potestas externa"), d. i. diesen Anordnungen die bloße Sanktion zu

*) Hegels Philos. des Rechts §. 310. Abhandl. über die Würtemb. Landstände.

geben, das Volk die Approbation, ob auch die Reprobation bleibt zweifelhaft, wenigstens wird der Eintritt derselben nicht vorausgesetzt*). Eben so hat nach Hegel im Bereich des Staates der Beamtenstand die innere Gewalt, mittelst seiner soll der logisch nothwendige Inhalt der Regierung sich setzen, der König hat die äußere Gewalt, die bloß formelle Entscheidung (das Ja und Nein, den Punkt auf das I), das Volk in seiner Vertretung hat die Aneignung, ob auch die Verwerfung, die Abwehr, ist zweifelhaft, wenigstens wird der Eintritt dessen nie vorausgesetzt. Daß Hegel die Volksfreiheit nicht zu weit treibt, müßte danach jedem klar seyn. Eben so wenig lehrt er freilich eigentlichen Despotismus, d. i. arbiträres Gouvernement, Regierung nach Laune und Willkür und vollends unter dem Vorwande göttlicher Ermächtigung des Fürsten zu solch persönlichem Belieben. Er will, daß der Verstand herrsche, das Sächlich-Nothwendige geschehe; das war die Ansicht der Weisen zu allen Zeiten, zu denen freilich weder ein Rousseau noch ein Filmer zu rechnen sind. Aber dieser Verstand ist ihm der logische Formalismus, und was die Einrichtung betrifft, durch welche er zur Existenz kommen soll, so steht Hegel im Uebermaaße auf Seite der Beherrschung von oben gegenüber der freien Emporbildung von unten und innen. Seine Lehre ist so wenig ultraroyalistisch als ultraliberal; aber sie ist ultragouvernemental. Es soll alles durch die geordnete (objektive) Macht, die Regierung, vollbracht werden, das Volk nimmt das mit Bewußtseyn und dadurch frei an; nicht aber darf auch das Umgekehrte eintreten, daß aus dem frei innersten persönlichen Triebe (Subjektivität) der Einzelnen, der Associationen, des Volkes, der Stände heraus sich ein Werk vollbringe,

*) Vergl. meine „Kirchenverfassung nach Lehre und Recht der Protestanten.“

und die Regierung nur leite, sanktionire, bez. ermäßige, oder die Stände die Regierung abhalten, berichtigen. Er ist ein Gegner der freien Bewegung, die aus dem Ungeordneten, Unklaren, erst zu Ordnung und lichter Gestalt sich herausbildet, und nicht minder der unantastbaren Rechte, deren Inhaber erst durch innere Ueberzeugung zum Anschluß an das Gemeinsam-Ersprießliche gebracht werden müssen. Das alles ist das nothwendige Ergebniß des ganzen Systems, das überall nur auf dem Unpersönlichen, Substantiellen, logisch Nothwendigen steht, und die Persönlichkeit (Subjektivität) herunterdrückt zu einem unselbstständigen Momente, einem selbst Inhaltslosen, in welchem nur jenes sich reflektirt und bespiegelt.

Bei alle dem aber, was an Hegels politischer Ansicht noch auszusetzen ist, hat er doch die Einsicht in die Grundgestalt der sittlichen und bürgerlichen Ordnung dadurch in hohem Grade gereinigt und gefördert, daß er eine höhere (substantielle) ethische Ordnung und die Freiheit und Berechtigung des Menschen in untheilbarer Einheit als ihr Wesen erkannte.

Dieser ganze Standpunkt, durch welchen Hegel so mächtig über der Ethik, Rechtsphilosophie und Politik vor ihm hervorragt, ist zwar durch Schelling gewonnen; Hegel hat durchgeführt, was Schelling schöpferisch angeregt und in den Grundzügen bereits ausgesprochen hat. Allein es ist die Durchführung als solche und dazu in dieser selbstständigen und eigenthümlichen Weise ein unschätzbares Verdienst. Darin hat Hegel überhaupt einen Vorzug vor Schelling, daß Schelling meistens bloß die allgemeinen Ideen giebt und einzelne Anwendungen, die sich ihm gerade darbieten und zur Verdeutlichung und Bestätigung seiner Ideen geeignet scheinen, daß er gleichsam mit seinen Ideen hin- und herblitzt, Hegel dagegen diese Ideen durch das ganze Objekt durchbildet. Man weiß bei den wichtigsten Gegenständen der Wissenschaft und des socialen Lebens (z. B. Logik, konstitutioneller Monarchie) häufig nicht wie Schellings Lehre, fast überall aber wie Hegels Lehre sich zu derselben verhält. Das gewährt ihm einen großen Vorschub in der Ausbreitung, aber es gewährt ihm vielfach auch eine größere Umsicht und Sicherheit.

Man möge nun darin nicht etwa einen Widerspruch finden, daß das System Hegels als ein durchaus unhaltbares bekämpft und dennoch seine große Leistungen in vielen wissenschaftlichen Gebieten und namentlich dem rechtsphilosophischen anerkannt werden. Es ist ein bloßes Vorurtheil, daß dasjenige was von einem konsequenten Denker ausging, auch alles in einem unauflöslichen Zusammenhang unter sich stehe. So wenig die Thatsachen der Natur und des socialen Lebens, die im Systeme Hegels vorgeführt werden gleich als ergäben sie sich einzig aus ihm, wirklich ein Erzeugniß des Systems sind, und etwa mit demselben stehen und fallen, eben so wenig die bessere sittliche und politische Würdigung solcher Thatsachen, die Hegel aus der reiferen Bildung seiner Zeit und dem eignen verständigen Urtheil schöpft. Das wird dadurch bestätigt, daß dieselbe Würdigung sich auch bei andern Zeitgenossen findet, die nichts weniger als dem System Hegels zugethan sind. Des mächtigen Vorgängers Hegels, der den hiefür entscheidenden Schritt der Philosophie vom Subjektivismus zur Anerkennung der Objektivität gethan, soll in dieser Hinsicht gar nicht gedacht werden, weil bei ihm die Ideen, welche den Umschwung bezeichnen, gleichfalls im Zusammenhang eines wenigstens verwandten philosophischen Systems erscheinen. Aber haben nicht Schleiermacher, Savigny, Walter gleichzeitig mit Hegel die sittliche Bedeutung der Ehe im Gegensatze der frühern profanen Auffassung zur Einsicht gebracht? Ist die objektive Macht des

Staats im Gegensatze der Lehre von Staatsvertrag und Volkssouveränetät, die Bedeutung der Strafe als Gerechtigkeit und nicht als bloßen Schutzes der Gesellschaft nicht auch von Burke, Adam Müller und andern Schriftstellern der Kontrerevolution, die substantielle Einheit des Volks von der historischen Schule geltend gemacht worden? Ist die geistvollere Würdigung der weltgeschichtlichen Epochen, namentlich der griechischen und römischen, nicht gleichzeitig von der neuern Philologenschule, für die Römer namentlich von Niebuhr, ausgegangen? Ich hebe das hervor, nicht um Hegels Verdienst damit zu verkleinern, er ist und bleibt hierin mit einer der Träger der Zeit und ihres Wendepunktes, sondern nur um zu beweisen, daß dieß alles weder seinen Ursprung in Hegels Dialektik oder sonstigen philosophischen Principien hat, noch durch seine pantheistische Weltanschauung bedingt ist. Ich hebe es hervor zur Rechtfertigung, daß ich Hegels philosophisches System als eine absolute und verderbliche Irrlehre bekämpfe und dennoch bei vielen und gewichtigen sittlichen und politischen Wahrheiten auf Hegel als einen ihrer ersten oder bedeutendsten Vertreter zurückweise. — —

Es ist gerade die Periode der Philosophie unter Schelling und Hegel, von der das Schwanken, die Unklarheit und die allgemeine Verwirrung sich herschreiben. Ein tiefer reicher Geist geht durch diese Entwickelung, der die flachen Formen älterer Denkweise von Grund aus zerstörte, aber nicht wie sie selbst leicht und bequem zu fassen ist. Es möge daher erlaubt seyn, hier noch einmal zu übersehen, was durch sie bewirkt worden ist.

Das große Motiv, welches sie bewegt, ist — Objektivität und Geschichtlichkeit. Damit wurde die Unwahrheit der Abstraktion erkannt, welche nur das Ruhende, Unabänderliche zu fassen vermag. Damit wurde die Aufgabe der Philosophie von der Vernunft des Menschen zum Universum erweitert. Die frühere Philosophie hatte die Welt der Vernunft gegenübergestellt, stillschweigend Zufall in der Geschichte und Natur angenommen. Hier erscheint alles als das verständige Werk der einen Weltmacht, so daß Wissenschaft nicht Wissenschaft ist, wenn sie es nicht auch in diesem universalen Zusammenhang erkennt, nicht ein jedes als von ihr gemacht in sich aufnimmt. Die pragmatische Ansicht, welche die Begebenheiten als das Werk willkürlicher menschlicher Absichten betrachtet, und die subjektiv-rationalistische, welche sie ignorirt, fallen zugleich. Mit dieser Aufgabe, auch in dem scheinbar und für uns Zufälligen den Sinn zu suchen, die ganze Geschichte, die ganze Schöpfung als ein großes Kunstwerk zu betrachten, verbindet sich dann die eigenthümlich geistvolle Behandlung, durch die Schelling hervorragt. Sie besteht in dem Streben, alles vom Centrum aus, wie Gott selbst es ansieht, zu betrachten. Daher die magische Gewalt seiner Darstellung, daher das Ueberraschende in den Ansichten, das Aufzeigen eines Zusammenhangs, Rhythmus und einer künstlerischen Bedeutung, die von dem einzeln menschlichen Standpunkt aus nothwendig verschwinden müssen. Schelling sagt im Grunde von den Erscheinungen der Welt, wie Homer von seinen Helden: „so hießen sie bei den Menschen, so aber bei den unsterblichen Göttern."

Die Ethik durchdringt das Gefühl nothwendiger Unterwerfung unter ein Höheres. Die sittlichen Pflichten, die rechtlichen Institute haben ihre Bedeutung nicht mehr ausschließlich durch ihre Folge für das Befinden der Menschen; sondern durch die innewohnende Herrlichkeit, d. i. durch das, was sie für den göttlichen Geist sind, der sie nach seinem Zwecke geschaffen. Es besteht wieder wahres öffentliches Recht, unantastbare Heiligkeit der Obrigkeit und das Bewußtseyn allgemein wahrer, von zufälliger Ueberzeugung unabhängiger ethischer Anforderungen.

Allein eine verkehrte Befriedigung vertilgte den Gewinn, welchen die Wahrheit des Motivs verheißen. Bei dem Ziele, das diese Richtung mit Macht anstrebt, ist sie in den alten Banden gefangen: sie macht noch immer die Anforderung bloß logischen Zusammenhangs. Dadurch wird jenes übermenschliche Daseyn ein unpersönliches; daß dieses dennoch zugleich handle, daß eine Geschichte sey, ist widersprechend. So muß denn Leben und That und Geschichte wieder in einer Denkregel untergehen und gerade die Zerstörung für das gesucht werden, was durch den neuen Umschwung erreicht werden sollte. Leben, Freiheit, Persönlichkeit und Geschichte werden nun selbst nur die Produkte der mechanischen Abwindung einer Formel. Sogar die Universalität der Wissenschaft gereicht bloß zum Verderben, indem sie nun, wie sie selbst leblos ist, auch außer ihr kein Leben mehr bestehen läßt, sondern alles in ihren Stillstand und Tod hereinzieht. Die Wahrheit, daß in jedem neuen Produkte der Schöpfung die vergangenen mit eingewebt sind, wird zu der Unwahrheit, daß es im Grunde kein neues Produkt giebt, die neue Stufe in der früheren schon enthalten, nur analytisch aus ihr herausgenommen zu werden braucht, daß keine Schöpfung, keine freie Lenkung der Dinge ist. Wenn man bei dieser Ansicht stehen bliebe, so müßte man zweifeln, ob die Ueberwindung der pragmatischen Ansicht für einen Gewinn zu halten sey. Denn wenn die Freiheit Gottes aufgegeben ist, so ist es doch immer noch trostreicher, die Welt von der Freiheit der Menschen regiert zu sehen, als von dem nichts wissenden und nichts wollenden Gesetze. Es hätte nicht die Pragmatik aufgegeben werden sollen — der Zusammenhang durch That und Absicht. Nur sollte an die Stelle menschlicher Pragmatik die göttliche treten. Der objektive Rationalismus duldet dieses nicht. Daher erklärt schon Spinoza in seiner Offenheit: Gott hat nicht Verstand und Willen, und, da er behauptet, der Mensch könne nicht gegen Gott sündigen, verwahrt er sich sorgfältig gegen den Ausdruck; „göttliche Vorherbestimmung", als welche er nicht anerkennt. Die Ansicht Hegels ist hierin keine andere, und er sollte, um Mißverstand zu verhüten, sich nicht des Ausdrucks: „Plan der Vorsehung" für seinen Prozeß der Geschichte bedienen*). Denn das ist gerade die Eigenthümlichkeit seiner Ansicht, daß nichts vorausgesehen, sondern alles erst hinterher gewußt wird, nachdem es geschehen.

Im Ethos wird jene unbedingte Unterwerfung zu der unter die leere Gedankenform. Diese, selbst unfrei, kann auch keine freie Existenz außer ihr dulden — daher Untergang des Individuums. Es ist nirgend selbst der Zweck; jener Gott will nur immer sich selbst, und den Menschen nur um seiner selbst willen. Die Steifheit der Abstraktion, welche früher den Menschen zum Egoisten gemacht hat, macht nun Gott dazu; wenn man anders diesem Abstraktum jenes Prädikat des selbstbewußten Geistes beilegen darf. Das Ethos selbst aber in seiner Vollendung besteht nun nicht mehr im freien Handeln, in unausgesetzter schaffender That; daher es auch nie individuell werden, nie die bestimmte That fordern kann. Sondern es besteht in einer Architektonik von Denkbestimmungen, welche die festen Einrichtungen des Lebens an sich tragen. Die Sittlichkeit ist dadurch im strengsten Sinne materialisirt. Endlich ist in diesem Reiche der Gedankennothwendigkeit alles, was da seyn soll und kann, auch wirklich da. Denn wo Freiheit besteht, daß das, was seyn sollte, nicht wirklich bestände, da könnte nicht alles das Erzeugniß des nothwendigen Prozesses seyn. So muß dieser Zustand der Welt als das, was seyn soll, als die Verwirklichung alles Hohen gelten,

*) Encykl. S. 492.

die Aussicht auf Seligkeit, auf eine überschwengliche Herrlichkeit jenseits der Wirklichkeit, die nicht aus Gedankenbestimmungen gemacht, aus dem Seyn analytisch herausgenommen werden kann, fällt zusammen, und die Einsicht in diesen trockenen Mechanismus ist die einzige Entschädigung für ihren Verlust. Dazu kommt aber der Wahn, jene Probleme gelöst zu haben, welche bis jetzt der Vorsehung zu verhüllen gefallen hat, die menschliche Freiheit und ihr Verhältniß zum ewig beschlossenen Weltplan und ähnliche; indem das Verfahren des Gedankens, wie er diese Vorstellungen bildet und die Frage aufwirft, für die Lösung, die Kenntniß der logischen Figur, in welcher die Sache erscheint, für das Wesen der Sache selbst konsequent gehalten wird.

Endlich hat die spekulative Philosophie das Tiefste und Wahrste des natürlichen und sittlichen Weltzusammenhanges, das dem vulgären Rationalismus völlig verschlossen ist, zu ihrem Centrum gemacht: das Bedürfniß und die Wirklichkeit einer Versöhnung des Menschen und der Macht, die über dem Menschen ist (des Objektiven, Substantiellen und des Subjektiven). Aber auch von dieser höchsten Wahrheit besitzt sie nur den Schatten. Statt der Versöhnung und Einigung lebendiger Persönlichkeiten, der göttlichen und menschlichen, durch lebendige That, begnügt sie sich mit der Versöhnung logischer Momente und ihrer bloß begrifflich geeinigten Darstellung.

Fünftes Kapitel.

Die Schule Hegels.

Gleichheit der jüngern Schule mit Hegel in der pantheistischen Weltanschauung — Verschiedenheit ihrer sittlichen Stellung zur Philosophie. — Daraus die verschiedenen Resultate für Religion, Politik und Weltgeschichte. — Ursprung dieses Abfalls in Hegels eigner Lehre.

Die Schule Hegels theilt sich bekanntlich in zwei Fraktionen. Die ältere hält sich in allem genau an den Meister, in Lehren, Formen, Sympathien. Die jüngere (die „linke Seite") dagegen nimmt eine ganz andere Stellung. Gegen diese nun wird von außen die Anklage des Atheismus und Radikalismus erhoben, und auch die Glieder der andern Fraktion zeihen sie des Abfalls von der Lehre Hegels. Sie selbst dagegen erwiedert, daß das, was Gegenstand der Anklage ist, in der Hauptsache von Hegel selbst, den man neben ihr mit Ehrfurcht zu nennen pflegt, eben so ausgesprochen worden, und so weit das nicht der Fall, es doch die nothwendige Konsequenz seiner Lehre sey, die er eben selbst noch nicht erkannt oder auszusprechen Scheu getragen habe; auch hierin sey deßhalb durch sie nur die nothwendige Fortbildung der Philosophie Hegels vertreten. Es fragt sich deßhalb, wie verhält sich diese jüngere Fraktion der Schule zum Meister?

Die pantheistische Weltanschauung ist schon bei Hegel völlig dieselbe wie bei diesen seinen Nachfolgern. Die Läugnung des persönlichen überweltlichen Gottes, die Läugnung persönlicher Fortdauer nach dem Tode, die Abstreifung jedes Jenseits nach dem Diesseits ist von Anbeginn das Centrum des Systems. Allerdings beobachtet Hegel dabei einen gewissen Anstand, er verkündet diese Resultate nicht mit dem Nachdruck und Gepränge wie die Jüngern, er will nicht die ganze Aufmerksamkeit auf sie lenken, um dadurch das öffentliche Bewußtseyn zur Entscheidung zu bringen zwischen philosophischer und vulgärer (religiöser) Vorstellung, im Gegentheil er sucht sie eher der Aufmerksamkeit zu entziehen. Aber dessen ungeachtet sind sie bei ihm in derselben Stärke wie bei diesen, und zwar nicht etwa noch eingehüllt (implicite), sondern völlig entfaltet (explicite), deutlich, bestimmt, unverkennbar und ihm selbst bewußt. In diesem Hauptpunkte ist kein Unterschied zwischen Hegel und seiner jüngern Schule. Das ist hoffentlich durch die obige Gesammtdarstellung des Systems über den Zweifel gestellt, es ist überdieß von diesen jüngern Nachfolgern selbst durch unzählige einzelne Belegstellen bekräftigt.

Dagegen aber hat Hegel eine ganz andere sittliche Stellung bei seiner Philosophie als die jüngere Fraktion. Seine ganze Lebensrichtung, eben so wie die Schellings, ging auf Bekämpfung des Princips der Subjektivität, des Einzelwillens oder Einzelgeistes, der die Welt und ihre Gestaltung bestimmen will, statt sie über sich anzuerkennen. Daher hat Hegel eine tiefe Ehrfurcht vor dem Gegebenen (der Objektivität), vor dem, was vor der menschlichen Reflexion als welterhaltende und weltbeherrschende Einrichtung besteht. Es zu begreifen, nicht es zu zerstören und ein Anderes an die Stelle zu setzen, ist sein Streben. Er hat eine Ehrfurcht vor der öffentlichen Religion. Wenn er gleich ihren Inhalt nur für den ungeläuterten und insofern falschen Ausdruck seiner eignen philosophischen Erkenntniß ansieht, so hält er doch ihren Bestand als Weltinstitution für nothwendig und heilig. Er hat eine Ehrfurcht vor der bestehenden geschichtlich überkommenen Verfassung und Staatsobrigkeit. Er hat eine Ehrfurcht vor den unverrückbaren sittlichen Regeln des menschlichen Handelns. Alles das ist ihm das Werk der Macht, die an sich und in ihren Bildungen über den Menschen ist, wenn sie gleich erst im Menschen diese ihre Bildungen begreift und sich zum Bewußtseyn bringt. Dieses sittliche Motiv ist der Kern des Menschen Hegel, und dieses Motivs haben sich die Jüngern völlig entäußert. Dieß ist die Scheidelinie zwischen beiden und ist der gegründete Vorwurf des Abfalls vom Meister. Das wirkt selbst zurück auf die Stellung zu der Lehre, die sie mit ihm gemein haben. Hegel nemlich kommt zum pantheistischen Resultate aus (vermeintlicher) wissenschaftlicher Nöthigung; er hätte es willig ja vielleicht mit Freude aufgegeben, hätte er damit nicht zugleich die wissenschaftliche Einsicht in den Weltzusammenhang aufgeben müssen, die er zu besitzen vermeinte. Die Jüngern dagegen sind freudetrunken über diese Resultate; sie würden ihnen, wenn es gälte, selbst das wissenschaftliche System opfern. Dieses ist gar nicht mehr die Hauptsache; sondern ihre ganze Lehre ist nur eine Dithyrambe, daß es keinen Gott giebt.

Ein solcher Unterschied im sittlichen Kern und der innersten Lebensrichtung konnte nicht ohne Einfluß auf den Inhalt der Lehre bleiben. Die Lehre Hegels hat eine gewisse Objektivität, die Anerkennung einer Macht und Wirkung über den Menschen, und die Jüngern geben diese auf. Das gilt für Religion, für Politik, für die Stellung zur Weltgeschichte.

Die Religion ist zwar nach Hegels Auffassung nicht die Wirkung des wahrhaften Gottes, der da außer und über der Welt ist; aber doch die Wirkung einer (objektiven) Weltmacht. Dagegen ist es das Bekenntniß eines Theils der jüngern Schule geworden, daß die Religion ein bloßes anthropologisches Erzeugniß sey. Der Mensch lege seine eignen persönlichen Eigenschaften (Sinnlichkeit, Gefühl, Herz) durch einen Akt der Phantasie außer sich, bilde so seine Gottheit sich aus und halte dieses sein eignes Erzeugniß für eine Macht außer sich. So ist die Religion bloßes Erzeugniß (subjektiv-) menschlicher

Schwachheit, sey es auch einer gesetzmäßigen in der menschlichen Organisation liegenden Schwachheit, nicht der nothwendige Ausdruck der (objektiven) Weltvernunft (Idee), die ihren eignen (nicht des Menschen) Sinn und Inhalt in der Religion nach einer gewissen Stufe entfaltet. Das Gebet des Menschen ist nicht eine Einigung mit dieser (wenn auch unpersönlichen) Macht des Universums, es ist nach Feuerbach nichts Andres als ein Zwiegespräch des Menschen mit sich selbst. Mit Recht hat deßhalb Marheineke dieser Lehre vorgeworfen, daß sie den Reichthum der Idee einbüße und in die Trivialität des alten vulgären Rationalismus mit seinen psychologischen Erklärungen zurücksinke. Freilich für das allgemeine menschliche Interesse muß es zuletzt als gleichgültig erscheinen, wenn die Religion nicht das Werk und das Zeugniß des lebendigen Gottes ist, ob sie dann die nothwendige Darlegung einer Idee oder der bloße Prozeß menschlicher Gemüthsfunktion ist, deßgleichen wenn mein Gebet nicht zum barmherzigen Gott gelangt, ob ich zu der ihrer selbst unbewußten Weltsubstanz flehe, oder mit mir selbst ein stärkendes Zwiegespräch halte. Aber es ist doch nicht ohne bedeutende praktische Folgen für den öffentlichen Zustand. Nach Hegels Auffassung bleibt es immer eine Anforderung, die Religion, da sie eine Verwirklichung des Weltgeistes ist, als öffentliche Einrichtung aufrecht zu halten. Nach Feuerbachs Auffassung ist es umgekehrt die Anforderung, dieses bloße Blendwerk menschlicher Selbsttäuschung allgemein zu vernichten.

Die Ordnung des Staats hat nach Hegel ein Ansehen und eine Herrschaft über dem Volke. Es ist der substantielle Wille der Weltmacht, der sich als Fürst, als Beamte, als Ständekörper setzt, und dem der einzelne Mensch und die Menschenmasse unterwürfig sind, daher seine Bekämpfung der Volkssouveränetät und der Revolution, der Julirevolution nicht minder als der von 1789. Die jüngere Schule macht aus diesem „allgemeinen“ Willen wieder den Volkswillen nach Art Rousseau's, wenn auch mit einigen Ueberresten aus Hegels Konstruktion des Staats Die Volksrepräsentation, die nach Hegel bloß den an sich vernünftigen Inhalt der von Fürst und Regierung ausgehenden Gesetzgebung und Verwaltung sich aneignen soll, damit er als ein erkannter bestehe, wird hier zur hauptsächlichen, ja allein bestimmenden Macht der Gesetzgebung und Verwaltung. Der Fürst wird zwar an Hegel anschließend als ein wesentliches Glied der Verfassung, als die „formelle Spitze“ anerkannt, und das ist ja auch Hegels Lehre, daß er nicht selbst den Inhalt der Regierung bestimmen, sondern einen anderwärts gegebenen Inhalt bestätigen, den Punkt auf das Jota setzen soll. Aber dasjenige, was der Fürst bloß zu bestätigen hat, das Jota, auf das er den Punkt setzt, ist nach Hegel ein in sich Nothwendiges, das sich aus sich heraus entwickelt und besonders im Beamtenstande seinen Vertreter hat; nach der jüngern Schule dagegen ist es das, was die Masse will. Daher fraternisiren sie mit dem Liberalismus, den Hegel bekämpft, und sympathisiren sie mit der Julirevolution, ja sprechen es sogar aus, daß Hegel die weltgeschichtliche Bedeutung der letztern nicht mehr begriffen habe, als wenn diese irgend ein neues Moment hinzugebracht hätte. Es ist immerdar Hegels Grundlehre, daß der Staat über dem Volke sey; es ist dagegen die Bestrebung der Jüngern, daß das Volk über dem Staat sey. Darin besteht ihnen der „protestantische Staat“, und so weit als dieses nicht der Fall, rechnen sie das Mittelalter.

Die Weltgeschichte bildet nach Hegel der objektive Gott, die substantielle Vernunft. Es ist der Weltgeist zuerst an sich nach seiner immanenten Nothwendigkeit in den Gestaltungen der Weltreiche, dann erst wird er für sich, d. h. begreift er sich selbst in der Philosophie. Der Mensch, die Philosophie haben daher nie den Beruf, die Geschichte aus sich selbst (a priori) zu machen, der Weltgeist macht sie; sondern sie haben nur den Beruf, sie aus sich heraus (a priori) zu begreifen, in Gedanken nachzubilden. Die Geschichte und ihr Produkt ist so überall ein Gegebenes, und dieß ist der Positivismus, den die Jüngern an ihm tadeln, diese Beschränkung der Philosophie auf das bloße Begreifen dessen, was außer und vor ihr geworden ist. Sie dagegen halten die Philosophie und sich selbst als die Träger der Philosophie für berufen, die Welt neu zu beginnen und selbst zu bilden, ganz so wie man das in Frankreich im vorigen Jahrhundert, in dem siècle philosophique, dem siècle des lumières ansah. Nach Hegel ist der Weltgeist zuerst an sich, dann erst wird er für sich; die Jüngern fordern es von jetzt an umgekehrt: er soll zuerst für sich seyn und dann erst an sich.

Dieser Rückfall der jüngern Schule in alle Bestrebungen des alten Subjektivitätsprincips ist aber nicht ein zufälliges Ereigniß, er kommt auf Schuld der Hegel'schen Lehre selbst, er war insofern unvermeidlich. Er ist nemlich dadurch veranlaßt daß Hegels Objektivität eine bloß scheinbare ist. Was er als objektive weltbildende Macht außer sich annimmt, das ist nichts Anderes als der Inbegriff der in seinem Denken vorgefundenen Bestimmungen, so in der That doch nur sein eignes Ich und dessen Erzeugniß; daher ist es ganz natürlich, daß die Nachfolger aus diesem Ich andere Momente herausnahmen und in gleicher Weise gebrauchten: wie er die logischen Kategorien objektivirt, so Feuerbach die anthropologischen Eigenschaften u. dgl.

Hätte Hegel eine wirkliche Objektivität in seinem System,

eine reale Macht außer und über dem Menschen, so wäre seiner Schule kein solcher Rückfall möglich gewesen. Ein persönlicher überweltlicher („transcendenter“) Gott konnte nie in eine bloße psychologische Schöpfung des Menschen aufgelöst werden, wohl aber kann das ein solcher Gott, der selbst nur aus den menschlichen Denkbestimmungen besteht, nichts Andres ist als sie. Eine wahrhaft objektive Autorität im Staate, die kraft göttlicher Sanktion über dem Volke steht, konnte nicht wieder in den Willen des Volkes aufgelöst werden, wohl aber ein „substantieller Wille“, der nichts Andres ist als die Momente im Begriffe des Willens. Gründete Hegel die Weltgeschichte auf göttliche Fügung, so konnte seine Schule nie dahin kommen, sich revolutionär gegen sie auflehnen. Aber den Logos, der sie nach Hegel gemacht hat, besitzen sie ja eben so gut in ihnen selbst, er ist ja nichts Andres als ihre eignen Denkbestimmungen. Sie haben also ihn selbst und alle seine Mittel, warum sollen sie nicht auch sein Werk übernehmen? Wenn der Mensch den Weltgeist so völlig begreifen kann, wie Hegel ihn begriffen zu haben anspricht, wenn er ihn so in seine Momente zerlegt und einsieht, wie diese in ihrer Entfaltung die Geschichte gerade so und nicht anders ergeben mußten, wie sollte er nicht auch die Fähigkeit haben, selbst an die Stelle des Weltgeistes zu treten? Was steht im Wege, daß er nicht von nun an die Weltgeschichte mit Bewußtseyn mache, die bis dahin unbewußt sich machte? Er erhebt ja damit Gott gerade zu einer höhern Stufe, zur Stufe der bewußten Weltproduktion! Die Ehrfurcht Hegels vor allem gegenständlich Bestehenden ohne ihn Gewordenen ist sittlich etwas sehr Ehrwürdiges; aber sie ist wissenschaftlich unfolgerichtig. Wenn es die Denkbestimmungen sind, welche die Welt bilden, sie, die erst im Menschen zu ihrem Bewußtseyn kommen, so ist es das Höhere und darum zuletzt Nothwendige, daß der Mensch die Geschichte hervorbringe; denn der sich begreifende Gott ist nothwendig höher als der seiner noch unbewußt schaffende.

Bemerkenswerth ist endlich auch noch, daß die Jüngern vielfach das, was Hegel als die Hauptsache ansieht, seine Logik, in den Hintergrund stellen. Sie ist unlebendig, ungeeignet auf die Massen zu wirken, in die Weltgestaltung einzugreifen. Was also haben sie mit dem Meister gemein, wenn sie den Schlüssel seines Systems wegwerfen und in so wichtigen Resultaten und Lebensstellungen sich ihm entgegensetzen? Nichts Andres als die pantheistische Weltanschauung und die Prätention des spekulativen Standpunkts, d. i. die Prätention der Einsicht in den absoluten Zusammenhang der Welt! Es wird dadurch offenbar, daß die Macht der Hegel'schen Lehre nicht in der Richtigkeit seiner Logik besteht. Ihre Macht besteht vielmehr einmal in der Tiefe des spekulativen Problems, denn wenn dieses gleich wirklich nicht gelöst ist und nicht gelöst werden kann, so ist die Einsicht in die Aufgabe selbst schon eine hohe Ueberlegenheit über andere wissenschaftliche Standpunkte; sodann besteht sie eben in der pantheistischen Weltanschauung, die schon als solche jetzt weitere Kreise befreundet, im Allgemeinen aber der Zeitrichtung um deßwillen zusagt, weil sie dem religiösen geoffenbarten Glauben sich entgegenstellt.

Dritter Abschnitt.

Ueber spekulative Philosophie und Dialektik.

Das Eine in dem Vielen und Wandelbaren — in unsern Zuständen — in der Welt. — Untersuchung über das Wesen der Einheit und des Systems. — Anwendung auf Ethos und Recht — Das Band zwischen dem Einen und Vielen. — Das positive Erkenntniß-Ve mögen — spekulative Philosophie. — Dialektik — Platon, Hegel, Kant — Werth der Dialektik. — Hegels Gebrauch der Dialektik.

Seit Fichte spricht sich in der Philosophie das Streben aus, spekulative Philosophie zu seyn. Schon der Anfang zeigt, daß dieses mit dem thätigen Principe, als welches Fichte zuerst aufgenommen, zusammenhängen müsse. Zugleich mit diesem Bestreben ist auch der hohe Werth der Dialektik, die Platon als die schwierigste und höchste Wissenschaft darstellt, wieder erkannt, und das System Hegels ist ausschließlich auf sie gebaut. Es ist daher zu sehen, was denn eigentlich der Drang ist, welcher dazu führte, und, da diese Dialektik nicht befriedigt, welches wahrhaft spekulative Philosophie, welches wahre Dialektik ist, und wie dazu die jetzt angenommenen sich verhalten. Nun sey es mir aber erlaubt, an einem eignen Faden des Ganges die Resultate Fichte's und Schelling's und meine Anwendungen derselben zu einem Ganzen zu verknüpfen, und zwar möge eine Untersuchung, welche Dialektik nicht zu ihrem geringsten Zweck hat, auch gleich dialektisch beginnen.

Wir finden in der ganzen realen Welt durchaus kein Einfaches, kein solches, von dem sich nicht mehreres aussagen ließe; und dennoch ist dieses Mehrere auch nicht ohne Einheit, der es angehörte. So wenig als ein solches Einfaches wirklich ist, eben so wenig können wir es uns als wirklich denken; denn was nicht seyn kann, ist auch nicht als seyend vorstellbar. Aus demselben Grunde ist auch das Mehrere ohne Einheit nicht bloß nicht wirklich, sondern auch nicht denkbar. Wollten wir es versuchen, das eine oder das andere zu denken, so würden wir in den lautersten Unsinn gerathen. Dieses auseinanderzusetzen ist Platon in seinem Parmenides beschäftigt. Der scheinbare Widerspruch ist also, daß das Eine zugleich ein Mehreres, und das Mehrere zugleich das Eine seyn muß.

Ferner finden wir eine Veränderung. Nemlich die Dinge nehmen in verschiedener Zeit Bestimmungen an, die nicht zugleich bestehen können, und bleiben dennoch dieselben Dinge, z. B. ein Mensch ist gesund und krank, betrübt und vergnügt, und ist immer derselbe Mensch, obschon Gesundheit und Krankheit einander ausschließen. Eben so im Raume: derselbe Mensch steht in derselben Zeit zugleich im Raumtheile a und b. Wie ist nun eine solche Veränderung und Abwechselung denkbar? Man sollte fürs erste meinen, der Gesunde sey etwas ganz Anderes als der Kranke, der Freudige als der Betrübte, der in a als der in b, und es dürfe nicht mehr gesagt werden, daß das noch immer derselbe Mensch sey. Fürs andere muß man ja einen Zustand verlassen, um in den andern zu kommen; wo befindet sich nun das Uebergehende in der Zeit des Uebergangs? Wenn ich den Raum noch so sehr theile, komme ich doch immer nur durch einen Sprung von einem Punkte zum andern, eben so wenn ich von der Gesundheit zur Krankheit übergehe. Eben so da ich zu gleicher Zeit im Raum a und b mich befinde, bin ich dadurch nicht absolut gespalten? Es ist also bei der Veränderung durchaus keine Unterbrochenheit, wo das Eine aufhörte und das ihm Entgegengesetzte anfinge, sondern der Gott hat, wie Sokrates im Phädon sagt, die Enden der entgegengesetzten Dinge in einander geschlungen. Und wäre dem nicht so, so könnte auch wirklich das sich verändernde Ding nicht mehr dasselbe Ding bleiben; sondern aller Zusammenhang zwischen ihm in dem vorigen und dem jetzigen Zustande müßte aufhören. Eine Ununterbrochenheit, ein

Zusammenhang unter dem sich Ausschließenden besteht also; wie ist er aber ohne Widerspruch denkbar? Denn das Entgegengesetzte kann an keinem Punkte ein und dasselbe seyn; an dem Punkte, wo das eine ist, müßte also das andere schon durchaus nicht mehr seyn, d. h. mit andern Worten, es kann kein Zusammenhang bestehen! Die Fragen sind demnach: wie kann etwas zugleich mehrere Bestimmungen haben und dennoch eine Einheit seyn? sodann: wie kann etwas sich verändern, d. i. in verschiedener Zeit oder Raum Bestimmungen annehmen, die gegenseitig sich ausschließen, so daß dennoch der Zusammenhang zwischen seinen entgegengesetzten Zuständen bestehen bleibt?

Die Lösung kann allein der Art seyn, daß bei der Mehrheit und dem Wechsel der Prädikate dennoch immer ein und dasselbe Subjekt bleibt, welches nur eines ist und auch nie ein anderes werden, als Subjekt nie wechseln kann. Es muß daher ein solches Subjekt gesucht werden, welches seiner Natur nach noch etwas außer seinen Prädikaten — diesen festen Beschaffenheiten des Seyns — mithin von ihnen frei ist. Nur ein solches kann, indem es die vielen Prädikate enthält, oder indem es sie nach einander annimmt, dessen ungeachtet als Subjekt unverändert bleiben. Denn wäre es nur seine Prädikate, so müßte es, da diese andere werden, auch selbst immer ein anderes seyn. So aber sind die Prädikate verbunden, indem sie durch dasselbe Subjekt bestehen; sie sind aber auseinander gehalten, da nicht das eine das andere, sondern nur jenes sie beide ist. Der Subjekte nun, die Beschaffenheiten relativ wechseln können, d. h. von einigen frei sind, von andern nicht, giebt es unzählige; absolut aber von jeder bestimmten Beschaffenheit frei ist nur ein Subjekt und das ist — der Selbstbewußte, Persönliche. Persönlichkeit ist der Zauber der Einheit, den kein Wechsel zerstört, die durch alle möglichen Zustände hindurch gehen kann, und dennoch dieselbe bleibt, diese Zustände selbst durch die Einheit des Selbstbewußtseyns verbindet. Ich kann alles thun und alles werden und höre doch nicht auf ich zu seyn. Das Einzige, was ich nicht werden kann, indem ich Ich bleibe, ist Du und Er und Es, das kann ich weder zugleich seyn, noch nach einander, es ist der absolute Widerspruch. Und bei einem Uebergange vom Ich zum Du oder Es, wenn er möglich wäre, bestände nicht wie oben Ununterbrochenheit, sondern eine unendliche Kluft: wo das Du oder Er anfängt, hat das Ich schon aufgehört, und dennoch ist auch kein Punkt, wo sich das Uebergehende inzwischen befinden könnte; mithin der Uebergang so wenig als die Einheit des Uebergegangenen mit seinem frühern Wesen denkbar. Der Gedanke einer Seelenwanderung oder einer Unsterblichkeit ohne Reminiscenz ist schon ein Widerspruch in sich selbst. Daß wir uns einen Uebergang von jedem Zustande in einen andern, die Veränderung eines Dinges in das andere, aber keinen Uebergang von einer Person in die andere denken können, ist der sichere Beweis, daß sie das Subjekt ist, welches allein das Entgegengesetzte verbindet. Sie ist also nicht afficirbar durch den Wechsel der Zustände, sie hat eine Bestimmtheit außer ihnen, die immer dieselbe bleibt; diese selbst kann sie aber auch nicht wechseln und nicht aufgeben. Diese Bestimmtheit, wodurch die Person gerade die Person ist, ist nicht als Eigenschaft zu betrachten; denn Eigenschaft ist eben nur das was nicht zur Person, zum Subjekte gehört. Ich, Du, Er sind keine Eigenschaften und „ich bin ich" ist kein Satz. Die Person ist immer nur Subjekt, und alles Andere dagegen ist nur Prädikat; wo es als Subjekt erscheint, ist es in der bestimmten Beziehung personificirt. Diese Bestimmtheit der Person ist nicht zu definiren, sie läßt sich nicht bloß nicht in Verstandeskategorien auflösen, sondern überhaupt in keine Gleichung bringen, weil nichts außer ihr ihr gleicht, es läßt sich nur auf sie hinweisen; „das ist sie!"

Durch unsere Persönlichkeit allein ist also die Veränderung unserer Zustände und die Mehrheit der uns zugleich zukommenden Bestimmungen denkbar. Wie verhält es sich aber fürs erste mit dem Wechsel in den unpersönlichen Dingen, die ja auch seiner ungeachtet noch dieselben bleiben können, und wie ist es fürs andere denkbar, daß mehrere Persönlichkeiten, unter denen ja doch kein Uebergang stattfindet, einer und derselben Welt angehören können? Eben so wie mit jedem Einzelnen muß es sich mit dem Universum verhalten. Ist dieses ein Mannigfaltiges und Veränderliches, so muß das Wechselnde in ihm gleichfalls einem Subjekte zukommen, das von ihm unabhängig besteht. Ist nur der Selbstbewußte ein solches Subjekt, so kann die Einheit auch in ihm nur der persönliche Gott seyn. Daß die Substanz die Einheit sey, ist nicht denkbar; denn sie hat keine Bestimmtheit, keine Realität außer ihren Affektionen, sie ist nicht, außer indem sie die bestimmten Affektionen ist. Wenn man sagt: „diese Affektionen alle sind", so bedarf es gar nicht zu sagen: „die Substanz ist"; im Gegentheile nur mit dem ersten, nicht mit dem letzten ist etwas gesagt. So ist hier alle Bestimmtheit nur in den Prädikaten, auf der Seite des Subjekts bleibt nichts als das reine, leere Unbestimmte, die Abstraktion und Negation der Bestimmtheit. Nun wird niemand sagen wollen, „das leere Unbestimmte (Hegels Seyn in allem Daseyn) ist Thier, Pflanze, Stein u. s. f.; folglich sind sie untereinander verbunden." Auch wird niemand sagen wollen: „es ist immer dieses leere Unbestimmte, welches, dasselbe bleibend, von einem zum andern übergeht; folglich ist Veränderung begreiflich." Es bleibt also nach solchem System ein Aggregat von Dingen, die ohne Einheit nicht denkbar sind und ohne die es keine Einheit giebt. — Anders bei der Annahme des persönlichen Gottes. Sein Wille ist der Stoff der Welt; wie er alles nur aus freiem Entschluß schafft, so ist er, da er jedes auch ungeschaffen lassen kann und dennoch Gott bleibt, ein Subjekt im Universum, welches nicht die einzelnen Dinge ist; sondern er ist, der er ist, auch außer ihnen, und dadurch haben sie in ihm ihre Einheit. Jeder seiner Gedanken aber und Absichten bildet in dieser großen Einheit wieder eine kleinere, indem er eine Menge Bestimmungen zu einem Produkt verbindet. So kann auch ein solches, das selbst keine Persönlichkeit ist, dennoch ein von Prädikaten freies Subjekt seyn durch die seinige; es kann nemlich seine Bestimmungen wechseln und bleibt dennoch dasselbe, so lange nur noch jene Absicht in ihm ist. Der Baum kann blühen und verdorren und ist immer noch Baum. Es ist aber nicht der Keim der Baum und der Baum nicht der Keim, und dennoch sind es auch nicht verschiedene; es ist die göttliche Absicht, welche schon im Keim der künftige Baum ist*).

Einheit unter den verschiedenen Menschen ist aber nur deßwegen, weil sie nicht Personen im höchsten Sinne sind wie Gott es ist. Denn nur der Allmächtige, der von gar keiner Bestimmung gebunden ist, sondern jede nach seinem Willen annimmt und

---

*) Wenn man sich die Ideen in dieser Art in Gott vorstellt, so sind die widerstreitenden Aussprüche Platons über sie in Einklang gebracht und gerechtfertigt. — Die Ideen haben die Welt hervorgebracht und sind also reell; und doch sind sie wieder das Gemeinsame der vielen bestimmten Dinge. Die Ideen sind unveränderlich, und die Dinge, die ihnen nachgebildet sind, sind vergänglich. Die Ideen sind das Höchste, sie sind das allein Hohe, das Wahrhafte an allen Dingen; und dennoch ist das gemeinste, das widerlichste Ding nicht ohne seine Idee; denn es besteht nichts ohne die Absicht Gottes, der es auf seine Totalabsicht in der Schöpfung bezieht. Daß dieses alles, worauf eine lebendige Philosophie bestehen muß, nicht begreiflich ist, wenn man sich die Idee als selbstständig, ohne Gott denkt, oder vollends als Vernunftbegriffe wie Kant und Hegel — bedarf hier wohl keiner Auseinandersetzung mehr.

aufgiebt, ist im absoluten Sinne frei. Wir aber sind durch viele Bestimmungen gebunden, und Gott hat uns dieselben gegeben; darum sind wir zwar abgeleiteter Weise Personen, aber ursprünglich und auf ihn bezogen nur Prädikate, die er nach seinem Willen annimmt und denen er nur nach seinem Willen Freiheit gegen ihre eignen Beschaffenheiten wie gegen ihn selbst ertheilt. Er allein ist das Band unter den Menschen und Generationen. Es ist deßwegen begreiflich, wie wir allmälig zum Bewußtseyn kommen und uns dabei nicht für einen andern Menschen halten, sogar den völlig erinnerungslosen Zustand der ersten Kindheit — im Grunde das Es — mit zu unserem Daseyn rechnen. Es ist die Absicht des Schöpfers, die Idee unseres Daseyns, welche diese Zustände verbindet. Undenkbar aber ist es, daß Gott selbst zu seinem Bewußtseyn erst gekommen wäre; denn der noch nicht seiner Bewußte und der Bewußte wären zwei eben so durchaus getrennte Wesen als das Ich und das Du, es ließe sich nicht absehen, wo ihre Verbindung ist, durch die man sagen kann, daß es doch immer ein und derselbe Gott ist. So ist in der ganzen Schöpfung wie in unserm Daseyn die bestehende Mannigfaltigkeit und Veränderung nur denkbar durch ein von allen Beschaffenheiten freies Subjekt, d. i. durch einen persönlichen Gott.

Damit ist jedoch nur die Einheit in den Zuständen der Welt erklärt, nicht aber seine eigne. Die Person nemlich ist selbst schon ein Mannigfaltiges: Seyn, Wissen u. s. f.; und doch auch eine Einheit, eben so wie die Welt; sie enthält also denselben Widerspruch. Ist der persönliche Gott die allein denkbare Einheit der Welt, was ist die Einheit in Gott? Die leere Substanz ist ein Einfaches, bei welchem diese Frage nicht mehr gestellt werden kann; die Bekenner aber des persönlichen Gottes müssen auf sie Rede stehen. Es kommt darauf an, genau zu bestimmen, worin denn Einheit überhaupt bestehe.

Zur Einheit verschiedener Dinge ist es nöthig, daß in jedem derselben etwas sey, was auch in dem andern ist, und zwar schon in jedem für sich, wie es besteht, nicht erst wenn es mit dem andern sich verbindet. Der Begriff des Thiers ist im Pferde, im Löwen, in jedem für sich, der Gedanke des Seyns in allen Dingen; daher ist er Einheit derselben. Nicht so aber ist der Begriff des Steinhaufens in den einzelnen Steinen; deßwegen ist er ein Aggregat und nicht ihre Einheit. Dennoch ist in den Gliedern der Bildsäule für sich nicht die Bildsäule, in den Blättern des Baumes nicht der Baum, und dessen ungeachtet ist die Bildsäule die Einheit ihrer Glieder, der Baum die Einheit der Blätter. Warum ist nun der Steinhaufen nicht die Einheit der Steine, aber der Baum die Einheit der Blätter; wiewohl in den Blättern so wenig der Baum als in den Steinen der Steinhaufen enthalten ist? Nur deßwegen weil der Gedanke des ganzen Baums, der ganzen Bildsäule, auch in den einzelnen Blättern, in den einzelnen Gliedern ist, und sie ohne diesen Gedanken nicht diese Blätter wären, nicht diese Glieder. Könnten wir uns denken, daß die Blätter auch ohne den Baum beständen, so wäre er nicht ihre Einheit. Die Einheit dieser Art setzt nun, wie das schon oben gesagt wurde, immer ein Daseyn außer dem Geeinten voraus, dessen Gedanke und Macht es verbindet; sie ist also nicht in ihm selbst, sondern eine äußerliche. So viel aber steht überhaupt fest: das was die Einheit des Verschiedenen ist, muß schon in jedem Einzelnen bestehen und darf nicht erst, wenn das Andere hinzukommt, eintreten. So zeigt es sich denn, daß, wo Einheit wirklich besteht, das Einzelne — da es ja ohne sie gar nicht das seyn könnte, was es ist — nur von ihr losgerissen ist, nicht umgekehrt die Einheit aus dem Einzelnen gebildet. Dieß also unterscheidet System und Aggregat.

Nun kann es aber seyn, daß das Einzelne nur in irgend

einer Beziehung ohne jenes Bindende nicht besteht —, die Einheit also nur eine Sphäre desselben, nicht das Ganze erfüllt; das ist denn nur eine theilweise Einheit. Dazu gehört vor Allem die formale Einheit, z. B. der Begriff des Thiers ist wohl in jedem bestimmten Thier; aber jedes Thier hat auch noch ein Daseyn, über welches sich jener allgemeine Begriff gar nicht erstreckt, z. B. ist das Thier krank, so ist deßwegen doch nicht der Begriff des Thiers krank. Wir suchen nun aber in der Welt und in Gott keine theilweise Einheit, sondern eine durchgehende. Es muß daher auch nicht Etwas geben, was nicht von jenem Einen erfüllt wäre, und so finden wir es wirklich — in der Persönlichkeit. In jedem Akt derselben, jedem Zustand, jedem Prädikat ist das Ganze des Selbstbewußtseyns, welches ihre Einheit ist, enthalten, und nicht in einzelnen Beziehungen, sondern durch und durch, also nicht wie der Begriff des Thiers in den einzelnen Thieren. Ist ein Glied von mir krank, so bin ich — das Ganze, die Einheit — krank; ist mein Denkvermögen mit etwas beschäftigt, so bin ich damit beschäftigt. Das Selbstbewußtseyn ist aber in den einzelnen Gliedern, Zuständen, Handlungen der Person in ganz anderer Art als der Baum im Blatte. Denn der Baum ist nur ein abgeleitetes Ganzes durch die Persönlichkeit eines andern; er kann daher zerstückelt werden, und das Bewußtseyn des Höhern erhält noch die Einheit, es bleibt im Einzelnen nicht mehr das Ganze selbst, sondern nur der Gedanke, die Beziehung auf das Ganze, wie es der Höhere hat. Persönlichkeit dagegen ist das ursprüngliche Ganze, hier ist keine Zerstückelung möglich; es muß in jedem Theile die Einheit nicht bloß als Gedanke und Beziehung, sondern reell, nicht ihre Wirkung, sondern sie selbst gegenwärtig seyn.

Diese Einheit hat also das Selbstbewußtseyn, daß es als das Eine, welches es ist, schon in jedem Theil, in jedem Zustand, in jedem Akt vollständig da ist, und zwar nicht bloß als gedacht, wie der Baum im Blatte, sondern reell; nicht bloß in einer Beziehung, wie der allgemeine Begriff in den einzelnen Dingen, sondern das ganze Daseyn derselben erfüllend. Ersteres unterscheidet die innerliche von der äußerlichen, letzteres unterscheidet die lebendige von der formalen Einheit. Der äußerste Gegensatz gegen das Aggregat ist daher die Person. Sie ist das vollendetste System, das Ursystem, und es giebt kein System außer ihr. Jedes System in der Wissenschaft, jede Einheit in der Kunst sind das nur äußerlich durch den Gedanken eines Andern, was die Person innerlich durch sich selbst ist. Wir streben nur darum alles systematisch zu machen, weil Gott persönlich ist.

Darum kann aber auch nicht die äußerliche Einheit das höchste seyn, das Schöne höher als das Gute, der Staat mehr als der Mensch. Noch weniger aber die formale Einheit. Es war eine richtige Ahnung Kants, daß der Mensch systematisch handeln müsse; aber nicht nach logischer Konsequenz soll er handeln, sondern nach einer höhern Konsequenz, wie man sich schon allgemein auszudrücken pflegt, ohne sich deutlich bewußt zu seyn, worin diese höhere Konsequenz besteht und warum sie die höhere ist. Der wird groß geachtet, der in jede That sein ganzes Daseyn, seine Persönlichkeit legt; das findet sich in der Geistesgegenwart, Energie, in der ernsten Sammlung. Der aber das Innerste seiner Persönlichkeit, die Bestimmtheit derselben, wie sie in Gott ist, in jede That und jeden Gedanken legt — wiewohl jedes logisch abgeleitete System von Grundsätzen dadurch verletzt werden müßte — der ist der vollendetste, der am meisten systematische Mensch. — — Der Staat soll auch eine Einheit seyn, er soll äußerlich darstellen, was Gott innerlich ist, die Einheit der Persönlichkeit. So der *Platonische* Staat, in welchem ein lebendiger Geist in allen Gliedern gegenwärtig ist, daher *Platon* überall die Analogie zwischen der Gerechtigkeit des Menschen und des Staates durchführt. Die Konstruktion aus dem Begriffe des Rechts führt nur zur formalen Einheit, nicht zu diesem Abbilde des Ursystems. Darum darf man auch behaupten, daß das germanische Recht systematischer ist als das römische. Denn das germanische Recht hat eine lebendige Einheit, das Streben der ganzen Nation ist in jedem Institute stets wirksam und erfüllt es; das römische hingegen hat eine bloß formale, die einzelnen Rechte sind ihrem Inhalt nach vom Staat abgerissen und nur durch abstrakte Kriterien verbunden. Die formale Einheit, obwohl sie diejenige ist, welche für sich allein nicht seyn soll, stellt sich jedoch überall leichter dar und wird für die wahre gehalten; sie entspricht aber, wie gezeigt worden, dem Urbilde nicht, und darum gewährt sie denn in der Folge nie die Befriedigung, welche sie anfangs versprochen. Sie gleicht dem Golde des Teufels nach dem Volksglauben, dem zu Liebe man das Beste opfert und am Ende doch findet, daß es nicht einmal Gold, sondern bloß Staub und Sand war. Ein in sich selbst widersprechender Versuch aber ist es, die lebendige Einheit, die Person konstruiren zu wollen, aus Reihen, Akten, Potenzen, z. B. als eine von sich ausgehende, wieder in sich zurückkehrende Thätigkeit. Denn dann wäre in der ausgehenden noch nicht zurückgekehrten Thätigkeit, wie sie — wenn auch gar nicht zeitlich, doch logisch — unterschieden wird, noch keine Persönlichkeit, sie entstände erst, wenn noch Anderes hinzukommt, das Zurückkehren; sie würde also zum bloßen Aggregate.

Wahrhafte, d. i. durchgängig alles beherrschende, lebendige Einheit gewährt also allein der persönliche Gott. Die Gegner haben keine Einheit in der Welt; wenn sie nun uns vorwerfen, wir hätten zwar Einheit in der Welt, dagegen keine in Gott, sondern diese hätten sie zum Voraus, so ist beides unwahr. Daß in dem persönlichen Gott Einheit ist, ist hier gezeigt worden; aber eben so läßt es sich zeigen, daß in der unpersönlichen Grundlage der Welt, obwohl sie scheinbar ein Einfaches ist, dennoch keine Einheit ist. Nemlich um die Welt aus ihr zu bilden, muß ihr ein Trieb zur Besonderheit, ein Gesetz der Bewegung schon uranfänglich beigegeben werden; dieses ist aber etwas außer ihr, insofern sie bloß der Stoff ist. Es kann nur eine Substanz geben, sagt Spinoza; aber das Gesetz, nach welchem sie ihre Affektionen annehmen muß, ist eine zweite Substanz außer ihr. So beginnt auch Hegel sein System mit dem reinen Seyn und zugleich mit dem dialektischen Gesetze. Jedes für sich, auf der einen Seite die Substanz, das Seyn, auf der andern Seite das Gesetz der Besonderung, die dialektische Bewegung u. s. w., jedes für sich ist nicht Gott, und Gott der ganze, der doch allein Gott ist, ist nicht in dem einen oder andern für sich. Bilden nun beide zusammen den Gott, so bilden sie ihn nicht so, wie mein Seyn und mein Denken zusammen = ich sind, sondern wie mehrere Steine zusammen = Steinhaufen sind. Dort ist eine Kraft, ein Urwille, welcher Seyn und Denken in Bewegung setzt und ohne den weder das eine noch das andere seyn könnte. Was wäre aber hier das Höhere über dem Seyn und seinem Gesetz, das sie verbände? Wille, Selbstbewußtseyn nicht; also ein Begriff? Dieser würde ja aber erst durch die beiden entstehen. Darf man zwei solche Dinge aneinander setzen, in deren jedem gesondert das was die Einheit bildet noch nicht gegenwärtig ist, so darf man es mit allem so machen. Darf der auf das Einfachste zurückgebrachte Gott ein Aggregat seyn, so darf es die ganze Welt. Wie man sagt: „jene beiden zusammen sind Gott", so könnte man bequemer gleich sagen: „alle Dinge zusammen sind die Welt." So ist es also das Resultat: Nur Persönlichkeit bildet eine Einheit in dem Mannigfachen, das sie annimmt; weil sie eine davon unabhängige Bestimmtheit hat. Aber auch nur Persönlichkeit ist eine Einheit in sich, weil das Ganze, das sie ist, schon in dem vielen Einzelnen, das sie enthält, in jedem reell und es vollständig durchdringend gegenwärtig ist.

Nun könnte man aber sagen: der logische Widerspruch ist damit nur hinausgerückt, nicht aufgehoben. Denn wir haben hier eben ein Mannigfaches, welches schon ursprünglich eine Einheit ist, und doch sind Mannigfaltigkeit und Einheit widersprechende Begriffe. Es ist daher noch zu sehen, welcher Art das Band zwischen dem Mannigfachen und dem Einen sey, wie jenes mit diesem, und daher, wie es unter sich zusammenhänge. Die verschiedenen Bestimmungen können dem Einen nicht in der Art zukommen, daß es dieselben selbst sey, die Copula hat nicht die Bedeutung des =; außerdem müßten die entgegengesetzten Bestimmungen, als mit dem Subjekte gleich, auch unter sich gleich seyn. Sie können ihm aber auch nicht so zukommen, daß sie einem Theile desselben gleich sind, wie etwa: diese Bibliothek ist die Werke des Homer, Sophokles, Platon; außerdem würde das Eine aus diesen Bestimmungen erst zusammenbestehen und ein Aggregat seyn. Es müssen also diese Bestimmungen ein Verhältniß zu dem Einen haben, durch welches es dieselben ist, und dennoch auch nicht ist, d. h. bestehen kann, ohne sie zu seyn; ein solches Verhältniß ist allein — die That. In der That hat das Subjekt Bestimmungen, die es eben dadurch ist, aber auch wieder nicht ist, indem es ja auch ohne diese That dasselbe Subjekt wäre. That ist Freiheit, und Freiheit ist das innerste Wesen der Persönlichkeit. Jede That ist ihrem Begriffe nach eine Schöpfung, und Schöpfung ist nur denkbar als eine freie That. Denn durch sie erhält der eine selbstbewußte Wille Bestimmungen, die keineswegs schon zu seinem Wesen gehören, die also etwas außer ihm — ein Produkt sind. So ist die Welt außer Gott: nicht daß sie von ihm unabhängig wäre, oder daß sie seyn könnte, wenn er sie nicht in jedem Augenblick gleichsam aufs neue wollte; sondern dadurch, daß Gott Gott ist ohne die Welt zu seyn, daß er sie hervorbrachte ohne sie hervorbringen zu müssen. Nicht daß das Mannigfache in dem Einen enthalten sey, die logische Einheit; sondern daß es von dem Einen geschaffen und durch dasselbe beherrscht werde, die reelle Einheit, die Einheit der That, ist das wahre System. Nach dieser Einheit strebt auch der Staat des Platon. So stellt sich jeder Unbefangene die Dinge vor; ihm fällt gar nicht bei, daß ein Widerspruch in unsern Begriffen sich findet, daß das Eine nicht das Mannigfache solle annehmen können u. dgl. Wie kommt nun die Wissenschaft dazu, solche Widersprüche zu entdecken, welche dem Menschengeschlechte gar nicht fühlbar sind? Bloß dadurch, daß sie jenes Band, das allein das Geschiedene, Widersprechende verknüpft — die That — nicht anerkennt. Sie will alles in der Ruhe festhalten, zergliedern was ein jedes ist, nicht zusehen was es frei außer ihm hervorbringt; sie will eine Nichtschöpfung. Es bleibt ihr also nur das eine Verhältniß des Gleichseyns, sey es ganz oder theilweise, zwischen dem Subjekte und den Prädikaten bestehen So ist es ihr unbegreiflich, wie das Eine auch ein Mannigfaches seyn, wie Widersprechendes vereinigt, Geschiedenes verbunden werden kann. Sie geht davon aus, daß keine Schöpfung, keine That, keine Freiheit sey, und findet daher nothwendig, daß Schöpfung, That, Freiheit Widersprüche seyen, angeblich in sich selbst, in Wahrheit nur bei ihrer Voraussetzung. Was sie nicht aus sich selbst finden kann, behauptet sie, das ist nicht; diese Behauptung ist aber nicht das Resultat ihrer Forschung, sondern der Ausgangspunkt.

Das Vermögen des Geistes nun, die That zu erfahren, ist **Anschauung**. Sie ist selbst wieder eine That, sie schafft ein

Bewußtseyn, welches noch nicht da war. Ihr entgegen steht das analysirende Denken, welches nur untersucht, was schon da ist, das aber gar nichts zu untersuchen hätte, wenn nicht jene schaffende Erkenntniß ihm den Stoff lieferte; denn selbst die eignen Denkformen erfahren wir nur durch innere Anschauung. Dieses analysirende Denken, wie es seine ersten Data nicht aus sich findet, kann auch die folgenden und den Zusammenhang unter ihnen nicht selbst finden; dieses alles, weil es auf Wollen und Handeln beruht, lehrt nur Anschauung. Sie allein ist das Vermögen, das wahrhaft Seyende, die Bestimmtheit zu erkennen. Sie ist das Wissen vor aller äußerlich erfahrnen Geschichte, durch das diese Geschichte allein erst aufgenommen und gewürdigt werden kann. Sie ist die Kraft des Geistes a priori zu erkennen, und er hat sie, weil er Eines Wesens mit Gott, weil er in die große Harmonie der Welt geschaffen ist, gleichsam durch eine Sympathie mit der Natur und den Begebenheiten. Aber was der Geist so a priori weiß, das weiß er als ein solches das ist, nicht das seyn müßte, mit der Zuversicht des Glaubens, nicht mit der Nothwendigkeit der Mathematik, und er weiß es nicht eines aus dem andern, sondern als totale Thatsache. Dieses Vermögen ist auch fähig, vom Zukünftigen zu wissen, wie sich dieß bei Männern von lebendigem Geiste bewährt und sich noch weit mehr bewähren würde, wenn nicht die jetzige Bildung den Zusammenhang des Menschen mit Gott, aus welchem allein solches gewußt werden kann, durchschnitten hätte. Diese schaffende Kraft der Erkenntniß ist aber eine besondere Gabe, die nicht in dem Begriffe des Erkennens schon liegt, die, wie jede positive Kraft, dem Einen mehr, dem Andern weniger beschieden ist; darauf beruht Genie, Erleuchtung, Divinationsgabe im Kleinen und Großen, für sich selbst und für das Ganze. Solche Kraft nun hat der Rationalismus den überall gleichen Denkregeln beigelegt.

Daher muß nach ihm das, was gewußt werden kann, als ein Nothwendiges gewußt werden, daher muß die Wahrheit einem Menschen wie dem andern erkennbar und demonstrirbar seyn, wenn er nur Mensch ist. Es wurde oben in der Ethik gezeigt, daß nach abstrakter Ansicht das Gute entweder besteht oder nicht besteht, keine Steigerung möglich ist, eben so die Freiheit der Menschen, die aus dem Begriffe gefolgert ist, besteht oder nicht besteht. Gerade so verhält es sich nun mit dem Erkennen. Wenn das menschliche Erkenntnißvermögen in abstracto, das ist das, was von diesem Vermögen nicht weggedacht werden kann, die allgemeinen Kategorien und logischen Gesetze, zur Erkenntniß hinreichen, so muß jeder Mensch aller überhaupt möglichen Erkenntniß fähig seyn, und wir müssen das Eine eben so gut wie das Andere begreifen können, es kann keinen Unterschied in den Gegenständen der Erkenntniß geben, so daß etwa der eine eine höhere Kraft des Geistes forderte als der andere, weil der Geist in diesem negativen Sinne einer Steigerung gar nicht fähig ist. Daher kommen die Einwürfe, daß die christlichen Lehren, z. B. die der Dreieinigkeit, absurd seyen. Daß Gott dreieinig sey ist nicht in anderer Weise ein logischer Widerspruch, als daß überhaupt das Eine das Viele ist, daß in Gott zugleich auch mehrere Menschen, ja daß nur bewußtlose Dinge in ihm sind, die doch alle nicht Er selbst sind und doch wieder nicht außer Ihm seyn können, oder daß ich Vieles, Verschiedenes oder Entgegengesetztes zugleich denke. Vernunftphilosophie würde, wenn sie dürfte, alles letztere eben so gut läugnen müssen als jenes erstere. Hier wird sie aber durch die Anschauung, die jedem Menschen beschieden ist, verhindert, nicht so bei dem erstern. Es ist zwar überall dieselbe Kraft, etwas außer sich hervorzubringen und es doch zu seyn, es nicht von sich losreißen zu lassen, welche die Dreieinigkeit, welche Freiheit unseres Willens ungeachtet göttlicher Allmacht, welche das Daseyn eines Baums als Baum (nach Schelling die Realität der Gedanken Gottes), und welche unser Selbstbewußtseyn und seine Einheit möglich macht. Allein letzteres ist die Aeußerung dieser schöpferischen Kraft im geringsten, ersteres im höchsten Grade. Erkennen wir nun jede Schöpfung nur durch die ihr korrespondirende unserer Anschauung, die gleichfalls wie jene durch und durch eine positive, unendlicher Steigerung fähige Kraft ist, so hängt alles davon ab, in welchem Grade uns die Kraft der Anschauung verliehen ist, um zu entscheiden, welchen Akt des göttlichen Daseyns wir noch begreifen können oder nicht mehr. Und es ist nichts Widersprechendes, daß wir mit demselben Geiste, der hinreicht die Thätigkeit unseres eignen Bewußtseyns, oder auch noch das Daseyn einer Welt in Gott anzuschauen, doch keine Anschauung davon haben, wie wir frei und dennoch von Gottes Beistand abhängig, oder wie der Erlöser der Sohn Gottes und dennoch selbst Gott sey. Der Rationalismus wird dieses zugestehen müssen, so wie er einsieht, daß, um nur die unbedeutendste Thatsache zu wissen und zu begreifen, sein negatives Erkenntnißvermögen nicht hinreichend ist, sondern das positive der Anschauung gefordert wird, für das, wo es einmal zugegeben ist, keine Gränze der Steigerung mehr von jener Basis aus vorgesteckt werden darf*).

Mit Anschauung schon dem Worte nach gleich ist Spekulation. Spekulative Philosophie ist also diejenige,

*) Diese ganze Untersuchung, welche hier geführt worden ist, macht durchaus nicht Anspruch nur im geringsten erschöpfend zu seyn. Es ist mir wohl bewußt, zu welchen neuen Fragen überall wieder Veranlassung gegeben ist, und es ist selbst die Gränze nicht bezeichnet worden, wie weit etwa die Lösung schon erreicht, von wo aus sie noch zu suchen ist. Der Gegenstand ist zu reich, als daß ich, da er nicht zu meiner eigentlichen Beschäftigung gehört, tiefer in ihn eingehen könnte. Es war nur darum zu thun, die Hauptpunkte hervorzuheben, auf welche die neuere Philosophie hinweist und die auf Ethik und Rechtsphilosophie einen entscheidenden Einfluß haben.

welche die Welt als eine freie That des persönlichen Gottes betrachtet. Dieß also ist der Drang der neueren Philosophie seit Fichte.

Wenn nun aber die Abstraktion auf sich selbst besteht, ihr Maaß an die Dinge legend, alles das für unwahr erklärt, was sie nicht enthält, wenn sie jene ersten, im Grunde auch nur von der innern Anschauung erhaltenen Data festhält, alles Andere abwehrt und so die Anschauung Lügen straft: wie soll sie überführt werden? Bei dem gesunden Sinne durch die Anschauung selbst; denn wer im Ganzen mit sich übereinstimmt, der glaubt durchgängig nur der Anschauung. Wie aber bei demjenigen, der sich einmal der Abstraktion hingegeben hat und ihr vertraut? — Durch die Dialektik!

Dialektik ist Hinüber-Reden in ein Anderes. Es muß der Abstraktion gezeigt werden, daß sie, was sie fest zu halten meint, im Gegentheil in ein Anderes hinüber redet, also sich selbst widerspricht. Es wird ihr dabei nur das Eine, welches sie eben selbst verneinen will, die That, entzogen, und ihr dann rein überlassen, wohin sie geräth; das ist denn immer jener Selbstwiderspruch — darauf beruht die Dialektik. Ich denke das Unendliche. Das ist nicht meine That; es ist also = ich oder ein Theil von mir. Nun denke ich mit demselben Gedanken auch das Endliche; ich bin also in derselben Beziehung auch das Endliche. So müssen das Endliche und das Unendliche sich gleich seyn. Alle die bekannten Trugschlüsse beruhen nur darauf, z. B. die Hündin ist Dein, die Hündin ist Mutter; also deine Mutter. Die verschiedenen Bedeutungen der Copula, welche sie allein durch das Verhältniß des Handelns und Thätigseyns erhalten kann, verschwinden, und es bleibt allein die des =, und dann ist jener Schluß richtig. Eben so der Trugschluß aus der Ununterbrochenheit des Uebergangs (2 Schaafe sind keine Heerde, sind es 3, 4, 5 ....?), deren Widerspruch sich nur dadurch heben läßt, daß ein Handelnder das Entgegengesetzte verbindet, der die scharfe Gränze setzen oder aber es schwebend halten kann durch seinen bestimmten oder zögernden Entschluß. So verfährt auch die platonische Dialektik zunächst bei den konkreten Gegenständen. Wenn man die Tapferkeit analysirt und sie von Furchtlosigkeit und Kühnheit unterscheidet, so findet man, daß dieses nur durch ihre Beziehung zur Tugend möglich ist. Um den Begriff der Tapferkeit zu behaupten, ist also diese Beziehung aufzunehmen. Giebt es nun keine Beziehung der That, so ist nothwendig Tapferkeit = Tugend. Die Abstraktion ist also, obwohl sie jedes für sich fest halten will, gerade dazu genöthigt, von dem Verschiedenen zu sagen, daß es dasselbe sey. Bei solchen konkreten Gegenständen ist es nun ein Leichtes nachzuweisen, daß sich nichts gesondert halten läßt. Schwieriger aber wird dieß bei den reinen abstrakten Begriffen, und der entscheidendste hierin ist natürlich der Begriff der Einfachheit selbst. Wenn gezeigt ist, daß die Abstraktion nicht einmal diesen festhalten kann, auch durch seine Analyse nothwendig in einen andern geräth, so ist sie vollends geschlagen. Das wird denn durch die kunstreichste Dialektik Platons, die er in seinem Parmenides führt, erreicht. Dabei geht er nun so zu Werke, daß er diesen Begriff auf das Daseyn bezieht, ihm Realität unterlegt. So lange Parmenides das Eins als bloße Gedankenbestimmung behauptet, scheint er die Bestimmung des Vielen vollkommen abwehren zu können. Die letztere auch hereinzuziehen ist er erst da genöthigt, wo er das Eins auch als Seyendes, Reelles denken will. Nun kommt er nicht allein zu den Fragen: wo, wann und wie ist dieses Eine? sondern der Gedanke des Existirens selbst ist schon ein Zweites neben demselben. Das scheint mir der Schlüssel zum Parmenides des Platon.

Die Lösung des Widerspruchs ist aber keineswegs die, daß die entgegengesetzten Bestimmungen dieselben wären, das Wachen das Schlafen, die Lust der Schmerz, das Endliche das Unendliche, das Eins das Viele; sondern daß der Eine, Seyende alles ist und handelnd hervorbringt. In den reinen Begriffen selbst die Unmöglichkeit des thatlosen Festhaltens zu zeigen, durch den Widerspruch, der sich daraus ergiebt, ist also die höchste Aufgabe der Dialektik. Hierin blieb ihr aber noch eine Vollendung zu erreichen übrig, welche dem Platonischen Verfahren mangelt. Diese Vollendung hat ihr Hegel gewonnen, und das ist sein großes Verdienst um die Wissenschaft, das er nur durch den falschen Gebrauch schmälert. Platon nemlich gestattet, wie gezeigt, der Abstraktion die reinen Begriffe als solche festzuhalten, er zeigt den Widerspruch nur, wenn man sie auf Realität bezieht. Allein auch ohne diese Beziehung enthalten sie denselben, wenn ihnen nicht die frei handelnde Person untergelegt wird. Denn dieses Festhalten an einer Bestimmung ist selbst eine That, von welcher die Abstraktion keinen Gebrauch machen darf, wenn sie nicht überhaupt freie That, Schöpfung der Welt und sohin ihre eigne Unzulänglichkeit zur Erkenntniß einräumen will. Das Seyn, das Nichts auch nur in Gedanken zu setzen, ist etwas das man gethan hat, das geschehen ist und auch unterbleiben konnte. Wodurch das Endliche das Unendliche abhält, wenn man sich in der reinen Abstraktion bewegt, ist allein seine eigne That: es setzt sich und nur dadurch schließt es das Unendliche aus. Wenn wir daher in der reinen Abstraktion noch richtig denken, so geschieht dieß nicht anders als dadurch, daß wir diese Abstrakta personificiren, ihnen unbewußt einen Willen und eine That, wodurch sie das Entgegengesetzte ausschließen, beilegen. Es muß aber bei dem Endlichen auch das Unendliche gedacht werden, es steht in einer Beziehung zu ihm, die sich aus der

Analyse seines Begriffs nicht entfernen läßt. Ist nun die Verschiedenheit der Beziehungen, welche das Handeln erzeugt — also nothwendig auch der Unterschied des Setzens und des Ausschließens — aufgegeben; so folgt daraus: das Endliche ist = dem Unendlichen. Die Verneinung selbst ihrem Begriffe nach ist eine That; giebt man nun That auf, so kann alles was ist nur dasselbe seyn. Auf der andern Seite aber wollte dieselbe Abstraktion, welche hier zu dem = sich genöthigt sieht, gerade das Umgekehrte: das Endliche ist durchaus nicht das Unendliche, und wenn das Eine ist, so kann das Andere nicht werden, weil dieß ein Uebergang, eine Veränderung wäre. Diese Dialektik, wodurch auch die reinen Begriffe sich selbst aufheben, wenn sie nicht ein Wille festhält, zeigt Hegel mit der strengsten Folgerichtigkeit; sein Fehler ist nur, daß er sie für das Wahre hält, wie dieses weiter unten zu zeigen ist. Auch die Dialektik Kants bewährt das hier Gesagte: das hat Hegel nachgewiesen, daß die Antinomien in den obersten Begriffen, welche Kant aufzeigt, durch sein Läugnen der Zeit nicht aufgehoben sind, indem es eben logische Widersprüche sind. „Alles setzt eine Ursache voraus bis ins Unendliche fort, und doch muß eines wieder das Erste seyn!“ Dieses wird nicht anders wenn ich Zeit wegdenke; denn der Begriff der Ursache und Wirkung, oder auch nur des Grundes und der Folge, bleibt ja noch übrig, und ohne Zeit geht der Grund voraus und die Folge folgt nach. Kant hätte wahrhaft Veränderung läugnen müssen, dann hätte er die Antinomien gehoben. Es wäre ihm aber auch nichts übrig geblieben als das durchaus Einfache, das nur Eine Bestimmung ist von Ewigkeit zu Ewigkeit, d. i. — das Nichts. So hat auch er wie Hegel, wiewohl in ganz anderer Absicht, den Widerspruch in den reinen Vernunftkategorien dargethan, daß jede, wenn man ihr nachgeht, zu der entgegengesetzten führt, und doch Vernunft will, daß jedes bleibe was es ist. Die Anschauung lebendiger Wirksamkeit aber hebt wahrhaft die Antinomien, z. B. die Antinomie des Endlichen und Unendlichen im Raume.

Gewiß jeder Mensch leidet schon von Kindheit an daran sich das Unendliche vorzustellen. „Ueber diesen Sternen, diesem Himmel sind wieder Sterne, wieder Himmel, wieder Raum und so immerfort, wo will das hinaus?" Das Unbegreifliche, Widersprechende kommt daher, daß die Sterne, der Himmel, der Raum als selbstständige gefaßt werden, als solche die da sind. Es stört uns gar nicht im Denken, daß wir uns einen bestimmt großen Himmel denken und dennoch immer einen noch größern zu denken vermöchten, ins Unendliche fort; wenn wir nur festhalten, daß wir ihn in uns bilden. Auch stört es uns nicht, daß wir selbst geschlossen und begränzt sind durch unser Wesen, und dessen ungeachtet in der Kraft, Anderes als wir selbst sind, — das jetzt noch ein nicht Bestimmtes, ein Nichtseyendes ist — in Gedanken zu bilden, unbeschränkt sind. Sinnverwirrend ist es also nur, daß wir uns den Himmel außer uns denken, und doch als einen unendlichen; denn nun müßte das Unendliche, Unbegränzte, das eben in der Nichtbestimmtheit besteht, da seyn, mithin Bestimmtheit haben. Wir werden daher wieder ungestört ihn uns vorstellen, wenn wir das Universum uns als die unausgesetzte That Gottes — entsprechend der Thätigkeit unserer Phantasie — denken. Dann verhält sich beides richtig, sowohl die Unendlichkeit als die Endlichkeit des Raumes. Jene besteht darin, daß Gott immer mehr, immer Ausgedehnteres schaffen kann; diese darin, daß er ein Bestimmtes, also einen begränzten Raum geschaffen hat und erhält. Das Unendliche der Welt ist also die Möglichkeit, die Freiheit, die Allmacht Gottes; das Endliche aber ist sein Entschluß. Nur aus diesem lebendigen Verhältniß von Freiheit und Entschluß ist das Verhältniß der logischen Bestimmungen von Endlichkeit und Unendlichkeit zu begreifen, es ist daher gerade der umgekehrte Weg, den Hegel geht, da er aus diesen logischen Verhältnissen Freiheit des Willens und Entschluß begreiflich machen will. Es bewährt sich was Schelling schon in seinem Briefe an Eschenmayer angedeutet und später ausdrücklich erklärt hat, daß die wahre Philosophie erst zu der Einsicht in die logischen Verhältnisse führen müsse, und nicht diese Einsicht vorausgehend eine wahre Philosophie erzeugen könne.

Jenen Selbstwiderspruch, jenes haltungslose Uebergehen für das Wahre auszugeben, ist daher keineswegs die Absicht der Dialektik. Sie soll gerade durch das Aufzeigen desselben zu der Erkenntniß führen, daß ihr Verfahren nicht das richtige ist. Sie geht ja überall zu Werke wie die Abstraktion, als gäbe es keine freie That, und sie darf daher überhaupt kein wahres Resultat durch sich selbst erwarten; sie kann nur erwarten, daß sie zu Unsinn gelange und dadurch bewähre, daß alles in der Welt durch freie That besteht. So hat sie nur einen negativen Werth, sie heilt den in der Abstraktion Befangenen durch Abstraktion. Sie ist, wie Platon sagt, die Arznei des Geistes; von der Arznei aber darf man nur fordern, daß sie die Störung hebe, nicht daß sie selbst die Funktionen verrichte. Man macht es daher Platon mit Unrecht zum Vorwurf, daß seine Dialektik immer bei dem Negativen stehen bleibt und zu keinem positiven Resultate gelangt; das gerade ist ihre Tugend. Dialektik muß der Spekulation die Bahn machen; aber sie darf nicht selbst, wie dieses durch Hegel geschah, an die Stelle der Spekulation treten oder für sie gehalten werden.

Platon will nun freilich nicht (wie dieß nach meiner obigen Darstellung den Anschein haben könnte) das absolute und wissenschaftliche Abstrahiren von allem Inhalt, das er noch gar nicht kennt, mit seiner Dialektik widerlegen; sondern das praktische, welches auf halbem Wegen stehen bleibt, dem sich jeder hingegeben hat, der in irgend einer vorübergehenden Erscheinung befangen ist, als gäbe es nichts mehr außer dieser. Auch für uns hat die Dialektik außer ihrem wissenschaftlichen noch diesen praktischen Gebrauch. Es ist eine Abstraktheit z. B., in der Gegenwart befangen zu seyn; daher hat die Dialektik das Gegenwärtige in die Zukunft, so wie in die vergangenen Zeiten hinüber zu reden. Dadurch läutert sie das Urtheil und die Bestrebungen und verdient, wie Platon es will, als die dem Weisen zukommende Kunst und Einsicht betrachtet zu werden. Diese dialektische Kraft ist es, in welcher der Werth der klassischen Bildung besteht. Aber auch hierin erfindet oder findet die Dialektik nicht die vergangenen Zeiten; sondern sie zeigt nur die Endlichkeit der Gegenwart; Anschauung, Erfahrung, Ueberlieferung zeigen das Frühere, und selbst in seiner Eigenthümlichkeit es sich anzueignen, ist nicht Dialektik.

Hegel hat nun eine unwahre Ansicht von der Welteinheit, daher auch seine Dialektik eine verkehrte Stellung, wodurch selbst das Wahre an ihr unwahr wird.

Der feste und richtige Punkt, wovon dieselbe ausgeht, ist: die Einheit in dem Wechsel der Welt kann nur Bewegung seyn; die Abstraktion, die alles in der Ruhe festhält, den Uebergang ausschließt, ist unwahr. Allein die reelle Bewegung, welche die freie That Gottes ist, kann er nach seinem Standtpunkte nicht statuiren, er nimmt daher zu einer logischen Bewegung die Zuflucht, und das ist in Wahrheit keine Bewegung, weil sie das Erzeugte als unabänderlich in dem Wesen des Erzeugenden enthalten aufzeigt und daher nie aus sich herauskommt. Der Gott, der das Verschiedene verbinden soll — das Seyn — hat keine Bestimmtheit außer ihm; er ist nur die einzelnen Prädikate in ihrer Gesammtheit. Er verbindet sie nicht durch seine That; die Art, wie sie ihm zukommen, kann daher nichts Anderes seyn als ein ganzes oder theilweises =. Hegel kann nicht sagen: Gott ist seinem Wesen nach derselbe, seinem Handeln nach verschieden. Denn die verschiedenen Dinge sind ja nicht sein Handeln, sondern sein Wesen, das was die Analyse seines Begriffes ergiebt. Giebt es also verschiedene Dinge, so ist Gott selbst, der sie alle ist, schon seinem Wesen nach verschieden, und in welcher Beziehung soll nun er, oder sollen die Dinge eins seyn? Hegel hat sich deßwegen auch nie darüber zu erklären vermocht, inwiefern die Gegensätze eins, inwiefern sie wirklich entgegengesetzt sind. Denn wenn er sagt, für den abstrahirenden Verstand seyen sie entgegengesetzt, für die Vernunft seyen sie eins; so kann man dieses doch nicht für eine Erklärung der Sache halten, sondern es ist damit nur bezeichnet, daß Hegel seine Vorstellung des Entgegensetzens Verstand und seine Vorstellung der Einheit Vernunft nennt. Es ist nicht dargethan, mit welchem Rechte und inwiefern sie denn die Vernunft dem Verstande zuwider für eins halten dürfe.

Die That hat Hegel aufgehoben, daher bleibt ihm, wie aller Abstraktion, nur das Dilemma: entweder das Verschiedene ist verbindungslos oder es ist einerlei. Aeltere Systeme sagten nun: „es ist nichts mit seinem Entgegengesetzten gleich." Dieß ist wahr; erkennt man aber die That nicht an, so folgt daraus: „also ist keine Einheit zwischen dem Entgegengesetzten, keine Einheit in der Welt." Hegel verfährt umgekehrt: „es ist Einheit in der Welt." Er erkennt die That nicht an und es folgt: „das Entgegengesetzte ist sich gleich." Das ist der Punkt der Unwahrheit seiner Dialektik; die Thatlosigkeit, welche wahre Dialektik nur darum voraussetzt, um durch den Widerspruch, der sich daraus ergiebt, die Nothwendigkeit des Zusammenhangs durch That zu beweisen, diese Thatlosigkeit setzt Hegels Dialektik voraus, weil sie selbst daran glaubt. Sie hat unter dieser Voraussetzung gezeigt, daß alles in seinen Gegensatz hinüberfließt, und dieses mit einer Evidenz, wie es vorher nicht eingesehen worden ist. Daraus hätte sie folgern sollen, daß das, was allein jedem sein Daseyn sichern, was es allein setzen kann, die freie That, wirklich seyn müsse. Allein thut sie dieses nicht, so muß sie daraus als bleibendes Resultat festhalten, was gerade durch seinen Unsinn von der Voraussetzung zurückzubringen dienen sollte. Die Krise ist ihr die Heilung. So hat Hegel die Dialektik, welche nur negatives Princip seyn darf, die ihrer Natur nach zerstört, zum positiven Princip gemacht; und das Resultat kann daher nur zerstörend seyn. Er bleibt bei dieser Zerstörung stehen, statt zu dem zu gelangen, der allein gegen sie schützt, dem Allerhaltenden, der da sagt: das sey, das werde, das bleibe! Zwar soll die Aufhebung einer jeden Vorstellung für die andere nach Hegel unmittelbar noch nicht das letzte Resultat seyn; aber das, was er als solches ausgiebt, ist doch nichts Anderes als die deutlich beurkundete Thatsache, daß nur dieses gegenseitige Aufheben und Ineinanderfließen Bestand nnd Wahrheit hat. Es wiederholt sich aber auch bei dem dritten, welches aus den beiden ersten folgt, die Frage, welche Hegel bei jenen nicht zu beantworten vermag, nemlich inwiefern ist es eins mit den beiden ersten, inwiefern ist es verschieden? Inwiefern ist z. B. das Werden das Seyn und Nichts, inwiefern ist es ein Anderes von ihnen? Es soll nichts als ihre Analyse seyn, sie müssen also mit ihm gleich seyn, und doch dürfen sie ihm nicht gleich seyn, es soll etwas Neues seyn.

Indem also Hegel die Persönlichkeit Gottes und seine freie That läugnet, hat er für die verschiedenen Dinge keine

Einheit mehr, welche dasselbe bleibend sie verbände, er muß nur behaupten, daß sie untereinander selbst gleich seyen; und dieses darf er sich auch wieder nicht gestehen. Deßwegen ist sein ganzes System ein spukhafter Wechsel, in welchem sich die Gestalten verwirren, tauschen, dasselbe und ein Anderes sind, man weiß nicht wie. Deßwegen die ewige Bewegung ohne Ruhe, d. i. ein Drängen der Prädikate ohne Subjekt. Er kann von nichts sagen, daß es ist; alles entsteht und vergeht, oder vielmehr erscheint und verschwindet. Das Einzige, von dem hier gesagt werden könnte, daß es ist, ist das Nichtbestehen, der Wechsel selbst, das Abstraktum der Bewegung. Das ist der „ewig bei sich bleibende Geist“, auf den in der Folge des Systems sich immer wieder berufen wird. Und diese ewige Jagd kann nicht aufhören, bis sie da anlangt, wo gar keine Prädikate mehr sind, bei dem Nichts, bei der Ruhe des Kirchhofs, wie Hegel selbst dieß in der denkwürdigen Stelle, mit welcher seine Phänomenologie schließt, erklärt. In der neueren Literatur giebt es vielleicht keine zwei näher verwandten Erscheinungen als dieses dialektische Spiel Hegels und die Produkte der Hoffmann'schen Poesie. Auch hier spielen die Gestalten ineinander, die wirklichen Personen sind die phantastischen, und die phantastischen sind die wirklichen, und doch können sie nur das eine oder das andere seyn. Sie schlagen plötzlich von einem in das andere um, es ist unmöglich sie fest zu halten. Eine unheimliche Macht treibt ihr Spiel mit uns, und wir sind ohnmächtig das Blendwerk zu durchschauen. Platon hält die Dialektik für die höchste Wissenschaft, weil sie die Seele von dem Wandelbaren zu dem Einen, Unwandelbaren erhebe. Allein, daß das ewige Wandeln selbst das allein bleibende Unwandelbare seyn sollte, davon hatte Platon keine Ahnung.

In demjenigen also, was nach Hegels System der Grund und das Bewegende der Welt ist, kann unmöglich die Einheit derselben gesucht werden, weil es noch das leere Unbestimmte ist, also kein Subjekt außer den verschiedenen Prädikaten bestände. Nun könnte man die Einheit, statt im Grunde dieser Welt, am Ende derselben suchen wollen, in demjenigen, was zuletzt durch die Bewegung hervorgebracht wird, wie wir allerdings mit Recht sagen: die Einheit aller Erscheinungen liegt in der Endabsicht Gottes. Das paßt aber gleichfalls nicht auf den unpersönlichen Gott Hegels; denn dieser hat die Absicht nicht im Anfange, sondern im Anfange ist die unbewußte gesetzmäßige Entfaltung, und erst am Ende ist die Einsicht in dieselbe. Der Schluß des Gebäudes, die Philosophie, enthält nun freilich alle vorausgegangenen Momente in sich, und so giebt sie Hegel als Einheit der Welt aus. Allein er kann dieses nur, indem er überhaupt sich darüber täuscht, was denn die Einheit ist, welche die Wissenschaft sucht, was ein System von einem Aggregat unterscheidet. Es hat sich oben gezeigt, daß der Unterschied dieser ist. Im System muß das Eine als solches in jedem Theile gegenwärtig seyn, im Aggregat dagegen ist es nicht im einzelnen Theile, sondern tritt erst ein, wenn alle beisammen sind. Im Systeme geht das Ganze den Theilen voraus, im Aggregate folgt es ihnen nach. Nun ist das, was Hegel in der ganzen Durchführung seiner Lehre für die Einheit ausgiebt, immer nur die Einheit des Aggregats, nie die Einheit des Systems. Ihm ist nemlich die Verbindung zweier Vorstellungen in einer dritten die Einheit derselben, z. B. das Werden die Einheit des Seyns und des Nichts. Soll dieses nun eine systematische Einheit seyn, so müßte der Gedanke des Werdens, schon als Werden, in dem Gedanken des Seyns gegenwärtig seyn, wie meine Absicht schon im Anfange meiner That ganz gegenwärtig ist und deßhalb ihre Einheit bildet, oder meine Persönlichkeit, das Gefühl meines Daseyns, schon in jedem meiner Glieder, wodurch sie allein diese Glieder sind. Allein in der Vorstellung des Seyns als solcher ist ja gerade die des Werdens noch abgehalten, sie ist nicht in ihr gegenwärtig; erst durch das Entwickeln des Nichts und ihr Zusammenbeziehen entsteht das Werden. Das Seyn, als solches, Seyn bleibend, enthält also nicht das Werden, wie meine That als solche meine Persönlichkeit enthält, sondern erst durch sein Aufgeben, durch Hinzukommen von etwas Anderem tritt der Gedanke des Werdens ein, wie im einzelnen Steine der Gedanke des Steinhaufens noch nicht gegenwärtig ist, sondern erst eintritt, wenn noch andere Steine hinzukommen. Seyn und Werden sind also eine bloße Einheit des Aggregats; wenn man nicht noch ein Subjekt über beiden hat, das sie verbindet, wo aber dann nicht das Werden die Einheit des Seyns und Nichts, sondern nur jenes Subjekt die Einheit von allen dreien ist. Eben so verhält es sich nun mit der Schlußeinheit, der Philosophie. Sie ist durch den Verlauf aller Momente entstanden; aber sie, die Philosophie, die Einsicht daß alles nur dialektische Bewegung ist — ist in keinem der Momente enthalten, sie ergiebt sich erst, wenn alle zusammengekommen sind. Und auch hier bestehen diese Momente noch außer ihr, z. B. im Staate, in der Familie ist nicht die Philosophie, wohl die dialektische Bewegung, aber nicht die Einsicht in diese Bewegung; und nicht der Anfang, sondern das Ende soll ja hier als Einheit betrachtet werden. Die Absicht des persönlichen Gottes ist in allen Dingen, in jedem einzelnen, und ist darum ihre systematische Einheit. Dagegen die Philosophie im Systeme Hegels ist nur durch die Gesammtheit aller Momente erst entstanden, ohne schon in jedem einzelnen als solchem vorhanden gewesen zu seyn, noch jetzt in jedem zu seyn. Der Schluß dieses Systems ist also auch ein bloßes Produkt seiner Theile, wie der Steinhaufen der Steine, nicht die alles durchdringende Einheit. Es gewährt der Grund desselben keine Einheit, weil er nichts ist außer seinen Erscheinungen; das Ende nicht, weil es nicht als das, was es ist, in den einzelnen Erscheinungen gegenwärtig ist.

Spekulative Philosophie ist die Erkenntniß der Bewegung. So wie nun diese Bewegung nach Hegel wirklich nicht That ist, so ist ihm auch die Spekulation nicht Anschauung, sondern Verfolgung der logischen (dialektischen) Bewegung. Die Dialektik tritt so an die Stelle der Spekulation. Deßwegen muß sie nicht bloß das Uebergehen von einer Vorstellung in die andere zeigen, sondern sie soll die Vorstellungen, die Dinge selbst finden, wie Anschauung dieses vermag. Die leere Bewegung des Scheidens und Bindens muß sonach die Welt bilden, und der logische Mechanismus, welchen die Dialektik gerade aufheben sollte, tritt wieder nur in anderer Weise an die Stelle.

Es pflegt als das Verdienst Hegels zu gelten, daß er die Dialektik objektivirt habe. Versteht man darunter, daß er sie als eine Kunst behandelt, durch welche nicht ein trügerisches Spiel getrieben, sondern die wahre lebendige Beweglichkeit erwiesen werden soll; so ist solche Behandlung schon die Platons. Das Unterscheidende Hegels von Platon ist das, daß sie ihm nicht bloß die Beweglichkeit, sondern die Bewegung selbst, den Inhalt bieten soll. Dieß ist aber nicht ein Objektiv-Machen des vorerst bloß Subjektiven; sondern ein Positiv-Machen des bei Platon bloß Negativen. Und dieses ist nicht das Verdienst, sondern die Unwahrheit dieser Dialektik. Das wahre Verdienst derselben ist oben bezeichnet worden.

Vierter Abschnitt.

Schleiermacher.*)

Standpunkt. Konstruktion der sittlichen Welt. Recht und Staat. — Verhältniß des Staates zu Wissenschaft und Religion. — Die Staatsverfassung. — Beurtheilung.

Schleiermachers Weltansicht ist hervorgegangen aus Spinoza, zunächst vermittelt durch Fichte, zuletzt aber bestimmt durch Schelling gleichwie die Hegels, und Schelling in mancher Hinsicht näher als diese. Es ist auch nach ihm die Vernunft als objektive unpersönliche Weltmacht, welche in ihrer Selbstverwirklichung, in ihrem Prozesse das All des Seyns, sowohl die Natur als die sittliche Welt bildet. Dieser Prozeß besteht auch nach ihm überall in einer Entfaltung aus ursprünglicher Identität in Gegensätze, die eben dadurch sich immer wechselseitig bedingen: die Einheit des Seyns und Wissens, des Dinglichen und des geistigen Seyns, des Allgemeinen und des Besondern und ihre nothwendige Entgegensetzung, darauf beruht alles Daseyn. Den Prozeß nun aufzuzeigen, durch den die Vernunft als Natur und als sittliche Welt sich verwirklicht, ist die Aufgabe der Wissenschaft; diese ist deßhalb nur Eine, wenn auch in verschiedenen Seiten sich entfaltend, und ist eine absolute, wenn sie auch der Zeit noch nicht vollendet ist. Die Seite, die Schleiermacher zu seiner Pflege sich ausersehen, ist nun nicht die Natur, sondern die sittliche Welt. In dieser selbst unterscheidet er wieder zwei Seiten: die Ethik und die Geschichte, sie verhalten sich gegeneinander wie Kraft oder Wesen und Er=

---

*) Schleiermachers Kritik der Sittenlehre — Philosophische Ethik, herausg. von Twesten — Lehre vom Staat, herausg. von Brandis — Ueber die Begriffe der verschiedenen Staatsformen (Abhandlungen der Berliner Akademie 1814).

scheinung. Nemlich die allgemeinen Gesetze der Vernunft, nach welchen sie durch menschliches Handeln sich realisirt als Persönlichkeit, Rechtszustand, Staat, gesellige Sitte, Kirche sind die Ethik; die völlig konkrete Art aber, wie sie diese ihre allgemeinen Gesetze in Raum und Zeit verwirklicht, ist die Geschichte. Eine Philosophie der Geschichte, wenn Schleiermacher eine solche gezeichnet, hätte deßhalb einen andern Charakter als die Hegels. Bei Schleiermacher wäre sie bloß Anwendung der als Ethik gewonnenen Principien auf einen individuellen Stoff, bei Hegel ist sie Anwendung eines über der Ethik selbst stehenden Princips, das gerade in der Weltgeschichte eine noch höhere Art seines Ausdrucks hat als in den ethischen Gesetzen. Bei Schleiermacher ist die Weltgeschichte das Terrain für die gesammte schon vor ihr vollständige Ethik, bei Hegel eine Sphäre der Ethik neben und gewissermaaßen über den andern.

Das Wesen der Ethik ist nun nach Schleiermacher das Einswerden von Vernunft und Natur, daß beide einander durchdringen. Vernunft ist hier, deß muß man immer eingedenk bleiben, nicht die Vernunft einer Persönlichkeit, sondern die unpersönliche Weltvernunft, die jedoch die Persönlichkeit zum nothwendigen ausschließlichen Organ ihrer Verwirklichung hat (wie bei Hegel). Sie ist aber bei Schleiermacher nicht wie bei Hegel ein Inbegriff bereits bestimmter Denkmomente, sondern, der Schelling'schen Auffassung getreuer, noch ein Unbestimmtes, das selbst erst durch seinen Gegensatz zur Natur und seine Einbildung in sie Bestimmtheit erhält. Sie ist an sich bloß die absolute Indifferenz, das Einsseyn von Seyn und Wissen, worin noch kein bestimmtes Seyn und Wissen unterschieden ist. Denkt man die Vernunft vor dem ethischen Prozesse, in welchem sie eben mit der Natur sich durchdringt, so ist sie ein bloßes Princip, ohne konkreten Inhalt.

Indem es hienach die Vernunft als Weltmacht ist, deren eigne Realisirung die Ethik bildet, so hat die Ethik einen durchaus objektiven, ja noch mehr einen durchaus unpersönlichen Charakter. Dieselbe ist nemlich ihrer ursächlichen Kraft nach primär nicht ein Gesetz für den Menschen, sondern das der Vernunft als Weltmacht selbst innewohnende Gesetz, und es wird von dieser erfüllt unausbleiblich; deßwegen verwirft Schleiermacher die Auffassungsweise der Ethik unter dem Gesichtspunkt des „Sollens", denn das wäre ja eben ein Gesetz, das für den einzelnen Menschen besteht und dessen Realisirung bloß von seiner Erfüllung abhinge, diese Beziehung auf den Menschen aber ist für dies wahre ethische Verhältniß nur eine untergeordnete Seite. Eben so ist die Ethik ihrem Ziele nach nicht auf den Menschen gerichtet, etwa seine Vollkommenheit zu bewirken, sondern nur auf jene unpersönliche Weltmacht, die vollkommenste Durchdringung ihrer mit der Natur. Das vollkommene Handeln des Menschen ist also auch nur ein sekundäres Moment, das eigentliche Moment ist die Realisirung der ethischen Formen: die Existenz der Geschlechtsdifferenz, der Familie, der Nation, des Staats, der Geselligkeit.

Hierauf beruht die Unterscheidung der Ethik in drei Gebiete, die dennoch wieder Eins sind; die Güter, die Tugenden, die Pflichten. Durch die ethischen Güter bezeichnet nemlich Schleiermacher das, was die Vernunft realisiren will, ihren letzten Zweck, die Gestaltungen der sittlichen Welt, welche eben ihre Durchdringung mit der Natur enthalten, als z. B. Sprache, Kunst, Eigenthum, Rechtsverkehr, Famile, Staat. Die Tugenden sind die Beschaffenheiten und Kräfte des Menschen, mittelst derer die Vernunft diese Gestaltungen wirkt und in ihrer wahren Weise erhält, als Liebe, Weisheit, Beharrlichkeit, Besonnenheit. Die Pflichten endlich bedeuten die einzelnen

Handlungen, die für Realisirung der Güter gefordert sind, die jeweiligen Beziehungen des Individuums auf das Ganze der sittlichen Weltgestaltung. Der Begriff der ethischen Güter ist offenbar bei weitem die wichtigste unter den drei Seiten der Ethik; denn er bestimmt die beiden andern, sie sind nur für ihn da und je für ihn eingerichtet. Unter Güter ist aber hienach nicht eine Befriedigung des Menschen verstanden, wie der Ausdruck andeuten könnte, sondern es ist ja im Gegentheil gerade nur auf die weltbildende Vernunft, auf die Realisirung ihrer Gestalten abgesehen, die Befriedigung des Menschen ist auch wieder nur ein sekundäres Moment und keineswegs ein nothwendiges, wie denn auch Schleiermacher von den ethischen Gütern die Glückseligkeit als einen völlig andern Begriff unterscheidet, und dazu noch ausdrücklich erklärt, daß die Tugend nicht Glückseligkeit, sondern nur Würdigkeit derselben gewähre. In gleicher Weise ist das höchste Gut bei Schleiermacher nicht Gott als eine Persönlichkeit über der Welt und die persönliche Einigung mit Gott; sondern es ist nur die Totalität jener einzelnen sittlichen Güter: Familie, Staat, Geselligkeit. Die Beziehung auf menschliche Persönlichkeit und auf göttliche fallen nothwendig in der pantheistischen Ansicht, und es bleibt nur das in der Mitte Liegende, die sittliche Form der Welt als in sich Ursache und Zweck, dem die Menschen bloß als Mittel und Werkzeug dienen. Hegels Auffassung ist hierin im Wesentlichen dieselbe. Der ganze Verlauf seiner Rechtsphilosophie will eben das darthun, was Schleiermacher die Güter nennt (Eigenthum, Familie, Staat u. s. w.), nur daß er die Tugend und Pflicht (Liebe u. s. w.) theils selbst als eine Sphäre der ethischen Güter auffaßt (Moral), theils sie zwar wie Schleiermacher als bloßes Korrelat des bestimmten ethischen Gutes (z. B. der Familie) betrachtet, aber ohne sie gesondert aufzuführen. Auch bei Hegel ist das Sollen nicht das Grundwesen der Ethik, sondern nur eine ihrer Sphären oder Erscheinungsweisen und zwar eine untergeordnete.

Wie nun der naturunterwerfende Prozeß nicht ein Prozeß der individuellen Vernunft, sondern der unpersönlichen allgemeinen Vernunft ist, so giebt es auch keinen absoluten Anfang und kein absolutes Ende desselben. Nemlich diese Naturunterwerfung ist überall schon eine gegebene, von welcher der Prozeß ausgeht, und sie wird nie völlig beendigt. Die Existenz des Menschen ist bereits ein solches Ineinander von Natur und Vernunft. (Er ist, wie unten zu zeigen, als Bewußtseyn Symbol der Vernunft und ist als handelndes Wesen Organ der Vernunft.) Dieses Ineinander, das die Vernunft unmittelbar oder unpersönlich und insofern wie man sagen könnte physisch gewirkt hat, setzt die Ethik bereits voraus. Sie befaßt sich damit, wie die Vernunft mittelst der Menschen, also mittelst persönlicher bewußter Wesen die weitere Durchdringung der Natur vollbringt. Auf der andern Seite wird niemals ein Zustand eintreten, daß kein Naturobjekt mehr übrig wäre, das nicht schon vollständig der Vernunft angeeignet ist. Konsequent wäre es gewesen, wenn Schleiermacher das, was er die vorausgesetzte Einheit von Natur und Vernunft nennt, auch noch mit zur Ethik rechnete, da ja die ganze Ethik von ihm nicht auf das Individuum, sondern auf die Vernunft als Weltmacht bezogen wird. Wenigstens kann nach seinem Standpunkte eben so wie nach dem Schellings ein generischer Unterschied seyn zwischen jenem und diesem. Alles vollbringt ja Vernunft nach innewohnenden Gesetzen und als einen nothwendigen Verlauf, nicht unter dem Gesichtspunkte eines Sollens. Wirklich deducirt auch Schleiermacher auf seinem ethischen Fortgang die Existenz der Sprache und des Gedächtnisses bei Behandlung der ethischen Güter nicht minder als das Eigenthum und den Staat.

Gut und Bös sind danach nicht positive Gegensätze. Das

Böse ist bloß das Nicht-Ineinander von Vernunft und Natur, sohin, da die Natur an sich selbst ja auch ein Seyn Sollendes ist, nur ein Nicht-Gutes. Ja nachdem die Ethik nur ein unendlicher Prozeß ist, keinen Anfang hat, vor dem sie gar nicht realisirt wäre, und kein Ende, an welchem sie vollständig realisirt wäre, so kann Gut und Bös nichts Andres bezeichnen als bloß bis zu welchem Grade eine Naturexistenz bereits in den ethischen Prozeß eingegangen, von der Vernunft durchdrungen ist, oder bis zu welchem Grade sie noch außerhalb desselben geblieben ist, erst in der Folge durchdrungen werden soll. Gut und Bös sind bloß ein relatives und fließendes Verhältniß, und das Böse ist kein direkter Gegensatz gegen das Gute, es bezeichnet bloß einen Mangel, ein Nochnicht*).

Die Durchdringung von Natur und Vernunft, in welcher die Ethik besteht oder durch welche die ethischen Güter werden, erfolgt aber durch eine zweifache Funktion, die anbildende (organisirende) und die bezeichnende (erkennende, symbolisirende), d. i. dadurch daß die Vernunft die Natur zu ihrem Organ und dadurch daß sie dieselbe zu ihrem Symbol macht. Sie macht die Natur zu ihrem Organ, indem irgend ein äußeres Naturdaseyn erst geschaffen wird, welches der Vernunft nun für jenen ihren Zweck der Naturunterwerfung wieder dient. So ist der erste anbildende Akt der Vernunft der menschliche Leib, denn dieser, obwohl Naturdaseyn, dient nun der Vernunft als Werkzeug; eben so sind aber dann auch alle äußern Existenzen und Gestaltungen der sittlichen Welt die Aeußerungen der anbildenden Thätigkeit, z. B. Eigenthum, Rechtsverkehr, Familie, Staat. Es sind Naturexistenzen, durch

*) „Der Gegensatz von Gut und Böse bedeutet nichts Anderes als in jedem einzelnen sittlichen Gebiet das Gegeneinanderstellen dessen was darin als Ineinanderseyn von Vernunft und Natur, und was als Auseinander von beiden gesetzt ist." Ethik S. 26.

welche die Vernunft ihre Realisirung in ihrem Handeln auf eine weitere von ihr noch nicht durchdrungene Natur vollbringt. Sie macht hingegen die Natur zu ihrem Symbol, indem sie in einem Naturdaseyn als wissend, sich begreifend erscheint, das Naturdaseyn so der Träger der Vernunft ist. Wie der menschliche Leib das ursprünglichste Organ der Vernunft ist, so das Bewußtseyn (zunächst die Sinne, dann der Verstand) ihr ursprünglichstes Symbol. Aber es geht auch dieses weiter fort, in der Religion und der Wissenschaft äußert sich die symbolisirende Thätigkeit der Vernunft auf ihrem weltbildenden Prozeß, wie in Familie, Volk und Staat ihre organisirende Thätigkeit. Jene ist ein Gestalten, diese ein Sichbewußtwerden des Gestalteten. Durch jene, könnte man sagen, tritt die Vernunft ein in die Natur, durch diese kehrt sie wieder in sich zurück. Das sind die beiden Pole, welche die sittlichen Gestaltungen bilden. So gehen aus der anbildenden Thätigkeit der Vernunft die Persönlichkeit selbst, das Eigenthum, der Rechtsverkehr, die Familie, das Volk und die Race, der Staat u. s. w. hervor; dagegen aus der symbolisirenden gehen das Denken, die Sprache, die Kunst, die Wissenschaft, Religion, daher auch der wissenschaftliche Verein und die Kirche hervor.

Mit diesem Gegensatz der beiden sittlichen Funktionen, der anbildenden und der bezeichnenden (gestaltenden und zum Bewußtseyn bringenden), kreuzt sich aber noch ein anderer. Indem die Vernunft sich der Natur einbildet und zwar in einem Prozeß und einer Entfaltung, also nicht als Allvernunft die Allnatur in sich aufnehmend, entsteht Einzelheit, Besonderheit. Namentlich zerspaltet sich die menschliche Natur in eine Mehrheit der Einzelwesen. Dennoch aber bleibt sie als Vernunft wieder das Allgemeine und ist selbst nur vollständig durch die Gesammtheit der Einzelwesen, in welche sie sich zerspalten hat. Darum ist die Ethik eine beständige Wechselbedingung zwischen Besonderung und Allgemeinheit, Scheidung und Gemeinschaft. Der Begriff der Person selbst ist kein anderer als daß die allgemeine Vernunft sich ein Daseyn als Besonderheit in einem Naturganzen gegeben hat, das nun eben so sehr selbstständiger Mittelpunkt für sich als Theil und Beziehung auf die Gemeinschaft oder das Ganze der Vernunftrealisirung ist. Die Wechselbedingung geht durch beide Bereiche, das des Anbildens wie das des Erkennens. Das ganze Bereich des Bewußtseyns (symbolisirende Funktion) hat eine Seite der Eigenthümlichkeit oder Unübertragbarkeit und eine Seite der Gemeinschaft und der Mittheilung. Das Gefühl gehört der erstern an, der Gedanke der letztern. Das im Einzelnen Entstandene, von ihm Producirte den Andern mittheilbar zu machen, besteht die Sprache und das Gedächtniß (indem nach Schleiermachers Ansicht das Gedächtniß für uns selbst gar keine Bedeutung haben soll, sondern bloß zum Zweck der Mittheilung an Andere). Eben so hat auch das ganze Bereich des Anbildens oder Gestaltens die beiden Seiten. Im absoluten Gegensatze treten sie auf als Leib des Individuums und Erdkörper. Jener ist Organ nur für die Vernunft im Individuum, dieser nur für die Vernunft in der Gemeinschaft; jener kann nicht mitgetheilt werden, dieser kann keinem abgesondert zukommen. Alles Andere ist relativ, und da äußert sich der Gegensatz als Eigenthum und Rechtsverkehr, Erwerbung und Tausch, als Hausrecht und Gastlichkeit.

Die Besonderung erscheint ihm dabei nicht bloß als ein Setzen vieler einzelner Exemplare, sondern als ein Setzen durchaus verschiedener Einzelheiten. Das Spezifische jeder Existenz, oder, wie er es ausdrückt, der nothwendige begriffsmäßige Unterschied einer jeden Existenz von der andern, ist ihm ein oberstes physisch-ethisches Postulat. Das gilt sowohl von den

Menschen selbst, als von allen Verhältnissen, in welchen sie handeln. Denn die Vernunft, obwohl sie in sich völlig gleich ist, insofern sie sich der Natur als Symbol oder Organ bedient, um wieder auf eine weitere Natur zu wirken, also mit der Natur durchdrungen wirkt, muß wie diese selbst sich differentiiren*). Allein warum die Natur ein differente, ja in jeder Existenz eine specifische ist, darüber giebt Schleiermacher keinen Aufschluß.

So ist es ein zwiefacher Gegensatz und danach eine Vierfachheit der Pole, aus welchen die sittliche Welt sich bildet, aus welchen die ethischen Formen (ja wir dürfen überhaupt sagen die Formen) des menschlichen Daseyns sich ergeben**).

Das Recht ist nun nach diesem System das sittliche Verhältniß der Einzelwesen gegen einander in Beziehung auf den Verkehr, d. i. auf Sondererwerb und Gemeinschaft des Besitzes an den äußern Objekten der Erde. Es gehört in das anbildende Bereich der Vernunft, ihr Handeln auf die äußern Objekte, und enthält in diesem jenen Dualismus von Gemeinschaft und Scheidung der Einzelnen; aber es enthält ihn so, daß die Gemeinschaft doch nur als ein beständiges Uebergehen von Einem Einzelwesen auf das andere (als Vertragsverhältniß) erscheint. Unter Recht versteht danach Schleiermacher wie Viele bloß das Privatrecht, das Mein und Dein. Das bloße Vertragsverhältniß führt deßhalb nicht zum Staate, oder mit andern Worten, der Staat ist nicht ein bloßes Verhältniß der Einzelnen zu den Einzelnen.

---

*) Ethik. S. 40. 41.

**) Dieselben vier Kategorien finden sich eigentlich auch bei Hegel; der Schleiermacher'schen anbildenden und bezeichnenden Funktion entspricht ungefähr das Hegel'sche Ansich und Fürsich, und dem Schleiermacher'schen Allgemeinen und Eigenthümlichen Hegels Substantielles und Subjektives. Nur daß auch hier Hegel nicht die beiden Polaritäten gesondert aufstellt, sondern sie mehr sich durchdringen läßt; so daß das Subjektive eben das Mittel des Fürsich wird.

Sondern der Staat ist die Gemeinschaft der Menschen als solche für diese Anbildung oder Unterwerfung der Natur.

Wesen und Zweck des Staats ist nemlich der Naturbildungsprozeß, der ausgeht von der Masse der Menschen als Einheit, und zwar durch Volkseigenthümlichkeit bewirkter Einheit. Dieser Naturbildungsprozeß, welcher Wesen und Zweck des Staats bezeichnet, umfaßt die Dienstbarmachung der äußern Objekte für die menschliche Intelligenz und ihre Zwecke, und die Dienstbarmachung auch der menschlichen Anlagen, jedoch eben nur so weit als sie für Unterwerfung und Genuß der Natur dienen. Er enthält „Gymnastik, Mechanik und Agrikultur" nach Schleiermachers allerdings weiterer Bedeutung dieser Ausdrücke. Als Naturunterwerfung durch die Menschen in ihrer Totalität umschließt der Staat nothwendig die Naturunterwerfung, die von den Einzelnen ausgeht und sich wieder Einzelnen mittheilt, also Verkehr und Eigenthum, oder kurz das Recht. Der Staat enthält das Recht, aber nicht wie nach der ältern naturrechtlichen Auffassung als bloßes Verhältniß unter den Einzelnen, zu welchen die Gesammtheit hinzutritt nur um es zu schützen, sondern als ein Verhältniß unter den Einzelnen, das da gerade durch das Verhältniß der menschlichen Gesammtheit getragen wird. Das Volk unterwirft sich den Boden, producirt und mehrt die Mittel menschlicher Befriedigung durch die Ordnungen und Anstalten seines öffentlichen Gesammtbestandes; auf der Grundlage dieser Gesammtproduktion erst geht der Verkehr unter den Einzelnen vor sich, dessen sittliche Gestalt das Recht ist, und der Staat schützt und pflegt dann den Verkehr (Tausch) wie die Sonderberechtigung (die Seite der Unübertragbarkeit wie die der Gemeinschaft). Das ist zweifelsohne der Sinn Schleiermachers. So ist das Bereich des Staats die Herrschaft des menschlichen Geschlechts über die Natur und die Vertheilung in ihm selbst für diese Herrschaft, nemlich die Stellung der Einzelnen zum Ganzen und gegen einander für diesen Zweck. Dagegen der Mensch selbst als Intelligenz ist außerhalb des Bereichs des Staats. Nemlich fürs erste ist das Wissen, so weit es als solches in Betracht kommt, nicht bloß zur Naturunterwerfung dient (spekulatives Wissen im Gegensatz des technischen Wissens), nicht Gegenstand der Staatsherrschaft. Sodann ist das Gefühl und namentlich die höchste Stufe des Gefühls, welche das religiöse Gefühl ist, sohin die Religion, nicht Gegenstand der Staatsbeherrschung. Diese beiden sind Sache besonderer vom Staate geschiedener Vereinigungen. Endlich steht auch noch die freie (von keiner geschlossenen Vereinigung ausgehende) Geselligkeit, d. i. Freundschaft und Gastlichkeit, nicht unter dem Staate. Dieser ganze Naturbildungsprozeß, welcher das Wesen des Staats ist, hat aber nur dann seine vernünftige Bedeutung, ist nur dann wirklich Unterwerfung unter die Vernunft, wenn er vom Volke ausgeht, als den durch einen Typus der erkennenden und bildenden Thätigkeit Verbundenen, und die Eigenthümlichkeit, Persönlichkeit des Volks sich in ihm offenbart. Diese Offenbarung der Volkseigenthümlichkeit in Unterwerfung der Natur ist der eigentliche, der letzte Zweck des Staats. Das Volk übt nun diesen Prozeß zunächst schon von selbst in untergeordneter Weise aus, als Horde. So wie es sich aber dazu ordnet, nemlich so wie Obrigkeit und Unterthan entsteht, ist der Staat gegeben. Das Kriterium des Staats ist darum ein Verhältniß von Obrigkeit und Unterthanen.

Durch die Begränzung des Staats auf den Naturbildungsprozeß haben sich von selbst zwei andere Vereine ausgeschieden, die gleichfalls zur Realisirung der Vernunft gefordert sind: der wissenschaftliche Verein (Schule, Universität, Akademie) und die Kirche, jener für die Gemeinschaft des Gedankens, diese für die Gemeinschaft des Gefühls. Beide bilden gemeinsam den Gegensatz gegen den Staat, weil sie auf die erkennende Funktion gehen, der Staat dagegen auf die bildende; sie wollen im Innern des Menschen oder der Vernunft ein Resultat erreichen, der Staat im Aeußern, in der Natur*). Sie sind aber untereinander selbst entgegengesetzt, weil in diesem Bereich der erkennenden Thätigkeit der wissenschaftliche Verein die Seite der Gemeinsamkeit, d. i. den Gedanken, die Kirche dagegen die Seite der Eigenthümlichkeit (das was ein Mensch für sich hat, nicht auf den andern übertragen kann), d. i. das Gefühl vertritt. Das Mittel sich zu realisiren, eine Gemeinschaft herzustellen, ist deßhalb für den wissenschaftlichen Verein die Sprache als Ausdruck des Gedankens, für die Kirche die Kunst als Ausdruck der Empfindung. Wie Religion und Kirche auf Seite der Eigenthümlichkeit ruhen, so ist auch der Unterschied der Religionen wenigstens in ihrer höhern Klasse (der Vernunftreligionen) durch Eigenthümlichkeit begründet, und das ist der Irrthum, der Ursprung des Fanatismus, ihn aus objektiver Wahrheit und Unwahrheit zu erklären.

Auch für diese beiden Gemeinschaften postulirt Schleiermacher eine natürliche Unterlage, d. i. einen naturgegebenen gemeinsamen Typus, durch welchen die den Verein bildenden Glieder schon vor ihrer Vereinswirksamkeit eine Einheit (dadurch einen Vernunftprozeß) bilden, wie der Staat einen solchen an der Nationalität hat. Dem wissenschaftlichen Verein eignet er nun eben diese Nationalität als seine natürliche Unterlage an, Schule und Akademie gründen sich auf das nationale Wissen (in Wahrheit aber nur deßhalb, weil sie vom Staate gepflegt werden), für die Kirche aber weiß er ein solches bis jetzt nicht zu bezeichnen und hofft auf künftige Entdeckung, so schwierig sie auch sey.

Das Verhältniß zwischen dem Staate einerseits und diesen

---

*) Die ganz ähnliche Auffassung Schellings vergleiche oben S. 404.

beiden Gemeinschaften, wissenschaftlicher Verein und Kirche, andrerseits, ist nach Schleiermacher konsequent die völlige Verbindungslosigkeit, da sie auf verschiedene anthropologische Seiten (oder objektive Vernunftfunktionen) sich gründen, die in keinem Zusammenhang stehen. „Letztere sind bestimmt aus dem Dominium des Staats entlassen zu werden, in das Gebiet des Einzelnen als solchen. Ob sie sich dann organisiren oder nicht, geht den Staat nichts an, ob, wenn sie es thun, er davon Notiz nimmt oder nicht, hängt von Umständen ab." Bloß die unvermeidliche negative Verbindung statuirt er, daß der Staat den andern Verbindungen den Raum gewähren, ihre äußere Subsistenz sicherstellen muß, und umgekehrt sie nichts Staatsgefährliches im äußersten Sinn enthalten dürfen. Dafür aber fordert er völlige Glaubensfreiheit in dem Sinn, daß der Staat sich nicht bloß nicht konfessionell, sondern auch nicht „allgemein christlich basiren" dürfe*).

Ist der Staat Naturbildungsprozeß, Unterwerfung der äußern Objekte unter die gemeinsame Beherrschung der Menschen, so müssen die Bestimmungsgründe für den Staat auch auf natürlichen Bedingungen und Gesetzen beruhen, d. h. die Art und Weise wie eine Menschenmenge sich ordnen, einigen, die Stellungen unter sich vertheilen, die Funktionen einrichten muß, um solche gemeinsame Beherrschung der Außenwelt zu erzielen, ist durch die natürlichen Gesetze bestimmt. Die wissenschaftliche Behandlung des Staats ist deßhalb eine „Physiologie des Staates". Insbesondere aber da der Staat Offenbarung der Volkseigenthümlichkeit seyn soll, die der Seite der Natur angehört (denn alle Differenz kommt ja von der Natur, die Vernunft ist die allgemein gleiche), so ist jede Methaphysik des Staats („metaphysische Politik" — „Staatsideal"), wie Platon und Fichte

*) Politik S. 14 und 70.

eine solche geben, unzulässig. Unter diesem Gesichtspunkt will Schleiermacher seine Lehre vom Staate betrachtet wissen. Er stellt den Gang der Staatenbildung von der Vorstufe der Horden an als eine Naturnothwendigkeit dar, wo allerdings sich eben in diesem Gange die höhern Formationen herausstellen aus den niedern, aber von einem eigentlichen Sollen nicht die Rede ist. Die Demokratie ist ihm die unterste Stufe, die Monarchie die höchste Stufe des (einfachen) Staats. Als die letzte Bildung der vollendeten Monarchie betrachtet er gleichfalls die ständische oder konstitutionelle, ohne diese Namen zu gebrauchen. Er giebt auch die Konstruktion derselben wie Andere aus dem Begriff und Verhältniß der Gewalten, der gesetzgebenden und der exekutiven, aber in einer eigenthümlichen Weise. Das Wesen nemlich des Staats ist, daß die Gesammtmasse Regeln erhalte und sodann diese Regeln verwirkliche — gesetzgebende und vollziehende oder ausübende Gewalt. Beides verlegt er nun ursprünglich in die Masse; die Erfahrungen und Wahrnehmungen des Lebens, welche sie macht, sind die Quelle des Gesetzes, und unter vollziehender Gewalt versteht Schleiermacher zunächst die Befolgung, wie sie von der Masse ausgeht. Aber die Verschiedenheit der Lebenserfahrungen (eigentlich der Lebenswürdigung), welche bei Theilung der Arbeit und Verschiedenheit des Interesses kommt, läßt das nicht genügen, jetzt wird daher eine „permanente Obrigkeit als Zwischenglied nöthig". Also zum Begriffe der gesetzgebenden und vollziehenden Gewalt rechnet Schleiermacher die Obrigkeit nicht. Sie wird erst nöthig, wo die eigentliche gesetzgebende Gewalt, die nationale Lebenswürdigung, und die eigentliche ausübende Gewalt, die Befolgung durch die Menschen, thatsächlich nicht ausreichen. Solche Obrigkeiten als Zwischenglieder sind die repräsentativen Körper, namentlich aber der König. Der König ist in der ausgebildeten Verfassung deßwegen das Ende der gesetzgebenden Gewalt und der Anfang der vollziehenden. Die öffentliche Meinung evolvirt die Gesetze bis hinauf zu seiner Sanktion, und die Befolgung geht zunächst von ihm aus, bis sie wieder zuletzt von der Masse realisirt wird. In dem also entwickelten Staatsorganismus verwirft aber dann Schleiermacher eben so sehr die Volkssouveränetät, daß die vollziehende Gewalt (d. i. nach ihm die befolgende, gehorchende Masse) über der legislativen (permanenten Obrigkeit, König, Parlament) stehe, als die Verantwortlichkeit der Minister, daß die legislative Gewalt (das Parlament) über der vollziehenden (das ist hier wieder der König als Anfänger der vollziehenden stehe, sondern die Minister müssen dem König verantwortlich seyn, und die Stände in dieser Hinsicht bloß die Petition haben, durch welche sie ihre Klage in der Sache an den Fürsten verweisen. Ein Anderes nach beiden Beziehungen zu wollen, ruht auf der falschen Vorstellung von nothwendiger Sicherung, d. i. auf Mißtrauen. Dieses aber kommt von anderer Seite und muß dort beseitigt werden; nemlich das Mißtrauen entsteht nur darum, daß der Staat überhaupt in eine Sphäre übergreift, die nicht ihm sondern dem Einzelleben angehört, insbesondere die religiöse und die wissenschaftliche. Das ist dann zuletzt die hauptsächlichste praktische Tendenz in Schleiermachers politischer Lehre, daß diese beiden Sphären von jeder Staatseinmischung frei bleiben sollen, die völlige Trennung des Staats von Religion und Kirche und von Wissenschaft, wie sie oben berührt wurde. — —

Die größere Fülle und Tiefe der Gedanken und insbesondere die Erkenntniß der sittlichen Welt als eines Ganzen, das in sich selbst zusammenhängt, nicht bloß aus Beziehungen auf das Individuum besteht, durch welche seit Schelling die Wissenschaft vor den ältern Konceptionen hervorragt, herrscht denn auch bei

Schleiermacher. Daraus entspringt namentlich seine Lehre von den sittlichen Gütern, durch die er eben die Grundeinrichtungen der Gemeinexistenz, Familie, Staat, Kirche, Schule, als das Centrum der Ethik auffaßt, und die Pflichten des Individuums als Abgeleitetes. Aber er theilt auch die ganze Irrthümlichkeit des pantheistisch-spekulativen Standpunkts, die oben an den Systemen Schellings und Hegels nachgewiesen worden. Jene nebelhafte „Vernunft", die ihren Inhalt erst durch die Natur erhält und dennoch Maaßstab der Natur seyn soll, die sich nicht realisirt außer durch und in Persönlichkeiten und dennoch die Persönlichkeiten erst hervorgebracht haben soll, ist nicht im Stande die Welt zu erklären, weder die Naturschöpfung noch die sittliche Welt. Allerdings fällt alle irdische Existenz unter die vier Kategorien: erkennende und bildende Thätigkeit, Allgemeinheit und Besonderheit (Eigenthümlichkeit); aber daß durch diese Kategorieen irgend eine Naturexistenz, namentlich die des Menschen, oder irgend ein sittliches Verhältniß in seiner specifischen Bedeutung getroffen werde, ist dieselbe Täuschung, der wir auf jedem Stadium der rationalistischen Entwickelung begegnet sind. Es ist daher auch bei Schleiermacher nur ein geistreiches Balanciren und Symmetrisiren mit jenen Gegensätzen, worin sich seine Darstellung bewegt, nicht ein wirkliches Erklären, ein Aufzeigen des Ursprungs oder der Nothwendigkeit der sittlichen Gestaltungen. Daß er die Ethik reichlich gefördert in Herausbildung und richtiger Würdigung der sittlichen Beziehungen, besonders nach Seite der subjektiven Moral, wird damit nicht geläugnet; aber er that das eben so wie Hegel nicht vermöge seiner philosophischen Kategorien, sondern ungeachtet derselben. Aber noch mehr als das! Jenem philosophischen Standpunkte zufolge wird bei Schleiermacher wie bei Hegel und den Frühern das innerste Wesen der Ethik eingebüßt, sie ist nemlich auch ihm ihrer absoluten Bedeutung nach nicht Beschaffenheit eines Willens und zwar in ihm selbst, sondern bloß ein Sieg des Denkens, der Denkthätigkeit, Bewußtheit („Vernunft") über die nicht denkende, bewußtlose Natur. Er stellt sich bei derselben auf den Standpunkt des Schöpfers, d. i. der demiurgischen Vernunft, und dieser hat nur den Zweck (oder vielmehr die Nothwendigkeit), das Stoffliche, seine eigne andere Potenz, sich der Gedankenmacht zu unterwerfen; was als Willensbeschaffenheit, als Tugend erscheint, ist nur Mittel für diesen Unterwerfungsprozeß, nicht das was ursprünglich und zuletzt seyn soll. Die gesammte Ethik hat so im absoluten Weltzusammenhange keine eigentlich sittliche, sondern nur eine intellektuelle oder künstlerische Bedeutung. Vollends aber schließt Schleiermacher nach seinem Standpunkte das wahre Grundverhältniß der Ethik aus, daß sie ein Verhältniß ist zweier lebendiger persönlicher Willen, des göttlichen und menschlichen*), wonach Gut und Bös absolute und positive Gegensätze sind als Uebereinstimmung oder Ungehorsam gegen die sittliche Macht, und wonach die verschiedenen Beziehungen, die auf die Person Gottes, nemlich die Einigung mit ihm, und die auf die göttliche Wesensbeschaffenheit und die Vollendung des menschlichen Daseyns nach ihr, den Unterschied der Sphären, Religion und Moral, Kirche und Staat, begründen. Er muß daher die Ethik nach willkürlichen und untergeordneten Beziehungen auffassen, welche eben mit jenem Gegensatze von Natur und Vernunft zu erreichen sind. Das Böse ist ein bloßes noch nicht Vernunftgewordenseyn der Natur, wonach in der That der sittliche Abscheu vor demselben völlig unerklärt bleibt; die Religion ist nur ein gleichartiges, koordinirtes Moment in dem allumfassenden Gebiet der sittlichen Güter, ihr innerstes Wesen ist

*) S. dieses Werkes II. Band I. Buch §. 28.

nur das verschiedene anthropologische Organ, oder wenn man will, die verschiedene Vernunft-Funktion (Eigenthümlichkeitsseite, Gefühl), nicht das große Objekt und Ziel, Gott und die persönliche Einigung des Menschen mit Gott. Ihr Inhalt, die ewigen Thaten Gottes, die sie offenbart, tritt zurück als irrelevant, und nur die Art, wie sie den Menschen erregt, ist das Entscheidende.

Die eigenthümliche Durchführung aber, die Schleiermacher dem pantheistisch-spekulativen Standpunkte giebt, besteht darin, daß er ungeachtet der Objektivität der wissenschaftlichen Auffassung, die derselbe nothwendig in sich schließt, doch in den Resultaten vorherrschend auf Seite der Subjektivität, der bloßen individuellen menschlichen Freiheit tritt. Allerdings ist ihm das Ethos nicht Aufgabe und Erfüllung des Einzelnen, sondern der objektiven, weltbildenden Vernunft, und daher der menschlichen Gemeinschaft, in der sie sich verwirklicht. Wie er aber nun zum Inhalt des Ethos kommt, so besteht ihm dasselbe nicht in höhern Ordnungen, sondern doch wieder nur in der Entfaltung der Persönlichkeit. Nichts Andres als dieses erstrebt eben der Prozeß der Vernunft. So ist ihm das innerste Wesen des Staats nicht eine Ordnung über dem Volke, sey es wie nach christlicher Ansicht eine von Gott gesetzte Obrigkeit, Gerechtigkeit und Frieden zu handhaben, oder wie nach Hegel eine Architektonik von Vernunftbestimmungen; sondern vielmehr nur die Offenbarung der Individualität des Volks in der Art, wie es die Natur sich dienstbar macht. Deßgleichen das innerste Wesen der Kirche, die nach christlicher Ansicht eine göttliche Anstalt ist, die gottgegebene Lehre zu verkünden und das von Gott selbst ausgehende Wunder des Sakraments zu vermitteln, und die bei Hegel folgerichtig gar keine Stelle hat, ist ihm nur der Ausdruck und die Realisirung des (subjektiven) religiösen Gefühls der Menschen in Gemeinschaft. Die göttliche Strafe wird ihm zum bloßen natürlichen Werk der Sünde, die bürgerliche ist Vertheidigung der Gemeinschaft gegen den Uebertreter, und die Bekämpfung der Todesstrafe, der er eine eigne Predigt gewidmet hat, ist davon eine nothwendige Konsequenz. Das Oeffentliche (Staat und Kirche) und das Private stehen sich bei Schleiermacher gegenüber nicht als Objektivität und Subjektivität, sondern nur als Subjektivität einer Masse (einer Volkseinheit oder bez. einer großen Gefühlsgenossenschaft) und Subjektivität eines Einzelnen. Die praktische Stellung Schleiermachers in Beziehung auf den Staat ist deßhalb das direkte Gegentheil zu der Hegels; in diese Extreme hat sich der Standpunkt Schellings dirimirt. Bei Hegel soll alles gouvernemental von oben herunter bestimmt werden, der Widerstand der Stände und vollends der Einzelnen gegen das objektiv Vernünftige darf keine Macht, ja kaum Gehör erhalten; bei Schleiermacher dagegen soll alles aus der Individualität der Einzelnen hervorgehen, und keine Macht diese Individualität zwingen dürfen. Sehr deutlich zeigt sich das auch in seiner pseudonymen Schrift über das liturgische Recht. Nach dieser darf keine Aenderung in der Liturgie gemacht werden, so lange irgend ein individuelles Gewissen sich dadurch beschwert findet. Nicht um den Gegensatz von Königthum und Demokratie handelt es sich hier, sondern um den Gegensatz von Staats- oder Kirchengewalt und Einzelwillen. Darauf beruht auch seine absolute Trennung von Staat, Kirche und Schule.

Zu einer eigentlichen, selbstständigen Theologie hätte Schleiermacher folgerichtig nicht gelangen dürfen. Er mußte, da er die Religion in die bloße Art der bezeichnenden (erkennenden) Thätigkeit setzt, in das Gefühl, ganz ähnlich wie Hegel in die Vorstellung, nothwendig eben so wie Hegel die objektive Wahrheit der Religion läugnen und ihr nur als subjektiver Auffassungsweise und als Gesinnungsimpuls einen Werth beilegen. Es ist ein

Grundverstoß gegen alles richtige Denken, daß Schleiermacher dessenungeachtet dem Ergebnisse des religiösen Gefühls selbstständige Wahrheit einräumt und so einen Dualismus des menschlichen Erkennens seinem objektiven Inhalt nach statuirt: das was der Gedanke uns lehrt, und das ist ein pantheistischer Weltzusammenhang, in welchem die unpersönliche Vernunft (die in ihr selbst nichts ist, sondern bloß in der Natur zu Inhalt und Existenz kommt) die Welt gebildet und die Sitte bestimmt hat, und das was das Gefühl uns lehrt, einen Gott, dessen Eigenschaften die Liebe und Barmherzigkeit sind, und eine Hoffnung auf ewige Fortdauer. Eine Uebereinstimmung dieses direkt Entgegengesetzten postulirt Schleiermacher als ein Transcendentes, dessen Art und Weise nur uns unbekannt sey*), während doch innerhalb unsers Denkens es schon völlig klar ist, daß eine solche Uebereinstimmung absolut unmöglich ist, und auf der andern Seite es gar solcher nicht bedarf, indem das religiöse Gefühl, das Schleiermacher ja selbst als ein nothwendiges Produkt des (unpersönlichen) Vernunftprozesses aufweist, unmöglich etwas von diesem Prozeß Selbstständiges, ein Höheres über ihm seyn kann, sondern nothwendig aus diesem selbst erklärt werden muß und sehr wohl erklärt werden kann als Brechung der reinen objektiven Gedankenwahrheit durch die Subjektivität der Empfindung. Wenn die weltbildende, unpersönliche Vernunft auch ein Sehnen nach einem liebenden Gott und einem Erlöser erzeugt, soll dagegen ein solcher Gott objektiv geschaffen und so jener ursprünglich erzeugende unpersönliche Gott rückwärts aufgehoben werden? Es ist nur die persönliche tiefe Ergriffenheit von gewissen Grundthatsachen des Christenthums, der Erlösungsbedürftigkeit und der Erlösung durch den Heiland, welche Schleiermacher über alle

---

*) Glaubenslehre I. 174.

diese Widersprüche hinaushebt und zu einer christlichen Glaubenslehre führt. Das muß ihm nach Gerechtigkeit weniger als eine Schwäche philosophischer Auffassung denn als eine Stärke und Intensivität des religiösen Gemüths angerechnet werden; denn es ist selbst wissenschaftlich das Höhere, ein großes, mächtiges Objekt unfolgerichtig anzuerkennen, als der Konsequenz eines philosophischen Gedankes wegen es zu läugnen. Aber daß eine christliche Glaubenslehre, die also in eine ihr widersprechende philosophische Gesammtauffassung an ihrer Stelle eingefügt ist, unmöglich die ächte lautere Glaubenslehre seyn kann, muß schon von vornherein einleuchten. So groß und nachhaltig immer die Verdienste Schleiermachers um die wissenschaftliche Gestaltung der Theologie sind, der christliche Glaubensinhalt ist in seiner Dogmatik wesentlich getrübt und abgeschwächt.*).

Für Rechts- und Staatslehre hat Schleiermacher verhältnißmäßig weniger geleistet als für andere Disciplinen. Seine Auffassung des Staats ist zwar unendlich objektiver, reicher, lebensvoller als die der früheren Kantisch-Fichte'schen Epoche. Er beruht ihm auf ursprünglicher Gemeinschaft und hat positive Ziele. Aber Schleiermacher entkleidet den Staat gerade seiner innersten ethischen Bedeutung. Denn die Dienstbarmachung der äußern Natur und der äußern menschlichen Anlagen ist nicht das Ethische im höchsten Sinne; dagegen Gerechtigkeit und Strafe, dieses ethische Centrum der Verwaltung, und die Majestät einer sittlichen Autorität als Selbstzweck, dieses ethische Centrum der Verfassung, hat keine Stätte in seiner Lehre. Die Handhabung des Rechts erscheint nicht als Realisirung der Idee der Gerechtigkeit, sondern nur als die Vertheilung der der Natur abgerungenen Güter, ist also auch nur Mittel zu jenem Ziel der

*) Die nähere Ausführung darüber siehe in meinen Fundamenten einer christlichen Philosophie S. 185.

Naturunterwerfung. Die Aufhebung des eigentlich ethischen Standpunktes erstreckt sich für die subjektive Moral doch bloß auf die wissenschaftliche Konception, hier aber auch auf die Resultate. Der ganze Zweck des Staats ist danach vorherrschend ein bloß technischer, und daher kommt es, daß der Staat gar kein inneres Band zur Kirche und zur wissenschaftlichen Gemeinschaft hat, sondern bloß das äußere, ihnen den Raum zu gewähren und sich gegen sie zu schützen. Es sind lauter abgetrennte Sphären ohne reale Einheit, bloß eine ideale abstrakte besteht eben in der philosophischen Konception. Die Wirklichkeit widerspricht dem Gedanken Schleiermachers. Durch die ganze Geschichte haben die Staaten sich so wenig auf seinen Zweck der Naturunterwerfung als auf den Kantischen, den Schutz der Einzelrechte, beschränkt, überall haben sie zugleich ethische Ideen als an sich nothwendig und heilig zu realisiren gestrebt.

Es ist danach auch völlig folgerichtig, daß die oberste wissenschaftliche Lehre vom Staate bei Schleiermacher nicht Ethik sondern Physiologie ist. Es fragt sich nicht um das, was an sich die ethische Bedeutung des Königthums, der Gerichte, der Volksvertretung, der Justiz und Polizei ist, sondern nur um die Wege, wie nach den Naturgesetzen die technische Aufgabe des Staats (der Naturbildungsprozeß) durch jene Einrichtungen und ihre Funktionen erreicht wird. Damit ist in der That die Staatslehre in ihrer höchsten und wesentlichsten Seite aufgegeben; denn diese ist Ethik und nicht Physiologie, sie hat jene ethische Bedeutung der Institute zur Aufgabe und fällt darum dennoch keineswegs mit einem abstrakten, Volkseigenthümlichkeit ignorirenden Staatsideal zusammen, wie Schleiermacher am Beginn seiner Politik es als Alternative voraussetzt. Eben so ist der weltgeschichtliche Entwickelungsgang der Staaten nicht in seiner tiefsten Bedeutung anerkannt. Denn dieser ist ein Fortgang ethischer Ideen und nicht ein bloßer physiologischer Prozeß aus natürlichen und mechanischen Triebfedern, wie Schleiermacher ihn behandelt. Aber es ist auch die Seite der Staatslehre, welche damit wirklich gepflegt wird, nicht völlig lauter hingestellt. Denn die Physiologie des Staats kann ihrer Natur nach nur eine rein geschichtliche Wissenschaft seyn. Als solche hat sie das ganze geschichtliche Material zum Objekte, und bloß das, was dieses ihr bietet an Verfassungsbildungen, Verwaltungszwecken, leitenden ethischen Ideen, zur Richtschnur. Die Staatsphysiologie Schleiermachers hat aber einen bereits vor und außer ihr gegebenen Maaßstab und Zweck der Untersuchung: den Naturbildungsprozeß. Es wird von vorn herein angenommen, daß das Ziel des Staats nur dieses seyn kann, und wird nur untersucht, wie die natürlichen Bedingungen des Staats sich zu ihm verhalten. Es sind geschichtliche Untersuchungen nach einem a priori gegebenen Gesichtspunkte. Dazu kommt noch Schleiermachers sonstige Denkverfahrungsweise, von der bestimmten Wirklichkeit zu abstrahiren und sich in das Gebiet der allgemeinsten Gedankenverhältnisse zu versetzen. Das führt ihn häufig dahin, die einfache, nächstliegende und wahre Bedeutung der politischen Elemente zu übersehen und sie nach Beziehungen aufzufassen, die mehr überraschen als den Kern der Sache treffen. So z. B. erklärt er die Civilgerichtsbarkeit als Bestandtheil oder Ergänzung der gesetzgebenden Funktion, weil sie „wie diese zweifelhaftes Recht bestimmt," wie denn „die Verhandlungen und Resultate der Rechtspflege überall die Grundlage geben zu Erläuterungen und Verbesserungen des Codex," übersehend alle die entscheidenden Charaktere, die sie von der Gesetzgebung unterscheiden: die Anwendung auf den einzelnen konkreten Fall, die Einwirkung auf eine bestimmte berechtigte Person, die Gebundenheit an eine bestehende gesetzliche Norm. So stellt er die Strafrechtspflege und das Militärwesen zusammen unter den Begriff der „Staatsvertheidigung“ oder „Kriegführung gegen den innern und gegen den äußern Feind,“ übersehend das erstere zu ihrem Wesen die Realisirung der Idee der Gerechtigkeit hat, wonach sie mit der Civilrechtspflege zusammenschließt, letzteres die physische Macht durch technische Mittel anstrebt. So rechnet er zur vollziehenden oder ausübenden Gewalt die Befolgung des Gesetzes, übersehend daß das Wesen der politischen Funktionen nicht das Realisiren einer Norm, sondern das Realisiren derselben kraft der politischen Autorität ist, auch wo diese nicht aktuell Zwang übt. In gleicher Weise betrachtet er als die hauptsächliche Seite der gesetzgebenden Gewalt die Veranlassungen, aus welchen der Inhalt des Gesetzes kommt, die Lebenserfahrungen der Menge und nicht die Sanktion. So erklärt er es als eine Entfernung von der reinen Demokratie, ja als wirkliche Aristokratie, wenn Einige durch „Sachkenntniß und Gewalt der Rede“ die „Wortführer“ werden und etwa gar diese „Volksleiter“ an ihren „Schülern ihnen ähnliche Nachfolger“ haben, übersehend daß das Wesen der Regierungsform darin besteht, welcher Wille entscheidet, und nicht durch wen er sich jedesmal bestimmen läßt, widrigenfalls ein monarchischer Staat auch seine Verfassung wechseln würde, je nachdem gerade der Fürst sich durch Volksgunst, Hofumgebung, Klerus u. s. w. bestimmen läßt. Wenn dieß nun auch keine reine Auffassung und Durchführung des physiologischen Standpunktes ist, so fehlt es doch auch nicht an schätzenswerthen Beiträgen für denselben und ist seine Geltendmachung an sich schon verdienstlich. Schleiermachers Politik wird als das Werk eines hochbegabten und gebildeten Geistes immer ihren Werth und ihr Interesse behalten; aber ein tiefer greifender Einfluß auf wissenschaftliche Staatslehre oder praktische politische Auffassung wird ihr kaum zugeschrieben werden können.

Die eigenthümlichste und bedeutendste Leistung Schleiermachers auf philosophischem Gebiete ist seine Ethik. Ihre Grundanlage zwar ist, wie oben gezeigt worden, nicht haltbar; wie könnte auch ein System der Ethik als das wahre gelten, das kein Böses im eigentlichen Sinn, keine Strafe und keine Sühne kennt! Aber nicht bloß hat Schleiermacher in der Durchführung die Würdigung der ethischen Verhältnisse wesentlich gefördert; sondern er hat eine ganze Seite der Ethik zum lebendigen Bewußtseyn gebracht, die bis dahin wenigstens nicht in dem Grade und in der wissenschaftlichen Weise erkannt war. Das ist die Seite der Eigenthümlichkeit (Individualität), dieses innerste Centrum der Person. Die Freiheit der höhern geistigen Sphären, Religion und Wissenschaft, von äußerem Zwang, die persönliche menschliche Duldung gegen andere Ueberzeugungen, die Geltung jeder Individualität im freien geselligen Verkehr, alles das abgeleitet daraus, daß der Mensch in seinem innersten eine Seite der Eigenthümlichkeit hat, die sich mit nichts Anderem deckt, und daß diese Seite ein Urerzeugniß der „Vernunft" (Gottes) und, wie man sagen könnte, das Urrecht des Menschen ist, das ist vielleicht von keinem Anderem mit der Klarheit und Energie herausgestellt wie von Schleiermacher. Hieraus folgt auch die Unvertilgbarkeit und die gebotene Entfaltung der Völkerindividualitäten und der eben so neue und bis zu gewissem Maaße wahre und fruchtbringende Gedanke Schleiermachers, daß selbst die Verschiedenheit der Konfession nicht bloß auf Wahrheit und Irrthum, sondern zugleich auch auf verschiedener Individualität beruht. Es ist seine vorzügliche Vertretung dieser Seite der Ethik, durch die Schleiermacher seine hohe Stellung nicht bloß in der Wissenschaft, sondern auch in der Nation einnimmt. Damit ist der Grund gelegt für eine schöne edle Menschlichkeit, und die gerade als eine Frucht der evangelischen Kirche und evangelischen Bildung betrachtet werden muß. Damit ist die Freiheit in ihrer tiefsten und sittlichsten Wurzel aufgefaßt, und auf eine Weise wie sie gerade dem deutschen Geiste entspricht. Wenn die Freiheit minder auf die nackte Geltung des individuellen Willens gebaut wird wie bei Rousseau, oder auf die Unverletzlichkeit des individuellen Besitzes wie bei Locke, sondern auf die sittliche Individualität; dann hat sie nicht bloß eine höhere Würde, sondern kann auch nicht wie dort sich lösen von der Sitte. Das ist nun auch hiebei der Mangel Schleiermachers, wie aus obiger Beleuchtung seines Standpunktes erhellt, daß er diese eine wesentliche Seite, die er in ihrer edelsten Weise vertritt, zum ausschließlichen Princip macht, daß er auf religiösem Gebiete auch die Läugnung der wesentlichsten Wahrheiten bloß als Verschiedenheit individueller Auffassung betrachtet wissen will und damit die unwandelbare, objektive Lehre des Evangeliums aufhebt, daß er auf politischem Gebiete den innern Zusammenhang des Staats mit der Kirche und Wissenschaft vernichtet, nicht bloß Freiheit der Kulte fordert, sondern auch jede Beurkundung eines öffentlich nationalen Bekenntnisses bekämpft, und ähnliches. Es sind die beiden Pole der sittlichen Welt, die objektive Wahrheit und Nothwendigkeit und die Freiheit menschlicher Individualität. Sie gerathen in unserem unvollkommenen Zustand in Widerspruch und müssen sich einander beschränken. Es darf das Princip der Staatsreligion nicht vollständig mit seinen Konsequenzen sich realisiren, weil es dann die religiöse Freiheit des Individuums vernichtet, und darf die religiöse Freiheit des Individuums sich nicht völlig mit allen ihren Konsequenzen realisiren, weil sie die Staatsreligion vernichtet. Es gilt, je nach der Regung und dem Bedürfniß der bestimmten Zeit das rechte Maaß zu finden. Schleiermacher stellt sich absolut und grundsätzlich bloß auf die eine, auf die letztere Seite. Es ist ein unvollkommener Zustand, ein Mangel freier individueller Regung, in welchem nach Augustinischer Theorie von Staatswegen die Eine Kirche ihre volle Konsequenz realisirt. Es ist ein Zustand der Zerstörung (der Verlust alles gemeinsamen nationalen Glaubens), in welchem nach Schleiermacher'scher Theorie die völlige Ueberlassung der Religion an die Individuen und deren freiwillige Verbindungen Bedürfniß oder Möglichkeit ist. Wer aber auch nur die eine Seite, die der freien Individualität, mit der lebendigen Wärme und innersten Durchdrungenheit und doch immer nur in ihrer sittlichen Wurzel vertritt wie Schleiermacher, verdient nichts desto weniger die volle Anerkennung selbst von denen, die vielleicht zu ihrem nächsten Beruf es haben, die andere Seite gegenüber der herrschenden Bewegung zu vertreten.

Sechstes Buch.

Geschichtliche Rechtsphilosophie.

Erster Abschnitt.

Die Schriftsteller der Kontrerevolution.

Allgemeiner Charakter derselben. – Maistre. – Burke – Haller. – Adam Müller.

Bis zur französischen Revolution hielt man die Lehren des Liberalismus und des konstitutionellen Systems für untrüglich und für das Ideal staatlicher Einrichtung; von ihrer Realisirung erwartete man nichts Geringeres als die Vollendung des menschlichen Daseyns, die Herrschaft der absoluten Vernunft. Nachdem nun in der Revolution beide der Reihe nach verwirklicht wurden und die Erwartungen nicht erfüllten, dazu eine Kette von Uebeln ja Gräueln mit sich führten, die doch auch nicht zufällig sondern nur Folge ihrer Principien seyn konnten, da erhob sich ein Unmuth gegen sie und erwachte ein Verständniß und eine Begeisterung für die frühere Ordnung im Anblick der hereingebrochenen oder drohenden Zerstörung, und daraus gingen wissenschaftliche Auffassungen hervor, denen der zwei letzten Jahrhunderte gerade entgegengesetzt. Das sind die Schriftsteller der Kontrerevolution. Ihre gemeinsamen Lehren und Motive sind: Die Legitimität, d. i. die auf eignem Ansehen (tiefer auf göttlicher Sanktion) ruhende Gewalt im Gegensatze der Volkssouveränetät — die ursprüngliche Einheit des Staats im Gegensatze seiner Errichtung durch Zusammentritt der Einzelnen und Vertrag — die organische Verfassung aus natürlichen Elementen und Gliedern im Gegensatze der abstrakten Demokratie und des konstitutionellen Mechanismus — die korporativen Einigungen im Gegensatze der absoluten Vereinzelung der Bürger — die überkommene Ordnung gegenüber der Umwälzung und dem Aufbau aus eigner Vernunft. Das sind in der That unverwüstliche Wahrheiten, es sind die Fundamente des Staatenbaues. So wenig die Anwendungen, welche die kontrerevolutionären Schriftsteller von diesen ihren Grundlehren machen, überall gebilligt werden können, so sind doch diese selbst völlig begründet. Wie die Revolution wahre Postulate vertritt, so die Kontrerevolution wahre Principien. Jene kämpft für das was die Gegenwart als neuen Gewinn erringen soll, diese für das was zu allen Zeiten erhalten bleiben muß.

In der Durchführung nun sind sie meistens erfüllt von einem Bilde der Vergangenheit, dem Geiste der vaterländischen Institutionen, welche die Revolution ihn nicht begreifend vernichtete, und natürlich schöpft jeder dieses Bild aus der Geschichte seiner eignen Nation. Dadurch sind sie wieder so verschieden untereinander. Die aber haben am meisten Wirkung gehabt, die am meisten ohne eigne persönliche Zuthat diesen Geist nationaler Geschichte in sich aufnahmen. Es sind deshalb drei kontrerevolutionäre Schriftsteller, die über alle andern hervorragen, nach den drei bedeutungsvollsten Nationen Europa's: Maistre, Burke, Haller.

Maistre's politische Schriften*) haben keine systematische Form, ja kaum eine innere Ordnung, er ergeht sich über die

*) de Maistre Essai sur le principe générateur des constitutions politiques. — Soirées de St. Pétersbourg.

mannigfachsten Dinge wie einer der in Gesellschaft eine glänzende Konversation führt. Aber der Brennpunkt seiner politischen Ueberzeugungen stellt sich dennoch überall dar: Der Mensch mache keine Staaten, keine Verfassungen, keine Könige; sondern Gott mache sie, und wenn der Mensch es unternimmt, von Gott sich losreißend, sie als sein eignes Werk hinzustellen, so ergreife er in solchem Frevel nothwendig das Schlechte, er zerstöre anstatt aufzubauen. Unter den verschiedenen Verfassungen sey die Erbmonarchie die vollkommenste, die von Gott gebotene, und die tiefe göttliche Weisheit bewähre sich an der Vortrefflichkeit und Nachhaltigkeit dieser Verfassung, während die rationell menschliche Betrachtungsweise nothwendig dazu kommt, die Wahlmonarchie, die sich nicht bewährt, für die bessere zu halten. Ein nothwendiges Glied der vollendeten Verfassung sey der Adel. Die Abscheidung dieses Standes als eines höhern an Recht und Ehre so wie die Auswahl der Geschlechter für denselben sey Gottes Werk, und das Antasten dieser Ordnung deßhalb ein Frevel. Endlich aber über dem ganzen Baue des weltlichen Staats stehe das höhere Ansehen der römisch-katholischen Kirche und ihres von Christus unmittelbar zum Nachfolger bestellten Oberhauptes, des Papstes. Was die Revolution will, der Schutz gegen Willkür und Ungerechtigkeit, die Bürgschaft gesetzlicher und beglückender Regierung, das habe seine Wahrheit; aber es könne nicht von unten ausgehen, wie sie es unternimmt, von einer Ueberhebung des Volks über die Könige, sondern nur von oben, von einer noch höhern Autorität über der königlichen. Die Unterwerfung der Fürsten und Völker unter die Leitung des Papstes werde alles das erfüllen, was die Revolution vergeblich anstrebt. Dieser Nimbus des Königthums, diese göttlich gesetzte Scheidewand zwischen Adel und Bürgerstand, und zuletzt doch die Ueberwölbung des ganzen Staatenbaues durch die höhere

Herrlichkeit der Kirche, das ist der Geist der altfranzösischen Monarchie und die Anhänger des ancien régime haben wohl keinen andern Autor so zum Sammelpunkt als Maistre. —

Maistre ist unter den Schriftstellern der Kontrerevolution am tiefsten von der Religion ergriffen, er hat eine heilige Anschauung der Welt. Ueberall erblickt er das unmittelbare Walten Gottes, seine Anstalten und Mittel, seine Ziele und Absichten. Der Schwung der andächtigen Empfindung und Phantasie, der den Franzosen und Italienern eigen, beseelt seine Schriften. Seine politischen Ansichten dagegen sind im grellen Widerspruch mit den wirklichen Bedingungen des Lebens und den wahren Anforderungen der Gegenwart. Das liegt aber doch zugleich schon in der Einseitigkeit seiner ethischen, seiner religiösen Ansicht. Er hält die irdische Geschichte und die irdische Ordnung der Menschen für ein unmittelbares und sichtbares Reich Gottes. Er erkennt darum göttliche Fügung und göttlichen Willen nur in den äußern Autoritäten, nicht auch in der Fortbildung der Zustände, die doch gleichfalls Gott lenkt, nicht auch in dem innern Bewußtseyn der Gemeinschaft, das doch gleichfalls ein Organ göttlicher Einwirkung ist. Sondern die Einen regieren in Gottes Namen mit sichtbarer juristischer Vollmacht, die Andern müssen ihnen bloß passiv gehorchen. Was von diesen Bevollmächtigten ausgeht, ist göttlich, was von den Andern, ist menschliche Auflehnung. Die Geschichte soll nicht durch innere Entwickelung, sondern durch Leitung von außen vor sich gehen. So stuft sich das Gebäude bis hinauf. Der Adel ist Gottes Vogt über die Gemeinen, die Fürsten sind es über den Adel, der Klerus ist es über die Fürsten. In der Reaktion gegen die neuere, allerdings profane Auffassung treibt er also die theokratische Auffassung noch weiter als selbst das Mittelalter, daß er nicht bloß die oberste Autorität, sondern auch den innern socialen Zustand, die Trennung der beiden Stände, auf Gottes unantastbare Einrichtung und Sanktion gründet. Die Unfehlbarkeit der Kirche aber ist es, durch welche dieses System einen Abschluß und eine Möglichkeit seines Gedankens erhält. Denn die vielfache Lasterhaftigkeit, Ungerechtigkeit, Verblendung der gottverordneten Herrscher ist kein Einwand gegen dasselbe, so weit solche sich nur auf einzelne Handlungen und auf Ungerechtigkeit gegen einzelne Menschen bezieht, die dereinst Gott richten wird, sondern nur so weit als sie den ganzen sittlichen Zustand der Menschheit verderben könnte. Dagegen ist nun aber vorgebeugt durch die Hierarchie, in deren Schirm und Autorität die ganze Erhaltung und Fortbildung des sittlichen (daher des ganzen höhern geistigen) Elements der Menschheit verlegt wird, und die niemals irrt. Die Lehre von der Kirche ist darum auch die wichtigste Stelle in Maistre's ganzer Anschauung, und für die Ausbildung und den Fortgang dieser Lehre bezeichnet er ein bedeutendes Moment. Während nemlich bis auf die französische Revolution das Papalsystem und das Episkopalsystem im schärfsten Widerspruch einander entgegenstanden, ist von Maistre — und zwar so weit meine Forschung reicht, zuerst von Maistre — eine höhere Vereinigung derselben gegeben worden, die gegenwärtig bei den ihrer Kirche treuen Katholiken den ausgebreitetsten Eingang gefunden hat*). Er lehrt nemlich mit dem Papalsystem die wahrhafte oberste Gewalt des Papstes, verwirft die Behauptung von einer höhern Autorität des ökumenischen Koncils über dessen Lehre und Person, ja spricht dem ökumenischen Koncil selbst jede Bedeutung ab, wo es ohne sein verordnetes Haupt, den Papst, ist. Aber er erkennt dafür auch mit dem Episkopalsystem die Selbstständigkeit

*) Maistre du Pape.

des Episkopats an. Er will, daß der Papst nicht über den Glauben entscheide ohne Zustimmung des Koncils (der Papst nicht ohne die Bischöfe, die Bischöfe nicht ohne Papst), ähnlich wie der König von England mit seinem Parlament die Gesetze giebt, und es erscheinen danach auch die Bischöfe als nothwendige unzubeseitigende Mittelorgane des Papstes, nicht, wie das Papalsystem lehrt, als bloße Gehülfen zum beliebigen Gebrauch oder Nichtgebrauch (die Lehre vom episcopus universalis). Maistre's Auffassung folgt, vielleicht mit noch bestimmterer Durchbildung, der berühmteste katholische Kirchenrechtslehrer Deutschlands, Walter, sie ist die in der katholischen Bildung Deutschlands herrschende. Dieselbe theilt der heutige französische Klerus, hierin von wesentlich anderer Stellung als der des alten Frankreich. Der unkatholische, ja in seinem innersten Grunde unchristliche Geist des neuen Frankreichs drängte ihn an den Papst. Die Kirche ist nach dieser Auffassung eine eingeschränkte Monarchie, der Papst Souverän, aber mit nothwendigen ihn ergänzenden Elementen, und gesteht man die katholische Voraussetzung zu, daß die Kirche ein solch äußerliches staatähnliches Reich sey, so ist sie auch die allein richtige, die organische Auffassung. Dadurch ist Friede und Einklang in die Kirche gebracht, und sie kann den feindlichen Mächten außen gerüstet entgegentreten. Diese Lehre Maistre's über die Kirche ist so sehr der Schlußstein seiner ganzen Auffassung und es ist dieselbe — sey es durch ihn, sey es nur gleichzeitig aus denselben Beweggründen — von solchem Einfluß auf den öffentlichen Zustand in Frankreich und Deutschland geworden, daß sie auch in einer Geschichte der Rechtsphilosophie nicht völlig unberührt bleiben durfte. —

Burke ist der ohne allen Vergleich mächtigste und gediegenste Schriftsteller der Kontrerevolution, ja einer der hervorragendsten unter den politischen Schriftstellern aller Zeiten. Aus seiner eignen Erfahrung als viel erprobter Staatsmann in dem Lande des regsten öffentlichen Lebens und der am reichsten ausgebildeten Einrichtungen hat er seine Ansichten geschöpft. Seine politische Lehre ruht auf religiöser Gesinnung, er ist begeistert für gewisse Züge des Mittelalters, namentlich den ritterlichen Sinn der eignen Ehre und der Hingebung unter ein Höheres. Aber er steht überall auf dem Boden der wirklichen und gegenwärtigen Verhältnisse und erkennt ihre Bedingungen mit nüchternem Blick. Burke's Auffassung ist eine durchaus praktische. Philosophische Begründung ist nicht seine Sache. So weit er sich damit befaßt, besitzt er keine andern Mittel und Vorstellungen als die geläufigen von konstituirenden Staatsverträgen u. dergl.; aber er befaßt sich auch wenig damit, sondern im Gegentheil es ist das gerade einer seiner obersten Grundsätze, daß jene philisophischen Lehren, sowohl die von Menschen- und Volksrechten als die vom unbedingten Gehorsam gegen die Autorität, aus dem Staatswesen fern bleiben, und allein das erfahrungsmäßige und unmittelbar nahe Bedürfniß der konkreten Zustände bestimmen solle. Das ist kein Tadel, die lebendige Erkenntniß der politischen Grundwahrheiten und ihre tiefere ethische Begründung sind zwei verschiedene Aufgaben, zu deren Lösung selten derselbe Mensch berufen ist. Dazu aber ist Burke's Lehre so rein Anschauung, sie ist so ineinanderschließend und dringt so in den innersten Kern der politischen Verhältnisse, daß sie dennoch auch eine Ethik oder Philosophie des Staats der That nach ist, für die ein Andrer nur das Wort auszusprechen hätte.

Er bekämpft die französische Revolution vom Boden ächt englischer Bildung. Das ursprüngliche Ansehen der öffentlichen Gewalt, in der Monarchie des Königs, aber in verfassungsmäßiger Schranke, — die historisch gewordene und wohlgegliederte Verfassung aus mannigfachen Ständen, Körperschaften,

Autoritäten, besonders die Bedeutung des großen Grundeigenthums in derselben — die Stetigkeit der bürgerlichen Einrichtungen, daß die Freiheit ein Fideikommiß der Voraltern, nicht eine Errungenschaft von heute ist — die Rechtmäßigkeit und Ersprießlichkeit der mannigfachsten Staatsformen je nach dem Bedürfniß und der besondern Geschichte eines Staats — die „männliche Freiheit“ die in bestimmten wohlabgegränzten Rechten besteht, und danach vor Allem die Heiligkeit erworbener Rechte — diese Gedanken, welche die englische Geschichte und die englischen Institutionen thatsächlich beherrschen, in meisterhafter Durchführung zum klaren wissenschaftlichen Bewußtseyn gebracht, das ist der Inhalt seines unsterblichen Buches über die französische Revolution *). Da ist nichts von Maistre's Ueberspanntheit und mittelalterlicher Phantasie. Er hält die monarchische Form nicht für ein Gottesgebot, sondern erkennt jede Form in ihrer Art an; er sieht im Adel nicht ein von Gott auserwähltes Geschlecht, sondern nur eine politische, durch ihren großen Grundbesitz bedeutungsvolle Klasse. Er weiß nichts von bloß passiver Hingebung unter die Autorität; sondern Freiheit und Recht des Unterthanen, Selbstthätigkeit der Nation für ihre Zustände sind ihm so natürlich und nothwendig als das Ansehen des Königthums. Ja er rechtfertigt sogar die Empörung und Entthronung für Fälle außerordentlicher Noth, und verwirft sie nur, wo sie als Grundsatz und regelmäßige Funktion, wo sie als Ausfluß höherer Autorität des Volks über die Regierung auftritt. So wahr und gediegen die Principien sind, die Burke der damaligen Lehre Frankreichs gegenüberstellt, so unzutreffend sind vielfach seine Urtheile über die damaligen thatsächlichen Zustände Frankreichs. In der Ein-

*) Burke reflexions on the revolution in France, 1790.

genommenheit gegen die Bewegung, deren innerstes Motiv er als Verkehrtheit erkennt, nimmt er auch alle Uebelstände, gegen welche sie gerichtet ist, in Schutz. Ohne Mangel ist aber auch seine politische Theorie nicht. Er bekämpft die Irrthümer der Revolution und beleuchtet die unverrückbaren Fundamente des Staats, gegen welche sie gerichtet sind. Aber er geht auch nicht ein auf die wahren Ideen, die der Revolution zu Grunde liegen, auf die nothwendige Erweiterung der politischen Lehre, die sie erfordern. Er schützt die Güter, die der bestehende Zustand bietet; aber er wehrt die Güter ab, die zu diesen hinzu errungen werden sollen. Die weltgeschichtliche Bedeutung der Revolution, die Umwandlung des bürgerlichen Zustandes auf seinen alten Grundlagen lehnt er ab, er hält sie für reinen Irrthum und Frevel. Burke ist so der reinste Vertreter des Konservatismus. Das Erhalten, das die Aufgabe ist, erfüllt er vollkommen; aber in das Fortbilden, das auch die Aufgabe ist, geht er nicht im gehörigen Maaße ein. Indessen würde dieses irgendwie in lauterer Weise dargelegt ohne die irrthümlichen Principien, so liegt in Burke's Lehre kein Grund es abzulehnen. Man kann ihm daher, was die Theorie anlangt, nur Mangel nicht aber Irrthum vorwerfen.

Es ist gegen Burke häufig und noch in der neuesten Zeit die Beschuldigung erhoben worden, daß er früher dieselben Grundsätze des Liberalismus und der Demokratie mit Begeisterung vertreten habe, die er nachher mit solcher Entrüstung bekämpfe. Das will man in seiner Opposition während der ersten Regierungsperiode Georgs III. und insbesondere seiner damaligen Schrift: „Gedanken über die Ursache der gegenwärtigen Unzufriedenheit*)“ finden. In der That aber giebt

*) Burke thoughts on the cause of the present discontents, 1770 (Works II. 215).

es wenige Staatsmänner, die ihrer innersten politischen Anschauung von Anfang bis zu Ende so treu geblieben sind wie Burke, wenn er gleich unter den beiden in England bestehenden Parteien beim Eintritte der ungeahnten weltgeschichtlichen Katastrophe wechselte; und die Beschuldigung der Abtrünnigkeit beruht auf einer Verkennung der Frage, um die es sich zu den verschiedenen Zeiten handelte, und insbesondere des Sinnes, mit welchem Burke sie auffaßte. Die Opposition, mit der er seine politische Laufbahn begann und die in jener Schrift sich ausspricht, ist gerichtet gegen die Intention des Königs, wie er es auffaßte, und wie es unter Lord Bute allerdings den Anschein hatte, eine Hofregierung und eine Macht königlicher Willkür in England aufzurichten mit Zerstörung dessen, was sich als verfassungsmäßiges Herkommen und Sitte festgesetzt hatte. Es ist dieses verfassungsmäßige Herkommen, das Burke vertritt. Er widersetzt sich der Trennung von Hof und Regierung (court und administration), daß die unverantwortliche Umgebung des Königs wirklich regiere, die verantwortlichen Minister nur deren willenlose Instrumente seyen. Er widersetzt sich der Korruption der Wahlen, durch welche der König statt des Volks die Parlamentsstellen vergiebt, und so die Hofpartei sie einnimmt. Er preist dagegen die herkömmliche Weise, daß der König seine Minister aus den Führern der beiden Parteien nehme, welche die Verbindungen der mächtigsten Familien im Lande bilden, so daß dadurch die Regierung sich auf das Vertrauen der Nation stützt, und zwar in deren stufenmäßig auf den großen Grundbesitz gebauten Gliederung. Das alles ist nichts Andres als eine Vertheidigung der bestehenden, historischen, wohlgegliederten Verfassung Englands, der „bestimmten Rechte" des englischen Volks, sohin der „männlichen Freiheit", also lediglich dessen, zu dem er sich gerade so in der spätern

Periode bekennt. Da ist von keiner erst neu einzuführenden Freiheit, keiner Erniedrigung des königlichen Ansehens unter das Volk, keiner Auflösung der englischen Nation in eine gleichheitliche Demokratie die Rede. Eben so loyal d. i. der englischen konstitutionellen Sitte entsprechend sind die Mittel, die Burke für den Schutz dieses Bestehenden gegen die unternommene Neuerung vorschlägt: Ablehnung der Stellen von Seite aller Ehrenhaften, Versagung der Vota im Parlamente so lange die Minister nicht ihre Selbstständigkeit vom Hofe vindiciren, Beurkundung der Volksgesinnung in den Meetings. Dagegen lehnt er auf das entschiedenste ab alle Bestrebungen die Konstitution zu ändern, um dadurch eine größere Macht über den König zu erlangen und auf diesem Wege die Hofregierung zu stürzen: die Anträge auf häufigere Parlamentswahlen, auf Ausschließung der Beamten vom Parlamente, und was dem ähnlich ist. Die Verfassung sey so kunstreich, so in sich verschränkt, daß man in keiner Weise etwas ändern dürfe, und man müsse überhaupt nicht nach Spekulation und abstrakten Principien verfahren, sondern nur nach dem, was die Erfahrung an die Hand gebe. So zeigt sich Burke in dieser seiner angeblich liberalen Periode schon völlig als derselbe konservative Staatsmann und als derselbe Feind aller abstrakten Principien, wie in der spätern. Er hätte diese Gedanken über die gegenwärtigen Ursachen der Unzufriedenheit und die Betrachtungen über die Revolution gleichzeitig herausgeben können, wenn damals noch die Hofpartei bestanden hätte, und wäre in keinem grundsätzlichen Widerspruch mit sich gewesen. Nicht minder bekannte er diese konservative Gesinnung bei seiner Wahl zum Parlamentsgliede durch die Stadt Bristol (1774). Auch hier erklärte er, daß die Maschine einer freien Staatsverfassung kein einfaches Räderwerk, sondern eben so verflochten und zart als wohlthätig und kostbar sey, und daß namentlich die wahren gesetzmäßigen Rechte des Souveräns den Schlußstein des edlen und festen Gewölbes derselben bilden. Auch seine Reden zu Gunsten der Amerikaner sind in demselben Geiste*). Gegen die Besteuerung der Kolonien von Seite des Mutterstaats beruft er sich auf das bestimmte Recht und Herkommen, es sey solche nie Sitte gewesen, und es sey gegen englisches Staatsrecht, Steuern aufzulegen mit Versagung alles Bewilligungsrechts, und beruft er sich vor Allem auf die Wirkung, daß es ein unerträglicher Zustand für die Amerikaner werde, zu gleicher Zeit Handelsbeschränkungen und Steuern unterworfen zu werden, und auf die Nothwendigkeit versöhnender Maaßregeln. Dagegen lehnt er ab alle theoretische Principienfragen (metaphysical distinctions) über die Unbeschränktheit der obersten Gewalt sowohl als über die Freiheit, als welche nur in den Schulen ohne Nachtheil diskutirt werden können. Es ist eine Voraussetzung politischer Beschränktheit, daß wer nicht die Grundsätze des Liberalismus annehme, keinen Sinn für Freiheit und Recht, für wohlbefestigte Verfassung, für Ordnung im Staatshaushalt haben könne, und diese Voraussetzung läßt sie in jedem tiefern harmonischen politischen Charakter, der nach Umständen bald der revolutionären Bewegung, der Demokratie, der Nivellirung, und bald der Unterdrückung wohlbegründeter Volksrechte und Volksinteressen durch die Gewalt entgegentritt, nur Widerspruch erblicken. Ein Wechsel ist in Burke's politischer Stellung unläugbar eingetreten, aber er liegt auf einem ganz andern Gebiet als dem der obersten Principien. Es ist seine Parteinahme für das aristokratische Element der englischen Verfassung gegen das königliche, für die Macht der

---

*) Rede am 19. April 1774: „on American taxation."

Whigs, welche er nachher aufgab. Der damilige Whiggismus Englands war an sich nicht Liberalismus, er war es am wenigsten in der Auffassung Burke's. Er bestand lediglich darin, daß die hervorragenden Familien, welche die Revolution unter Carl I. und Jakob II. gemacht hatten, die Herren der Regierung waren, und das war eben der vorgefundene Zustand der Staatssitte und der Machtverhältnisse. Hievon kam Burke zurück durch die Revolution, da er die Nothwendigkeit selbstständiger königlicher Macht erkannte, und an seinen bisherigen aristokratischen Freunden die revolutionäre Sympathie hervortrat. Er berichtigte also später allerdings einen Irrthum, in dem er früher befangen war; aber dieser Irrthum bestand nicht in irgend einer Anhänglichkeit an die Grundsätze der Revolution oder des Liberalismus. Seine Aenderung der Parteistellung war kein Wechsel des Systems und der politischen Grundanschauung, war kein Widerspruch.

Die Lehre Hallers*) hat zu ihrem Hauptinhalt im Geiste älterer deutscher Territorialverfassung den privatrechtlichen Charakter der fürstlichen Gewalt. Er sucht diesen aber in wissenschaftlicher Weise zu begründen. Er erkennt die Theorie, wie sie von Grotius an sich ausgebildet, als die Ursache der Revolution und unternimmt es eine gleich grundsätzliche und systematisch durchgebildete Theorie ihr entgegenzusetzen. Er ist darum der Rationalist unter den kontrerevolutionären Schriftstellern, er verfolgt nicht wie die Andern lebendige und mannigfache Anschauungen, sondern führt gleich dem Naturrecht ein oberstes Princip mit logischer Folgerichtigkeit durch alle Verhältnisse durch.

Dieses Princip gliedert sich in zwei Sätzen Vor allem

*) Haller Restauration der Staatswissenschaften.

setzt er der herrschenden Lehre entgegen, daß die Staaten nicht durch Reflexion, d. i. durch die Vernunft gegenüber dem Naturstande, sondern daß sie eben durch die Natur selbst entstehen. Es sey das Naturgesetz, daß der Stärkere herrsche, der Schwächere gehorche. Ueberlegenheit auf der einen Seite und Bedürftigkeit auf der andern gründe alle menschlichen Verhältnisse, so das Verhältniß von Mann und Weib, von Vater und Kind, von Lehrer und Schüler, von Arzt und Kranken, so auch das Verhältniß von Herrscher und Unterthan. Auf diesem natürlichen Grunde beruhe alle Staatsgewalt, nicht auf dem künstlichen eines Staatsvertrags. Dieß ist der erste Satz in Hallers rechtsphilosophischer Grundlegung des Staats. Mit ihm reichte man freilich nicht weit. Denn beruht das Ansehen des Herrschers bloß auf seiner Stärke und Ueberlegenheit, so müßte es auch aufhören, wie er nicht mehr der Stärkere ist. Mit der Volljährigkeit des Kindes endigt die Gewalt des Vaters, mit der Reife des Schülers das Ansehen des Lehrers, mit der Genesung des Kranken die Leitung des Arztes. So denn auch mit der Stärke des Volks die Gewalt des Königs. Es wäre damit jede Usurpation gerechtfertigt, selbst die des französischen Volks; denn wäre es nicht das Stärkere gewesen, so hätte es seinen König wahrlich nicht entthront. Aber Haller fügt sogleich noch einen zweiten Satz hinzu, den eigentlichen Kern seiner Lehre: Die Herrschaft, die jemand also durch seine Stärke oder sonstige Ueberlegenheit erlangt hat, besitzt er nun als sein Recht, zu seinem Zwecke, und sie darf deßhalb ihm und seinen Erben fortan von keinem Andern mehr entrissen werden. Sie ist ein Privatrecht, wie irgend ein anderes Privatrecht, und nur aus diesem Grunde unverletzlich, eben so wie Eigenthum, das man durch die Occupation mittelst eines natürlichen Vortheils, einer zufälligen Ueberlegenheit erwirbt, das aber, also erworben, von nun an von keinem Andern genommen werden darf, wenn gleich gegenwärtig dieser Andere sich in dem Vortheil der physischen Ueberlegenheit befände. Entthronung des Königs ist danach eben so sehr und aus demselben Grunde unstatthaft und verbrecherisch wie Raub. So erklärt Haller alle öffentliche Gewalt im Staate für Privatrecht des Herrschenden, das durch ihn selbst, seine natürliche Stärke, nicht durch göttliche Einsetzung entstand, das für ihn selbst zu seinem Zwecke, nicht um einer höhern Ordnung zu dienen, da ist. Damit glaubt er die Unverletzlichkeit und Heiligkeit der Obrigkeit wieder hergestellt zu haben, und er bildet sich ein, das Naturrecht und die Revolution hätten bloß darin gefehlt, daß sie den Staat und alles Regiment in ihm als etwas Oeffentliches betrachten.

Sein ganzes System ist nun nichts Andres als die Anwendung dieses einen Satzes von der privatrechtlichen Natur der Herrschergewalt, und es ist jede Behauptung Hallers leicht zu begreifen; denn es ist im Grunde nur ein und dieselbe.

Die Staaten sind Herrschaften so wie andere Herrschaften, z. B. die Familien- oder die dienstherrliche Gewalt, nur daß sie unabhängige (souveräne) Herrschaften sind, nicht wie die Gewalt des Hausvaters wieder eine höhere über sich haben. Dieß, und nicht etwa der ganz verschiedene Beruf der Staatsgewalt und der häuslichen, ist das unterscheidende Kennzeichen zwischen ihnen. Der Fürst erlangt die Herrschaft durch Privaterwerbtitel, ursprünglich wie ausgeführt durch die natürliche Ueberlegenheit (der Occupation ähnlich), nachher durch die gewöhnlichen Titel: Erbgang, Kauf, Tausch, Schenkung, Heirath. Er besitzt sie aber für seine persönlichen Zwecke und zu seinem beliebigen Gebrauch, wie jedes andere Recht. Alle sogenannten Angelegenheiten des Staats sind darum nur Privatsache des

Fürsten, das Territorium ist sein Land, er darf es vertheilen, verschenken, verkaufen, durch Testament darüber verfügen. Die Beamten sind seine Diener, nicht anderer Art als Hof- oder fürstliche Privatdiener, bloß ihm und seiner Dienstinstruktion verpflichtet wie jeder Diener seinem Herrn, nicht den Gesetzen des Landes; die Steuern sind seine Einkünfte, der Krieg ist seine Fehde, die Regierung des Landes ist sein Recht und nicht auch seine Pflicht. Er braucht seine Gewalt nicht für öffentliche Zwecke zu gebrauchen, ja er braucht sie, wenn er nicht will, gar nicht zu gebrauchen. Er kann es z. B. wenn er will unterlassen, seinen Unterthanen Rechtspflege zu gewähren. Nur moralisch ist er hiezu verbunden, aber nicht rechtlich.

Damit ist jedoch Haller weit entfernt, eine unbegränzte Gewalt des Fürsten zu lehren. Er erkennt nicht minder die Unterthanenrechte an, als das Recht des Fürsten, im Gegentheil er verwirft sogar jede Belastung der natürlichen Unterthanenrechte, d. i. ihrer persönlichen Freiheit und ihres Vermögens, durch die fürstliche Gewalt, gerade weil er dieser keinen öffentlichen Zweck zugesteht. Die Unterthanen sind nach ihm nicht verpflichtet (direkte) Steuern zu bezahlen, die sie nicht freiwillig übernehmen, sie sind nicht verpflichtet im Kriege (der Fehde) des Fürsten zu dienen, Militärkonskription ist absolut unstatthaft. Und es sind diese Unterthanenrechte völlig gleicher Art und gleichen Ranges mit dem Rechte des Fürsten, da auch dieses nur Privatrecht ist. Daher haben die Unterthanen, wenn der Fürst ihr Recht verletzt, die Befugniß nicht bloß zur Auswanderung, sondern auch zum bewaffneten Widerstand, wie jedes Privatrecht gegen Privatangriff durch Selbstvertheidigung geschützt werden darf. Ja diese Gleichartigkeit des fürstlichen Rechts und der Unterthanenrechte führt ihn überdieß zu der Konsequenz, daß den Unterthanen alle die

Handlungen zustehen müssen, nur in geringerem Grade, welche die Funktion der Staatsverwaltung bilden. Er räumt ihnen deßhalb das Recht zum Krieg oder zur Fehde für ihre Person eben so ein wie dem Fürsten und hält es für eine schreiende Ungerechtigkeit (ein Resultat der gottlosen neuern Richtung), daß man Privatfehde und Duell verbietet. Das alles ist jedoch immer nur eine äußere Begränzung der fürstlichen Gewalt, nicht eine innere Ermäßigung und Ordnung ihres Gebrauchs. Es ist eine Gränze für das Gebiet der Staatsgewalt, nicht eine Gränze für den fürstlichen Willen in diesem Gebiete. Der Fürst ist hier beschränkt durch die Rechte der Unterthanen gerade so wie der Eigenthümer durch die Rechte des Servitutinhabers und Pfandgläubigers. Aber für die Ausübung der fürstlichen Gewalt selbst, d. i. für die Versorgung dessen, was Haller als Gegenstand gemeinsamer Beherrschung anerkennt, als z. B. bürgerliche und peinliche Gesetzgebung, Verwendung der Regal-Revenüen, Polizeiverwaltung u. s. w., ist keine Schranke derselben durch die Unterthanen und Stände und keine verfassungsmäßige Norm, die sie bände und bestimmte, zuläßig. Jeder, Fürst und Unterthan, hat seine Sache rein für sich. Jener kann für seine Gewalt nicht beschränkt, an eine Norm oder an eine Zustimmung und Mitwirkung gebunden, dieser in seinen Rechten nicht belastet werden. Hierin besteht der äußerste und alles durchdringende Gegensatz der Lehre Hallers zu der gegenwärtigen Würdigung des Staates und der wirklichen Einrichtung der jetzigen Staaten.

Schon der erste Satz Hallers, daß die Staatsgewalt bloß auf dem Naturgesetz des Stärkeren beruhe, ist einseitig und insofern unrichtig. Sie beruht in ihrem Ursprung wie in ihrer Fortdauer eben so sehr auf sittlichem Bewußtseyn, auf Pflicht und Gehorsam, als auf äußerer natürlicher Ueberlegenheit. Durch letztere allein kann wohl Gewalt über Sklaven, aber nicht über Unterthanen entstehen. Das Bewußtseyn der sittlichen Nothwendigkeit des bürgerlichen Verbandes und seiner Zwecke, das Bewußtseyn der bestimmten Obrigkeit unterthan zu seyn aus bestimmten Vorgängen, sey es Abstammung vom Erstgebornen, Wahl der Mehrheit, oder wirkliche Besiegung, mithin das Moment der Vernunft, d. i. der Sitte, ist ein gleich wesentliches Moment in Entstehung der Staaten. Der zweite Satz Hallers aber, daß die Staatsgewalt ein bloßes Privatrecht sey, ist völlig falsch. Er übersieht bei demselben, ganz so wie das Naturrecht das er bekämpft, die höhere Ordnung und die innewohnende Bestimmung der Lebensverhältnisse und Einrichtungen. Dadurch erscheinen denn alle Herrschaften und alle rechtlichen Bande als völlig gleichartig, es löst sich der ganze gesellige Zustand auf in eine Masse vereinzelter nebeneinanderstehender Rechte ohne organisches einheitliches Band und innere Durchdrungenheit. Vor Allem aber ist dadurch die Staatsgewalt und die fürstliche Stellung entheiligt; denn die Heiligkeit der Obrigkeit gründet sich bloß auf ihren höhern ethischen Beruf, und sie muß darum aufhören, so wie die Obrigkeit die Gewalt nicht für diesen Beruf, sondern nur zu ihrer eignen Befriedigung und Nutzen hat. Gerade die göttliche Weihe und Ermächtigung der Throne, die Haller gegen die Revolution schützen möchte, ist nach seiner Lehre unmöglich.

Den Anstoß zu dem allen gab ihm die naturrechtliche Lehre von der übertragenen Gewalt. Aus ihr sah er die wirkliche Rückforderung derselben durch das französische Volk, das Gericht über den König und die ganze Reihe von Gräueln hervorgehen. Diese Lehre scheint ihm nun eine unabweisbare Folge, wenn man die Staatsgewalt als etwas Oeffentliches betrachtet; denn dann bestehe sie eben nur für das Volk und durch das Volk und sey vom Willen des Volks abhängig. Daher sieht er kein anderes Mittel der Revolution wissenschaftlich entgegenzutreten als das, diesen öffentlichen Charakter der Staatsgewalt zu läugnen, das ist in seinem Sinne dieselbe nicht als ein Recht des Volks und für das Volk, sondern als ein Recht des Herrschers und für den Herrscher selbst zu betrachten. Aber dabei setzt er mit der Revolution einen völlig irrigen Begriff des Oeffentlichen voraus. Denn öffentlich ist in Wahrheit nicht das, was für das Volk und vollends was durch das Volk und nach seinem Willen besteht, sondern das was zum Zweck einer höhern Ordnung und kraft eigner innerer Nothwendigkeit über dem Volke nicht minder als über dem Fürsten besteht. Nicht minder ist es eine Beschränktheit der Begriffe, daß er ein selbstständiges und unantastbares Recht des Herrschers sich nicht denken kann außer als ein privates zu seiner Befriedigung vorhandenes. Es giebt also ein Drittes über dem Irrthum der Revolution und über dem Irrthum Hallers, und das ist gerade der öffentliche Charakter der Staatsgewalt in seinem wahren Verständnisse. Er schließt nicht die ursprüngliche Zuständigkeit und die Unentziehbarkeit des königlichen Rechts aus, sondern nur dessen willkürlichen Gebrauch.

Das Vorbild seiner Lehre nahm Haller aus dem Zustande des Mittelalters, ganz besonders in den deutschen Territorien. Da finden sich genau die Züge, die er als die gesunden und die vollendeten anpreist: willkürliche Theilung und Veräußerung des Landes, patrimoniale Regierung, bloße fürstliche Diener, fürstliche Fehden, fürstliche Revenüen, und dagegen keine Militärkonskription, keine Besteuerungsgewalt, endlich Fehderecht der Privaten und der bewaffnete Widerstand gegen den Landesherrn. Allein die deutschen Territorien waren nicht Staaten im vollen Sinne, sie waren nur Provinzen, ursprünglich gewissermaaßen nur Grundherrschaften des deutschen Staates, und selbst in ihnen war der privatrechtliche Charakter nicht so grell und allein bestimmend als er in Hallers Lehre sich darstellt, nach der selbst die Handhabung der Justiz ein fürstliches Privatrecht von beliebigem Gebrauch ist, es gab immerdar auch öffentliche Nothwendigkeiten für den Landesherrn. Ueberdieß ist es der Trieb der geschichtlichen Fortbildung in den deutschen Territorien und in allen Staaten Europa's von der frühesten Zeit her, diesen privatrechtlichen Charakter zu überwinden, und die Kirche insbesondere, die Vertreterin höherer Beherrschung, suchte dort schon überall die Aeußerungen desselben zu mildern und ganz zu verbannen. Gerade aber diese Schattenseite des Mittelalters, die es selbst als solche erkannte, bildet Haller zur scharfen ausschließlichen Theorie aus. Seine Ansicht ist darum im Ganzen nichts Andres als die Karikatur des Mittelalters.

Mit Unrecht wirft man Haller vor, daß er fürstlichen Absolutismus wolle oder lehre. Seine Lehre ist an und für sich so wenig absolutistisch, daß die Fürsten, wenn sie völlig ausgeführt würde, sie nur als eine Schwächung ihrer Regentengewalt empfinden könnten. Aber dem Erfolge nach führt seine Lehre allerdings zum Absolutismus, indem die Freiheit der Unterthanen und die Garantie ihrer Rechte, welche er einräumt, ja in übertriebenem Maaße einräumt, jetzt thatsächlich nicht mehr möglich ist, wie z. B. die Freiheit von Steuern und Konskription, und dagegen diejenige, die in der neuern Staatenbildung möglich und geboten ist, die Betheiligung an der Versorgung des öffentlichen Zustandes, von ihm ausgeschlossen wird.

Ist demnach Hallers Lehre nach ihrer ethisch-politischen Seite völlig unhaltbar, so hat sie doch das große Verdienst, die Naturseite von Recht und Staat zum deutlichen Bewußtseyn gebracht und mit Erfolg gepflegt zu haben*). Ueber die natürlichen Ursachen und Wirkungen und Bedingungen sowohl für die oberste Staatsgewalt als für die innere sociale Struktur des Gemeinwesens (Grundherrschaften, Korporationen) giebt Haller reichliche und treffende Beobachtungen, die an sich sowohl als gegenüber der abstrakten Auffassungsweise, an der wir zu dieser Zeit leiden, fruchtbar gemacht werden können, wenn man sie löst von jenem falschen Gesichtspunkt der privatrechtlichen Herrschergewalt, auf welchen sie in Hallers System durchgängig bezogen sind. Aber noch mehr als das. Der Gedanke selbst, daß die natürlichen Machtverhältnisse auch nach höherer sittlicher Ordnung eine Grundlage der politischen Verhältnisse, also der sittlichen Gehorsamsverhältnisse bilden, ist durch Haller zum Bewußtseyn gebracht worden, wenn auch unter jener Uebertreibung, daß er sie selbst für den Rechtsgrund und die ausschließliche Bedeutung und Richtschnur derselben ausgiebt.

Unter den deutschen Schriftstellern der Kontrerevolution verdient noch Adam Müller besonders genannt zu werden. Adam Müller hat mehr die deutsche philosophische Bildung und sucht darum die Revolution vom philosophischen Standpunkt zu widerlegen. Er findet ihren Grund in der Abstraktion vom Staat, wodurch die einzelnen Menschen sich außer ihm stellen. Die Unhaltbarkeit dieses Ausgangspunktes, den er dem einst von dem griechischen Mathematiker ge-

---

*) Vgl. Leo Skizzen zu einer Naturlehre des Staats.

forderten Fleck außer der Erde (δός μοι ποῦ στῶ) vergleicht, führt er trefflich durch. So auch bekämpft er die Unbeweglichkeit der logischen Begriffe, auf welche das Naturrecht gebaut ist, und setzt ihr das Leben, die Bewegung, die nie stille stehen, entgegen. — Was seine eigne philosophische Behandlung betrifft, so ist sie keineswegs von Werth, es sind einige Schelling'sche Begriffe aus der ersten Stufe dieses Systems, mit denen er überall umgeht. Dieß ist auch gar nicht seine eigentliche Leistung. Sondern ihn erfüllen zwei Grundgedanken: Die göttliche Verleihung in allen menschlichen Rechten und Zuständen, und die organische Wechselbedingung sowohl der verschiedenen Sphären des Lebens (z. B. des Rechts und des Wohlstandes) als der Menschen (der Herrschenden und Gehorchenden) in ihnen. Daher unter anderem schreibt sich seine besondere Vorliebe für das Lehnwesen. — Diese lebendigen Züge sind die tief durchdringenden und unterscheiden ihn vortheilhaft von Haller. Allein aus diesen wahren und anerkennenswerthen Grundgedanken bildet Müller keine Welt. Er sieht sie nur in der Vergangenheit des Mittelalters, das er wiederzubringen selbst nicht im Sinne hat. Er hat keine Anschauung von ihnen, wie sie in einer andern, der neuen Zeit angemessenen Gestalt wiedergeboren werden könnten. Seine „Elemente der Staatskunst" sind darum eine tiefbegründete Polemik gegen die neuere Lehre, sie sind eine der edelsten Apologien des Mittelalters; aber sie sind kein Buch, um jetzt einen Staat einzurichten und zu regieren. Ein positives Verdienst hat Müller minder um die Politik als um die Nationalökonomie. Auf diesem Gebiete hat er der herrschenden Lehre nicht bloß Widerlegung, sondern wahre und ergiebige Principien entgegengesetzt, die aber ihrer Verarbeitung noch entgegensehen.

Der gemeinsame Fehler der kontrerevolutionären Schriftsteller ist es, daß sie in der revolutionären Richtung selbst durchaus kein wahres Motiv anerkennen, sie müssen deßhalb nothwendig den vorausgegangenen Zustand als einen völlig genügenden annehmen, der aber in Wahrheit nicht der genügende seyn kann, weil in diesem Falle keine Revolution erfolgt wäre. Am stärksten tritt dieser Fehler bei Haller hervor, weil er gerade das wahrste Motiv der Revolution, die Staatsgewalt aus dem patrimonialen Charakter zum öffentlichen, staatlichen zu erheben, bekämpft.

Zweiter Abschnitt.

Die geschichtliche Juristenschule.

Die geschichtliche Erkenntniß überhaupt als Vorzug unserer Zeit — Grundgedanke der geschichtlichen Juristenschule. — Aeußerung desselben in Beziehung auf wissenschaftliche Behandlung des positiven Rechts — in Beziehung auf Gesetzgebung — in Beziehung auf Philosophie des Rechts und Politik.

Eine Auszeichnung unserer Zeit in ihrer ganzen Bildung ist — die geschichtliche Erkenntniß Sie hat eine Anschauung von der Eigenthümlichkeit vergangener Zeiten in ihrem scharfen Unterschiede von der Gegenwart. Die verschiedenen Zeitalter, ja in diesen wieder die verschiedenen Völker haben jedes eine eigenthümliche Würdigung seiner Lebensverhältnisse, ein eigenthümliches Urbild und Ziel seiner Lebensthätigkeit. Hierin besteht seine sittlich intellektuelle Bestimmtheit, möge man das Denkart, Geist, Individualität oder mit dem Kunstausdruck Hegels und Schleiermachers das „Bewußtseyn"*) eines Zeitalters und Volks nennen. Aus ihr gehen Sprache, Wissenschaft, Kunst, Sitte, Recht in ihrem bestimmten Charakter hervor mit innerer Nothwendigkeit und in Wechselbedingung, als Eine große untheilbare Offenbarung seines innern Lebens. Ausgeschlossen ist damit die sonst übliche Uebertragung jetziger Verhältnisse und sittlicher Vorstellungen für Beleuchtung früherer Epochen, ausgeschlossen die Erklärung der großen nationalen Erzeugnisse aus Ueberlegung und Absicht, also kurz die pragmatische Auffassung, wie sie oben (Buch IV. Abschnitt III.) geschildert wurde. Unsere Zeit besitzt aber nicht minder eine Anschauung des Zusammenhangs aller Zeiten. Es geht eine Ueberlieferung und eine Fortbildung der Zustände und der Begriffe vom Anfang des Menschengeschlechts durch seine ganze Geschichte durch. Die Gegenwart ist nur ein Moment in dieser ununterbrochenen Strömung, sie ist darum überall von der Vergangenheit bestimmt, sie kann sich nicht lostrennen und neu beginnen weder in den Einrichtungen noch im Denken, und sie wird nicht wahrhaft verstanden außer in ihrer Genesis aus dem Vergangenen. Das ist die geschichtliche Erkenntniß und Ansicht, deren wir uns als des größten Vorzugs unserer Bildung vor der aller früheren Geschlechter rühmen können. Die Aeußerung derselben im Gebiete der Rechtswissenschaft ist die historische Juristenschule, wie sie nach Hugo's Anbahnung von Savigny und Niebuhr gegründet wurde, und durch Eichhorn auch auf das germanische Recht ihre Behandlung ausdehnte**).

---

*) In diesem Sinne spricht namentlich Hegel von einem „griechischen, römischen, germanischen Bewußtseyn".

**) Außer Savigny's Schrift „über den Beruf unserer Zeit zu Ge-

Das Wesen der geschichtlichen Juristenschule ist eine Ansicht von der Entstehung des Rechts: Das Recht ist eine Seite im gesammten Leben eines Volks, untrennbar verbunden mit den andern Seiten und Thätigkeiten desselben, als Sprache, Sitte, Kunst. Es entsteht daher ursprünglich gleichwie diese nicht aus Wahl und Ueberlegung, sondern durch einen innewohnenden Sinn und Trieb, durch ein Bewußtseyn der Nothwendigkeit, das sich in der Beobachtung kund giebt, und meistens durch symbolische Handlungen fixirt. Später bei größerer Verwickelung des Rechtsverkehrs sondert sich der Stand der Rechtsgelehrten, der jene unmittelbar aus dem nationalen Bewußtseyn hervorgegangenen Grundsatzungen des Rechts zur detaillirten Anwendung wissenschaftlich verarbeitet. Es bildet sich so ein „technisches Element" auf der Grundlage des „nationalen". Endlich tritt auch die Gesetzgebung hinzu, um einzelne Rechtsverhältnisse, für die es Bedürfniß ist, zu ordnen, nicht aber um den gesammten Rechtszustand neu zu bilden. Juristenstand und Gesetzgeber sind aber selbst nur Organ des Volksbewußtseyns, sie geben nur seinen Erzeugnissen die Durchbildung oder seinem allgemeinen Entwickelungsstreben die bestimmte (präcisirte) Gestalt. Indem das Recht also Ausfluß des Volksbewußtseyns ist, sey es unmittelbar, sey es mittelst des Juristenstandes und Gesetzgebers, ist es gleich den äußern Zuständen und der Lebenswürdigung des Volks in einer unausgesetzten Fortbildung begriffen, es kann nicht abbrechen von der Vergangenheit, nicht abschließen gegen die Zukunft. Dieß ist der Hergang

setzgebung und Rechtswissenschaft", in welcher die geschichtliche Ansicht des Rechts ihre koncentrirte Darstellung hat, läßt sich nur überhaupt auf die Werke der oben angeführten Schriftsteller verweisen.

unter allen Völkern, es ist die naturgemäße Entstehungsweise des Rechts, und von ihr soll man sich (das ist unzweifelhaft das letzte Resultat der Schrift „über den Beruf") auch in Zeiten freier Reflexion, wo die Versuchung dazu sich bietet, nicht entfernen. Die Grundlehren der geschichtlichen Schule sind danach: der Zusammenhang des Rechts mit dem Volk und Volksbewußtseyn, seine ursprünglich unreflektirte Entstehung, die Anforderung der Kontinuität in seiner Fortbildung.

Damit tritt sie in Gegensatz gegen die ganze frühere Bildung, zunächst gegen die pragmatische Ansicht, nach der alle rechtlichen Normen und Einrichtungen aus Ueberlegung und Absicht zu dem und jenem Zweck entstanden sind; nicht minder aber auch gegen das Naturrecht, denn das Naturrecht baut das Recht auf einen allgemeinen (abstrakten) Grundsatz, der mit dem ganzen übrigen Seyn des bestimmten Volks nicht im geringsten Zusammenhang steht, und heischt ein Recht, das als vernunftnothwendig für alle Zeiten abgeschlossen ist und darum keine Fortentwickelung mehr zuläßt.

Dieser Gegensatz hat seine Wirkung zunächst auf die wissenschaftliche Behandlung des positiven Rechts, und hier ist es besonders Thibaut, welcher die ältere Weise vertritt. Dieser hervorragende Civilist ist der Kulminationspunkt der früheren Bildung; aber er war nicht fähig in die neue einzugehen. Er war in der Vorstellungsweise des ältern Naturrechts befangen, was unter anderem auch die abstrakte Form seines Systems zeigt; noch mehr aber war er erfüllt von der pragmatischen Anschauung. Auch Feuerbach muß als Koryphäe der ältern Schule genannt werden.

Schon in der Lehre von den Quellen des Rechts gehen die Richtungen aus einander: während die ältere Schule die Gesetzgebung, weil sie die allein bewußte absichtliche Einführung des Rechts ist, auch für die einzige wahrhafte Quelle des Rechts hält, Gewohnheit und Herkommen nicht an und für sich, sondern nur zufolge der Erlaubniß des Gesetzgebers als Rechtsquelle gelten läßt; so ist der historischen Schule umgekehrt die Gewohnheit die ursprüngliche und hauptsächliche Quelle des Rechts, da in ihr sich gerade das unabsichtlich instinktmäßige Wirken des nationalen Rechtsbewußtseyns äußert, ja selbst das Ansehen des Gesetzgebers ist ihr nur Ausfluß eines Gewohnheitsrechts, nemlich der verfassungsmäßigen Stellung des Herrschens und Gehorchens, die bei allen Völkern sich ursprünglich durch Sitte bildet und nicht durch Gesetz. Das wäre jedoch immer nur Divergenz in einer einzelnen, wenn auch sehr wichtigen Lehre. Aber die ganze Behandlungsweise der Rechtswissenschaft ist eine andere geworden mit der historischen Schule. Man behandelte früher das Recht bloß dogmatisch; da man alle seine Normen als absolut freie und absichtliche Akte des Gesetzgebers betrachtete, so hatte man keine andere Aufgabe, als sie rein für sich in dem Momente, wo sie erlassen wurden, zur Einsicht zu bringen. Die wissenschaftliche Thätigkeit bestand dann bloß darin, theils aus Sprachregeln und aus vermuthlichen legislativen Gründen den Willen des Gesetzgebers zu ermitteln, theils den ganzen Inbegriff der Gesetze in eine äußere Ordnung zu bringen durch gewisse logische Kategorien, die mit dem besondern Inhalt nichts zu thun haben, als z. B. Subjekt, Objekt, Erwerb, Verlust, Ausübung der Rechte, und die man deßhalb auf alle Rechtsmaterien gleichmäßig anwendete. Die geschichtliche Juristenschule bewirkte in doppelter Hinsicht eine heilsame Reform. Fürs erste begründete sie eine mehr innerliche Auffassung des Rechts. Statt des Willens des Gesetzgebers, der ja überdieß nur für das geschriebene Recht seine Bedeutung hat, machte sie vielmehr die festen Rechtsbegriffe und Charaktere der Rechtsinstitute der betreffenden Rechtsbildung (der römischen oder germanischen) zum ersten und durchgängig leitenden Principe, so daß der vermuthliche Wille des Gesetzgebers nur ein sekundäres Princip ist, indem er nur für einzelne Bestimmungen seine Anwendung hat und selbst oft nur aus jener tiefern Rücksicht erkannt wird. Uebereinstimmend damit gab sie auch für die Beherrschung des Rechtsstoffes jene allgemeinen, gleichmäßigen, logischen Schubfächer auf und suchte in jeder Rechtsmaterie die innere Ordnung, die sich aus dem besondern Inhalt und der Bedeutung des betreffenden Rechtsinstituts ergiebt und für jedes seine besondern Gesichtspunkte erheischt. Das alles geschah durch Savigny und die Begabtern unter seinen Nachfolgern thatsächlich, ohne daß man sich darüber nur Rechenschaft gab, es war die Folge der Befreiung von der äußerlich logischen Auffassung, der Erweckung lebendigerer Anschauung. Man vergleiche z. B. Savigny's System der Institutionen und Rechtsgeschichte (durch Pernice bekannt gemacht) mit Thibauts System. Es handelt sich hiebei nicht um bloße Naturgemäßheit und Schönheit wissenschaftlicher Anordnung, sondern um die Richtigkeit praktischer Resultate. Wenn z. B. Thibaut das specifische Institut der Eigenthumsverhältnisse, den Besitz, unter der allgemeinen Kategorie der Ausübung von Rechten, oder das specifische Institut des Forderungsrechts, die Cession, unter der allgemeinen Kategorie der Abtretung von Rechten abhandelt, so ist das nicht bloß eine verwirrende Anordnung, sondern er wird dadurch auch zu irrigen Folgerungen, z. B. zur Uebertragung dessen, was von der Abtretung einer Erbschaft verordnet ist, auf die Cession der Forderungen, verleitet. — Fürs andere begründete die historische Schule die geschichtliche Behandlung der Rechtswissenschaft, und das ist die von ihr beabsichtigte und grundsätzlich ausgesprochene Reform, es ist die nothwendige Folge ihrer Einsicht in den ununterbrochenen Entwickelungsgang, dem das Recht wie alle menschliche Zustände unterliegt. Das kann freilich nicht in Abrede gestellt werden, daß man auch schon vorher Rechtsgeschichte trieb und in hohem Werth hielt. Aber man betrachtete sie doch immer nur als ein äußerliches Hülfsmittel, dessen man sich zum Zwecke bedient, nemlich um die Motive und Absichten des Gesetzgebers aus den Zuständen, unter denen er das Gesetz erließ, zu erkennen, das man dann aber auch wieder aufgeben kann, so wie dieser Zweck erreicht ist, etwa ähnlich wie die Kenntniß der lateinischen Sprache für das Verständniß des römischen Rechtskörpers ein solches äußerliches Hülfsmittel ist und entbehrt werden könnte, wenn es eine genügende Uebersetzung gäbe, da sie nicht das, was man wissen muß, selbst ist, sondern nur dazu führen soll. Die historische Schule dagegen erkennt jener Einsicht gemäß die Rechtsgeschichte als eine wesentlich integrirende Seite der Rechtswissenschaft selbst. Die Männer der frühern Bildung stellen sich eben die Geschichte und die Vergangenheit immer bloß als transitorische Ursache des Gegenwärtigen vor. Dieses ist bloßes Produkt, das, einmal entstanden, gar nichts mehr mit jener Ursache zu thun hat; in der Rechtsübung aber kommt es ja gewiß nur auf das Jetzige, das Geltende an. In dieser Vorstellungsweise sagt Feuerbach*): „Die Geschichte erklärt, wie etwas nach und nach geworden; wie und was dieses

*) Feuerbach-Vorrede zu Borst „über die Beweislast".

Etwas sey, lehrt die Geschichte nicht. Was der Geschichte angehört, ist schon dem Leben abgestorben." Allein die Vergangenheit ist nicht bloß transitorische, sie ist immanente Ursache der Gegenwart, sie ist als Vergangenheit, als das, was sie war, noch in ihr enthalten. Der gegenwärtige Rechtszustand ist unbeschadet der neu hinzukommenden Elemente dennoch seinem Hauptinhalte nach der Inbegriff früher entstandener Rechtsbegriffe und Rechtsinstitute, deren wahrer Sinn und gegenwärtige Anwendung nur in der Bedeutung, die sie bei ihrer Entstehung hatten, gesucht werden kann. Ein überzeugendes Beispiel bietet gerade der oberste Begriff unserer Praxis selbst — der des gemeinen Rechts. Alle Wirkungen dieses Begriffs, welche gegenwärtige sind, sind dennoch die Wirkungen eines vergangenen Begriffs; denn seine Ursache gehört unserm Leben nicht mehr an, wir können deßhalb ihn selbst nicht ändern, er ist starr und fest wie alles Abgestorbene, und dennoch wirkt er lebendig in die Gegenwart und es giebt kein juristisches Verhältniß, das er nicht berührte. So betrachtet kann aber nur die Geschichte des geltenden Rechts eine Seite der Rechtswissenschaft seyn, denn nur sie ist ja in seinem Daseyn immanent. In der gleichen Art auch eine Geschichte des indischen, des persischen Rechts u. s. w. zu fordern oder solche noch für förderlicher zu halten als die des römischen Rechts, wie das Thibaut und Feuerbach aussprachen, wird man sich nur dann bewogen finden, wenn man die Rechtsgeschichte nicht als wesentlichen Theil des Rechtszustandes, sondern als ein Bildungsmittel überhaupt betrachtet. Mit Recht beschränkt deßhalb Savigny das geschichtliche Studium für uns auf das römische und germanische Recht.

In Folge dieser wissenschaftlichen Züge hat die geschichtliche Schule eine Einsicht in unser bestehendes Recht, römisches und germanisches, verschafft, von der man bis dahin keine Ahnung hatte. Namentlich hat Savigny das ächte Verständniß des römischen Rechts wieder gewonnen, das seit der ältern französischen Schule in Unkenntniß oder Uebertragung neuerer Vorstellungen verloren gegangen war, und Eichhorn hat mit herkulischer Kraft den ungeheuern Stoff des germanischen Rechts in einer Weise durchdrungen, daß man bis jetzt nicht wesentlich über ihn hinausgekommen ist. Kein Unbefangener kann verkennen, daß durch die geschichtliche Juristenschule, und nicht etwa bloß seit ihr, eine vollständige und ersprießliche Umwandlung der Rechtswissenschaft bewirkt worden ist, wie vielleicht zu keiner Zeit vorher. Es giebt jetzt keinen Civilisten mehr, möge er selbst sich als Anhänger oder als Gegner der geschichtlichen Schule bekennen, der das römische Recht in der Weise Thibauts behandelte, der nicht überall dem Muster folgte, mit dem Savigny's Recht des Besitzes voranging. Die Abwege, die sich vom Standpunkte der historischen Schule aus bieten und die zu betreten auch nicht unterlassen worden ist, sollen damit nicht verkannt werden. Die Einsicht, daß die gesammte Rechtsentwickelung ein Ganzes, also keine Periode des römischen und deutschen Rechts ohne Einfluß auf unsern jetzigen Rechtszustand ist, enthält die Versuchung alle Perioden gleich hoch anzuschlagen und mit gleichem Eifer zu betreiben. Daraus entstand vielfach Mikrologie, antiquarische Behandlung der Jurisprudenz, Ueberschätzung rechtsgeschichtlicher Entdeckungen namentlich gegenüber der dogmatisch praktischen Durchdringung des geltenden Rechts. Das alles ist sehr vom Uebel, aber es liegt nicht in Ziel und Richtung, welche die historische Schule der Rechtswissenschaft setzte, sondern in dem falschen Gebrauch derer, welche sie pflegten. Die Rechtswissenschaft bleibt immerdar eine praktische Wissenschaft, die Anwendung auf das Leben und die Gegenwart, die Handhabung von Recht und Gerechtigkeit ist ihr letztes Ziel. Ihr muß die kontemplative Befriedigung an der Rechtsgeschichte immer tief untergeordnet bleiben. Der rechtsgeschichtlichen Forschung an sich zwar darf keine Gränze gesetzt werden, um so weniger, als sich nicht voraussehen läßt, welchen Zusammenhang mit dem Gegenwärtigen dieselbe überall noch finden wird. Allein für das allgemeine Studium und für Lehrvorträge ist ein Maaß wünschenswerth, es findet sich an dem Bewußtseyn, daß man nicht die Rechtsgeschichte, sondern daß man das Recht geschichtlich kennen wolle. Vor Allem aber ist zu fordern, daß das Interesse, das den Pfleger der Rechtswissenschaft erfüllt, vorherrschend das praktische sey, die richtige Anwendung des geltenden Rechts. Was man insbesondere an Savigny's Leistungen ausgesetzt hat, daß er seine Darstellung des römischen Rechts, namentlich auch in seinem Buch über den Besitz, mit dem justinianeischen Rechtskörper abschließe, und daß seine Geschichte des römischen Rechts mehr nur eine Literaturgeschichte sey und nicht die Dogmengeschichte gebe, so hat Savigny gewiß niemals das, was hier vermißt wird, so Andere es zu leisten unternahmen, abgewehrt, und die Beschuldigung, deren materielle Richtigkeit zu prüfen hier kein Interesse hat, sagt also schon an sich selbst nichts, als daß Ein Mann das vollständige Bereich der rechtswissenschaftlichen Aufgabe zu erschöpfen nicht im Stande gewesen. Eben so wenig kann die Vorliebe für römisches und geringere Empfänglichkeit für deutsches Recht, welche der Persönlichkeit eines andern Koryphäen der historischen Schule eigen ist, irgend etwas entscheiden über die allgemeine Richtung, die hier der Rechtswissenschaft gegeben ist — Der Haupteinwand, welcher der geschichtlichen Schule von Seite der ältern Bildung gemacht wurde, ist der des Unpraktischen. Darin liegt eine gewisse Wahrheit. Das ächte Verständniß des römischen Rechts — und zunächst handelt es sich um die Anwendung des römischen Rechts — kommt in Widerspruch mit der Praxis, da diese eben vielfach in Folge falschen Verständnisses des römischen Rechts sich festgesetzt hat. Dieser Widerstreit ist nothwendig, eine gründlichere Einsicht, welche die Praxis verbessern soll, muß zunächst als der Praxis widerstreitend auftreten, bis sie selbst zur Praxis geworden ist. Nun giebt es aber allerdings mehrere aus Mißverstand des römischen Rechts erwachsene Institute, die dennoch nicht bloß dieses sind, sondern zugleich einem wirklichen Bedürfniß des jetzigen Zustandes dienen und deßwegen den geschriebenen Quellen nicht geopfert werden dürfen. Da mag es dann vielfach kommen, daß von Seite der ächten Kenntniß des römischen Rechts solchen Instituten Gewalt anzuthun unternommen wird, und daß hingegen ein Rechtsgelehrter, der gerade in die letzte unquellenmäßige Doktrin und Praxis sich versenkt hat, wie Thibaut, das wirkliche Bedürfniß des Lebens und der Rechtsübung ihnen gegenüber vertritt. Allein die geschichtliche Ansicht lehrt nicht, daß Normen einer frühern Zeit zur Anwendung kommen sollen, da wo durch die lebendige bildende Kraft des Rechts bereits eine andere Würdigung und eine andere Gestaltung der Verhältnisse sich festgesetzt haben, sondern vielmehr das Gegentheil*), und dieser Widerstreit erscheint auch nur in dem ersten Stadium der geschichtlichen und quellmäßigen Behandlung des Rechts. Hat diese ihren Lauf auch durch das germanische Recht und die neuere Doktrin vollbracht, so ist sie es gerade, die ausscheidet, was in der vorhandenen Uebung wirklich

*) Savigny Pandekten I. S. 93.

neue Gestaltung und was nur wissenschaftliches Unvermögen ist. So z. B. hat Savigny für das Institut des Besitzes im Ganzen die frühere Praxis unbestreitbar verdrängt, und Thibaut, der auf dem Boden derselben stand, war nicht vermögend das zu verhindern. Aber gerade die Fortführung der Savigny'schen Arbeit im Geiste der geschichtlichen Ansicht, namentlich auf dem Gebiete des kanonischen Rechts und des Prozesses, hat dargethan, welche Bestimmungen der Praxis, wenn auch abweichend von den römischen Quellen, erhalten bleiben müssen.

Das ist der große Umschwung, den die geschichtliche Schule in der wissenschaftlichen Behandlung des positiven Rechts bewirkt hat. Sollte sie für immer als Schule bestehen, wie sie zuerst als solche aufgetreten, so wäre das freilich vom Uebel, sie würde dann alle die Einseitigkeiten betonen, zu denen sie nach der Natur der Sache in der Bekämpfung der ältern Bildung eine Versuchung hat*). Es ist aber hier in Wahrheit nicht von einer Schule mit eigenthümlichen Schlagworten, Manieren, Axiomen die Rede, sondern vielmehr von einer tiefgreifenden Erweiterung und Befreiung des juristischen Studiums. Es stehen nicht zwei Parteien von Rechtsgelehrten einander gegenüber; sondern es steht die gegenwärtige Rechtswissenschaft durch eine gesteigerte Erkenntniß der vergangenen gegenüber.

Nicht minder als für die Behandlung des positiven Rechts trat die geschichtliche Schule auch für Fortbildung des Rechts und Gesetzgebung in Gegensatz gegen die frühere Bildung. Nach der frühern Ansicht erscheint der Gesetzgeber als Schöpfer und Herr des Rechtszustandes, er kann täglich ein neues Recht

---

*) Sav. Pandetten I. S. XVI.

geben, das keinen Zusammenhang hat mit dem frühern, sondern sich nur aus sich heraus erklärt, und er soll dieß, sey es, wie die Einen wollen, um den absolut vernünftigen Rechtszustand herzustellen, sey es, wie Andere wollen, um die Schwierigkeiten und Verwickelungen unseres Rechtszustandes zu beseitigen, welche die fremden Quellen und die Mannigfaltigkeit der Partikular-Statuten mit sich führen. Das letztere namentlich fordert Thibaut in seiner Abhandlung „über die Nothwendigkeit eines allgemeinen bürgerlichen Gesetzbuches in Deutschland.“ Nach der historischen Schule dagegen ist der Gesetzgeber nur Organ des nationalen Rechtsbewußtseyns, er soll die Fortbildung des Rechts durch andere Organe, Gewohnheit und Rechtswissenschaft, gewähren lassen, und nur wo ein Schwanken derselben oder ein Widerspruch mit dem unmittelbaren Bedürfniß des Lebens sich zeigt, ihnen zu Hülfe kommen. Die Gesetzgebung soll deßhalb nur für einzelne Bestimmungen oder Materien thätig seyn, nicht den Rechtszustand im Ganzen neu machen, weder seinem Inhalt nach, daß sie im Ganzen, daher ohne besondern Grund, die bisherigen Normen verändert, noch der Weise seiner Geltung nach, daß sie das ganze bisherige Recht in ein Gesetzbuch bringt, und nunmehr bloß die Aufnahme in das Gesetzbuch über die Geltung und den Sinn der Rechtsbestimmungen entscheidet — die Kodifikation. In diesem Sinn wiedersetzte sich Savigny jenem Vorschlag Thibauts. Er will die nationale Einheit des deutschen Rechtszustandes vorherrschend nicht durch eine gemeinsame Kodifikation, sondern durch eine gemeinsame wissenschaftliche Bildung und Praxis erreicht haben, und das Moment, das er hauptsächlich der Kodifikation entgegensetzt, hinsichtlich dessen er der Zeit den Beruf zur Gesetzgebung abspricht, ist das „technische Element“, oder wie ich es lieber bezeichne, die Struktur des Rechts. Seine Beweisführung namentlich aus den neuesten Versuchen der Kodifikation geht überall darauf hin, nicht daß man ungerechte, unzweckmäßige Bestimmungen gegeben, sondern daß man die Rechtsbegriffe des bestehenden Zustandes weder begriffen noch andere statt ihrer mit Klarheit gewählt, so schwankende, unbestimmte Begriffe ins Gesetzbuch aufgenommen habe, die in der Anwendung zu Verwirrung führen müssen. Ein Verfahren dieser Art nennt er mit Bacon ex vinculis sermocinari. Eine klare Erkenntniß der bestehenden Rechtsbegriffe sey also unerläßliche Bedingung neuer Gesetzbücher; bestände aber eine solche, so sey auch ein neues Gesetzbuch kaum mehr ein Bedürfniß. Es ist diese Stellung zur Gesetzgebung, welche unter dem Namen der „Naturwüchsigkeit" vorzugsweise an der historischen Schule bekämpft wird. Das Recht sey nach ihr eine bloße natürliche Thatsache, es wachse wie eine Pflanze, menschliche Intelligenz habe keinen Antheil, und nur dadurch, daß man es sich selbst überlasse, komme es zum Guten. Das aber ist nicht wirklich ihre Lehre. Sie will die bewußte absichtliche Fortbildung nicht ausschließen, sondern das was sie bewegt ist ein Doppeltes, fürs erste daß der Anfang, die ursprüngliche Entstehung des Rechts, in jedem Volke nicht aus Reflexion hervorgeht, sondern wirklich naturwüchsig ist, fürs andere, daß später die freie absichtliche Gestaltung des Rechts doch immer einen Boden hat an diesem, das ursprünglich unabsichtlich geworden oder doch durch eine frühere Generation ihr überliefert ist, daß also die freie Gestaltung nicht absolut beginnend, nicht stofflos ist. Dem Gedanken nach sollte nicht der Gesetzgebung die Naturwüchsigkeit, sondern es sollte der absoluten vom Bestehenden abbrechenden Gesetzgebung die Gesetzgebung auf der Basis des Ueberkommenen entgegengestellt werden. In der Geltendmachung des Gedankens gegenüber der herrschenden Richtung hat die historische Schule vielleicht eine zu große Abneigung gegen die bewußte, mit Vorbedacht und Willensenergie ordnende obrigkeitliche Gewalt bekundet. Ihre Polemik aber gegen die sehr verbreitete Ansicht und Weise der Kodifikation ist völlig gegründet, und daß mit Recht Thibauts Vorschlag bekämpft und der Beruf jener Zeit zur Gesetzgebung geläugnet wurde, bestätigt sich auf das entscheidendste schon allein dadurch, daß eine Kodifikation für Deutschland, wenn sie damals zu Stande gekommen wäre, nach Bluntschli's einleuchtender Bemerkung durchaus in römisch-rechtlicher Bildung erfolgt wäre und so die seitdem eingetretene Belebung deutscher Rechtserkenntniß wo nicht abgehalten, so doch in ihrem Einfluß auf den Rechtszustand verkürzt hätte. Gegenwärtig dürften die Fragen: ob Gesetzgebung oder wissenschaftliche Entwickelung, ob gemeinsam deutsche oder partikulare Landesgesetzgebung, ob römischer oder deutsch nationaler Inhalt der Gesetze? von den Besonnenen nicht mehr in abstracto beantwortet werden; es wird sich überall um den bestimmten Gegenstand, das bestimmte Bedürfniß, die bestimmte Reife und Sicherheit der legislativen Erkenntniß handeln. Die historische Schule hat von der schematischen und mechanischen Auffassung des Rechtszustandes befreit und die unbefangene Würdigung des wirklichen Lebens mit seinem Reichthum und seinem überall individuellen Bedürfniß eröffnet; diese ihr befreiende Lehre darf aber nicht selbst wieder zum Schema gemacht werden, dem Leben und Bedürfniß sich fügen sollen*).

Philosophie des Rechts wurde von der geschichtlichen

*) Vergl. über das alles dieses Werks II. Band II. Buch §. 21 und S. 517 folgende.

Schule und namentlich von ihren Koryphäen nie zum Gegenstand der Beschäftigung gemacht. Es lag das nicht in ihrer Aufgabe als Schule positiver Jurisprudenz, dazu kam vielleicht ein inneres Widerstreben, weil ihre ganze Thätigkeit zunächst als Bekämpfung einer irrigen Rechtsphilosophie und des falschen Vertrauens, das man auf dieselbe setzte, auftrat. Sie ging auch von Männern aus, deren eigenthümliche Begabung gerade darin bestand, das Leben und die Geschichte in ihrem ganzen Reichthum durch unmittelbare Anschauung zu ergreifen, den sittlichen Maaßstab mit sicherem Takt zu handhaben, nicht aber das alles erst in Begriffe zu zerlegen und durch metaphysische Deduktion zu begründen. Diese Seite der Rechtswissenschaft ist also von ihr nicht gepflegt. Hugo's „Philosophie des positiven Rechts" kann überhaupt nicht als ein Erzeugniß der geschichtlichen Schule, noch weniger als ein Dokument ihres philosophischen Bekenntnisses gelten. Dieses Buch ist schätzbar in seiner Polemik und reich an verständigen aus dem Leben gegriffenen Bemerkungen, aber von einer völligen Unklarheit des Standpunktes. Zum größten Theil setzt es in pragmatischer Weise allen ethischen Maaßstab bei Seite und urtheilt bloß nach Zweckmäßigkeit, daraus entspringen jene verschrieenen Schutzreden für die Sklaverei und die Tortur, zum andern Theil legt es wieder den Maaßstab der Vernunftmäßigkeit an ohne irgend ein ausgesprochenes oder auch nur in der Anwendung erkennbares Bewußtseyn, was denn Vernunftmäßigkeit sey. Dazu enthält es keine Spur gerade von dem, was das Eigenthümliche der historischen Schule ist, von der sittlichen Individualität und Lebensaufgabe der Völker und von dem Kontinuirlichen, Traditionellen der Rechtsentwickelung. Es herrscht in ihm durchgehends noch der Geist der ältern Bildung, der aber hier skeptisch seine bisherigen Werke zersetzt.

Dieser Mangel eines philosophischen Bekenntnisses führte häufig zur Verirrung innerhalb und zu Mißverstand außerhalb der Schule. Es wurde ihr nemlich das Bekenntniß untergebreitet, daß es keinen absoluten sittlichen Maaßstab des Rechts, sondern nur den relativen der Angemessenheit an Zustände und Bildung gebe, oder daß doch jede wissenschaftliche Beschäftigung mit jenem Maaßstabe (Rechtsphilosophie) vergeblich und zu verbannen sey. Das aber ist gegen ihren Geist. Dieser ist nicht ein Verzicht auf sittliches Urtheil über Gesetze und Einrichtungen, sondern das Bewußtseyn, daß dieses Urtheil nicht auf reinen Vernunftbegriffen und abstrakten Grundsätzen — worin es die Philosophie bis dahin suchte — sondern auf der vollen menschlichen Erkenntniß beruhe, insbesondere aber, daß es zugleich aus der geschichtlichen Entwickelung selbst geschöpft werden müsse, daß, die allgemeinen Kriterien der Gerechtigkeit und Sittlichkeit vorausgesetzt, die ganze überkommene im Verlauf der Zeiten gebildete Individualität der Gesetze und Einrichtungen ein sittlich Bindendes sey, das man nicht ohne Noth aufgeben dürfe, dessen eignen Fingerzeigen man bei der Fortbildung zu folgen habe. Die geschichtliche Schule beseitigt nicht den absoluten sittlichen Maaßstab, sie bekämpft nur das, was man damals als Inhalt desselben ansah, und sie macht noch den relativen oder vielmehr den individuellen Maaßstab dazu geltend, den man bis dahin übersah*). Es ist gerade eine tiefere philosophische Wahrheit, auf welcher sie unausgesprochen, ja den meisten vielleicht unbewußt, in ihrem letzten Grunde steht, das ist die Anerkennung des lebendigen göttlichen Waltens in der Geschichte. Aus ihr kommt die Ehrfurcht vor dem Bestehenden, die menschliche

---

*) S. dieses Werkes II. Band II. Abth. §. 66.

Bescheidung in der Aenderung desselben, das Hinsehen auf eine höhere Macht, von der man das Wesentlichste und Beste dabei erwarten muß. Pietät ist ihrem innersten Beweggrunde nach jene sorgfältige Pflege der Geschichte, Pietät die Bewahrung jedes eigenthümlichen Instituts, die Scheu vor allem, was ohne unser Zuthun geworden. Selbst der hohe und selbstständige Werth, der dem ganzen Detail der positiv-rechtlichen Bestimmungen in Vergangenheit und Gegenwart beigelegt wird, setzt einen Weltzusammenhang voraus, nach welchem nicht ein logisches Gesetz, sondern Persönlichkeit und Freiheit die oberste Ursache alles Daseyns ist*). Es ist deßhalb nicht ohne Grund, daß Thibaut in seiner letzten nicht ohne Gereiztheit geschriebenen Flugschrift gegen die historische Schule sie als eine pietistische Richtung (in seinem Sinne) bezeichnet.

Die geschichtliche Schule also, weit entfernt, Philosophie d. i. Ethik des Rechts zu beseitigen, enthält vielmehr selbst ein neues und tieferes philosophisches Princip. Allein dieses bezieht sich doch immer nur auf die Weise, wie das Recht entsteht, wie es eingeführt und fortgebildet werden soll, nicht auf den Inhalt, welches die gerechten sittlichen Einrichtungen und Gesetze sind. Eine philosophische Lehre hierüber schließt sie nicht aus, aber sie selbst bietet eine solche nicht. So giebt sie bloß einen Zug, ein Element einer Rechtsphilosophie. Wohl ist dieser Zug ein Strahl aus dem Ganzen der wahren Rechtsphilosophie, und es ist darum eine Probe für jedes rechtsphilosophische System, ob es ihn harmonisch in sich aufzunehmen vermag. Aber eben dieß Ganze der Rechtsphilosophie kann danach nicht aus den Principien der geschichtlichen Schule allein aufgebaut, es muß aus andern Quellen geschöpft werden. Es

*) S. dieses Werk II. Band I. Buch §. 12.

kann nun der geschichtlichen Schule ihrer Aufgabe nach nicht zum Tadel gereichen, daß sie kein ausgesprochenes philosophisches Bekenntniß hat, und daß die philosophische Lehre, die sie in der That vertritt, sich nur auf die Entstehungsweise, nicht auf den Inhalt des Rechts bezieht. Das aber ist ein wirklicher Mangel ihres Standpunktes, daß sie in Folge dessen nur die eine Seite des Rechts hervorhebt, wie es Erzeugniß des Volksbewußtseyns ist, und nicht in gleichem Maaße seine andere Seite, wie es eine höhere Macht, das Ethos über dem Volk und Volksbewußtseyn ist, von der dieses aufgefordert, an der es gemessen und gerichtet wird, und daß sie deßhalb in dem Juristenstand und in dem Gesetzgeber nur Organe und Repräsentanten des Volksbewußtseyns, nicht Organe und Repräsentanten des Rechts als solchen, dieser selbstständigen höhern Macht erblickt*). Hieraus entspringt auch vielleicht jene zwar nicht grundsätzliche, aber doch thatsächliche Hinneigung für gewohnheitsmäßiges Wachsthum des Rechts im Gegensatze berechneter energischer Anordnung.

Wie die historische Schule kein materielles rechtsphilosophisches Princip hat, so hat sie auch kein politisches System. Aber einen politischen Charakter hat sie dessenungeachtet. Vor Allem ist eben ihre Grundlehre über die Entstehung des Rechts von der größten politischen Bedeutsamkeit: jene Ehrfurcht vor dem Bestehenden, jene Bescheidung, daß jede Generation nur an der Entwickelung, die durch alle Zeiten geht, ihr Theil beizutragen, keine den Bau des menschlichen Gemeinwesens im Ganzen und neu aufzuführen habe. Sie tritt damit in den entschiedensten Gegensatz gegen die Revolution, nicht minder als die eigentlichen Schriftsteller der Kontrerevolution. Sie ist

---

*) S. dieses Werks II. Band II. Buch §. 20 u. 22.

aber bewahrt von Maistre's Einseitigkeit, die Leitung Gottes nur in den Handlungen der öffentlichen, insbesondere der kirchlichen Autoritäten zu suchen, da sie im Gegentheil vorzüglich die innere Umwandlung des nationalen Bewußtseyns und die allmälige unbeabsichtigte Umwandlung der Zustände als das Wesen der Geschichte betrachtet. Nicht minder ist sie bewahrt gegen die Verirrung Hallers, an die Stelle der naturrechtlichen Sätze wieder einen andern Satz und eine gleiche logische Abwindung desselben zu setzen. Ueberhaupt unterscheidet sie sich dadurch wesentlich von allen kontrerevolutionären Schriftstellern, daß sie die Gestalt der Welt in keiner Weise durch bestimmte (vergangene) Institute abzuschließen unternimmt. Das kann nicht genug hervorgehoben werden: es ist wahrhaft geschichtlich, daß die Geschichte nicht auf die Vergangenheit zurückgewiesen, sondern das unausgesetzte Werden in ihr erkannt werde, und es ist wahrhaft religiös, daß der göttlichen Führung nicht eigenmächtig an den frühern Bildungen, gleichsam als ihrem unübertreffbaren Werke, eine Schranke gesetzt, sondern die neue künftige Gestaltung in unterordnender Hingebung von ihr angenommen werde. — Außer diesem politischen Charakterzug, der mit der Grundlehre der geschichtlichen Schule gegeben ist, führt aber auch eben der Sinn und die Bildung, in welchen ihre Rechtsansicht wurzelt, zwar nicht zu einer bestimmten politischen Lehre, aber doch zu einer gewissen politischen Disposition, nemlich zu einer reichlichen und unbefangenen, für die innersten Motive offenen Würdigung aller politischen Gestaltungen und Bestrebungen. In der markirtesten Weise und wenigstens zu den Grundzügen einer politischen Lehre durchgebildet stellte sie sich dar in dem Mann, der mit Savigny zugleich der Begründer und Repräsentant der geschichtlichen Ansicht ist, in Niebuhr. Seine römische Geschichte, seine Briefe, seine nachgelassenen Vorlesungen über die französische Revolution zusammen gewähren ein Ganzes politischer Ansicht. Es ist das eine ächt deutsche politische Ansicht, ausgezeichnet durch Gerechtigkeit, Fülle, Innigkeit, durch Festigkeit der Grundsätze mit freiem Anschließen an die geschichtlichen Zustände, durch konservativen Grundton mit Liebe für jede keimende neue Entwickelung. Sie ist am verwandtesten der englischen Burke's und der französischen der Doktrinärs; aber sie ist weniger befangen und schroff als jene und hat mehr sittliche Tiefe als diese.

Druck von J. F. Starcke in Berlin.

Printed in Dunstable, United Kingdom

91222335R00352